교회력에 따른 복음서 설교

Year C

〈말씀의 잔치〉
교회력에 따른 복음서 설교 Year C

2024년 11월 12일 개정판 1쇄 발행

엮은이 | 데이비드 L. 바틀렛 · 바바라 브라운 테일러
옮긴이 | 고현영 김영철 이대성 홍상태
펴낸이 | 김영호
펴낸곳 | 도서출판 동연
등  록 | 제1-1383호(1992. 6. 12.)
주  소 | 서울시 마포구 월드컵로 163-3
전  화 | (02)335-2630
전  송 | (02)335-2640
이메일 | yh4321@gmail.com
인스타 | https://instagram.com/dong-yeon-press

Copyright ⓒ 동연, 2021

ISBN 978-89-6447-054-1 04230
ISBN 978-89-6447-631-4 04230(세트)

Feasting on the Word

말씀의 잔치

# 교회력에 따른 복음서 설교

~ Year C ~

데이비드 L. 바틀렛 · 바바라 브라운 테일러 엮음

고현영 · 김영철 · 이대성 · 홍상태 옮김

동연

# 추천의 글

요즈음 한국교회의 위기를 말하는 사람들이 많습니다. 그동안 한국교회는 짧은 역사 속에서도 내적으로는 엄청난 양적 성장을 이루고, 외적으로는 한국 사회에 다양한 기여를 했습니다. 한국 현대사에서 교회의 역할은 아무리 강조해도 지나치지 않습니다. 하지만 오늘날 교회에 대한 사회의 신뢰성은 바닥으로 떨어지고, 교회의 성장도 멈춘 지 오래되었습니다. 젊은이들은 교회와 더 멀어지고 있습니다. 이러한 한국교회의 위기는 한마디로 '강단의 위기'라고 할 수 있습니다. 매주 수만 편 외쳐지는 강단의 설교가 성서 본문과는 동떨어지고 시대적 의미를 갖지 않은 죽은 말씀이 되었기 때문입니다.

강단의 위기를 극복하기 위해서는 설교에 있어서 익숙한 말씀만 전하는 '말씀의 편식 현상'과 신학적 편향성을 지양해야 합니다. 이러한 의미에서 '교회력에 따른 설교'를 적극적으로 추천합니다. 매주 세계 교회가 함께 정하는 성서정과(聖書程課, Lectionary)에 따라 성경의 다양한 본문을 사용하기 때문입니다. 저는 장신대에서 설교학 교수 재직 시에 현장 목회자들과 교회력에 따른 설교 모임을 여러 해 함께했습니다. 이 모임을 통해 많은 분의 강단의 변화를 실제로 경험해 보았습니다. 그런데 이번에 『교회력에 따른 복음서 설교집』이 출간된다는 소식을 듣고 정말 반갑고 기뻤습니다. 미국 교회의 신학적 목회적 역량이 총동원되어 발간한 교회력에 따른 설교 자료집 Feasting on the Word 시리즈의 번역본이기 때문입니다. 매주 성서정과 본문을 신학, 주석, 목회, 설교적 관점으로 해설한 이 책은 본문의 통찰, 신학적 균형, 목회적 문제의식을 메시지에 담을 수 있도록 안내하고 있습니다. 현장 목회자들이 설교 연구 모임을 통해 이러한 책이 출간되었다는 것도 더욱 의미가 있습니다.

이 책을 통해 살아 있는 하나님의 말씀으로 어려운 시대에 교회의 위기를 극복하기를 기도드립니다.

김경진 목사

(소망교회 담임목사, 전 장로회신학대학교 교수)

# 추천의 글

오늘 한국교회가 드러내고 있는 여러 가지 문제는 신학의 부재 혹은 오해에서 비롯된 것이라 해도 과언이 아닐 것입니다. '하나님에 대한 로고스'로서의 신학은 성경에 대한 바른 이해에 근거해야만 합니다. 성경은 하나님을 찾는 인간의 이야기와 인간을 찾으시는 하나님의 이야기가 씨줄과 날줄로 엮어진 텍스트입니다. 눈 밝은 사람들은 인간들이 빚어내는 삶의 이야기 속에서 하나님의 숨결을 느끼고, 성경 속에 계시된 하나님의 마음을 알아차려 마땅히 가야 할 길로 삼습니다. 성경은 읽는 이들을 익숙한 세계가 아니라 낯선 곳으로 인도합니다. 성경을 읽는 이들에게 필요한 것은 그 낯섦을 받아들이고 그 낯섦을 통해 더 큰 세계로 발돋움하려는 열망입니다.

12세기의 수도자인 후고는 "자신을 유배시켜 책의 페이지를 통과하는 순례를 시작하라"고 말했습니다. 순례의 목적지는 물론 하나님의 마음이라는 중심입니다. 그러나 많은 이들이 자기 생각과 편견을 성경 속에 투사하여 자기 입맛에 맞는 메시지를 길어내고 있는 것이 오늘의 현실입니다. 수많은 인류의 경험이 함축되어 있는 성경을 맥락에 맞게 풀어내기 위해서는 상당한 학문적 훈련이 필요합니다.

그렇게 하여 얻어진 메시지를 오늘의 삶 속에서 재해석과 재맥락화하는 과정 또한 만만치 않습니다. 신학을 흔히 교회의 학문이라 말합니다. 교회는 역사 속에서 많은 과오를 저질러왔지만, 하나님은 여전히 교회를 통해서도 일하십니다. 그렇기에 목회적 상황과 성경 메시지를 잘 버무리는 일은 목회자들의 중요한 과업이라 할 수 있습니다. 설교는 텍스트와 컨텍스트를 대면시키면서 그 속에서 빚어지는 광휘를 드러내는 과정입니다.

이 놀라운 책은 신학, 주석, 목회, 설교가 어떻게 서로를 밀어내지 않으며 아름다운 조화를 이룰 수 있는지를 잘 보여주고 있습니다. 성서정과의

7

복음서 부분만 다루고 있다는 사실이 조금 아쉽긴 하지만, 그래도 이 책은 말씀 앞에서 겸허하게 자기 삶을 돌아보려는 이들과 설교자들에게 그리고 신학적 사고 훈련을 하려는 이들에게 좋은 이정표가 되어 주리라 생각합니다. 이 책을 길잡이 삼아 텍스트의 심연 속으로 들어가 기쁨과 희망의 빛을 발견하는 것은 전적으로 독자의 몫입니다.

김기석 목사
(기독교대한감리회 청파교회 원로목사)

# 추천의 글

성서정과에 대한 설교 자료집『말씀의 잔치』(Feasting on the Word)가 우리말로 번역 출간된 것은 참 뜻깊은 일입니다. 오랫동안 북미의 수많은 명망 있는 목회자들과 신학자들이 공동으로 이루어 낸 성과를 비로소 우리도 쉽게 접할 수 있게 되었기 때문입니다.

『말씀의 잔치』는 성서정과에 기반하고 있지만, 사실은 성서정과를 기반으로 설교를 하지 않는 설교자에게도 대단히 적절한 책입니다. 그것은 본서만의 독보적인 기여 때문입니다.『말씀의 잔치』는 성경 하나하나의 구절에 대하여 다음 네 가지의 안목에서 해석을 제공하고 있습니다. 첫째는 신학적이요, 둘째는 주석적이며, 셋째는 목회적이요, 넷째는 설교학적인 폭넓은 안목입니다. 이 각각의 안목은 든든한 네 기둥이 되어 한편의 설교를 위한 건강한 골격을 이룹니다.

네 기둥 사이를 거닐면서 설교자는 스스로 많은 대화에 참여하며 많은 영감을 나누며 자신의 교회와 성도들을 위한 설교를 완성해 갈 수 있습니다. 그렇게 할 때, 한편의 설교는 건강한 신학에 기초하고, 분명한 성경의 증거를 갖게 되며, 목회자의 고백과 경험이 녹아 있는 그리고 뛰어난 설교학적 적용점을 가진 온전한 말씀의 봉사가 될 수 있을 것입니다.

『말씀의 잔치』는 간헐적이든 정기적이든 말씀을 전하는 모든 설교자를 위한 긴요한 참고서가 될 것입니다. 본서의 출간을 통해 함께 말씀을 연구하는 건강한 학습모임들이 곳곳에서 활성화되기를 기대합니다. 매 주일 이 땅의 교회에 풍성한 말씀 잔치가 열리기를 바랍니다. 이 놀라운 향연에 이 땅의 존귀한 설교자들을 초대합니다.

박노훈 목사
(신촌성결교회 담임목사, 한국월드비전 이사장)

**추천의 글**

이번에 『교회력에 따른 복음서 설교』가 번역 출간되어 나온다니 정말 기쁘고 뜻깊은 일입니다. 이 책은 전 세계 개신교회가 공통으로 사용하고 있는 "개정판 성구집"(The Revised Common Lectionary)을 따라 설교자들이 설교할 수 있도록 만들어진 해설집 Feasting on the Word 시리즈의 일부분입니다.

성구집은 교회력에 따라서 설교자들이 성경 전체를 읽고 설교할 수 있도록 만들어 놓은 성경목록집인데, 이는 하나님의 말씀의 전체성이라는 측면에서 볼 때 매우 중요한 것입니다. 많은 설교자가 30, 40년을 목회하고 설교하면서 평생 동안 한 번도 설교하지 않고 넘어가는 성경 본문이 많은데, 설교자가 성구집을 따라 설교를 하면 일정한 기간 내에 성경 전체를 읽고 설교할 수 있게 됩니다. 그러므로 교회력에 따라 만들어진 성구집을 사용하여 설교한다는 것은 참으로 의미 있는 작업인데, 본서는 설교자들이 성구집을 따라 설교할 본문을 주석적으로, 신학적으로, 설교적으로 그리고 목회적으로 해석하고 분석하여 설교의 지침을 제공하고 있습니다. 그러므로 본서가 번역되어 나오게 된 것은 정말 한국교회 설교자들에게는 반가운 소식이고, 또한 한국교회에 주시는 하나님의 선물이라고 생각됩니다.

하나님의 말씀의 올바른 해석과 적용을 위하여 씨름하고 있는 모든 설교자와 또한 성경을 좀 더 체계적으로 읽고 공부하고자 하는 모든 성도님께 강력히 추천하고, 앞으로 이 책의 시리즈 전부가 번역되어 나오기를 기대해 봅니다.

주승중 목사

(주안장로교회 위임목사, 전 장로회신학대학교 예배설교학 교수)

추천의 글

　설교는 모든 설교자에게 하나의 시련이자 영광입니다. 설교가 시련인 까닭은 준비하기도 어렵고, 하기도 어렵기 때문입니다. 그러나 무엇보다 어려운 것은 설교하는 대로 사는 것이지요. 그럼에도 불구하고 설교는 동시에 설교자에게 영광이기도 합니다. 인간의 모든 경험과 지적인 역량, 신학이 전제된 인간의 말이 성령의 역사로 하나님의 말씀으로 받아들여지니, 설교자의 영광이 아닐 수 없지요. 그래서 설교자는 시련과 영광 사이의 긴장 속에서 살고 있는 것입니다.

　그런데 이번에 네 분의 목사님들이 함께 작업한 개정 성서정과(Year C)의 일부가 번역, 출간된다니 참으로 기쁘고 축하할 일입니다. 대림절, 현현절, 사순절, 부활절, 성령강림절 등 다섯 절기를 다 포함하고 있으나, 원서의 네 본문들(구약, 시편, 서신, 복음) 가운데 복음서 본문을 중심으로 선택한 것이지만, 설교 준비의 가장 기본인 주석, 신학, 설교, 목회적 관점이 실려 있어, 설교자에게 큰 도움이 될 뿐만 아니라, 한국교회 강단을 더 성숙하고 풍요롭게 할 것이기 때문입니다.

　교회의 위기는 도덕적 타락보다 말씀의 빈곤에서 비롯된다는 것이 역사의 경험입니다. 특별히 '코비드-19의 세계적 대유행'과 극우 기독교 단체들의 발흥으로 교회가 공신력을 잃어가는 시대에, 『말씀의 잔치』가 한국교회를 성숙하게 발전시키는 디딤돌이 되리라 확신합니다.

채수일 목사

(경동교회 은퇴목사, 전 한신대학교 총장)

## 편집자 머리말

설교자에게는 매주 셀 수 없을 정도의 수많은 과제가 주어진다. 교육, 목회적 돌봄, 예배 인도 등 수많은 활동에 매달리다 보면 설교는 그저 여러 목회적 과제 중 하나 정도의 취급을 받기 쉽다. 그러나 주일 설교는 목회자가 전 교인을 대상으로 가장 지속으로 행하는 목회 활동이라는 것을 기억해야 한다. 대다수의 교인이 특별한 위기 상황에 처해 있지는 않다. 그들은 너무나 바쁜 일상을 살기 때문에 교회의 교육 프로그램에 참석하는 사람도 소수이다. 그들은 신앙에 대해 성찰하는 시간을 더 많이 갖고 싶어 하지만 그것을 실천하지는 못한다. 그 길이가 5분이 되었든, 45분이 되었든 설교는 교인들이 그리스도 안에서 어떤 삶을 살아야 하는지에 관해 목회자로부터 직접 들을 수 있는 소중한 기회이다.

『말씀의 잔치』는 목회자들이 매주 설교를 준비하는 데 도움이 되는 핵심적인 분석과 지침을 제공하기 위해 기획되었다. 개정 성서정과(Revised Common Lectionary)가 제시하는 네 개의 성서 본문 각각에 대해 네 가지 관점에서 분석한 글을 소개함으로써, 설교자는 매주 열여섯 가지의 관점에서 분석한 글들을 접하게 된다.* 네 가지 관점은 주석, 신학, 설교, 목회적 관점인데, 이들 통해 설교자는 본문의 의미를 다양한 각도에서 체계적으로 살펴보는 기회를 갖게 된다.

신학과 목회의 다양한 영역에 속한 전문가들이 집필한 이 한 권의 책을 통해 설교자는 성서정과 본문에 따라 각 교회의 상황에 맞춰 설교를 구상하는 데 도움이 되는 소중한 지혜를 얻게 될 것으로 기대한다. 집필진은 대학이나 신학교에서 가르치거나, 교회나 교단 차원에서 목회에 종사하거나, 학술적인 책이나 신문 기고 등을 통해 저술 활동을 하고 있는 분들이다. 집필진의 역량과 하나님의 말씀에 대한 그들의 헌신이 하나로 모아져서

---

* 이 번역서는 네 개의 성서 본문 중 복음서 본문에 해당하는 글들만 선택하여 번역한 것이다.

만들어진 이 책이 급변하는 세계에서 생명의 말씀을 전하는 설교자들에게 도움이 되길 바란다.

설교자들 사이에서는 '월요일 책'이라는 것이 있다. 설교 구상을 위해 한 주일 전쯤에는 읽어야 할 심오한 내용을 담고 있는 책을 말한다. 또한 '토요일 책'이라는 것도 있다. 이는 당장 다음날 설교에 활용할 수 있는 도움을 제공하는 책을 말한다.『말씀의 잔치』는 토요일 책은 아니다. 우리의 의도는 설교자들이 구원의 말씀에 대해 신속하기보다는 깊게 성찰할 수 있도록 도움을 주는 것이다.

이런 책이 나오기 위해서는 수많은 사람의 헌신이 필수적이다. 우리는 우선 이 시리즈의 기획을 제안한 Westminster John Knox Press의 Jack Keller와 Don McKim에게 감사를 표한다. 또한 이 프로젝트가 완성될 수 있도록 꼼꼼하게 관리해 준 David Dobson과 Jon Berquist에게도 감사를 드린다. 우리가 이 프로젝트에 참여할 수 있게 해 준 컬럼비아신학대학의 총장 Laura Mendenhall와 학장 Cameron Murchison에게도 감사드린다. 출판사 편집자들의 수고가 없었다면 이와 같은 시리즈가 출판되기 어려웠을 것이다. Joan Murchison는 명철한 판단과 친절한 도움으로 편집과 관련된 세부 내용을 기획하고 추진하였다. Mary Lynn Darden, John Schuler 그리고 Dilu Nicholas는 뛰어난 행정적 능력을 통해 우리 모두에게 큰 도움을 주었다. 우리는 생각하기, 글쓰기, 편집에 관해 특별한 재능을 가진 수많은 사람과 같이 일할 수 있는 특권을 누렸다. 그들과 함께 우리는 이 책을 축복된 설교의 사역을 위해 헌신하는 모든 이에게 바친다.

편집인 대표

데이비드 L. 바틀렛, 바바라 브라운 테일러

# 차 례

# 대림절과 성탄절

# 대림절 첫째 주일

## 누가복음 21:25-36

²⁵"그리고 해와 달과 별들에서 징조들이 나타나고, 땅에서는 민족들이 바다와 파도의 성난 소리 때문에 어쩔 줄을 몰라서 피로워할 것이다. ²⁶사람들은 세상에 닥쳐올 일들을 예상하고, 무서워서 기절할 것이다. 하늘의 세력들이 흔들릴 것이기 때문이다. ²⁷그 때에 사람들은 인자가 큰 권능과 영광을 띠고 구름을 타고 오는 것을 볼 것이다. ²⁸이런 일들이 일어나기 시작하거든, 일어서서 너희의 머리를 들어라. 너희의 구원이 가까워지고 있기 때문이다." ²⁹예수께서 그들에게 비유를 하나 말씀하셨다. "무화과나무와 모든 나무를 보아라. ³⁰잎이 돋으면, 너희는 스스로 보고서, 여름이 벌써 가까이 온 줄을 안다. ³¹이와 같이 너희도 이런 일들이 일어나는 것을 보거든, 하나님의 나라가 가까이 온 줄로 알아라. ³²내가 진정으로 너희에게 말한다. 이 세대가 끝나기 전에, 이 모든 일이 다 일어날 것이다. ³³하늘과 땅은 없어질지라도, 내 말은 절대로 없어지지 않을 것이다." 깨어 있어라. ³⁴"너희는 스스로 조심해서, 방탕과 술취함과 세상살이의 걱정으로 너희의 마음이 짓눌리지 않게 하고, 또한 그 날이 덫과 같이 너희에게 닥치지 않게 하여라. ³⁵그 날은 온 땅에 사는 모든 사람에게 닥칠 것이다. ³⁶그러니 너희는 앞으로 일어날 이 모든 일을 능히 피하고, 또 인자 앞에 설 수 있도록, 기도하면서 늘 깨어 있어라."

## 신학

일반 교인들이 성서를 읽는 데 도움을 줄 수 있는 잘 알려진 지침이 있다. 예를 들어 "성서를 읽을 때 항상 약속을 찾아보라"든가 "성서를 연애편지처럼 읽어라" 등이다. 그렇다면 대림절 본문을 읽을 때 도움이 되는 지침도 있지 않을까? "본문을 항상 성탄절과 연관시켜라"는 어떤가? 대림절 본문은 구세주의 탄생을 기다림에 관한 내용을 담고 있으니 이는 당연히 도움이 되는 지침으로 보인다. 그러나 이 지침은 전적인 도움을 주기보다는 절반의 도움만 준다. 이 지침은 독자에게 도움을 주기도 하지만, 독자를 잘못 인도할 수도 있다. 내가 말하려고 하는 것은 다음의 사실이다. 성서 안에는 이번 주일 본문처럼 상식적인 지침만으로는 파악하기 힘든 본문도 있다. 오늘의 본문은 21장 전체를 덮고 있는 묵시론적이고 종말론적인 주제에 깊게 영향을 받고 있다. 이 구절에서는 연애편지를 운운할 정도의 낭만적인 요소를 찾을 수 없다. 여기에는 일종의 '약속'이 나오는데, 이 약속은 묵시론적인 특징을 지닌 강력하고 공포스러운 장면이 소개되고 난 후, 이를 해석하는 과정에서야 드러나게 된다.

성탄절을 향한 대림절 모든 주일의 의미를 넓은 틀에서 파악하기 위해서, 다음의 사실을 상기하는 것은 매우 중요하다. 대림절은 메시아의 오심을 기다리는 것이지만, 이를 하나님의 구원 사역의 최종적이고 종말론적인 도래, 즉 하나님의 나라 도래와의 관련 속에서 기다리는 것이다.

또한 오늘 본문은 장차 태어날 아기의 탄생을 이스라엘의 대망의 역사와 연관시킨다. 오늘 본문은 예수를 선포한다. '인자'(Son of Man)라는 칭호가 중요한데, 과거에는 이 칭호를 그리스도의 인성을 나타내는 것으로 잘못 해석하기도 했다. 구약성서를 이해하는 대부분의 사람들은 '인자'라는 칭호에 큰 울림이 있다는 것을 잘 안다. 다니엘 7:13-14에 나오는 묵시론적 환상에 따르면 '인자 같은 이'에게 온 나라를 다스릴 권세가 주어졌다. '인자'가 종종 예수의 인성을 가리키는 뜻으로 사용되기도 했지만, 신약성서의 '인자'의 주된 의미는 그 반대이다. 인자는 가장 높은 기독론적인 칭호이다. 주석가들은 또한 '인자'가 신약성서에서 고난과 밀접하게 연관되어 있다는 것을 강조한다. 곧 오실 아기를 위해 마음의 준비를 하는 사람들에게 누가복음이 무엇을 말하고자 하는지를 알기 위해서는 요한계시록에 나오는 양, 즉 죽임을 당했지만 이제 왕좌에 앉아서 미래에 일어날 일을 적은 두루마리를 열 수 있는 열쇠를 가진 양의 이미지를 생각해 봐야 한다.

매 세대 설교자에게 주어진 과제는 구원사의 '신학적 지형도'를 자세히 살펴보고 예배 참석자로 하여금 과거의 약속들, 대림 주일, 성탄절, 종말을 상호 연관성 속에서 이해할 수 있도록 도와주는 것이다. 오늘 본문을 근거로 종말에 일어날 일에 관한 시간표를 억지로 짜 맞추는 시도는 무리다.

누가복음이나 다른 복음서들이 구약성서의 풍성한 묵시론적 자료들을 활용하였지만, 미래에 일어날 사건들의 순서에 관해서는 관심이 없었다. 오늘 본문이 주는 메시지의 핵심은 이것이다: 성육한 아기의 탄생 선언과 동시에 일련의 변혁적인 사건들이 일어나기 시작했다. 그리고 이 변혁적인 사건들은 오직 충격적인 묵시론적 이미지의 도움을 통해서만 이해될 수 있다.

본문이 지닌 묵시론적인 충격이 전달된 후에야 교인들은 희망에 찬 누가복음의 메시지를 이해할 수 있다. 누가는 다른 복음서보다도 더 직접적으로 다가올 위협적 미래를 생생하게 묘사하며, 인자의 오심을 약속으로 표현한다. 더 나아가 누가는 이 단락을 격려와 훈계로 마무리한다. 누가는 그날에 "하늘과 땅은 없어질지라도, 내 말은 절대로 없어지지 않을 것이다"라고 강조한다. 심판이 올 것이 확실하지만 "구원이 가까워지고 있다"(28).

대림절 첫째 주 본문이 묵시론적인 형식과 내용으로 종말을 묘사하고 있지만, 그 핵심은 이 세상을 포기하는 운명론이나 패배주의, 도피주의가 아니고 '희망의 신학'이라는 것이 중요하다. 교부 테르툴리아누스(Tertullianus, 160~230)는 이렇게 말했다: "하나님의 나라는 이제 막 시작되었다. 낙원에서 상실되었던 생명과 영원한 구원, 영속적인 기쁨이, 이 세상이 사라짐과 함께 돌아오고 있다. 벌써 천상의 일들이 지상에서 일어나기 시작했고, 작은 것에서 큰 것이, 사라지는 것에서부터 영원한 것이 이루어지고 있다. 이런 상황에서 불안과 걱정이 설 자리는 없다."* 개혁주의 신학자 몰트만도 이와 비슷한 주장을 했다: "나는 희망의 신학을 통하여 기독교적 희망을 더 이상 저 세상에만 관심을 돌리는 인민의 아편이 아니고 이 세상에서 생명을 누리게 하는 신적 능력으로 제시하려고 했다."**

설교자는 회중들을 활짝 열린 종말론적인 지평으로 초대해야 한다. 그리하여 그들이 역사와 세계를 넓은 시야에서 보도록 도와줘야 한다. 구체

---

* Tertullian, *The Treatises*, 7, *On the Mortality in Ante-Nicene Fathers*, 10 vols. (Grand Rapids: Eerdmans, 1988), 5:64, 69.

** Jürgen Moltmann et al., *Love: The Foundation of Hope; The Theology of Jürgen Moltmann and Elisabeth Moltmann-Wendel* (San Francisco: Harper & Row, 1988), 4.

대림절과 성탄절

적으로 대림절 둘째 주(복음의 역사적, 사회적, 정치적 배경)와 셋째 주(윤리적이고 종말론적 측면)의 주제를 이해할 수 있는 폭넓은 안목을 갖출 수 있도록 준비시켜야 한다.

## 주석

대림절 첫째 주일은 '가까이 온' 종말에 관해 읽는 특이한 시간이기도 하지만, 교회가 예수의 오심과 재림에 관해 묵상하기에 적절한 전통적 시간이기도 하다. 21장 앞부분에서 예수는 예루살렘에 임박한 멸망의 징조에 관해 묘사한다. 그런데 이제는 자연은 소란스럽고 사람들은 경계심을 갖는 묵시적 드라마의 언어로 바뀌었다. 그것은 중요한 질문을 제기한다. 여기에서 예수는 종말에 관해 말하고 있는가? 아니면 계속해서 예루살렘의 멸망에 관해서 말하고 있는가? 톰 라이트는 이해하기 쉬운 그의 『모든 사람을 위한 누가복음 주석』에서 후자를 선호하고 있지만, 많은 학자가 26절에서 종말로 전환하고 있다고 본다.* 본인은 후자의 해석에 동의하는데, 왜냐하면 이미지들이 약속한 것들의 완성을 제시하고 있기 때문이다. 이 본문은 해석의 두 차원을 허용하기 때문에 주후 70년의 사건에 적용할 수도 있고, 장엄한 마지막 종말을 시사할 수도 있다.

자연은 인자의 오심을 과격하게 표시한다(25-28절). 바다는 흔들리고 하늘은 전조들로 가득 차서 사람들을 무섭고 혼란스럽게 한다. 초기 예언자들도 하나님의 심판의 도래를 비슷한 언어로 말하는데(사 13:6-11; 겔 32:7-8; 욜 2:30-31의 예), 이것은 자연이 문자 그대로 혼돈 속으로 떨어지면서, 지상의 정치적 군사적 지배가 완전히 전복된다는 것으로 이해할 수 있다. 후자

---

* Tom Wright, *Luke for Everyone* (Louisville, KY: Westminster John Knox Press, 2004), 249-256; 이와 대비되는 Darrell L. Bock, *Luke*, vol. 2, 9:51-24:53 (Grand Rapids: Baker, 1996), 1688-1692; Joel B. Green, *The Gospel of Luke* (Grand Rapids: Eerdmans, 1997), 739-742 참조.

는 예루살렘의 멸망뿐만 아니라 1세기 로마제국의 정치적 혼란으로 분명해진다. 그런데 자연의 이미지는 우리에게 순전한 힘이나 예상 못 한 쓰나미나 지진의 본성과 그러한 파괴에 직면한 인간의 무력함을 상기시킨다. 이러한 묘사들은 가장 심한 정치적 재난보다 더 큰 재앙을 경고한다.

첫째 부분에는 두 가지 주석적 핵심이 있다. 27절의 인자의 정체성과 28절의 '구원'의 정의이다. 다니엘서 7:13의 병행구는 이 본문을 다니엘의 비전에 비추어 해석하도록 제시한다. 다니엘서 7:13-14은 한 인물을 묘사하고 있지만, 다니엘 7:18, 22, 27은 '인자와 같은 사람'으로 권세가 주어진 그룹으로 제시한다. 그런데 누가복음에서 예수는 계속해서 자신을 가리켜 '인자'라는 명칭을 사용한다. 이러한 컨텍스트에서 누가의 예수는 대표적 성도로서 역할 하는데, 그는 하나님의 나라와 성도의 지배를 함께 가져올 진정으로 의로운 사람이다. '구원'이라는 용어에 관해서는 누가는 바울이 의미하는 죄의 용서나 그것의 정당한 형벌로부터의 구조가 아니라 타락한 세계와 부패로부터 해방이라고 말한다. 하나님을 믿고 신실하게 사는 사람들은 자신이 처한 세계가 멸망하더라고 두려워할 필요가 없다. 도리어 그리스도인들에게 적대적인 세상에서 그들의 해방시키시는 하나님의 신실함을 믿고 자신 있게 설 수 있다.

다음 부분에서(29-31절), 예수는 청중들이 여기에서 묘사한 징조들의 의미를 분별해야 한다는 사실을 밝히기 위해서 자연의 실례를 사용한다. 무화과나무는 겨울마다 잎을 지고 봄이 오면 앞이 핀다. 예수가 말하는 징조는 분명하게 볼 수 있다. 역사에서 예수가 재림하는 정확한 날짜를 예견한 사람들은 누구나 잘못된 것이다. 그러기에 신자들은 전쟁과 자연재해가 더해가면서 예수의 재림을 기대하고 살아가야 하지만 또한 겸손하게 살면서 예수의 재림이 밤에 도둑같이 온다는 것을 깨달아야 한다(눅 12:33 참조). 결론적으로, 예수는 이러한 징조들은 종말이 가까웠다는 것을 가리키지만 종말에 이른 것은 아니라고 주장한다. 그리스도인들은 깨어있어야 하지만 격변이나 박해에도 불구하고 신실하게 살아가며 주의를 기울여야 한다.

32-33절은 짧은 두 가지 격언이다. 첫째는 이 세대가 끝나기 전에 예수

의 말씀이 다 이루어진다는 것이고, 둘째는 그의 말씀의 영원한 본질에 관한 것이다. 학자들의 토론은 예수가 '이 세대'에 대해 의미하는 것이 다각적이지만, 이 글에서는 두 가지 해결책을 제시한다. 첫째로 이 세대는 '예수와 그의 말씀에 반대하는 사람들'을 의미하는데, 누가복음에서 일관되게 주장되고 오늘날 우리의 관찰에서도 여전히 유용한 것이다. 둘째로 이 세대는 징조들이 처음 나타났던 세대들인데, 10년이나 100년은 넘기지 않은 세대로, 그들에게 종말이 계시되었다. 그 용어는 애매하게 남아 있다. 하지만 대조적으로 33절에서 예수는 그의 말씀을 권위 있고 없어지지 않을 성경과 동일시한다. 비록 연기되고 혼란스럽더라도 예수의 제자들은 그의 말씀을 의심하지 않아야 한다. 그가 묘사한 대로 일들이 일어날 것이다. 이러한 확신은 마지막 부분의 명령의 기초가 되는데 왜냐하면 '서서' '고개를 드는' 자신감은 하나님의 약속에 대한 그의 신실함을 믿는 것으로부터 오기 때문이다.

이 마지막 부분은 바울의 편지를 결론짓는 실제적인 명령과 비슷한데, 주어진 명령은 이미 제시한 신학에 근거한다. 예수는 그의 청중에게 주의하라고 경고하는데 그렇게 해서 심판 날에 그들이 놀라지 않도록 하려는 것이다. 예수를 따랐다고 주장하는 사람들에게 호의적인 심판이 보장되는 것이 아니다. 도리어, 심판은 모두에게 일어나지만 오로지 신실하게 남아 있고, 복종하며 살면서 이 세상에서 그 안에 어느 것에도 매혹되지 않는 사람들만이 예수 앞에 설 수 있다. 여기에서 '설 수 있다'는 것은 '영생'과 같은 것이다. 심판을 이겨낼 수 있는 사람들이 신실하게 남아 있던 사람이다. 하지만 이러한 충실한 삶은 공로로 받은 의로서 구원을 얻는 것과 같이 독립적으로 이루어지지 않는다. 도리어 36절에서 보여주듯이 유혹과 박해에도 불구하고 이길 힘을 주시는 하나님을 의지하며 기도하면서 이루어진다. 이것이 전체 본문의 강조점인데, 1세기의 형제자매들에게와 마찬가지로 오늘날의 우리 자신이나 신도들에게도 적용되는 것이다. 깨어 기도하면서 겸손하게 하나님을 믿고 이 세계의 구조에서 하나님만 할 수 있고 가져올 수 있는 구원을 기다리라.

## 목회

왜 대림절 첫째 주일에 종말과 대재앙에 대한 묵시문학적인 이미지인가? 이것은 '크리스마스 시즌'의 시작으로는 어울리지 않는 것처럼 보인다. 대림절이 그리스도 탄생에 대해 명상하고 회개하며 준비하고 기억하는 일로 교회의 한 해를 시작하기 위한 행복한 사교의 시간이 되기를 기대한다고 해도, 오늘 말씀에 나오는 불편한 이미지들이 목회적으로 무엇을 말하고 있는지 마음에 걸릴 것이다. 다른 관점에서 보면, 종말과 시작이 뒤섞여 있는 것이 성서 증언의 특징이다. 믿음을 그네가 정점에 있는 것이라고 생각해 보자. 그 순간이 진자운동의 끝인지 다음번의 시작인지, 아니면 다만 멈춰있는 것인지 알 수 없는 것처럼, 현재란 마치 시간에서 벗어난 것처럼, 종말과 시작 사이에 실제로 존재하지 않는다. 성서와 성서가 묘사하는 삶은 교훈적인 방식으로 시간과 함께 작용한다.

이번 주일 예레미야서(33:14-16)를 보면 이런 생각은 더 커지게 된다. 재통일되고 번영하는 민족이라는 예레미야의 비전을 예언자적으로 선포하는 이 말씀은 대림절에 더 잘 어울린다. 정치적인 음모와 변화하는 운명의 시대에, 예레미야는 편한 길로 가라고 충고하는 사람들에게 저항했다. 하나님은 처음부터 사람들에게 신실하실 것을 약속하셨고, 하나님의 약속은 틀림이 없다. 구체적으로 패배한 시기에도 하나님의 신실하심은 하나님의 백성의 가슴에 새겨져 있다. 그들이 그들 자신과 그들의 공동체의 방향을 재설정하여 하나님이 그들에게 주신 삶의 방식으로 살아간다면, 외로워하고 두려워하는 그들의 가슴에 새로운 언약이 기록될 것이다. 그리고 그들의 지도자 다윗에 대한 기억은 어느 날 다윗의 자손이 왕좌를 복원하면서 회복될 것이다. 하나님은 너무나도 신실하셔서 만물을 통해 마음들을 운반하시고 단련시키신다.

그래서 교회는 대림절 첫째 주일에, 어쩌면 다윗의 자손인 예수의 기원에 관한 또 다른 이야기를 기대하면서 누가복음을 읽는다. 그러나 그런 것은 없다. 예레미야의 믿음이 들리는 곳에서 교회는 그것을 쉽게 완성할 수

25

는 없었다. 그 대신 우리는 예수를 죽이기 위한 계획이 전개되기 직전까지 갈 수 있다. 우리는 예수가 첫 번째 오셨을 때가 아니라 시대의 종말에 두 번째 오실 것을 기대하면서 하신 말씀을 듣는다. 그리고 우리는 준비하라 는 말뿐만 아니라 깨어있으라는 말을 듣는다.

여기에는 '성탄절 스타일로 옷을 입은 도시를 분주하게 다니는 인파'는 없다. 우리는 예수가 더 많은 불길한 징표와 전조를 말해준 것을 듣는다. "바다와 파도의 성난 소리 때문에 어쩔 줄을 몰라서 괴로워할 것이다." 하 늘의 세력들까지도 '흔들릴' 것이며 사람들은 '두려움과 불길한 생각'으로 쇠약해진다. 그때 사람들은 인자가 큰 권능과 영광을 띠고 구름을 타고 오 는 것을 볼 것이다. 이것이 끝의 시작과 시작의 끝을 나타낼 것이다.

누가는 깊은 성찰을 통해 기독교의 제자도란 말하자면 중간에서 살아 가는 것이라고 말한다. 그것은 예수를 의식하고, 예수를 기다리며, 파란만 장하고 예측할 수 없으며 심지어 거칠기까지 한, 세상의 한복판에서 우리 가 기다리는 예수, 그의 앞에 서기를 기다리지만 그가 어디에 있는지를 항 상 알지는 못하는 예수를 알아가는 것이다.

"무화과나무를 보라. 여름이 오고 있다는 것을 알려 준다. 무화과나무 를 보고 시대를 읽어라. 깨어있으라. 너희의 마음을 진리에서 벗어나게 하 는 것들 때문에 짓눌리게 하지 말아라." 예수는 두 번째 예레미야가 되어 가르쳤다. "세상은 무서운 곳이지만, 걱정하지 말아라. 내가 세상을 이겼 다. 그러니 새벽이 되기 직전, 낯선 구원의 사건이 일어나는 한밤중에, 그 모든 것의 한복판에서 기다려라."

그리고 이렇게 교회가 새해를 시작할 때, 단지 달력으로서가 아니라, 각자의 마음으로, 관계로, 교회로 그리고 그렇게 살아갈 가치가 있는 약속 에 대한 열망으로 새롭게 시작하도록 요청받는다. 이 말씀을 듣는 사람들 은 신실하고 적극적으로 기다리는 삶을 살라는 초대를 받게 된다. 마지막 때에 그들을 붙잡아주실 분의 이름을 다시 듣기 때문이다.

진보와 파멸의 전조들은 시간을 각각 다르게 제공할 것이다. 그들은 미 래란 단지 시곗바늘이 오른쪽으로 움직여야 오는 것이고, 과거는 우월감이나 상처받은 감정을 위한 연료에 지나지 않는다고 말할 컷이다. 그러나 시간에 관한 다른 이야기가 있다. 그것은 우리 자신의 작은 인생 이야기보다 더 큰 시간 이야기이고, 낙관주의나 비관주의가 이해할 수 없는 약속으로 가득 찬 의미를 우리 삶에 주는 시간 이야기이다. 이것이 그 속에서 우리 인생이 살고, 모든 피조물이 현실과 약속의 리듬 안에서 살아가고 있는 것을 보는 파란만장한 종말론이다.

현실은 이렇다. 어떤 일이든 언제나 일어날 수 있다. 그리고 어떤 식으로든 모든 일이 모든 순간마다 일어나고 있다. 현재를 붙잡아 놓을 수는 없다. 변화는 예측 가능성이나 통제에 의해 제한되지 않는다. 신앙을 신이 우리에게 해준 만큼 돈을 지불하는 서비스로 바꾸는 종교에 점잖게 도전할 기회가 있다. 그러나 우리가 우리의 행복에 참여하고 있지만, 또 우리가 어떻게 살 것인가와 무엇을 하며 살 것인가 사이에 막연한 연관성이 있지만, 이런 연결은 정밀한 것이 아니다. 때로는 압도적인 현실이 작동하고 있다. 파괴와 악이라는 현실 혹은 우연과 은혜라는 현실이 있다. 그리고 지금 이 순간은 우리를 위한 사랑할 가치가 있고, 살아갈 가치가 있는 사건이다. 그것은 선물이다. 하나님을 기다리면서, 감사로 그것을 받고, 그 뒤에 놓여 있는 약속을 신뢰하면서, 필요한 것을 신실하게 채울 수 있는 힘을 달라고 기도할 수 있을 뿐이다. 향수병(鄕愁病)도 없고 그림의 떡을 꿈꾸지도 않는다. 억압이나 실패 때문에 체념하지도 않고, 권력이나 미덕을 과대평가하지도 않는다. 진정한 희망, 진실한 지식, 진실한 사랑은 예수 안에 있다. 믿음은 약속의 힘으로 현실을 살아가는 것이다. 이것이 우리가 전할 목회적 권면이다.

## 설교

오늘은 대림절 첫째 주일이다. 핼러윈 직후 바로 쇼핑몰들은 크리스마스 장식을 하고 캐럴을 틀어놓고 있었다. 아이들은 이미 성탄절 퍼레이드

27

를 구경했고, 부모들과 할머니, 할아버지들은 완벽한 크리스마스 선물을 위해 몇 달 동안 준비를 해왔다. 이제 이들이 대림절 예배를 드리기 위해 교회에 온다. 만일 이들이 세속 사회보다 더 많은 것을 기대하고 온다면, 분명히 깜짝 놀라게 될 것이다! 그들은 오늘 예배 중에 산타를 보지 못할 것이고, 웃고 있는 어린 마리아나 울고 있는 아기 예수 또 호기심에 가득 찬 목자나 노래하는 천사들도 만나지 못할 것이다. 이들은 아마도 오늘 이 복음서 본문으로 인해 실망하고 당황할지 모른다.

예루살렘 성전에서 행한 예수의 이 말씀은 두려운 이미지, 이해하기 어려운 은유 그리고 충격적인 권면 등으로 가득 차 있다. 이번 대림절 첫째 주일에 우리는 사람들이 기다리는 귀여운 아기 예수를 만나는 것이 아니라, 온 우주가 흔들리고 뒤집혀지는 것을 보여주는 준엄한 성인 예수를 만나게 된다. 이 본문은 "교회는 (두려워 보이는 대림절을 건너뛰고 즐거운 분위기를 이어) 성탄절로 바로 가면, 왜 안되는가!"라고 묻는 교인들이 많은 교회에서 설교자가 선호하는 본문이 아니다.

대림절 기간은 쇼핑몰과 화려한 카탈로그가 기대하는 것과는 매우 다른 준비를 요구한다. 그리고 바로 대림절 첫째 주일의 복음서 본문은 예배자들이 교회 밖에서 만나는 세속적인 성탄절 시즌과는 매우 다른 분위기를 연출하고 있다. 빈센트 반 고흐(Vincent van Gogh)는 오늘의 대림절 본문을 기초로 하여 1889년 그 유명한 <별이 빛나는 밤에>(The Starry Night)라는 작품을 완성하였다. 이 그림은 반 고흐를 유명하게 만든 대담한 색깔과 후기 인상파 양식을 보여주고 있다. 반 고흐는 네덜란드 목회자의 아들이었고 일정 기간 그 자신 또한 가난한 자들을 위한 전도자였으므로 누가복음 21장에 나오는 이러한 본문에 익숙하였다. 이 그림은 예수께서 묘사한 것과 같은 묵시적인 하늘을 그리고 있다. 거기에는 짙고 푸른 검은 바탕 위에 굵은 노란색과 흰색으로 그린 소용돌이치는 것 같은 구름들이 있다. 또 대담하고 밝은 노란색 달과 매우 빛나는 별들이 있어서 한 비평가는 "타오르는 노란색의 로켓들"이라고 표현하였다.* 배경으로는 교회 첨탑이

---

* Nicholas Pioch, *Gogh, Vincent van, The Starry Night* (Webmuseum Paris, 2002),

가장 특징적인 작은 마을이 있다. 그림의 전경에는 불길 같은 이미지가 땅과 하늘을 연결하고 있다. 미술사학자들은 이 이미지를 편백나무로 간주하는데 이 나무는 반 고흐 당시에 묘지와 애도에 관련이 있었을 것이다. 이 유명한 그림은 그것을 보고 감탄하는 사람들 가운데 각각 다른 반응을 이끌어 낸다. 이 그림에서 어떤 사람들은 무서운 하늘이라는 위협적인 모습을, 다른 사람들은 대담하고 아름다운 것을, 또 누군가는 언뜻 하나님의 임재를 본다.

반 고흐의 위대한 그림처럼 누가의 묵시적인 묘사도 그것을 읽고 감탄하는 사람들로부터 각기 다른 반응들을 이끌어 낸다. 두렵고 대담하며 그리고 아름다운 하나님을 언뜻 볼 수 있는 것 바로 이것이 예수께서 대림절 첫째 주일에 보여준 것이다. 본문을 듣는 사람들이 발견하기에 어려움이 있지만, 그 안에는 대림절의 진정한 의미와 목적을 보여주는 보물들이 있다. 이 본문에서 예수께서는 예루살렘 성전에 있던 당대의 청중들에게 했던 것처럼 우리에게도 위를 바라보고 주목하며 준비하라고 촉구하고 있다. 대림은 '오는 것' 혹은 '도착'을 의미하고, 누가의 이 묵시적 본문은 대림절이라는 두 가지 의미의 '오는 것'을 위한 준비라고 예배자들에게 말하고 있다. 그것은 성탄절에 우리가 기다리는 아기 예수의 모습으로 이 땅에 오시는 하나님 그리고 알지 못하는 시간에 재림하시는 그리스도이다. 여기서 두 번째 기다림은 올지 안 올지의 문제가 아니라 언제 오시는가의 문제이며, 예수께서는 우리가 이에 대해 준비하기를 바라고 계신다. 예수께서 말씀하시는 것처럼 그렇게 우리는 깨어있어서 끊임없이 준비하고, 우리의 소망을 예수 그리스도 안에서 우리에게 오신 사랑하는 하나님에게 두고 있다.

오늘날 어떤 설교자들과 예배자들은 재림에 대해 그 두려운 분위기를 강조하고, 또 다른 사람들은 격려와 위로의 특징만을 강조한다. 21세기가 시작된 지 10년 넘게 베스트셀러를 기록한 연작소설 『레프트 비하인드』(*Left Behind*, 2003)는 전 세계 독자들을 사로잡았다. 이 연작소설은 종말에 초점을 맞추고 그리스도의 재림을 준비하며 선과 악이 싸우는 세상 속에

---

http://www.ibiblio.org (accessed October 2, 2007).

서의 걷잡을 수 없는 혼란을 다룬다. 이 책들은 뒤에 남아 있을지도 모른다는 생각에 사로잡힌 사람들에게 두려움과 절망감을 주었고, 강단에서도 이런 메시지를 많이 다루었다.

누가가 그리는 묵시론은 이런 두려운 해석을 반대한다. 몇 가지 두려움을 주는 이미지에도 불구하고 누가의 이 대림절 본문은 두려움이나 저주가 아닌 희망과 기대를 전달하고 있다. 그리스도 안에서 하나님은 우리를 사랑하시기 때문에 곧 우리를 구원하시기 위해(28절) 오신다. 두려운 상황 속에서 예수께서는 우리들을 불러서 "일어나 머리를 들라"고 하는데, 그것은 '(우리의) 구원이 가까이 있기 때문'이다. 우리가 사는 세상은 누가공동체처럼 사회의 주변부에서 곧 질병과 가뭄과 절망으로 가득 찬 곳이 아닐 수 있다. 그럼에도 불구하고 우리들 또한 이 묵시적인 저작에서 언제든 나타날 수 있는 더 나은 세상에 대한 희망을 발견한다. 기근, 가뭄, 전쟁, 질병 또 전염병이 여전히 세상에 있고 욕심, 중독, 정신질환, 잘못된 삶의 우선순위 등으로 사람들은 고통을 당하고 있다. 깨어있어서 이런 세상을 뚫고 하나님의 나라가 도래하기를 끊임없이 기도하라는 그리스도의 요청은 이전에도 그랬던 것처럼 이 대림절에 우리를 향한 적절한 부름인 것이다. 깨어지고 상처받은 우리의 자아와 세상은 오실 그리스도를 필요로 하고 있고, 우리는 이 대림절에 시간을 들여서 그를 맞이할 준비를 해야만 한다.

대림절의 기쁜 소식은 단지 그리스도께서 오신다는 것뿐만 아니라, 그가 와서 무너져 내린 우리의 삶, 공동체, 우리를 둘러싸고 있는 세상 속에서 우리가 희망을 가질 수 있게 한다는 것이다. 늦겨울에 피어난 무화과 나뭇잎이 여름이 다시 온다는 희망을 전달하듯이, 예수 안에서 하나님의 말씀은 우리에게 새로운 삶을 약속하신다. 대림절은 우리에게 무언가 새로운 것에 대한 기대와 희망을 준다. "일어서서 너희의 머리를 들어라. 너희의 구원이 가까워지고 있기 때문이다"(28). "늘 깨어 있어라"(36). 대림절 예배에 온 사람들은 평화의 왕이신 아기 예수이자 부활하신 주님을 땅이 흔들릴 정도로 격하게 기다리면서, 이 기간을 하나님의 나라가 세상에 들어오는 것을 위해 헌신하겠다는 마음으로 떠나기를 바란다.

# 대림절 둘째 주일

## 누가복음 3:1-6

<sup>1</sup>디베료 황제가 왕위에 오른 지 열다섯째 해에, 곧 본디오 빌라도가 총독으로 유대를 통치하고, 헤롯이 분봉왕으로 갈릴리를 다스리고, 그의 동생 빌립이 분봉왕으로 이두래와 드라고닛 지방을 다스리고, 루사니아가 분봉왕으로 아빌레네를 다스리고, <sup>2</sup>안나스와 가야바가 대제사장으로 있을 때에, 하나님의 말씀이 광야에 있는 사가랴의 아들 요한에게 내렸다. <sup>3</sup>요한은 요단 강 주변 온 지역을 찾아가서, 죄사함을 받게 하는 회개의 세례를 선포하였다. <sup>4</sup>그것은 이사야의 예언서에 적혀 있는 대로였다. "광야에서 외치는 이의 소리가 있다. 너희는 주님의 길을 예비하고, 그 길을 곧게 하여라. <sup>5</sup>모든 골짜기는 메우고, 모든 산과 언덕은 평평하게 하고, 굽은 것은 곧게 하고, 험한 길은 평탄하게 해야 할 것이니, <sup>6</sup>모든 사람이 하나님의 구원을 보게 될 것이다."

## 신학

오늘의 성서정과가 원래 한 이야기인 누가복음 3:1-18을 두 부분으로 나눈 것은 아쉽지만 오늘의 본문의 역동성을 살펴보는 것은 매우 흥미로운 일이다. 하느님의 구원 사역 안에는 신성과 인성, 평범과 비범, 일상과 기적 사이의 신비한 상호작용이 있다. 한편으로 마리아와 나사렛 요셉의 아들의 강림은 오늘 본문 1절에 자세하게 기록된 사회정치적 상황이 무르익어 생긴 일이었다. 다른 한편으로 육신이 된 말씀의 강림(요 1:14)에 관한 '하나님의 말씀'은 어떤 인간적 중재도 없이 광야의 외로운 설교자에게 기적적으로 내려왔다.

이것은 신구약 전체를 통해 소개되는 구원사 이야기의 절정이다. 기독교 신앙은-힌두교 계통의 모든 종교와 달리- 역사(구원사뿐 아니고 일반사도 포함)에 탄탄한 기반을 두고 있다. 동시에 하나님의 말씀의 도래는 역사

31

적 사건을 통한 어떠한 준비에 의해서도 제한되거나 영향받지 않는다. 출애굽을 선포한 모세나 포로 생활로부터의 귀환을 선언한 예레미야나 그 외 구약성서의 다른 예언자들을 생각해 보라. 거기에는 신비하고 흥미로운 '역사'와 '초역사'의 상호작용이 있다. 이 역동성은 기독교적 역사관과 구원관의 중요한 특징이므로 너무 가볍게 취급되어서는 안 된다.

누가의 첫째 대림절 이야기가 흥미로운 것은 그가 역사적 세부 사항에 주의를 기울이기 때문이다. 오늘의 본문에는 7명이나 되는 정치적 인물이 소개된다. 왜일까? 구원사를 구체적이고 가시적인 세계사에 닻을 내리게 하기 위해서이다. 디베료 황제, 본디오 빌라도, 헤롯, 빌립 등이 복음과 무슨 상관이 있나? 그들 스스로도 아무 관련을 찾을 수 없었을 것이다. 그들은 자신들의 이름이 당시 자그마한 종교 집단의 모호한 문서에 실려 있으리라고는 상상 못 했을 것이다. 그렇지만 복음서 저자에 따르면 그들은 복음과 밀접하게 관련되어 있다. 기독교는 나중에 본디오 빌라도라는 이름을 신조에 포함할 정도로 누가의 역사철학에 귀 기울였다. 이상하게도 교회는 예배를 드리기 위해 모여 삼위일체 하나님의 위대한 구원의 사역을 회상할 때마다 빌라도의 이름을 기억한다.

동방정교에서 구약의 마지막 예언자로 여겨지는 세례자 요한이 세계적 지도자들이 등장했던 무대에 갑자기 들어선다. 마치 그가 역사의 진행과 국제 정세의 중심이 된 것 같아 보인다. 그는 갑자기 튀어나와 하나님의 말씀을 받는다. 다른 공관복음서와 달리 누가는 구세주의 수태고지뿐 아니라 세례자 요한의 수태고지에 대해서도 상세하게 기록한다. 그러나 복음서 기자는 광야에서 온 예언자를 적절한 관점에서 조명하기 위해 노력한다. 그는-이레니우스가 적절하게 말했듯이- 삼손의 손을 잡아 인도한 소년(삿 16:26)이고 '백성들에게 그리스도에 대한 믿음을 보여줄' 사람이다.*

구약의 마지막 예언자이면서 신약의 첫 예언자였던 세례자 요한의 선포 내용은 그의 앞에 있었던 다른 예언자들이 선포한 것의 연속이었다. 즉,

---

* Irenaeus, *Exegetical Fragments* 27 (http://www.newadvent.org/fathers/0134.htm; accessed November 24, 2007).

그는 참회와 회개와 근본적 변화를 요구했다.

그러나 회개로의 초청은 법적 성격을 띠는 것이 아니고 도리어 용서로 가는 문이었다. 칼뱅은 이 구절에 대한 주석에서 사람들은 그의 선포에서 율법을 본 것이 아니고 복음을 보았다는 것을 강조했다. "요한은 '회개하라. 그러면 그 후에 하나님의 나라가 올 것이다'라고 외치지 않았다. 그는 하나님의 은총을 전달하고, 그 후에 회개를 촉구했다. 그러므로 회개의 기초는 하나님의 자비이며, 그 자비가 잃어버린 자를 회복한다."* 북아프리카 지역 교회의 사제였던 테르툴리아누스도 동일한 복음적 진리를 보았다. "회개로의 초청은 마음의 집을 준비하는 것이다. 마음을 깨끗하게 하여 성령을 영접하여 그분이 다스리게 해야 한다."** 어원적으로 '용서'(forgiveness)로 번역된 단어는 '풀어 주다'(to let go)라는 뜻의 헬라어에서 나왔다. 오직 하나님만이 우리의 죄를 풀어줄 권한과 능력을 갖고 있다. 회개하라는 부름에 대한 겸손하고 순종적인 응답은 하느님이 우리를 악에서 구해 주기 위해 우리에게 다가오실 때 그것을 받아들이는 것이다.

오늘 본문에서 우리의 죄를 풀어줄 분의 도래는 가장 넓은 구원사의 틀속에 놓여 있다. 제이 이사야서(40:3-5) 초반에 나오는 예언을 참조하면 모든 육체가 하나님의 구원을 보는 것이 메시아적이며 종말론적인 약속의 핵심이다. 대림절 주일 메시지는 산이 평평해지고, 골짜기가 메워지고, 굽은 길이 펴지고, 험한 길이 평탄해지는 이미지를 통해 복음서의 종말론적인 톤과 연결되고, 선택된 나라뿐 아니라 모든 나라를 포함하는 종말론적 구원의 최종적 도래와도 연결된다. 오늘 본문은 성령강림절의 본문이기도 하다. 그날에는 최종적 구원을 예상이라도 하듯 성령이 모든 육체에 내렸다. 누가복음의 핵심이 되는 신학적 주제는 하나님의 구원적 초대에 모두가 포함된다는 것이다. 남자와 여자, 가난한 자와 부유한 자, 이방인과 유

---

\* John Calvin, *Commentary on a Harmony of the Evangelists* [1558], vol. 1, on Matthew 3:1-6/Mark 1:1-6/Luke 3:1-6 (http://www.ccel.org/ccel/calvin/calcom31.ix.xxvii.html; accessed November 24, 2007).

\*\* Tertullian, *Considering Repentance* 2, in *Ante-Nicene Fathers*, 10 vols. (Grand Rapids: Eerdmans, 1989), 3:658.

대인이 다 포함된다. 이번 대림 주일은 그 사실을 상기할 수 있는 매우 적절한 날이다.

## 주석

오늘 본문은 세례자 요한의 사역의 시작을 묘사한다. 오늘 본문이 짧긴 하지만 새로운 예언자를 소개하는 중요한 역할을 한다. 첫째로, 구약의 예언자들을 연상케 하듯이 누가는 요한의 사역을 시대의 정치적 맥락에서 설정하고 있다(사 1:1; 렘 1:1-3; 겔 1:1-3; 호 1:1; 암 1:1; 미 1:1; 습 1:1; 합 1:1; 슥 1:1 참조). 이러한 역사적 배경은 가볍게 언급될 사항은 아니다. 먼저, 이것은 하나님의 약속이 실체적 역사의 맥락 안에서 이루어진다는 것을 상기시키는 역할을 한다. 세례자 요한이나 예수는 예를 들어 그리스 신화의 신비적 영웅과는 달리 역사적 시간과 장소에 존재했고, 특정한 문화적 상황에서 역할을 했다. 이에 덧붙여 누가는 이러한 상황이 얼마나 복잡하고 엄청나게 긴장되는지를 분명히 하고 있다. 누가는 그의 리스트에 '대제사장'이라는 단수명칭으로 두 유대인 지도자와 함께 유대와 왕국 전역에 흩어져 있는 여러 명의 로마 위정자들을 포함하고 있는데, 그들 중 몇 명은 누가복음과 사도행전의 다른 곳에서도 보인다. 이런 식으로 누가는 로마 영역과 유대 종교 사이의 긴장, 즉 종교 지도부 자체의 모호성이 더해진 긴장을 나타낸다.

유대에서 로마의 통치를 다루는 것은 복합적이다. 종교적으로 로마는 황제 숭배를 권장했는데, 심지어 거룩하고 우상을 거부하는 예루살렘성에서도 황제상을 도입했다. 정치적으로, 헤롯 대왕은 그의 백성들에게 가혹한 세금을 부과했고, 그의 아들도 그러한 정책을 계속했다. 이스라엘 백성들은 하나님께서 다시 한번 그의 백성들을 구원하고 압제의 굴레에서 자유롭게 해 주리라고 기원하는 무르익은 변화의 시기에 있었다.

이러한 역사적 상황에서 하나님께서 다시 말씀하신다. 누가가 "하나님의 말씀이 사가랴의 아들 요한에게 내렸다"고 선포했을 때, 그는 하나님의 백성들에게 하나님이 임재하시는 승리의 귀환을 선포한 것이다. 누가는 요한을 '사가랴의 아들'이라고 반복해서 말하는데(1:5-25), 이는 구약에서 볼 수 있는 영감을 받은 예언자 소명 공식을 따르는 것이다. '광야'라는 배경 또한 중요한데, 그곳은 시험(4:1, 아마도 15:4)이나 기도, 물러가시고 기적이 일어나는(4:42; 5:16; 8:29; 9:12) 누가복음에서 활동의 핵심 장소이다. 요한에게 광야의 현장은 자기 사역의 시작을 기다린 곳임과 동시에 금욕적 생활 방식을 보여준 곳인데, 이로 인해 어떤 이들은 요한이 쿰란의 에세네 공동체에서 훈련을 받았거나 그들과 대단히 친숙하다고 추측한다.

3절은 주님의 말씀을 받았을 때 요한의 사역의 간단한 요약을 보여준다. 요한은 사역의 장소를 요단강 근처에 한정해 둔 떠돌아다니는 설교자로서 예루살렘의 언덕을 넘어가거나 광야 지역을 완전히 떠나지 않았다. 헤롯 안티파스는 요단강이 흘러 들어가고 나오는 갈릴리 호숫가에 디베랴라는 도시를 세우는데, 그래서 그는 요한이 그와 그의 아내 헤로디아(3:19-20; 마 14:1-12)에 대한 정죄를 듣기에 좋은 위치에 있었다. 요한의 메시지는 결국 그를 투옥과 죽음에 이르게 했다. 흥미롭게도 누가는 비록 이러한 정치적 배경에 요한을 설정했지만, 요한의 정치적 상호작용에 많은 관심을 두지 않았고 도리어 '죄사함을 받게 하는 회개의 세례'에 초점을 두었다.

요한이 이 맥락에서 '회개'로 의미하는 것은 7-18절의 다음 주 본문에서 좀 더 설명될 것이다. 하지만 여기에서 우리는 요한의 세례가 그리스도의 부활에서 명령한 세례와는 같지 않다고 지적해야 할 것 같다. 두 세례 모두 새로운 삶에 대한 헌신과 옛 삶에 대한 회개를 의미하지만, 이 세례는 임박한 심판에 대한 준비의 일환으로-지위나 혈통 또는 예식이 아니라- 심판이 이르렀을 때 오직 회개로 용서받을 수 있다는 사실을 받아들이는 것이다. 그런데 누가의 설정에서도 요한의 세례는 예수의 사역, 삶과 죽음에 대한 준비인데 왜냐하면 요한의 부름에 응한 사람들은 하나님 앞에 겸손하며, 그의 말씀을 흔쾌히 따르고, 주님이신 메시아를 기꺼이 받아들이기 때문이다. 오시는 주님을 준비하는 첫 단계는 죄의 회개인데, 이는 유대 예언자들의 반향이고 대림절 시기에 가장 적합한 메시지이다.

요한은 그의 사역을 준비하며 광야에서 메시지를 선포했고, 그래서 누가는 그를 주님의 길을 예비하는 광야에서 외치는 목소리로서 이사야의 예언의 완성이라고 볼 수 있었다. 이사야 40:3-5은 본래 바벨론 포로기에 이스라엘 백성들에게 위로를 주는 말씀이다. 억압의 시대가 하나님의 구원으로 끝이 나는데, 하나님은 그들을 잊거나 방치하지 않으셨다. 이사야의 이 본문을 사용함으로써 누가는 이스라엘 백성들의 메시아적 희망을 능숙하게 활용한다. 이러한 말씀을 듣는 것은 그들이 요한이 약속된 구원을 받도록 준비하게 하는 목소리라는 것을 이해하는 것이다. 그러기에 요한의 메시지는 진정으로 '기쁜 소식'(18절)인데, 왜냐하면 그의 회개의 메시지는 주님의 길을 준비하는 일환이고, 또한 그 말씀을 받아들이고 그것대로 행동하는 사람들은 주님이 행하는 위로를 받아들일 준비가 되었기 때문이다. 누가는 이사야의 말씀을 요한과 예수의 사역의 계속성을 보여주는 것으로 사용한다. 요한의 등장도 예고되었을 뿐만 아니라 그의 메시지는 진정으로 기쁜 소식을 시작하는 것이었다. 비록 누가는 요한의 전체 사역을 예수의 사역과 별개의 것으로 포함하고 있지만, 그들의 사역이 중복되고 요한이 예수에게 세례를 베풀었다는 사실에도 불구하고(마 3:13-17, 누가는 누가복음 3장의 세례에 대한 그의 설명(21-22)에서 세부 사항을 생략한다), 누가는 두 사람이 선포한 하나의 이어지는 메시지를 제시하는데, 먼저 요한이 준비한 다음 예수님이 구현하신 것이다.

우리의 성도들이 대림절 둘째 주일 예배를 드릴 때에, 현재의 국가와 교회의 현실에서 누가의 말씀이 소환할 죄와 회개는 무엇일까? 많은 것을 뽑을 수 있을 것이다. 그것들은 신문들과 일기들의 페이지에 펼쳐져 있다. 그것들이 무엇이든지 누가의 성서정과는 변치 않는 말씀을 전하고 있다. 요한의 회개의 메시지를 받아들이고 메시아를 준비하라.

# 목회

칼뱅은 그의 주석에서, 3절에서 세례자 요한이 '회개의 세례를 선포'한 것이 세례신학의 시작이며 또한 성례전을 시행하고 설명할 때 목회자가 우물우물하지 말고 명확하게 말해야 한다는 경고라고 말한다. 신학적 측면에서는, 칼뱅은 회개와 용서가 세례의 중심이라고 한다. 연설이라는 측면에서 칼뱅은 "축사(逐邪)를 하는 것처럼 낮은 목소리로 주문을 외우듯이 웅얼거리는 것을 지지하지 않고 신앙을 세우라고 선포하는 분명하고 구별된 목소리가 영향력 있다"고 주장했다.* 이 모든 것이 '선포하였다'는 말에서 비롯된다. 그러나 이러한 칼뱅의 이중적 독서가 가진 수사학적 측면을 성급하게 무시해서는 안 된다. 왜냐하면 양쪽을 가로지르는 메시지로부터 목회적 통찰을 얻을 수 있기 때문이다. 소통의 장벽을 제거하는 것은 언제나처럼 우리 시대를 향한 목회적 의무일 것이다.

이사야 40장에서 요한의 사역의 근거를 찾는 것은 그 나름대로 이러한 긴급성을 강화한다. 광야의 소리는 몹시 급박하게 하나님의 길을 준비해야 한다고 외친다. 이러한 긴박성은 신앙의 말을 선포하는 사람들이라면 수사학적로 민감해야 한다고 요구하는 것으로 들릴 수 있다. 피조물을 위한 하나님의 열망을 알 수 있게 해 주는 극적인 비유가 있다. 큰길을 곧게 내고, 계곡과 산들은 평지로 만들고, 거친 길은 평탄하게 하라(이사야 40:4-6).

백 년 전에는 포장된 길이 거의 없었다. 지금은 그런 길이 풍경이 되었다. 숲을 벌목해서 길을 곧게 만들고, 아스팔트는 그 길을 매끄럽게 했다. 다리는 골짜기를 메우고 터널은 산을 평평하게 했다. 우리는 이제 이 구절의 능력을 생각하기도 하고 의식하지 못하기도 하면서 길을 통해 이곳저곳으로 달려간다. 이러한 비유는 아직 길이 거칠어서 때로는 지나갈 수 없었던 때, 아직 자연은 정복하기에 쉽지 않고 여행은 단순히 내비게이션 화면에 목적지를 표시하는 것보다 더 많은 준비를 해야 했던 때를 생각하게

---

* John Calvin, *Commentary on a Harmony of the Evangelists, Matthew, Mark, and Luke*, trans. A. W. Morrison (Grand Rapids: Eerdmans, 1972), 1:116.

한다. 내가 이곳저곳으로 가는 길을 지혜, 인내, 의지력, 행운 그리고 도움을 줄 수 있는 사람들의 은혜를 통해 발견해야만 할 때, 정찰 임무인 기독교 설교를 누가가 어떻게 생각하고 있는지를 더 잘 이해할 수 있을 것이다. 하나님에 대해 말해야만 한다는 것과 그것이 어떻게 들리는가의 사이에는 도전하고 위험을 감수해야 하는 굽은 길과 올라야 하는 높은 산과 굴러떨어지는 많은 계곡이 있다. 교회에서 설교하는 사역은 고되고 복잡하다. 이 사역은 각각의 지형에 각기 다른 방식으로 접근하기를 요구한다.

평평하게 하고 곧게 한다는 비유를, 똑같게 하거나 획일화시켜야 한다는 조언으로 이해할 필요는 없다. 이 비유는 한 걸음 떨어져서 보면 더 잘 보인다. 이것은 사역의 결과에 대한 고정적인 이미지라기보다는 예언자의 소명이 하나님께로 가는 길을 만들고, 열고, 깨끗하게 하는 것이라는 뜻이다.

설교를 방해하는 것과 듣는 것을 방해하는 것 사이에 무엇이 있을까? 폴 리꾀르는 설교자의 '설교 이전' 사역에 관하여 썼는데, 우리가 해야만 하는 사역은 단순히 설교를 준비하는 것이 아니라 회중이 그 설교를 듣도록 준비시키는 것이라고 한다. 이 사역은, 복음을 설명하는 일이 교회가 복음을 이해할 때 완수된다는 점에서는 전지구적이지만, 어떤 시간과 어떤 장소에서, 특정한 사람들과 함께 구체적인 문화적인 압력에 대하여 저항하고, 화자와 청자 사이의 특정한 관계를 지지하는 등, 대단히 지역적이기도 하다. 모든 설교자는 방해 요소들에 대하여 더 잘 이해하고 어떻게 대응해야 할지 연구해야 하는데, 길을 안내해 줄 주제들은 많지 않다.

특성에 관한 고전적인 질문을 생각해 보면, 모든 설교자는 죄에 대해 연민을 나타내고, 용서하시는 하나님의 성령을 선포하고, 사람들을 성령에게 응답하도록 초대하기 위하여 사람들이 그를 신뢰하도록 목회자로서 또 개인적인 삶에서 어떤 습관들을 가져야 할지 결정해야만 한다. 특성에 대한 질문은 회중에게도 제기된다. 공동체가 어떤 경험을 해야 단순히 모여 있는 사람들을 들을 준비가 되어 있는 청취자로 만들 수 있을까? 연구와 상담, 세상에 대한 비판적 성찰, 사명을 위한 희생, 상호 관심, 관용, 격려, 축하, 기도 등을 통해 특정한 교인의 정체성이 어떻게 형성되는가?

환경은 어떤가? 성서는 구체적인 것들에 대해 관심을 기울이라고 요구한다. 예배 장소는 안락한지, 음향은 효과적인지, 장애인이 쉽게 이용할 수 있는지 등등. 가난, 폭력, 분열, 그 밖에 성소 안팎의 문화적 현실들은 어떤가? 그런 것들이 자유롭게 말하는 것과 사람들이 그것을 듣는 능력 사이에서 문제를 일으키지는 않는가? 이런 과제를 해결하기 위한 힘과 지혜는 어떻게 찾을 수 있을까?

구체적이든 추상적이든, 무작위적이든 순차적이든, 인식하고 생각하는 방식이 어떠해야 메시지가 형성되고 들리는 데 효과적일까?* 어떻게 메시지를 정교하게 다듬어서 듣는 사람들이 의도를 알아차리도록 할 수 있을까? 설교자이면서 청중인 우리는 다양한 설교 스타일에 열려 있어야 하며, 그런 것들을 배우기 위한 시간이 필요하다.

사람들이 성령께서 하시는 말씀을 듣기에 충분할 만큼 오래 대화하게 하려면 어떤 영적이고 신학적인 모습이 요구되는가? 그리고 그리스도를 전하려는 사람들은 어떻게 해야 현대 미디어에 의해 혹사당해 온 청중들에게 이야기, 상징, 리듬, 아이러니, 미스터리, 은유와 같은, 성서에 나오는 증언의 특징들을 올바로 이해하는 능력을 회복하게 할 수 있을까? 메시지가 즉시 소모되고 내일이면 잊히는 문화 속에서, 교묘한 속임수가 넘쳐나는 곳에서 그리고 산만함이 가득한 곳에서, 설교하기 전에 먼저 기독교 예배와 기독교 증언을 통해 비폭력적이고 해방적이며 그리스도를 높이는 말이 통용되는 수사학적인 환경을 재현하는 것이 우리가 해야 하는 가장 긴급한 목회적인 임무일 수 있다. 길을 예비하라. 길을 곧게 만들라.

## 설교

대림절은 준비하는 기간이다. 이 시기에 사람들은 집에서 청소를 하고

---

\* 여기서 세상을 인식하는 것과 정리하는 것 사이의 구분은 앤서니 그레고릭(Anthony Grecoric)의 연구에 근거하고 있다.

성탄절 장식물을 꺼내며 크리스마스트리를 구입한다. 또 빵을 굽고 파티를 열기도 하고 또 참석도 하면서 크리스마스를 위한 준비를 한다. 그러나 해마다 이런 대림절의 '분주함' 속으로 세례자 요한이 개입한다. 그는 우리 스케줄 가운데 들어와서 다른 종류의 준비를 할 것을 요청한다. 요한은 우리가 예수를 맞을 준비를 할 것을 요구한다. 성탄절의 기쁨과 특별한 아기의 탄생을 즐거워하기 전에, 요한은 우리들 자신과 우리가 사는 세상을 살펴볼 것을 요청한다. 자신보다 앞서 있던 구약 예언자들과 같은 스타일로, 요한은 대림절을 맞이하는 사람들에게 개인적 그리고 공동체적 자기 성찰을 할 것을 요청하고 있다. 요한은 우리에게 대림절이란 예수를 맞이할 준비를 하는 시간이지 단순히 초대한 성탄절 손님들만을 위한 시간은 아니라고 상기시킨다.

내가 십대였을 때 모임을 위해 집에서 가장 특별한 준비를 하던 어머니를 놀리곤 하였다. 어머니는 무릎을 꿇고 손으로 거실과 주방에 있는 동양식 양탄자를 펴고 네 귀퉁이에 있는 술을 빗으로 곱게 펴곤 하였다. 손질을 끝마쳤을 때 그것은 매우 깔끔하고 잘 정돈되어서 아름답게 보였다. 나는 손님들이 발로 밟거나 차면 다시 흐트러질 것이라고 말하고 싶었지만, 어머니는 내 말을 듣지 않았을 것이다. 그녀는 우리가 손님을 맞이할 때 양탄자의 가장자리까지 모든 것이 완벽하게 준비되기를 원했다. 그래서 세부적인 것까지 손을 본 것이었다.

손님들이 집에 오는 일은 집주인에게 정돈을 하게 할 뿐만 아니라 집 주변 이것저것들 곧 부러진 문고리, 느슨한 수건걸이, 망가진 전구, 물이 새는 손님용 화장실 변기 등을 손보게 만든다. 이처럼 손님맞이 준비는 집주인에게 집뿐만 아니라 그 주변 환경까지도 이전과는 다른 새로운 눈으로 관찰하게 만든다. 그때 너무 지저분한 싱크대, 망가진 책상다리, 녹슨 수저 등이 갑자기 보인다. 손님맞이 준비는 '해야 할 일' 목록을 만들게 하고 자기 자신을 성찰하게 만든다.

세례자 요한은 집에 온 손님을 맞이하는 데 필요한 모든 것을 알고 있었던 사람은 아닌 것 같다. 그는 대부분의 시간을 광야에서 메뚜기와 들꿀을 먹고 살았으므로 그의 집은 머물기에 편리한 곳은 아니었다. 그러나 요한이 양탄자를 곱게 펴지는 않았지만 그는 사람들이 어떻게 그들의 하나님을 맞이해야 하는지는 잘 알고 있었다. 광야에서 했던 그의 대담한 설교는 사람들에게 준비를 하라는 것이었다. 그는 사람들에게 그의 뒤에 오는 분을 영접하려면 '해야 할 일' 목록을 만들고 자신을 돌아보아야 한다고 독려했다. 요한의 예언자적 메시지는 예수를 영접할 준비를 하라는 것이었다.

대림절 설교자는 세례자 요한을 인용하면서 교인들에게 다른 종류의 준비를 하도록 독려할 것인데 그것은 자신들의 삶, 가치관 그리고 삶의 우선순위 등을 성찰하게 하는 것이다. 예배 참석자들이 성탄절에 평화의 왕을 영접할 준비를 올바르게 하려면, 집에서 손님들을 맞이할 계획을 짜는 사람들처럼 자세한 준비 과정 목록을 작성해야 할 것이다. 교회 밖의 사람들은 이웃들과 밀크 펀치를 마시고 엘리베이터 안에서 빙 크로스비(캐럴을 불렀던 미국 코미디언 _ 역자 주)를 따라 부르며 크리스마스트리에 팝콘 장식을 걸고 있다. 그러나 하나님의 사람들은 예배를 통하여 다른 준비를 하라는 세례자 요한의 요청을 듣는다. 세례자 요한과 그의 회개를 촉구하는 메시지는 피할 수가 없다. 그는 매년 대림절 성서정과에 나타나서 설교자와 교인들에게 자신의 말을 듣고 응답할 것을 요청한다. 요한은 우리를 대면하고 주의를 끌면서 응답을 요구한다.

요한이 요구하는 것은 회개하고 준비하라는 것이다. 진정한 회개(헬라어로 메타노이아, metanoia)는 문자 그대로는 우리의 마음을 바꾸어 가던 길에서 돌이켜 새로운 방향을 향하는 것이다. 요한은 모든 사람이 하나님을 향하여 죄로부터 돌이켜 하나님의 용서를 구하고, 새로운 주님의 길을 예비하라고 요청한다. 나중에 그는 이 새로운 방향이 무엇인지 구체적이고 현실적인 예를 보여줄 것이다(3:10-14). 그러나 이번 주에는 예언자 이사야의 시에서 선포된 것을 보여주는데 그것은 모든 사람이 굽은 길을 곧게 하고 골짜기를 메우고 험한 길은 평탄하게 하는 것이다. 이 시의 핵심과 약속은 마지막에 곧 "모든 사람이 하나님의 구원을 보게 될 것이다"에 있다.

41

주님의 길을 예비하라! 만일 이것이 오늘 본문의 핵심적인 메시지라면, 광야에 살고 있는 요한을 하나님께서 선택하신 이유가 있다. 누가복음에서 하나님의 말씀은 황제나 통치자를 통해서 심지어 대제사장을 통해서도 들려지지 않는다. 그 분의 말씀은 누가가 자신의 복음서 1장에 소개한 스가랴의 아들인 순박한 요한에게 들린다. 세례자 요한은 우리에게 예수의 길을 예비했던 위대한 예언자이지만, 당대의 정치적, 종교적 지도자들에 비하면 그는 단지 평범한 사람이었다. 그러나 하나님께서는 요한을 선택해서 메신저로 삼았다. 하나님께서는 메시지를 로마나 예루살렘이 아닌 광야에서 요한에게 보냈다. 정치적, 종교적 권력자들의 자리가 아닌 광야에서 곧 하나님께서 과거에 당신의 백성들에게 말씀하셨던 그리고 그 말씀을 통하여 하나님의 백성들을 새로운 약속의 삶으로 인도했던 그 두렵고 예측불허의 장소인 그 광야에서, 하나님은 메시지를 보냈다. 하나님께서 요한을 선택했다는 것과 요한에게 말씀하셨던 장소는 하나님께서 우리에게 기대하는 것을 암시한다. 우리의 회개 곧 방향을 선회하는 것은 우리를 둘러싸고 있는 이 세상의 체제와 사람들을 이전과는 다른 새로운 방식으로 보라는 것이다.

예언자 요한은 "이번 대림절에 그 길을 준비하라"고 외친다. 요한은 그래서 우리를 불편하게 만든다. 아마도 이것은 대림절 설교자의 과제이기도 한데, 그것은 우리를 불편하게 만들어 진정으로 예수의 오심을 준비하며 회개하게 하는 일이다.

# 대림절 셋째 주일
## 누가복음 3:7-18

[7]요한은 자기에게 세례를 받으러 나오는 무리에게 말하였다. "독사의 자식들아, 누가 너희에게 닥쳐올 진노를 피하라고 일러주더냐? [8]회개에 알맞은 열매를 맺어라. 너희는 속으로 '아브라함은 우리의 조상이다' 하고 말하지 말아라. 내가 너희에게 말한다. 하나님께서는 이 돌들로도 아브라함의 자손을 만드실 수 있다. [9]도 끼를 이미 나무 뿌리에 갖다 놓으셨다. 그러므로 좋은 열매를 맺지 않는 나무는 다 찍어서 불 속에 던지신다." [10]무리가 요한에게 물었다. "그러면 우리는 무엇을 해야 합니까?" [11]요한이 그들에게 대답하였다. "속옷을 두 벌 가진 사람은 없는 사람에게 나누어 주고, 먹을 것을 가진 사람도 그렇게 하여라." [12]세리들도 세례를 받으러 와서, 그에게 물었다. "선생님, 우리는 무엇을 해야 하겠습니까?" [13]요한은 그들에게 대답하였다. "너희에게 정해 준 것보다 더 받지 말아라." [14]또 군인들도 그에게 물었다. "그러면 우리들은 무엇을 해야 하겠습니까?" 요한이 그들에게 대답하였다. "아무에게도 협박하여 억지로 빼앗거나, 거짓 고소를 하여 빼앗거나, 속여서 빼앗지 말고, 너희의 봉급으로 만족하게 여겨라." [15]백성이 그리스도를 고대하고 있던 터에, 모두들 마음 속으로 요한에 대하여 생각하기를, 그가 그리스도가 아닐까 하였다. [16]그래서 요한은 모든 사람에게 대답하였다. "나는 여러분에게 물로 세례를 주지만, 나보다 더 능력 있는 분이 오실 터인데, 나는 그의 신발끈을 풀어드릴 자격도 없소. 그는 여러분에게 성령과 불로 세례를 주실 것이오. [17]그는 자기의 타작 마당을 깨끗이 하려고, 손에 키를 들었으니, 알곡은 곳간에 모아들이고, 쭉정이는 꺼지지 않는 불에 태우실 것이오." [18]요한은 그 밖에도, 많은 일을 권면하면서, 백성에게 기쁜 소식을 전하였다.

## 신학

대림절 셋째 주일 본문을 현대를 사는 교인들에게 이해시키기 위해서 설교자는 각고의 노력을 해야 할 것이다. 어떻게 '독사의 자식들'이라는 극단적인 표현을 해명할 것인가? "돌을 갖고 아브라함의 자손을 만든다"는 의미를 어떻게 설명할 것인가? "도끼가 이미 뿌리에 놓였다"는 말과 "모두 다 불 속에 던져진다"는 말의 의미를 어떻게 이해시킬 것인가? 더 나아가서 성령의 세례가 무엇인지 어떻게 말할 것인가? 아직 많은 사람이 물세례의 뜻도 이해하지 못하고 있는데.

아마도, 본문의 신학적 의미를 파악하는 가장 좋은 방법은 본문이 명확하고 확실하게 서술하는 것, 즉 회개하라는 세례자 요한의 촉구에서 시작하는 것이다. 세례자 요한은 구체적인 윤리적 회개를 촉구했다. 광야의 설교자는 군중, 세리, 군인들에게 공정성과 정의를 온전히 지키라고 요구했다. 관대함과 이타심은 회개의 합당한 '열매'였다. 이것이 바로 정신적인 유턴, 메타노이아(metanoia)의 본뜻이다. 세례자 요한에게 회개란 열심히 기도하고 예배에 빠지지 않고 참석하는 것보다는, 재물에 대한 태도, 사회를 위한 봉사, 청지기적 실천과 더 밀접하게 관련되어 있다.

이 정도 내용은 본문이 명확하고 확실하게 서술하는 바이다. 그런데, 이 내용이 사실 본문에서 가장 어려운 부분일 수 있다. 대림절 설교자들이 본문에서 영적이고 더 심오한 의미를 찾기 위해 서두르는 것은 놀랄 일이 아니다. 북아프리카 교부 테르툴리아누스(Tertullianus)는 본문을 주석하면서 이렇게 썼다. "회개는 그리스도인들에게보다는 이교도들에게 더 효과적이다."* 많은 사람이 이 말을 우리에게 격려와 위로를 주기 위한 것으로 받아들이고 싶겠지만, 사실은 그 반대다. 대림절을 준비하는 합당한 방법은 하나님의 도끼가 우리의 욕심, 자기도취, 위선, 이기심 같은 것을 찍어 내어 그것들을 꺼지지 않는 하나님의 심판의 불에 던져버리는 것이라는 말씀을 경청하는 것이다. 이것이 진정한 좋은 소식(euangelion), 즉 복음이 아닌가?

그러나 좋은 소식, 즉 복음은 여기서 멈추지 않는다. 아니, 여기서도 아직 제대로 시작하지 않았다. 본문을 기반으로 설교를 준비하면서, 설교자는 세례자 요한의 주파수(더 정확하게는 신약성서 복음의 주파수)에 맞추기

---

* Tertullian, *On Modesty* 10, in *Ante-Nicene Fathers*, 10 vols. (Grand Rapids: Eerdmans, 1988), 4:84.

위해 두 개의 헤드셋을 써야 한다. 하나는 종말론적이고, 다른 하나는 윤리적인 신호를 받기 위한 것이다. 둘째 것에 대해서는 어느 정도 익숙해 있으므로 첫째 것에 대해 좀 더 자세히 살펴보자.

본문은 전체가 종말론적 주제로 채워져 있다. 본문은 강림(advent), 도래, 출현, 새롭고 예기치 못했던 것의 옴 등과 관련되어 있다. 본문은 다음과 같은 구약의 묵시문학적 용어로 가득 차 있다: '임박한 저주', '도끼', '키', '타작마당', '꺼지지 않는 불.' 본문은 종말의 시작에 관한 글이다.

모든 예언자에 따르면, 회개는 하나님의 나라에 들어가기 위해 꼭 필요하다. 그렇다. 모든 종류의 윤리적 유턴은 그 자체가 바람직한 최종 목표이다. 왜냐하면 그것이 세계의 개인적, 공동체적, 사회적, 정치적 조건을 향상하는 데 이바지하기 때문이다. 그러나 '최종'은 아직 오지 않았다. 대림절 주일은 하나님의 끝없는 종말론적 도래의 시작일 뿐이다. 이런 이유로 교부 이레니우스(Irenaeus)는 두 가지 대림을 이야기했다. 첫째는 그리스도가 인간으로 오시는 것이고 둘째는 '꺼지지 않는 불로 쭉정이를 태우기 위해' 오시는 것이다.* 세례자 요한의 회개하라는 요청은 종말론적 긴장의 맥락 속에서 받아들여진다. 그렇게 될 때 그리고 그렇게 될 때만, 회개의 열매를 맺는 것은 지속적인 가치를 갖는다. 회개의 열매는 장차 올 추수의 첫 열매가 된다.

종말론은 신학의 다른 주제와 마찬가지로 설교자에 의해서 잘못 다뤄진 경우가 종종 있었다. 오늘의 대림절 본문은 우리가 쉽게 빠지는 두 가지 잘못에 대해 경고하는 역할을 한다: (1) 고전적 자유주의에 입각한 부르주아적 문화개신교(Kulturprotestantismus)처럼 종말론의 긴박성을 도외시한 채, 세례자 요한의 회개 요청을 세계 개발 프로그램으로 변질시키고 예수를 훌륭한 윤리 교사로만 인정하는 태도. (2) 소설 『레프트 비하인드』(*Left Behind*)와 같이 매우 근본주의적 관점에서 접근함으로 종말론을 현세적이고 윤리적인 뿌리로부터 분리하고, 윤리적 요구를 영적인 의미로 축소시켜

---

* Irenaeus, *Against the Heresies* 4.333.1, in *Ante-Nicene Fathers*, 10 vols. (Grand Rapids: Eerdmans, 1988), 1:506.

이 세상으로부터의 안전한 탈출을 추구하는 도피주의적 태도.

대림절 본문은 우리에게 세례자 요한이라는 이상한 인물을 상기시킨다. 그는 메시아의 오심을 아주 심각하게 받아들여서 완전한 회개(metanoia), 즉 윤리적 유턴이 없이는 그의 오심을 맞을 수 없다고 선포했다. 동시에 대림절 본문은 메시아의 오심을 하나님의 종말론적 오심과 연결한 광야의 설교자를 제시한다. 성령과 불의 세례에 관한 약속은 이런 배경 속에서 이해된다. 그것은 종말론적인 성령의 세례일 것이다. 성령의 세례가 본문에서는 심판하고 정화하는 행위와 밀접하게 연결된다. 불은 여기서 (성서 다른 곳에서도 그런 것처럼) 심판과 정화를 상징한다. 칼 바르트가 간단명료하게 지적한 것처럼 "성령의 세례는 구체적으로 하나님에 의한 인간의 정화와 방향 전환이다."*

이 단락이 끝나는 방식 때문에, 어떤 설교자는 본문을 통해 성령의 세례에 관한 신학적 논의를 전개하고 싶은 유혹을 느낄 수도 있다. 바르트는 성령의 세례를 구원의 전 과정과 동일시했고, 오순절주의자들은 그것을 거듭남 이후에 오는 능력의 체험으로 이해했으며, 가톨릭 은사주의자들은 이 두 견해 모두를 지지했다. 그러나 내 생각에는 교회의 탄생과 성령의 강림을 기념하는 오순절 주일이 이런 주제를 깊게 다룰 수 있는 더 좋은 기회가 될 것이다. 자칫 잘못하면 대림절의 핵심 주제가 소홀히 취급받을 수 있다. 오늘 본문이 주는 중심 주제는 윤리적/종말론적인, 혹은 종말론적/윤리적인 기다림의 역동성이다.

## 주석

누가는 마침내 요한의 설교의 예를 제시한다. 그는 이미 요한의 역할이 사람들이 심판을 피하도록 준비하는 것이라고 선언했다. 그래서 이것을 보

---

* Karl Barth, *Church Dogmatics*, IV/4, ed. G. W. Bromiley and T. F. Torrance (Edinburgh: T. & T. Clark, 1936-1981), 30.

여주기 위해 요한의 메시지로 전환한다. 무리가 그리스도의 오심을 준비하도록 하는 이 사람은 지금도 설교자나 회중들이 주님의 오심을 어떻게 준비할지 가르치고 있다.

메시지의 첫째 부분은 7-9절의 선언이다. 요한은 청중들을 '독사의 자식들'이라고 비난하는데, 이 용어는 마태가 사두개파와 바리새파 사람들을 지칭해 사용한 것이다(마 3:7). 누가는 이 말을 무리에게 일반화했는데, 회개는 지도자들만이 아니라 모든 사람에게 요청된다는 것을 강조했다. 이어지는 질문은 빈정대는 것이기도 하지만 사람들이 요한의 말을 들으려 모였기 때문에 경고이기도 하다. 하나님의 진노가 임박했기에 요한은 사람들이 그의 경고에 주의를 기울이도록 분별을 구했다. 그는 이어서 "열매를 맺으라"는 실제적인 권고를 질문과 함께한다. 심판의 날에 하나님은 그의 백성들이 단지 믿기만 하는 것이 아니라 행동하도록 요청한다. 요한은 금방 이 열매를 규정하진 않지만, 계속해서 사람들이 자신들을 위로하기 위해 붙잡고 있는 것, 말하자면 '적절한 혈통'에 대해 공격한다.

역사를 통해 이스라엘 백성들은 자신을 아브라함과 야곱의 후손들로서 하나님의 백성으로 인식했다. 요한은 지금 그들로부터 이 안전장치를 제거하고 있다. 요한의 어법은 이스라엘 백성들의 역사에서 자신을 위로하는 것을 시작하는 것조차 막고 있다. 그 대신, 그는 청중들이 공동적 유산에 의지하는 것이 아니라 개인적 결단을 하도록 강권한다. 그의 다음 선언은 하나님의 능력을 보여주는데, 하나님은 사람들을 위한 인간적 유산에 의존할 필요가 없고, 먼지로부터 인간을 만든 하나님께서 돌로부터 충실한 백성들을 만들 수 있다는 것이다. 여기에서 핵심은 충실함(즉 열매)이다. 아브라함은 그의 믿음으로 특정지어지는데, 아브라함의 자손들도 마찬가지여서, 사람들은 그러한 충실함을 보여주어야 한다. 실패하면, 심판의 위협이 더 가까이 다가오는데, 도끼가 나무뿌리에 갖다 놓여졌다(눅 13:6-9에 나오는 예수의 비유 병행구)고 생생하게 묘사된다. 요한의 구문은 심판의 임박성을 가리킨다. 이스라엘 백성들은 더 이상 시간이 없고, 심판이 다가왔다고 경고받았다. 2000년 뒤에 우리는 이 경고를 무관심하게 읽고 있지만, 경고는 그때와 마찬가지로 지금도 강력하다. 우리는 심판의 도끼가 언제 내려질지 모르기 때문에 진정한 신도들은 언제나 충실하게 살아가도록 노력해야만 한다.

다음 10-14절은 세 가지 패턴을 형성한다. 세 그룹, 무리와 세리들 군인들이 각자 무엇을 해야 할지 묻는다. 각 그룹은 실제적인 대답을 듣는다. 어려운 사람을 돕고 진실과 정의를 행하라. 요한은 예식이나 성전, 희생제물에 대해서 한마디도 안 했다. 누가복음의 요한이 메시아의 사역에 포함되어 있는 마지막 희생에 대해서(요 1:29을 보라) 알든지 모르든지간에, 그의 메시지는 종교적 의식보다 사회정의에 관심을 두었다는 것은 분명하다. 한데, 역할과 소유에 따라 각 그룹에 대해 조금씩 다르게 명령하게 했다는 것에 주목해야 한다. 그는 무리에게 음식이든 의복이든 그들보다 가난한 사람들에게 나누도록 권고한다. 그들 자신이 부족하거나 헐벗지 않도록 그들을 가진 모든 것을 나누도록 명령받지 않고, 단지 최소한으로 남는 것을 나누도록 했다. 세리들에게는 부패와 탐욕으로 잘 알려진 자기들 일의 영역에서 공정하고 정직하도록 명령한다. 놀라운 참가 그룹인 군인들에게는 그들의 신분으로 가능한 탐욕에 대해 권고한다. 만족이라는 것은 특히 우리가 원하는 것을 얻을 수 있는 수단이 있을 때 쉬운 일이 아니지만 회개의 열매를 위해서는 결정적이다. 왜냐하면 그것은 하나님과 그의 사역과 뜻에 변치 않은 믿음을 보여주는 것이기 때문이다.

결국 요한의 설교의 역동성으로 인해 청중들은 그가 단지 준비하기 위해 보내진 사람이 아니라 자신이 오실 그분이 아닌가 하는 희망을 갖게 된다. 이것이 상당히 그럴듯한 것은 요한이 이 질문을 한 번 이상 했기 때문이다. 메시아 소망은 당시에 만연했으므로, 회개와 심판을 가르치며 그 시대의 권력자에 대해 두려움 없이 말하는(19절 참조) 카리스마적인 설교자는 사람들의 희망을 갖게 했다. 하지만 요한은 16절에서 그의 신분을 '오실 그분'의 사역과 대조하면서 준비하는 사람으로 확인해 준다. 요한의 물세례는 회개의 상징이지만, 오실 그 분의 세례는 능력의 세례일 것이다. 이전에, 성령은 개인에게 사역을 감당하는 능력을 갖도록(사울과 다윗의 비교)

정해 주었는데, 이제는 진정한 메시아를 보고 받아들이는 사람들이 성령으로 세례받고 그에 따르는 삶을 살도록 능력을 받는다.

한데, 요한은 이 약속을 농사에서 끌어온 다른 경고로 이어간다. 그는 메시아가 손에 키를 들고 진정으로 회개하고 적절한 열매를 맺는 알곡과 요한의 경고에 주의를 기울이지 않고 이기적인 삶의 방식을 계속하는 쭉정이를 고른다고 묘사한다. '불에 태운다'는 것은 물론 벌을 나타내는데, 곳간에 모아들인다는 긍정적 이미지와 대조되는 운명이다. 16절과 17절은 '불'의 반대되는 사용에 주목해 보면 흥미롭다. 첫째 '불'은 성령의 이미지와 함께 있는 오실 메시아의 세례를 가르킨다. 그런데 17절의 '불'은 회개하고 복종하지 않아서 파멸을 가져온다.

결론적으로 누가는 요한의 메시지를 기쁜 소식으로 요약하는데, 그렇게 함으로써 예수의 삶과 죽음 그리고 부활의 기쁜 소식을 포함한다. 진실로 요한의 메시지는 그리스도가 설교한 메시지와 분리되지 않는다. 우리는 성령을 받기 전에, 그리스도가 메시아임을 알기 전에 자기만족에서 회개해야만 한다. 회개는 겸손한 복종으로 정의될 수 있는데, 하나님과 만나고 복음의 진실을 받아들이는 자연스러운 결과이다. 성서 전반에 걸쳐 계속해서 하나님은 그의 백성들을 회개하도록 부르셨는데, 그 부름은 여전히 울려 퍼지고 있다. 예수의 예언자로서 요한은 회개란 정직함과 가난한 사람들에 대한 관심으로 정의되는 삶을 수반한다고 가르친다.

## 목회

누가는 세례자 요한의 수사적 방법을 권면이라고 말한다(18절). 그것은 이 이야기 속에 풍유, 과장, 비평, 경고, 관조, 지시, 예측 등이 뒤섞여 있다는 말이다. 이런 방식은 그를 광야의 예언자처럼 야성적이라고 느끼게 해 준다. 그것은 우리를 깨우치고, 회개로 인도하며, 지금 여기서의 삶이 가진 불가능성을 우리가 보게 해서, 우리에게 예수가 필요하다는 것을 알게 한

49

다. 본문을 목회적으로 읽으려면 요한의 수사학인 권면을 읽는 것으로부터 시작할 수 있을 것이다.

보통 좋은 행동을 가리키는 것으로 사용되는 권면이라는 말이 가진 풍부한 역사적 의미를 현대의 청중들은 쉽게 놓친다. 이런 긴급한 요청들은 단순한 명령보다 심오한 윤리적 내용을 담고 있기 때문이다. 그것들은 삶의 방식과 행동, 기억, 정체성에 있어서 흠 없는 모습으로 살 것을 요구하는데, 그것은 강요하는 것일 뿐만 아니라, 위로하고 확신을 주는 것일 수도 있다. 어떤 사람은 다른 사람들에게 그들이 주장하는 전통과 사람들의 가장 깊은 가치를 바탕으로, 그들이 이미 알고 있고 지지하는 것에 따라 행동하도록 권면한다. 권면은 단순한 명령-응답 방식이 아니라, 권면하는 사람과 권면을 받는 사람을 하나로 묶어서, 그들이 공유하는 가치에 함께 연결한다. 권면과 마찬가지로 복음의 선포는 단순히 논쟁에서 이기는 것이나 다른 사람들에게 그들의 방식을 바꾸도록 설득하거나 알려 주는 것보다 훨씬 풍부한 수사적 행동이다.*

요한이 세례를 받으려고 광야로 온 사람들에게 아이러니와 과장된 말로 선포했던 것을 생각해 보라. 그는 '죄사함을 받게 하는 회개의 세례를 선포'했다(3). 요한이 묵시적인 맥락에서 오고 계신 메시아의 급박한 구원에 대한 기대로 급박한 심판을 선포했음은 명백하다. 하지만 아이러니하게, 요한은 성공에 만족하지 못하는 것 같다. 요한은 그가 '선포'한 세례를 받으려고 나온 사람들의 동기를 의심하고 있다. 그는 그들을 독사의 자식이라고 부른다. 요한은 "누가 너희에게 닥쳐올 진노를 피하라고 일러주더냐?"라고 묻는데(7), 아이러니하게도 그것은 요한 자신이었다.

이것은 쉽게 시도해 볼 만한 전도 방식은 아니다. 그들은 단순한 구경꾼이 아니기 때문이다. 그들은 그에게 온 사람들이고, 다음번 청지기 캠페인에 참여할 것 같은, 심지어 서약할 수도 있는 사람들이다. 그들은 여러 단체에 즐겨 얼굴을 내미는 사람이다. 요한이 한 비난 전술이 오늘날에는

---

* See Wesley D. Avram, "Exhortation," in Thomas O. Sloane, ed., *Encyclopedia of Rhetoric* (New York: Oxford University Press, 2001), 279-283.

최선이 아니겠지만, 그럼에도 불구하고 설교자는 이런 식으로 여기저기 찾아다니는 사람들을 공연이 준비된 문 안으로 걸어 들어오게 하기보다, 더 깊은 수준의 자기 성찰과 회개를 하도록 촉구하라고 부름받았을 것이다.

마태복음에서는 요한을 바리새파 사람들과 갈등 상황에 놓는다. 바리새파 사람들은 그들의 지위와 학문과 성취를 이용해서 요한의 권면을 약화시키려고 했다. "너희는 속으로 '아브라함은 우리의 조상이다' 하고 말하지 말아라. 내가 너희에게 말한다. 하나님께서는 이 돌들로도 아브라함의 자손을 만드실 수 있다"(8). 하지만 누가복음에서 군인들이 등장하는 것은 유대인과 이방인 사이에서도 갈등이 더욱 광범위하게 있었다는 것을 말해준다. 유대인들은 아브라함의 자손이라는 자부심을 가졌다. 억압받는 민족이 그들을 억압하는 군인들에 대하여 특권적인 위치에 있다는 만족감이 있다. 하지만 요한은 하나님 앞에서 각자의 회개는 다른 사람의 회개만큼 중요하다고 외쳤다. 이것은 전통, 국가 혹은 교회의 정체성, 부, 민족성, 지위와 같이 우리가 그 뒤에 숨는 것들을 살펴보라고 요구한다. 우리는 모두 도끼가 나무뿌리에 놓인 것처럼 하나님의 심판 앞에서 책임을 져야 한다. 우리는 모두 우리의 회개의 열매를 맺도록 요구된다.

요한은 청중이 그들의 삶이라는 나무에서 맺는 세례라는 '열매'를 가치 있게 만드는 선한 행실을 요구한다. 자신이 아브라함의 (혹은 로마 군대의) 열매라고 주장하는 것으로는 충분하지 않다. 자기가 교회의 자녀, '좋은 시민', 혹은 높은 지위에 있는 사람이기 때문에 하나님 앞에서 안전하다고 생각하는 것으로는 충분하지 않다. 가지에 앉아있다고 해서 나무나 그 열매가 된 것처럼 착각하지 말라. 나무는 생각처럼 강하지도 않고 열매를 맺지 못할 수도 있다. 비유를 바꿔보자면, 나무보다 뱀에 가깝다. 요한은 그의 청중을 독사라고 부르지 않았다. 독사의 자식이라고 불렀다. '자식'은 아이들, 농산물, 즉 열매다.

'자식'이라는 용어를 사용하는 것은 누가 그들에게 화를 피하라고 경고했는지에 대한 질문과 연관된다. 확실히 그들을 보낸 뱀들은 아니다. 그러면, 그들에게 필요한 권면을 누구에게 의지해야만 할까? 이 비난은 그의 청중들에 대한 것인가? 혹은 그들의 조상과 권위에 대한 것인가, 아니면 그들의 전통에 대한 비난인가?

우리를 우리에게 요구되는 회개로 인도할 만큼 강력한 것은 누구의 메시지인가? 교회는 아니다. 왜냐하면 교회에는 뱀굴이 너무 많기 때문이다. 우리 자신의 통찰도 아니다. 우리가 군중 가운데 누구 못지않게 궁핍하기 때문이다. 우리는 다른 사람이 궁핍할 때 겉옷과 음식을 쌓아두고 있다(11). 우리는 세리와 같아서, 우리의 생활을 위해 불의한 구조에 의존하고 있다. 우리는 점령군과 같아서, 착취와 폭력의 문화에 사로잡혀 있다.

권면: 나눔으로써 성실의 열매를 맺으며(11), 당신이 책임진 사람들을 돌보며(13), 공평하고 정의롭게 행동(14)함으로써 나무가 되라. 또한 열매가 많이 열리는 나무의 열매가 되라. 당신을 회개로 인도하는 유일한 선언인 세례에 자신을 묶으라. 더 이상 뱀이 유혹할 수 없고 도끼가 위협할 수 없는 풍요로운 정원으로 우리를 데려가는 것은 모닝콜이나 사명선언이나 설교 그 자체가 아니다. 그것은 나무에 물을 주는 것보다 더 많은 일을 하는 분이 하시는 일이다. 그것은 나무 자신의 생명이며 비유적으로 나무를 태우는 불이신 분에게 있다. 그것은 오고 계신 분 안에 있는 것이다.

이것이 목회적인 권면이다. 목회적 권면은 청중들을 그들이 세례받을 때 요구받았던 것을 다시 요청하고, 우리에게 대림절 소망을 가지게 하시는 분을 향한 온전함, 자기 성찰, 상호고백과 개방성을 요구해서 교회를 연합하게 한다.

## 설교

어느 누구도 성탄절이 가까워오는 때에 세례자 요한으로부터 이런 질책을 받기 원하지 않는다. 어느 설교자도 대림절 셋째 주일 설교를 준비하면서 이 본문으로 하기를 원치 않는다. 성탄절 선물을 살 것을 생각하며 앉아있는 어느 교인도 강단에서 선포되는 요한의 이 말에 도전받기를 원치 않는다. 그런데 대림절 셋째 주일 성서정과는 또다시 우리들에게 광야에서의 요한과 그가 외치는 말을 설교하게 만든다.

광야에서 회개를 외치는 이 거친 예언자의 소리를 듣지 않고서는 베들레헴에 가서 구유에 있는 아기 예수를 만날 수 없다. 이 점이 누가복음 3장 본문에서 얻는 분명하고도 가장 중요한 점인 것 같다. 이 요한의 외침을 피하거나 슬쩍 넘어가는 것은 불가능하다. 신실함과 믿음을 가지고 구유에 가려면, 요한이 요청하는 깊은 자기성찰과 새로운 결단이 있어야 가능할 것이다. 대림절 설교자 역시 이 본문으로 설교하기 전에 먼저 그렇게 해야 할 것이다. 요한이 자신을 따르는 바로 그 군중들에게 '독사의 자식들아'라고 말하는 것이 쉽지 않았던 것처럼, 21세기 대림절 설교자가 편히 앉아서 성탄절을 기다리는 교인들에게 삶의 우선순위를 다시 정하고 하나님 사랑과 이웃사랑으로 돌아가라는 말을 하는 것 역시 쉬운 일은 아닐 것이다. 이 본문으로 설교할 때 2개의 주제가 주목할 만하다.

첫째, 이 짧은 본문에서 요한에게 각기 세 번 질문한 것에 초점을 둘 수 있다. 먼저 군중이, 그다음에는 세리가 그리고 마지막으로 군인들이 "우리는 무엇을 해야만 하느냐"고 묻고 있다. 그들 모두에 대해 요한의 권면은 매우 현실적이고 분명하다. 그의 대답은 질문한 사람들의 직업과 그 일의 가치를 반영하고 있고 또 자비롭고 정의로운 행동을 포함하고 있다. "우리가 무엇을 해야 하는가?"에 대한 물음에 요한은 나누어주고 필요 이상으로 갖지 말며 공정해야 함을 또 다른 사람들을 돌보아 주고 정직하게 살아야 한다고 분명하게 답한다. 21세기 그리스도인들은 자신들의 설교자에게, 교회에, 또 자신들의 신앙에 같은 질문을 한다. 대림절 곧 준비하고 스스로를 성찰하는 기간은 이 질문을 설교 서두에서 던지기에 알맞은 때이다. 그리스도인들은 성탄절을 준비하면서 아마 일 년 중 다른 어느 기간보다 밖으로 관심이 향하는 때일 것이다. 교회와 자선단체는 일 년 중 어느 때보다 12월에 더 많은 기부를 받는다. 내가 알기로는 부분적으로 세금공제 혜택이 있고 또 성탄 시즌이 주는 관대한 마음으로 인해서이다. 대림절 셋째 주일에 강단 앞에 모인 사람들은 무언가 결실을 맺고 싶어 한다. 이 본문은 대림절 기간에 신자들이 간절히 기다리는 구세주에 대한 믿음을 반영하는 방식으로, 신자들이 다른 사람들에게 어떻게 행동할 수 있는가에 대해 설교자가 실제적이고 개인적인 사례들을 공유하게 할 수 있다. 요한의 대답은 따르기에는 힘들었음이 분명했다. 그는 군중들, 세리들 그리고 군인들에게 이타적인 선택을 하고 분수에 맞게 살며 정의로운 일을 하라고 가르쳤다. 요한의 이 가르침은 오늘날 대부분의 주류교회에서도 잘 들려질 것이다. 대림절 예배자들은 "우리가 무엇을 해야 하는가?"라는 질문에 자신들이 어떻게 응답하고 평가를 받을 것인가에 대한 분명한 의식을 하면서 교회 밖으로 나서게 될 것이다.

둘째, 설교자는 대림절 예배자들에게 세례의 의미에 관심을 갖게 하고 예배 중 이들에게 세례를 재확인할 기회를 마련할 수 있다. 대림절 예배에서는 보통 세례나 세례의 재확인을 예배의 중요한 요소로 여기지 않는다. 그러나 이 풍성한 본문은 그 연결을 요청하고 있다. 예배자들로 하여금 세례시의 서약을 재확인하고 나아가 아기 예수를 받아들일 마음과 생활을 준비하게 하려면 그리고 세례를 통과하여 각자가 부름을 받았던 그 삶을 기억하게 하려면 어떻게 하는 것이 좋을까?

내가 몸담고 있는 교단에서는 세례와 신앙고백 예식서처럼 세례재확인 예식서가 있는데, 거기에는 신자들에게 죄와 악한 것을 버리고 그리스도 안에서 하나님을 향해 살 것을 요청하는 질문들이 있다. 또한 신자들에게 예수 그리스도의 신실한 제자로서 살 것을 약속하겠는가라는 질문도 들어 있다.* 이 내용은 요한이 광야에서 자신을 따랐던 사람들에게 한 선포와 일치한다. 회개하라! 방향을 바꾸어 하나님을 향하라! 그리고 그들이 세례 요한의 명령을 따르면서 어떻게 살아야 하느냐고 물었을 때, 그는 자비롭고 정의롭게 살라고 말한다.

어느 동료 목사는 세례를 베풀고 난 후 언제나 아이들에게 "얘들아! 너

---

* Theology and Worship Ministry Unit, "Reaffirmation of the Baptismal Covenant for a Congregation," in *Book of Common Worship* (Louisville, KY: Westminster John Knox Press, 1993), 466.

희는 이제 하나님의 사람이 되었단다. 그리고 이제부터 그리스도의 흔적이 항상 그리고 앞으로도 너희들에게 있게 될 것이란다" 하고 말한다. 요한이 자신의 추종자들에게 받아들일 것을 요청한 것이 바로 이 흔적이 지닌 의미이다. 그는 광야에서 추종자들이 세례를 받음으로 삶이 진지하게 바뀌는 것을 알기를 원했다. 그는 일단 이 흔적을 받았을 때 그들에게 주어지는 요구들을 이해하도록 주의 깊게 말했다. 그리고 앞으로 올 분 곧 메시아 예수에 대해 말하고 그가 베푸는 세례와 삶의 요청은 '여러분들을 내적으로 변화시킬 것'(16)이라고 환기시켰다. 이것이 바로 오늘날 예수 그리스도의 교회가 세례에 대해 믿는 바이다. 우리는 깨끗해지고, 새롭게 되고 영원히 변화된다. 세례 시에 우리는 세례받는 물로부터 섬김을 향하여 나아가도록 보내심을 받았다고 믿는다.

설교자는 예배자들에게 "여러분 가운데 어느 누구라도 우리가 그리스도의 흔적을 지녔고 그의 신실한 제자로 살고 있음을 삶을 통하여 말할 수 있습니까?"라고 물을 수 있다. 요한에 의하면 우리는 지니고 있는 신앙을 실천해야만 한다. 진정한 그리스도인의 삶은 항상 이런 도전을 지니고 있다. "변해야 하는 것은 외모가 아니라 너의 삶이다. … (하나님께서) 세어보는 것은 너의 삶이다"(8-9). 예배자들이 대림절 예배에서 듣지 못할 수도 있겠지만 이것이 세례자 요한이 우리에게 주는 것이다.

이 도전과 가르침을 주고 있는 이 본문은 세례자 요한과 함께하면서 대림절 주일을 준비하느라 지쳐있는 설교자에게 여러 가지 가능성을 준다.

# 대림절 넷째 주일
## 누가복음 1:39-45(46-55)

> <sup>39</sup>그 무렵에, 마리아가 일어나, 서둘러 유대 산골에 있는 한 동네로 가서, <sup>40</sup>사가랴의 집에 들어가, 엘리사벳에게 문안하였다. <sup>41</sup>엘리사벳이 마리아의 인사말을 들었을 때에, 아이가 그의 뱃속에서 뛰놀았다. 엘리사벳이 성령으로 충만해서, <sup>42</sup>큰 소리로 외쳐 말하였다. "그대는 여자들 가운데서 복을 받았고, 그대의 태중의 아이도 복을 받았습니다. <sup>43</sup>내 주님의 어머니께서 내게 오시다니, 이것이 어찌된 일입니까? <sup>44</sup>보십시오. 그대의 인사말이 내 귀에 들어왔을 때에, 내 태중의 아이가 기뻐서 뛰놀았습니다. <sup>45</sup>주님께서 하신 말씀이 이루어질 줄 믿은 여자는 행복합니다."

## 신학

오늘 본문은 마리아가 친척 엘리사벳을 방문하는 것(39-45)과 엘리사벳의 축복을 듣고 마리아가 부른 찬가의 내용(46-55)을 담고 있다. 이 두 이야기는 서로 긴밀하게 연결되어 있다. 누가는 세례자 요한과 예수의 탄생을 연결시켜 이야기한다.

**마리아의 엘리사벳 방문(39-45).** 마리아를 신앙인의 모범으로 이해하려는 해석자에게 마리아가 엘리사벳을 방문한 이유가 무엇인가를 찾아내는 것은 중요한 신학적 과제이다. 마리아는 하나님을 계속 믿기 위해 확인과 격려가 필요했나? 가브리엘의 고지만으로는 충분하지 않았나? 38절에서 마리아가 가브리엘에게 보인 반응은 분명하다. 그렇지만 현대인들은 마리아가 믿지 못하고 의심했다고 생각하기 쉽습니다. 칼뱅도 마리아가 확인이 필요했을 것이라고 말했다. "마리아가 이와 같은 상황에서 천사가 알려준

기적을 직접 확인함으로써 자신의 믿음을 확정하고자 한 것을 이상하게 볼 필요는 없다. 신자들은 평범한 하나님의 말씀에 만족할 수도 있지만, 그들의 믿음을 확증해 주는 증거들을 무시할 필요도 없다. 마리아가 하나님이 주신 소명을 거부하려는 동기가 아니고 믿는 것을 확인하기 위해 자신에게 주어진 기회를 활용한 것은 옳은 일이다."*

한편, 다른 관점에서 볼 때, 마리아가 엘리사벳으로부터 확인과 격려를 받기 위해서가 아니고, 엘리사벳에게 확인과 격려를 주기 위해 방문했다는 해석도 가능하다. 가브리엘의 고지를 듣고 마리아는 엘리사벳의 처지를 염려하게 되었고, 엘리사벳이 하나님이 하고 계신 일에 대한 더 확실한 설명을 필요로 한다고 생각했을 수도 있다. 성 비드(Saint Bede)는 이렇게 말했다. "마리아는 엘리사벳도 자신과 같이 특별한 은총을 받은 것을 축하하기 위해 방문했다. 이 방문은 천사의 말이 사실인지 확인하기 위한 것은 아니었다. 사려 깊은 젊은 여성이었던 마리아는 자신보다 나이가 많은 엘리사벳에 대한 걱정이 앞섰다."**

본문에 등장하는 또 다른 중요한 신학적 주제는 성서의 역할에 초점을 맞추는 것이다. 마리아를 보게 된 순간이 엘리사벳에게는 중요한 확신의 순간이었다. 마리아가 다가오자, 엘리사벳의 뱃속에 있던 아기가 뛰놀았다. 엘리사벳이 "그대는 여자들 가운데서 복을 받았다. … 주님께서 하신 말씀이 이루어질 줄 믿은 여자는 행복합니다"(42-45)라고 축복한 것은 구세주의 어머니로서 마리아의 중요한 역할을 확인해 주었다. 마리아의 상태에 대한 지식은 성령에 의해 계시된 것이었고, 축복도 성령에 의한 것이었다. 누가복음과 사도행전 전체에서 성령은 하나님의 말씀을 알려 주고 사람들로 그 말씀을 듣고 받아들이게 한다.

---

* John Calvin, *A Harmony of the Gospels Matthew, Mark and Luke*, ed. D. W. Torrance and T. F. Torrance, trans. A. W. Morrison (Grand Rapids: Eerdmans, 1972), 31.

** Bede, *Homilies on the Gospels* 1.4, quoted in Arthur A. Just Jr., ed., *Luke*, Ancient Christian Commentary on Scripture: New Testament 3 (Downers Grove: InterVarsity Press, 2003), 21.

**마리아의 찬가**(46-55). 오페라의 아리아나 뮤지컬의 듀엣처럼 마리아 찬가는 진행되던 이야기를 잠깐 멈추고, 하나님의 위대함과 신실하심을 찬양한다. 하나님은 전지전능한 능력을 갖고 계셔서 이 세상의 오만한 자와 권력자들을 물리치시고, 부자들을 빈손으로 쫓아내신다(51-53).

하나님은 위대하시다. 그런데 이와 똑같이 중요한 것은─세상 사람들이 더 믿기 힘들어하는 것이지만─ 하나님은 선하시다는 사실이다. 하나님의 능력은 힘을 과시하기 위해 있는 것이 아니고 이스라엘에게 그들이 하나님께 속해있고, 하나님의 도움을 의뢰할 수 있다는 것을 상기시키기 위해 있는 것이다. 50년 전에 토저(Aiden Wilson Tozer)는 다음과 같은 말을 했다. "하나님의 위대함은 우리 안에서 경외심을 불러일으키지만, 그의 선함은 우리가 하나님을 겁내지 않도록 격려한다. 경외하지만 겁내지 않는 것, 이것이 신앙의 역설이다."* 마리아는 두려워했지만, 겁에 질린 것은 아니었다. 마리아의 찬가에서 우리는 하나님의 선하심의 두 측면, 즉 은총과 자비를 듣는다. 마리아는 '비천함을 보살펴 주시고', '주린 사람들을 배부르게 하신' 위대하신 하나님의 은총을 노래한다. 하나님의 자비(히브리어로는 hesed; 그리스어로는 eleos)는 인류의 약함과 타락을 오래 참고 기다리시고 용서하심 속에서 발견된다.

우리는 또한 겸손이 하나님의 선하심을 경험한 하나님의 백성의 마땅한 태도라는 것을 배우게 된다. 칼뱅은 "마리아의 비천한 처지와 그녀가 자신을 비움으로 대조적으로 하나님을 얼마나 높였는지가 강조된다. 이것은 거짓된 겸양이 아니라 마음 깊이 각인된 진솔하고 진실한 고백이다"라고 지적했다.** 하나님은 우리를 영원히 소유하시고, 우리는 하나님의 선함을 기뻐한다.

마리아 찬가는 하나님의 선함에 관한 찬미 후에 하나님이 이스라엘과 맺으신 언약을 신실하게 지키심을 언급하며 끝을 맺는다(55). 하나님의 백성과의 신적인 언약은 신약과 구약, 옛 이스라엘과 새 이스라엘을 하나로

---

* A. W. Tozer, *The Knowledge of the Holy* (San Francisco: Harper, 1961), 84.
** John Calvin, *A Harmony of the Gospels Matthew, Mark and Luke*, 35.

묶는 황금실이다. "나는 너희 사이에서 거닐겠다. 나는 너희의 하나님이 되고, 너희는 나의 백성이 될 것이다"(레 26:12). 칼뱅은 이렇게 말했다. "하나님께서는 이런 방식으로 말씀하셨다는 것을 이해하라. 하나님은 옛 조상들에게 당신이 주시는 은총을 후손들도 물려받을 수 있다고 말씀하셨다. 그렇다면 믿음에 의해 양자가 된 모든 백성도, 영적으로 아브라함의 자녀이므로 그 은총을 받게 된다."* 모든 세대에 그리스도인들이 품을 수 있었던 최고의 소망을 우리는 마리아 찬가에서 찾을 수 있다. 이 찬가는 다음의 확신 위에 굳게 서 있다: "하나님은 선하시며, 항상 언약을 지키신다."

## 주석

마리아와 엘리사벳의 만남에서, 엘리사벳은 천사가 마리아에게 수태고지를 전한 기쁜 소식의 첫 증인이 되었다. 두 여인 모두 중요한 수태를 했는데, 둘 다 메신저와 메시지를 가진 자들이었다. 이야기, 연설 그리고 찬양을 노래 오늘 본문의 인물들은 예언적으로 복음을 선포한다. 하나님은 예수를 통해 우리를 위해 구원의 사역을 하신다. 이 두 여인의 만남은 희망을 확증이고 약속의 성취이다. 이후의 복음서에서 예수의 가르침, 비유, 치유, 죽음과 부활을 통해 그 성취의 수단과 본질을 명확히 보여준다.

오늘 성서정과에서 부가적인 둘째 부분(46-55)은 하나님을 찬양하는 마리아 찬가이다. 찬가 자체는 탄생에 관한 내용이 없는데, 그러기에 누가는 아마도 나중에 나오는 탄생 이야기가 아닌 다른 자료에서 그것을 차용했을 것이다.** 아무튼 맥락이 연결점을 제공한다. 마리아는 하나님을 구원자로 찬양하는데 예언자들을 통해 약속된 것이 이제 그리스도 사건으로 성취된다. 예수와 요한의 탄생 이야기가 결합되어 있는 전체 본문(39-55)은

---

* John Calvin, *A Harmony of the Gospels Matthew, Mark and Luke*, 40-41.
** François Bovon, *Luke I: A Commentary on the Gospel of Luke 1:1-9:50* (Minneapolis: Fortress Press, 2002), 56.

예언적으로 탄생의 약속을 선언하는데, 그러기에 성탄절의 탄생 전에 마지막 긴호흡을 하는 대림절 마지막 주일에 잘 맞는다.

본문은 세례자 요한과 예수의 확대된 그리고 교차하는 탄생 이야기 (1:5-2:52)의 일부분인데, 두 사람 각기 같은 순서로 공적으로 출현하기 이전의 이야기이다. 성서의 탄생 이야기들, 예를 들어 야곱, 모세, 삼손 그리고 사무엘의 경우에 있어서 역사적 구원의 구체적인 예들을 동반한다. 이런 이유로 누가의 중심 주제인 '거룩한 하나님의 아들(1:35)인 메시아 구세주의 오심'(1:32)과도 연관된다. 다른 복음서에서는 언급되지 않은 예수와 세례자 요한의 탄생은 누가가 그들을 친척으로 말하며 긴밀하게 연결시킨다. 왜냐하면 두 사람 모두 '내 구주 하나님'(46-47)의 일을 하며 '하나님이 우리 조상에게 말씀하신'(55) 것을 성취시키시기 때문이다.

오늘 본문은 마리아가 그가 사는 갈릴리 나사렛에서(26) 80마일 가량 떨어진 유대 산골에 있는 동네에 사는 친척 엘리사벳을 방문하는 것*으로 시작한다(39). 마리아는 사가랴의 집에 들어가 엘리사벳에게 문안하는데, 모든 시대의 가장 유명한 '인식의 장면'이다. 왜냐하면 뱃속에서 아이가 뛰노는 분만에 대한 인식이기 때문이다. 태아인 요한의 영적 소동은 그 자신의 처음 예언인데, 엘리사벳이 예언자가 되게 한다. 그녀는 성령으로 충만해서(41), 예언자의 축복을 선언한다. 마리아는 "여자들 가운데서 복을 받았고" 또한 "그녀의 태중의 아이도 복을 받았다"(42). 자손에 대한 축복은 익숙한 성서의 모티브이다. 엘리사벳도 다른 구약의 중요한 어머니들과 같이 임신을 못했다가(7) '내 주의 어머니'(43)가 되는 엄청난 축복과 '하나님의 사랑하는 아들'(3:22)을 가진 자로 추가되었다.

그들이 만났을 때 엘리사벳은 마리아가 이미 알고 있는 것을 알게 되었다. 그러기에 잘 아는 엘리사벳은 마리아의 축복과 하나님이 천사를 통해 말한 것에 대한 마리아의 믿음(45) 사이의 중요한 연결을 만드는데, 이는

---

* "아마도 4일이나 걸리는 그러한 여행을 여인 혼자서 했다는 가능성은 이 이야기의 타입에 적절하지는 않다"(C. F. Evans, *Saint Luke*, TPI New Testament Commentaries [London: SCM Press, 1990], 169).

사가랴의 의심 많은 반응(1:18-20)과 뚜렷한 대조가 된다. 엘리사벳은 "당신은 행복합니다"(45)라고 외치는데, 하지만 독자들은 금방 시므온의 노래를 통해 마리아의 영혼이 그의 아들로 인해 불가피하게 슬픔을 맛볼 것도 (2:35) 알게 된다. 하나님이 임신과 출산의 궁극적인 원천이므로(창 20:18; 30:2; 삼상 1장을 보라), 자궁은 새롭고 놀라운, 기대하지 않은 기쁨의 잠재력의 깊은 상징이다. 내 태중의 아이가 기뻐서 뛰놀았습니다(44). 이 기쁨의 모티프는 예수의 탄생에 대한 천사의 예고에서 절정에 달한다(2:10-14).

마리아의 찬가는 누가의 서론 부분에서 셋째 중 첫 노래이다. 이어서 요한의 아버지 사가랴의 축복송(이스라엘의 주하나님이 복을 주실 것이다, 1:68-79)과 시므온의 노래(너는 이제 평안히 떠나라, 2:29-35)가 이어진다. 이러한 이야기와 예언적 찬양이 결합되는 효과는 세례자 요한의 광야 출현에 이어지는 누가의 예수의 공적 활동에 대한 장중하고 거의 흠모적인 무대의 배경이 된다. 마리아의 찬가는 마리아의 현재 기쁨과 넘치는 찬양 (46-47)을 하나님께서 행하신 일에 대한 응답으로, 모든 미래 세대의 찬사를 그녀에게 개인적으로 부여하신 것과 하나님의 더 포괄적인 구원(50-55)에 대한 응답으로 설명한다. 마리아 찬가의 중심적인 진술은 하나님의 행동의 능력, 거룩함, 자비하심(49-51)에 관한 것이다. 이스라엘과 함께한 하나님의 역사는 그러기에 그리스도 계시의 효험에 대한 보장이자 증명이다.

마리아의 찬가에서 찬양한 하나님의 행동에는 강한 사회경제적 어조가 있다(특히 51-53). 이런 종류의 형상은 구약에서 찬양의 언어를 상기시키는데, 특히 개인들에 의해 불려진 다른 찬송들*인데 때로 여인들이 부른다 (예를 들어 미리암의 노래[출 15:21]와 드보라의 노래[삿 5장]). 하지만 그러한 감정적 언어와 승리의 형상은 베르길리우스의 『아이네이드』(Aeneid)와 같은 승리주의적 제국적 선전의 유대교적이거나 기독교적 반응이 아니다. 여기에서 말하는 목소리는 이 세상의 권력의 소리가 아니라 소외되고 상대적으로 힘없는 초기 기독교 운동의 목소리이다. 니카라과의 농부나 수단의 소외된 민중을 상상해 보라. 하지만 하나님의 부의 역전의 모티프(51-53)는

---

\* Bovon, *Luke I*, 55.

폭력적 저항을 일으키거나 부자와 권력자를 절망에 빠지도록 하려는 것은 아니다. 이 구절은 도리어 이 복음서의 나중의 예로 나오는 돈 많은 관리 (18:18-30)나 삭개오(19:1-10)와 같은 사람들에 비추어 읽어야만 한다. 거기에서 부자들은 그들의 부를 똑같이 약속된 구원에 참여하기 위해 가난한 자들과 긍정적인 관계를 가져 오도록 하는 방식으로 사용하기 위해 노력한다.

## 목회

기다린다는 것은 저절로 생기는 기술이 아니기 때문에, 대림절을 건너뛰려는 충동은 강력한 것이다. 대림절 넷째 주일이 되면 거의 참을 수 없는 지경이 된다. 많은 교회에서 봇물이 열린 듯이 크리스마스 캐럴을 부르기 시작하고, '성탄주일'이라고 이름을 바꿔 부른다. 누가복음의 본문은 이런 유혹에 저항하기 위한 경고와 지침을 제공한다(경고: 목회자의 용기는 별도로 공급되어야만 한다).

성서정과는 마그니피카트(Magnificat) 부분(1:46-55)을 선택사항(option)으로 해서, 마리아와 엘리사벳의 만남이라는 익숙한 이야기에 집중하게 한다. 일 년 중 가장 출석률이 좋은 주일을 위한 것 치고는 이야기의 규모가 크지 않다. 그러나 그건 우리가 원하는 것일 뿐일 수도 있다. 많은 사람이 우리가 점잖게 '휴일'이라고 부르는 고역에 기진맥진해서 이날 예배에 참석한다. 현대인의 삶에서 일과 가정 사이에 균형을 맞추는 스트레스는, 가족들이 시대착오적으로 이상적인 휴일을 원하는 바람에 위험 수위에 이르렀다. 슬퍼하거나 의심하거나 질문하는 사람들은 그들의 관심사에 관심을 가지는 곳이나 그들을 위해 참아주는 곳을 거의 찾지 못한다. 많은 가족이 크리스마스카드의 사진이 좀 더 풍요해 보이거나 좀 더 조화로워 보이거나 단지 좀 더 예뻐 보이는 사람들을 부러워한다. 사람들은 영감을 얻기 위해 하나님을 향하려고 하지 않고, 생생한 감정으로 지난 시간을 돌아보고, 문화적인 향수가 복음의 진리를 몰아낸다. 프랑스의 석학 파스칼이 말한 것처럼, "단지 사소한 일이 우리를 괴롭히는 것처럼, 단지 사소한 일이 우리를 위로한다."[*]

우리의 외롭고 파편화된 영혼들에게 누가는 멋진 미리-크리스마스 선물을 남겼다. 세대가 다른 두 임부(妊婦)의 진정한 결합에 관한 작은 이야기다. 이 본문에서 우리는 하나님께서 아주 개인적인 방식으로 세상을 바꾸는 일들을 하고 계시는 것을 본다! 엘리사벳의 자궁 안에 있는 아기(요한)가 마리아의 방문에 대하여 응답하는 것으로 성령의 사역이 선포된다. 때맞춰 아기가 발길질을 하는 경우가 많지만, 이것은 펼쳐지는 사건들에 대한 새로운 인식과 이해를 열어 준다. 용감한 목회자는 부모인 교인들에게 그들의 아이가 발길질한 이야기를 설교 중에 해도 되겠느냐고 물을 것이다. 마리아가 엘리사벳에게 한 문안은 교인들을 통해 자연스럽게 퍼져갈 수 있는 반응과 그에 뒤이은 인식이라는 사이클을 시작한다. 성서의 세계는 오늘의 현실을 흡수할 수 있다.

공식적인 제사장인 스가랴는 이 이야기 내내 침묵하지만, 엘리사벳은 '설교자의 아내'로 주제넘지 않게 사실상의 예언자 역할을 한다. 성령께서 해야 할 말을 알려 주어서 엘리사벳은 젊은 친척에게 맡겨진 특별한 역할의 개요를 분명하게 말해 준다. 또한 엘리사벳의 예언자적 증언은 마리아를 격려하고 힘을 주었다. 엘리사벳의 설명을 통해 자신의 소명을 깨닫게 된 마리아는 대담하게 마그니피카트를 말할 수 있게 된다. 다시 한번, 인식은 응답을 수반한다. '산골 동네'에 사는, 역할이 끝난 제사장 집으로 찾아간 단순한 방문이 시작한 것은 전 세계적으로 의미 있는 정치와 경제에 관한 선언을 발표하는 것이었다.

설교의 초점을 마그니피카트로 옮기면 임박한 출생이 세상을 변화시킨다는 점을 강조할 수 있다. 그러나 이날 하루만이라도 본문을 충실하게 읽는다면, 개인적인 차원에 더 가까이 머물게 될 것이다. 하나님은 마리아와 엘리사벳에게, 그들에게 각각 부족한 두 가지, 공동체와 관계성을 주신다.

---

[*] Blaise Pascal, *Pensees*, trans. W. F. Trotter (New York: Random House, 1941), 48.

하나님은 그들이 고립되지 않게 하셔서 그들이 그들의 개인적인 운명보다 더 큰 어떤 것의 일부라는 것을 좀 더 잘 이해하도록 도우신다. 그들은 함께 더 잘 알려지고, 더 분명하게 보기 시작했다(고전 13:12). 이것이 천천히, 조용하게 시작된 희망과 이해라는 진짜 대림절 메시지이다. 우리는 이것이 자라서 충분히 드러나기를 기대하지만, 우리는 아직 그것을 경험하지 못한다. 전형적인 교회에 속한 많은 사람에게 이번 주일은 크리스마스와는 별개로 대림절의 진짜 메시지를 들을 마지막 기회이다.

공동체 안에서 희망이 발전하는 데는 시간이 걸린다. 얼마나 많은 마리아들과 엘리사벳들(또는 사가랴들과 요셉들)이 예배당에 앉아서, 그들 주위에 있는 사람들과 좀 더 깊이 연결될 기회를 기다리고 있을까? 얼마나 많은 사람이 그들의 작은 이야기가 하나님의 더 큰 이야기와 연결되기를 기다리고 있을까? 어떻게 하면 우리의 교회들이 인식과 반응의 사이클을 촉진해서 성령의 영역을 넓힐 수 있을까? 세상은 우리를 더 시끄럽고 더 크고 좀 더 비싼 12월 25일로 향하도록 끈질기게 밀어대지만, 우리의 형제자매들과 함께 조용히 앉아있으면서 좀 더 많은 것을 배울 수 있다. 포스트모던 상황에서, 대림절의 본문은 대단히 반문화적이다. 기독교 국가 시대의 교회들은 도시에 세워진 크리스마스트리, 학교 음악회에서 캐럴을 부르는 것, 정치인들이 그들의 후원자에게 크리스마스카드를 보내는 것과 같은 더 넓은 문화에 쉽게 익숙해질 수 있었다. 지금은 크고 화려한 행사들은 대체로 유명 인사와 소비주의라는 쌍둥이 우상을 중심으로 이루어진다. 좋든 싫든 교회는 소외되어 있다. 이번 주일에 복음을 전하는 설교자는 신실한 성도들을 교회가 있는 주변부로 환영할 수 있을 것이다. 왜냐하면 고대 근동에서 해산을 앞둔 어머니들처럼 주변부에 있는 사람들은 듣고 기다릴 시간이 있기 때문이다. 자기들의 문화에서 소외된 사람들은 성령의 방문을 받을 수 있다.

대림절 넷째 주일에 무엇이 사람들을 교회로 오게 하는지는 알기 어렵다. 아마도 그들은 매주 교회에 나왔거나, 혹은 어쩌면 오늘이 뭔가 특별해서일 수도 있을 것이다. 어쩌면 대림절 촛불의 빛을 보려고 왔거나 혹은 축제에서 노래를 하거나 다과 시간에 쿠키를 구우려고 왔을지도 모른다. 그들은 드러내지는 않지만, 다른 사람에게 보이지 않는 의심과 상처들을 가지고 있을 것이다. 교인들은 자기들을 사람들이 기대하는 대로 되어야 한다고 생각하는 사람이 아닌, 그들 자신 그대로 받아들여 줄 사람들 또 하나님과 함께 잠시 동안 앉아있고 싶어 한다. 예배 중에 진실로 받아들여지는 경험을 한 그들은 스스로 엘리사벳에게 물어보게 될 수도 있다: "왜 이런 일이 나에게 일어났을까요?"(1:43). 이것은 아직 일어나지 않은 거대하고 역사를 바꿔놓을 탄생을 위하여 우리를 준비시키는 아주 인간적인 규모의 이야기이다. 이 자리를 떠나지 못하고 오래 머무르는 교인들은 그들의 성탄 축하를 위해 강해지고, 준비되고, 깊어질 것이다.

## 설교

오늘 본문은 그 안에 있는 거침없는 것과 비상식적인 모든 것을 선포하도록 요청하고 있다. 설교자는 이야기 속으로 들어가서 마리아와 엘리사벳의 만남이 연출하는 기쁨, 놀라움, 순수함과 위험성 등을 표현할 수 있어야 한다. 여기에서 우리 설교자들은 '현존 질서'에 대한 하나님의 놀랍고도 두려운 도전을 대면하게 된다.* 여기서 우리는 예수의 성육신이 이 세상 질서를 뒤바꾸기 시작하는 것을 만나게 된다. 이 본문은 진지한 학문적 주석이나 경건한 종교성보다는 바보제(Feast of Fools)나 카니발 같은 민속적 전통이나 길거리 공연이라는 관점에서 해석하는 것이 좋은데, 그러한 놀이에서는 당대의 사회체제를 풍자하고 현존 질서를 무너뜨리며 낮은 자들이 높임을 받는다.** 교회는 이번 주에 예수의 탄생을 준비하는데 그것은 진

---

* Max Harris, *Carnival and Other Christian Festivals: Folk Theology and Folk Performance* (Austin: University of Texas Press, 2003), 25. 나는 본문 연구에 있어서 Harris의 저서를 많이 참조했다. 특히 이 책, 9, 25-26, 45, 140-141, 153-154, 170, 222-224를 보면 좋을 것이다.
** Harris, *Carnival*, 140. 바보제는 중세에 매년 1월 1일에 유럽 특히 프랑스에서 행하던 놀이로 이 날은 엄격한 기독교 도덕규범이 금지되고 풍자적인 예식들이 시행되었다. 예를 들어 어린아

지한 신학적 성찰을 통해서가 아니라 기존체제를 뒤엎는 웃음소리, 노래 그리고 놀라움 등으로 준비해야 할 것이다.

　본문이 보여주는 모습은 좀 상식적이지 않아 보인다. 이스라엘을 구원할 메시아의 도래를 예견하고 선포하는 일을 천사장이나 대제사장, 황제 심지어 안수 받은 설교자들이 하지 않는다. 오히려 두 명의 소외되고 임신한 여성들이—한 여성은 가난하고 나이도 어린데 미혼 상태에서 임신했고, 또 한 여성은 아이를 갖기에는 너무 늦은 나이에 임신하여— 자신들의 기적적인 회임을 축하하기 위해 (아마도 동병상련의 심정으로) 유대 지방 언덕에서 만난다. 한 아기가 뱃속에서 뛰놀고 있다. 축복이 공유되고 있다. 놀라움이 표현된다. 노래가 불린다. 이 두 임신한 여성들에 의해. 이 이야기는 기이하면서도 기쁜 일이고 또한 이 땅 위에 육체적으로 구현되는 성육신을 미리 보여주고 있다. 성육신(incarnation)은 라틴어로 '육체'를 뜻하는 *carn*-에서 유래하였고 이것은 carnival의 어원이기도 하다. 이 여인들의 행동에서 세상은 뒤바뀌게 된다. 위계질서가 바뀌어져 있다. 강한 자들이 힘을 잃는다. 두 명의 소외되고 임신한 여인들이 미래를 책임지고 메시아를 선포한다.

　마리아의 노래인 마리아 찬가(Magnificat)는 마리아와 엘리사벳이 구현하는 일이 세상 질서를 뒤바꾸는 성육신임을 노래한다. 마리아가 마리아 찬가를 부르는 것 그 자체가 사실은 기이한 것이고 세상 질서를 바꾸는 것이다. 당시 문화에서 완전히 소외된 이 어린 미혼모가 성서에서 가장 중요한 예언적인 말씀을 선포하고 있다. 이것이 주는 이미지는 특별하고 심지어 코믹하기도 하다. 어린 나이에 임신한 마리아가 오랫동안 살아온 우리들에게 현실적인 기대와 마비된 상상력에 갇혀 살지 말라고 우리를 초대한다. 마리아 자신도 이러한 일에 놀라워했던 것 같다. 그녀는 서두에서 이렇게 말한다: "내 마음이 내 구주 하나님을 좋아함은, 그가 이 여종의 비천

---

이를 교황이나 주교로 선택하기도 하고 교회 고위직이 그날은 하인의 자리로 강등되었다. 이러한 풍습은 기독교가 지방 축제 문화와 만나면서 형성된 것으로 본다. 교회는 이러한 풍습을 없애려고 노력했으나 민간에서는 지속된 축제였다. (역자 주)

함을 보살펴 주셨기 때문입니다"(47-48a). 그리고 그 노래의 남은 부분은 하나님께서 시작하신 세상 질서를 뒤바꾸는 일이 지닌 큰 의미를 선포한다: "그는 마음이 교만한 사람들을 흩으셨습니다. 제왕들을 왕좌에서 끌어내리시고 비천한 사람을 높이셨습니다. 주린 사람들을 좋은 것으로 배부르게 하시고, 부한 사람들을 빈손으로 떠나 보내셨습니다"(51b-53). 마리아는 하나님께서 약속하신 뒤바뀌어질 세상을 이미 성취된 사실로 선포하고 있는데, 그 이유는 아마도 마리아를 메시아의 잉태자로 하나님께서 선택하신데서 이미 그 미래를 엿볼 수 있기 때문일 것이다. 이 노래는 마리아가 구현하고 있는 약속과 현실을 선포하고 있다. 사실 마리아가 부른 이 노래는 아이러니하게도 마리아가 아들을 낳을 수 있는 능력으로 인해 자신을 지지해 주는 바로 그 사회구조의 종언을 예언하고 있다.

마리아의 노래는 바보제에 영감을 주었는데, 그것은 수 세기 동안 교회에서 기념했던 성탄절 축제의 일부 또는 전체에 주어진 이름이다. 바보제는 사실상 마리아 찬가를, 즉 "인간의 지배구조를 무너뜨리고 낮은 자들을 높은 자리로 올리고 축하하는 하나님의 일에 대한 기이한 증언을 문자적으로 적용한 행동이었다." 이 본문으로 준비하는 설교자들은 그것을 매우 심각하게 다루기보다는 교회와 사회의 위선과 위계질서를 무너뜨린 바보제의 정신을 배우는 게 좋을 것이다.

중세와 근세 초기 유럽에서 성탄절은 기존 질서를 조롱하며 뒤바꾸는 축제의 시간이었다. 9세기 초 콘스탄티노플에서는 조롱하기 위한 가짜 대주교를 뽑아서 나귀를 타고 온 도시를 다니게 하였다. 1685년 12월 28일 Innocents' Day[마 2:16에 근거하여, 예수 탄생 이후 베들레헴에서 헤롯에 의해 죽임을 당한 죄 없는 남자아이들을 기념하는 날 _ 역자 쥐에 안티베(Antibes)에 있는 프란시스칸 교회에서는 평신도 형제들과 하인들이 "사제복을 뒤집어 입고 책을 거꾸로 들고… 안경알 대신 오렌지 껍질을 동그랗게 만들어 끼워 넣은 안경을 쓰고… 향로의 재를 서로의 얼굴과 손 위에 대고 불고 적합한 예전 대신 엉터리 말로 횡설수설 성가를 불렀다." 남자는 여자 옷을 또 여자는 남자 옷을 입고, 동물 가면을 쓰고 악취가 나는 향을 피우고, 가짜 주교, 교황, 대주교를 선출하는 일은 형식에 젖은 위선적인 인간들의 사회를 풍자하는 것이었다. 거룩한 가족이 이집트로 간 것을 기념하여 나귀를 교회 안으로 들여보냈고, 미사 중 사제, 성가대 그리고 회중들이 나귀소리를 흉내내었다.*

교회가 너무 형식에 사로잡혀 역동성을 상실할 때, 이 마리아 찬가는 예언자적인 분노를 신랄하게 보여줄 수 있다. 설교자에게는 이번 주일이 마리아처럼 담대하게 예수의 성육신이 세상 질서를 바꾸는 시작임을 선언할 좋은 때이다. 예수께서 이 땅에 오셔서 정치적, 사회적, 교회적으로 뒤바꾸어 놓은 일을 선포하는 주일이다. 예수께서 오시는 일은 마리아 같은 사람들에게는 기쁘고 좋은 소식이 될 것이고, 힘 있는 자들에게는 두려움이 될지도 모른다. 이번 주일은 설교자들이 '바보 역할을 할' 좋은 때이다. 이번 주일은 (교회 안의 권력을 포함하여) '현존권력들'을 복음을 가지고 뒤죽박죽으로 만들어 풍자하는 성육신을 준비하는 날이다. 성육신은 웃고 노래한 두 여성이 제일 먼저 축하하였고 또 그것은 여관에 방이 없어서 구유에 누워있는 아기와 어리고 결혼조차 못 한 어머니를 통하여 세상에 나타나게 된다.

---

* Harris, *Carnival*, 140의 인용문은 E. K. Chambers, *The Medieval Stage* (London: Oxford University Press, 1903), 1:317-318에서 가져온 것이다.

# 성탄절 후 첫째 주일

## 누가복음 2:41-52

[41]예수의 부모는 해마다 유월절에 예루살렘으로 갔다. [42]예수가 열두 살이 되는 해에도, 그들은 절기 관습을 따라 유월절을 지키러 예루살렘에 올라갔다. [43]그런데 그들이 절기를 마치고 돌아올 때에, 소년 예수는 예루살렘에 그대로 머물러 있었다. 그의 부모는 이것을 모르고, [44]일행 가운데 있으려니 생각하고, 하룻길을 갔다. 그 뒤에 비로소 그들의 친척들과 친지들 가운데서 그를 찾았으나, [45]찾지 못하여, 예루살렘으로 되돌아가서 찾아다녔다. [46]사흘 뒤에야 그들은 성전에서 예수를 찾아냈는데, 그는 선생들 가운데 앉아서, 그들의 말을 듣기도 하고, 그들에게 묻기도 하고 있었다. [47]그의 말을 듣고 있던 사람들은 모두 그의 슬기와 대답에 경탄하였다. [48]그 부모는 예수를 보고 놀라서, 어머니가 예수에게 말하였다. "애야, 이게 무슨 일이냐? 네 아버지와 내가 너를 찾느라고 얼마나 애를 태웠는지 모른다." [49]예수가 부모에게 말하였다. "어찌하여 나를 찾으셨습니까? 내가 내 아버지의 집에 있어야 할 줄을 알지 못하셨습니까?" [50]그러나 부모는 예수가 자기들에게 한 그 말이 무슨 뜻인지를 깨닫지 못하였다. [51]예수는 부모와 함께 내려가 나사렛으로 돌아가서, 그들에게 순종하면서 지냈다. 예수의 어머니는 이 모든 일을 마음에 간직하였다. 52예수는 지혜와 키가 자라고, 하나님과 사람에게 더욱 사랑을 받았다.

## 신학

전통적으로 이번 주일은 '신성가족 축일'(the Feast of the Holy Family)로 알려져 있다. 신성가족 축일의 목적 중 하나는 예수, 마리아, 요셉으로 이루어진 이 가정을 모든 가정의 이상적 모델로 제시하는 것이다. 그러나 본문에서 보게 되는 것은 목가적인 가정의 모습이 아니고 10대 자녀를 가진 가정에 대한 매우 사실적인 묘사이다. 어린 예수는 충동적 행동 증세를 보이고, 그의 행동이 다른 사람에게 미칠 영향에 대해 무지하다. 그가 결국 부모의 품으로 돌아오긴 했지만, 지상의 부모와의 단절은 명확하게 드러났

69

다. 예수는 그의 지상 부모로부터 자신을 분리시키고 자신이 하늘의 아버지를 위해 일한다고 밝힌다(2:48-49). 그의 부모들은 예수가 메시아라는 계시를 받은 바 있지만, 이 사건을 통해 충격을 받았다. 여기서 예수는 부모들이 꿈꾸는 이상적인 아들의 기대에는 못 미치는 것으로 드러난다.*

본문에서 풀어지는 이야기의 또 다른 실타래는 예수의 타고난 신적인 지혜에 관한 것이다. 예수의 지혜는 그의 부모와 같은 이 세상 보통 사람들의 지혜보다 뛰어나다. 많은 주석가는 예수가 율법을 잘 이해했다는 것(47)과 예수가 '내가 내 아버지의 집에' 있는 것이 당연하다고(49) 말하는 것과 '지혜'가 자랐다(49)고 하는 표현에 주목한다. 왜냐하면 이것들이 예수가 신적인 지혜를 갖고 있다는 것을 드러내기 때문이다. 초기 그리스도인들은 이 본문이 예수가 진정 하나님의 아들인 것을 증명한다고 주장하기도 했다. 오리게네스(Origenes)는 이렇게 말했다. "예수에 관한 모든 것이 전부 특이한 것처럼, 그의 소년 시절도 매우 이례적이다. 이 시기에 그는 하나님의 지혜로 충만해 있었다." 성전에서 던진 예수의 질문은 그의 무지를 드러내는 것이 아니다. 소년 예수는 이미 소크라테스적 대화법을 마스터한 것으로 그려진다. 예수를 성전에서 찾은 이 사건은 거룩의 의미에 대한 실제적인 가르침을 준다. "왜냐하면 우리는 여기서 하나님의 아들을 만나게 되기 때문이다. 하나님의 아들을 찾고 싶으면 우선 성전 안을 살펴라. 서둘러 둘러보아라. 거기서 그리스도를 찾게 될 것이다. 그는 말씀이자 지혜, 곧 하나님의 아들이다." 최근 신학자들은 이 이야기 속에서 유월절-부활절의 주제를 찾을 수 있다고 제안하기도 한다. 예수를 잃어버린 지 사흘 만에 찾게 되었다는 것은 장차 올 부활에 대한 예견이라는 것이다.**

본문은 예수의 신성에 관한 것 말고 인성에 관해서도 중요한 통찰을 제공한다. 예수의 유년기에 대한 누가의 기록이 그가 다윗 혈통에서 태어난 메시아라는 것에 초점을 두지만, 예수가 율법과 전통을 매우 중시하는 경

---

* Sharon H. Ringe, *Luke* (Louisville, KY:Westminster John Knox Press, 1995), 47.
** Origen, "Homily 19," in *Homilies on Luke*, trans. Joseph T. Lienhard, SJ (Washington: Catholic University Press, 1996), 82.

건한 유대인 가정에서 태어나서 양육되었다는 점도 강조된다(41-42). 예수의 순종과 순응도 성육신의 참뜻이 무엇인지 깨닫게 해준다. 칼뱅은 이렇게 말했다. "한 마디로, 우리가 그리스도가 진정으로 인간이 되었다는 것을 부정하지 않으려면, 우리는 예수가 자원하여 인간이 거쳐야 할 단계를 모두 거쳤다는 것을 기꺼이 받아들여야 한다." 그 단계를 통해 예수는 중재자로서의 직분을 충실히 수행한다. 우리는 하나님의 지혜는 일상적 삶의 상황에서 계시된다는 놀라운 사실을 깨닫게 된다. 웨슬리는 오늘 본문이 성화의 진보에 대해 실제적인 가르침을 준다고 말했다. 즉, 예수는 완전한 분이었지만, 완전성이 계속 자라고 있었다는 것이다. 따라서 아무리 완벽한 그리스도인이라 하더라도 하나님의 사랑 안에서 그 거룩함은 더 완성된 단계로 나아가야 한다.*

이상의 세 가지 주제의 이야기 실타래들은 성육신의 새로운 의미에 대해 생각하게 한다. 전통적으로 성육신에 대한 논의는 신성과 인성의 개념적 구분과 양자의 대조에 초점을 맞춰왔다. 그러나 성육신의 깊은 의미는 양자의 분리와 대조가 아니라 상호 관계에 있다고 봐야 한다. 신성은 인성을 지워버리는 것이 아니다. 신성은 인성을 완성시킨다. 인성의 충만하고 복합적인 측면이 신성을 통해 완성되어 드러난다.

오늘 본문을 접하면서 우리는 매우 어려운 가정의 상황 속에서도 하나님을 찾을 수 있다는 것을 성육신이 가르쳐 준다는 사실을 확인하게 된다. 하나님의 지혜는 노인에게뿐만 아니라 어린이에게도 주어진다. 따라서 우리는 예상 밖의 사람이, 예측할 수 없었던 계시를 통해 우리를 놀라게 할 수도 있다는 것을 기억해야 한다. 하나님의 지혜와 거룩은 우리의 한계를 깨닫게 하지만, 놀라운 지혜는 그 한계 내에서 드러나는 것이다. 성육신은 하나님의 지혜가 온갖 모순으로 가득 찬 인간의 영역으로 들어온 순간이다. 따라서 변화되고 변형되지 않는 것은 하나도 없게 된다.

---

* 3. John Calvin, *Commentary or a Harmony of the Evangelists Matthew, Mark and Luke*, trans.W. Pringle (Grand Rapids: Eerdmans, 1949), 167; John Wesley, *Explanatory Notes upon the New Testament* (London: Epworth Press, 1929), 211.

또한 우리는 이 사건이 하나님의 나라라는 더 큰 배경 속에서 일어났다
는 것을 기억하며 본문의 의미를 축소하려는 어떤 시도도 경계해야 한다.
아버지의 일을 하려는 그의 결단이나 그가 여기서 보인 지혜는 그의 지상
사역 전체를 통해, 특별히 예수가 나사렛 회당에서 "주님의 영이 내게 내
리셨다"(4:18)고 선포할 때에 다시 드러났다. 그렇다 하더라도 우리는 성육
신의 신비가 오늘 본문에서 한 가정에서 생긴 일을 통해 소개된다는 점에
도 주목해야 한다. 요한복음에서 예수가 울었다는 구절(11:35)을 대할 때처
럼, 이야기의 배경을 무시하고는 어떤 본문의 의미도 손상된다는 것을 기
억해야 한다.

성육신이 성가족의 삶의 모습을 통해 드러났다는 사실이 오늘날 여러
가지 형편에 처한 다양한 형태의 가정에 희망을 준다. 성가족이 제시하는
이상적인 가정의 모습은 의견의 차이나 대립이 없는 완벽하게 질서 잡힌
상태와는 거리가 멀다. 하나님은 혼란을 경험하는 가정 안으로 그리스도의
모습으로 들어오셔서 거기로부터 구원을 이루신다.

## 주석

어린 예수가 성전에 두 번째 방문한 이 이야기(눅 2:22-39을 보라)는 예
수의 어린 시절 이야기와 3장에서 시작되는 성인 예수가 한 사역 이야기의
전환점 역할을 하고 있다. 그것은 또한 다른 이들(가브리엘, 시므온, 예수의
탄생에 등장한 천사들)이 예수에 대하여 말하는 부분과 오늘 본문(49)에서
시작되는 예수 자신의 말과의 전환점이 되기도 한다. 예수가 유월절에 예
루살렘으로 여행한 것은 같은 명절 기간 동안 예수가 예루살렘으로 마지
막 여행하는 것을 예측하게 한다. 예수의 '선생들'과의 논쟁은 본문의 맥락
에서는 단지 율법교사일 수 있지만, 나중에 율법학자들과 바리새파 사람들
과 율법에 대해서 논쟁한 것을 예상하게 한다. 사실 유대인의 율법에 대한
그러한 논의는 예수의 사역을 전체적으로 보며(7:26-27; 10:25-28; 20:17-18,

37-38, 41-44 예를 보라), 시작(4:1-13)부터 끝까지(24:25-27) 예수의 사역을 특징짓는 것이다.

어린 예수의 말에 대해 선생들이 놀라는 것(2:47)은 성인 예수의 지혜에 사람들이 놀라는 것(4:32; 20:26)의 전조가 된다. '놀라워했다'는 단어는 예수의 많은 기적에 대한 사람들의 반응에 사용되었다. 이와 비슷한 어휘가 이 장면에서 성전에서 예수의 부모들의 반응을 나타내는 데도 사용되었는데(2:48), 이는 예수와 가장 가까운 사람들도 받아들이기가 어려웠음을 나타낸다. 마지막으로 누가는 예수의 공생애 이전 이야기를 성전에서 시작(1:8)하고 끝내는데(2:41), 사실 누가복음 전체적으로도 그렇다(24:53).

이 이야기는 앞부분과 단지 느슨하게 연결되어 있을 뿐이다. 앞부분 이야기보다 유대인 기질(히브리어의 영향을 받은 표현들)도 훨씬 드물다. 예수의 처녀 잉태에 대해서도 알지 못한 것으로 보이고, 마리아와 요셉을 둘 다 예수의 부모로 보며 마리아는 요셉을 '너의 아버지'(48)로 언급한다. 이런 이유로, 어떤 학자들은 이 이야기를 위한 특별한 자료를 상정하고 있는데, 누가는 예수의 성숙(2:40, 52)에 대한 언급을 고리로 하여 앞의 이야기와 다발로 묶는다. 언어표현이 49절의 '내 아버지 집에서'(NRSV) 또는 '내 아버지의 일'(KJV)로 번역되는 구절 외에는 직접적이다. 전체 맥락을 볼 때 전자의 해석이 좀 더 타당한데, 왜냐하면 예수의 부모들이 그를 찾다가 성전에서 그를 발견하였고, 그 뒤 예수도 언급하였기 때문이다. '3일 후에' 예수의 부모들이 찾았다는 것이 부활을 은근히 언급하는 것은 아닐 것이다. 왜냐하면 누가가 그 기간을 한결같이 '셋째 날에'라고 표현하고 있기 때문이다. 왜 예수가 뒤에 남았는지는 언급되거나 암시된 바가 없고, 가능한 이유들을 찾는 것도 큰 의미가 없다. 열두 살 된 소년이 유월절에 예루살렘에 가야 한다는 것도 유대 자료 어디에도 명확하게 나타나지 않는다. 이 경우에는, 어린이나 여성들이 순례를 해야 한다는 의무는 없었지만 예수는 아마도 단순히 그의 부모와 동행했을 것이다.

이 이야기는 신약 정경에서 예수의 어린 시절에 대해 언급하는 유일한 이야기이다. 그러한 자료의 부족은 어린 시절 예수의 이야기들이 만들어지는 이후 전통을 촉발시키는데, 그중 많은 이야기가 위경 도마의 유아복음서(Infancy Gospel of Thomas, 널리 알려진 도마복음과 혼동하지 않아야 한다)에 수집되어 있다. 그 이야기들에는 다섯 살에서 열두 살까지 8년간의 예수 이야기들이 실려있다. 대부분은 예수를 기적을 행하는 자로 묘사했는데(다섯 살에 진흙으로 새를 만들어 박수를 치자 날아갔고, 아버지의 목수 일을 도우면서 본래 용도보다 짧은 나무판을 늘어나게도 했다), 때로는 악의적인 결과를 낳기도 했다(시장에서 그를 놀리는 소년을 죽게 만들었고, 계속해서 불평하는 사람들의 눈을 멀게 하고, 지붕에서 떨어져 죽은 아이를 일으켜 살려내어 어떤 사람들이 말하듯이 예수가 밀어서 죽인 것이 아님을 증명했다). 위경은 누가복음 1:42에 부가해서 덧붙인 누가복음 2:41-52를 인용함으로 끝맺는다. 예수는 성전에서 그에게 질문하는 선생들을 그의 지식으로 침묵하게 만든다. 선생들은 모두 그러한 '뛰어남과 지혜'를 본 적이 없다고 마리아에게 말하였다.

고대에는 유명한 사람들의 열두 살이나 그즈음에 훗날 그들의 뛰어난 면을 미리 보여주는 이야기를 하는 것이 드문 일이 아니었다. 그러한 이야기는 인도의 붓다, 이집트의 오시리스, 페르시아의 고레스 대왕, 로마의 아우구스투스에 관한 것도 있다. 그러므로 복음서에 이런 이야기가 하나만 등장한다는 것이 놀라운 것이 아니다. 도리어 이런 이야기들이 등장하는 것을 절제하고 있는 것이 주목할 만한 것이다.

이야기의 유대적 뿌리는 매우 명확하다. 유월절로 때를 설정한 것이나, 중요한 일들이 성전에서 일어났다는 장소의 설정이나, 예수가 그의 부모에게 복종한다는 것들이 이러한 뿌리를 명백하게 보여준다. 어린 예수와 어린 사무엘 이야기 사이의 연관성은 명백하다. 예를 들어 누가복음 1:46-55 마리아의 찬가는 사무엘의 어머니 한나의 노래(삼상 2:1-10)를 떠올리게 한다. 마리아와 요셉이 예루살렘에 올라가 유월절을 축하하는 관습도 사무엘의 부모들의 비슷한 관습(삼상 1:3, 21; 2:19)을 반영하고 있다. 예수의 성숙에 관한 두 언급(2:40, 52)도 어린 사무엘의 성숙에 관한 두 언급(삼상 2:21, 26)과 비슷하다. 그러기에 누가의 예수 이야기는 시작부터 이스라엘의 이야기들과 밀접히 연관되어 있다. 누가는 자신의 고유한 방식으로 마태가 그랬던 것처럼("그는 예언자들을 시켜 하신 말씀을 이루려는 것이었다"는 것을 반복했다) 이러한 연결을 분명히 보여주었다.

그래서 이 이야기에 나타난 예수는 이스라엘의 역사 속에서 기독교의 뿌리를 보여주고 있다. 예수가 지혜와 인격이 성숙한 완전한 인간으로서 그의 아버지가 그에게 맡기신 사명을 전적으로 감당하려는 것을 보여주고 있다. 이 성전 이야기는 또한 예수가 그 사명을 완수했던 결과로 초래된 불가피함들을 묘사하고 있는데, 초기의 그의 아버지집에 있어야 한다는 필요의 선언에서부터 그의 이어지는 사역들, 하나님의 나라 선포(4:43), 귀신 축출과 치유(13:32-33) 그리고 마침내 많이 고난 당하시고 십자가에서 죽으시고, 죽음에서 부활하시는(9:22; 17:25; 22:37; 24:7, 26)것의 불가피함까지이다.

## 목회

고 앨버트 엘리스(Albert Ellis) 박사는 좀 더 전통적이고 장기 분석 치료 모델에 도전하는, 논란이 많은 심리 프로그램인 '합리적 정서행동치료'를 고안했다. 그의 방법론은 행동에 근거한 것이었고, 그의 이론은 느낌표로 끝났다. 엘리스는 분명히 '불평 반대'론자였다. 50년이 지나는 동안 단기간 · 직접적 접근이라는 기술이 점차로 받아들여졌다. 이 방법은 TV 방송에 나오는 '필 박사'(Dr. Phil: 미국의 텔레비전 사회자, 작가, 심리학자. 2002년부터 토크쇼 "닥터 필"을 진행하고 있다)처럼 대중화되었는데, 필 박사의 모토인 "진짜를 찾아라"는 최근의 문화 운동에 많이 차용되어 왔다.

어린 예수가 성전에 있었던 이야기를 읽은 사람은 누구나 손쉽게 접할 수 있는 이런 문화적인 렌즈를 통해서 이 이야기를 해석하게 되기 쉽다. 수많은 성직자가 그리스도인의 생활, 특별히 가정생활에 대해서 설교하면서 필 박사와 같은 방식을 채택한다. 결국 가정사는 시트콤이나 토크쇼, 상담 전문가들, 모든 종류의 정치인에게 인기 있는 주제이다. 교회 역시 가정의 역동성과 그들이 다양하게 표현하고 전달하고 진행하는 심리학적 파편들을 무시할 수 없다. 가정 안에 풍미를 위하여 크리스마스 시즌의 농담을 던져 넣으면 교양 있는 가정 스튜가 완성된다.

모든 사람은 그들의 어린 시절 이야기, 특히 어린이들이 조금 더 어른 같이 몰입하고 행동하고 싶어 했던 과도기의 이야기를 가지고 있다. 그리고 어떤 부모가 아이가 부모의 시야와 보호로부터 사라졌던 순간을 기억하지 못할 수 있을까? 실제로 필자는 크리스마스 휴가 중에 아들이 놀이공원에서 사라졌던 순간을 기억한다. 공포에 휩싸여 정신없이 찾아다녔던 것과, 다시 만났을 때 밀려오는 안도감, 좌절감, 심지어 분노가 사그라지던 것도 기억한다.

부모의 문제, 십 대의 문제, 가정생활, 가족 여행, 자라나는 세대의 이야기들 그리고 가족적인 분위기의 교회에서 혼자가 되는 것과 같은 일들은 예수의 어린 시절에 관한 이 독특한 이야기를 설교하는 목회자들에게 목회적인 시금석을 제공한다. 엄격한 해석학적 관점에서 볼 때, 대부분의 설교들은 초점을 벗어나 있다. 회중들이 자연스럽게 심리학적 분석을 제공하는 경향이 있다고 해도, 이 본문은 심리학적 분석에 적합하지 않다. 해석자가 그들이 살아 온 경험, 특별히 성탄 절기에 관한 경험과 이 이야기 속에 있는 기독론적 강조 양쪽 모두를 존중한다면 섬세한 접근이 필요하다. 어떻게 이 요소들 사이에서 춤을 추느냐 하는 것이 목회적 과제에 대한 하나의 접근 방식을 제공할 수 있을 것이다.

이 이야기는 예수와 그의 인간적인 발달과 성장하는 인식에 관한 처음이자 마지막 이야기이다. 성서 이야기 가운데 이 이야기는 예수와 하나님의 독특한 관계에 관한 첫 보고이다. 그럼에도 불구하고 가족이라는 배경을 고려하는 것은, 우리도 그런 것처럼, 예수의 생애에 있어서 본질적인 인간적 특성을 들여다볼 수 있는 창을 제공하기 때문이다. 그에게는 그를 돌보는 어머니와 아버지가 있다. 그들은 종교적 전통을 존중하는 더 큰 공동체의 한 부분이다(그들은 친구들과 친척들과 함께 유월절을 지키기 위하여 예루살렘으로 여행했다). 그는 이런 관계들을 존중했다. 그는 성숙해졌고 성장했다. 그는 듣고, 배우고, 가르쳤다. 이런 것들을 통해 그의 인간성이 설명되고 확인되었다. 이런 세부 사항들은 예배 공동체를 위하여 예리한 목회적 연결을 촉진한다.

하지만 어떤 교인도 예수와 똑같을 수는 없다. 예수의 독특함은 그의 이야기에서 중요한 부분이다. 누가의 탄생 설화가 예수의 특별한 지위를 드러낸 것처럼, 이 이야기는 '그의 아버지의 집에'(49) 있어야 한다는 자기 인식이 성장하는 것을 강조하는 과도기적 표식을 제공한다. 그의 생애 마지막에 예루살렘을 방문했을 때, 누가는 예수가 성전으로 돌아와서 장사하는 사람들을 쫓아내면서 "내 집은 기도하는 집이 될 것이다. 그런데 너희는 그것을 '강도들의 소굴'로 만들어버렸다"고 말했다고 보고한다(19:46). 그의 아버지의 집은 그의 집이기도 하고, 그의 관심을 요구하는 곳이다. 우리의 관심은 어디에 있는가?

시간이 흘러가면서 예수가 인간적으로 계속 성숙해지면서, 다른 모든 사람이 '그의 집을 그들의 집'으로 여기도록 초대했다. 복음서 저자이며 신학자인 요한은 결국 완전히 성숙한 예수가 친구들에게 이렇게 말했다고 보고한다: "내 아버지의 집에는 있을 곳이 많다. 그렇지 않다면, 내가 너희가 있을 곳을 마련하러 간다고 너희에게 말했겠느냐? 나는 너희가 있을 곳을 마련하러 간다. 내가 가서 너희가 있을 곳을 마련하면, 다시 와서 너희를 나에게로 데려다가, 내가 있는 곳에 너희도 함께 있게 하겠다"(요 14:2-3). 다시 한번, 우리의 관심은 어디에 있는가?

예수가 열두 살 되었을 때 일어난 중요한 사건을 통해 자신과 아버지의 집이 어떤 관계인지를 이해한 것은 그 나이에 적절한 것 같지만, 동시에 마리아와 요셉이 인간의 부모로 경험한 것처럼 살짝 불편하지는 않더라도, 놀랍고 당황스럽다(눅 2:48). 예수는 그의 조숙함과 거룩한 카리스마에 매료된 사람들을 당황하게 하고 때로는 불편하게 한다. 때때로 오늘날 구도자들과 제자들에게 그들을 난처하게 할 수도 있는 예수의 도발이 그들의 정신적 성숙을 촉진시킬 수 있다는 것을 상기시키는 것이 도움이 된다. 대부분의 건강한 가정들에서 아이들은 그들의 부모의 선생이 되며 종종 부모를 유감스럽게 만든다.

이 이야기 전체를 통해, 화가 나서 명령한다는 느낌이 지배적이다. 예수가 실종되었다. 그의 부모는 근심이 가득해서 그를 찾기 위해 되돌아가야만 했다. 그들이 예수가 성전에 있는 것을 발견했을 때, 그는 그들에게 직접적으로 물었다. "어찌하여 나를 찾으셨습니까? 내가 내 아버지의 집에 있어야 할 줄을 알지 못하셨습니까?"(49). 그들은 그를 찾아야 했고, 그는 자기 아버지의 집에 있어야 했다. 이것은 예수의 정체성의 본질과 함께 그의 부모의 정체성의 본질에 관해 말해 준다. 그들은 서로 그들이 해야만 하는 것을 했다. 당분간 이로 인하여 갈등이 있을 것이고, 그것은 부모/자식 관계가 진전되면서 발생하는 것이다. 하지만, 이 경우에 긴장은 예수의 근본적인 정체성으로 인한 것이다. 이것은 우리의 행동을 이끌어 내는 여러 가지 '필수적인 것들'과 그것들이 우리의 정체성을 어떻게 확인하는지 그리고 그것들이 어떻게 우리와 나사렛의 청소년과의 관계와 관련된 본질적인 '필수적인 것'과 결합하는가에 대한 흥미로운 고려로 이어진다.

예수의 독특한 지위에도 불구하고 예수는 그의 부모에게 순종했고, 마리아는 "이 모든 일을 마음에 간직하였다"(51). 이것은 이 짧은 글에 적절한 결론이지만, 또한 꽤 많은 문화적이고 개인적인 짐을 방안에 들여놓으려고 하는 교인들을 위하여 어쩌면 유용한 시작이기도 하다.

## 설교

성서정과를 만든 사람들이 의도했든 그렇지 않았든, 그들은 누가복음에 묘사된 것과 비슷한 장면을 만들어 냈다. 성탄절 후 첫째 주일에 성전은 더 이상 붐비지 않는다. 연례 축제는 끝났다. 방문객들은 짐을 싸서 나귀에게 지우고 고향으로 떠나고 있고, 짐을 싸던 끈과 포장지만 남아 있다. 그들이 깨어 일어났을 때, 성전에는 평화가 깃들고 있다. 매일 기도하는 사람들을 위한 자리가 많이 있고 또 거기서 사람들이 모여 중요한 이야기를 나누고 있다.

그 가운데 소년 예수가 있는데 그와 부모와의 관계는 오늘 이야기에서 심각한 긴장을 나타내고 있다. 부모들이 고향을 향해 떠난 후에 그가 성전에 남은 이유는 명확하지 않다. 아마 자기가 좋아하는 것에 몰두한 여느 소년처럼 시간을 놓쳤을지도 모른다. 아니면 어린애 같은 일에 싫증이 나서 성숙함을 보여주려는 의도에서 그랬을 수도 있다. 그는 길을 잃었다고 생각하지 않은 것 같다.

그 동기가 어떻든 간에 그는 성전에서 선생들과 이야기하고 있는 자신을 발견한 어머니에 대한 예의를 잊지 않는다. 그는 "어찌하여 나를 찾으셨습니까?"라고 말하고 이어 "내가 내 아버지의 집에 있어야 할 줄을 알지 못하셨습니까?"라고 하여 어머니의 문제가 그녀에게 있음을 알게 한다. 마리아는 요셉보다 더 많이 알지 못했다. 예수의 부모는 그가 말하는 것에 대해 이해하지 못하고 있다고 누가는 말하고 있다. 이것이 누가가 이 이야기를 말하는 동기가 다른 사람들보다 더 중요할 수 있다고 우리가 보는 근거이다.

이 단순한 이야기 속에 누가는 최소한 3개의 주제 곧 누가복음서 전체를 통하여 그에게 중요한 주제를 말한다. 그것은 (1) 예수의 생애에서 성전의 중요성, (2) 예수 가족의 범위 그리고 (3) 하나님의 말씀에 대한 교사로서 예수의 권위이다. 각각의 주제는 성탄절 후 처음 맞이하는 이 특별한 주일에 설교의 자료를 제공하고 있다.

**예수의 생애에서 성전의 중요성.** 누가복음에서 예수는 심지어 걷기도 전에 성전으로 인도된다. 그의 부모들은 둘 다 율법이 요구하는 모든 것을 잘 지키는 유대인이었다. 태어난 지 8일 만에 할례를 받게 한 후, 한 달도 채 지나지 않아 부모들은 그를 성전으로 데리고 가서 주님에게 바친다 (22-24). 거기서 시므온과 안나는 예수가 운명적인 아이임을 알아보았고 부모들조차 놀라게 만든 그 무언가를 본다.

오늘 이야기에서 예수께서는 율법이 규정한 세 명절 중 하나를 지키기 위해 성전으로 돌아온다. 전에도 그랬듯이 성전은 예수에게서 그 부모가 보지 못하는 무언가를 다른 사람이 보는 장소이다. 훗날 예수는 다시 어른이 되어 그의 가르침에 대한 추종자들과 또 비난자들과 함께 성전으로 돌아올 것이다. 누가에게 있어서 성전은 진정으로 예수의 고향-자기 '아버지의 집'-이고 거기서 그는 자신의 목적을 발견하고 또 자신에게 있는 무언가를 볼 줄 아는 사람을 발견한다.

성탄절을 지내고 난 후 이번 주일에 설교자들은 교회에서 이와 비슷한 점을 발견할지도 모르는데, 그것은 가족이 아닌 누군가가 우리 가족이 볼 수 없는 우리 안에 있는 그 어떤 것을 보는 것이다. 부모라고 해서 모든 것을 다 아는 것은 아니라는 좋은 소식을 환영하지 않을 젊은이가 있을까? 부모들은 또한 믿음의 공동체 안에는 그들의 자녀들이 가족에 대해 길을 잃은 것처럼 보일 때에 그들을 돌볼 다른 어른이 있다는 생각에 안심할 수도 있다. 마지막으로 거기에 시므온이나 안나가 앉아있어서 교인의 아이들을 볼 때 그들이 본 것을 말하도록 허락을 기다리는 것을 볼 수도 있다.

**예수 가족의 범위.** 첫째 주제는 자연스럽게 둘째로 이어진다. 예수의 부모는 사흘간 그를 찾지 않았는데, 그것은 그들이 핵가족 형태로 여행하지 않기 때문이다. 그들은 대가족 형태로 그리고 친구들과 집단을 이루어 여행을 한다. 그들이 성전에 돌아왔을 때 예수께서 '자기 아버지의 집'에서 율법을 가르치는 사람들과 만들어 놓은 더 확대된 공동체에서 즐겁게 나누고 있는 것을 발견한다. 누가복음에서는 후에 예수께서 이 공동체의 범위를 넓혀 이스라엘의 집을 넘어서, 자신의 소리를 듣는 모든 사람을 하나님이 포용하신다는 복음을 전하게 될 것이다.

오늘의 이야기에서 보듯 가족의 범위를 넓히는 일은 쉽게 되지 않는다. 여기서 예수께서는 요한복음에서 그랬던 것처럼(요 2:4), 자신의 어머니에게 까칠하게 말하고 있다. 마가복음에서 그는 어머니에게 전혀 말을 하지 않고 단지 그녀에 대해서만 말한다(3:33). 후에 누가복음에서 예수께서는 "누구든지 내게로 오는 사람은, 자기 아버지나 어머니나… 미워하지 않으면, 내 제자가 될 수 없다"(눅 14:26)고 하여 자신의 태도에 대해 확신하고 있다. "네 부모를 공경하라"는 종전의 가르침에 무슨 문제가 생긴 것인가?

자콥 누스너(Jacob Neusner)는 이 질문을 자기 책『한 랍비와 예수의 대화』(*A Rabbi Talks with Jesus*)에서 다루고 있다.[*] 설교자들은 자기들 나름대로 이해하려 하겠지만, 누스너는 예수 당시의 이스라엘에서 토라는 혈통보다 우선시되었고 그래서 "토라를 온전하게 이해한 사람은 새로운 혈통을 얻는다"[**]고 지적한다. 이러한 유대인의 이해가 가족을 버리는 것을 정당화시키는 것은 결코 아니지만, 그것은 토라 연구가 그만큼 중요하다는 것을 강조하였다.

성탄절 후 첫 주일에 설교자는 하나님의 말씀에 대한 연구가 가족개념 이해와 연관되어 있음을 살펴볼 수 있다. 누군가가 가족이 말하는 것을 받아들이지 않고, 그 대신 다른 교사들과 하나님의 말씀을 연구하는 것을 시작할 때 그에게는 어떤 일이 일어날 것인가? 그럴 때 충돌은 피할 수 없는 일인가? 아니면 혈통으로서의 가족과 확대된 신앙공동체를 같이 존중하는 것이 가능한 일인가?

**하나님의 말씀에 대한 교사로서 예수의 권위.** 누가는 그의 복음서 전체에서 하나님의 구원사역을 예수께서 모든 민족을 포함하는 것에 초점을 두고 있지만, 그러면서도 결코 예수가 유대인임을 놓치지 않고 있다. 예수께서는 성인이 되어가는 시점에 성전에서 선생들과 질문을 주고받으며 스스로 규정한 수업을 하고 있는 것을 우리는 보고 있다. 그가 첫 설교를 할 때(4:18-19), 예수께서는 유대인으로 받은 교육을 활용하게 될 것이다.

이번 성탄절 후 첫째 주일설교에서 설교자는 예수께서 자신의 종교적 뿌리에서 시작하였지만, 거기에 머물러 있지 않고 건강하게 성장해 온 방식을 설명해 주어도 좋을 것이다. 어려서 지혜가 충만하였던 이 소년은(40) 자라면서 지혜가 자랄 것이다(52). 그는 마리아의 아이일 뿐만 아니라 지혜의 아이이고 그러한 인식은 자기 아버지의 집에서 시작되었다.

---

[*] Jacob Neusner, *A Rabbi Talks with Jesus* (New York: Doubleday, 1993), 37-57.
[**] Ibid., 48.

# 성탄절 후 둘째 주일

## 요한복음 1:(1-9), 10-18

<sup>1</sup>태초에 말씀이 계셨다. 그 말씀은 하나님과 함께 계셨다. 그 말씀은 하나님이셨다. <sup>2</sup>그는 태초에 하나님과 함께 계셨다. <sup>3</sup>모든 것이 그로 말미암아 창조되었으니, 그가 없이 창조된 것은 하나도 없다. 창조된 것은 <sup>4</sup>그에게서 생명을 얻었으니, 그 생명은 사람의 빛이었다. <sup>5</sup>그 빛이 어둠 속에서 비치니, 어둠이 그 빛을 이기지 못하였다. <sup>6</sup>하나님께서 보내신 사람이 있었다. 그 이름은 요한이었다. <sup>7</sup>그 사람은 그 빛을 증언하러 왔으니, 자기를 통하여 모든 사람을 믿게 하려는 것이었다. <sup>8</sup>그 사람은 빛이 아니었다. 그는 그 빛을 증언하러 왔을 따름이다. <sup>9</sup>참 빛이 있었다. 그 빛이 세상에 와서 모든 사람을 비추고 있다. <sup>10</sup>그는 세상에 계셨다. 세상이 그로 말미암아 생겨났는데도, 세상은 그를 알아보지 못하였다. <sup>11</sup>그가 자기 땅에 오셨으나, 그의 백성은 그를 맞아들이지 않았다. <sup>12</sup>그러나 그를 맞아들인 사람들, 곧 그 이름을 믿는 사람들에게는, 하나님의 자녀가 되는 특권을 주셨다. <sup>13</sup>이들은 혈통에서나, 육정에서나, 사람의 뜻에서 나지 아니하고, 하나님에게서 났다. <sup>14</sup>그 말씀은 육신이 되어 우리 가운데 사셨다. 우리는 그의 영광을 보았다. 그것은 아버지께서 주신, 외아들의 영광이었다. 그는 은혜와 진리가 충만하였다. <sup>15</sup>요한은 그에 대하여 증언하여 외쳤다. 이분이 내가 말씀드린 바로 그분입니다. 내 뒤에 오시는 분이 나보다 앞서신 분이라고 말씀드린 것은, 이분을 두고 말한 것입니다. 그분은 사실 나보다 먼저 계신 분이기 때문입니다. <sup>16</sup>우리는 모두 그의 충만함에서 선물을 받되, 은혜에 은혜를 더하여 받았다. <sup>17</sup>율법은 모세를 통하여 받았고, 은혜와 진리는 예수 그리스도로 말미암아 생겨났다. <sup>18</sup>일찍이, 하나님을 본 사람은 아무도 없다. 아버지의 품속에 계신 외아들이신 하나님께서 하나님을 알려주셨다.

## 신학

요한복음 서문으로 알려진 오늘 본문은 그동안 주석가들에 의해 다양한 방식으로 해석되어 왔다. 어떤 이들은 본문이 이방인과 그리스인들의 관심을 끌기 위해서 헬라적인 이미지를 적극적으로 활용하여 지어진 시라고 말한다. 1절의 '말씀'은 영지주의적 인상을 주고, 빛과 어둠(5), 하나님에게서 난 자와 육으로 난 자(13)와 같은 이분법적 구도는 크리소스톰(John Chrysostom)이 지적했듯이 플라톤이나 피타고라스의 제자들이 추구했을법한 영역을 생각나게 한다. 그러나 이런 그리스 철학적 요소에도 불구하고 본문은 예수의 고유성을 강조한다. 예수는 이런 이분법적 대립을 강화하는 것이 아니고 해소한다. 모든 것이 그를 통해 창조되었고, 그가 없이 생긴 것은 아무것도 없다는 3절의 말씀이 이를 드러낸다. 예수는 더 큰 대립도 해결한다: 영원-시간, 하늘-땅, 모든 것이 시작과 시작이 있는 모든 것. 다른 말로, 예수는 시간과 공간으로 들어온 하나님의 무한적 화해다. 그런 점에서 본문의 대립 쌍은 인식론적이거나 형이상학적이라기보다는 도덕적인 차원에서 이해되어야 한다. 빛에 거하고 하나님의 자녀로 살기로 결단하는 것은 예수의 화해를 받아들이는 도덕적 결단이다.*

다른 주석가들은 본문이 삼위일체 중 제이 위에 관한 설명이자 구원에서 성육신의 역할에 대한 요약적 선언이라고 말한다. 아우구스티누스는 1절의 "말씀은 하나님이셨다"는 구절은 말이 사람의 마음에서 나오는 것과 유비적으로 연결된다고 한다. 그는 말은 인간의 마음의 구상에서 나오기 때문에 정신의 산물, 심정의 자녀라고 말할 수 있다고 했다. 따라서 말씀이 육신이 되어 우리 가운데 거하시는(1:14) 성육신은 하나님의 삼위일체적 마음이 계시되는 순간이고, 그에 대한 성찰을 통해 인간의 마음이 새롭게 변화될 수 있다. "말씀에 의해 만들어진 것을 보라. 그러면 이 세상의 본질을 이해하게 될 것이다." 칼뱅은 1절의 '태초'는 창세기 1장의 태초보다 더 근원적이라고 지적한다. "요한은 그리스도의 신성의 영원성을 강조하면서 그리스도가 이 세상과 모든 피조물과 모든 세대를 훨씬 뛰어넘는 영원한 하나님이라는 것을 가르친다." 창조된 세상의 질서는 거듭남의 은총을 통한 인간의 새로운 창조와도 밀접하게 연관된다. 타락한 인간은 창조 시 원래

---

* John Chrysostom, "The Works of St. Chrysostom," in *Nicene and Post-Nicene Fathers*, vol. 14, ed. P. Schaff (Grand Rapids: Eerdmans, 1956), 5. 요한복음 서문의 영지주의와 헬레니즘적 특징에 관해서는 다음을 참고. Claus Westermann, *The Gospel of John in the Light of the Old Testament*, trans. S. S. Schatzmann (Peabody, MA: Hendrickson, 1998), 2-3.

누렸던 빛과 생명을 상실했다. 칼뱅은 성육신을 하나님의 아들이 빛과 생명을 회복케 하는 중재자의 직책을 새롭게 맡은 것으로 해석한다.*

마지막으로, 최근의 많은 주석가의 견해에 따르면 오늘 본문은 요한복음 전체의 내용에 대한 서곡으로 해석된다. 빛(3:19-21), 생명(6:35-45), 영광(16:33-17:10), 진리(17:33-38) 등은 요한복음의 이야기 전체의 구조를 형성하는 중요한 소주제들이다. 이 소주제들은 처음부터 자세하게 설명되지 않지만, 이야기가 전개됨에 따라 그 의미가 선명해진다. 더 나아가 어떤 이들은 오늘 본문이 예수의 공생애를 요약해서 보여준다고 말하기도 한다. 세례자 요한에 관한 부분(1:6-8, 15)은 1:19-34와 3:22-30의 세례자 요한에 대한 자세한 묘사를 예고하고 있고, 자기 땅에 오셨으나 그를 아무도 영접하지 않았다는 표현(1:11)은 예수의 사역(4:1-12:5)과 죽음과 부활(18:1-20:29)을 예견한 것으로 볼 수 있다. 그러나 오늘 본문은 요한복음이 서술하는 것보다도 더 큰 스케일의 약속을 포함하고 있다는 것을 상기할 필요가 있다. 성육신에 참여함으로써 하나님의 자녀가 되고(12) 독생자의 영광과 진리에 참여하게 되고(14) 은혜 위에 은혜를 받는(16) 약속의 성취는 요한복음 이야기 안에는 완전하게 기술되지 않았다.**

이상의 다양한 해석들을 통해 우리는 오늘 본문이 성탄 절기에 매우 적합한 선택임을 확인하게 된다. 첫째 해석을 통해 만물이 예수 그리스도를 통하여 창조되었다는 것뿐 아니라 성육신을 통한 화해가 강조된다. 둘째 해석은 성육신이 예수가 화해의 근원임을 강조할 뿐 아니라 우리가 마음을 새롭게 함으로 그 화해에 참여하도록 초대받았다는 사실을 강조한다. 성육신에 충실함은 우리 자신과 이 세상을 그리스도 예수의 마음으로 보는 것(빌 2:5)을 의미한다. 셋째 해석은 성육신이 우리를 그리스도의 화해

---

* Augustine, *Lectures or Tractates on the Gospel according to St. John*, in *Nicene and Post-Nicene Fathers*, vol. 7, ed. Philip Schaff (Grand Rapids: Eerdmans, 1956), 10. John Calvin, *John*, ed. Alister McGrath and J. I. Packer (Wheaton, IL: Crossway Books, 1994), 13, 15, 18.

** 이런 해석 전통의 예를 보려면 다음을 참고. Rudolph Bultmann, *The Gospel of John: A Commentary*, trans. G. R. Beasley-Murray, B. W. N. Hoare, and J. K. Riches (Philadelphia: Westminster Press, 1971), 13-83.

사역에 참여하도록 부른다는 것을 강조한다. 우리가 예수의 삶과 죽음과 부활의 이야기를 통하지 않고는 빛, 생명, 영광, 진리의 진정한 뜻을 결코 깨닫지 못하는 것처럼, 이런 것들은 우리의 신실한 삶의 이야기를 통해서 만 우리와 상관있게 된다. 어둠 속을 계속 비치는 빛 되신 그리스도와 기꺼 이 동행할 수 있는가? 성자가 우리를 위해 기꺼이 어린아이의 모습으로 오 신 것에 응답하여 우리도 기꺼이 하나님의 자녀로 살겠는가? 이것이 오늘 의 본문이 우리에게 던지는 질문이다.

## 주석

'태초에' 말씀이 창조의 대리자로 활동했다는 것에서 아마도 창세기의 처음 문장을 상기하도록 의도된 말인데, 요한복음 기자는 명확하게 세계의 창조의 기본적 조건을 말하고 있다. 핵심 구절인 1:14(말씀이 육신이 되어 우리 가운데 사셨다)의 말씀에 비추어, 저자는 여는 말을 4행시(1-5, 6-8, 9-13, 14-18)로 펼치는데, 하나님의 관점과 역사적 관점을 번갈아 가며 점차 적으로 성육신에 관한 절정의 구절로 향하게 한다.

서언은 처음에는 말씀(로고스)의 본질에 관한 어떤 추상적 추측으로 보 이는 것으로 시작한다. 이 개념은 단어와 세계의 구조를 알려 주는 논리를 가리키며 인간이 이해할 수 있게 만들어 준다. 그래서 단어로 표현할 수 있다. 비록 이 개념이 스토아학파와 구약과 그런 철학을 결합시키려 했던 필로(Philo)의 저작들의 핵심적 개념이긴 하지만, 이 저자가 끝이 없는 추 측을 말하는 것이 아니라 역사를 가리키고 있다는 것은 금방 분명해진다.

이 첫째 부분의 의미는 이 로고스가 신성하지만, 그 자체로 신성의 전 체성을 소진하지 않는다는 것을 분명히 하는 것이다. 1절의 문법이 분명히 하는 것은 사람들이 '하나님'이라고 말할 때 '로고스'에 관해 말할 수 있는 모든 것을 말한 것이지만, 그 역은 사실이 아니다. 단지 로고스보다 하나님 은 더 많은 것이 있다. 신약에는 발달한 삼위일체 교리가 없는데, 그러한 말이 불가피하게 삼위일체에 대한 궁극적인 숙고를 하게 한다. 모든 창조의 대리인이었다(3)는 것에 덧붙여 로고스는 요한복음의 중심 개념이기도 한 '생명'과 '빛'이라는 용어와도 동일시된다. 이 복음서에서 '생명'은 하나님께서 로고스를 통해서만 주시는 생명, 즉 영생을 의미하는 만큼 살아 있는 존재의 특성을 의미하지 않는다. 4절에서는 그 생명이 '빛'과 동일시되는데 이 복음서에서 빛이 가지는 중요성의 실마리를 제공하고 있다. 빛이 언급되는 곳에서는 또한 영원한 생명도 있다. 그러기에 예수가 어둠 속에 있는 사람들에게 빛을 가져올 때에-예를 들어 소경의 눈을 뜨이게 하는-또한 영원한 생명을 주시는 것이다. 예수가 계속해서 빛과 영생을 가져온다고 말한다(5:24; 8:12; 10:28; 12:46; 17:2)는 사실은 요한이 여기에서 로고스를 언급하면서 이미 마음속에 성육신하신 예수를 염두에 두고 있다는 것을 가리킨다. 이것은 로고스의 특징을 나타내는 빛이 타락한 창조의 어둠 속에 나타난다는 5절에서 확증된다. 마지막으로, 어둠에 질 수 없는 빛은 성육신과 분명한 관련이 있고, 확실히 죽음으로부터의 예수의 부활과도 관련이 있다. 그러기에 바로 그 창조의 구조가 예수의 성육신, 십자가 그리고 부활의 기저를 이룬다.

다음 부분(6-8)은 영원의 서막으로부터 예수의 나타나심과 세례자 요한의 역사적 서막으로 전환된다. 이 삽입-빛으로서 예수-의 즉각적인 배경은 어떤 사람들은 세례자 요한에게서 이 빛을 보았다는 것을 암시한다. 만약 그것이 사실이라면, 8절의 세례자 요한이 빛이 아니라고 분명한 선언에 의해 반박된다. 그럼에도 불구하고, 세례자 요한은 하나님이 보내신 증언자로서 예수의 출현에 중심적 역할을 한다. 요한은 그가 진실로 누구인지를 증언함으로써 그의 말을 듣고 예수를 보게 되는 사람들이 예수에 대한 믿음을 가지게 되었다.

셋째 부분(9-13)은 예수가 참 빛이라고 하는 추가된 언급과 함께 5절의 생각을 재개하는데, 그래서 모든 작은 빛들은 예수와 하나님을 이해하는데 불필요하게 만들었다. 이 복음서에서 예수는 하나님의 일차적 계시이고 로고스로서 하나님의 말씀인데, 모든 다른 하나님 계시의 기초를 이룬다.

요한에게는 계시는 기본적으로 그리스도 중심인데, 아마도 이를 가장 명확하게 보인 것이 14:6이다. 예수가 길이요, 진리요, 생명으로서 아버지께 다가갈 수 있는 유일한 존재라고 말한다. 10절은 예수가 그 창조에서 중요했던 세상에 의해 거부되는 예수의 비극을 말하고 있는데, 이는 저자가 창조의 시작에서부터 예수의 생애를 염두에 두고 있음을 나타낸다. 비극은 11절에서 더욱 고조되는데, 그분이 자기 땅에 오셨지만, 백성들은 그분을 거부했다. 하지만 그것은 완전한 비극은 아니었다. 어떤 사람들은 실제로 그를 받아들였고, 그들에게 하나님의 자녀가 되는 권세를 주셨다. 13절은 하나님의 자녀가 되는 것은 다른 어떤 사람에 의해서가 아니라 오로지 예수에 대한 믿음으로 된다는 것을 분명히 하고 있다. 신약 전체와 마찬가지로 요한복음에는 유대인과 이방인 모두가 하나님의 백성에 포함된다. 하나님의 백성은 예수가 누구인지를 받아들이는 사람들에 의해 구성되는 것이지 특정한 민족의 혈통으로 구성되는 것은 아니기 때문이다.

서문의 정점은 14절에 기술된다: 영원한, 하나님의, 창조의 말씀은 예수 안에서 살과 피를 가진 인격이 되었다. 바로 이 예수에게서 하나님의 영광을 볼 수 있다. 나중에 예수가 설명했듯이, "나를 본 사람은 아버지를 보았다"(요 14:9). 그러기에 예수는 하나님의 말씀을 전할 뿐만 아니라, 그가 하나님의 말씀이다. 예수는 진리에 대해 말할 뿐만 아니라 그가 진리이다. 예수는 하나님의 일을 할 뿐만 아니라 그 자신이 하나님이시다. 그러한 이유로 예수는 무한한 은혜의 원천이다(16). 모세가 율법의 원천(17)인 것처럼, 예수는 은혜와 진리의 원천이다. 이것은 율법을 받은 사람들에 의해서가 아니라 예수 안에서 하나님의 은혜를 받아들이는 것에 기초한 새로운 질서가 도래했다는 것을 의미한다. 대단히 흥미롭게도 대비를 지시하는 등위접속사(but) 없이 율법과 은혜와 진리에 관한 두 문장을 연결하고 있다. 그것은 단순히 하나님께서 창조에 관한 두 가지 선언이다.

그것은 예수 안에서 알려진 하나님이다(18). 하나님은 인간 지각의 영역 너머에 있다. 이 복음서에서는 하나님을 아는 것은 직접 받을 수 있는 것이 아니라 중재될 뿐이다. 그리고 그 지식을 중재할 수 있는 사람은 서막에서 분명히 보여주듯이 모든 창조 전에 하나님과 함께 계셨고, 영원 전부터 하나님과 함께하셨던 예수이다.

**목회**

이 경이로운 구절은 요한복음 전체에 대한 심오한 신학적 논쟁을 제공하고 요한복음의 주요 주제 대부분을 소개한다. 처음에는 이 말씀을 특별히 목회적으로 고려해야 하는 사항으로 여기는 것이 자연스럽지 않아 보이겠지만, 크리스마스라는 상황은 예배와 성경공부를 위해 모인 사람들의 신앙과 경험에 중요한 연관성이 있다는 것을 알게 해준다. 실제로 이 본문은 다음과 같은 질문에 대답함으로 크리스마스 메시지의 핵심을 말해 준다. "베들레헴의 아이는 누구이며, 왜 우리가 그의 탄생에 신경을 써야 하는가?"

성탄절기에 예배를 드리는 사람 중에는 기독교와 특히 예수와 사소한 부분에서 일치하는 사람들이 많이 있다. 그럼에도 불구하고 전통적으로 예배에 적극적으로 참여해 온 사람들은 위에서 한 일반적인 질문들을 독특한 방식으로 되풀이한다. 12월 마지막 날과 1월의 첫날에, 예배에 모이는 대부분의 예배자는 축제 때문에 혹은 축제가 부족해서 감정적으로 지치고, 친척들이나 멋대로 구는 사람들에 대하여, 혹은 흔적을 남기는 외로움에 대하여 이중적인 태도를 가질 수 있다. 잠깐의 휴일은 성탄절 이야기에서 수집해야 할 심오한 의미들을 모호하게 만들 수 있는 다양한 감정들을 남긴다. 여러 해에 걸쳐 쌓여 온 많은 것들이 문화적 축적물이 되어서, 우리가 지켜야 하는 것들의 기원을 별것 아닌 것으로 만들어서 수렁에 빠뜨리고 있다. 죽은 나무를 거리로 운반해야 하고, 청구서를 지불해야 하며 생활을 다시 시작해야 한다. 그리고 자연스럽지만 이야기하지 않은 채 남아 있는 질문이 있다. 아무튼 이 모든 게 무엇에 관한 것이라는 말인가?

이 질문에 응답하면서 요한은 천둥처럼 웅변으로 외친다. "태초에 말씀이 계셨다. 그 말씀은 하나님과 함께 계셨다. 그 말씀은 하나님이셨다.… 창조된 것은 그에게서 생명을 얻었으니, 그 생명은 사람의 빛이었다.… 그 말씀은 육신이 되어 우리 가운데 사셨다.… 은혜와 진리는 예수 그리스도로 말미암아 생겨났다"(요 1:1, 3b-4,14, 17b). 요한은 이것 말고 다른 어떤 것도 규정하지 않았다. 하나님이 하나님 자신을 사람의 몸에 부어 넣으셨다. 이 영원하신 말씀은 생명 그 자체를 포함하여 모든 피조물 안에 있는 그리고 가장 보잘것없는 시작인 아기의 모습을 한 역설적인 겸손 안에 있는 하나님의 적극적인 대리자다. 이 놀라운 선언은 인간의 상상력의 한계를 압도한다. 더 많은 질문이 이어진다. 어떻게 이런 일이 가능할까? 이것은 나에게 무엇을 의미하는가?

진지하게 이 이야기를 접하는 모든 사람에게 하는 질문들이 표면 바로 아래 숨어 있다. 실제로 이러한 질문으로 청중들을 자극하는 것이 목회 전략의 하나가 될 수 있다. 예를 들어, 영원한 말씀의 빛을 이기지 못하는 '어둠'을 생각해 보자. 어둠은 여러 가지 형태를 가지고 있으며, 크리스마스 시즌에 전쟁, 인간의 파괴, 탐욕, 고문, 모든 종류의 억압, 또 실존적인 권태, 우울증, 혼란, 무력감, 절망 같은 다양한 사례들을 제공한다. 이러한 모든 어둠은 영원한 말씀의 빛, 즉 선포를 듣는 모든 개인을 포함하여, 창조질서 전체에 지속적으로 생명을 주는 생명력을 이길 수 없다.

이것은 놀랄정도로 좋아서 사실이라고 믿기 힘들 만큼 멋진 희망의 메시지이다. 이 모든 '빛'이 한 사람, 예수에게 있다. 빛과 어둠을 나란히 놓은 것은 결정적인 선택을 위해 숙고하도록 촉구한다. 우리는 이 빛의 밝은 조명 안에서 살기를 원하는가 혹은 어둠의 힘과 결탁한 채로 남아 있기를 원하는가? 창조의 능력 자체에 근거한 희망은 예수 그리스도의 진정한 정체성을 인정하는 데서 온다. 그를 맞아들이는 것은 '하나님의 자녀가 되는 권세'(12)를 얻게 되는 것이며, 그것은 혈통의 문제가 아니라 하나님의 은혜로운 행동의 문제이다. 이런 식으로 예수를 보는 것은 또한 예수의 아버지를 보는 것이다. 예수를 보는 것은 인간으로서는 하나님을 실제로 보는 것에 가장 가까운 일이다. 이것이 요한의 주장이다.

이것이 사실이라면, 목회를 위한 열매가 폭포처럼 엄청나게 쏟아질 것이다. 예수가 정말로 하나님이라면, 하나님은 육신의 존재와 분리되는 것이 아니라 깊이 그리고 친밀하게 현존하시는 것이다. 우리의 물질적 존재는 중요한 것이다. 하나님이 물질적 존재를 축복하셨다는 절대적인 인식에서만이 아니라, 하나님과의 관계에서도 역시 중요하다. 예수가 정말로 하나님이라면, 하나님은 인간의 경험, 인간의 고통, 인간이 겪는 모든 고뇌, 가장 무시무시한 인간의 죽음까지도 공유하게 된다. 하나님은 멀리 계시지 않는다. 하나님은 우리의 다음번 호흡만큼이나 가까이 계시고, 우리가 기뻐하는 기쁨을 축하하는 것처럼 우리가 견디는 고통을 견디신다. 바로 이 메시지가 바로 요한의 마음을 목회적으로 개입하여 사로잡고 변화시킨 진리이다.

요한의 신학은 우리가 느끼고 경험하는 인간의 상태와 완벽하게 일치한다. 사실 일치하는 것 이상이다. 만약 우리가 견딜 수 없는 상실을 겪고 있다면, 하나님은 우리의 고통 속에 계신다. 만약 우리의 국가가 국제 분쟁에 휘말리게 되면, 하나님은 인간의 곤경 속에서 우리와 함께하신다. 어둠이나 심지어 죽음까지도, 하나님이 친밀하게 알지 못하시거나 개입하지 않는 것은 없다. 하나님은 거기 계시고 강하시며, 사랑하시며 진실하시다. 예수는 우리의 은혜로운 동료, 친구, 구원자, 생명, 빛, 연인이다. 그러나 말씀은 생명 자체의 근원이고, 예수는 시금석이시다. 그뿐만 아니라 요한이 요한복음 15장에서 포착한 것처럼, 그의 지혜라는 진리를 이해하고 살아가는 열쇠이다. "사람이 자기 친구를 위하여 자기 목숨을 내놓는 것보다 더 큰 사랑은 없다"(15:13). 이것은 창조 때에 하나님과 함께 있었던 말씀과 동일한 말씀이고, '사람들의 빛'이라고 하신 것과 동일한 말씀이다. 권능과 자기 비움, 높아짐과 굴욕의 이 역설적인 신비는 요한복음의 첫째 구절들에 포착되어 있는데, 기독교의 정수를 선포하는 핵심이다. 이 선포는 이 메시지를 귀로 듣는 사람들의 상황을 직접 다룬다.

이 상황은 인간의 취약성에 관한 것이다. 신생아보다 더 취약하고 의존적인 것은 없다. "그 말씀이 육신이 되어 우리 가운데 사셨다." 취약한 (육체적) 실존이라는 인간의 구체적이고 실질적인 사례들과 연결시켜 볼 때, 이 선포는 목회적으로 충격이다.

## 설교

요한복음 서문은 소리 내어 읽기가 어려울 수 있고, 또 지난 몇 주간 풍성한 성탄절 이야기로 설교를 들은 교인들에게 설교하기가 쉽지는 않다. 목자들, 천사들 심지어 성전 안에 있던 율법 교사들이 오늘 요한이 언급하는 빛, 영광, 은혜 그리고 진리 등이 나타내는 이미지보다 훨씬 상상하기가 쉽다. 이 용어들이 친근하기는 하지만 대부분 추상적 개념들이라 설교자는 요한처럼 현실적으로 만들어야 할 필요가 있다.

이 본문은 3주 만에 다시 성서정과에 나오는 요한의 서문으로, 제일 먼저 요한의 서문을 다루는 대목은 성탄절 성서정과 본문이다. 설교자는 여기서 14-18절을 먼저 생각해 볼 수 있다. 이 추가된 본문에서 요한은 모세(율법의 수여자)와 예수(은혜와 진리의 수여자)를 통하여 오는 하나님의 계시를 비교한다. 설교자는 여기서 둘째 것을 부각시키려고 첫째 것을 폄하할 필요는 없다. 두 가지 계시 모두 하나님으로부터 왔고 둘 다 하나님의 백성들을 형성하는 데 기여하였다. 이 본문은 어느 하나가 우월하다고 선포하는 것이 아니다.

그 대신에 이 본문은 예수의 인성에 초점을 맞추는데, 거기에서 '지금까지 어느 누구도 본 일이 없는' 하나님이 알려지게 된다. 구약성서에서 모세와 욥 모두 하나님을 보았다고 말하기 때문에 설교자는 이 앞서 있던 목격과 이번 것을 비교하는 데 시간을 할애해야 할 것이다. 요한은 예수 안에서 말씀(the Word)이 육신이 되었다고 말한다. 하나님의 빛, 영광, 은혜 그리고 진리가 예수 안에서 구현된다. 하나님은 이러한 신적 속성들을 보고 듣기를 원하는 하나님의 사람들을 위해, 이 속성에 피부를 입혀서 그들이

그 사람을 볼 수 있게 하였다

본문 10-18절에 의하면 예수는 하나님이 아니다. 예수는 하나님의 아들이고 '아버지의 마음에 가까운' 사람이다. 하나님을 몸을 가진 분으로 표현하는 것을 괘념치 않는 설교자는 NRSV 성경 각주에 나온 번역을 택해도 좋을 것이다. 거기에서 예수는 '하나님의 품에 가까이' 있는 분이라고 하는데, 그것은 아버지뿐만 아니라 어머니 같은 하나님의 몸을 떠올리게 하는 이미지이다. 어느 누구도 하나님을 보지 못한 반면 예수는 분명히 그의 머리를 어디에 두어야 할지를 알고 있다. 후에 그의 머리를 예수의 가슴에 둔 사랑하시던 제자처럼 이 아들은 그의 아버지의 심장소리를 듣는 법을 알고 있다.

요한의 서문이 이 페이지에 산문처럼 쓰여 있지만, 그것은 오히려 시에 더 가깝다. 어떤 설교자는 요한의 긴 문장을 도식화하고 분류하여 이 시를 설명하는 방향으로 설교를 준비할 수 있다. 또 다른 설교자는 여기에 나온 요한의 언어처럼 운율이 있고 신비하며 담대한 언어를 사용하여 그가 말하는 주제를 확장시켜, 시에는 시로 응답하는 방식으로 준비할 수 있다. 요한과 같이 설교자는 예수를 그 주제로 삼고, 요한이 하나님의 빛, 영광, 은혜 그리고 진리를 구체화시킨 방식으로, 예수에 대한 요한의 이야기를 더 깊이 접근할 수 있다. 주현절 한 주전 주일에 이것은 특별한 의미가 있다.

설교자는 말씀이 육신이 되심으로써 그를 따르는 사람들도 또한 하나님의 말씀을 구현하는 것이 가능하게 된 것에 초점을 맞추어 요한복음을 따라갈 수 있다. 요한은 "그를 맞아들인 사람들, 곧 그 이름을 믿는 사람들에게는, 하나님의 자녀가 되는 특권을 주셨다"(12)고 말하고 있다. 다시 말해서 말씀이 육신이 된 사람은 예수 혼자만이 아니다. 예수께서 아버지의 품으로 돌아간 이후에, 그는 자신이 한 일보다 더 많은 일을 할 수 있는 형제자매를 얻게 되었다(요 14:12).

거의 모든 사람은 생명을 살리는 어떤 말을 가지고 있다. 누군가에게 그 말은 '연민'일 수 있고, 또 다른 누군가에게는 '정의'일 수 있다. 또 '관용'도 될 수 있고 '인내'도 될 수 있다. 누군가 그 말들에 근거하여 행동하게

될 때까지 그 말들은 추상적 개념 곧 거의 사람들이 보지 못했던 좋은 생
각들로 남아 있다. 그 말들에 근거하여 행동을 하는 그 순간 그 말들은 육
신이 된다. 그 말들은 우리 가운데 있고 그래서 우리는 그 영광을 볼 수
있다.

교인들도 마찬가지로 그런 말들을 구체적으로 현실화한다. 많은 교인
은 복음에 나타난 모든 말을 구현해야 한다고 생각하지만, 그러지 못하고
있다. 그들은 그 말들 가운데 하나 혹은 두 개가 육신이 되게 해야 한다.
어느 교인들은 '환대'를 현실화하는 것을 잘한다. 또 다른 사람들은 '기도'
를 구현한다. 누군가는 '예언자적인' 것을 현실화하고 어느 사람은 '봉사'에
피부를 입힌다(봉사를 구현한다). 이런 교인들은 목회자가 복음을 전할 때,
목회자가 항상 말로만 복음을 전하지 않아도 된다는 것을 이미 알고 있다.
하나님의 은혜로 우리 목회자들도 말이 생명을 가져올 수 있도록 우리의
몸을 자발적으로 사용할 수 있다.

물론 교인들도 누구나 그런 것처럼 치명적인 말들도 현실화시킬 수도
있다. '심판'은 진짜로 살인자가 될 수 있다. '바빠'라는 말도 '독선'도 그렇
게 될 수 있다. 때때로 여러분들이 의미하는 말을 구현하고 있는지 아니면
다른 더 악성적인 말이 새어나가도록 두고 있는 것은 아닌지 구별하기가
쉽지 않기 때문에, 다른 사람들에게 여러분들이 말을 제대로 사용하는지
보아달라고 요청하는 것은 큰 도움이 될 수 있다. 어느 주일 아침 예배 후
에 한 방문자가 교회를 떠날 때 그녀의 마음에 떠오르는 첫 세 단어는 무
엇인가? 설교자는 교인들에게 이 단어들이 무엇이기를 바라는지(그리고 두
려워하는 대답은 무엇인지)를 물을 수 있다. 생명을 주는 하나님의 말씀 중
하나가 생명으로 나타나게 하는 것은 결코 늦은 게 아니다.

요한의 시를 설명하기로 마음을 정한 설교자는 그의 문학적 천재성을
강조하게 될 것이다. 요한은 서문에 창세기의 시작 부분을 다시 썼고, 처음
부터 말씀을 하나님과 함께 두었다. 지혜처럼(잠언 8:22-31을 보라) 말씀은
창조 시에 하나님의 동반자였다. 그러나 지혜와는 달리 말씀은 하나님의
피조물이 아니고 하나님으로부터 나온 진정한 빛이다(9). 이야기의 훨씬

후반부에 군인들이 예수를 정원에서 체포하러 올 때, 그들은 등불과 횃불과 무기를 가지고 올 것이다(18:3). 요한만이 이 부분을 풍자적으로 상세히 다루고 있는데 거기서 그는 세상의 빛을 체포하러 빛을 들고 온 사람들의 무지함을 강조한다.

이번 주를 지나며 다가오는 주현절에, 이러한 방향을 따르기로 정한 설교자는 빛이 본문에는 그렇지 않더라도 교인들의 마음에는 대문자(Light)로 각인되도록 하거나 요한이 선포하는 빛의 오심이 인간으로 오시는 예수 그리스도임을 확실하게 해야 할 것이다.

# 주현절(현현절)

# 주님의 수세주일

## 누가복음 3:15-17, 21-22

> [15]백성이 그리스도를 고대하고 있던 터에, 모두들 마음 속으로 요한에 대하여 생각하기를, 그가 그리스도가 아닐까 하였다. [16]그래서 요한은 모든 사람에게 대답하였다. "나는 여러분에게 물로 세례를 주지만, 나보다 더 능력 있는 분이 오실 터인데, 나는 그의 신발끈을 풀어드릴 자격도 없소. 그는 여러분에게 성령과 불로 세례를 주실 것이오. [17]그는 자기의 타작 마당을 깨끗이 하려고, 손에 키를 들었으니, 알곡은 곳간에 모아들이고, 쭉정이는 꺼지지 않는 불에 태우실 것이오."
> [21]백성이 모두 세례를 받았다. 예수께서도 세례를 받으시고, 기도하시는데, 하늘이 열리고, [22]성령이 비둘기 같은 형체로 예수 위에 내려오셨다. 그리고 하늘에서 이런 소리가 울려 왔다. "너는 내 사랑하는 아들이요, 나는 너를 좋아한다."

## 신학

본문이 제기하는 신학적 질문 중에는 다루기 힘든 것이 하나 있다. 그것은 요한의 세례는 심판 및 죄와 연관되어 있는데 왜 예수가 세례를 받았는가 하는 것이다. 누가는 지금까지 예수의 거룩성을 입증하기 위해 갖가지 문학적 기법을 활용해 왔고, 이제 곧 시험을 이기는 장면을 통해 예수의 신성은 더욱 강조될 것이다. 그런데 왜 하늘에서 들리는 음성이 회개의 세례를 기뻐할 일이라고 선포하는가?

누가복음에서 세례에 관한 이야기는 족보와 예수의 시험 이야기 이전에 나온다. 세례 이야기에 이어서 나오는, 언뜻 보기에 진부해 보이는 족보에 특별한 의미가 있겠는가 생각할 수도 있겠지만 사실 이 족보가 우리의 질문에 대한 답을 갖고 있다. 3:23-28에 나오는 누가의 족보의 시작은 모호하며 그 절정은 비극적 역설로 점철되어 있다. 족보의 서두는 예수와 요셉을 연결('요셉의 아들')하면서 분리('사람들이 생각하기로는')한다(23). 족보는 아담의 아들 셋 그리고 하나님의 아들 아담으로 끝을 맺는다. 이 족보에서 예수의 종교적이고 제왕적 혈통은 드러나지만, 비극적 선택과 파괴적 행동의 흔적은 지울 수 없다. 사실 셋이 족보에서 차지하고 있는 위치가 이런 비극적이고 파괴적인 측면을 두드러지게 한다. 셋은 아담과 이브에게서 나온 아들이다. 그는 형 가인에게 살해된 아벨 대신 태어난 자이다(창 4:25). 예수는 용맹, 개인적 결점, 이해의 충돌, 쉽게 깨지는 영웅주의 등의 온갖 인간적 특성을 보여주는 남자들(누가는 마태와 달리 족보에 여성을 포함시키지 않는다)의 자손으로 태어났다.

예수는 구조적인 죄의 세계로(into) 오신 것뿐 아니라 그 세계로부터 (from) 오시기도 했다. 그의 세례는 예수의 성육신이 얼마나 철저한지를 상징적으로 보여준다. 예수는 인간의 세계와 단순히 동질감이나 연대감을 느낄 뿐 아니라, 인간 세계의 비극적인 구조를 완전하게 수용한다. 이 세계에서는 순수하고, 완전하고, 명확하고, 무죄한 선택은 있을 수 없다. 모든 선택은 앞선 모든 조건이 만들어 놓은 시스템의 배경에서만 만들어질 수 있다.

수하키(Marjorie Hewitt Suchocki)가 『폭력에로의 타락』(Fall to Violence)이라는 책에서 죄에 대해 다룬 내용이 우리에게 도움이 된다. 그는 이 책에서 자신이 재판에 배심원으로 참여했던 일을 회상한다. 그 재판에서 피고인은 유죄로 판결이 났다. 수하키는 그 사람이 본인이 저지른 범죄에 대해서 책임이 있는 것은 분명하지만, 그런 사람을 키우고 나중에 처벌하는 시스템과 그 안에서 자신의 역할에 대해 곰곰이 생각하게 되었다고 한다. 상호연결된 복잡한 사회구조 속에서 자신도 그 사람의 범죄와 어느 정도 연관되어 있다고 생각했다고 한다.

> 마약 거래의 비극적인 세계는 신학교 학장으로서 내가 속해있는 세계와는 너무 멀리 떨어져 있는 것 같았다. 그러나 사실은 그 "다른" 세계는 내 집에서 불과 몇 마일밖에 떨어져 있지 않았다. 그 세계는 어디에서 시작하여 어디에서 끝나는가? "나의" 세계는 그 세계에 지리적으로 가까이 있었다. 그러나 나는 의도적으

로 저 "다른" 세계에 사는 사람들과 접촉해보려고 어떤 노력을 한 적이 있는가? 나는 그 세계에 사는 사람들을 정죄만 하지 않았는가? 아니면, 나는 무심한 이웃의 태도를 취함으로 그 세계를 유지하는 데 기여한 것은 아닌가?*

수하키는 이런 관점에서 원죄를 "포괄적 선을 행하는 것을 방해하는 선행적 구조"라고 정의했다.**

여기서 우리는 전통적인 신학적 견해를 넘어가는 사고를 해봐야 할지도 모르겠다. 마가복음의 저자는 예수도 포괄적 선을 행하는 것을 방해하는 영향으로부터 완전히 자유롭지 못했다고 생각하는 것 같다. 마가복음 7:24-30에서 시로페니키아 여인을 대하는 예수의 모습을 보면 예수는 당시의 사회적, 역사적 배경의 부정적 영향으로부터 자유롭지 못했다. 여인이 자신의 딸을 고쳐달라고 부탁했을 때 예수는 이렇게 대답했다. "자녀들을 먼저 배불리 먹여야 한다. 자녀들이 먹을 빵을 집어서 개들에게 던져 주는 것은 옳지 않다"(27). 예수는 결국 포괄적 선에 어긋나는 언행을 한 것이 아닌가?

누가복음은 자신이 참고했던 마가의 자료에서 시로페니키아 여인에 관한 이야기를 뺐다. 아마도 누가는 마가와는 다르게 예수가 세례를 받는 것이 예수의 개인적인 의지적 결함(죄)과 관련되는 것은 아니라고 말하고 싶었는지 모른다. 사실 누가는 예수의 시험 장면을 상징적으로 묘사함으로써 독자는 그것이 실제 체험이 아니라 정교하게 고안된 실험과 유사한 것으로 읽게 된다. 악마는 한 가지의 변수만을 갖고 예수를 시험하고 예수는 그에 대해 죄와 무관한 결정을 하게 된다.

그러나 이 세상에는 통제할 수 없는 수많은 변수가 있고, 그것에 의해 이미 결정된 수많은 상황이 있다. 예수의 의지도 이런 비극적인 죄의 틀의 영향을 받게 된다. 누가는 세례와 족보 이야기를 시험 이야기와 나란히 배

---

* Marjorie Hewitt Suchocki, *The Fall to Violence: Original Sin in Relational Theology* (New York: Continuum, 1994), 11.

** Marjorie Hewitt Suchocki, *Divinity and Diversity: A Christian Affirmation of Religious Pluralism* (Nashville: Abingdon, 2003), 105.

치함으로써 독자에게 첫째로 예수의 의지는 하나님의 뜻과 일치한다는 것, 둘째로 예수도 이 세계의 비극적 구조를 벗어날 수는 없다는 것을 말하고 있다. 예수는 진정 하나님의 아들인 아담의 아들이다(38).

우리가 예수의 의지에 관해 마가의 해석을 따르든, 누가의 해석을 따르든 상관없이, 예수는 왜곡된 시스템 안에서 사셨다. 우리는 예수가 도덕적 진공상태에서 선택들을 했다고 말할 수 없다. 아무리 고상한 기독론적 입장이라 할지라도 예수가 그를 에워싼 구조적 불의 속에서 최선의 선택을 했다는 것을 인정할 수밖에 없을 것이다.

누가는 이런 모호성을 그대로 드러낸다. 그는 가난한 자에 대해 특별한 관심을 갖고 있었고, 여성에 관해 더 많은 지면을 할애했다(복음서 전체의 여성에 관한 42 단락 중에서 23 단락은 누가복음에만 있는 것이다). 그렇지만 마가복음 7장에 나오는 시로페니키아 여인과 같은 공격적인 여인의 이야기는 제외시켰다.

세례자 요한은 예수가 자신보다 위대하다는 것을 이해했다. 예수는 요한의 세례를 받음으로 요한의 알곡과 쭉정이의 이분법(17)을 거부하셨다. 이런 이유로 예수는 "마구 먹어대는 자요, 포도주를 마시는 자요, 세리와 죄인의 친구다"(눅 7:34)라는 비난을 받았다. 아마도, 이것이 거룩의 진정한 표식이 아닐까? 우리는 서로 연결된 망에 속해있음을 안다. 그리고 우리는 그 망에 너무 깊이 걸려있다고 경고를 받고 있다.

## 주석

유대 사람들은 메시아가 와서 그들을 멸망에서 구해내고, 유대 나라의 새로운 정치적, 종교적 미래를 이끌어 낼 것이라고 기대했다. 그 전부터 설교하고, 세례를 주며 많은 제자를 모았던 세례자 요한은 메시아 후보로 간주되었다(요 1:35-38). 그런데 그때 예수가 나타나서 설교하고 가르치며 세례를 주었다. 복음서 이야기 속에서 세례자 요한의 자기 포기 선언 뒤에는 음모와 논쟁의 소용돌이가 있다. 이 급진적 운동의 지도력에 대해서는 명백하게 밝혀져야 한다. 진정한 메시아여 일어나라!

여기서 분명한 문제가 있다. 만약 "연기가 나는 곳에 불이 난다"는 격언이 맞다면 분명히 자신이 예수보다 못하다고 말한 요한의 선언은 어떤 사람들이 어떤 곳에서는 요한이 예수보다 우월하다고 생각했다는 것을 반증한다. 네 복음서 기자 모두가 세례자 요한과 예수의 관계를 규정하지 않을 수 없었는데, 배후에서 소용돌이치던 리더십 충돌의 문제와 그 최종 결과에 대해서 증언하기 위해서이다(마3:11-12; 막 1:7-8; 요1:26-27, 33).

요한복음은 지도력의 이동에 대해서 쓰고 있다. 세례자 요한은 예수가 전면에 등장했을 때(요 1:35-39), 그의 두 제자와 함께 여행하고 있었다. 요한은 예수를 보고 '하나님의 어린양'으로 선언한다. 요한의 제자들은 요한을 떠나 예수를 따르기 시작했다. 메시지는 분명하다. 세례자 요한이 아니라 예수가 새로운 메시아이다.

누가복음 3:17은 세례자 요한의 말을 이용하여 권력이 어디에 있는지 말한다. "예수는 자기의 타작마당을 깨끗이 하려고 손에 키를 들었다." 이 일상적인 농업에 관한 말은 성서에서 여러 번 사용된다(시 1:4; 잠 20:26; 사 41:15f; 렘 15:7). 수확한 곡물은 타작마당으로 옮겨져 청소된다. 수확한 곡식의 일부를 바람개비, 포크 모양의 삽으로 공중에 던진 다음 바람에 일을 시키시오. 바람이 이 과정을 제어하여 무거운 껍질과 짚이 섞인 겨에서 밀을 분리한다. 밀이 쭉정이에서 떨어진다. 쭉정이는 모아서 태우고 밀은 헛간에 안전하게 보관한다.

복음서 기자들은 요한과 예수 모두 그들의 청중들에게 심판을 준비하도록 촉구했다고 말하는데, '죄사함의 회개의 세례를 선포'(눅 3:3)하였다. 그런데 알곡과 쭉정이의 묘사(눅 3:17)는 가장 적극적인 동인은 바람이라는 것을 보여준다. 선과 악을 구별하고 의인과 악인을 구별하는 대행자는 성령이다. 세례자 요한과 예수는 모두 설교하고 세례를 주지만, 성령은 요한복음 2장의 바람과 같이 의인과 악인을 구별한다. 진리의 빛, 또는 바람의 움직임은 악인을 노출시킨다. 예수는 삽을 들고 있고, 성령께서 일하신다.

예수의 세례 이야기 위치는 누가복음에서 대단히 중요하다(3:21-22). 누가에서 예수의 세례 이야기는 세례 요한과 예수의 탄생 이야기(눅 1-2장) 다음에 나온다. 다른 복음서의 예수의 세례 기사(마 3:13-17; 막 1:9-11; 요 1:29-34)와 비교하면 누가는 이 중요한 사건에 이차적 위치를 부여한다는 것을 알 수 있다. 마태복음에서는 세례에 관해 분명하고 특정한 사실들을 보여준다. 예수는 요한에게 와서 세례를 받게 해달라고 요청한다. 예수와 요한의 대화가 녹음되어 있다. 마태복음의 의식은 예수의 공생애 사역의 시작을 보여준다. 이와 대조적으로 마가복음에서는 마태와 같이 예수와 요한 사이의 대화도 없고, 단지 하나님의 영에 초점을 맞추어 "내가 너를 좋아한다"고 썼다(막 1:10-11). 마태와 마가에서는 세례가 예수의 공생애의 중요한 시작으로서 나타난다. 그런데 요한복음에서는 단순히 세례가 있었다고 말한다. 사건의 구체적 보고는 없고 세례요한의 목소리로 간접적인 보고만이 있다(요 1:32-34).

누가복음에서는 예수의 세례가 분명히 다른 사람들이 세례를 받고 난 후에 일어난다. "백성이 모두 세례를 받았다. 예수께서도 세례를 받으시고…"(눅 3:21). 예수를 위한 특별의식이 전혀 준비되어 있지 않다. 예수도 다른 사람들과 같이 줄을 서서 요한이 물에서 다른 사람들에게 세례를 베푸는 것을 보며 자기의 차례를 기다렸다. 또한 누가의 예수 세례 묘사에서 빠진 것은 심판, 불, 의라는 관념들이다. 세례는 오로지 기도와 하늘의 선언으로만 묘사되어 있는데, 분명히 세례자 요한의 사역의 마지막이요 예수의 사역의 시작임을 보여주지만, 마태와 마가에서와 같은 요란스러운 팡파르는 없다.

예수의 세례가 초대교회에 중요한 이야기였다는 것은 네 복음서 기록 모두에 공유하는 자료로서 증명된다. 하지만 각 복음서의 설명이 구체적인 내용에 있어 달라진다는 것은 네 복음서 공동체들이 예수의 세례를 다른 방식으로 이해하고 있었다는 것을 보여준다. 누가복음에서 예수의 세례는 그를 다른 사람들과 구별시키지 않는다. 오히려 그 세례 행위는 요한이 수행한 사역의 인기를 그리고 더 큰 집단의 행동에 속하고자 하는 예수의 의지를 강조한다.

하지만 누가복음에서 특별한 초점은 기도이다. 누가는 예수가 세례받은 뒤 기도했다고 주의 깊게 묘사한다(3:21). 누가는 다른 복음서에서는 빠뜨린 세례 의식의 중요한 특징을 의도적으로 첨가한 것이다. 누가에게 세례에서 가장 중요한 특징은 기도하는 것이고, 이것은 예수의 삶 속에서 성령이 함께하는 것을 말하는 것이고, 궁극적으로 예수를 믿는 자들에게도 그러하다. 누가복음의 다른 부분에서도 기도는 예수의 초점이 되고 있다(5:16; 6:12; 9:18, 28ff; 11:1; 22:41; 23:46). 마태와 마가 공동체에 그토록 중요했던 공생애의 시작으로서 예수의 세례의 힘은 누가복음에서는 상실되었다. 마찬가지로 세례자 요한과 예수의 제자들 사이의 지도력에 관한 치열한 논쟁은 누가복음에서 많이 낮추어져 있다. 누가에게는 기도가 무엇보다도 중요했다.

## 목회

누가는 세례자 요한과 예수의 탄생에 관하여 자세하게 이야기했다. 이제 누가는 아주 간략하게 요한의 선포 사역의 끝에서 예수의 공생애의 시작으로 전환한다. 그 연결고리가 예수의 세례다. 사람들은 요한이 그리스도인지 궁금해했지만, 요한은 자기보다 더 능력 있는 분이 오고 계시는데, 그분은 성령의 권능을 받은 분이라고 알려 준다. 메시아의 오심을 준비하는 요한의 사역은 헤롯에 의해 투옥되면서 끝난다. 예수 사역의 시작에서 볼 수 있는 특징은 예수가 세례를 받은 것인데, 설명은 하지 않고 단지 한 절의 절반으로 보고된다. "백성이 모두 세례를 받았다. 예수께서도 세례를" 받으셨다(눅 3:21a).

누가복음에 의하면, 예수의 세례에 관해 우리가 아는 것은 모든 백성과 함께 세례를 받으셨다는 것뿐이다. 이것은 교회가 종종 잊어버리는 것이다. 예수는 죄인들의 나라와 죄인들의 세상과 연대하는 행동으로 세례받았다고 자신을 소개한다. 예수는 이기적인 세상에서 '닳아 해어져서' 망가지면서도 자기 자신과 자기들의 하나님을 포기하지 않은 모든 사람과 연대하신다. 하나님께로 돌아와 새롭게 시작할 희망을 가지게 된 압제당하는 사람과 죄로 인해 아파하는 사람들이 줄을 설 때, 예수는 그들과 함께하신다. 예수가 세례를 받음으로 그는 하나님을 필요로 하는 상처받고 망가진 사람들과 자신을 동일시한다.

우리의 교회들이 진정으로 죄인들과 일치하는지, 기꺼이 그들과 한편이 되고 있는지 그리고 그들을 그리스도 안에서 형제요 자매로 환영하고 그들을 위해 일하는지를 물어보아야 한다. 교회가 모든 좋은 말을 할 수는 있다. 우리가 죄인들과 난민들을 위한 병원이라고 선언할 수도 있다. 그러나 우리는 너무 자주, 우리 공동체를 형성하기 위해서는 존경받고 성공한 사람들이 필요하다는 메시지를 보낸다. 살면서 어려움을 만난 사람들이 교회에서 탈락되어 돌봐줄 다른 사람을 찾다가, 그들이 존중받을 만한 교인이라고 재인증을 받은 후에야 교회로 돌아가는 일이 되풀이되고 있다. 예수는 죄인들과 같이 줄을 서셨고, 그들과 함께 세례를 받으셨다. 그것은 알아야 하고 기억해야 할 일이다.

누가는 예수가 세례받으면서 한 마디도 큰 소리로 말씀하시지 않았다고 하지만, 예수는 세례받으신 후에 기도하셨다. 예수는 우리 죄인들에게 오실 뿐 아니라, 기도로 하나님에게도 오신다. 그는 가르치고 치유하는 그의 공적 사역을 그 자신의 권능과 능력으로 수행하지 않았다. 그의 힘의 원천은 그 자신을 넘어서는 것이었다. 그가 어려움에 처하게 되어도 성령이 항상 그를 격려할 것이다. 제자들은 이런 기도의 자세를 예수로부터 배울 것이고, 성령께서 그들에게 신실한 사역을 위해 사랑하고 또 사랑하는 힘과 인내를 주실 것이다.

우리의 교회들이 성령에 의지하고, 우리가 기도 가운데 하나님께 연결되고 있는지, 그래서 영적인 원기가 세상으로 들어와서 그리스도를 통해 사람들의 삶이 달라지도록 만들었는지 거듭 물어야 한다. 이 연결은 모든 제자와 모든 교회와 모든 사역의 생명선으로 남아 있다. 예수가 세례받은 후 기도하는 중에 이런 강렬한 영적인 경험을 했다는 것은 의미심장하다.

제임스 웰던 존슨(James Weldon Johnson)은 교회가 힘을 얻기 위해 하나님을 경배하는 법을 결코 잊지 않기를 기도한다.

> 오 주님, 오늘 아침 우리가
> 주님의 영광의 보좌 앞에서
> 무릎 꿇고 엎드려 경배합니다.
> 오 주님, 오늘 아침
> 무릎 꿇고 진심으로 경배합니다.
> 우리의 무릎은 외로운 계곡에 있습니다.
> 오늘 아침 우리가 나아옵니다.
> 물이 많은 샘으로 오는 빈 주전자처럼.*

세례의 물속에서 죄인들과 하나가 되고 기도 속에서 하나님을 붙잡으면서, 예수는 이제 하나님의 아들로 선포될 것이다. 클라렌스 조던(Clarence Jordan)은 그것을 이런 식으로 전한다. 하늘이 갈라지고, 비둘기 모양의 성령이 그에게 내려온다. 그리고 한 음성이 하늘로부터 말하기를, "너는 내 사랑하는 아들이요, 나는 너를 좋아한다."** 예수의 세례에서 예수는 그를 사랑하시고 그에게 그렇게 말씀하시는 하나님에 의하여 메시아로 임명되었다. 하나님의 부르심에 대한 이 강력한 확인은 광야에서 시험당하는 시간 동안 그리고 신실한 사역의 기쁨과 시련 가운데 예수를 지탱해 주었다.

또다시 하나님께서 우리를 하나님의 자녀라고 선언하시고 우리가 하나님의 사랑을 모든 사람에게 전하는 것을 자랑스러워하신다는 것을 아는 것으로 교회가 유지되고 있는지를 물어야 한다. 장로교 교수요 신학자인 존 리스(John Leith)는 모든 사람의 삶은 하나님의 뜻과 의도에 근거하고 있다고 말하곤 한다. "세례에서 어린이의 이름을 부르는 것은, 하나님께서 이

---

\* James Weldon Johnson, "Listen, Lord-A Prayer," in *God's Trombones* (New York: Viking Press, 1927), 13.

\** Clarence Jordan, *The Cotton Patch Version of Luke and Acts* (Chicago: Association Press, Follett Publishing Co., 1969), 23.

아이가 나기도 전에 이 아이를 생각하셨다는 것을 믿기 때문이며, 하나님께서 이 아이에게 정체성과 개성과 이름과 아무도 감히 훼손할 수 없는 존엄성을 주셨다고 믿기 때문이다. 인간이라는 존재는 그 기원이 역사와 생물학의 우연이 아니라 하늘과 땅의 창조자이신 주 하나님의 뜻과 의도에 있다."*

우리는 하나님에게서 그리고 서로에게서 이 확인을 들어야 한다. 이것은 이 땅에 사는 모든 사람이 들어야 하는 생명을 주는 말씀이다. "너는 내가 사랑하는 나의 자녀이다. 나는 너를 아주 기뻐한다." 예수가 이 말씀을 들었을 때, 이 말씀은 그의 삶을 영원히 바꾸어 놓았다. 이 말씀은 우리 아이들에게, 우리 이웃들에게, 우리 배우자에게, 우리 교회 교인들에게도 똑같이 할 것이고 그리고 예수가 약속하신 것처럼, 우리 원수들에게도 그렇게 할 것이다.

누가는 우리 주님의 세례에 대하여 거의 이야기하지 않는다. 그러나 이 몇 마디 안 되는 말들은 우리가 신실하게 목회할 때, 우리를 매우 깊은 기쁨의 원천으로 인도한다. 모든 사람과 하나 되고, 살아가고 사랑하는 힘을 얻기 위해 기도로 하나님에게 의존하며, 여러분의 부르심과 삶의 목적의 근원이신 여러분의 하나님의 확인을 듣는 것은 인생에서 가장 지속되는 기쁨이다. 이것들은 교회로서 그리스도 안에서 함께 살아가는 우리 삶의 축복이다.

## 설교

주님의 수세주일은 매년 주현절을 시작하면서 갑자기 나타난다. 그래서 해마다 사용되는 예전 일정표를 보면, 예수 탄생을 둘러싼 이야기로부터 곧바로 30세 예수가 성인이 되어 요단강에서 세례를 받는 장면(눅 3:23)

---

* John H. Leith, "An Awareness of Destiny," in *Pilgrimage of a Presbyterian* (Louisville, KY: Geneva Press, 2001), 126-127.

으로 건너뛰게 된다. 3년 주기의 성서정과에서 주님의 수세주일은 마태복음 (3:13-17), 마가복음(1:4-11) 그리고 누가복음(3:15-17, 21-22)이 순서에 따라 돌아온다. 각 복음서 기자들이 '동일한' 이야기를 다루면서 각 복음서가 보여주는 특성에 주목하게 되면, 각 복음서가 지닌 신선함과 깊이를 더욱 음미할 수 있다.

그중 누가의 기록은 여러 가지 중요한 독특한 점을 보이고 있다.

첫째로 누가는 도입부를 "백성들은 기대감으로 가득 차 있었고", "모두들 마음속으로 요한에 대하여 생각하기를, 그가 그리스도가 아닐까 하였다"(3:15)고 시작한다. 누군가 나타나서 현재의 어려움으로부터 구원해 주리라는 희망은 인간 경험과 역사에 늘 반복되는 주제이고, 특히 선거가 앞에 있거나 경제가 쇠퇴할 때 혹은 나라가 전쟁 중에 있을 때 특히 그러하다. 오늘날 사람들은 무슨 기대로 가득 차 있는가? 그들은 지도자에게서 무엇을 기대하는가? 그들은 신뢰하고 지지할 사람을 어떻게 분별할 수 있는가?

둘째로 누가는 세례 직전에 19-20절을 끼워 넣고 있는데, 그것은 헤롯왕이 요한을 투옥한 이야기이다. 이 삽입구는 두 가지 역할을 한다. 먼저 예수께서 세례받고 그의 사역을 시작하기 전에 요한을 역사의 무대에서 사라지게 하는 역할을 한다. 요한의 역할은 끝나고 예수의 사역이 이제 시작된다. 그러나 요한의 체포는 기뻐해야 할 주님의 출현을 우울하게 만든다. '헤롯이 행한 모든 악한 일'(19)로 인해 하나님의 예언자 요한을(1:76) 감옥에 가두는 새로운 수준의 타락에 도달했던 그 시간에, 예수는 "너는 내 사랑하는 아들이요, 나는 너를 좋아한다"(22)는 계시를 받는다. 통치자들은 먼저 요한이(3:18) 그리고 이어서 예수께서 선포했던 '기쁜 소식'을 격렬하게 막으려 했고 앞으로도 그럴 것이다. 기쁜 소식을 선포하는 사람들이 치러야 할 희생이 있다. 그래서 요한의 체포는 결국 예수의 체포와 십자가를 예고하는 것이다. 안타깝게도 성서정과는 18-20절을 건너뛰었기 때문에 누가의 이 의도를 보여주지 않는다. 설교를 할 때는 이 빠진 구절을 반영함으로써 세례와 삶에 대한 이해가 더 깊어질 수 있음을 보여주어도 좋다.

셋째로 누가의 독특한 점은 예수께서 세례받는 장면을 실제로 독자들에게 보여주지 않고, 단지 예수를 포함한 '모든 백성'이 세례를 받은 이후의 일들을 서술하는 점이다. 누가는 마태를 곤경에 빠뜨린 질문, 즉 요한이 '웅크리고 앉아서 그의 신발 끈을 풀어드릴 자격도 없는' 사람인데 왜 예수께서 요한에게 회개의 세례를 받아야 하는지를 피하기 위해 이렇게 했을 수가 있다. 더 나아가 누가는 "하늘이 열리고 성령이 그에게 임했다"는 마가의 기록에 '예수께서 기도하고 있는 동안에'를 덧붙인다. 이것은 예수의 출현을 세례받는 것으로부터 기도하는 것으로 전환시키고 있다.

누가는 복음서 전반에 걸쳐 예수께서 기도하는 것을 보여준다. 예수께서는 제자들을 부르기 전에(6:12), 제자들에게 자신이 누구인지 묻기 전에(9:18), 변화산에서(9:29), 제자들에게 기도하는 법을 가르치기 전에(11:1), 잡히시던 밤에(22:41) 그리고 죽을 때에(23:46) 기도한다. 누가에게 예수의 특징은 교회의 특징이기도 하다. 사도행전에서 누가는 교회가 약속된 성령을 기다리면서 기도하였음을 보여준다(행 1:8, 14). 그리고 약속된 영이 오순절에 그들에게 임한 후에(바람과 불로!), 그들은 계속해서 일정하게 기도했다(행 2:42; 3:1; 4:31; 6:4; 12:5, 12; 13:3; 14:23; 20:36; 21:5). 세례에서 시작된 일이 평생 성령을 받는 기도의 실천으로 나타났다. 예수께서 그의 사역 가운데 기도를 통하여 힘을 얻고 인도함을 받은 것처럼 오늘날 그를 따르는 사람들 역시 마찬가지이다.

마지막으로 누가의 독특한 점은 마가가 '비둘기같이' 성령이 예수께 임했다는 서술에 '형체로'라는 구절을 추가한 것이다(비둘기같이 → 비둘기 같은 형체로). 이것을 추가함으로써 누가는 영적 경험을 역설적으로 가시화하려고 한다. 즉, 그 영적인 경험은 확실하지만 (비둘기 같은 형체이므로) 설명하거나 정의하기 어려운 것이다. 하늘이 열릴 때 무언가 실체가 내려와서 이 땅으로 들어온다. 이것이 새로운 시대의 서막이다. 그 영은 세상 속에서 예수를 통하여 편만하게 되고, 예수께서는 그를 따르는 사람들에게 물이 아닌 성령과 불로 세례를 줄 것이다. 예수의 출현 그 자체는 기독론적이지만, 누가가 '기도하는 중에'를 설정한 것은 기도의 성격과 종교적 경험에 관해 질문을 하게 만들고 설교에서 그것을 풍성하게 다루게 만든다. 기도를 통한 우리 경험은 무엇인가? 예수의 출현 시점은? 먼저 세례를 통해 그런 다음 기도를 통해 어떻게 우리는 사역에 부름을 받고 힘을 얻게 되는가?

하늘로부터 들려오는 계시의 메시지에 관해 누가는 마가를 그대로 따르고 있다. "너는 내 사랑하는 아들이요, 나는 너를 좋아한다"(3:22). 이 메시지의 대상은 군중들이 아니라 예수 자신이다. 이것은 하나님의 아들로서의 자기 정체성 인식에 관한 것이다. 이에 대해 프레드 크래독(Fred Craddock)은 "이 하늘의 선언은 이스라엘의 왕을 하나님의 아들로 인정하는 대관식에서 사용되었던 시편 2:7과 하나님의 종을 표현한 이사야 42:1을 결합한 것"이라고 하면서 "이 두 본문은 다스림과 섬김을 하나로 만든다"[*]고 말한다. 설교에서는 예수께서 어떻게 그의 정체성에 담긴 이 두 가지 측면을 자신의 사역을 통해 보여주었는지를, 예를 들어 보여주면 좋겠다.

설교자는 또 우리의 삶 속에서 드러나는 긍정의 힘에 대해 좀 더 제시해 주면 좋겠다: "너는 내 아들이야, 내 딸이야." "너는 사랑받고 있단다." "나는 너 때문에 참 기쁘구나." 살아가면서 부모나 중요한 사람으로부터 이런 종류의 진솔하게 인정해 주는 말을 들을 때, 우리는 정체성이나 의지가 강화되고 나아가 그런 인정에 기초한 실천 또한 견고하게 된다. 그런 것이 없다면 대부분의 사람들은 낮은 자존감으로 인해 어려움을 겪게 될 것이다. 기쁜 소식은 그리스도 안에서 우리 모두가 사랑받는 사람들이라는 것이다.

---

[*] Fred Craddock, *Luke* (Louisville, KY: John Knox Press, 1990), 51.

# 주현절 후 둘째 주일
## 요한복음 2:1-11

¹사흘째 되는 날에 갈릴리 가나에 혼인 잔치가 있었다. 예수의 어머니가 거기에 계셨고, ²예수와 그의 제자들도 그 잔치에 초대를 받았다. ³그런데 포도주가 떨어지니, 예수의 어머니가 예수에게 말하기를 "포도주가 떨어졌다" 하였다. ⁴예수께서 어머니에게 말씀하셨다. "여자여, 그것이 나와 당신에게 무슨 상관이 있습니까? 아직도 내 때가 오지 않았습니다." ⁵그 어머니가 일꾼들에게 이르기를 "무엇이든지, 그가 시키는 대로 하세요" 하였다. ⁶그런데 유대 사람의 정결 예법을 따라, 거기에는 돌로 만든 물항아리 여섯이 놓여 있었는데, 그것은 물 두세 동이들이 항아리였다. ⁷예수께서 일꾼들에게 말씀하셨다. "이 항아리에 물을 채워라." 그래서 그들은 항아리마다 물을 가득 채웠다. ⁸예수께서 그들에게 말씀하시기를 "이제는 떠서, 잔치를 맡은 이에게 가져다주어라" 하시니, 그들이 그대로 하였다. ⁹잔치를 맡은 이는, 포도주로 변한 물을 맛보고, 그것이 어디에서 났는지 알지 못하였으나, 물을 떠온 일꾼들은 알았다. 그래서 잔치를 맡은 이는 신랑을 불러서 ¹⁰그에게 말하기를 "누구든지 먼저 좋은 포도주를 내놓고, 손님들이 취한 뒤에 덜 좋은 것을 내놓는데, 그대는 이렇게 좋은 포도주를 지금까지 남겨 두었구려!" 하였다. ¹¹예수께서 이 첫 번 표징을 갈릴리 가나에서 행하여 자기의 영광을 드러내시니, 그의 제자들이 그를 믿게 되었다.

## 신학

가나 혼인 잔치에서 예수가 행한 기적 이야기는 요한복음에서 가장 유명한 이야기다. 복음서 중 요한복음에만 등장하는 이 이야기의 특징 중 하나는 기적의 내용을 과도할 정도로 자세하게 묘사하고 있다는 점이다. 요한복음 전체의 문체가 대체로 간결하기 때문에 독자들은 항아리의 크기와 개수까지 구체적으로 일러주는 본문에 자연히 주목하게 된다.

이 기적 이야기의 핵심은 '가득 채워진'(7절, 개역에 의하면 아구까지 채

위진) 신적 관대함이라 할 수 있겠지만, 현대적 관점에서 보면 이 구절에는 골치 아프고 심지어 시빗거리가 될 수 있는 요소가 있다. 문젯거리는 기적 자체에 있다기보다는 이야기의 흐름을 방해하는 예수의 다음 발언에 있다. "여자여, 그것이 나와 당신에게 무슨 상관이 있습니까?" 왜 성육하신 하나님이 주저하셨을까?

당연히 우리는 예수가 주저한 이유를 몇 가지 생각해 볼 수 있다. 사람들이 이미 술에 많이 취해있었기 때문에 술을 더 제공하는 것이 경솔한 행동일 수도 있다. 혹은, 예수를 돈이나 물건이 떨어졌을 때 찾아가면 해결해 주는 사람으로 여기는 것은 터무니없고 불건전해 보인다. 혹은, 요한이 강조하는 적절한 '때'의 관점에서 예수의 망설임을 설명할 수 있을지도 모른다. 예수가 "아직 내 때가 오지 않았습니다"고 말하지 않았는가? 다 계획이 있기 때문에 모두 인내하고 사건이 진전되는 것을 지켜봐야 한다.

예수의 어머니가 아들이 자신이 원하는 것을 해 주기를 기대하는 것처럼, 많은 그리스도인도 그런 기대를 하고 있다. 온갖 결핍 때문에 고통당하는 이 세계가 생명을 풍성히 누릴 수 있도록, 누군가가 세상을 변화시켜 주길 우리는 간절히 원한다. 좋은 포도주는 고사하고 마실 깨끗한 물이 없는 곳에서 사는 수많은 사람이 신적 관대함을 어디서 경험할 수 있나? 물 두세 동이가 들어갈 만한 항아리 크기의 폭탄 웅덩이에서 어린이들이 놀고 있는데 왜 하나님은 주저하고 있나? 배고파 우는 자녀들에게 먹을 것이 없다고 말해야 하는 절망적인 어머니들 앞에서 아직 때가 오지 않았다는 것이 웬 말인가? 우리가 신적인 행동을 아무리 합리화한다고 해도, 우리는 여전히 예수의 옷소매를 잡아당기며 "포도주가 떨어졌다"고 말할 수밖에 없다.

'하나님의 풍요로움'에 대한 이야기를 '하나님의 시험'으로 바꾸는 것이 억지 해석으로 보일지 모르겠지만, 오늘과 같이 가난, 고통, 악이 가득한 세상에서 신의 부재를 실감하게 만드는 것은 이처럼 '하나님의 풍요로움'을 강조하는 구절이 아닌가? 우리는 관대한 권능의 이야기와 궁핍한 이 세계의 현실을 어떻게 조화시킬 것인가? 하나님이 관대하고 능력 있는 분이라면 왜 예수처럼 "나와 무슨 상관인가?" 하고 말하는 듯한 입장을 취하시는가? 우리는 하나님이 우리가 풍성한 삶을 살기를 원한다고 믿기 때문에 (풍성한 포도주와 음식은 신구약 성서 모두에서 하나님의 풍성한 은혜의 상징이다) 예수의 어머니 마리아의 선례를 따라 예수께 나아가 계속 동정과 관대함을 베풀어 달라고 재촉할 수밖에 없다.

예수의 주저함은 본문이 갖고 있는 문제의 절반에 불과하다. 또 다른 문제는 예수의 어머니(마리아라는 이름은 요한복음에는 나오지 않음)가 예수의 관대함이 드러나도록 하는 촉매제 역할을 했다는 사실이다. 본문에서 도움이 필요한 상황은 마리아의 관심사이지 예수의 관심사는 아니었다. 주석가들은 하나님이 모든 것을 주관하시기 때문에 마리아가 예수의 앞장에 서는 것을 거북하게 여겼다. 그러나 본문의 구조는 분명 다음과 같은 흔적을 남긴다:

"포도주가 떨어졌다."
"그것이 나와 당신에게 무슨 상관이 있습니까?"
"무엇이든지 그가 시키는 대로 하세요."
"이 항아리에 물을 채워라."

분명히 예수의 어머니의 재촉으로 사건이 진행되고 있다는 것을 부인할 수 없다.

고통과 악의 상황에도 불구하고 하나님의 선함을 정당화하는 신정론 논의에서 신학자들은 다양한 설명을 제시했다. 어떤 이는 아직 하나님의 때가 아니라고 말한다. 어떤 이들은 하나님은 인간의 동정심을 통하여 하나님의 일을 하신다고 해명한다. 어떤 이들은 오늘 본문의 경우처럼, 신적인 관대함을 얻어내기 위해서는 우리가 계속 재촉해야 한다고 주장한다.

존 로스(John Roth)는 '저항의 신정론'(theodicy of protest)이라는 강력한 개념을 통해 위의 마지막 입장을 지지한다. "하나님의 권능이 필연성을 초월하여 당신의 의지에만 근거한다면, 하나님의 방도는 바뀔 수 있다. 더 나아가, 우리가 성서를 믿는다면, 하나님의 행동은 때에 따라 변한다는 것을 받아들여야 한다."* 로스는 출애굽이나 부활 신앙은 하나님이 일반 역사(특히 홀로코스트나 대학살)나 우리 주변 세계와 극명하게 대조되는 방식으로 행동하셨다는 확신이라고 주장한다.

토리 모리슨(Tony Morrison)의 역작 『빌러비드』(*Beloved*)를 보면 에이미 덴버라는 백인 소녀가 임신한 세테를 탈출하도록 도와준다. 에이미는 세테의 등이 채찍에 맞아 찢겨 피범벅이 되고 큰 상처를 입은 것을 보고 놀라 이렇게 말한다. "예수님 이곳으로 오세요. … 하나님의 마음이 어디에 있는지 알고 싶네요."** 요한복음 2장은 하나님의 마음이 어디에 있는지 밝혀 준다. 하나님의 마음은 풍성함에 있다. 예수의 어머니는 우리가 노예제, 원주민 대량학살, 홀로코스트의 악행의 소용돌이 속에서, 하나님의 마음에 있는 것을 보여 달라고 자꾸 졸라야 한다는 것을 가르쳐 준다. 에이미는 요한복음 2장에서 예수의 어머니가 한 것처럼 신적 존재에게 질문을 하고 재촉한 것이다.

간단치 않은 오늘의 본문은 우리에게 하나님의 풍성함과 관대함을 절대적으로 신뢰하라고 권한다. 우리도 예수의 어머니처럼 포도주가 떨어진 상황을 알아차리고 하나님께 가서 졸라야 한다. 물론, 이것이 완벽한 유일의 해결책은 아니다. 로스는 이렇게 썼다. "종교의 생동성은 단 한 가지 방식이 아니라 다양한 방식으로 하나님을 만나는 경험이 있을 때 확보된다. 위험과 문제가 없는 경우는 없다. 그러나 하나님께 불평을 털어놓을 수 있는 공간이 허용된다면, 그것은 신적인 헌신을 위한 방해가 아니라 중요한 자산이 될 것이다."***

요한복음에서 예수의 어머니는 예수가 십자가에 달릴 때 다시 등장한다. 예수의 마지막 행동은 예수의 어머니와 사랑하는 제자를 한 가족으로 묶는 것이었다(요 19:26, 27). 우리는 가늘지만, 긴 실처럼 요한복음 전체를

---

* John Roth, "A Theodicy of Protest," in *Encountering Evil: Live Options in Theodicy*, ed. Stephen Davis (Louisville, KY:Westminster John Knox Press, 2001), 34.

** Toni Morrison, *Beloved* (New York: Alfred A. Knopf, 1987), 81.

*** Roth, "Theodicy of Protest," 35.

관통하고 있는 예수 어머니의 증언을 놓치지 말아야 한다.

### 주석

가나의 혼인 잔치 이야기는 단순하게 기쁜 결혼식을 배경으로 하여 물로 포도주를 만든 예수의 초자연적 능력을 보여주기 위한 이야기가 아니다. 더 깊고 상징적인 의미가 있다. 이 이야기에는 예수와 그의 사역의 정체성이 중요한 상징들과 함께 소개되고 있다: 기쁨의 결혼식, 유대 예식용 여섯 항아리, 포도주를 더 찾는 하객들, 풍성한 포도주 등.

예수의 사역은 큰 기쁨과 풍성함의 축복된 설정하에, 얼른 보기는 별로 중요하지 않은 가나라는 곳에서 시작한다. 가나는 나사렛에서 북쪽으로 16km 떨어진 곳에 위치하는데 요한복음서 외에는 신약에서 전혀 언급되지 않는 곳으로 예수의 첫 기적 또는 표징(sign, 요한복음의 용어)이 일어난 곳이 된다. 요한복음 2-4장은 가나에서 시작하여 갈릴리 가나로 끝나는데(4:46), 이 별로 중요하지 않은 고대 도시가 흥미로운 설화의 배경을 형성한다.

2-4장에서 가나는 큰 설화의 처음과 끝을 이루는데, 예수가 물로 포도주를 만드시는 것으로 시작하여 자신의 몸이 새로운 성전임을 설명하시고(2:13-25), 니고데모에게 위로부터 다시 태어나야 한다고 도전을 주고(3:1-21), 우물가의 여인에게 생수를 제공하고(4:1-45), 다시 가나로 돌아와 고관의 아이를 치유하신다(4:46-54). 예수는 분명하게 "이 책을 쓴 목적은… 주님의 이름으로 생명을 얻게 하려는 것이다"(요 20:31)라는 복음서의 약속을 성취하신다. 물, 성전, 바람, 탄생 그리고 옛 우물과 같은 상징들은 예수가 생명을 얻게 하는 능력을 선포할 때 새로운 의미가 주어진다.

결혼식이라는 상징은 옛 종교가 환대와 활력을 결여하고 있음을 보여준다. 정결 예식에 사용하는 여섯 항아리는 구질서를 상징하는데, 그런데 예수는 결코 마르지 않는 풍성한 포도주를 제공하였다. 복음서 기자의 시적 묘사와 요한 공동체의 믿음의 마음까지 이것은 우리들의 일상적인 기적 이야기가 아님을 보여준다.

사흘째 되던 날(2:1) 혼인 잔치가 시작되었다. 왜 제삼 일인가? 몇 가지 해석이 가능하다.* 어떤 사람은 단순히 이야기의 날짜 순서라고 말한다. 1:35의 첫째 날 그리고 1:43의 둘째 날 그리고 다음 날이라는 것이다. 다른 사람들은 제삼 일이 부활의 상징적 표현으로 사용되었다고 주장하는데, 이 사건이 제삼 일 사건으로서 부활절 이후의 관점에서는 재탄생의 가능성을 의미한다. 부활절 이후 3이라는 수의 상징적 본질에서 보자면 이 이야기는 다른 종류의 부활이야기로서 죽음에서부터 새로운 탄생과 생명을 제시하고 있다.

이야기에는 예수와 그의 어머니 그리고 제자들이 등장한다(2). 포도주가 떨어지자, 예수의 어머니는 책임감을 느끼고 그의 아들에게 도움을 청했다. 예수는 마지못해 "아직 제 때가 오지 않았습니다"(4)라고 말했다. 이 말은 예수가 그의 죽음을 준비하면서 마침내 "때가 왔습니다"(17:1)라고 말할 때까지 여러 곳에서 되풀이되었다. 한데 이 결혼식은 그에게 시작일 뿐이다. 요한복음은 그의 처음과 끝을 알고 있는 전지전능한 예수를 보여주고 있다. 예수의 자기 계시와 궁극적인 죽음의 중간에 예수의 가르침과 행동이 제자들의 삶과 마음속에 각인될 수 있는 충분한 시간이 되었다. 예수는 마지못해 결혼식 하객들에게 자신을 부분적으로 계시하셨는데, 이는 그의 어머니에게 순종하였기 때문이다. 그는 물이 포도주로 변하게 했다.

정결 예식에 사용하는 여섯 항아리가 준비되어 있었다. 복음서 기자는 이것은 단순한 항아리가 아니라고 말한다. 이것은 전통 종교들의 공허함을 말하고 있다. 여섯 항아리는 종교적 목적에 사용되지만, 아직도 채워지지 않았다(막 7:3-4 참조). 항아리에는 물밖에 없었다. 예수는 곧 종말론적 포도주를 채우는데, 포도주는 성경에서 번영, 풍성함, 좋은 시절을 의미한다. 바로 그 포도주가 항아리에 넘쳐났다. 단지 예식을 위한 것이 아니라 그것들의 진정한 목적이 이루어진다. 이제 그곳에는 좋은 포도주가 손님들을

---

* '제삼 일'을 해석하는 선택에 대한 조사는 Raymond Brown, *The Gospel according to John I-XII*, Anchor Bible (New York: Doubleday, 1984), 97-98을 참조.

위해 채워지고 잔치는 계속된다. 물항아리에 좋은 포도주가 가득 찬 것은 유대교에 활력을 가져오는 예수의 사역을 상징한다.

좋은 포도주가 풍성한 것은 하인들에게 충격이었다. 고대 팔레스타인의 결혼식 관례는 좋은 포도주는 먼저 내놓고 취한 손님들이 잘 구분하지 못할 때 덜 좋은 것을 내놓는 것이었다. 알란 컬페퍼(Alan Culpepper)는 "포도주는 주인이 아니라 예수에게서 온 것이다. 그러기에 이스라엘의 희망과 종말론적 기대의 성취로서 예수의 오심은 결혼식장에 그때까지 간직한 풍성한 양의 좋은 포도주의 제공으로 잘 반영되어 있다"고 말한다.*

가나의 기적은 예수의 첫 표징이거나 상징적 행동이었다(11). 요한복음에서 예수는 일곱 가지 표징을 행하셨다. 그런데 두 표징-물로 포도주를 만든 것(2:11)과 고관의 아들을 살린 것(4:54)-만 수를 매긴다. 이러한 상징적 행동은 공관복음서에서는 나타나지 않는 요한복음의 특징적인 것인데, 이는 요한복음 기자만이 아마도 표징의 책, 또는 표징이 담긴 원자료에 접근했을 것이라고 추측된다. 예수의 기적이나 표징의 목적은 예수라는 인격을 계시하는 것이다. 그런데 표징의 결과로 어떤 사람은 이해하고 다른 사람은 배척한다.

요 2:11은 본문의 목적을 잘 요약하고 있다. "예수께서 이 첫 표징을 갈릴리 가나에서 행하여 자기의 영광을 드러내시니, 그의 제자들이 그를 믿게 되었다." 예수의 얼굴은 복된 삶을 축하하기 위하여 와 있는 웃으며 행복한 결혼식 손님들을 위해 채워진 풍성한 포도주의 통에 비추어져 있다. 같은 포도주 통에 믿는 제자들의 얼굴도 역시 보인다. 이 표징 때문에 제자들은 "예수를 믿게 되었다"(2:11).

---

* R. Alan Culpepper, *The Gospel and Letters of John*, Interpreting Biblical Texts (Nashville: Abingdon, 1998), 131.

결혼식은 사고가 일어나기를 기다리는 것이다. 거룩한 결혼 예식에서 항상 뭔가가 잘못되곤 한다. 갈릴리 가나의 결혼식에서도 뭔가가 잘못되고 있다.

그 시대에는 신부와 신랑이 신혼여행을 가지 않고 신랑의 집에서 7일 간 결혼 잔치를 가졌다. 그 결혼 잔치가 곤경에 처했다. 왜냐하면 잔치가 끝나기 전에 포도주가 동이 났기 때문이다. 이 상황은 손님들을 환대할 책임이 있는 가족들에게 위기였다. 이 상황을 알아차린 것은 예수의 어머니 마리아였다. 그녀는 곤경을 보고 도움을 위한 행동을 취함으로써, 이 기적적인 표징을 위한 리더십을 제공한다. 예수는 처음에는 초대받은 사람들 가운데 하나로 이 일에 대해 거리를 둔 채 배경에 머물고 있다. 그의 어머니가 하인들에게 예수가 말하는 것은 무엇이든 하라고 말하자, 예수는 가장 적은 말수로 강력한 행동을 한다. "이 항아리에 물을 채워라. … 이제는 떠서, 잔치를 맡은 이에게 가져다주어라"(7-8). 이제 잔치를 계속하기 위한 최고의 포도주가 제공된다. 하인들은 무슨 일이 벌어졌는지 알았지만, 잔치 맡은 사람은 깜짝 놀랐고, 제자들은 예수를 믿게 되었다. 해피엔딩으로 어떤가? 모든 사람은 즐거운 잔치가 지켜졌음을 느꼈을 것이다.

때때로 교회는 예수가 결혼 잔치에 참여했었고, 즐거움과 기쁨에 대해 긍정했다는 사실을 잊어버리고 있다. 그의 지상의 어머니가 알려 주어서 예수가 물을 포도주로 변화시킨 것은 사람들의 웃음소리를 듣는 것을 사랑하시는 그의 하늘 아버지 하나님이 사람들을 축하하신다는 사실을 가리킨다. 때때로 교회는 이러한 계시의 기쁨으로 사는 것을 잊어버리고 있다.

작가이며 장로교회 장로인 제임스 맥브라이드 댑스(James McBride Dabbs)는 사우스캐럴라이나 시골에서는 이와는 정반대였다고 기억한다. "종교는 날이었고 장소였다. 종교는 일요일이었고 교회였다. 생활은 종교를 제외한 거의 모든 것이었다. 시골 소년의 활기찬 삶에서 종교는 별나고, 조용하고, 대수롭지 않은 순간이었다. 종교는 매주 찾아왔지만, 나머지 생활, 즉 인생과는 별 상관이 없었다."* 가나의 표징은 예수께서 사람들의 삶에 기쁨을 주는 하나님, 사람들을 축하하는 잔치를 계속하도록 기적을 일으킬 가치가 있다고 생각하시는 하나님을 섬기셨다고 말해 준다.

하나님은 종교가 너무 거룩해서 우리가 행복하지 않게 되는 것을 원하지 않으신다. 나사렛 예수는 그의 생애와 사역을 통하여 사람들을 축하하셨다. 사람들이 결혼하고, 사람들이 질병과 장애에서 치유되고, 사람들이 함께 식사를 즐기는 것을 축하하셨다. 그는 그가 가는 곳마다 자비와 평화와 기쁨의 하나님을 선포하면서 축하의 영을 전하셨다. 가나에서 즐거운 잔치는 지금도 여전히 우리가 하나님의 백성들 가운데서 기뻐하고, 놀라운 은혜의 복음을 전하여 세상을 축하해야 한다는, 교회를 향한 표징이다.

목사이며 작가인 데이비드 스틸(David Steele)은 이러한 축하의 정신을 '가나의 은총'이라고 부르면서, 음식과 장식과 음악을 묶어서 환대와 행복과 사랑의 분위기를 만들어 내는 잔치를 여는 요령이라고 말한다. 예수가 그랬던 것처럼 스틸은 이 은혜를 그의 어머니에게 배웠고, 목회하면서 이런 축하의 은사를 가진 것에 대하여 여러 차례 하나님께 감사드렸다. 심지어 그는 자신의 팔복을 만들기도 했다: "진짜 테너 가수나 배관공이 있는 교회의 목사는 복이 있다. 그러나 교인들이 '가나의 은총'을 아는 교회의 목사는 두 배로 복이 있다."** 우리의 기쁨은 우리 하나님을 아는 것에서 온다. 시카고 대학의 로버트 호치킨스(Robert Hotchkins)는 "그리스도인들은 끊임없이 축하해야만 한다. 우리는 파티와 연회와 잔치와 즐거움에 열중해야 한다. 우리는 진정한 기쁨의 근원에 우리 자신을 맡겨야 한다. 왜냐하면 우리는 삶의 두려움과 죽음의 두려움에서 해방되었기 때문이다. 그리스도인이 되면 즐거워진다는 것을 사람들에게 말 그대로 보여주어서 그들을 교회로 이끌어야 한다."***

---

* James McBride Dabbs, *The Road Home* (Philadelphia: Christian Education Press, 1960), 25.

** David Steele, "Cana-Grace," in *Presbyterian Outlook* 174, no. 14 (April 13, 1992), 6.

*** Robert Hotchkins, quoted in Brennan Manning, *The Ragamuffin Gospel* (Sisters, OR: Multnomah Publishers, 1990), 143-144.

교회는 예수의 어머니가 가나에서 파티가 계속되도록 어떻게 행동했는지 그리고 어떻게 그의 아들이 그때가 바로 물이 변하여 포도주가 되게 할 때라고 결정해서 결혼 잔치가 계속될 수 있게 했는지 기억할 필요가 있다. 이것이 바로 요한복음에서 예수가 그의 공생애를 시작하는 방법이었다. 그것이 가나의 은총이라고 불리는 것이며, 그것은 기적을 일으킬 만한 가치가 있는 것이다. 왜냐하면 그 일이 하나님의 영광을 선포하기 때문이다. 하나님은 신앙공동체가 사람들을 축하하기를 지금도 바라신다. 그리스도 안에 있는 형제자매들은 뒷마당에서 바비큐를 먹고 해가 질 때까지 웃는다. 여성 그리스도인들은 교회 체육관을 즐거운 다과회 장소로 만들어서 복음과 좋은 음식을 함께 나눈다. 누군가의 집에서 모이는 새 신자 환영 만찬은 사람들이 서로 포옹하면서 교회에서 환대받은 것에 대해 하나님께 감사함으로 마친다. 이것을 가나의 은총이라고 부른다. 잔치를 여는 요령을 아는 여러분의 교회와 여러분의 인생에 있는 모든 사람에게 감사하라. 목회를 시작하기에 얼마나 좋은 방법인가!

## 설교

이 본문과 오늘 우리가 사는 세계를 연결시켜 주는 것은 인간과 관련한 두 가지 공통적인 주제이다. 이 공통적인 주제에 대한 설명이 독자나 청중들을 이 이야기 속으로 이끌어, 오늘 본문이 지닌 도전적이고 또 당혹스러운 측면을 보고 경험하게 할 수 있다.

첫째로 이 이야기 속에는 결혼식이라는 익숙한 배경이 있다. 결혼풍습은 역사와 문화에 따라 많이 다르고 또 그런 차이점들이 다루어져야 하겠지만, 대부분의 독자들은 어느 결혼식에 음식이 떨어져 가고 있다는 상황을 이해할 수 있다. 오늘 본문에서 부족한 것은 "포도주가 바닥이 났다"는 것이지만 이럴 경우 우리는 결혼식을 망치거나 연회가 일찍 끝나리라는 것을 상상할 수 있고 또 실제로 경험도 해보았다. 이런 사회적 혼란이라는 이미지는 그것이 실제이건 상상 속의 일이건 간에 우리 안에 강하고 원초적인 인간의 감정 곧 불안, 창피함 그리고 동정심을 불러일으켜 다음과 같은 질문을 하게 한다. 인간에게 필요하면서도 고통스러운 이 상황을 완화시키려면 무엇을 해야만 하는가?

여기서 예수의 어머니(요한복음에는 마리아라는 이름이 나오지 않는다)가 개입한다. 그녀는 예수에게 "이들이 포도주가 없다"고 말한다. 이 말은 예수가 무언가 할 수 있거나 해야만 한다는 것을 암시한다. 어머니와 성인 아들이라는 관계는 우리가 이 본문을 해석함에 있어 염두에 둘 또 다른 일반적이고도 전형적인 주제이다. 그래서 "여자여, 그것이 나와 당신에게 무슨 상관이 있습니까? 아직도 내 때가 오지 않았습니다"라는 예수의 대답을 듣는 것은 그녀를 거스르게 하고 혼란스럽게 만드는 것이었다. 이 대답은 무례하게 들린다. 왜 예수께서는 이런 방식으로 어머니에게 말하고 있는 것일까?

게일 오데이(Gail O'Day)는 이 말이 '현대인의 귀에는 거칠게 들릴'지라도 '결코 무례하거나 적대적' 표현이 아니라고 말한다. 그 말은 "가족관계를 경시하는 표현을 함으로써 예수와 어머니 사이의 거리를 두게 만든다." 오데이는 계속해서 '여자여'처럼 "그것이 나와 당신에게 무슨 상관이 있습니까"라고 번역된 표현은 거리감을 두는 표현이지 무례함이 아니라고 말한다.* 중요한 점은 예수는 자신의 내면에서 들려오는 하나님으로부터의 부름, 곧 그의 '때'의 부름에 의해 인도함을 받아야 한다는 것이고, 어떤 인간의 요청이나 권위 심지어 자신의 어머니의 요청에도 이끌려서는 안 된다는 것이다. 궁극적으로 이러한 점은 우리 모두에게도 해당하는 것이고 설교를 할 때 이러한 점을 적절하게 부각시킬 수 있다.

예수의 어머니는 그의 독립적 사고와 행동을 인정하고 더 묻지 않고서 하인들에게 "무엇이든지, 그가 시키는 대로 하세요"라고 말한다. 자신의 때가 아직 이르지 않았다고 말했던 예수를 움직이게 한 것이 무엇인지는 분명하지 않다. 이것은 본문에서 설명되지 않는 미스터리다. 비록 예수께서

---

* Gail O'Day, "John," in *New Interpreter's Bible*, vol. 11 (Nashville: Abingdon, 1995), 536.

신적 주권을 지니고 자유롭게 행동하고 있지만, 본문은 그의 어머니가 사람들의 필요를 말한 것이 '그의 때'에 영향을 주었다고 암시한다. 곤경에 처했을 때, 하나님께 진실하게 말씀드리는 우리의 기도가 그 진행 과정에 영향을 줄 수 있을까? 오직 종말적 '영광의 때'에만 이루어질 것이 현재의 필요를 위해 앞당겨질 수 있을까? 본문은 그 가능성을 보여준다.

물이 포도주로 바뀌는 기적은 많은 현대인에게 의문을 던져준다. 부족한 물질 자원이 기적으로 해결된다는 일은 오늘날 우리가 일반적으로 경험하는 일이 아니다. 예를 들어 우리 중 어느 누구도 현재의 석유 부족이 물이 석유로 기적적으로 변하여 해결될 것이라고 믿지 않는다. 당시 사람들은 기적을 믿었지만, 오늘날 우리는 그렇지 않다고 가정하는 것도 적절하지 않다. 본문에서 연회장이 포도주 맛을 보고 "좋군요. 몇몇 기적을 행하는 사람들이 물로 포도주를 만듭니다. 이런 일은 자주 일어나지요!"라고 말하지 않는다. 그는 먼저 내온 포도주보다 이 포도주가 왜 맛이 더 좋은지에 대해서는 의아해했지만. 잔치를 연 주인이 자기 창고에서 포도주를 가져왔다고 생각한다. 오직 예수의 제자들만이 예수께서 좋은 포도주를 만들었다는 것을 알았고 이 기적을 그의 영광이 드러난 것이라고 이해하고 그를 믿는다(11). 이것이 사실상 그런 '표적들'(signs)의 목적이고(표적은 요한이 복음서에서 기적을 표현할 때 사용하는 용어) 오늘의 본문은 그 첫째 표적으로 그 표적 너머로 그것들을 통하여 계시되고 있는 것을 가리킨다.

오데이(O'Day)는 여기서 계시되고 있는 것이 '구약에 나타난 종말론적 희망의 성취'라고 말한다. 예수께서 행한 이 첫 표적은 '하나님이 약속한 구원의 시작'이다. 오데이는 '무진장한 풍성함'이 이 기적의 특징인데 그 풍성함은 만들어진 포도주가 뛰어난 맛을 지녔다는 점에서 또 놀라운 양에서(450~680리터) 그러하다. 그녀는 이것을 구약의 아모스 9:13과 요엘 3:18과 연관시키는데 이 구절들은 "풍성한 좋은 포도주는 종말론적 상징이고 기쁜 하나님의 새로운 시대의 도래를 나타내는 표적"이다.*

현재 일어나고 있는 종말론적 성취와 풍성한 축복이 내리고 있음을 선

---

* 앞의 책, 538.

포하는 모든 성서 본문을 보면서, 우리의 삶 어디에서 그런 일들이 실현되고 있는가를 정직하게 질문할 필요가 있다. 많은 사람이 가난, 질병, 불의 그리고 굶주림으로 고통당하고 있는 이 세상에서, 이 이야기에 나오는 넘치도록 풍성함을 우리는 어떻게 이해하고 있는가? 이것은 단순하게 답할 수 없는 중요한 질문이다. 하지만 본문은 고통스러운 한계에 처한 이 세상에 예측할 수 없게 은혜가 개입하였고, 그 일이 일어날 때 우리는 인식하지 못할 수도 있음을 보여주고 있다.

오늘 본문에서 연회장은 포도주를 그에게 가져왔을 때 포도주의 탁월함은 인식하지만, 그 근원이 예수께 있다는 것과 하나님의 은혜를 보여주는 표적이라는 의미는 알지 못한다. 우리도 종종 이처럼 창조주의 사랑에서 비롯된 좋은 선물들을 인식하지 못하기도 한다. 연회장은 또 좋은 포도주를 분별하는 능력은 취했을 때 약해진다는 점을 지적한다. 문자 그대로 술 취함(알코올 중독은 많은 교인이 안고 있는 심각한 문제일지 모른다)과 더 심오하게는 우리의 육체적, 영적 인식을 둔화시키는 모든 것을 상징하는 술취함이라는 두 주제 모두 '선한 것을 인식하는 법'이라는 설교 제목으로 다룰 수도 있다. 그렇게 하는 목적은 삶 속에서 좋은 것을 구별하거나 선택하는 것의 중요성을 보여주는 것이 아니라, 이 모든 것의 근원이 되는 분을 분별하고 택하는 것이 중요함을 보여주려는 것이다.

# 주현절 후 셋째 주일

## 누가복음 4:14-21

<sup>14</sup>예수께서 성령의 능력을 입고 갈릴리로 돌아오셨다. 예수의 소문이 사방의 온 지역에 두루 퍼졌다. <sup>15</sup>그는 유대 사람의 여러 회당에서 가르치셨으며, 모든 사람에게서 영광을 받으셨다. <sup>16</sup>예수께서는, 자기가 자라나신 나사렛에 오셔서, 늘 하시던 대로 안식일에 회당에 들어가셨다. 그는 성경을 읽으려고 일어서서 <sup>17</sup>예언자 이사야의 두루마리를 건네 받아서, 그것을 펴서, 이런 말씀이 있는 데를 찾으셨다. <sup>18</sup>"주님의 영이 내게 내리셨다. 주님께서 내게 기름을 부으셔서, 가난한 사람에게 기쁜 소식을 전하게 하셨다. 주님께서 나를 보내셔서, 포로 된 사람들에게 해방을 선포하고, 눈먼 사람들에게 눈 뜸을 선포하고, 억눌린 사람들을 풀어 주고, <sup>19</sup>주님의 은혜의 해를 선포하게 하셨다." <sup>20</sup>예수께서 두루마리를 말아서, 시중 드는 사람에게 되돌려주시고, 앉으셨다. 회당에 있는 모든 사람의 눈은 예수께로 쏠렸다. <sup>21</sup>예수께서 그들에게 말씀하셨다. "이 성경 말씀이 너희가 듣는 가운데서 오늘 이루어졌다."

## 신학

우리가 인정하든 안 하든, 우리는 기독교 독자/해석자로서 특정 성서 본문을 접할 때마다 복음에 대한 중대한 선이해를 갖고 출발하게 된다. 이 선이해는 복음이 전체적으로 얼마나 논리정연한가와 복음 메시지의 핵심이 무엇인가에 대한 우리의 생각과 밀접하게 연관되어 있다. 따라서 정경의 각 부분은 전체의 정합성의 관점에 비추어 해석된다. 또한 우리가 가장 중요한 신학적 규준을 인지하고, 규정하고, 비판적으로 평가할 때, 복음의 핵심이 정경 일부의 내용과 연결되고, 때로는 충돌할 가능성을 열어두고 접근한다. 따라서 본문을 갖고 설교하거나 가르칠 때, 우리는 복음의 핵심적 관점을 가지고, 정경의 다른 부분을 다시 해석해볼 수 있다.

『뉴인터프리터 바이블』(*The New Interpreter's Bible*)은 오늘의 본문에서 예수가 읽은 이사야서 구절은 예수 사역 전체를 요약한다고 지적한다. 이 구절은 복음 전체의 핵심이고, 전체를 아우르는 신학적 규준의 역할을 한다.[*] 누가복음에 의하면 예수가 의도적으로 이사야서에서 이 부분을 택했고, 가난한 자들을 위한 사역과의 연관을 강조했다(누가가 사 61:2 전반부의 "주님의 은혜의 해를 선포하게 하셨다"는 부분은 인용했지만, 후반부의 '우리 하나님의 보복의 날'을 빼뜨린 것은 의미심장하다). 누가복음 서두에서부터(1:52, 53) 누가는 예수의 사역이 가난한 사람들에게 좋은 소식을 전하는 것임을 강조한다. 예수가 성서를 읽고 설명하는 것을 묘사하면서 누가는 예수의 사역의 핵심이 가난한 사람들과 억압당하는 사람들에 대한 관심과 그들의 해방에 있음을 강조한다.

우리가 복음의 핵심이 무엇이라고 생각하는가에 따라 우리 신앙생활의 모습이 결정된다. 누가는 독자들에게 이 구절을 예수의 가르침의 핵심과 기준으로 파악하라고 당부하는 셈이다. 우리는 본문을 통해 예수가 무엇을 위해 이 땅에 오셨는지 알 수 있고, 우리가 그 기준에 맞춰 삶을 사는가에 따라 우리가 예수의 사역을 따르는가가 판명된다고 할 수 있다.

다른 말로 하면 우리가 복음을 연구하고, 해석하고, 실천하려고 한다면 이 본문으로 계속 다시 돌아와 우리의 행동을 평가해야 한다는 것이다. 우리는 이 본문의 배경에 주목할 필요가 있다. 바로 직전에 예수가 시험을 받으면서 권력과 부귀영화의 유혹을 물리쳤다. 예수는 성령에 충만해 있었고, 광야에서 성령의 인도를 받았다. 이것이 오늘의 본문 직전에 벌어졌던 일이다. 오늘 본문에서 예수는 '성령의 능력을 입고' 갈릴리로 돌아오셨고, "주님의 영이 내게 내리셨다"는 이사야서의 말씀을 읽는다.

우리는 쉽게 복음의 중심 메시지에서 벗어나곤 한다. 예언자들은 종종 백성들에게 하나님의 의도가 무엇인지를 상기시켜 주어야 했다. 이사야서 1장을 보면 하나님이 "무엇 하러 나에게 이 많은 제물을 바치느냐?"(11)고

---

[*] R. Alan Culpepper, "The Gospel of Luke," in *The New Interpreter's Bible*, vol. 9 (Nashville: Abingdon, 1995), 102.

물으신다. 주님은 너무 많은 번제에 질리셨고, 희생제물을 기뻐하지 않으신다. "너희가 나의 앞에 보이러 오지만, 누가 너희에게 그것을 요구하였느냐? 다시는 헛된 제물을 가져오지 말아라. 다 쓸모없는 것들이다. 분향하는 것도 나에게는 역겹다"(12-13). 주님은 '나의 뜰만 밟을 뿐'인 그들에게 "옳은 일을 하는 것을 배워라. 정의를 찾아라. 억압받는 사람을 도와주어라. 고아의 송사를 변호하여 주고 과부의 송사를 변론하여 주어라"고 명령하신다.

누가는 제일, 제이 이사야 등의 전통을 따라 약자에 대한 동정과 사회적 정의 대신 종교의식을 통해 의롭게 된다는 생각이 잘못되었다는 것을 지적한다. 의롭게 되기 위해 하나님께 무엇을 해야 하느냐보다 더 중요한 질문은 누가 관심과 사랑을 필요로 하는가이다.

예수의 주된 관심에 대한 오늘의 본문을 존 업다이크( John Updike)의 『백합들의 아름다움 속에서』(In the Beauty of the Lilies)라는 소설과 비교해 보는 것은 흥미롭다. 이 소설에는 윌모트(Clarence Wilmot)라는 목사가 나오는데, 그는 신학교에서 배운 신에 대한 신앙을 잃었다. 그가 배웠던 신, 즉 이성적이고, 전능하고, 모든 것을 통제하는 신은 그가 목도한 처절한 가난의 현실에서는 의미가 없었다. 신학교에서 배운 신은 죽은 나무의 마른 가지와 같았고, 그런 신을 의지하는 것은 자연이라는 용광로에서 나오는 쇳물을 종이 방패로 막으려는 것처럼 무모해 보였다.*

윌모트는 신학교 시절 점잖은 교수들이 절반은 희망적인 생각을, 절반은 자기 과시적 거짓을 섞은 메시지를 가르쳐 주었던 것이라 생각했다. "지난 수년간 윌모트에게 교리는 불합리하고 보잘것없는 유령과 같은 것으로 느껴졌다. 이 유령은 병상, 교회 장의자, 가난한 집의 지저분한 식탁에 앉아있거나 누워있는 수많은 얼굴에 보이지 않게 흩어져 있으면서 윌모트에게서 희망과 용기를 달라고 애원하는 것 같았다."**

---

* John Updike, *In the Beauty of the Lilies* (New York: Fawcett/Ballantine Books, 1996), 20.
** Ibid., 13.

월모트는 목회를 하는 중에 교회 건물을 확장하는 것을 포기할 수밖에 없었다. 밖에는 이민자들이 한 방에서 6명씩이나 자면서 살고 있는데, 많이 사용하지도 않을 교회 공간을 확장하는 것을 합리화할 수 없었기 때문이었다. 그가 받은 교육은 그의 이런 결정이 그의 신앙이나 목회적 소명에 반하는 것이라고 느끼게 했다. 가난한 자에게 관심을 두는 것은 곧 전능하신 하나님으로부터 돌아서는 것으로 생각했다. 그를 만난 노회장은 그의 문제는 삶과 역사의 영고성쇠(榮枯盛衰)에 적응하기에는 너무 보수적인 신앙 때문에 생긴 것이라고 판단했다. 두 핫지(Hodge)와 워필드(Warfield)처럼 유연성이 없는 신학자에게 영향을 받아서 인생의 폭풍이 불어 그의 교리를 파선시켰을 때 그의 믿음은 산산조각 났다.

노회장의 판단은 맞았지만, 너무 늦었다. 월모트의 머리 속에는 "하나님은 더 이상 없다"는 문구가 떠나지 않는다. 그가 배운 딱딱한 교리에 얽매이는 신 외의 다른 신은 생각할 수 없었다. 그는 결국 백과사전 판매원이 되어 억지로 책을 강매하면서 생활을 꾸려갔다. 이는 억지 교리를 교인들에게 강요했던 이전의 모습과 크게 다를 바 없었다.

월모트는 지나치게 권위적인 기독론에 압도되어 누가복음에 나오는 예수를 만나지 못했다. 월모트와 그를 가르쳤던 신학교 교수들이 누가복음을 펼쳐서 다음 구절을 깊이 묵상해 보았었으면 하는 아쉬움이 있다: "주님의 영이 내게 내리셨다. 주님께서 내게 기름을 부으셔서, 가난한 사람에게 기쁜 소식을 전하게 하셨다."

## 주석

14-15절은 중요한 서론 역할을 한다. 예수는 갈릴리 인근의 여러 회당에서 가르치는 교사(didaskalos)로 소개된다. 누가는 예수의 가르침이 긍정적 반응을 보였음을 "모든 사람에게서 영광을 받으셨다"(15절, 저자 번역)라고 표현했다. 이 표현은 예수의 순회교사로서의 사역과 그것이 잠깐이긴

했지만, 폭넓은 긍정적 반응을 얻었던 것을 확실히 보여준다.

그리고 나서 예수는 나사렛에 도착한다(16). 이곳은 그가 놀고 예배했던 어릴 적 고향이다. 예수는 어린 시절에 그의 가족들과 함께 갔던 낯익은 회당에 들어간다. 회당의 많은 사람은 안면이 있고, 그들 중에는 이름을 아는 사람들이 대부분이다. 고향의 작은 회당이었기에 회당에 있는 사람 중에는 숙모, 삼촌, 사촌, 가족의 친구들이 있었을 것이다. 14-16절의 긍정적인 서두 부분과 반대로 고향 회당에서는 그를 거절했다(22-30). 예수가 이특별한 안식일에 발언했을 때, 듣는 이들이 분노했다. 그들은 같은 고향 출신의 이 사랑스런 젊은이를 회당 밖으로 쫓아냈다(14:29-30).

예수가 그 마을에 왔을 때 보통의 안식일이 아주 특별한 안식일이 되었다. 보통의 회당예배는 몇 가지 순서가 있었다. 1) 쉐마 암송(신 6:4-9; 11:13-21; 민 15:37-41), 2) 예루살렘을 향하여 기도하기, 3) 모인 회중들이 아멘으로 화답하기, 4) 율법서나 예언서 두루마리 읽기, 5) 설교, 6) 축도.* 성인 남자 중 누구든지 자원하거나 요청받아서 기도하거나 율법서나 예언서를 읽었다. 또한 성인 남자 누구나 설교할 수 있었다(행 13:15, 42; 14:1; 17:2). 예배가 시작되기 전 읽을 사람이 정해졌다.

그런데 이 안식일에 예수가 자원해서 예언서 한 부분을 읽었다.** 예수는 관례대로 연단에 서서 읽었다. 예수에게 그가 요청한 이사야서의 두루마리(4:17)가 주어졌다. 예수는 두루마리를 펼쳐 읽기 시작했다. "주님의 영이 내게 내리셨다. 주님께서 내게 기름을 부어, 가난한 사람에게 기쁜 소식을 전하게 하셨다. 주님께서 나를 보내셔서, 포로된 사람들에게 해방을 선포하고, 눈먼 사람들에게 눈 뜸을 선포하고, 억눌린 사람들을 풀어 주고, 주님의 은혜의 해를 선포하게 하셨다"(사 61:1이하). 이 구절은 이미 널리 유포되어 있었고, 쿰란공동체의 의의 교사(Teacher of Righteousness)의 저작

---

* E. Yamauchi, "Synagogue," in *Dictionary of Jesus and the Gospels*, ed. Joel B. Green and Scot McKnight (Downers Grove, IL: InterVarsity Press, 1992), 782.
** I. Howard Marshall에 따르면, 이 구절은 누가복음 4:16-21이 "회당예배에 대해 알려진 가장 오래된 설명"이다(*The Gospel of Luke: A Commentary on the Greek Text* [Grand Rapids: Eerdmans, 1978], 181).

에 중요한 참고 자료로서 사용되었다(1QH18:14). 이것은 그들이 기다리는 오실 메시아에 대한 묘사에 사용되었다.

회당 예배자들에게 익숙한 오실 메시아의 사역에 대한 묘사가 바로 그 자리에서 재해석되었다. 극적인 순간에 예수는 두루마리를 말아서 시중드는 사람에게 되돌려 주시고 앉으셨다. "회당에 있는 모든 사람의 눈은 예수께로 쏠렸다"(20). 예수께서 그 자리에서 그들에게 말씀하셨다. "이 성경 말씀이 너희가 듣는 가운데서 오늘 이루어졌다."

본인의 고향 회당에서 친척들 앞에서 이 말을 크게 읽는 것은 대단한 용기가 필요한 일이다. 히브리 성경의 이 부분은 앞으로의 자신의 사역의 방향에 대해 말한 것이다. 1) 낙담한 사람을 치유하고, 2) 전쟁 포로들을 석방하며, 3) 눈먼 사람의 눈을 뜨게 하고, 4) 주님의 은혜의 해를 선포한다(14-19). 예수의 선언은 더 이상 그들이 예수를 시골 목수나 마리아와 요셉의 아들로만 보아서는 안 된다는 것을 말한다. 예수는 그들이 온 생애를 거쳐 기다려 온, 나아가 그들보다 이전 세대들이 기다려 온 메시아라는 것이다. 목수의 아들이 메시아였다.

이 놀라운 재해석의 순간에 존경받는 고대의 예언 구절이 뒤집혔다. 예수는 가난한 자에게 복음을 전하러 왔다고 선언한다. 더 이상 기다릴 필요가 없다. 그의 선포는 백성들에게 절실히 필요한 치유를 가져다줄 것이다. 또한 예수는 용서를 선포하며 옥에 갇힌 자들을 석방 받으러 오셨습니다. 그들 가운데 있는 하나님의 실재를 보지 못하는 눈들을 예수께서 보게 하시리라. 그들 중 하나님의 살아계심에 대해 모르던 사람들이 새롭게 눈을 뜨게 되고, 주님의 은혜의 해가 선포되었다. 예수의 사역은 희년 사역이 될 것임을 선언했다. 매 희년에는 토지도 경작을 쉬게 되고, 빚은 탕감되며, 노예도 해방되어 고향으로 돌아가게 된다. 어떤 학자들은 예수가 나사렛 회당에 나타난 해가(대략 주후 26~27년) 희년이었다고 추측한다.* 예수가 고향 사람들 앞에 서서 사역의 시작을 선포하는 장면을 보면 충분히 가능성이 있다. 군중들이 놀란 것도 이상한 것은 아니다(22).

---

* Ibid., 183.

앞의 네 가지 사항은 예수의 사역을 묘사할 뿐 아니라 누가복음의 메시지를 간결하게 요약한 것이다. 예수의 삶은 종말론적 예언자, 왕 같은 메시아, 상처받은 치유자로 정의할 수 있다. 회당에서 한순간에 이 모든 중요한 역할이 한 사람에게로 모아졌다.

이 대담한 행동에 대한 사람들의 반응은 폭발적이다. 그들은 특별한 일이 일어났음을 깨달았다. 그래서 예수에게서 눈을 뗄 수가 없었다. 예수는 연단에서 내려가 회중 가운데 앉았다. 하지만 그들의 감동은 계속되었다. 예수는 회당에 있는 사람들이 말없이 생각하고 있는 것을 큰 소리로 말할 의무를 느꼈을 것이다. 그래서 그의 가족들과 친지들이 있는 회당에서 선언했다. "이 성경 말씀이 너희가 듣는 가운데서 오늘 이루어졌다"(4:21).

## 목회

나중에 사도행전 초반부에서 누가는 오순절에 성령께서 믿는 자들 위에 임하셔서 교회를 복음의 증인으로 출발하게 하신 이야기를 할 것이다. 지금은 예수의 공생애를 처음 시작할 때 성령께서 그의 삶에 개입하시는 이야기를 하고 있다. 예수도 혼자서는 충분하지 않다. 삶과 신앙과 사명을 위해서 그는 하나님께 의존한다. 본문은 예수가 나사렛의 회당에서 이사야의 두루마리를 찾아 읽는 이야기인데, 예수의 세례에 대한 간략한 이야기와 광야 시험에 관한 다소 긴 설명 다음에 위치하고 있다. 누가에게 이 세 이야기는 모두 성령에 관한 이야기들로, 예수 앞에 놓여 있는 사역을 위해 성령이 선포하고 시험하고 권능을 주고 있다. 예수가 세례를 받은 후 기도하고 있을 때 성령이 비둘기처럼 예수에게 내려와서 그를 확인해 주는 말을 선포한다. 그리고 성령이 예수에게 충만하여 그를 광야로 인도하여 시험을 받게 한다. 예수의 사역에서 잘못된 선택을 하지 않도록 하기 위해서다. 이제 예수가 다시 갈릴리로 돌아와 메시아로서의 사명 선언이 될 본문을 읽을 때, 성령은 예수의 사역을 위해 권능으로 그에게 충만하게 될 것이다.

누가는 유혹 이야기에서 잘못된 선택에 대하여는 아니라고 말하고 하나님이 예수에게 주신 사명에 대하여는 예라고 말하도록 인도한 것이 성령이라는 것을 알려 주고 싶어 한다. 예수가 나사렛의 회당에서 이사야서 61:1-2을 읽을 때, 예수는 하나님이 보내신 메시아로서 성령 안에서 하는 그의 사역이 세상에서 억압당하는 사람들을 위해 자비를 베푸는 자가 되는 것이라고 선포하고 있는 것이다. 그는 가난한 자에게 기쁜 소식이 되고, 포로된 사람을 풀어 주며, 눈먼 사람의 시력이 되고, 억압당하는 사람의 해방이 되며, 실패한 모든 사람을 위한 새로운 시작이 될 것이다. 누가는 예수의 갈릴리 사역에 대한 마가의 연대기를 재배치해서 이 사명 선언을 예수의 공생애의 중심에 놓는다. 이것이 성령 안에서 결정적인 순간이다.

미국 장로교 제217차 총회의 의장이었던 존 그레이(Joan Gray) 목사는 "성령의 역동성이야말로 초대교회가 가진 유일한 것이었다. 초대교회는 건물도, 재정도, 직원도 없었고 교인도 거의 없었다"*고 말했다. 우리는 그 반대의 상황에 직면하고 있다. 우리는 건물도, 재정도, 직원도, 교인도 있지만, 우리는 성령의 권능을 가졌는가? 만약 우리가 가지고 있다면 어떻게 알 수 있는가?

성령은 우리에게 하나님을 위해 할 일을 주신다. 요즘은 누구나 "어떻게 우리가 교회로 일할 것인가"를 알고 싶어 하는 것 같다. 진짜 질문은 "교회로서 하나님을 위해 우리가 무엇을 할 것인가"이다. 예수는 나사렛에서 사람들 앞에 서서 그의 삶에 관한 진실을 선언한다. 그는 성령의 권능으로 충만해서 가난한 사람들에게 복음을 전하도록 기름부음 받았다. 예수가 그랬듯이, 우리의 사명이 무엇인지 알고 하나님이 우리에게 하라고 하신 일이 무엇인지를 이해하는 것은 우리에게도 중요하다. 장로교 싱가포르 선교사인 톰 하비(Tom Harvey)는 이렇게 설교했다. "사명은 하나님의 생명과 활력으로 당신을 사로잡는다. 하나님은 사랑과 연민으로 끊임없이 남자와 여자를 하나님 자신에게로 이끄시기 때문이다. 더욱이 우리가 사명에서 멀어질 때, 이에 상응해서 교회 안에 생명과 활력이 고갈된다."***

---

* "Come Holy Spirit," in *The Presbyterian Outlook* 189, no. 20 (June 4, 2007), 16.

우리가 성령의 능력을 가지고 있다는 것을 어떻게 알 수 있을까? 성령께서 우리에게 하나님을 위해 할 일과 그것을 할 시간을 주시기 때문이다. 예수의 사명에는 긴박감이 있다. 그는 읽기를 마치고, 두루마리를 말아서 시중드는 사람에게 돌려주시고, 앉아서, 모든 사람이 그를 주목하는 가운데 말씀하셨다. "이 성경 말씀이 너희가 듣는 가운데서 오늘 이루어졌다." 하나님의 성령의 때는 오늘, 바로 지금이다. 하나님이 당신에게 속삭이는 소리를 듣는다면 그것은 성령께서 말씀하시는 것이다. "하나님의 자녀여, 오늘이 당신의 첫날인 것처럼, 오늘이 당신의 마지막 날인 것처럼, 오늘이 당신의 유일한 날인 것처럼 살아라."*

누가는 예수의 사역이 이 땅에서 어떻게 시작되었는지를 알려 주고 싶어 한다. 예수의 사역은 성령께서 그가 세례받을 때 그를 인정하고, 광야에서 그를 시험하고, 세상에서 억압받는 사람들에게 은총의 응급 사역을 하도록 그를 권능으로 채웠을 때 시작되었다. 성령은 예수에게 와서 무엇이 진짜인지를 가르쳐 주었다. 이 세상에서 잘못된 선택과 유혹에 대하여 '아니'라고 말하고 모든 사람을 위한 하나님의 선한 목적에는 '예'라고 말하는 것, 모든 형태의 자기 영광에는 '아니'라고 말하고 가난한 사람들과 모든 형태의 포로된 자를 돕는 일에는 '예'라고 말하는 것, 하나님을 당신을 위해 일하게 하려고 애쓰는 일에는 '아니'라고 말하고 긴급함과 연민으로 당신의 하나님을 위해 일하는 것에는 '예'라고 말하는 것을.

성령은 우리가 하나님을 위해 해야 할 일이 있을 때 그리고 그 일을 할 때 오신다. 예수를 따르는 것은 그의 사명과 그의 때를 받아들이는 것을 의미한다. 우리가 주일 아침에 예배당에 서서 하나님 앞에서 그리고 서로에게 "하나님이 우리에게, 다른 날이 아니라 바로 오늘, 가난한 사람에게 복음을 전하고, 포로된 사람들을 풀어 주며, 눈먼 사람들을 보게 하고, 억

---

** 노스 캐럴라이나주(North Carolina) 샬롯데(Charlotte)의 마이어스 파크 장로교회(Myers Park Presbyterian Church)에서 한 설교와 Dr. Ernie Thompson in *First Presbyterian News*, First Presbyterian Church of Wilmington, NC, vol. 12, issue 22, p. 1에서 인용.
* Walter J. Burghardt, "What We Don't Have Is Time," in *Best Sermons*, vol. 3 (New York: Harper & Row, 1990), 57.

압받는 사람들을 해방시키고, 실패한 모든 사람을 새롭게 시작하게 하라고 하셨다"고 선포한다면, 우리의 삶과 우리의 교회가 어떻게 변할까? 예수는 성령의 능력으로 억압받는 사람들에게 하나님의 자비를 베푸시는 분으로 나아가셨다. 우리도 그래야 한다.

## 설교

세 개 공관복음 모두(마 13:54-58; 막 6:1-6a; 눅 4:14-30) 예수께서 자기 고향 나사렛의 회당에서 가르친 이야기 그리고 사람들로부터 배척당한 이야기를 서술하고 있다. 하지만 누가는 이것을 공생애 시작 곧 예수의 세례와 유혹 이야기 바로 직후에 배치하고 있다는 점에서, 또 예수께서 회당에서 읽은 성서본문을 소개하고 있다는 점에서 독특하며 더 풍부한 설명을 하고 있다. 이야기의 배치와 읽은 성서 본문을 소개하는 두 가지 면에서 이 이야기는 독특하다. 프레드 크래독(Fred Craddock)이 지적하듯 "누가는 나사렛 방문을 처음에 배치하는데 그것은 연대순이 아니라 누가의 의도에 의해서이다. 즉, 이 사건은 예수가 누구이고 그의 사역은 무엇이며 그의 교회는 무엇을 하게 될 것인지 또 예수와 교회에 대한 반응이 어떨 것이라는 것을 말하려고 앞에 배치한 것이다."*

그래서 설교자는 이 이야기를 자기를 낳아주고 양육해 준 공동체를 떠나서 성장하여 돌아왔지만, 그의 가치를 못 알아보는 고향 사람들에 의해 거절당한 한 젊은이의 이야기라는 자주 반복되어 왔던 주제로 접근할 수도 있다. 하지만 이러한 접근 방식은 누가가 제기하는 중요하고도 도전적인 의미를 놓칠 우려도 있다. 그 도전은 예수께서 건네받아 선택하여 읽은 이사야서(눅 4:18-19)의 내용과 그에 대한 예수의 언급에서 시작된다: "이 성경 말씀이 너희가 듣는 가운데서 오늘 이루어졌다"(21).

---

* Fred Craddock, *Luke* (Louisville, KY: John Knox Press, 1990), 61.

**예수의 사명.** 예수께서는 이사야 61:1-2 그리고 58:6의 구절들을 자신이 누구이고 무엇을 하려는지를 설명하기 위하여 제시한다. 이 구절들은 그의 사역이 추구할 목적이자 사명선언문 또는 아젠다(agenda)이다. 이 아젠다 라는 용어는 2007년 침례교 윤리센터(Baptist Center for Ethics)에서 발간한 *The Agenda: 8 Lessons from Luke 4*('아젠다 8: 눅 4장에서 배우는 여덟 가지 교훈')의 커리큘럼에서 가져온 것이다. 이 책 서문에서 로버트 파햄(Robert Parham)은 "대부분의 침례교 강단에서는 누가복음 4:18-19을 설교할 때 예 수께서 선포한 것이 도덕적 과제라는 것을 피하거나 약화시키기 위해 본 문으로 잘 채택하지 않거나 희석시키고, 또 영적으로 해석하거나 얼버무리 며 지나가기도 하였다"고 쓰고 있다. 계속해서 그는 이 구절들에 대해 이렇 게 정리하고 있다. "예수께서는 복음이 가난한 자와 억압당하는 자를 위한 것이고 사회의 주변부에 있는 자들에게 선포하는 것이라고 말했다. 예수께 서는 그가 현실적인 억압구조에서 소외된 사람들, 즉 가난한 자, 전쟁 포 로, 병든 자, 정치범 등을 해방시키기 위해 왔다고 선언하고 있다. 그는 참 담한 부채를 탕감해 주고 노예를 자유하게 하는 희년을 선포하여 기존 경 제구조를 뒤바꾸기 위해 오셨다."*

이 모든 것은 우리 사회에서 가난하거나 소외되지 않고 또 억압당하거 나 감옥에 있지 않은 사람들이 듣기에 매우 힘든 일이다. 우리가 혜택을 누리고 있는 이 경제구조가 뒤집힌다는 것은 두려운 생각이 들게 하지만, 누가복음 4장에서 예수께서 선포하신 것처럼 인간을 향한 하나님의 뜻을 들을 도덕적 용기가 필요하다. 그리고 우리는 이런 심각한 상황에 처한 바 로 그 사람들이 사회변화라는 이 복음을 기쁘게 듣고 어떻게 소망을 가질 수 있는지에 대한 이야기를 듣고 우리의 마음이 열릴 수 있다. 예수께서 특권층들에게 도전을 주는 이 예언적인 본문을 선포하시고 그 뒤 구절(이 사야 61:2b) 곧 '우리 하나님의 보복의 날'을 읽지 않은 것에 우리는 아마도 위로를 받을 수 있을지 모른다. 예수의 관심은 치유와 정의를 가져오는 것

---

* Robert Parham, *The Agenda: 8 Lessons from Luke 4: Students Guide* (Nashville: Baptist Center for Ethics, 2007, accessible through www.ethicsdaily.com), 3, 4.

이었지 복수가 아니었다.

예수께서 그의 가르침과 사역을 이사야서로 시작하면서 영적인 면과 사회정치적인 면을 함께 다루는 방식을 또한 주목해야 한다. 세례 시에 예수께서 기도하는 중에(눅 3:22) 내려온 그 영이 그를 광야로 인도하여 악마에게 시험을 받게 하였고(4:1), 이제 갈릴리에서 그의 사역에 힘을 실어주며(4:14), 가난한 자들에게 해방, 치유, 자유 그리고 정의가 수반되는 '기쁜 소식을 전하게' 하려고 그에게 기름을 부어 주었다. 누가복음이나 다른 복음서 저자들이 기록한 것처럼 예수께서 이 사명선언문에 나타난 것을 따라 어떻게 인도함을 받았고 그대로 살았는지를, 설교를 통하여 살펴볼 수 있다.

**교회의 사명.** 이 글을 쓰고 있는 시점의 미국 문화에서는 목표를 분명히 하고 그 목표를 이루기 위해 일하는 것이 중요하다고 대부분의 사람들이 생각하고 있다. 이런 방향에서 '인생 코치'처럼 사업, 운동, 정치, 인간관계, 종교 등에서 조언을 해 주는 여러 베스트 셀러가 있다. 그 베스트셀러 중 하나가 미국 캘리포니아주 오렌지 카운티에 있고 가장 영향력 있는 대형교회 중 하나인 새들백 교회 목사 릭 워렌(Rick Warren)이 쓴 『목적이 이끄는 삶』(*The Purpose - Driven Life*)이다.* 성서 인용이 이 책의 모든 장을 가득 채우고 있는데, 더 놀랍고 혼란스럽게 만드는 것은 누가복음 4:14-21은 한 번도 인용하지 않았다는 점이다. 분명히 예수 자신의 목적을 이처럼 간결하고 강력하게 드러낸 이 구절이 정작 그리스도인의 '목적이 이끄는 삶과는 상관이 없다고 간주하고 있다.

나는 그리스도인이 자신의 목적을 이해하는 일에 그리고 교회가 그 목적과 사명을 이해하는 일에 예수의 목적과 사명에 대한 이해가 첫째라고 생각한다. 그래서 오늘 누가복음 본문은 필수적이다. 설교자는 누가복음 4:18-19 본문과 교회나 교단의 선교 선언문, 예산, 실천, 우선순위, 구체적 활동 등과 비교, 대조하면서 설교해도 좋을 것이다. 교회 밖의 선언문이나

---

* Rick Warren, *The Purpose-Driven Life* (Grand Rapids: Zondervan, 2002).

활동들-사업, 여가 활동, 정치 등-도 예수의 선언과 비교 혹은 대조해 볼 수 있다.

　　**오늘.** 예수께서 "이 성경 말씀이 너희가 듣는 가운데서 오늘 이루어졌다"(21)고 선포하는 의미는 약속된 성령의 해방사역이 그를 통하여 지금 나타나고 있다고 하는 것이다. 누가는 누가복음과 사도행전을 통하여 이것이 성취되고 있음을 보여주고 있다. 종말론적 희망이 말씀과 성령을 통해서 계속해서 오늘 우리 안으로 들어온다. 설교자는 누가복음 4:18-19에 나타난 약속이 이루어져 왔고 오늘날도 이루어지고 있음을 사례를 들어 설명해 주면 좋을 것이다.

# 주현절 후 넷째 주일

## 누가복음 4:21-30

²¹예수께서 그들에게 말씀하셨다. "이 성경 말씀이 너희가 듣는 가운데서 오늘 이루어졌다." ²²사람들은 모두 감탄하고, 그의 입에서 나오는 그 은혜로운 말씀에 놀라서 "이 사람은 요셉의 아들이 아닌가?" 하고 말하였다. ²³그래서 예수께서 그들에게 말씀하셨다. "너희는 틀림없이 '의사야, 네 병이나 고쳐라' 하는 속담을 내게 다 끌어대면서, '우리가 들은 대로 당신이 가버나움에서 했다는 모든 일을, 여기 당신의 고향에서도 해보시오' 하고 말하려고 한다." ²⁴예수께서 또 말씀하셨다. "내가 진정으로 너희에게 말한다. 아무 예언자도 자기 고향에서는 환영을 받지 못한다. ²⁵내가 진정으로 너희에게 말한다. 엘리야 시대에 삼 년 육 개월 동안 하늘이 닫혀서 온 땅에 기근이 심했을 때에, 이스라엘에 과부들이 많이 있었지만, ²⁶하나님이 엘리야를 그 많은 과부 가운데서 다른 아무에게도 보내지 않으시고, 오직 시돈에 있는 사렙다 마을의 한 과부에게만 보내셨다. ²⁷또 예언자 엘리사 시대에 이스라엘에 나병환자가 많이 있었지만, 그들 가운데서 아무도 고침을 받지 못하고, 오직 시리아 사람 나아만이 고침을 받았다." ²⁸회당에 모인 사람들은 이 말씀을 듣고서, 모두 화가 잔뜩 났다. ²⁹그래서 그들은 들고일어나 예수를 동네 밖으로 내쫓았다. 그들의 동네가 산 위에 있으므로, 그들은 예수를 산 벼랑까지 끌고 가서, 거기에서 밀쳐 떨어뜨리려고 하였다. ³⁰그러나 예수께서는 그들의 한가운데를 지나서 떠나가셨다.

## 신학

무소부재하시고 보편적이신 하나님은 또한 항상 특수성 속에 존재하신다. 이사야서의 능력 있는 말씀이 성취되었다는 예수의 선언은, 엘리야와 엘리사를 통한 하나님의 현존에 관한 언급과 함께, 이 사실을 강조한다. 그러나 이 놀라운 그리고 은혜로운 선언은 또한 하나님께서 신앙 공동체의 새로운 이야기를 아주 이상한 장소, 즉 국외자들 가운데서 전개하신다는 점을 드러낸다.

하나님의 명령에 따라 시돈 사렙다의 한 과부에게 간 엘리야의 여정은 하나님이 엘리사를 통해 시리아 사람 나아만을 치유하신 일과 더불어 이러한 패러독스, 즉 국외자들의 삶 속에서 하나님의 무소 부재함이 극적으로 드러난다는 점을 강조한다. 가뭄과 기근에 찌든 땅에 사는 많은 과부 중에 하나님의 현존과 능력을 드러내기 위해 하나님은 단 한 명의 이방인을 택하셨다. 그 과부의 아들에게 생명을 주는 치유 과정들 속에서, 하나님은 과부와 아들, 엘리야의 생명을 유지하는 음식을 제공하는 기적을 일으켰을 뿐 아니라, 그 여인이 기쁨 가운데 믿음을 고백하게 하였다.

또한 시리아 사람 나아만의 문둥병을 치유한 이야기는, 이스라엘에 문둥병으로 고생하는 사람이 많았다는 점을 생각해 볼 때 이런 패턴, 즉 이렇게 특수한 하나님의 현존 방식의 중요성을 드러내고 있다. 시리아 군대의 장군은 이스라엘에서 잡혀 와 자신의 아내를 섬기고 있는 젊은 여종으로부터 엘리사에 관한 이야기를 들었다. 은과 금 그리고 왕의 친서까지 들고 찾아가 엘리사의 거처 문 앞에 선, 나아만은 기대와는 달리 요단강에서 일곱 번 씻으라는 사환의 말을 전해 듣는다. 그는 화가 났으나 종들의 간곡한 청에 요단강 물에 몸을 씻고 결국 하나님께 승복한다.

이런 고대 이야기의 인용은 성전 안에 모인 군중들을 화나게 했다. 이들은 바로 전까지 예수의 말을 경이롭게 여기고 칭송하던 사람들이었다. 이 군중은 예수가 자신이 고향에서 환영받지 못한 점을 언급하는 것에 격분했고 새롭게 전개되는 하나님의 이야기로부터 그들이 배제되었다는 예수의 암시에 격노했다. 이 시점에 내부인이 갑자기 국외자가 되었다.

이렇게 하나님은 천 년이 지나서도 같은 방식으로 일하신다. 하나님은 오늘날도 스스로 신도라고 자처하는 사람들로부터 국외자라고 차별받는 사람들을 통해 일하신다. 하나님께서 예수를 통해 전개하시는 이 복음은 현재도 거슬리는 소식이다. 오죽하면 군중들이 예수를 성 밖으로 쫓아내서, 산 벼랑까지 끌고 가, 밀어 떨어뜨릴 생각을 했을까? 이 복음은 그들에게 익숙한 이야기가 아니다. 하나님이 오셔서 그들의 돌 같은 마음을 깨뜨리려고 한다는 것을 그들은 예상하지 못했기 때문이다.

그래서 모든 것은 하나님으로부터 온 새 이야기와 함께한다. 이 세대, 이 세기, 세계화에 따른 복잡한 상황 가운데서, 교회 앞에는 새로운 세계의 가능성이 열려 있다. 즉, 하나님께는 변방으로부터 하나님께 나와 하나님에 대해 증언하려는 사람들을 통해 전개하시는 새로운 이야기가 있다. 사막, 가뭄에 황폐화된 땅, 기근, 고투하는 과부들, 죽어가는 어린이들, 믿지 못하는 군대 지휘관, 종, 이사야, 엘리야, 엘리사, 예수.

우리가 선포하고 예배하는 하나님은 우리 성전에 갇히시거나 우리 이야기에 의해 제한받지 않는다. 하나님은 우리의 편의에 따라 적당히 사탕발림한 낡은 이야기를 묵묵히 수용치 않으신다. 예수는 우리 가운데로 오셔서 예수 안에서 예수를 통해 성경의 말씀이 완성되었다고 선포하신다. 그리고 예수는 우리가 따르고 재창조할 새로운 이야기를 만들어 가신다. 하나님은 때로는 역동적으로 때로는 거칠게 우리를 흔들어 저주의 길이나 믿음의 길을 선택하게 종용하시며, 동시에 우리가 새로운 이야기 창조의 파트너가 되는 기회를 주신다. 이 이야기는 주변부에서 소외된 사람들에 의해 보통 사람들의 일상적인 삶의 특수성을 통하여 직조되는 이야기이다. 이 새로운 이야기는 우리 가운데, 매우 특수한 장소에서 펼쳐진다. 이곳은 우리가 구축한 거룩한 성 밖 멀리 있고, 하나님이 계속 활동하시는 장소다.

오늘의 짧은 본문에서 누가는 하나님의 역사를 우리에게 전해 주고, 하나님이 새로 쓰시거나 다시 쓰시는 이야기에 관해 알려 준다. 이것은 때로는 우리와 함께, 혹은 우리 없이, 혹은 우리의 반대에도 불구하고 전개되는 하나님의 일하심의 이야기이다. 하나님은 우리에게 응답할 수 있는 기회를 주셨다. 우리는 이 이야기를 듣고도 반응하지 않을 수도, 반응하지만 따르지 않을 수도 있다. 우리는 막 사역을 시작하면서 고향으로 와 새로운 이야기를 하기 시작한 젊은 예수에 대해 냉소적인 태도를 보였던 사람들처럼 분노에 차 있을 수도 있다. 우리는 무관심할 수도 있다. 혹은 우리는 따를 수도 있다. 따른다는 것은 이 사회와 공동체에서 소외된 사람들을 위한 하나님의 강력한 이야기에 우리가 연루되어 이야기가 새롭게 발전하는 데 참여하는 것이다.

이렇게 따르고 참여하기 위해서는 치러야 할 값이 있다. 그것은 국외자와 연대하거나, 때로는 우리 자신이 국외자가 되는 것이다. 이것은 하나님께서 당신을 계시하시는 특수한 방식을 수용하는 것, 즉 소외된 자들의 삶에 우리 자신을 노출시키는 것이다. 그것은 험난한 요단의 사막길을 여행하는 위험, 산 벼랑에서 떨어져 머리가 깨지는 위험, 예루살렘에 입성하는 위험, 십자가에 달리는 위험을 감수하는 것과 같다.

우리가 이런 새로운 이야기의 형성에 창조적으로 참여할 때, 우리는 생명의 충만함과 하나님의 약속의 심오함에 대해 알게 된다. 이것은 이사야, 예레미야, 예수 그리고 하나님이 희망과 정의의 새로운 이야기를 창조하신다고 믿는 담대한 신앙을 가진 사람들을 통해 전해진 것이다. 즉, 지금 이 시간에 우리는 하나님의 사랑의 충만함과 새롭게 전개되는 하나님의 이야기의 놀라운 능력에 대해 알게 되는 것이다.

## 주석

예수는 회당에 있는 모든 사람의 주의를 끌었고, 그들의 눈은 예수에게 고정되었다. 예수는 성령의 능력을 입고 그의 사역의 출발점이 되는 예언자 이사야의 말씀을 읽었다. 그는 가난한 사람에게 기쁜 소식을 전하고, 포로 된 사람들을 해방시키며, 눈먼 사람에게 눈 뜸을 선포하고, 억눌린 사람들을 풀어 주고, 주님의 은혜의 해를 선포하셨다(눅 4:14-20; 사 61:1-2; 58:6). 그리고 자리에 앉으셔서 "이 성경 말씀이 너희가 듣는 가운데서 오늘 이루어졌다"고 선포하셨다(21).

나사렛 회당에 있는 사람들은 처음에는 모두 감탄하고 예수의 입에서 나오는 그 은혜로운 말씀에 놀라서 그가 누구인지 그리고 왜 그들과 함께 하려고 하는지 알고자 했다. 그들의 놀람은 22절의 질문에 반영되어 있다. "이 사람은 요셉의 아들이 아닌가?" 마태와 마가는 군중들이 보다 더 부정적인 반응을 보였다고 기록하고 있다. "그들은 예수를 달갑지 않게 여겼다"(마 13:57; 막 6:3). 그런데 누가에게는 예수의 정체를 묻는 물음이 특별한 수사학적 가치를 가지며, 그러한 질문은 그의 글에 낯설지 않다. 예를 들어 사도행전 21:38에 보면 누가는 천부장이 사도 바울에 대해서 잘못 알고 묻는 "당신은 이집트 사람이 아니오?"라는 질문을 넣었다. 이는 누가가 바울을 폭동을 일으킨 이집트 사람으로 생각한다는 것을 받아들일 수 없듯이,* 마찬가지로 천한 환경에서 태어난(눅 2:1-7) 요셉의 아들이 회당에서 사람들에게 권위를 가지고 말할 수 있다는 것을 생각할 수 없다고 말하고자 하는 것이다. 누가는 예수가 회당에 있는 사람들의 선입견에 명확히 도전한다는 것을 보여주고 있다.

그런데 예수가 도전적으로 말한 세 가지 서로 연관 없는 말로 처음의 수용과 놀람은 금방 시험받게 되었고 결국 군중들은 화나서 들고 일어났다. 첫째로 유대와 그리스 속담으로 "의사야 네 병이나 고쳐라"(23)고 하는 말로 도전했다. 이 말은 이 상황에서 전혀 맞지 않는 것인데, 왜냐하면 예수는 누구를 고치거나 어떤 병을 이야기하지 않았기 때문이다. 이 말의 뜻은 다른 사람의 단점을 말하기 전에 자신의 단점을 고쳐야 한다고 예수에게 말하고자 한 것이다. 둘째로 "당신이 가버나움에서 했다는 모든 일을, 여기 당신의 고향에서도 해보시오."(23)라는 말은 실제로 잘못 배치된 것인데, 왜냐하면 누가는 이때 예수가 가버나움에서 행한 이야기를 말하지 않았기 때문이다(눅 4:31, 막 1:21과 6:1-6 참조). 아무런 반응도 없었던 첫째 말과는 달리, 예수는 둘째 질문에 대해서 직접적으로 아주 익숙한 셋째 표현으로 답한다. "아무 예언자도 자기 고향에서는 환영을 받지 못한다"(24). 이곳에서 예수는 25절에 기록된 이 이야기의 절정으로 움직인다. 여기에서 예수는 이 만남에서 궁극적으로 문제가 되는 진리(aletheia)에 대해 선언한다. 진리는 이스라엘 역사에서 기대하지 않았지만 믿음의 모델이 되는 유명한 외부자들(outsiders)의 모습을 가지고 설명된다.

여기에서 예수는 이스라엘 사람들을 넘어서서 주변화된 이방 사람들을 (25-27) 환영한 엘리야와 엘리사라는 초기 예언자들의 두 가지 예를 든다.

---

* Josephus, *Antiquities* 20.8, 169-172.

엘리야는 시돈의 사렙다 마을의 이름 없는 과부에게로 갔고, 엘리사는 나병환자 시리아 사람 나아만을 치유했다. 과부는 하나님께 순종하며 충실했고, 그의 가족들이 하나님의 축복을 받기 위하여(왕상 17:1-16) 그가 가진 마지막 남은 것을 기꺼이 드렸다. 그녀는 심한 가뭄을 견디고 가진 것이 없음에도 엘리야에게 도움을 주었다. 엘리사의 지시에 처음에는 순종하지 않았던 나아만도 마침내 요단강에 일곱 번 들어가 씻음으로 그의 나병을 고쳤다(왕하 5:1-14). 시리아 군대의 장군으로서 그는 이스라엘 사람들에게 실제적인 위협이 되는 사람이다. 이 두 가지 예들은 회당 안에 있던 군중들에게는 극단적 '타자'였고, 그러기에 그들에게 예수가 선포한 기쁜 소식이 유대인이나 이방인이나 마찬가지로 적용된다는 것을 보여주었다.

사실 이스라엘에도 많은 과부나 나병환자가 있었지만, 예수는 '그들 중 누구도'(말하자면 마을 사람 중 누구도) 엘리야와 엘리사의 도움을 받지 못했다고 했다. '그들 중 누구에게도'를 반복하는 것이 군중들의 분노를 샀다(28). 그들은 이제 예수의 메시지가 단순히 승인의 보증으로서만이 아니라, 현존 질서를 해체하고, 회당에 있던 사람들의 종교적 사회적 범위를 정의하는 고정관념을 위협하는 것으로 보았다. 그들의 처음의 놀람은 이제 분노로 변했다. 예수가 주님의 은혜의 해를 선포하고 '그들 중 가장 작은 자'를 받아들이려고 하지 않는 자들에게 심판을 요구함으로써 회당이라는 안락한 가정의 세계가 도전받게 되었다.

화가 난 군중들은 예수를 동네 밖으로 내쫓을 뿐만 아니라 산벼랑까지 끌고 가서 밀쳐 떨어뜨리려고 했다(29). 그러나 누가는 이야기를 여기에서 끝내지 않았다. 억눌린 자에게 자유를, 가난한 자에게 희망을, 포로 된 자에게 해방을 가져온 예수는 그들의 한가운데를 지나서 떠나가셨다(30). 이는 장벽을 넘어서는 예언자의 가르침의 상징적 이미지를 제공한다. 오늘의 말씀은 말씀의 성취가 도전적이고, 주변화된 국외자들을 포함하지 않거나 알아보지 못하는 사람들에게는 놀라운 것이다. 하지만 말씀의 성취는 또한 그들의 눈을 예수에게로 고정시키고 다른 사람에게 관심을 두고 지정된 역할과 기대를 넘어 행동하려는 사람들에게는 좋은 모델이 된다.

## 목회

오늘 본문은 앞서 나오는 희년에 관한 구절을 참조하지 않고는 이해할 수 없다. 이것은 소외된 사람들, 이 세상에서 불이익을 당하는 사람들, 희망과 신뢰를 하나님에게 두는 사람들을 향한 희망과 옹호의 메시지다. 이것은 억압적인 체제와 지배자들의 권력과 통제 아래 살고 있는 사람들에게 억압의 굴레가 지금 무너지고 있다고 선포하는 실현된 종말론이다.

이 본문은 사람들에 대한 하나님의 관심과 하나님의 해방하시는 활동을 대단히 구체적인 사회학적 범주로 선포한다. 누가의 팔복과 이와 연관된 화 선언은 누가복음 6장에서 구체적이고 명확하게 표현되고 있다. 가난한 사람, 굶주린 사람, 울고 있는 사람, 대접받지 못하는 사람과 사회에서 소외된 사람들. 설교자는 대다수의 그리스도인들이 그들의 내적인 영혼의 평화에만 집중하는 반면에 고통으로 가득 찬 세상에 대하여는 곁눈질하며 바라보는 세상에서 이 희망의 메시지를 대단히 구체적인 사회학적 범주로 끌어 올리려고 할 것이다.

"이 성경 말씀이 너희가 듣는 가운데서 오늘 이루어졌다"(21)는 첫 문장은 설교자와 기독교 공동체의 구성원 개개인에게 이 명령에 귀를 기울이라고 도전한다. 하나님께서 특별히 관심을 가지신 이 사람들에게 주목하라! 세상에서 그리고 세상을 향한 예언자적인 감각과 사명의 실천에 주목하라! 설교자가 노숙자, 가난한 사람들, 적절한 의료, 주택, 교육을 받지 못하는 사람들의 곤경을 강조하면서, 어떻게 이 말씀이 오늘날의 교인들이 듣는 가운데 이루어질 수 있을지 생각해 보라. 또한 부자와 가난한 사람 사이의 격차가 전례 없이 확대됨에 따라 지구화가 선진국과 개발도상국 양쪽 모두의 사람들에게 가져오는 충격을 살펴볼 수 있을 것이다. 하나님 안에서만 안정감과 희망을 가질 수 있는 전 세계 수백만의 철거민과 난민들 역시 이러한 관점에서 고려 대상이 될 수 있을 것이다.

설교자는 노숙자와 억압적인 정권에서 탈출한 망명 신청자의 구호를 하나님의 해방하시는 사역의 일부로 여겨 헌신하는 개인들과 구호 단체들의 사역에 초점을 맞출 수 있을 것이다. 설교자는 또한 억압받고 소외된 사람들의 해방을 위해 일하는 지구적 기업들에 신앙 공동체의 구성원들이 참여하는 방법을 연구하고 모색하는 일을 지원하고 격려할 수도 있을 것이다.

공동체의 아들인, 예수는 다른 지역에서 악명을 얻었고, 그 소문은 그의 고향에까지 전해졌다. 예수가 말씀을 읽기 시작했을 때 사람들의 눈을 가득 채운 자부심을 상상할 수 있을 것이다. 그러다가 갑자기 표정이 바뀌기 시작한다. 예수가 이사야의 말씀을 선택하고 그 말씀을 설명한 것은 그가 하나님의 성령을 받았고, 예언의 말씀이 이루어졌다는 것을 분명히 보여주는 것이다. 그들이 알고 있는 요셉과 마리아의 아들은 확실히 정신이 나갔다. 예수와 한 동네 사람이라는 자부심은 이제 분노로 바뀐다. 예수는 너무 그 지역 사람이라서 사람들은 그의 말을 듣지 않았다.

설교자는 거기 모여 있는 고향 사람들과 예수가 설교하려고 하는 하나님의 포괄적인 가정의 모습 사이의 미묘한 대비에 초점을 맞출 수 있을 것이다. 예수는 거기 있는 사람들이 예수가 가버나움과 이방인들 사이에서 모든 사람에게 행했다고 들은 놀라운 일을 기대하고 있다는 것을 알고 있었다. 분명히 하나님의 백성, 아브라함의 후손이라면 이런 일들을 볼 자격이 있다. 예수는 그들이 은밀하게 표현하는 거부를 말로 표현했다. "너희는 틀림없이 '의사야, 네 병이나 고쳐라' 하는 속담을 내게다 끌어대면서 '우리가 들은 대로 당신이 가버나움에서 했다는 모든 일을, 여기 당신의 고향에서도 해보시오' 하고 말하려고 한다"(23). 예수는 그들이 찾고 있는 표적을 받지 못할 것이라고 선언하면서, 이방인들 사이에서 행했던 일들에 우선권을 둔다. 예수는 사렙다의 과부의 사례를 인용하여 하나님께서 지난날 비유대인을 포용했던 예언자 전통을 통하여 일하셨던 것을 보여주면서, 그에 따라 그의 사명의 포용성이 이방인을 포함한다는 것을 알려 주신다.

설교자는 예수와 그의 교회의 사명의 포괄성이라는 주제를 가지고 설교를 전개할 수 있을 것이다. 또한 종교, 정치, 경제적인 의제를 둘러싸고 점점 더 대립되는 세계에서 종교 간 대화라는 관점에서 이것을 탐구할 수도 있을 것이다.

메시아가 오신다는 희망은 억압, 불의, 착취가 끝나고 새로운 시대가 시작되기를 기대했다. 이것은 이스라엘의 신앙과 생활의 중심 교리였다. 만약 신앙이 단순히 바라기만 하는 것이 아니라면, 하나님께서 약속하신 것을 이루려고 행동하는 순간이 인류 역사 안에 온다. 예수가 자기 안에서 성취되었다고 선포한 것이 이 소망의 실현이다. 그렇게 함으로써 예수는 협소한 신앙의 관점에 근본적인 요소, 즉 잠재력과 지평의 확장 같은 요소를 도입한다. 희망을 현재와 현실이 되게 하면, 그것은 더 이상 매력적이고 흥미롭고 위로가 되며 위안이 되는 것이 아니라 폭발한다. 그로 인해 그의 청중들이 화가 나서 예수를 죽이려고 했다. 설교자는 그리스도인들이 어떻게 신앙의 의무와 더 넓은 신앙의 지평을 무시하고 신앙과 제자직을 열매 맺지 못하고 무력한 것으로 만드는지를 보고 싶어 할 수도 있다.

변화는 가장 불안한 역동성이다. 오래되고 익숙하고 규칙적인 것을 선호하는 사람들은 변화에 저항한다. 예수의 청중은 정확하게 그런 선택을 했다. 그들은 변화에 대하여 종교적으로 저항했을 뿐만 아니라, 변화에 대한 그들의 저항이 하나님의 이익을 지키는 것이라고 생각했다. 설교자는 이 말씀에서 예수에 대한 거부의 근거와 그 강도를 탐구하여 이에 대한 논쟁을 제기할 필요가 있을 것이다.

21세기적인 사고로는 예수가 어떻게 적대적인 무리로부터 도망칠 수 있었는지 의문을 가질 수 있을 것이다. 설교자는 예수에 대한 거부가 예수 그리스도 안에 있는 하나님의 계획을 끝내는 것이 아니라, 더 나아가게 할 뿐이라는 것을 보여주는 것이 복음서 저자의 관심이라는 점을 부각시켜야 할 것이다.

## 설교

누가는 이야기가 지닌 다양한 면에 관심을 가지고 있었던 능숙한 스토리텔러였다. 그는 이야기를 "그림으로 생각했고 사람들과 장소에 관심이 높았다. … 하지만 단순하고 평범한 스토리텔러는 아니었다."* 성서정과로 누가에 해당하는 올해 설교자는 복음이 지닌 이런 여러 면에 주의를 기울여서 새로운 이미지, 그림, 이야기들을 사용하여, 21세기 교인들이 너무 익숙하게 피상적으로 여겨서 그 능력을 상실한 이야기들을 새롭게 들을 수 있게 만드는 과제를 안고 있다.

그런 점에서 이 본문은 대표적인 사례이고, 성서정과는 우리를 사건이 일어난 회당으로 인도한다. 그러므로 설교자는 성서의 중심 내용이 예배 중에 방향을 잃지 않도록 교인들에게 본문의 상황을 상기시켜야 한다. 이 본문은 우리가 어떤 일을 처음부터 하지 않고 중간에 시작하더라도, 늘 우리 앞에 있는 하나님, 생명 그리고 중요한 문제에 대해 인식하고 있어야 한다고 말해 준다. 우리는 비록 우리 자신의 이야기라 할지라도 어떤 이야기의 처음부터 시작하는 경우가 많지 않고 또 그 이야기의 끝을 거의 알지 못한다. 전체를 보는 일은 신적 관점이지 인간적 관점은 아니다. 그렇다고 해서 이해하려고 노력해야 하는 우리의 책임이 면제되는 것은 아니다.

주석서들은 대개 "이 사람은 요셉의 아들이 아닌가?"라는 질문을 찬사에서 비판으로 바뀌는 시점으로 보고 있다. 그것은 명백한 사실은 아니다. 예수께서 "이 성경 말씀이 너희가 듣는 가운데서 오늘 이루어졌다"고 하였을 때 그들은 놀라워했지, 분노한 것이 아니다. 그것은 '은혜로운 말씀'이었다. "이 사람은 요셉의 아들이 아닌가?"라는 질문은 그 질문보다 앞에 있는 내용에서 보아야 잘 이해되는데 그렇게 되면 이 말은 칭찬으로 들려져야 할 것이다(그 질문 뒤에 나오는 대목과 연관시키면 공격적인 것으로 들려진다). 사람들은 예수께서 그들 가운데 기적을 행하지 않아서 화가 난 것이 아닐 수 있다. 그들은 아무것도 요청하지 않았다.

분명한 것은 그다음 구절에서 예수와 사람들과의 만남이다. 만남의 분위기를 바꾼 것은 예수이지 그 사람들이 아니다. 왜 예수께서는 이런 적대

---

* J. L. Houlden, "Luke, Gospel of, and Acts of the Apostles," in J. L. Houlden, ed., *Jesus: The Complete Guide* (New York: Continuum, 2003), 558.

취했을까? 예수께서는 왜 아직 사람들이 말하지 않았는데 이
　를 예상하고 있을까? 사람들은 예수께서 그들에게 호된 꾸지람을
　후에야 분노로 가득 찼다. 누가 이 사람들에게 잘못이 있다고 할 수
　겠는가?

　　이미 이야기를 알고 있다고 여기지 않고, 이와 같은 질문으로 시작하는
것이 그것이 바로 성서가 말하게 하는 것이다. 우리는 이 이야기를 특정한
방식으로 반복해서 지금까지 '들어왔지만' 이제 우리는 이 이야기를 다른
관점에서(주인공을 군중이 아닌 예수로 하고) 보면서, 기존의 관점을 다시 생
각해 보려 한다. 나사렛의 군중들처럼 우리도 선입견을 가지고 있을 수 있
지만, 예수 앞에 있던 군중들의 선입견은 확인되지 않고 있다. 우리는 예수
의 마음을 알 수가 없고 2천 년이나 지난 지금도 왜 누가가 이 이야기를
이런 방식으로 전개하는지 이해하기 어렵다. 하지만 "여기서 무슨 일이 일
어나고 있는가?"라는 질문은 여전히 제기되어야 한다.

　　본문을 접근하는 또 다른 방식은 (이번 주 성서정과의) 둘째 본문인 고린
도전서를 통해서 하는 것이다. 두 개의 본문을 어떻게 연관시켜 읽을 수
있을 것인가? 예수의 말씀과 행동이 어떻게 고린도전서 13장에 나타난 사
랑을 성취하는가? 이 2개의 본문을 다루면서 설교자는 누가복음의 주제인
우리를 품어주시는 하나님의 포용적 특성을 택하면 좋을 것이다. 진부하거
나 피상적이지 않은 방식으로 이 본문의 효력을 교인들에게 소개하려면
어느 정도 노력이 필요할 것이다. 대다수 교인들에게 있어서 포용에 대한
이야기는 한 가지 주제에 관해 포용적이라고 자기를 칭찬하는 것으로 쉽
게 끝나버릴 수 있다.

　　그러나 우리는 실제로 얼마나 포용적이며 또 그것은 무엇을 뜻하는가?
만일 하나님께서 대체로 책망하기보다는 포용하신다는 것이 예수의 청중
을 분노하게 했다면 오늘날 설교자는 어떻게 이 본문을 시작할 수 있을까?
거기에는 21세기 교인들에게 익숙한 경험이나 다양성 등이 있는가? 누군
가를 배제하는 것은 개인적 경험이지만 또 집단적인 것이기도 하다. 피터
곰스(Peter Gomes)가 지적했듯이 "사람들은 예수가 자신에 대해 말한 것을

비난하는 것이 아니라 자기 민족들의 신보다 더 큰 하나님을 말하는 것을 비난하고 있다."*

설교자는 교인들을 예수의 말씀을 처음 들었던 청중들의 자리에 데려다 놓을 수 있다. 아무튼 그 청중들은 수 세대 동안 걸쳐 배웠던 하나님에 대한 분명한 (납득할 만한) 기대를 가지고 있었다. 예수께서 갑작스럽게 그들이 생각하던 기대를 뒤집어 놓는다. 다시 한번 그들이 처음부터 예수에 대해 적대적이지 않았음을 기억하자: "회당에 있는 모든 사람의 눈은 예수께로 쏠렸다"(20). 만일 예수께서 하신 말씀에 대해 그들이 (기대와 다르다고 해서) 거부한 것을 우리가 비난한다면, 우리도 그들처럼 하나님의 말씀을 간절히 기대해야 한다는 것에 대해 다시 생각하게 만드는 것은 아닌가? 우리는 마음속에 하나님이 행하실 '새로운 일들'에 대해 어느 정도나 들을 마음이 있는가?

본문에 대한 셋째 접근은 교부들이 즐겨 사용했던 것으로 '성전 꼭대기'와 '산 벼랑'이라는 성서 본문을, 상상력을 동원하여 연결해 보는 것이다. 마귀가 예수에게 하나님께서 지켜주실 것을 신뢰하면서 (성전 꼭대기에서) '뛰어내리게' 유혹하는 장면은(4:9-10) 사람들에게 "산 벼랑까지 쫓겨서… 거기에서 밀쳐 떨어뜨림을 당할 뻔했던"(4:29, NIV) 예수와 병립하고 있다. 하지만 마귀와 회당에 있던 사람들은 모두 예수 앞에서 무력화되었다.

마지막으로, 존 드러리(John Drury)가 자신의 책 *Tradition and Design in Luke's Gospel*(누가복음의 전승과 구성)에서 언급했듯이 '오늘'(today)이라는 단어는 누가에게 큰 영향을 미치고 있다.** 그것은 예수께서 어제가 아닌 그리고 무언가를 기다리는 내일이 아닌 오늘 우리 앞에 서 계시다는 점을 일깨워 준다. 설교자는 이전 설교에서 그렇게 하지 않았다면, 이번에는 오늘이라는 말을 살아 있는 신앙생활이라는 설교 주제로 사용하면 좋을 것이다.

---

* Peter J. Gomes, *The Scandalous Gospel of Jesus: What's So Good about the Good News?* (New York: HarperOne, 2007), 39.

** John Drury, *Tradition and Design in Luke's Gospel* (London: Darton, Longman & Todd, 1976), esp. 70f.

# 주현절 후 다섯째 주일

## 누가복음 5:1-11

<sup>1</sup>예수께서 게네사렛 호숫가에 서 계셨다. 그 때에 무리가 예수께 밀려와 하나님의 말씀을 들었다. <sup>2</sup>예수께서 보시니, 배 두 척이 호숫가에 대어 있고, 어부들은 배에서 내려서, 그물을 씻고 있었다. <sup>3</sup>예수께서 그 배 가운데 하나인 시몬의 배에 올라서, 그에게 배를 뭍에서 조금 떼어 놓으라고 하신 다음에, 배에 앉으시어 무리를 가르치셨다. <sup>4</sup>예수께서 말씀을 그치시고, 시몬에게 말씀하셨다. "깊은 데로 나가, 그물을 내려서, 고기를 잡아라." <sup>5</sup>시몬이 대답하였다. "선생님, 우리가 밤새도록 애를 썼으나, 아무것도 잡지 못했습니다. 그러나 선생님의 말씀을 따라 그물을 내리겠습니다." <sup>6</sup>그런 다음에, 그대로 하니, 많은 고기 떼가 걸려들어서, 그물이 찢어질 지경이었다. <sup>7</sup>그래서 그들은 다른 배에 있는 동료들에게 손짓하여, 와서 자기들을 도와달라고 하였다. 그들이 와서, 고기를 두 배에 가득히 채우니, 배가 가라앉을 지경이 되었다. <sup>8</sup>시몬 베드로가 이것을 보고, 예수의 무릎 앞에 엎드려서 말하였다. "주님, 나에게서 떠나 주십시오. 나는 죄인입니다." <sup>9</sup>베드로 및 그와 함께 있는 모든 사람은, 그들이 잡은 고기가 엄청나게 많은 것에 놀랐던 것이다. <sup>10</sup>또한 세베대의 아들들로서 시몬의 동료인 야고보와 요한도 놀랐다. 예수께서 시몬에게 말씀하셨다. "두려워하지 말아라. 이제부터 너는 사람을 낚을 것이다." <sup>11</sup>그들은 배를 뭍에 댄 뒤에, 모든 것을 버려 두고 예수를 따라갔다.

## 신학

오늘 본문의 소명 이야기는 인생을 바꾸는 하나님의 말씀의 능력을 잘 보여준다. 교회는 오래전부터, 하나님이 태초에 하신 말씀과 때가 차매 육신이 되신 말씀은 하나님께서 이 세상에서 늘 활동하신다는 것의 증거가 된다고 주장해 왔다. "하나님이 말씀하시니" 빛과 만물이 창조되었다. "하나님이 말씀하시니" 모세가 이스라엘 민족을 속박으로부터 끌어냈다. '주님의 말씀'이 예언자에게 내려오니 그들이 백성들에게 돌이키라고 선포했다. "하늘에서 소리가 들리니" 이는 내가 사랑하는 아들이고 내가 그를 좋아한다는 하나님의 음성이 선포되었다.

예수께서 시몬, 야고보, 요한을 부르시기 전에 예수가 전하는 하나님의 말씀에 수많은 사람이 매료되어 호숫가까지 따라왔다. 그의 명성은 매우 빨리 널리 퍼져 나갔다. 최근에 예수가 가버나움에서 귀신 들린 사람을 고친 것 때문에 많은 사람이 놀랐다. 그들은 다음과 같이 물었다. "이 사람이 하는 말에 무엇이 들어 있나?"(4:36, 저자 사역). 그래서 그들은 예수의 말씀을 들으려고 꾸역꾸역 몰려들었고, 예수는 그들과 거리를 두기 위해 시몬의 배에 오르셔야 했다. 배 위에서 예수의 가르침은 계속되었다. 예수는 강력한 말씀으로 많은 사람을 끌었다.

예수의 말씀은 어떻게 달랐나? 가버나움에서 백성들은 그의 가르침에 놀랐는데, 이는 그의 말에는 권위가 있었기 때문이었다(4:32). 예수가 여러 마을을 다니면서 유대교 회당에서 '하나님의 나라에 대한 기쁜 소식'(4:43-4)을 선포했기 때문에 사람들은 큰 기대를 했다. 시몬의 장모를 고친 예수의 말씀의 능력에 관한 소문이 널리 퍼져서 많은 사람이 예수의 말씀을 듣기 위해 호수 경계까지 쫓아왔다.

하나님의 말씀이 그들 가운데 거했다. 예수를 보러 온 무리와 시몬의 부름에 관한 이야기에서 우리는 하나님이 이전에 그랬던 것처럼 하나님의 백성을 새로운 지평으로 인도하시는 것을 목격한다. 여기에서 하나님이 부르신다. 여기에서 하나님의 기름부음 받은 분이 하나님의 말씀을 선포하고, 실행하고, 구현한다. 이 말씀을 사람들이 듣고 보고 경험하게 한다. 이 말씀은 일상 속에, 평범한 어부들의 삶 속에 거한다. 그 말씀은 수평적으로 움직이기 시작한다. 예수로부터 밖을 향해 퍼져 나간다. 말씀에 굶주려 있는 사람들에게 말씀이 전해진다. 두려워하고, 놀라며, 매료되고, 준비된 시몬, 야고보, 요한의 귀에도 말씀이 전해진다. 그들은 말씀에 끌려서 익숙한 어부로서의 삶을 뒤로 한 채, 모든 것을 놔두고 예수를 따라나서서, 그 말씀을 기다리는 사람들에게 전하기 위해 삶의 지평을 확장했다.

하나님의 살아 있는 말씀은 군중의 소음을 뚫고 전파되고, 평범한 사람들의 삶에 흔적을 남긴다. 하나님의 말씀은 사람의 삶을 뒤흔들고 변화시킨다. 말씀을 듣고 귀 기울이는 자의 삶을 변화시킨다. 하나님의 살아 있는 말씀은 우리의 일상적 삶으로 침입해 자유라는 선물을 주신다. 이것은 그 말씀을 철저히 따르기 위해 모든 것을 버리게 하는 근원적이고 급진적인 자유이다.

하나님의 살아 있는 말씀은 사람들을 끌어들인다. 말씀은 사람들을 끌기도 하고 밀기도 한다. 시몬과 야고보와 요한은 텅 빈 호수에서 그렇게 그물 가득 고기를 잡았다는 것을 믿을 수 없었다. 그들은 놀랐고 두려워했다. 말씀이 그들에게 왔고, 그들을 사로잡았다. 그들은 배와 그물을 버렸다. 그들은 옛 방식을 버리고 새 길로 접어들었다.

하나님의 살아 있는 말씀은 우리의 결정을 요구한다. 계속 배에 머물 것인가 모든 것을 버리고 따를 것인가를 결정해야 한다. 우리의 귀와 눈과 마음이 열릴 때, 우리는 풍성한 생명을 향해 가는 변혁의 길을 포기할 수 없다. 살아 있는 말씀을 따르는 사람들에게는 인생이 그대로일 수 없다. 인생이 영원히 바뀐다. 살아 있는 말씀을 듣는 것만으로는 충분하지 않다. 그 말씀은 실천되게 되어 있다(6:46-49). 예수는 말씀을 듣고 행하지 않는 자들에게 분명하게 경고하셨다: 하나님의 말씀을 가볍게 취급해서는 안 된다. 그렇지만 살아 있는 말씀을 듣고 그대로 행하기 위해서는 치러야 할 값이 있다.

압박하던 군중들이 흩어진 후 예수와 세 제자는 호숫가로부터 도시와 마을로 여행을 시작했다. 그 여행이 시작되자 시몬, 야고보, 요한은 그들과 같이 걷고 있는 살아 있는 말씀이 온 세상과 사람을 지으신 하나님의 아들이라는 것을 깨닫게 되었다. 그 말씀은 아브라함과 사라, 모세와 에스더, 예언자와 이스라엘 백성에게 왔던 하나님이었다. 그리고 이제 육신이 되어 그들을 배로부터 멀리 떠나가게 한 하나님이었다.

하나님의 말씀은 그와 같다. 과거에도, 현재에도, 미래에도. 우리는 말씀을 듣고, 그 말씀이 이루어지는 것을 보기에는 너무 소음으로 가득 찬 시대에 살고 있다. 무리는 항상 예수의 말씀을 듣고 행하기 위해 몰려들지는 않는다. 오늘의 삶과 국가와 문화는 공허해 보인다. 일꾼들이 항상 모든 것을 버리고 땅끝까지 예수를 따를 준비가 되어 있는 것은 아니다. 말씀을 선포하는 우리도 그 말씀의 힘을 충분히 믿지는 못한다. 우리 자신도 막힌 귀와 닫힌 마음으로부터 완전히 자유롭지 못하며, 우리를 자유케 하시는 살아 있는 말씀에 충분히 주목하지 않을 수도 있다. 아직도 우리에게 거짓된 유혹을 남발하는 세상의 목소리에 끌릴 수도 있다.

그럼에도 불구하고 하나님은 여전히 신실하시다. 하나님은 하나님의 말씀을 선포한다. 게네사렛 호숫가 무리에게, 시몬과 야고보와 요한에게. 그들 앞의 세대에게, 우리에게. 창조 때부터, 광야에서 방황하는 백성에게 그리고 지금 예수에게. 말씀은 새롭고 광활한 지평으로 우리를 부르고, 끌고, 밀고, 보낸다. 우리를 그물로부터 해방한다.

## 주석

누가복음 5:1-11을 한 번에 분류해 내기란 어렵다. 일반적으로 이 이야기는 어떤 면에서는 모세(출 3장), 기드온(삿 6장) 그리고 이사야(사 6장)와 유사한 부르심에 대한 이야기로 여겨진다. 마태와 마가에 병행되어 있는 부분에서 예수는 상당히 단호하게 말한다. "와서 나를 따르라"(마 4:18-22; 막 1:16-20 참조). 그러나 누가는 "그들이 모든 것을 남겨놓고 그를 따랐다"(11)는 간결한 문구를 써서 완곡하게 표현한다. 이 본문은 "그들이 물고기를 너무 많이 잡아 그물이 찢어지기 시작했다"고 6절에 분명히 드러났듯 풍성한 수확이 주어지는 기적 이야기로 또한 여겨진다. 그리고 요한복음 21:1-14에 서술된 대로, 갈릴리 바닷가에 예수가 나타난 또 다른 고기 잡는 이야기와도 유사하기 때문에, 부활 이야기로 여겨질 수도 있다. 이런 여러 선택적인 사안이 이 본문을 해석하는 데 생동감을 더해줄 수 있지만, 예수와 함께했던 어부들과 그들의 경험에 관한 이 본문은 제자도의 주제를 파악하는 데 든든한 신학적 기반이 된다.

예수를 따르길 원하는 이들의 중심은 제자도이며, 제자도는 가르침과 배움, 이끄는 것과 따르는 행위로 잘 알려져 있다. 이것은 초대와 응답의 쌍방적 행위이다. 복음서의 여러 부분에서 누가는 제자도의 특징과 그들이 희생해야 하는 것들에 대해서 말하는데(9:23-27; 9:57-62; 14:25-33; 18:22-30), 가장 잘 요약된 것은 "누구든지 나를 따르는 자가 되려거든, 자기 자신을 부인하고 매일 그들의 십자가를 지고 나를 따르라"(9:23)는 예수의 직접적인 말씀이다. 그러나 이 본문인 누가복음에서 보여주는 것처럼 제자도에 관하여 예수가 언제나 직접적으로 가르치는 것은 아니다. 게다가 제자도는 인간의 힘, 지식 그리고 의지를 넘어서 신적인 능력과 권위의 원천에 대한 인지와 복종을 요구한다. 예수와 시몬의 만남은 제자도가 큰 상이 주어지지만 위험한 일임을 보여준다.

갈릴리 바다(게네사렛 호수)는 지역 어민들이 붐비는 장소였다. 밤새 아무것도 잡지 못하고 밤을 보낸 어부들은 그들의 그물을 씻고 그들의 집으로 돌아갈 준비를 했다. 누가는 이런 일상적인 배경을 예수가 회당의 교사라는 전통적인 세팅(4:15의 예)이 아닌 시몬의 배(3)에서 군중들을 가르치는 은유적 배경으로 활용했다. 예수가 그를 따르는 군중들과 어느 정도 떨어져 배에서 가르치는 방식(마 13:1-2; 막 4:1의 예)은 특이한 것은 아니었지만, 예수의 가장 가까운 제자가 될 시몬의 배는 이 이야기 속에서 특별히 알려주는 바가 있다.

예수는 시몬에게 그의 첫 가르침을 위하여 배를 해변에서 조금 떨어뜨릴 것을 요청한다. 누가는 이 짧은 구절에는 가르침의 내용은 말하지 않지만, 대신 독자를 시몬이 "깊은 물로 가서 그물을 내려 잡으라"(4)는 지시를 시몬이 들었을 때 어떤 일이 일어났는지에 주목하게 한다. 이것은 분명히 아무것도 얻지 못하고 밤 조업을 마친 시몬에게 힘든 말이었다. 그는 짧은 말로 예수에게 분명히 응답한다. "선생님 우리는 밤새 일했지만, 아무것도 얻지 못했습니다"(5절; '선생님'에 대한 다른 참조 구절은 8:24, 45; 9:33, 49; 17:13). 그러나 시몬은 순종의 마음과 이 평범하지 않은 이에 대한 겸허한 인정으로 지시를 따른다.

이런 순종에 대한 가시적인 이행으로 그들은 그물과 배에 담을 수조차 없을 만큼 많은 양의 고기를 잡는 기적을 만난다. 게다가 그 결과는 너무 엄청나서 물 가운데서 난파될 수 있었기에 시몬과 그의 어부 동업자인 야고보와 요한은 도움을 청하게 되었다(7, 10). 바다에서 벌어진 풍요의 기적으로 이제 시몬 베드로로 언급되는 시몬은 하나님의 능력과 현존을 인식할 수 있게 되었다(8). 이런 인식 속에서 베드로는 담대하게 인정한다. "나를 떠나세요, 주님. 나는 죄인입니다"(8). 그와 이 기적을 목격한 모든 사람은 단지 요행으로 보기에는 너무나 많은 고기를 잡은 것을 깨닫고 놀랍고 두려웠다. 이때 예수는 다시 확증의 말을 한다. "두려워하지 마라. 지금부터는 너는 사람을 잡는 이(catchers of people)가 될 것이다"(10절, 저자의 번역). 엄청난 양의 물고기를 잡는 것은 상징적으로 예수의 가르침을 통하여 제자들이 잡게 될 무수한 사람들을 상징한다. 그리고 베드로와 배에 있던 다른 어부들을 직접 '부르시는' 대신 하나님의 현존을 느끼게 하는 것은 제자도에서 풍성한 '초대'의 역할을 한다.

가르침과 배움, 이끎과 따름이라는 쌍방적 만남은 분명히 보여주는 것이 있다. 시몬은 예수의 이 선생으로서의 권위에 대하여 순종하며 응답했다. 그는 이런 만남 속에서 모든 것을 세세히 이해하지는 못했지만, 이러한 상황 속에서 예수를 믿고 따르고자 했으며 그의 능력과 권위에 대해서 배우고자 했다. 진정한 추종자와 배우는 자로서 시몬 베드로는 위대한 믿음으로 응답했고 위대한 명령을 받는다.

이 본문의 주제는 시몬이 예수를 '주님'이라고 부르고 그의 죄를 인정할 때 드러나는 인식과 놀라움에 관한 것이다. 이런 경이로움은 시몬 베드로뿐만 아니라 그의 어부 동업자인 야고보와 요한 그리고 함께 있던 모든 이에게도 영향을 주었다. 오늘 성서정과는 "그들이 모든 것을 버려두고 그를 따랐다"(11)고 하는 짧은 진술로, 포기에 대한 주제로 끝난다. 이것이 제자도의 핵심이다. 누가에게 이것은 가족, 친구 그리고 물질의 소유를 부정하는 것(5:28; 9:57-62; 14:33; 18:22-23)을 포함한다. 제자들은 큰 물고기를 잡아 올리기만 한 것이 아니라, 잘 이해하지도 못한 명령이지만 받아들이기 위해 다른 모든 것을 버리고 포기한다. 하나님의 현존과 믿고자 하는 의지를 가지고 큰 수확을 얻게 하신 '선생님'(Master)이자 '주님'(Lord)이 이끄시는 어디든, 시몬 베드로와 다른 제자들은 그 여행에 참여할 준비를 한다. 이런 제자도로의 풍성한 초대에는 순종과 회개의 마음이 요구되고 끈질기고 두려움 없는 응답과 예수를 따르기 위해 모든 것을 포기하는 의지가 요구된다.

## 목회

이 구절은 첫 제자인 시몬을 부르신 일에 대한 누가의 설명을 소개하고 있는데, 그 설명 자체의 장점과 함께 진실성을 살펴볼 필요가 있다. 이 설명에서, 예수는 밤새 물고기를 잡지 못한 어부들을 만난다. 그들은 그물을 치우기 전에 그물을 씻고 있었다. 사람들이 그들의 한계에 직면해서 포기하는 상황 속으로 예수께서 들어가서, 해변에 있는 배 한 척을 띄우라고 요청하신다.

예수께서는 그들에게 빚이라도 지는 것처럼, 그들에게 작은 부탁을 하는 것으로 관계를 시작하신다. 이 만남은 우물에서 물을 달라고 요청했던 여인을 만났던 일(요 4장)과 겹쳐진다. 겉보기에 대수롭지 않은 두 사람의 만남은 베드로가 상상도 하지 못했던 가능성을 열어준다. 예수의 입장에서는 베드로가 그 제안을 거절할 수 있다는 부담을 가지고 시작한다. 설교자로서, 예수가 시몬과 만난 이야기를 곰곰이 생각해 보면, 그리스도 안에 계신 하나님께서 우리를 당신과 관계를 맺도록 부르시면서 어떻게 주도권을 가지시고 또 위험을 감수하시는지를 생각하게 될 것이다. 시몬에게 긍정적인 반응을 보이는 것은 다른 사람들에게 손을 내미는 하나님의 몸짓의 일부가 되어야 한다는 도전과 함께 온다. 베드로가 사람을 낚는 어부가 되라고 부름받은 것처럼, 사람들이 문화, 그룹, 전통을 넘어서 서로 마주치고, 그들이 받아들여 온 고정관념을 넘어서 움직이는 위험을 무릅쓸 때, 그 결과는 예측할 수 없다. 이 구절은 또한 인간의 삶에 관여하고 변화시키는 부드러운 힘에 대해 탐구하는 것으로 이어질 수 있다. 덧붙여서, 특히 전도를 손에 소책자를 들고 열정적으로 전도하면서 막무가내로 접근하는 것이라고 믿는 사람들의 관점에서 전도의 의미를 고려할 수 있다.

무리에게 말씀하시기를 마치시고, 예수께서 시몬을 불러서, 깊은 데로 나가, 방금 청소를 끝낸 그물을 다시 한번 던지라고 하신다. 아마도 예수의 말씀을 듣고 시몬은 불신의 표정을 지었을 것이다. 시몬은 "선생님, 우리가 밤새도록 애를 썼으나, 아무것도 잡지 못했습니다"(5)라고 항의한다. 그러나 예수에게는 시몬이 그물을 씻는 것을 멈추고 배 한 척을 사용하지 않을 수 없게 하는 무언가가 있었다. 거칠고 강인한 어부에게 이런 기분은 얼마나 이상한 것이었을까!

깊은 곳에서 고기를 잡도록 초대하는 것은 예측 가능하고 일상적인 것에 대한 인간의 선호와 뚜렷하게 대비된다. 그것은 새로운 땅이나 새로운 깊이로 들어가는 모험의 초대장이지만, 그것은 또한 모든 세대에 있어서 교회의 사명과 목회에 대한 새로운 도전을 가리킨다. 우리는 인간의 삶에 개입하시는 하나님의 열망에 응답하라는 도전을 받는다. 시몬의 경우, 그러한 명령에 직면하는 오늘의 그리스도인들처럼, 하나님과 인생에 대한 가장 심오하고 의미 있는 경험들은 안전한 방법과 장소에서는 찾을 수 없다는 것을 깨닫게 된다. 시몬은 예수가 하라는 대로 하고서는, 고기가 너무 많이 잡히는 바람에 놀랐고, 그물을 끌어올리기 위해 도움을 청해야 했다!

여기서 종교적 경험의 본성과 이러한 경험들에 대한 해석은 설교자가 탐구해야 할 주제일 수 있다. 시몬에게 무언가 이상한 일이 일어났다는 것은 분명하다. 그는 자신이 하나님의 현존을 직접 중재하는 사람 앞에 서 있다는 것을 알았다. 이 심오한 종교적 경험은 그의 삶을 새로운 조명 아래 놓이게 했고 변화를 향한 길로 나아가게 했다. 시몬은 하나님 앞에서, 자기가 부족하고 보잘것없다는 것을 알게 되었다. 그래서 시몬은 자기가 죄인이라는 것을 강조하면서 예수께 자기를 떠나 달라고 부탁한다. "주님, 나에게서 떠나 주십시오. 나는 죄인입니다"(8). 예수는 그를 포기하지 않고, 하나님의 일에 참여할 때 드러나게 될 그의 잠재력을 그에게 알려 주신다.

"두려워하지 말아라. 이제부터 너는 사람을 낚을 것이다"(10).

아마도 설교자는 시몬이 한 경험의 심오함을 생생하게 표현하는 데 초점을 맞추길 원할 것이다. 그것이 시몬의 삶에 찾아온 변화를 증명하기 때문이다. 엄청나게 많은 물고기를 건지면서, 좋은 결과를 얻을 기회를 가지면서, 앞서서 고기를 잡지 못했던 것을 역전시켰기 때문이다. 시몬은 이제 가장 이상한 일을 한다. 그의 배를 뭍에 댄 뒤에, 배와 그가 잡은 물고기와 함께 살림과 모든 것을 버려두고 떠난다. 많은 사람은 이 변화를 소명과 가치의 변화라고 한다. 특히 중년의 사람들은 이것을, 직업을 바꿀 필요가 있다는 이야기로 읽는다. 어떤 사람들은 직장에서 정리해고를 당해서 혹은 자신을 좀 더 시장성 있게 만들기 위한 노력으로 직업을 바꾸지만, 다른 사람들은 하나님의 부르심을 느낀다. 사실 이것은 교파에 상관없이 많은 종교적 소명의 근원이다.

이러한 삶의 변화는 시몬에게만 국한되지 않는다. 그의 일행들 역시 시몬과 함께 그 사명을 수행한다. 하지만 시몬은 내내 주연 배우로 거론되고 있다. 마지막에 가서야 다른 사람들이 두각을 나타낸다. 세부적인 부분에서는 의심할 바 없이 모든 것이 시몬을 중심으로 돌아간다. 그는 그의 능력과 영향력을 사용하여 좋은 결과를 가져오는 리더였다. 이것은 목사가 교회를 포함하는 삶의 다양한 영역에서 지도력의 본질을 탐구하기 위해 선택할 수 있는 유용한 발판을 제공한다.

본문을 사도로 임명된 사람들이 제자로 부름받은 일에 대한 이야기로 볼 수도 있지만, 그럼에도 불구하고, 순종과 헌신은 예수가 제자로 부르시는 모든 사람이 해야 할 적절한 응답이다. 제자직은 그에 응답하는 사람들의 인생이라는 대가를 치러야 한다는 것은 분명하다. 제자직은 직업의 변화를 포함하여, 그리스도 안에서 하나님을 인생의 중심에 두게 한다. 누구든 그렇게 하도록 강요받아서가 아니라, 시몬처럼 하나님의 은혜를 깨닫는 계시의 순간을 경험하면, 다른 어떤 일도 할 수 없기 때문이다.

# 설교

사제이자 신약학자인 제프리 존(Jeffrey John)은 자신의 탁월한 저서인 *The Meaning in the Miracles*(기적 이야기가 지닌 의미)에서 복음서에 나타난 기적 이야기는 놀라운 사건 그 이상이라고 말한다.* 기적 이야기들은 예수의 사명에 대하여 말해 주고 또 종종 기존의 사회적, 종교적 구조 밖에 있는 사람들에 대해 관심을 갖는다.

오늘의 이야기와 요한복음 마지막에 있는 고기를 잡는 이야기는(요 21:3-11) 분명히 연관되어 있다. 누가복음의 이 기적은 베드로를 회개로 이끈다(회개는 누가가 좋아하는 주제이다). 그러나 여기서 문제의 핵심은 기적 그 자체가 아니라 베드로의 반응이다. 설교자는 삶 가운데 하나님의 임재 앞에서 회개하는 우리의 반응에 대해 많이 이야기할 수 있는데, 특히 기적이 종교적 행위에 대한 보상이라고 믿는 많은 사람에게 또는 회개의 영성을 상실한 교회에서 이 이야기를 하면 좋을 것이다. 잊지 말아야 할 것은 복음서 시작 부분에서 베드로의 부름과 죄의 고백을 들은 사람들이, 복음서 끝부분에서(22:54-62) 베드로가 예수를 극적으로 부인하는 것을 보게 된다는 점이다.

이 고기를 잡은 일은 또한 '자연 기적' 그 이상으로 성만찬을 암시하고 있다. 고기는 음식을 의미하고 복음서에서 고기가 등장하는 이야기마다, 예수께서 첫 제자들을 불러 만든 새로운 공동체를 먹이는 기적을 보여주고 있다. 그러므로 이 성만찬적인 기적을 계기로 제자들을 부른 것은 또 다른 유익한 접근 방식이다. 제자들은 단순히 '일상적인' 일을 하는 중에 그리고 그 일을 버리고 부름을 받은 게 아니다. 신실한 제자로서의 삶은 일상적인 일 그 자체를 통하여 세상 한복판에서 예수의 현존을 드러내는 것이다.

설교자는 또 이 본문에서 여러 핵심적인 구절들을 끄집어낼 수 있다.

---

* Jeffrey John, *The Meaning in the Miracles* (Norwich: Canterbury Press, 2001).

NRSV에서 '사람을 낚는 것'이라고 표현한 구절은 번역 과정에서 헬라어가 지닌 역동성을 보여주지 못하고 있다. 예수께서는 베드로에게 그가 '하나님의 나라를 위하여 살아 있는 사람들을 취할 것 혹은 구해낼 것'이라고 말하고 있다. '살아 있는 사람들을 취하는 것'은 그들을 먹을 음식인 것처럼 단순히 잡는 것과는 전혀 다른 이미지이다. 존 드러리(John Drury)에 의하면, 이 동사는 "칠십인역에서 단순히 동물을 포획하는 것이 아니라 죽음의 위험으로부터 구해내는 것을 표현하기 위해 사용된다. 따라서 이 표현은 새롭게 시작하는 기독교 선교에 적용하려면, 낚는 것은 적절한 표현이 아니다"라고 하였다.* 하나님의 나라는 죽은 고기가 아닌 온전히 살아 있는 사람들을 필요로 한다. 그 나라는 죽기 직전 숨을 가쁘게 몰아쉬는 사람이 아니라, 온전함 가운데 복음의 삶을 사는 살아 있는 사람들을 필요로 한다.

이것은 여전히 까다로운 주제이고, 언어가 지닌 힘과 복음 전파를 함정에 빠지게 하는 언어 사이에서 적절한 길을 찾는 사람은 유능한 설교자라고 할 수 있다. 제자를 만드는 일은 올바른 일이고 또 진실로 필요한 과제이다. 하지만 어떻게? 어떻게 억지로 먹이지 않고 양육할 것인가? 어떻게 사람들을 죽음의 위기로부터 구해내고 그런 다음 그들이 자유롭게 살도록 할 것인가? 이것은 어려운 문제이다.

누가복음에 나타난 이 주제 곧 하나님의 나라를 위해 '살아 있는 사람들을 취하는 것'을 다루기 이전에, 앞에 나온 이슈 곧 예수를 따를 때의 위험에 관해(4:14-30을 보라) 예비 제자들에게 주는 사전 경고가 있다. 거기에는 예수에 관한 이야기 그리고 그가 누군지에 대한 소문이 있다. (누가복음에서) 시몬, 야고보 그리고 요한은 마태나 마가에서 혹은 아마도 요한복음에서 제자들이 예수를 대한 것처럼 첫 만남을 낯설게 시작하지 않는다.

---

* John Drury, *Tradition and Design in Luke's Gospel* (London: Darton, Longman & Todd, 1976), 67. '살아 있는 사람을 낚는' 힘에 대한 이해는 몇몇 오래된 주석에서도 볼 수 있다. 예를 들어 *Clarke's Commentary*, vol. 5 (reprinted by Abingdon Press); 현대적인 주석 중에서는 다음을 보라 I. H. Marshall, *The Gospel of Luke* (Grand Rapids: Paternoster Press, 1978), 205f.

누가에서 이들은 이미 예수를 알고 있다. 심지어는 시몬은 그를 만나기도 했다.

여기서 21세기 독자들의 관심을 끌 수 있는 제자도와 전도에 관해 생각해 볼 수 있다. 우리 시대에는 예수가 누구인지는 더 이상 비밀스러운 일이 아니다. 만일 성서와 풍부한 교회 전통에 나타난 예수에 비해, 보통 예배자들이 갖고 있는 예수에 대한 일반적 지식이 빈약하거나 불충분하더라도, 예수는 전혀 낯선 사람은 아닐 것이다. 그렇다면 어떻게 설교자나 그리스도의 몸인 공동체는 다른 사람들에게 또 우리들에게 진실되고 진정한 방식으로 예수를 있는 그대로 보여줄 수 있는가? 설교자는 세상에 떠도는 충분치 않은 예수에 관한 이야기들을 가지고 어떻게 그것을 사용하고 또 거기에서 성취할 수 있을까?

에두아르드 슈바이저(Eduard Schweizer)는 신앙이란 "이전에 선포된 (예수에 대한) 진술에 대한 동의에서 비롯되는 게 아니라, 이성에는 반하더라도 예수의 부름에 다시 한번 시도하는 신뢰로부터 시작한다"고 말한다. 최근에 로완 윌리엄스(Rowan Williams)는 같은 것을 다른 방식으로 말했다: 예수를 믿는다고 말하는 것은 무엇보다도 예수를 신뢰한다고 말하는 것과 동일하다. 예수는 우리가 있는 그곳에 있고 우리는 그에게 속해있다.* 우리가 예수께 속해있음을 아는 것은 제자도를 바르게 이해하는 첫걸음이다.

이 구절이 강조하는 결정적이고도 확실한 진리가 있다. 제자가 된다는 것은 종종 우리에게 많은 희생을 요구한다는 것이다. 그것은 우리가 줄 수 있는 모든 것을 준 그다음에 우리에게 요청되는 것이다. 예수는 숙면을 취하고 풍성한 아침 식사를 하고 난 후에 나타난 것이 아니다. 그는 오랜 노동의 끝에 곧 힘든 노동 후에 이들을 찾으러 왔고 그들에게 계속 일하라고 말했다. 그는 이 본문을 가지고 설교하는 설교자에게 또 우리 모두에게 그렇게 하라고 한다.

---

* See Eduard Schweizer, *The Good News according to Luke* (London: SPCK, 1984), 106; Rowan Williams, *Tokens of Trust: An Introduction to Christian Belief* (Louisville, KY: Westminster John Knox Press, 2007), esp. chap. 1.

# 주현절 후 여섯째 주일

## 누가복음 6:17-26

<sup>17</sup>예수께서 그들과 함께 산에서 내려오셔서, 평지에 서셨다. 거기에 그의 제자들이 큰 무리를 이루고, 또 온 유대와 예루살렘과 두로 및 시돈 해안 지방에서 모여든 많은 백성이 큰 무리를 이루었다. <sup>18</sup>그들은 예수의 말씀도 듣고, 또 자기들의 병도 고치고자 하여 몰려온 사람들이다. 악한 귀신에게 고통을 당하던 사람들은 고침을 받았다. <sup>19</sup>온 무리가 예수에게 손이라도 대보려고 애를 썼다. 예수에게서 능력이 나와서 그들을 모두 낫게 하였기 때문이다. <sup>20</sup>예수께서 눈을 들어 제자들을 보시고 말씀하셨다. "너희 가난한 사람들은 복이 있다. 하나님의 나라가 너희의 것이다. <sup>21</sup>너희 지금 굶주리는 사람들은 복이 있다. 너희가 배부르게 될 것이다. 너희 지금 슬피 우는 사람들은 복이 있다. 너희가 웃게 될 것이다. <sup>22</sup>사람들이 너희를 미워하고, 인자 때문에 너희를 배척하고, 욕하고, 너희의 이름을 악하다고 내칠 때에는, 너희는 복이 있다. <sup>23</sup>그 날에 기뻐하고 뛰놀아라. 보아라, 하늘에서 받을 너희의 상이 크다. 그들의 조상들이 예언자들에게 이와 같이 행하였다. <sup>24</sup>그러나 너희, 부요한 사람들은 화가 있다. 너희가 너희의 위안을 받고 있기 때문이다. <sup>25</sup>너희, 지금 배부른 사람들은 화가 있다. 너희가 굶주리게 될 것이기 때문이다. 너희, 지금 웃는 사람들은 화가 있다. 너희가 슬퍼하며 울 것이기 때문이다. <sup>26</sup>모든 사람이 너희를 좋게 말할 때에, 너희는 화가 있다. 그들의 조상들이 거짓 예언자들에게 이와 같이 행하였다."

## 신학

이것은 하나님의 통치에 관한 생동적이고, 솔직하고, 확신에 찬 선언이다.

예수는 그를 따르는 수많은 무리에게, 하나님은 가난한 자, 굶주린 자, 비난받는 자에게 축복을 내리신다고 분명히 말씀하신다. 그리고 반대로 부자, 풍족하고 안락한 생활을 하는 자에게 하나님의 심판이 임할 것이라고 선언하신다. 예수가 나사렛 회당에서 낭독한 예언서는 이사야서이다. 이사야는 자신이 가난한 자에게 복음을 전하고, 포로들에게 해방을 가져다주고, 눈먼 자의 눈을 뜨게 하도록 하나님으로부터 보냄을 받았다고 선언한다. 이제 예수는 이 예언의 성취가 어떻게 전개되는지에 대해 매우 직설적이고 간결하게, 예리하고 강력한 어조로 설명한다. 예언자의 하나님은 새롭고, 변혁적이고, 도전적인 세계에 대해 말씀하시고, 그런 세계를 창조하신다.

이 새로운 질서, 즉 하나님의 통치의 깊이와 영향에 대해 교회는 오랜 세월 깨닫지 못했고, 그 내용을 순화시키려 했다. 마태가 산상수훈에서 '가난한 자'를 '영적으로 가난한 자'로 순화시킨 이래로, 급진적 선언을 순화시키려는 시도는 계속 이어져 왔다. 그렇게 해야지만 결코 기준을 충족시키지 못할 자신들도 편한 마음을 가질 수 있기 때문이었다. 분명히 우리 모두는 영적으로 가난하다. 우리는 정의가 승리하기를 갈망한다. 어쩌면 우리는 의를 위해 비난을 받았을 수도 있다. 세대가 거듭되면서 거룩한 성전에서 예언적 말씀은 공허해지고, 마태의 순화된 해석보다 더 희석되었다.

누가복음에서 하나님은 문을 부수고 들어오셔서 제자들, 무리, 장차 도래할 달라진 세대의 교회에 예수를 통해 구체적인 선포를 하신다. 누가복음에서는 예수가 산 위가 아니고 제자 및 군중과 함께 평지에 서 있다. 예수는 자신을 따르기 위해 모든 것을 버린 사람들에게 하나님의 나라가 그들의 것이라고 선포한다. 그들이 세상 사람으로부터 비난을 받든 모함을 받든 상관이 없다. 그리고 이와 같이 예수를 따르지 않는 사람들에게 그들의 삶이 비참할 것이라고 경고한다. 하나님은 세상을 뒤집어 놓으실 것이다. 제자도는 단순히 '나를 따르는' 차원을 넘어 감당하기 힘든 희생을 요구할 수도 있다.

그러나 이 세상에서는 가난이 축복으로 여겨지지 않는다. 신약성서 학자 존 도미니크 크로산(John Dominic Crossan)은 가난한 자, 농민과 궁핍한 자, 걸인을 구분한다. "예수는 가난한 자가 아니라 궁핍한 자를, 가난이 아니라 구걸하는 상태를 복되다고 했다."* 하나님의 축복은 단순히 가난하다는 이유만으로 모든 가난한 자에게 내리지 않는다. 극심하게 비난받고,

---

\* John Dominic Crossan, *The Historical Jesus: The Life of a Mediterranean Jewish Peasant* (San Francisco: HarperSanFrancisco, 1991), 272ff.

없어져도 되는 존재라는 취급을 받으며, 비참한 삶을 사는 사람들이 하나님의 축복을 받는다.

그렇다면 이것은 우리가 기대하는 '좋은 소식'이 아니다. 희석되고 영적으로 순화된 지복(至福)이 더 선호되고 편안하게 여겨진다. 그날 예수 주위에 몰려든 사람들조차 제자도의 대가가 무엇인지를 깨닫지 못했을 것이다. 우리처럼, 그들도 예수 주위에 모여 있거나, 축복받을 자의 목록에 당연히 포함되었다고 믿음으로, 예수가 말씀하시는 축복이 그들의 머리 위로 떨어진다고 생각했을 것이다.

그러나 아니다! 하나님은 우리의 모든 것을 요구하신다. 물질적 재화와 돈은 하나님이 우리가 포기하고 극복하기를 원하시는 것 중의 일부에 불과하다. 하나님은 우리 삶 전체를 원하신다. 궁핍한 사람들은 하나님 외에 달리 의지할 곳이 없다. 하나님은 그들을 보살펴 주시고 세상의 방식이 아니라 하나님의 방식으로 풍성하게 축복해 주신다. 그들은 공급을 받을 것이고, 웃음을 되찾을 것이고, 하나님의 나라를 물려받을 것이다. 제자가 되는 것은 이런 식으로 따르는 것이다. 하나님의 축복을 받는 것은 하나님 외에 아무것도 갖지 않는 것이다.

이런 요구만으로는 충분하지 않다는 듯, 하나님은 부유하고, 풍요롭고 만족스러운 삶을 사는 사람들에게, 즉 하나님은 늘 우선순위에서 밀려나는 삶을 사는 사람들에게 화가 임할 것임을 분명히 선포하신다. "모든 사람이 너희를 좋게 말할 때에, 너희는 화가 있다. 그들의 조상들이 거짓 예언자들에게 이와 같이 행하였다." 이 경고는 우리의 믿음과 신실성의 핵심에 관한 지적이다. 우리는 하나님의 말씀의 담지자, 교사, 선포자가 아닌가? 우리는 그리스도의 몸인 교회가 아닌가? 우리는 예수 그리스도를 통해 드러난 하나님의 사랑의 살아 있는 증인이 아닌가?

진정 우리는 그런 존재이다. 그리고 여기에 우리의 비애가 있다. 하나님은 미지근한 충성을 기뻐하지 않으신다. 하나님은 우리가 다른 사람의 찬사를 받으면서 기득권을 유지한 채 하나님을 따를 때 우리에게 복을 주지 않으신다. 하나님은 우리가 세상 사람들의 찬사로 목욕을 할 때 우리를 축복하지 않으신다. 하나님은 우리가 교회나 세상 현장에서 순순히 전통을 존중하고 우리를 하나님께로 돌아오게 하는 예언자의 날카로운 목소리를 무시하거나 부드러운 목소리로 변조할 때 우리를 축복하지 않으신다. 하나님은 우리가 제도와 제국을 구축하고 수호하려고 할 때 우리를 축복하지 않으신다. 하나님은 우리가 부유하고, 풍족하고, 편안하고, 기분 좋고, 칭찬받는 삶을 살 때 우리를 축복하지 않으신다.

하나님의 통치는 하나님 외에 아무것도 가진 것이 없는 자에게 임한다.

예수의 평지설교는, 이 놀랍고 생생한 지복 선언은, 평온한 자족감으로 둔감한 우리의 믿음을 깨부순다. 예수가 알려준 하나님은 우리가 선포하는 하나님과 항상 일치하는 것은 아니다. 우리 인간은 하나님을 우리의 작은 개념, 문화, 장소에 끼어 맞추려는 경향을 갖고 있다. 그러나 하나님은 우리가 하나님을 성안이나 밖에 묶어두기 위해 건설한 장벽을 항상 허무신다. 하나님께서 다시 한번 우리를 부르고 계신다. 하나님은 항상 우리에게 자신을 비우고, 세상의 방식에서 벗어나라고 주의를 주신다. 그리고 극심하게 빈궁하고, 소외되고, 차별받는 사람들에게 풍성한 복을 내려 주신다.

큰 무리의 제자들과 군중들이 예수의 말씀을 들으러 모였다. 예수로부터 능력이 나왔다. 하나님의 백성에게 하나님의 능력이 임했다. 그들이 듣고 본 것을 하나님의 말씀이 온전히 선포되고 하나님의 역사가 진정으로 이루어질 때, 즉 하나님의 나라가 건설될 때, 복 받는 모든 사람이 항상 듣고 볼 것이다.

## 주석

오늘 본문은 누가의 평지설교(6:17-49)의 일부분인데, 좀 더 길고 발전된 마태복음의 산상설교(마 5-7장)에 의해 퇴색되기도 한다. 누가의 버전은 마태의 107절에 비해 32절밖에 되지 않는다. 하지만 누가의 기록은 설교 전이나 설교 자체에서 일어나는 활동들, 특히 일반적으로 '팔복'(눅 6:20-26;

마 5:3-11 참조)으로 여기는 것에 기록된 긍정적인 탐색과 통찰력 있는 도전에 대한 중요한 가르침이 포함된다.

처음에 이 설교가 누구에게 전달되는지 명확히 하는 것이 중요하다. 그것은 예수가 산에서 하나님께 기도하며 밤을 보낸 후 선택하신 열두 제자를 묘사하는 이야기가 앞에 있다(눅 6:12-16). 예수는 이 제자들(더 구체적으로 사도라고도 함)과 함께 산에서 내려오셔서, 그의 말을 듣고 질병에서 치유 받으려고 왔던(17-18a) '온 유대와 예루살렘과 두로 및 시돈 해안지방에서 모여든 많은 백성'이 평원에 모인 것을 보았다. 또 한 군중 가운데는 '악한 귀신에게 고통을 당하던'(18b) 사람들도 있었다. 모두가 예수에게 손이라도 대보려고 애를 썼는데, 예수에게서 능력이 나와서 그들을 모두 낫게 하고자 했기 때문이다(19; 참조 눅 4:14; 8:46; 마 14:36; 막 3:10). 그들 모두를 고친 후, 예수는 그의 메시지의 핵심을 전달하고자 제자들(아마도 그가 부르신 '열두 사도')에게 '눈을 들어'(20절, 저자의 번역) 보셨다. 예수의 시선은 이 시점에서 제자들을 향하고 있지만(마태복음의 경우처럼; 참조. 마 5:1), 그에게 감동을 받은 사람들과 그의 말씀을 듣기 위해 모인 사람들에게도 이 메시지를 전했을 것이다.

마태복음에서 예수는 단순히 입을 열고 제자들을 가르치기 시작했다(마 5:2). 누가에서 예수는 18-19절에서 병을 고친 후 제자들을 향한 눈에 초점을 두었다. 이 구절에서 눈에 대한 언급은(20) 대단히 중요하다. 우리는 이 구절과 앞의 치유 기사 이후에 누락된 것에서 현현(顯現) 구절의 신학적 중요성을 찾았다. 악한 귀신에게 고통당하던 사람들의 치유를 설명하는 병행구(막 3:7-12)는 "악한 귀신들이 예수를 볼 때마다 그들은 그 앞에 엎드려 '당신은 하나님의 아들입니다!'"(11)라고 말한다. 이러한 신성의 인정을 평지설교에서는 포함하지 않았다. 한데 '귀신들'이 예수가 하나님의 아들임을 인정한(눅 4:38-44, 특히 41) 것은 가버나움에 머무르는 기간의 초기 치유 이야기에 배치되어 있다. 하나님의 아들을 인식하지 못하거나 볼 수 없음을 알리는 이 의도적 생략은 예수가 제자들을 더욱 가슴 아프게 응시하고 있다는 사실을 보여준다. 사람들이 이러한 예수와의 만남에서 하나님을 볼 수 있는 경우는 그리 많지 않다. 이 구절에서 미묘한 밑바닥에 흐르는 생각과 소망의 말씀은 어떻게 하나님이 제자들(그리고 아마도 예수를 따르는 모든 사람)을 보는가이다! 그러기에 예수가 눈을 드는 것은 이 설교의 중심에 있는 축복과 저주에 궁극적으로 책임이 있는 하나님의 지켜보는 눈을 상징하는 은유이다.

이 본문의 중심에는 누가가 하나님의 왕국을 이해하는 데 있어 그 중요성을 강조하기 위해 체계적으로 정리된 네 가지 '축복'(makarioi) 또는 '팔복'과 그에 상응하는 '저주' 또는 '화'(ouai)가 있다(20-26). 가난한 사람은 부자와 대조를 이룬다(20, 24). 굶주린 사람은 배부른 사람과 대조된다(21a, 25a). 슬피 우는 사람은 웃는 사람과 대조되고(21b, 25b), 미움을 받고 배척받는 사람들은 존경받는 거짓 예언자들과 대조된다(22, 26). 누가는 마태복음에 포함된 네 가지 추가 축복에 대해서는 언급하지 않는다. "온유한 사람은 복이 있다", "자비한 사람은 복이 있다", "마음이 깨끗한 사람은 복이 있다", "평화를 이루는 사람은 복이 있다"(마 5:5, 7, 8, 9).

"복이 있다"는 것은 단순히 행복이나 지복(至福)의 상태를 설명하지 않는다. 오히려 신학적 의미에서 하나님 앞에 서 있는 사람들을 가리킨다 (신 33:29; 시 1:1; 40:4). 마찬가지로, 마태복음 23장의 서기관과 바리새인에 대한 선언만큼 날카로운 것은 아니지만, 화가 있다는 것은 예언적 심판의 말씀의 특징이다(사 5:8-23; 암 6:1; 합 2:6-19). 누가복음의 다른 부분에서(눅 10:13; 11:42-52; 17:1; 21:23; 22:22) 그러한 경고를 사용한 것은, 마태의 위안하는 영적인 말씀(마 5:3-11)과 비교하여 누가가 예언자적 문제 제기를 넣는 설교나 그것의 효과에 대해 익숙했음을 보여준다.

이 모든 자료는 '여기와 아직 아니'라는 종말론적 틀, 즉 지금의 현실과 더 나은 미래에 대한 비전을 대조하는 것에 설정되어 있다. 누가는 '지금 굶주리는 사람'과 '지금 슬피 우는 사람'(21)을 강조할 때 이 점을 강조한다. 이 종말론적 준거틀은 이 본문에서 가장 도전적인 측면 중 하나인데, 표면적으로는 보상이 하늘에서 받을 미래의 보상인 것처럼 보이기 때문이다 (23). 그러나 누가에게 "보아라. 하늘에서 받을 너희의 상이 크다"는 것은 가난하고, 굶주리고, 낙담하고, 소외된 사람들의 사회적, 경제적, 정치적 조건의 실현된 반전에서 보는 것과 같이 '하나님의 나라'에서의 현재의 보상을 의미한다. 대조적으로 마태복음의 팔복은 '하늘나라'(마 5:3)에서 있게 될 현실이나 받게 될 보상에 초점을 맞춘다. 사실 두 구절 모두 큰 반전이 제안되지만, 누가에게 이러한 복과 화는 영원한 내세에 하늘에서 주어지는 상을 위한 고통과 박해에 대한 일종의 보증으로 해석되거나, 단순히 일반적인 윤리적 처방이나 불가능한 영적 명령으로 이해되어서는 안 된다. 오히려 그것은 제자들(그리고 이 말씀을 들을 수 있는 예수를 따르는 모든 사람)이 관계를 재조정하고 사회적, 경제적, 정치적 불의를 뒤집어 하나님의 눈 앞에 바로 설 수 있도록 하는 직접적인 강력한 도전이 되어야만 한다.

## 목회

누가복음의 평지설교는 예수의 말씀을 듣고 여러 가지 질병과 고통을 치유하기 위해 사람들이 모인 평지에서 행해진다. 그러나 그 설교는 예수의 주위에 있는 일반적인 사람들에게 한 것이 아니라 큰 모임, 말하자면 교회에서 제자들에게 한 것으로 보인다. 목회적으로 이것은 이 설교의 본질, 즉 이 설교가 표현하는 가치와 윤리가 넓은 의미에서 사회에 구속력을 가지는 도덕적 규범을 위한 것이 아니라는 것은 명백하다. 그보다는 그리스도를 따르겠다고 헌신한 사람들을 위한 것이다.

동시에, 이 설교가 요구하는 것을 성취하는 것은 개인적인 노력과 자원의 결과가 아니라 하나님의 은총의 결과가 될 것이다. 예수를 훌륭한 선생님으로 매력을 느끼면서, 만약 우리가 예수의 가르침을 잘 지킨다면, 세상은 더 나은 곳이 될 것이라고 생각하는 사람들이 많이 있다. 그러나 복음은 평지설교가 요구하는 것을 성취하는 것이 은혜라는 선물, 즉 성령의 은사로 가능하게 된다는 것이다.

유명한 TV 설교자들은 자주 기독교 제자직에 대한 부르심을 끊임없는 축복과 물질적인 번영의 삶으로의 부르심이라고 설명한다. 누가의 평지설교는 계속해서 '축복'을 말하지만, 텔레비전 전도자들이 말하는 성공-축복 신학으로 분류될 수 있는 어떤 것도 말하지 않는다. 평지설교는 세상을 뒤바꾸는 급진적인 제자도에 대한 부르심이다.

하나님의 뜻이 이루어지도록 기꺼이 고난을 받는 사람은 복이 있다. 예수는 이 사람들에게 하나님의 통치가 임할 것이며 그들이 갈망하는 것, 그들이 키워 온 소망이 실현될 것이라는 확신을 주신다. 우리 모두는 교인 중에 큰 고난을 겪고 있는 사람들이 있다. 우리는 전쟁과 기근으로 인해 살던 곳에서 쫓겨나고 뿌리 뽑힌 사람들에 대한 소문을 듣는다. 과거에는 전쟁이 보통 군대 간의 전투였지만, 오늘날에는 대부분의 폭력이 시민들을 향해서 도시의 거리에서 벌어진다. 수백만 명의 사람들이 자기 나라의 국경 안에서 국내 실향민이 되고, 또 다른 수백만 명의 사람들이 난민이 되어 다른 나라로 가는 것으로 추정된다. 이들은 가난하고, 굶주리고, 울고, 소외되고, 하나님께서 원수를 갚아주시기를 바란다는 것이 무엇인지 아는 사람들이다. 설교자는 대부분 멀리 있지만 가까이에도 있는 이들 수백만 명의 곤경에 대해 강조하기로 선택할 수도 있다.

누가의 평지설교는 네 가지 복과 이에 뒤따르는 네 가지 화로 이루어져 있다. 각각의 복은 그에 상응하는 화를 가지고 있다. 복과 화는 매우 구체적이고 날카롭게 표현되는 사회적인 측면을 가지고 있다. 그는 마태처럼 '마음이 가난한 자'와 '의에 주린 자'를 언급하지 않고 가난한 자와 배고픈 자에 대해 말한다. 설교자는 복이 사람들의 사회적 경험에 있는지 아니면 하나님과 함께하는 관계에 있는지에 대한 성찰을 피할 수 없다. 여기서 설교자는 해방신학의 중요한 주장이었던 하나님의 '가난한 사람들에 대한 우선적인 선택'과 씨름할 필요가 있을 것이다. 게다가, 설교자는 만약 수백만의 사람들을 기아와 가난에 빠뜨리는 경제 체제와 통치 체제와 전 지구적 군비 지출이 아니면 모든 사람이 좀 더 나은 삶을 누릴 만큼 충분한 식량과 자원을 가진 세상에서, 가난과 기근과 질병을 방지할 수 있는 조건을 탐구할 수도 있을 것이다.

가난한 사람들과 배고픈 사람들은 그들이 처한 상황의 현실을 안다. 그들은 전적으로 하나님께 의지하고 있고, 그래서 하나님의 보살핌과 자비에 자신들을 맡긴다. 그것이 바로 하나님의 은혜의 기초이며 하나님과의 올바른 관계다. 반면에 부자들은 자신과 그들의 가진 것에서 위로를 얻으려고 하기 때문에 하나님의 자비와 은혜를 신뢰하기가 더 어려워진다.

남반구에 있는 교회를 방문하는 선진국의 그리스도인들을 놀라게 하는 것 가운데 하나는 가난과 표준 이하의 환경에서 사는 사람들이 믿음과 기독교를 증언하는 일에 매우 확고하고 활기가 넘친다는 것이다. 설교자는 그의 청중들이 사회적 장벽 너머에 있는 사람들에게 참여하도록 도전하기를 원할 수도 있다. 그들의 신앙 이야기를 경험하는 것은 특권을 누리고 있는 사람들의 삶을 변화시킬 수도 있다.

설교자는 틀림없이 화보다 복에 대해 설교하는 것이 더 쉽다는 것을 알게 될 것이다. '화'를 경험하게 될 사람들에게 몇 가지 접근이 가능하다. 하나는 특권층에게 복음의 명령으로 단순한 삶을 살도록 도전하는 것이다. 이것은 서구 사회 대부분의 특징인 제어되지 않은 물질주의와 소비주의를 거부하는 것이 될 것이다. 그것은 또한 하나님에게 '복'받은 삶을 사는 사람이, 다른 사람들에 의해 가난하고 결핍되도록 결정된 삶을 사는 사람들에 대한 연대의 표현이기도 하다.

'화'는 다른 사람들의 눈에 어떻게 보이는지에만 몰두하는 사람들을 다룬다. 예수는 이 설교에서 사람의 눈에 어떻게 보이는지, 사람들이 당신에 대해 어떻게 말하는지는 중요한 고려사항이나 기준이 아니라고 말한다. "모든 사람이 너희를 좋게 말할 때에, 너희는 화가 있다. 그들의 조상들이 거짓 예언자들에게 이와 같이 행하였다"(26). 설교자는 외모와 좋은 인상을 주는 데 너무 많은 돈을 쓰는 소비주의 문화에 대하여 예수의 선언으로 도전할 수도 있다.

이와 비슷한 방법으로, 평지설교는 그리스도인들에게 세상의 방식과 반대되는 기독교 제자도의 윤리를 제시한다. 복을 진지하게 받아들이는 것은 세상의 방향에 거슬려서 가는 것이며, 흐름에 역행하는 것이다.

## 설교

마태복음의 산상설교와 마찬가지로 누가복음의 평지설교도 설교자가 주의하지 않으면 오해의 요소들이 많다. 누가복음 6장 전체는 진짜로 설교하기 어려운 부분이다!

첫째로 누가는 가난한 사람들에 대해 특별한 관심을 가지고 있다. 그는 부유하게 되는 일은 우리를 하나님과 공동체로부터 멀어지게 하는 힘을 지니고 있다고 가장 분명하게 쓴 신약성서 저자 중 하나이다. 오늘 본문에서도 누가는 마리아 찬가(1:46-55)에서 매우 강력하게 표현했던 그 이미지들을 다시 선택하고 있다.

그러나 누가는 부자가 구원 밖에 있다고 생각하지는 않는다. 누가복음에도 부자들의 '성공 이야기'가 있다(삭개오, 19:1-10; 요셉 바나바, 행 4:36-37; 고넬료, 행 10:2; 그리고 아마도 루디아, 행 16:14). 누가복음에 나오는 부자와 나사로 이야기가 오늘 본문의 복과 화를 바로 떠올리게 하지만, 설교자는 누가에게 나타나는 이 미묘한 요소에 유의해야 할 것이다.

둘째로 이 말씀이 군중들이 아닌 제자들에게 선포되었다는 점, 즉 처음에는 세상이 아닌 교회를 향한 것이라는 점이다. 에두아르트 슈바이처(Eduard Schweizer)에 의하면 "평지설교는 실천을 요청하고 있다. … 그것은 기독교의 복음을 신학적으로 요약하려는 것이 아니라 제자로서 살아갈 것을 요청하는 것"이다.* 누가는 제자의 삶과 예수의 삶을 비교하여 서술하고 있다. 우리들은 하나님께서 창조하신 사람으로 살도록 부름을 받았다. 그 이하는 아니다. 이 순례의 길에서 우리는 유일한 본보기인 예수를 따라야만 한다. 신앙적 삶은 너무 어려운데 그것은 개인에게 부여된 이 책임에서 피할 수 없기 때문이다. 누가가 언급하는 복과 화는 이러한 헌신이 우리에게 의미하는 바를 간결하게 설명하고 있다.

셋째로 설교자는 원문의 의도를 정확하게 반영하면서, 우리 시대를 향

---

* Eduard Schweizer, *The Good News according to Luke* (London: SPCK, 1984), 117-118.

한 언어로 복과 화를 설명하기를 원할 수도 있다. 더 좋은 것은 교인들에게 그렇게 살도록 권면하는 것이다. 복과 화는 신실한 기독교적 삶 속에서 우리가 무엇을 가치 있게 여기고 무엇을 그렇게 여기지 않는지를 질문하게 한다. 좋은 설교는 하나님의 나라에서 소중한 가치는 세상의 것과 다르다는 점을 공동체가 이해할 수 있게 하고, 나아가 공동체와 그 구성원들로 하여금 '지금'(now, 6:21) 그 가치를 따라 사는 것이 가능하다는 것을 알게 하는 것이다.

넷째로 예수 시대와 오늘날 우리 시대에서 빈곤과 수치심의 밀접한 연관성에 대해 생각해 보라. 이 연관성을 노숙자 거지와 관련하여 생각할 수 있다. 하지만 거기서 머물지 않고 제자됨이란 이 수치와 부끄러움에 참여하는 것이라고 이해하려는 것은 전혀 다른 일이다. 오늘날 부유함을 하나님의 축복과 동일시하는 일반적인 종교문화에 대해, 성서는 여기에서 정확히 그 반대임을 우리에게 말해 주고 있다.

다섯째로 마태복음에서 예수는 산 위에서 가르치지만 누가복음에서 예수는 '동등한 자리'에 있다.* 그는 단지 '평지에서'(on the plain) 말하고 있을 뿐만 아니라 '분명하게'(plainly) 말하고 있다. 이 진실이 믿어진다면, 이것이야말로 모든 것 중 가장 좋은 소식이다. 예수께서는 매 순간 우리와 함께 '동등한 자리'에 계시고, 우리가 우리 스스로를 바라보는 것보다는 그가 우리를 보고 있는 그대로 진실된 우리의 삶에 대해 이야기해 준다는 것을 신뢰할 수 있다. 대부분의 삶에서 이런 종류의 진실이 유의미한 유일한 진실임이 드러날 때가 온다. 우리는 이 진실을 오직 공동체에 참여함을 통하여 듣게 되는데, 그 공동체는 평생 동반자 관계나 가족공동체, 성만찬공동체, 기도와 성경을 함께 연구하는 공동체, 섬김의 공동체, 서로 헌신하는 공동체 등이 될 수 있다.

여섯째로 예수의 말씀은 2인칭 복수를 대상으로 하고 있다. 이것은 도덕적 영역에서 개별적 책임을 약화시키는 것이 아니다. 오히려 2인칭 복수

---

* 나는 이 생각을 이 자료에서 가져왔다. Phyllis Kersten, "Shrubs and Scrubs," *Christian Century* (Jan. 31, 2001), 10.

는 도덕적 영역이란 공동체와 관련한 것이고 개인과 집단의 변화는 불가분 연관되어 있음을 강조하는 것이다. 6장에 나오는 모든 복과 화는 제자들을 향한 것이므로 그들의 사도적 공동체를 계승한 우리들에게까지 연관되어 있다. 이번 주 설교자는 지난주일 읽은 복음서에서 주목했던 제자도라는 주제를 계속 강조하면서 교인들에게 오늘 읽은 말씀과 사랑함과 그 열매(6:27-49)를 떼어놓을 수 없음을 다시 한번 강조하면 좋을 것이다.

윌리엄 윌리몬(William Willimon)은 언젠가 "설교는 하나님에 관해 말할 때 설교가 된다. 우리는 하나님이 누구이고 무엇을 하는지에 관해 안 후에야 비로소 인간이 하는 실천의 의미를 알게 된다"*고 썼다. 설교를 할 때 하나님으로 시작하는 것은 결코 잘못된 일이 아니다! 복과 화라는 가치로 정의되는 하나님은 무엇을 뜻하는가? 또 슈바이처가 '무능력한 전능자'(powerless omnipotent)라고 했던 하나님을 예배하는 것은 무슨 의미가 있는가?**

우리의 하나님은 하나님 이외에는 아무것도 가진 것이 없는 사람들의 하나님이다. 우리가 상대적으로 가진 자 같아서 아무 것도 가진 것이 없는 사람들 무리에 해당되지 않는 것 같아 보일지라도, 여기에는 우리들도 또한 포함된다. 마지막 분석으로, 우리는 가난한 자 중에 가장 가난한 자처럼 헐벗었고, 우리의 소유물은 영원한 장막이 아니다. 조니 캐시(Johnny Cash)의 말을 빌려 설명하자면, 우리는 너무 하늘만 생각해서 이 땅에서 소용이 없어서는 안 되고, 또 그 역으로 너무 땅의 것만 생각해서 하늘의 마음을 잃어버려서도 안 된다. 제자가 되려는 삶의 여정을 시작하려는 우리에게 예수께서는 신앙적 삶은 어떠해야 하는가에 관한 진리를 분명하게 말씀해 주시고 있다. 그러므로 우리는 오늘 이후로 분명한 가르침을 받지 않았다라고 말하면 안 된다.

---

* *Christian Century* (February 10, 2004), 18를 보라. Metropolitan Anthony of Sourozh는 "거룩한 사람들이 자신들이 죄인임을 발견하게 되는 것은 자신들의 죄에 대해 끊임없이 생각한 데서 오는게 아니고 하나님의 거룩하심을 볼 때이다"라고 하여 이와 비슷한 강조를 하였다 (*Living Prayer* [London: Darton, Longman & Todd, 1966], 11).

** 더 도움을 받으려면 이 책을 보면 좋다. Eduard Schweizer, *Luke: A Challenge to Present Theology* (London: SPCK, 1982), esp. chap. 6, "God's Presence in Jesus Christ."

# 산상변모주일

## 누가복음 9:28-36(37-43)

²⁸이 말씀을 하신 뒤에, 여드레쯤 되어서, 예수께서는 베드로와 요한과 야고보를 데리고, 기도하러 산에 올라가셨다. ²⁹예수께서 기도하고 계시는데, 그 얼굴 모습이 변하고, 그 옷이 눈부시게 희어지고 빛이 났다. ³⁰그런데 갑자기 두 사람이 나타나 예수와 더불어 말을 하고 있었다. 그들은 모세와 엘리야였다. ³¹그들은 영광에 싸여 나타나서, 예수께서 예루살렘에서 이루실 일 곧 그의 떠나가심에 대하여 말하고 있었다. ³²베드로와 그 일행은 잠을 이기지 못해서 졸다가, 깨어나서 예수의 영광을 보고, 또 그와 함께 서 있는 그 두 사람을 보았다. ³³그 두 사람이 예수에게서 막 떠나가려고 할 때에, 베드로가 예수께 말하였다. "선생님, 우리가 여기서 지내는 것이 좋겠습니다. 우리가 초막 셋을 지어서, 하나에는 선생님을, 하나에는 모세를, 하나에는 엘리야를 모시겠습니다." 베드로는 자기가 무슨 말을 하는지도 모르고, 그렇게 말하였다. ³⁴그가 이렇게 말하고 있는데, 구름이 일어나서 그 세 사람을 휩쌌다. 그들이 구름 속으로 들어가니, 제자들은 두려움에 사로잡혔다. ³⁵그리고 구름 속에서 소리가 났다. "이는 내 아들이요, 내가 택한 자다. 너희는 그의 말을 들어라." ³⁶그 소리가 끝났을 때에, 예수만이 거기에 계셨다. 제자들은 입을 다물고, 그들이 본 것을 얼마 동안 아무에게도 알리지 않았다.

## 신학

　　예수 변모에 관한 다양한 신학적 견해를 샅샅이 살펴보는 일은 쉽지 않다. 이것은 잘못 배치된 부활 이야기인가? 아니면 희랍적 신비주의 전통에서 유래된 것인가? 아니면 도날드 루터(Donald Luther)가 지적하듯이 산에서 일어난 일을 묘사하는 데 어떤 말이나 글도―그것이 현현(epiphany)이든 신현(theophany)이든, 기독현(christophany)이든 상관 없이― 적합하지 않은 것인가?* 루터는 오늘 본문이 당시 베드로, 야고보, 요한과 같은 목격자들

---

\* Donald Luther, "The Mystery of the Transfiguration: Luke 9:28-6 (37-43)," *Word and World* 21, no. 1 (Winter 2001), 92.

에게 그랬던 것처럼 현대의 독자들에게도 신비로 체험될 수밖에 없다고 주장한다. 신비는 매혹적이다. 신비는 우리를 끌어들이기도 하고, 우리의 완전한 이해를 거부하기도 한다. 예수 변모 이야기는 많은 것에 관한 이야기이다. 예수의 신성과 영광, 다가올 죽음과 부활, 율법과 예언자와의 관계 그리고 오늘의 독자가 본문을 통해 시작하게 되는 이 땅에서의 변화된 삶 등이 이 이야기 안에 포함된다.

누가복음에 따르면 예수는 세 제자를 데리고 기도하러 산꼭대기로 올라갔다. "예수께서 기도하고 계시는데, 그 얼굴 모습이 변하고, 그 옷이 눈부시게 희어지고 빛이 났다"(29). 예수의 영광이 이 이야기를 통해서 드러나면서 그의 신성이 강조된다. 이것이 이 이야기의 유일한 요점은 아니지만 중요한 요점 중 하나이다. 그러나 베드로, 야고보, 요한은 그 사실을 놓쳤다. 그들은 이미 이전에 한 번 예수에 대한 이해에 실패했다. 예수가 장차 고난당하고, 버림받고, 죽임을 당한 후 사흘 만에 일어나리라는 선언을 이해하지 못했고(22), 지금 이들은 산에서 졸고 있다(마치 겟세마네의 장면을 예견하듯).

예수의 모습이 변하고, 모세와 엘리야가 찬란한 모습으로 나타났다. 그들은 예수와 얘기를 나누었다. 구체적으로 그들은 예수가 예루살렘에서 당할 죽음에 대해 대화를 나누었다(31). 잠을 이기지 못해 졸던 제자들은 떠남과 성취에 대한 그 대화의 뜻을 이해하는 데 또 실패했다. (마태복음과 마가복음의 변화산 이야기에서는 예수의 죽음이 단지 암시되지만, 누가복음에서는 매우 명확하게 제시된다.) 세 제자들은 그 세 분의 대화가 그리스도가 이스라엘의 율법과 예언을 이루기 위해 오셨다는 증거가 된다는 것을 깨닫지 못했다. 핵심은 바로 여기에 있다. 과거에도 현재에도 미래에도 이 이야기의 핵심은 그것이다.

세 제자가 잠에서 완전히 깨어나서 정신을 차렸을 때, 그들은 눈앞의 광경에 놀랐다. 베드로는 서둘러 일어서서 유대 초막절의 전통을 따라 세 분을 위해 각각 초막을 짓겠다고 제안했다. 이 장면은 코미디 같이 느껴진다. 그때 구름 속에서 소리가 났다. "이는 내 아들이다. 내가 택한 자다. 너희는 그의 말을 들어라"(35). 그들이 놓치고 있었던 것은 우주적인 손이었다. 하늘에서 뻗친 손이 "네가 요점을 놓치고 있잖아" 하면서 베드로의 머리를 살짝 때린다. 구름이 걷히자 모세와 엘리야는 사라졌고, 예수만이 서 있었다. 복음서 기자는 매우 분명하게 그러나 차분한 톤으로 예수가 율법을 완성하기 위해 오신 분이라는 것을 다시 제시한다.

예수의 변모를 통해 우리는 예수뿐 아니라 모든 인간에게 가능한 것의 범위를 엿볼 수 있다. 그런 점에서 36절의 내용은 조금 실망스럽거나 곤혹스러울 수 있다. 독자들은 제자들이 마침내 변모의 의미를 깨달았을 것으로 생각하는데, 그들이 무엇을 이해했던, 아무것도 바뀐 것은 없었다. 그들은 그 사실을 아무에게도 말하지 않았다(36). 그래서 예수 변모 이야기 직후에 나오는 예수의 공적 치유 사건-더러운 귀신 들린 소년을 고치는 사건-이 중요한 의미를 띠게 된다.

성서정과는 37-43절을 이번 주일의 필수 본문이 아닌 선택 본문으로 표시했지만, 그 내용은 예수 변모의 의미를 이해하는 데 매우 중요하다. 하이디 뉴마크(Heidi Neumark)는 변혁에 관한 매우 인상적인 이야기를 쓰면서 오늘의 본문을 사용한다. 그녀는 *Breathing Space: A Spiritual Journey in the South Bronx*(『숨 쉴 공간: 남 브롱크스의 영적 여정』)라는 회고집에서 자신이 20년 넘게 섬기던 교회의 변혁에 대해 자세하게 설명한다. 변모루터교회(Transfiguration Lutheran Church)라는 적절한 이름의 교회는 그녀가 부임했을 때는 겨우 연명만 하는 정도의 고군분투하는 공동체였다. 가난과 수많은 문제-범죄, 마약, 교육과 기회의 결여, 희망 부재- 한복판에 있었던 교회는 세상으로 향한 모든 문을 꼭꼭 닫아걸고 있었다.

예수가 더러운 귀신을 꾸짖는 장면이 뉴마크에게는 중요하게 여겨졌다. "베드로와 다른 제자들이 산에서 내려온 후, 살기 위해 숨을 거칠게 쉬고 있는 아들과 그의 아버지를 만났다. 그러나 예수는 더러운 귀신을 꾸짖었고, 소년을 치유했으며, 아버지에게 아들을 돌려주었다. 그들은 변모를 경험하였다. 그렇다. 브롱크스 교회가 문을 열고 이웃을 향해 나가자, 그들은 가난에 찌든 마을의 온갖 문제들을 접하게 되었다. 그러나 그들은 교인들이 다른 사람들과 관계를 맺을 때 생기는 변모도 체험하게 되었다."*

예수의 변모의 이야기는 예수와 제자들이 산에서 내려와서 생긴 이야기와 연결되지 않으면 그 의미가 약해진다. 변모된 예수는 그 본질이 바뀐 것이 아니고, 그가 보이는 방식이 바뀐 것이다. 예수는 새롭게 보이는 방식으로 세상 속에서 세상을 위해 행동하신다. 예수를 다르게 보는 것은 자신과 타인을 다르게 보는 것과 연결된다. 변모 교회의 교인들은 다음의 내용을 깨달았다. "산지대의 희박한 공기의 체험이 변모의 핵심이 아니다… 변모는 공적인 광장에서 멀리 떨어진 사적인 영적 공간에서 일어나는 것이 아니다. 변모의 체험은 우리로 하산하게 하고, 평지, 즉 가장 낮은 곳에서 이룰 수 있는, 우리의 상상을 초월하는 가능성에 대한 비전을 준다."**

## 주석

누가복음의 저자는 무엇보다 이야기꾼이다. 그는 다른 누구도 아닌 한 사람의 삶에 관한 진실을 말하려는 이야기꾼이다. 이 사람 예수는 다른 무엇보다 예언자이다. 확장된 탄생 이야기에서 시작하여 복음서 저자는 세례 요한의 등장, 예수의 세례, 광야로 보내진 예수에 대해 이야기한다. 이 복음서에서 예수의 첫 공개적 행동은 광야에서 돌아와 회당에서 이사야서를 소리내어 읽은 것이다(4:14-30). 누가는 예수를 회당에서 기름부음 받은 예언자 사역을 시작하는 것처럼 소개한다. 이 예언자는 미래를 예언하지는 않지만 모두가 평등한 하나님 나라라는 미래를 선포한다. 여기 인용된 본문 속에 예언자는 하나의 설교를 한다. 평등을 실현하는 위대한 이(the equalizer) 예수는 회당에서 큰 소리로 말씀을 읽으며 사역을 시작한다. 그는 치료하고, 가르치고, 열 두 제자를 부른 다음, 산에 기도하러 올라간다.

---

\* Heidi Neumark, *Breathing Space: A Spiritual Journey in the South Bronx* (Boston: Beacon Press, 2003), 269.
\*\* Ibid., 268.

그런 다음 내려와(katabas), 그는 모든 사람이 듣고 명심하게 하려는 의도로 제자들에게 평지에 서서 설교한다.

마태의 예수는 산에서 설교한다. 누가의 예수는 산에서 내려와 평지에 서서 설교한다. 이것은 누가에서 위대한 평등에 관한 많은 것을 의미한다. 산이 평지가 되고, 가난한 사람은 왕국의 부를 받으며, 우는 이들은 웃게 될 것이다(6:20-23). 이 평등을 이루는 일은 오늘 주일의 본문인 평지설교의 한가운데 부분에서도 계속 나온다. 원수들은 단지 용서받을 뿐만 아니라 친구처럼 사랑받고, 축복을 받고, 기도를 받게 된다. 원수들이 친구와 동등하게 서 있다. 모든 원수와 친구가 동등하기 때문에 뺨을 돌려대고, 겉옷과 속옷을 준다.

누가복음에서 예수는 "사랑한다면… 선을 행한다면… 빌려준다면…"처럼 리듬을 가지고 반복적으로 이야기 하기 때문에, 듣는 사람들이 이해하기가 쉽다. 현대의 설교자가 이런 교훈을 주는 방식을 주의 깊게 따르면, 정확히 똑같은 이유로 청중이 이해하지 못할 것이 없다. 형식이 평지의 설교를 위한 기능을 충족한다. 그들이 묘사하는 행동이 반복적으로 실행되고, 한 번이 아니라 계속해서 반복적으로 수행되고, 삶을 형성하고, 매일의 모든 순간에 사랑과 용서와 에너지의 리듬을 말하면서 단어가 반복된다.

리듬이 있는 말씀이 들려질 때 선행이 실천될 때, 설교자나 행위자는 스스로 도취되어 청중들과 다른(평등하지 않은), 더 나은 존재라고 생각하지 않는 것이 중요하다. 누가복음의 설교자는 게다가, 설교자 또는 행위자가 감사할 줄 모르고 사악함에도 불구하고 하나님은 자비를 베푸시며, 하나님의 자비는 가장 높으신 이의 자녀들을 위한 보상이라는 것을 상기시킨다. 여기서 누가의 예수는 평등에 초점을 맞추고, 하나님 한분 외에는 불평등한 이가 없다고 선포한다.

"판단하지 말라…. 비난하지 말라…. 용서,…내어줌" 같은 리듬이 계속 이어진다. 모든 이가 동등하기 때문에 모든 것은 동등하게 그리고 공정한 가치가 매겨질 것이다. 밀이나 기름이 생산될 때, 모든 곡식, 모든 기름은 이 불평등한(the unequal) 분에 의하여 평등하게 나눠질 것이다. 이 모든 가

176

치 매김은 하나님이 하시는 것이다.

마태와 누가의 저자들은 아마도 복음서를 썼을 때 마가복음의 사본을 가지고 있었을 것이다. 마가복음에는 없지만, 마태복음과 누가복음에서 발견된 자료는 아마 다른 공통의 출처에서 나왔을 것이다. 학자들은 현재 전해지지 않는 이 자료를 독일어로 '자료'를 의미하는 Quelle의 'Q'라고 명명했다. 여기의 이 구절은 Q 자료에 속한다. 마태복음과 누가복음은 마태복음 5-7장의 산상설교와 누가복음 6장의 평지설교에 동일한 자료를 사용했을 가능성이 높다. 해당 본문에서는 마태와 누가 사이에 누가의 예수에는 깊은 사랑의 본성이라는 특별한 차이점들이 보인다. 마태의 예수는 정의를 설교한다. 뺨이 돌려지고, 옷을 주어지고, 구걸하는 이들은 물품을 받는다. 원수들은 사랑을 받고 그들을 위한 기도를 받는다. 누가의 예수는 이런 행동과 태도들에 대해서 언급하면서 원수들, 도둑들 그리고 거지들이 또한 축복을 받는다고 설교하는데, 이 단어는 마태복음의 병행 구절에는 사용되지 않고 있다.

마태의 예수는 청중들에게 "하늘에 계신 아버지께서 완전하신 것처럼 완전해야 한다"고 요구함으로써 설교를 마친다. 누가의 더욱 친절하고, 보다 더 온화한 예수는 친절하고 자비로우신 아버지께서 좋은 행위와 태도로 갚아주실 것이라고 약속한다. 마태의 하나님 아버지는 완전하다; 누가의 하나님 아버지는 친절하고 자비롭다. 누가복음의 저자는 계속해서 Q를 해석하면서 마태가 요구하는 정의를 부드럽게 만든다.

누가의 저자는 35절과 36절에서 예수의 메시지를 요약한 것으로 보인다. 이 감동의 설교자는 청중들이 어떻게 살아야 하는지에 대해 지침을 선포한다. 친절하고 온화한 선생은 뜻밖의 위대한 보상을 약속한다. 평등을 만드는 이 위대한 이는 모든 이가 평등하고, 모두가 지극히 높으신 하나님의 자녀라고 강조한다. 이 복음서의 자비로운 치유자는 하나님 아버지께서 친절함과 자비함을 주신다고 한다. 기름부음 받은 예언자는 36절에서 모두를 위한 자비의 메시지를 요약한다. 누가의 예수는 하나님의 왕국을 이끌어 오고 하나님이 부르시는 미래에 청중들이 살아가도록 설득력 있게 초대한다.

누가복음의 설교자는 마태와 대조적으로, 하나님의 은혜를 강조하면서 의로운 삶을 살도록 하는 하나님의 부르심을 선포한다. 회당의 기름부음 받은 예언자, 평지에서 설교하는 이 설교자는, 요구나 위협이 아닌 부드러운 설득으로 하나님의 나라를 가져오는 미래를 만들어 가는 길을 찾는다. 누가의 예수는 말씀으로 모델을 제시하고, 모든 이를 사랑하시는 하나님의 자비로움을 실천한다.

## 목회

변화산 사건은 교회에서 어렴풋이나마 하나님의 나라를 보려는 사람들에게 무엇을 의미할까? 예수의 변모는 하나님께서 맡기신 사명을 분별하고 참여하려고 하는 교회 지도자들의 노력과 어떤 관련이 있을까? 모든 사람을 위한 사랑과 자유, 평화와 정의, 삶의 온전함과 충만함이라는 하나님의 뜻에 협력하려고 하는 우리에게 이 말씀은 무엇을 의미할까? 예수를 따르면서 나는 우리의 정체성을 분명히 하고, 사명에 단호해야 하며, 의도적으로 우리의 영성을 형성해야 한다고 믿는다.

예수의 변모는 예수 그리스도의 정체성을 증명한다. 변모 자체를 통해 그리고 하늘에서 들리는 소리를 통해 하나님이 하신 일이 신학적인 선언이 되었다. 예수 그리스도는 하나님이 선택하신 아들로 선포되었다. 제자들은 그 선언을 들었다. "그의 말을 들어라!" 예수의 성육신, 고난, 죽음, 부활, 승천, 성령을 선물로 주심, 재림의 약속과 같은 그리스도 사건은 복음을 우리 현장에서 수행하게 하는 결정적인 말씀이다.

예수를 따를 때, 교회는 자신의 기독론적 정체성을 명확히 해야 한다. 교회가 속해 있는 지역의 전통은 세속 사회의 힘에 의해 다양한 종교 전통이 혼합되어 구성된 것인데, 교회는 이런 지역 전통과는 정체성과 문화에서 구별되어야 한다. 지역 전통은 우리가 거부할 수 없는 사회적, 문화적,

경제적 압력에 의하여 형성되었지만, 우리는 "그의 말을 들어야 한다!" 우리는 예수 그리스도의 유일한 계시에 충실하도록 부름받았다. 우리가 예수 그리스도를 신학적으로 이해한 것이 교회의 실천을 통해 구체화되면서 우리의 정체성에 관한 신학적인 진술이 만들어진다.

예수의 변모는 예수 그리스도의 구원하시는 사명을 증언한다. 고통, 거절 그리고 죽음과 직면했을 때 예수는 단호하게 그의 구원하시는 사명을 완수하신다. 예수는 계속 기도했고, 예루살렘에서 겪어야 하는 그의 운명을 향하여 담대하게 나아갔다. 예수가 모세와 엘리야와 함께 대화할 때, 기독교 교회가 가진 히브리적 과거와의 연속성뿐만 아니라 모든 피조물의 약속된 미래와의 연속성 속에서, 구원을 위한 우리의 사명을 알게 된다. 모세는 출애굽 사건과 호렙산에서 모세에게 주어진 규례와 예식을 가르칠 공동체의 책임(말 4:4) 등과 같은 과거를 생각나게 하는 인물이다. 호렙산은 시내산이라고도 알려져 있는데, 하나님이 모세와 엘리야에게 나타나신 곳이다(왕상 19:8-18). 엘리야는 언젠가 백성들의 마음을 언약으로 되돌릴 예언자이다(말 4:5-6). 그래서 유대인의 생각에 엘리야는 종말의 때와 연결되어 있다. 이 두 존경받는 지도자들은 예수와 함께 예수가 '예루살렘에서 이루실 일, 곧 그의 떠나가심'에 관하여 말했다(31). 그래서 우리는 산상변모사건을 통해 예수가 자신의 사명이 출애굽부터 종말의 때까지 하나님의 구원 사역을 계속하는 것임을 분명히 했다고 말할 수 있는 것이다.

예수를 따라 교회는 예수 그리스도의 구속하는 사명을 단호하게 증언하여야 한다. 예수는 함께 기도하려고 베드로, 야고보, 요한을 데리고 산에 올라가셨다. 나중에, 이 제자들은 깨어서 기도하는 게 힘들다는 것을 알게 되었다. 그러나 예수는 자신의 사역 내내 자신을 아버지의 앞으로 인도할 영적인 훈련에 충실했다. 우리 역시 기도의 사람이 되어야 하고 우리의 사명에 단호해야 한다. 세계기독교학 교수이자 안수받은 목사인 카를로스 F. 카르도자-올란디(Carlos F. Cardoza-Orlandi)는 "교회는 분별하고 발견하고 참여하고 인내하는 것과 하나님의 은혜에 의존하는 것을 배워서 선교의 영성을 개발할 필요가 있다"고 말한다.* 우리의 현재 상황에 대한 영적인 분별과 사회적인 분석을 훈련하기 위하여 우리의 선교신학은 역사적 전통으로부터 배워야 한다. 선교신학은 또한 미래의 하나님 통치의 비전으로부터 배워야 한다. 예수의 변모는 진행 중에 있는 제자들의 영성 형성의 사례라는 맥락에서 보아야 하는 것일 수 있다. 예수가 어떤 분인지는 베드로에 의해 밝혀지고 심지어 선포되기까지 하지만(18-27), 예수와 가까이 있던 제자들조차도 '기독교 종교교육'에서 주목할 만한 격차가 있었던 것은 분명하다. 그리스도를 믿는 신앙의 고백은 하나지만, 그리스도인이 믿음으로 살아가기 위해서는 영성이 더 깊고 더 넓게 형성되어야 한다. 가톨릭의 기독교 종교 교육자인 토마스 그룸(Thomas Groom)은 '기독교 신앙으로 살아가는' 것은 하나님의 뜻을 믿고 신뢰하고 행하는 것을 포함한다고 일깨워준다.* 기독교 신앙에는 믿음을 뒷받침하는 정신적인 차원이 있다. 기독교 신앙에는 우리가 예수 그리스도와 신뢰의 관계를 형성하게 하고, 기독교 신앙공동체와 양육적인 관계를 형성하게 하고, 전 인류 가족들과 친절과 정의의 관계를 형성하게 하는 관계적 차원이 있다. 또한 기독교 신앙에는 세상에서 하나님의 뜻을 실행하는 행동의 차원이 있다.**

제자들은 예수가 변모하신 것을 보았지만, 이 경험을 현실에 옮기는 것은 그다지 만족스럽지 못했다. 그들은 한 아이를 고치고 온전하게 하려고 노력했지만 실패했다. 그들은 비통한 아버지와 그의 외아들 사이에 화해와 평화를 가져올 수 없었다(37-44). 그들은 단지 예수가 누구인지를 파악하는데 실패한 것일까? 하나님의 능력에 대한 필수적인 신뢰가 부족했을까? 그들이 겪은 어려움은 복음의 말씀과 복음의 행함과 복음의 표징을 구체화하는 것들 가운데 하나였을까? 우리는 제자들이 '성공'하지 못한 것을 보고 좌절할 수 있다. 우리도 교인 수나 교회 재정이나 프로그램의 효과나 교회

---

* Carlos Cardoza-Orlandi, *Mission: An Essential Guide* (Nashville: Abingdon Press, 2002), 44. (이용원·정원범 역, 『선교의 핵심 가이드』, 서울: 한국장로교출판사, 2006.)

* Thomas H. Groome, *Sharing Faith: A Comprehensive Approach to Religious Education and Pastoral Ministry, the Way of Shared Praxis* (New York: Harper Collins Publishers, 1991), 18.

** Ibid., 18-21.

재산의 증가 같은, 성공에 대한 문화적 척도에 압박을 느낀다. 또한 공공 영역에서 교회의 지위와 영향력 때문에 압박을 느낀다. 대신 우리는 예수와 함께 있는 제자들의 충성됨으로 인하여 격려를 받을 수 있다. 영광스러운 변모 사건과 그 이후의 일들에서 제자들이 그리스도의 현존 안에서 제자로서 모습을 갖추어 가는 동안, 그들은 세상에서 예수와 예수의 사명과 하나가 되었다. 우리 역시 그들처럼 가서 행해야 한다.

## 설교

이 산상변모에 대해 우리가 많이 했던 설교학적 접근은 영광스러운 광경에 대한 베드로의 어색한 반응과 신성한 것을 붙잡으려는 비슷한 우리의 열망에 초점을 맞추는 것이었다. 비록 이 방식이 이 본문을 설교하는 데 오랫동안 사용되었지만, 누가의 산상변모 기록은 설교자들에게 더 많은 가능한 주제들을 던져 주어 설교자를 고민하게 한다. 영광과 빛, 구름과 소리, 졸고 있는 제자들과 초막을 짓겠다는 제안 그리고 옛 예언자들의 나타남 등 이 중 어느 하나도 설교 주제가 될 수 있다. 여기서 세 가지 가능한 주제를 설정하려고 한다: 영광스러운 광경, 예수께서 떠난다는 의미(31), 그리 하나님의 아들의 소리를 듣는 것.

**영광스러운 광경**. 라파엘로(Raphael)가 정교하게 그린 *Transfiguration* (그리스도의 변모)라는 작품은 캔버스 하단에 혼란스런 장면을 보여주고 있다. 산 아래에 있는 제자들은 한 아픈 소년을 치유하지 못하고 있다. 군중들이 망연자실한 얼굴로 팔을 벌리고 있는 모습에서 좌절감이 잘 나타나 있다. 하지만 그 와중에서도 두 사람이 산을 향하여 하늘을 가리키는데 거기에 흰 옷을 입은 예수께서 변모되어 빛나고 있다. 이분이 바로 산 아래로 내려와 소년을 치유하고 생명을 가져다줄 예수이다.

예수의 영광스런 모습에 초점을 둔 설교는 (군중들 가운데 산을 향하여

하늘을 가리킨) 두 사람이 하고 있는 일 곧 치유하고 일으켜서 생명을 지속
시키는 능력을 지닌 분을 가리키는 것을 시도할 것이다. 누가복음 저자에
게 예수는 단지 이 어린 소년에게뿐만 아니라 전 세계의 구원자이다. 그렇
다고 해서 이 세상이 구원되어 있다고 상상해서는 곤란하다. 재난이 지속
적으로 있고 파괴, 죄, 불의가 인간의 삶을 위협하고 있다. 심지어 믿는 사
람들 사이에서도 점차 희망이 약해지고 있다. 우리는 고통과 죽음으로 점
철된 피조세계를 변화시키려 일하시는 하나님을 가리키는 설교가 필요하
다. 이스라엘의 과거를 대표하는 두 위대한 예언자인 모세와 엘리야와 함
께 영광스러운 모습으로 나타난 예수께서는, 하나님의 백성들을 구원하기
위해 계속해서 우리에게 오시는 하나님 이야기 가운데 정점으로 묘사되고
있다. 설교자는 변모된 예수께서 이 하나님의 약속에 대해 온전히 깨어있
지 못하는 공동체에 현존하는 방식들을 분명하게 설명할 수도 있다. 예배
와 성만찬, 기도와 친교, 정의와 평화를 위한 헌신과 실천 등을 통하여 예
수의 영광을 둘러싼 그 구름이 지친 제자들을 감싸고 있다. 설교자는 이렇
게 선포한다: 보라 여기에 죽음을 이긴 능력을 가진 분이 빛나고 있다. 이
것이 복음이다!

**예수께서 떠난다는 의미.** 변모된 예수의 영광과 관련한 둘째 주제는 그가
'성취하게 될' 그의 '떠남'(exodus)이다(31). 오직 누가만이 모세, 엘리야와
예수의 이 대화를 자세히 기록하여서 성서정과 C의 해인 올해 산상변모주
일 설교를 더욱 흥미롭게 하고 있다. 하지만 설교자는 이 주제를 교인들에
게 새롭게 소개해야 하는데, 그 이유는 NIV와 NRSV는 이 떠남(exodus)을
출발(departure)로 번역하고 있고 또 구약성서를 떠올리는 이 용어가 많은
신자에게 바로 이해되기 어려울 수 있기 때문이다. 예수의 대화는 이 점을
가리키고 있기 때문에 시도할 가치가 있을 것이다. 지금은 비록 영광스러
운 모습을 보고 있지만 우리는 곧 십자가에 있는 모습을 보게 될 것이다.
그러면 설교자는 예수의 '떠남'이라는 개념을 어떻게 전개할 수 있을까?
한 방법은 이스라엘의 출애굽 의미를 상기시키고 그것을 십자가의 의미와

비교 · 대조하는 것이다. 유대인에게 출애굽은 하나님이 택하신 백성들을 '강한 손과 펴신 팔로'(시 136:12) 구하신 구원사에서 최고의 사건이었다. 그 첫 출애굽에서 모든 이스라엘 백성은 깨어서 긴장하며 기다려야만 했고, 그들 모두는 홍해를 건너 자유롭게 되었다. 이와 마찬가지로 그리스도인에게 십자가는 하나님이 행하신 최고의 구원행위이다. 홍해를 통과하여 이스라엘을 인도하셨던 바로 그 하나님이 이제 믿음을 지닌 사람들을 죄와 죽음으로부터 부활의 자유함으로 인도하신다. 이번에는 구원을 이루는 강한 손과 펴신 팔이 역설적으로 상처를 입고 고통 가운데 우리에게 내밀고 있다. 이번에는(전에는 모든 이스라엘 백성이 길을 떠났지만) 한 분 예수 그리스도께서 모든 사람을 대신하여 이 여정을 감당한다. 제자들이 비록 '잠을 이기지 못해서 졸긴 했어도'(32) 깨어있었던 것처럼, 어떻게 우리는 이 특별한 영광을 위해 깨어있을 수 있겠는가? 어떻게 우리는 하나님께서 우리를 위해 이 '떠남'을 통해 일하신다는 것을 확신할 수 있을까?

'떠남'이라는 주제를 전개하는 둘째이자 아주 다른 방법은 영광과 십자가라는 역설을 이끌어 내서 세상의 영광과 하나님의 영광을 대비시키면서 설교하는 것이다. 하나님의 영광은 독특한데 그 이유는 세상이 쉽게 이해하거나 받아들이지 못하는 고난과 죽음을 강조하기 때문이다. 우리는 생명과 죽음을 관할하는 진실하신 하나님께서 실제로 십자가의 길을 택하신다고 담대하게 선포하고 있는가? 우리는 바로 그것만이 복음이라고 확신에 차서 분명하게 선포할 수 있는가?

**아들의 말을 듣는 것.** 마지막으로 설교자는 구름 속에서 들려오는 소리에 집중할 수 있다: "이는 내 아들이요, 내가 택한 자다. 너희는 그의 말을 들어라." 이 소리는 예수께서 세례받을 때에 들려졌고, 다시 오늘 본문 38절에서 "선생님, 내 아들을 보아주십시오. 그 아이는 내 외아들입니다"라는 간절한 탄원을 통해 다시 들려지고 있다. 이러한 간청은 교인들에게 하나님의 음성에 귀를 기울일 것을 권면하는 설교를 할 것을 요청하고 있다.

그렇다면 아들의 말을 듣는다는 것은 무슨 뜻일까? 내가 목회하는 교회에서 산상변모주일 몇 주 전에 사랑하는 교인들이 죽었다. 슬픔에 잠긴 교인들은 예수의 치유와 자비의 말씀을 듣는 일이 필요했다. 다른 공동체라면 항의와 처벌에 대해 듣는 것이 필요했었을 수도 있다. 누가에게 이 택하신 아들의 말은 우리에게 가장 중요한 가치가 된다. 이 아들의 말을 들으려면 우리는 어떤 소리를 차단해야 하는가? 그 대신 어떤 소리를 들어야만 하는가? (들어야 할 소리는) 고통과 절망에 처해있는 사람들의 소리들 또는 편안함과 익숙함이라는 것에 안주하려는 것에 도전하는 소리들이 아닐까? 만일 이러한 소리들을 듣는다면 지금은 상상도 할 수 없는 은혜를 만나게 되지 않을까?

# 사순절

# 사순절 첫째 주일

## 누가복음 4:1-13

[1]예수께서 성령으로 가득하여 요단 강에서 돌아오셨다. 그리고 그는 성령에 이끌려 광야로 가셔서, [2]사십 일 동안 악마에게 시험을 받으셨다. 그 동안 아무것도 잡수시지 않아서, 그 기간이 다하였을 때에는 시장하셨다. [3]악마가 예수께 말하였다. "네가 하나님의 아들이거든, 이 돌더러 빵이 되라고 말해 보아라." [4]예수께서 악마에게 대답하셨다. "성경에 기록하기를 '사람은 빵만 먹고 사는 것이 아니다' 하였다." [5]그랬더니 악마는 예수를 높은 데로 이끌고 가서, 순식간에 세계 모든 나라를 그에게 보여 주었다. [6]그리고 나서 악마는 그에게 말하였다. "내가 이 모든 권세와 그 영광을 너에게 주겠다. 이것은 나에게 넘어온 것이니, 내가 주고 싶은 사람에게 준다. [7]그러므로 네가 내 앞에 엎드려 절하면, 이 모든 것을 너에게 주겠다." [8]예수께서 악마에게 대답하셨다. "성경에 기록하기를 '주 너의 하나님께 경배하고, 그분만을 섬겨라' 하였다." [9]그래서 악마는 예수를 예루살렘으로 이끌고 가서, 성전 꼭대기에 세우고, 그에게 말하였다. "네가 하나님의 아들이거든, 여기에서 뛰어내려 보아라. [10]성경에 기록하기를 '하나님이 너를 위하여 자기 천사들에게 명해서, 너를 지키게 하실 것이다' 하였고 [11]또한 '그들이 손으로 너를 떠받쳐서, 너의 발이 돌에 부딪히지 않게 할 것이다' 하였다." [12]예수께서 악마에게 대답하셨다. "성경에 기록하기를 '주 너의 하나님을 시험하지 말아라' 하였다." [13]악마는 모든 시험을 끝마치고 물러가서, 어느 때가 되기까지 예수에게서 떠나 있었다.

## 신학

악의 본질, 그리스도의 본성, 유혹의 힘: 이 세 가지 개념은 오랫동안 누가복음 4장 초반부의 주제로 여겨져 왔었다. 처음 두 구절만 봐도 그러한 접근이 타당해 보인다. "예수께서 성령으로 가득하여 요단강에서 돌아오셨다. 그리고 그는 성령에 이끌려 광야로 가셔서, 사십 일 동안 악마에게 시험을 받으셨다." 여기서 예수는 성령과 관계된 것으로 묘사되고, 악은 악마로 의인화되고, 시험은 40일 동안 지속되는 것으로 보고된다. 여기에 중요한 내용이 모두 담겨있다.

친구들과 잘 지내는 네 살 난 내 아들이 사순절 어린이 예배에서 이 표현을 접했을 때, 그가 이 모든 주제, 특히 시험에 관해 나름대로 교훈을 얻은 것은 놀라운 일이 아니다. 나는 어린이 예배에 참석하지 않고 성인 예배에 참석했었다. 그날 어린이 예배의 인도자는 매우 역동적인 웅변가이자 이야기꾼으로 알려져서 아들이 내 옆구리를 찌르며 몇 가지 질문을 했을 때 나는 놀라지 않았다. "엄마, 악마에 대해 뭘 알고 있어요?" 내 머리는 즉각적으로 다양한 신학적 견해와 신정론 이론들을 떠올렸다. 아우구스티누스로부터 시작해야 하나? 대답할 때 성서에 대한 보수적 관점에서 해야 하나, 아니면 진보적이거나 자유주의적 관점에서 해야 하나? 아들이 과정신학을 받아들일 준비가 되어 있을까? (나는 과정신학에 대한 준비가 되었는가?) 그리고 다시 그를 바라보고, 그가 세 살이라는 것을 기억했다.

나는 엄마나 교수가 늘 하듯 "너는 악마에 대해 뭘 알고 있니?"라고 되물었다. 아들의 대답은 매우 유익했다.

"그러니까… 악마가 예수에게 말을 걸었어요." 그래, 아이가 주의 깊게 듣긴 했다는 생각이 들었다. "악마는 매우 비열했어요(mean)." 비열했다고? 나는 '비열함'과 '악'의 관계에 대해 생각해 보았다. 악마가 정말 비열했나? 악하지 않고 비열한 것은 가능하겠지만, 비열하지 않으면서 악할 수는 없지 않을까? 아니면 그 반대일까? 아니면 어린이 예배 인도자는 어린이가 '악'은 이해하지 못해도 '비열'은 이해할 수 있어서 그렇게 가르쳤나? 정확한 의미에 집착하는 내 방식은 뛰어난 수사학적 기법에서 볼 때는 하찮은 것인가?

이런 생각들은 아이가 성서 본문에 대해 자기가 생각한 것을 해설하기 시작하자 사라져 버렸다. 내 쪽으로 몸을 기대면서 작은 목소리로 아이가 말했다. "우리가 어떤 가게에 갔는데, 엄마와 아빠는 다른 곳에 있을 때 내 앞에는 캔디가 보인다면…" 아이는 유혹적인 목소리로 말을 계속했다. "악마는 이렇게 말할 거야. '한 줌 집어넣어!'"

나는 누가복음 4:1-13의 이야기를 세 살짜리 아들이 다시 들려주는 것을 듣고 무엇 때문에 그렇게 놀랐는지 모르겠다. 그가 그 이야기를 그렇게 생생하게 다시 말할 수 있어서 놀랐나? 아니면 아이가 들은 설교에서 유혹과 의인화된 유혹자가 너무 강조되어서 놀랐나? 신학자 디트리히 본회퍼와 같은 방식으로 나는 이 이야기를 해석하는 단서를 8절에서 찾아보려 한다. 여기서 예수는 신명기의 한 구절을 인용한다. "주 너의 하나님께 경배하고, 그분만을 섬겨라." 그것은 지키기 어려운 구절이지만, 예수는 메시아적 본분의 의미와 모습이 바로 여기에 달려있다는 것을 알기에 그대로 행했다.

본회퍼를 생각하면서 나는 아들의 설명으로부터 예수의 하나님에 대한 절대적 순종이라는 주제를 끄집어낼 수 있었다. 나는 아들에게 이 이야기는 유혹 자체에 관한 것이라기보다는 예수가 유혹에 어떻게 대응했는지에 관한 이야기라고 말할까 생각했다. 예수의 반응은 하나님에 대한 그의 절대적 신뢰를 확고하게 드러내고, 그의 사역 전체와 궁극적으로 그의 희생을 위한 토대를 마련한다. 그의 반응은 하나님에 대한 순종이 박해와 오해, 십자가를 초래하리라는 것을 완전히 이해한 상태에서 행해진다. 예수의 많은 추종자는 그가 이스라엘을 해방하고 지상 왕국을 영광스럽게 회복하기를 원했다. 예수가 세상에 대해 Yes라고 하려면 하나님에 대해서는 No라고 해야 한다. 그것은 하나님의 방식, 하나님 나라의 이념에 No라고 하는 것이다. 그것은 그의 죽음과 부활이 지시하는 인간의 자유와 사랑에 대해 No라고 하는 것이다. 추종자들은 그것을 이해하지 못했다

그러다가 갑자기 생각이 났다. 아마도 이미 그토록 많은 것을 이해한 내 어린 아들이 그런 내용도 다 파악하고 있지 않을까? 그래서 나는 아이에게 물었다. "얘야, 우리가 어떤 가게에 갔는데, 엄마와 아빠는 다른 곳에 있을 때 네 앞에는 캔디가 보이고 악마가 '한 줌 집어넣어!'라고 말하면 너는 뭐라고 하겠니?"

그의 얼굴에 달콤한 미소가 퍼지면서 그는 주저함이 없이 이렇게 대답했다. "'고맙습니다'라고 말하고 싶어요."

세 살짜리 아이가 요점을 놓친 것은 놀라운 일이 아니지만, 우리 중 많은 사람도 항상 같은 점을 놓친다는 점은 심각한 문제다. 유혹이 찾아올

189

때 "고맙습니다"라고 말하는 것이 다른 반응을 하기보다 쉽다. 하지만 이 이야기는 부분적으로만 유혹에 관한 이야기다. 오늘의 본문은 또한 하나님께 순종하는 것에 대한 예수의-그리고 우리의- 선택에 관한 이야기이기도 하다. 물론 이것은 예수로서는 더 어려운 선택이다. 그렇지만 이것이 그의 공생애(특히 누가복음은 예수의 공생애를 4장 후반부에서 예수가 나사렛에서 배척당하는 이야기로 시작하여 22, 23장에서 예수가 체포되어 십자가 처형을 당하는 것으로 마무리하고 있는 점에 주목하자)의 시작과 전체적 틀을 규정한다.

아마도 언젠가는 내 아들이 하나님의 길이 순종의 길이면서 동시에 자유의 길이라는 어려운 생각을 이해할 수 있을 것이다. 솔직히 말하면, 나도 그것을 이해하기 위해 노력하고 있다.

### 주석

**내가 방금 무엇을 들었는가?** 고난주간까지 주님을 따라 동행하는 것을 준비하는 절기인 사순절의 첫째 주일 본문은 예수의 공생애에 대한 누가의 도입부 마지막 이야기이다. 예수는 이미 세례를 받았고 하늘에서 들려오는 "너는 내 사랑하는 아들이요, 나는 너를 좋아한다"(3:22)는 하늘의 소리도 들었다. 이제 우리는 예수께서 그 말이 자신에게 무엇을 의미하는지 정리하는 것을 증언하게 된다. '증언'이란 문제가 있는 단어이다. 왜냐하면 예수는 광야에 홀로 있었고, 오직 성령만 동행하셨고, 예수와 마귀는 성경 구절로 설전을 벌였다. 그런데 우리는 어떻게 안단 말인가? 이야기는 예수가 가르치는 것처럼 제시된 것이 아니라, '전지적 화자'가 예수에 대해 말한 것처럼 보인다. 다른 말로 하면 그것은 예수에 대한 누가의 신학적 초상화이다. 누가는 이것이 악마가 예수에게 하나님의 말씀을 해석하기 위해 제공하는 세 가지 강력한 가능성을 보도록 하는 종교적 전통으로서 생각하도록 제시한다. 이것은 분명히 그의 제자들과 초대 교회 성도들이 예수를 이해하기 위한 범주를 찾기 위해 고군분투할 때 궁금해 했을 가능성이었을 것이다.

누가는 우리에게 예수께서 하나님의 사랑으로부터 분리될 수 없음을 확신시키는데 왜냐하면 성령께서 처음(4:1)과 마찬가지로, 마지막에도(4:14) 그리고 악마와 만나는 이러한 순간에도 능력을 주시기 때문이다. 성인이 되는 사람들이 혼자서 자신의 이름과 정체성을 찾기 위해 영적 경험을 하러 가는 다른 문화와는 달리 예수는 이미 영적 경험을 했다. 이것은 도리어 그 경험이 그의 장래에 무슨 의미인가를 찾는 '정리의 시간'이다. 찾는 장소도 모세와 엘리야와 같은 예언자들이 그들의 사역을 시작한 광야이다. 그것은 이스라엘이 그들에게 약속된 땅으로 가는 길에 백성으로 탄생한 곳이다. 그곳의 시간은 예수에게는 아마도 금식과 기도의 시간이었을 것이다.

마가와 마태도 그런 정도 이야기를 전하고 있다. 광야에서 예수의 시간은 '시험'의 시간이었다. 이것은 하고 싶지만 그에게 좋지 않은(마치 케이크 한 조각을 더 먹는 유혹처럼) '유혹'은 아니다. 이는 도리어 비록 좋은 것도 하나님의 뜻에 초점을 맞추는 것으로부터 벗어날 수 있다는 것을 보여준다. 우리 믿는 사람에게는 좀 더 편안한 메시아를 따르려는 유혹이 될 수 있다. 마태와 누가는 세 가지 시험을 똑같이 말하고 있는데 단지 둘째와 셋째의 시험 순서가 바뀌어 있다. 세 가지 중 두 가지 시험에서 악마는 "네가 하나님의 아들이거든"이라고 예수를 낚으려 하고 있다. 예수가 그가 들은 것을 진짜로 믿었을까? 하나님께서는 묵시적인 약속을 잘할까? 위험한 곳으로 달려가기 전에 먼저 알아보자.

**굶주린 자를 먹이기.** 악마는 예수가 나쁜 일을 하도록 도전하지 않았다. 첫째, 돌로 떡을 만들라고 한 것은 예수에게 오랜 금식 후에 배고픔을 해결시키는 것이었다. 의미상 만약에 예수가 이 일을 할 수 있다면 이스라엘 지천에 널린 돌멩이를 떡으로 만들어 때로 흉년으로 고통당하는 많은 굶주린 자들을 풍성하게 먹일 수 있었을 것이다. 그 도전은 예수를 새로운 모세가 되게 하는 것이다. 예수의 대답도 신명기 8:3을 인용하며 바로 모세에게 의존하고 있다. 떡은 좋은 것이지만 예수의 사명을 정의하기에 충분하지 않다.

**세상을 정의로 다스리기.** 둘째 시험에서 누가는 악마가 세상의 왕국을 다스리는 '이 세상의 통치자'(요 12:31; 14:30; 16:11)의 역할을 하고 있다고 말한다. 그 권위를 예배하고 존중하는 대가로 악마는 예수에게 통치권을 넘겨줄 것이라고 한다. 누가 시대의 세상은 로마의 경제적 행정적 군사적 힘에 의해 강력하게 통제되고 있음을 기억하라. 분명히 '권력 교체'는 세상의 선을 위해 한 것임은 틀림없다. 그런데 예수의 대답은 "no"였다. 비록 정치적 영역에서 악마의 권력이 명백히 인정된다 하더라도 대가가 너무 크다. 예수는 신명기 6:13로 대답했는데, 마태는 이 대답을 마지막에 배치했다. 모든 권위는 오로지 하나님에게 속한다. 암묵적으로, 좋은 목적을 위해 세상의 일을 하는 것조차도 하나님을 덜 섬기는 위험을 감수하게 될 것이다.

**하나님을 충실하게 섬기기.** 누가는 시험의 결론을 예루살렘까지 이어가는데 그곳은 예수의 고난과 부활 그리고 교회가 시작된 곳이기도 하다(행 1장). 악마의 도전은 하나님께서 의인을 보호해 주심을 약속하는 시편 91:11-12을 인용하는 것으로 절충된다. 성전은 아마도 가장 의로운 사람들 -제사장들-이 일하는 곳이다. 악마는 "성전 꼭대기에서 뛰어내리라"고 말한다. 그런데 예수 시대에 직업적으로 의로운 사람 중 다수는 이스라엘의 가난과 고통을 위해 로마 점령자들과 손을 잡고 일하면서 이스라엘 엘리트들 사이에서 자신의 역할을 수행하고 있었다. 예수의 대답은 또다시 신명기에서 가져왔다. "주 너의 하나님을 시험하지 말라"(신 6:16).

no라고 했지만 yes이다. 예수가 시험을 성공적으로 마친 신 것은 그가 수난의 사건을 시작하기 위해 유다로 들어가는(눅 22:3) '적절한 때'까지 악마의 짐을 싸게 했다. 예수의 고난과 초기 사역에 대한 누가의 설명에서, 예수께서 세례 때 받은 임무의 의미가 그가 겪은 세 가지 시험을 상기시키면서 밝혀진다. 비록 그가 돌로 떡을 만드는 것을 거부했지만, 그는 배고픈 사람들을 먹이셨다(눅 9:10-17). 비록 그가 정치권력을 거부했지만, 정의와 평화의 하나님 나라 선포는 예수의 설교와 가르침의 초점이었다. 비록 그는 성전에서 뛰어내리고 천사가 그를 떠받치는 것을 거부했지만, 생명에 대한 하나님의 뜻이 그를 죽이도록 한 세상을 이길 것이라고 확신하며 십자가에 달리셨다. 예수는 처음부터 끝까지 이기셨다!

## 목회

우리가 시련과 고난, 유혹, 시험에 믿음으로 응답할 때 가능해지는 인생과 목회의 영적인 깊이와 능력이 있다. 우리에게 선택권이 있다면, 대부분은 일부러 어려움으로 가득 찬 길을 택하지는 않을 것이다. 전에 우연히 이 길로 들어서는 선택을 했을지도 모른다. 이와 비슷하게, 우리 주위의 사람들이 거칠고 적대적인 환경을 만들어서 우리를 그 길로 가도록 강요할 수 있겠지만, 단련받는 길을 선택하라고 하면 대부분 머뭇거리게 된다.

그러나 사순절기에 우리는 의도적인 삶의 방식을 받아들이도록 초대받는다. (일요일을 제외한) 사순절 40일 동안 우리는 "성령에 이끌려 광야로 가셔서, 사십 일 동안 악마에게 시험을" 받으신(1-2) 예수를 본받는다. 성령은 단지 예수를 광야에 '떨궈 놓아서' 예수가 스스로 자기를 지키도록 한 것이 아니다. 성령은 계속 그와 함께 머무르면서 그를 더 강하게 성장하게 했다. 누가복음 3:21-4:13에서 우리는 예수가 세례받을 때 성령이 기름부으신 것과 자신의 사명을 준비하기 위한 시험을 받으면서 하나님께 신실했음을 볼 수 있다. 선택되는 것과 기름부음 받는 것만으로는 모이는 목회나 흩어지는 목회를 준비하기에 충분하지 않다. 우리는 종종 굶주림과 절망의 장소로 인도되어 시험받아야만 한다. 그래야만 우리의 모든 계절에 우리가 필요한 모든 것을 은혜로 공급해 주시는 하나님을 의지하는 법을 배우게 된다.

이 말씀은 신명기 6-8장과 연관하여 읽는 것이 도움이 된다. 거기서 하나님께서 이스라엘을 열악한 환경에 놓아서 그들의 마음속에 무엇이 있는지를 시험하시는 것을 본다. 이스라엘이 새로운 자유 속에서 직면한 첫 번째 위험은 굶주림과 적대적인 위협으로부터 그들을 보호하기 위해서 하나님이 더 이상 필요하지 않다고 믿고 안심하는 것이다. 오늘날에도 번영, 공급 그리고 모든 생활을 하나님과의 언약 관계로부터 분리하여 해석하는 세속적인 세계관은 고난보다 더 큰 유혹인 경우가 많다. 예수께서 광야에서 받으신 시험을 신명기 6-8장의 이스라엘의 시험과 비교하면, 예수의 응답이 신실했다는 것 말고는 상당히 유사한 것을 볼 수 있다. 예수는 이스라엘이 하지 않은 순종을 하나님께 드린다.

복음서 이야기의 끝을 향해 가는 누가복음 22:39-46에서 예수의 '최후의 유혹'을 볼 수 있다. 여기서 하나님의 뜻에 대한 예수의 신실하심은 그가 인내하며 기도하는 것으로 완전하게 드러난다. 반면에 제자들은 이스라엘처럼 큰 시련과 시험의 때에 실패한다. 예수는 제자들에게 "시험에 빠지지 않도록 기도하여라"(22:40)라고 경고했다. 하지만, 감람산에서 슬픔에 직면하여 영적으로 훈련하려는 것이라기에는 너무나 큰 위기에 처해 있었다. 하나님이 주신 사명에 신실하다는 것은 박해, 고난 그리고 죽음을 포함하는 것이었다. 이것은 쉽게 받아들일 수 없는 어려운 길이었다. 오직 '예수와 함께', 즉 예수와 예수의 사명과의 완전한 연대만이 제자들이 '말한 대로 행하도록' 성장시킬 수 있을 것이다.

대부분 사순절을 '무언가를 포기'해야만 하는 절기라고 생각한다. 우리는 종종 이런 질문을 받는다. "당신은 사순절에 무엇을 포기하고 있습니까?" 다양한 응답이 있을 것이다. 붉은 살코기, 달콤한 것, 혹은 아마도 과도한 텔레비전 시청이나 인터넷 검색 등. 어쩌면 사순절에 대한 이런 단순한 인식을 포기할 필요가 있을지도 모른다. 사순절의 의미를 숙고하면서, 예배학자 힉맨(Hickman)과 샐리어스(Saliers), 스투키(Stookey), 화이트(White)는 이렇게 썼다. "사순절은 무엇인가를 포기하는 게 아니라 의도적으로 하나님의 은혜를 받아들여서 우리와 함께 계시는 하나님의 신비에 합당하게 참여하게 한다.'" '의도성'과 '하나님의 은혜를 받아들임'은 사순절 동안 우리가 감당해야 할 두 가지이다.

회개, 교제, 기도, 금식, 성서 묵상, 경건한 행위, 의로운 행위, 세례받을 때 했던 서약에 의도적으로 집중하는 것은 '우리가 감당해야 하는' 일들의 예이다. 마찬가지로, 사순절 기간에는 역사적으로 부활절에 새 신자가 기독교 신앙을 시작하도록 준비했던 관습들을 회상하거나 재현하는 것도 도움이 될 것이다. 이것은 의도적으로 새 신자를 전도하는 것이다. 신앙을 가지게 되는 것은 이벤트가 아니라 과정이라는 것을 기억해야만 한다. 하나님의 통치에 대한 응답으로* 제자가 되기 시작한다는 의미에서 전도는 교인을 모집하거나 교회가 생존하기 위한 것이 아니라 무엇보다 신앙의 형성에 관한 것이다. 전도는 성령과 협력하여 하나님의 백성 모두가 마치 습관처럼 행하는 것이다.**

사순절 동안 '의도성'과 '하나님의 은혜를 받아들임'을 택함으로써 새 신자들과 교인들은 예상치 못한 시련과 유혹 가운데 있을 때에도 '우리와 함께 계시는 하나님의 신비'에 대해 신실하게 되는 영적인 깊이를 얻게 될 것이다. 예수는 시련과 유혹 때문에 질문하지 않았다. 예수는 하나님의 일을 하려고 하면 시련과 유혹은 불가피한 것이라는 사실을 인정했다. 예수가 시험받은 기간은 하루 이틀이 아니었다. 예수가 유혹을 받은 40일이라는 기간은 우리가 길고 오래 계속되는 어려움의 기간을 신실하게 견뎌야 한다는 것을 알려 준다. 예수는 악마의 시험을 한 번만 겪으신 것이 아니었다. 그는 계속되는 유혹을 이겼다. 예수가 받은 유혹은 실제적이고 마음이 끌리는 것이었다.

예수가 자신의 필요와 욕구를 충족시키기 위해서 하나님 앞에서 하나님의 아들로서 자신의 지위와 능력을 이용하시겠는가? 예수가 만물을 다

---

* Hoyt L. Hickman, Don E. Saliers, Laurence Hull Stookey, and James F. White, *The New Handbook of the Christian Year* (Nashville: Abingdon Press, 1992), 106.
* Scott J. Jones, *The Evangelistic Love of God and Neighbor* (Nashville: Abingdon Press, 2003), 114.
** Paul W. Chilcote and Laceye C. Warner, eds., *The Study of Evangelism: Exploring a Missional Practice of the Church* (Grand Rapids: Eerdmans, 2008), xxvi.

스리는 하나님의 궁극적인 주권을 인정하지 않아서 하나님과의 관계를 위태롭게 하겠는가? 예수가 하나님의 방식에 대한 친밀한 지식에서 벗어나 성서를 해석하는 사탄의 미끼를 받아들이겠는가? 예수가 하나님의 은혜를 의도적으로 받아들인 것은 우리가 시련과 유혹 가운데 있을 때 하나님으로부터 멀어지는 것이 아니라 하나님을 향하는 길을 보여준다. 만약 우리가 사순절 동안 하나님의 은혜를 의도적으로 수용하려고 투쟁하기로 선택한다면, 우리는 우리를 광야로 들어가게 할 뿐 아니라 광야를 통과하도록 우리를 인도하시는 신실하신 하나님을 만나게 될 것이다.

## 설교

광야에서 유혹을 물리치는 예수에 대한 누가의 기록은 이 본문이 하나님의 아들과 그의 사역이 성취되는 세상을 보여주는 방식을 생각하게 만든다. 사순절을 지키는 교인들에게 이 절기의 특징인 40일간의 금식, 참회, 기도 등은 광야에서 있었던 예수의 40일을 반영하고 있다. 하지만 이 본문을 듣는 이들에게 본문이 지닌 영향력을 미치게 하려고 우리가 사순절을 지키는 것은 아니다. 교인들을 이 이야기 속으로 끌어들이면서, 설교자는 몇 가지 방식으로 생동감 있게 설교를 할 수 있다.

그 첫째는 광야에서 예수의 경험과 교회의 경험을 서로 연결시키는 것이다. 예수께서 광야에 머문 기간은 이스라엘이 방황했던 40년을 생각나게 하고 이것은 예수께서 신명기 인용을 통하여 끊임없이 강조했던 점이기도 하다. 광야라는 거친 환경에서 지내며 이스라엘 백성들은 이집트에서 노예로 살며 형성되었던 이전의 습관들을 버리고, 하나님을 온전히 신뢰하는 새로운 생활양식을 습득하였다. 설교자는 여기서 우리가 이스라엘 백성은 아니지만, 어떤 방식으로 생활 속에서 광야를 경험하며 살아왔는가라고 질문을 던질 수 있다. 그러면 성경 공부 시간에 교인들은 여러 가지 다른 대답들을 할 것이다: 회복하던 시간, 수감생활, 실업자 생활 혹은 공동체 전체가 겪었던 어려웠던 일 등. 그러나 설교자는 단순 비교를 넘어서 광야에서 겪은 경험을 신앙적 질문으로 승화시키도록 더 나아가야 한다. 우리는 그 광야생활 어느 시점에서 하나님의 신실하심을 경험했는가? 하나님과 우리의 관계는 어떻게 변화되었는가? 옛 생활, 즉 우리 자신을 의지하던 삶의 방식으로 돌아가려는 유혹은 얼마나 강한가?

이러한 여러 가지 질문들 속으로 인간이신 예수께서 다가오는데, 그분 안에서 옛것과 새로운 것의 경계가 명확하게 구분된다. 여기서 악마는 유혹적인 제안을 하는데 그것은 돌을 빵이 되게 해서 굶주림을 면하는 일, 악마에게 경배하고 세상을 지배하는 일 그리고 뛰어내리는 신앙경험을 통해 하나님의 약속을 시험하는 일 등이다. 예수께서는 이 모든 것을 거절하고 오직 하나님의 말씀만을 신뢰하기를 더 좋아한다. 예수의 경험과 우리의 경험을 비슷하다고 말할 수 있는가 혹은 우리는 견디기 어려운 시험을 종종 받고 있는가? 하지만 기쁜 소식은 광야에서 시험받은 그분이 십자가에 달리고 부활하신 분이며, 그 분 안에서 하나님의 새로운 생명이 스스로의 힘으로는 유혹에 맞설 수 없는 사람들에게 주어진다는 것이다. 광야에서 시험받은 분이 약함 가운데 있는 우리를 강하게 하신다.

광야에 관한 설교에 덧붙여서 설교자는 또한 시험(testing)과 유혹(temptation)에 관해 깊이 고찰해 볼 수 있다. 본문은 악마가 왜곡과 거짓을 통해 어떻게 일하는지를 보여준다. 악마는 욕망을 필요로, 거짓을 진실로 그리고 불신을 신앙으로 제시한다. 세상 모든 나라가 자기 것이라는 악마의 둘째 유혹은 그럴 듯하게 들린다. 하지만 그것이 거짓이라는 점은 그릇된 예배를 요구함으로 드러났다. 관건은 누구를 신뢰하고 누구에게 예배를 드릴까 하는 점이다. 설교자는 여기서 교인들에게 진실인 것 같지만 거짓인 것을 어디서 듣느냐고 질문할 수 있다. 광고에서? 정치인에게서나 방송에서 혹은 강단에서? 우리가 아이들을 가르칠 때 하는 상식적인 '충고'에서? 하나님의 말씀을 붙잡을 때 우리는 어떻게 그런 거짓들을 거짓이라고 드러나게 할 수 있는가? 설교자는 비슷한 질문을 첫째와 셋째 유혹에 대해서도 할 수 있다. 어디에서 우리는 욕망을 필요로 여기도록 유혹을 받는가? 어디에서 우리는 하나님이 사람의 신앙을 필요로 한다고 생각하도록 하는 유혹을 받는가?

유혹이 지닌 역동성에 관한 설교는 여러 다양한 방법으로 전개될 수 있다. 유혹에 관한 설교가 추구할 우선적 과제는 교인들에게 새로운 방식으로 세상을 보도록 가르치는 일이다. 결국 악마가 유혹과 더불어 우리에게 다가온다는 것은 세상이 쉽게 인정하는 게 아니다. 우리는 그것을 오직 하나님의 말씀을 통하여 본다. 설교자는 설교를 세 부분으로 나누어 세 가지 유혹 모두에 초점을 두고, 각각의 유혹에 대해 다른 면들을 보여주어도 좋다. 아니면 한 가지 유혹만 선택해서 할 수도 있다. 본문 자체가 이야기이므로 영화, 책, 혹은 경험 등의 이야기를 사용하여 설교하는 것이 적합할 것이다. 교인들은 악마가 도처에 있는 이 세상에서 새로운 방식으로 보는 것이 무엇인지에 대한 도움이 필요할 것이다.

마지막으로 이 본문으로 설교하는 것은 예수의 정체성을 성찰하는 기회가 된다. 이 사건이 실제로 '일어났는가'에 대해 많은 주석이 관심을 보여주었다. 본문에서는 아무도 목격한 사람이 없다. 하지만 예배 가운데 이 이야기를 읽으면서, 우리는 예수가 누구인지에 대한 증인이 된다. 누가가 이 시험 이야기를 여기에 배치한 것은 예수의 정체성에 대한 질문을 분명하게 보여주고 있는 것이다. 마태복음처럼 이 이야기는 세례 이야기에 이어 나오고 거기에서 예수는 하나님의 아들로 선포된다. 마태와는 달리 누가는 두 이야기 사이에 아담까지 올라가는 예수의 족보를 삽입하는데, 여기서도 누가는 아담을 '하나님의 아들'(3:38)이라고 말하고 있다. 이 이야기에서 악마의 등장은 '에이 후이오스 에이 투 테우'(ei huios ei tou theou)로 시작한다. 이것은 '네가 만일 하나님의 아들이거든'(if you are the Son of God)이라는 말로 번역될 수 있으나, 대개 '네가 하나님의 아들이므로'(since you are the Son of God)를 의미한다. 예수께서 세례받을 때 성령이 나타난 것은 그가 아들인가라는 질문에 대한 답이었다. 이제 질문은 그가 어떠한 아들이 될 것인가이다. 여기에서 누가의 신학적 포인트는 너무도 분명하다. 이분은 아담과 (그리고 우리와) 다르다. 악마의 힘이 이분을 지배하지 못할 것이고 그분 안에서 하나님의 구원 목적이 분명하게 드러났다.

이렇게 주석적으로 상세하게 설교하는 것은 안 좋을 수도 있지만, 신학적 포인트는 살릴 가치가 있다. 목회신학적 질문에서 늘 나오는 것이 악의 실재에 관한 것이다. 왜 그것이 존재하고 왜 하나님은 그것에 대해 아무것도 하지 않는 것처럼 보이는가. 이 이야기에서 그 질문을 쉽게 간과할 수도 있지만, 누가는 이 이야기에서 악마가 아들에 대해 지배하지 못함을 우리에게 분명하게 보여주고 있다. 나아가 예수 안에서 하나님의 구원 목적이 모든 세상을 위한 것이기 때문에 악마는 우리들을 궁극적으로 지배하지 못한다고 확신시킨다. 사순절에서 반복되는 한 구절은 "주 너희의 하나님께로 돌아오너라"(욜 2:13)이다. 이 이야기에서 우리는 돌아갈 이유가 분명한 하나님을 발견하는데 그것은 오직 하나님 한 분 안에서만 유혹을 물리칠 수 있기 때문이다.

# 사순절 둘째 주일

## 누가복음 13:31-35

³¹바로 그 때에 몇몇 바리새파 사람들이 다가와서 예수께 말하였다. "여기에서 떠나가십시오. 헤롯 왕이 당신을 죽이고자 합니다." ³²예수께서 그들에게 말씀하셨다. "가서, 그 여우에게 전하기를 '보아라, 오늘과 내일은 내가 귀신을 내쫓고 병을 고칠 것이요, 사흘째 되는 날에는 내 일을 끝낸다' 하여라. ³³그러나 오늘도 내일도 그 다음 날도, 나는 내 길을 가야 하겠다. 예언자가 예루살렘이 아닌 다른 곳에서는 죽을 수 없기 때문이다. ³⁴예루살렘아, 예루살렘아, 예언자들을 죽이고, 너에게 파송된 사람들을 돌로 치는구나! 암탉이 제 새끼를 날개 아래에 품듯이, 내가 몇 번이나 네 자녀를 모아 품으려 하였더냐! 그러나 너희는 그것을 원하지 않았다. ³⁵보아라, 너희의 집은 버림을 받을 것이다. 내가 너희에게 말한다. 너희가 말하기를 '주님의 이름으로 오시는 분은 복되시다' 할 그 때가 오기까지, 너희는 나를 다시는 보지 못할 것이다."

## 신학

외적인 여행과 내적인 여정이라는 은유는 사순절 주제와 적절하게 조화를 이룬다. 우리는 이 기간에 영적 생활에 방해가 되는 장애물과 부활절의 약속이 열어주는 새로운 미래의 희망에 대해 숙고하게 된다. 예수는 생애 마지막 몇 주 동안 예루살렘, 즉 다윗의 도성으로 점점 가까이 다가간다. 이 도시는 과거에 위대한 예언자들이 무시당하고, 비방당하고, 살해당했던 곳이다. 예레미야는 여호야김 왕을 비판했던 예언자 우리야가 왕에게 받은 보복을 생생하게 기록했다. "그들이 이집트에서 우리야를 붙잡아 여호야김 왕에게 데려오자, 왕은 그를 칼로 죽이고, 그 시체를 평민의 공동묘지에 던졌다"(렘 26:23). 예레미야 자신도 백성들을 책망하는 말을 한 후 그와 비슷한 운명에 처해서 진흙탕 물웅덩이에 죽게 버려졌었다(렘 38:4-6).

예수도 그와 비슷하게 예언자적 최후를 맞이하려고 예루살렘을 향하여 계속 가고 있었고, 그는 그것을 잘 알고 있었다. 이 여정은 하나님이 정한 거룩한 길이어서, 세례자 요한을 죽인 '여우' 헤롯 안티파스의 위협도 예수의 가는 길을 방해할 수 없었다. 그의 아버지도 막 탄생한 예수의 가는 길을 막지 못했고(마 2:13-18), 예수를 벼랑 끝으로 몰고 간 나사렛 사람들도 그 길을 막을 수 없었다(눅 4:29). 도리어 잠정적인 장애물은 예수가 그 길을 끝까지 가려는 확고한 의지를 굳세게 만들었다. 거룩한 도성 밖에서 예수를 죽이려는 대적자들의 음모도 아무 소용 없었다.

거룩한 도성으로의 마지막 입성을 앞두고 예수는 틀림없이 자신을 예루살렘 기득권층을 비판한 예레미야, 우리야, 스가랴 등의 예언자들과 동일시했겠지만, 특별히 7세기 앞서 예언했던 이사야를 마음속에 떠올렸을 것이다. 아하스와 히스기야가 통치하던 시절에 이사야는 예루살렘 주류 신학에 반기를 들었다. 이 신학은 당대 다윗 왕조와 예루살렘 성전이 하나님이 아브라함에게 한 약속의 완전한 성취라고 주장했다. 이런 은혜스런 주장의 영향으로 결국 월터 브루그만(Walter Brueggemann)이 '제왕 의식' (royal consciousness)이라고 명명한 귀족주의적 자기만족감이 자리를 잡게 되었다.* 언약의 법에 따라 모두가 자유롭게 사는 모세의 대안적 공동체는 사라지고, 하나님의 뜻은 국가라는 정치적 기구를 통해 구현되는 것으로 통하게 되었다.

예언자는 하나님을 배반한 왕과 귀족들에게 하나님의 언약을 지킬 것을 종용했지만 그들은 듣지 않았다. 그러나 예루살렘의 신실한 백성들은 공정하고 정의로운 왕국의 꿈을 버리지 않았다. 이사야는 이렇게 예언했다. "마지막 때에, 주님의 성전이 서 있는 산이 모든 산 가운데서 으뜸가는 산이 될 것이며, 모든 언덕보다 높이 솟을 것이니, 모든 민족이 물밀듯 그리로 모여들 것이다"(사 2:2). 이렇게 평화가 이루어지는 날에는 칼을 쳐서 보습을 만들고 창을 쳐서 낫을 만들 것이다(사 2:4). 이것은 원래 아담에게

---

\* Walter Brueggemann, *The Prophetic Imagination*, 2nd ed. (Minneapolis: Fortress Press, 2001), 특별히 2장. (이 책은 『예언자적 상상력』으로 번역됨.)

주었던 창조 세계의 청지기적 사명을 상기시킨다(사 2:4; 창 2:15). 이런 예언은 이스라엘이 성전에만 배타적으로 집착할 때 결코 이루어질 수 없다. 그렇다면 하나님께서 '새 일을' 행하실 것이다(사 43:19).

예수가 당신을 배척하는 예루살렘을 바라보면서, 이런 미래의 희망에 대해 생각했던 것 같다. 예수는 "암탉이 제 새끼를 날개 아래에 품듯이, 내가 몇 번이나 네 자녀를 모아 품으려 하였더냐"(눅 13:34)고 탄식하였다. 많은 신학자가 암탉이 상징하는 의미를 찾고자 구약성서에 나오는 새에 관한 다양한 표현들과 연결을 시도해 보았지만 대부분 핵심을 놓치고 말았다. 가장 자주 언급되었던 부분이 신명기 32:11이다. 이 구절에서 하나님은 둥지를 뒤흔들고 새끼들 위에서 퍼덕이며 날개를 펴서 새끼들을 받는다. 그러나 이러한 연결은 더 많은 질문을 던지게 한다. 예수가 전하고자 하는 뜻이 이런 독수리의 이미지였다면 왜 어미 암탉을 언급했을까? 아마 예수가 전하고자 했던 내용은 새로운 창조와 관련이 있지 않을까? 예수는 태초에 하나님과 함께 계셨고 그로 말미암아 모든 것이 창조되었으니(요 1:2-3) 창조 첫째 날에 하나님의 영이 물 위에 움직이고 계신 것을(창 1:2) 잘 알고 계시지 않을까?

창세기 1:2의 히브리어 단어는 훨씬 더 의미심장하다. 하나님이 물 위에 '품고' 있었다. 마치 암탉이 어린 병아리를 품고 있듯이. 암탉은 로마의 상징이었던 독수리나 헤롯을 상징하는 여우와는 다른 이미지를 갖고 있다. 여우도 굴이 있고, 독수리도 둥지가 있지만, 이 예언자의 죽음과 함께 새로운 창조가 곧 시작될 때 그 집들은 모두 빈 집이 되고 버림을 받을 것이다.

예수는 이 도시의 과거 범죄에 대해 한탄하고 곧 당신이 겪어야 하는 새로운 창조를 위한 해산의 고통을(롬 8:22) 염려하면서 심연 위에서 모두를 품고 있는 것이다. 새로운 하나님의 나라에서는 권력과 힘이 있는 사람들이 아니라 겸손하고 신실한 모습으로 다스리는 창조주를 따르는 사람이 복된 사람이다. 예수는 하나님의 뜻에 저항하는 헤롯과 로마의 온갖 방해에도 불구하고 그런 미래를 향해 행진하는 것이다.

**주석**

  본문에서 헤롯은 대헤롯의 아들인 헤롯 안티파스이다. 대헤롯의 뜻에 따라 안티파스는 그의 죽은 후 갈릴리와 베레아 지역을 통치했다. 한데 로마 황제가 그에게 왕의 칭호를 허락하지 않고, 분봉왕(tetrarch, 3:1)으로 임명했다. 이것은 명백히 그의 지위와 권위가 왕보다 밑에 있음을 보여준다. 안티파스는 자신의 힘으로 통치한 것이 아니라 황제의 뜻에 달려있었다. 유대인들은 헤롯 가문을 부역자(collaborator) 이상으로 생각하지 않았다. 그들은 헤롯 왕조를 전혀 지지하지 않았다. 대헤롯의 편집증은 병적이었는데 그럼에도 불구하고 왕조가 존속할 수 있었던 것은 로마인들이 버팀목이 되어 주었기 때문이다.

  예수도 안티파스를 볼 필요가 없었다. 예수는 갈릴리에서 사역하는 동안 안티파스와 연관된 두 도시-그의 첫 수도였던 세포리스와 세포리스를 대치하기 위해 세운 티베리아스-를 한 번도 방문하지 않았다. 이 도시들은 예수가 선포한 하나님 나라의 안티테제를 대표했다. 그 도시들은 갈릴리 민중들의 로마화를 시도한 유물이었다. 예수는 백성들에게 회개와 믿음을 촉구했다. 그들의 조상의 종교적 전통에 대한 헌신을 갱신하도록 요청했다. 안티파스와 그의 지지자들도 또한 갈릴리 백성들을 새로운 세계-그 세계의 중심이 로마이고 그것의 가치가 복음의 가치와 반대되는-로 인도하려 했다.

  동시대의 다른 많은 사람과 같이 예수도 헤롯 가문을 하나님에 의해 약속된 다윗 왕국의 찬탈자로 여겼다. 인기가 높았던 세례자 요한의 제자로서 예수도 안티파스와 헤롯 가문에게 위협으로 인식되었을 것이다. 다가올 '하나님의 왕국'에 대한 예수의 선포는 안티파스와 지지자들을 편치 않게 만들었다. 그래서 예수를 죽이려고 했는데 누가만이 이 내용을 보도하고 있다. 예수의 재판에서 안티파스가 일정한 역할을 하고 있음도 누가에서만 나타난다(23:6-12). 헤롯과 호위병들이 예수를 모욕하고 조롱한 것은 안티파스가 예수를 그의 경쟁자로 여기고 더 이상 그의 통치에 심각한 위협이 되지 않도록 하려는 것을 보여준다.

예수가 헤롯을 '여우'라고 부른 의미는 명확하지 않다. 헬라적 사고에서는 여우가 영리하지만 교활하고 파렴치한 동물로 여겨졌다. 구약에서 여우는 파괴와 연관된다(아 2:15; 겔 13:4). 유대정결법에는 자칼을 부정한 동물로 분류한다. 아무튼 예수의 언급은 안티파스에 대한 경멸이 반영되어 있다. 예수는 당신이 이 땅에 하나님의 나라를 세우려는 것을 막으려 하는 안티파스를 무시한다. 요한복음에 자주 나타나는 주제(요 7:30; 8:20; 8:59; 10:39; 11:54을 보라)를 반영하여, 누가는 예수가 하나님이 설정한 그의 고난과 죽음의 때까지는 그의 적들이 그를 지배하지 못한다는 것을 암시한다. 예수는 하나님이 정하신 그의 운명이 기다리는 예루살렘까지는 그의 사역과 여정을 계속할 것이라고 주장한다. 안티파스는 결코 그를 멈추게 하지 못할 것이다.

33절의 예루살렘에 대한 언급과 31절의 안티파스가 예수를 죽이려는 계획은 누가로 하여금 이 시점에서 이 도시에 대해 예수가 소유권을 가지도록 이끌었다. 마태는 예루살렘의 운명에 대한 예수의 비탄이 성에 들어간 후로 한 것으로 묘사하는데(마 23:37-39), 좀 더 논리적인 배치이다. 누가는 예수가 이 말을 예루살렘으로 가는 도중에 했다고 기술했다. 도시가 예언자를 죽인다는 고발은 예언자의 운명에 대해 침묵하고 있는 성서의 전통이기보다는 유대인들의 전통을 반영한다. 예를 들어, 주후 1세기의 위전(僞典)인 "이사야의 순교"에서 므낫세가 이사야를 톱으로 몸을 반으로 잘라 죽였다고 했는데, 이는 탈무드나 다른 초기 유대 작품에 나오는 전설이다. 구약은 이사야의 죽음에 대해 언급하지 않는데, 히브리서 11:37에서는 이 전설을 암시하고 있다. 물론, 구약에서도 가끔 예루살렘의 행동을 하나님의 말씀을 지키는 데 실패하는 이스라엘을 나타내는 것으로 묘사한다(예를 들어 사 3:8; 렘 13:27; 겔 16:2).

누가는 예수의 예루살렘에 대한 비탄을 모두 회개를 촉구한 비유 모음의(13:1-30) 뒤에 배치했다. 이것은 누가가 얼마나 그것이 중요한가를 알고 있다는 열쇠가 될 것이다. 예수의 예루살렘에 대한 비탄은 도시에 대한 최후의 심판이기보다는 회개의 촉구이다. 예루살렘을 그를 통해 보호하는 것이 하나님의 뜻이라고 주장하는 예수의 감동적 은유가 바로 예수가 도시의 파괴를 예언하는 것이 아니라 구원을 예고한다는 증거이다. 이사야(60:4)와 스가랴(10:6-10) 모두 이스라엘에 대한 하나님의 확고한 사랑을 표현하기 위해 예루살렘의 흩어진 아이들을 함께 모으는 이미지를 사용한다. 하나님의 날개 아래 피난처를 발견하는 이스라엘의 이미지가 구약에 자주 나타난다(신 32:11; 룻 2:12; 시 57:1; 61:4; 91:4).

그러나 하나님의 구원을 기다리기 위해 이스라엘은 수동적으로 기다릴 수 없다. 예수는 하나님의 사명과 메시지를 인식하도록 예루살렘에 도전하고 있다. 예수는 백성들이 여러 번 실패하는 것에 애통해하신다. 마지막 절은 주님의 이름으로 오시는 분을 이스라엘이 알 때가 올 것임을 암시한다. 여기에서 누가는 하나님이 아직도 이스라엘을 선택하신 것을 포기하지 않았기에 여전히 유대인을 사랑하신다는 바울의 주장을 반영하고 있다. 왜냐하면 이방인들과 같이 이스라엘도 장래의 어떤 순간까지 하나님의 자비를 누릴 것이다(롬 11장).

34절의 '몇 번이나'라고 한 것은 요한복음에서 말하듯 예수가 예루살렘을 여러 번 방문했음을 암시한다. 공관복음서는 예수가 오로지 한 번만 예루살렘에 갔다고 말한다. 가끔 요한복음은 예수의 사역을 설명하는 데 있어 역사적이기보다는 신학적이라고 여겨진다. 그러나 요한이 예수가 여러 번 예루살렘을 방문했다고 하는 기술이 훨씬 더 역사적인 반면에 공관복음서에서 한 번만 방문했다는 것은 아마도 훨씬 신학적인 동기가 작용했을 것이다.

## 목회

우리는 지위와 권력에 집착하는, 그래서 정치적인 음모로 가득 찬 세상에 살고 있다. 그것을 가장 잘 보여주는 사례가 정부 기관의 후보가 되고 자리를 차지하는 것이다. 그런 사람은 자신을 실제보다 더 좋게 보이고, 경쟁자는 실제보다 나쁘게 보이게 하려고 한다. 우리 역시 좀 더 평범한 방식으로 그런 음모를 만나게 된다. 직장에서 동료가 다른 직원이 낸 대담하고 돈벌이가 되는 아이디어를 교활하게 가로채기도 한다. 우리는 이것을 '직장 정치'라고 부른다. 신앙공동체 안에서, 사람들은 누가 다음번 목사가 될지, 선교비를 어떻게 분배할지, 친교실에 어떤 색 카펫을 설치할지 등에 관해 결정할 때 영향력을 행사하려고 한다. 우리는 이런 행동들을 '교회 정치'라고 부른다.

어떤 사람들은 예수가 정치 현실에 대해 순진하거나 무지하다고 생각한다. 그렇게 생각하는 사람은 복음서를 자세하게 읽지 않은 것이다.

나사렛 예수는 정치적인 음모에 낯설지 않다. 그는 이런 식으로 말하곤 했다. "실로 (하나님의 나라가 완성되면) 꼴찌가 첫째가 될 사람이 있고, 첫째가 꼴찌가 될 사람이 있다"(눅 13:30). 꼭대기에, 안락한 지위에 있는 사람들에게, 그들이 결국은 꼭대기에 있지 못하게 될 것이고, 반면에 지금 바닥으로, 마지막 자리로 쫓겨난 사람들 가운데 결국 첫째가 될 사람이 있을 것이라는 충고보다 더 다급한 경고는 없을 것이다. 따라서 누가복음은 우리에게 말하기를, 예수가 이런 충격적인 말을 한 '바로 그때' 몇몇 바리새파 사람들이 다가와서 예수께 즉시 도망가라고 말했다고 한다. 왜냐하면 헤롯이 예수를 죽이려고 하기 때문이다(31).

겉으로 보기에는 예수를 보호하려고 경고하는 것 같은 이 말이 이상하게 들리는 것은 복음서에서 바리새파 사람들이 예수와 친구였던 적이 없었기 때문이다. 그들은 예수가 선포한 대로 '첫째'가 결국 '꼴찌'가 되는, 위아래가 뒤바뀌는 나라가 온다면 가장 위협받는 사람에 속했다. 왜 갑자기 이 바리새파 사람들이 예수의 안전을 그렇게 염려할까? 아마도 그들에게 불순한 동기가 있었을 것이다. 아마도 그들은 헤롯의 일파로, 예수를 헤롯의 관할구역에서 쫓아내 빌라도가 책임지고 있는 영역으로 보내려고 했을 것이다.* 요즘도 지자체가 중앙정부에 책임을 떠넘기는 것처럼, 적어

---

* See John Nolland, *Word Biblical Commentary: Luke 9:21-18:34*, vol. 35B (Dallas: Word,

도 헤롯이 이 말썽꾼 하는 일에 대해 비난받지 않게 하려는 것이다. 아마 빌라도는 예수를 완전히 제거하는 방법을 찾아낼 수 있을 것이다.

이것이 이들이 예수에게 와서 헤롯의 위협을 전해 준 동기일 것이라고 추측한다. 분명한 것은 예수가 겉으로 보기에는 친절한 경고를 정치적 음모인 것처럼 응답하신다는 것이다. "가서 그 여우에게 전하기를…." 예수는 이 바리새파 사람들이 비열하고 계산적인 헤롯과 한패가 된 것을 알고 있다는 것을 드러내놓고 말한다(32). 우리 시대의 표현을 빌리자면, 예수는 헤롯의 간사하고 감춰진 도전보다 한술 더 뜬다. 예수는 바리새파 사람들과 헤롯에게 자신이 정치적으로 순진하지 않다는 것을 보여준다. 예수는 특히 가난하고 무시당하는 사람들 사이에서 '오늘과 내일은 귀신을 내쫓고 병을 고침으로', 그가 선포하고 세우는 나라가 권력에 대한 모욕이라는 사실을 충분히 알고 있다.

그뿐 아니라, 예수는 그의 도전이 꼭대기까지 갈 것이라고 그들에게 알려 준다. 그는 지방에서 멈추지 않고 그의 때가 되었을 때 수도 예루살렘으로 나아갈 것이다. 그러면 곧 빌라도와 마주치게 될 것이다. 예수는 그의 나라에 불편한 정치가, 앨라배마나 메인, 아이다호의 주 정부 청사 문으로 들어가는 것으로 멈추지 않고, 워싱턴 DC에 있는 의회나 백악관에 가서야 멈출 것이라는 점을 분명히 한다. 그는 예루살렘(혹은 워싱턴)이 차분하게 그를 맞이할 것이라고 생각하지 않는다. 예루살렘은 '예언자들을 죽인 도시'이고, 자신의 복지를 위해 파송된 사람들을 죽였다(33-34). 마찬가지로 워싱턴은 (다른 수도들과 함께) 너무 자주, 새롭고 더 정의로운 세상에 대한 꿈들이 죽는 곳이다.

예수는 예루살렘에서 조롱과 폭력을 당할 거라고 예상하지만, 그러한 증오에 찬 분노에 자신의 분노를 얹어서 되돌려주지 않는다. (헤롯을 부를 때, 그의 살인 행위를 상기시키고 예언하는, 품위를 손상시키는 이름으로 부르는) 그의 설교의 시작은 혁명적인 비난으로 이어질 수도 있었다. 예언자를 죽인 자들을 죽여라! 악한 예루살렘을 불태워라! 하지만 예수는 그렇게 하

1993), 743.

는 대신 어머니의 탄식으로 바꾸어 말한다: "암탉이 제 새끼를 날개 아래 품듯이, 내가 몇 번이나 네 자녀를 모아 품으려 하였더냐! 그러나 너희는 그것을 원하지 않았다"(34). 이 말씀에서 예수의 원래 청중들은 주 이스라엘의 하나님의 "날개 밑으로 너희가 보호를 받으러 왔다"는 구약성서의 말씀이 반영되는 것을 들을 수밖에 없었을 것이다(룻 2:12; 참조. 시 17:8; 36:7; 57:1; 61:4).

이러한 놀라운 말들로 인하여 권력을 가진 자들이 새로운 빛 속에 자신의 모습을 드러낸다. 헤롯, 음모를 꾸미는 바리새파 사람들, 예루살렘의 권력자들, 나중에도 지금도 첫째이고자 하는 모든 첫째, 그들은 그들의 잔인하고 교활한 술책 뒤에서 자신들을 불멸하는 제국이라는 우주의 주인으로 여기고 싶어 한다. 예수는 그들의 이름을 죽음을 거래하는 자라고 부르지만, 그러나 예수는 또한 그들을 폭풍 속에서 길을 잃어버려서 너무나 두려워하면서도 어미 닭의 그림자 아래에서 피난처를 찾기에는 너무나 고집불통인 앞마당의 병아리라고 본다. 이 권력자들이 무시무시한 송곳니로 으르렁거리는 소리라고 여기는 것은 우스꽝스럽게도 삐악거리는 소리로 들린다. 그들이 자신들의 방식을 바꾸지 않으면 그들에게 내릴 심판은 그들 스스로 자기를 파괴하는 것이 될 것이다: "보아라, 너희의 집은 버림을 받을 것이다"(35).

정치적인 음모는 계속되지만, 그러나 진실하시고 살아계신 하나님이 계신다. 여우들은 자기들이 생각하는 것만큼 지배하지 못한다.

## 설교

미국에서 남북전쟁 이전의 아프리카 노예들은 그 예속됨으로 인하여 어떤 일들을 대할 때, 눈에 보이는 것을 넘어서 그 이면에 있는 깊고 넓고 높은 면을 보고 또 그것들에 대해 꿈을 가지게 되었다. 그래서 그들의 신성한 노래인 흑인영가 중 많은 곡이 주어진 사회질서 저 너머에 있는 새 하

늘과 새 땅을 노래하고 있는데, 그것은 새로운 사회질서이고 일련의 제도
적 개혁으로, 이 세상의 권력이 만들거나 통제하는 나라가 아니다. 어느 흑
인영가는 이런 하나님의 나라를 이렇게 표현하고 있다. "내 아버지의 나라
에는 좋은 방이 많이 있네, 좋은 방이 많이 있네, 좋은 방이 많이 있네."

누가에게 이것은 핵심적인 메시지이고 반복되는 주제이다. 사순절 둘
째 주일 복음서에서 예수께서는 자기 백성들이 하나님의 부름을 듣고 무
관심한 데 대해 극도의 절망감과 안타까운 마음을 보여주고 있다. "예루살
렘아, 예루살렘아, 예언자들을 죽이고, 네게 파송된 사람들을 돌로 치는구
나! 암탉이 제 새끼를 날개 아래에 품듯이, 내가 몇 번이나 네 자녀를 모아
품으려 하였더냐! 그러나 너희는 그것을 원하지 않았다. 보아라, 너희의 집
은 버림을 받을 것이다. 내가 너희에게 말한다. 너희가 말하기를 '주님의
이름으로 오시는 분은 복되시다' 할 그때가 오기까지, 너희는 나를 다시는
보지 못할 것이다"(눅 13:34-35).

예수께서 볼 때, 하나님의 자녀들을 하나님의 사랑과 품으로 좀 더 가
까이 모으는 일이야말로 하나님의 강렬한 꿈이고 긍휼함에서 나오는 열망
이며 그분의 굳은 결심이다. 그것을 위한 헌신과 노력은 또한 예수 사역의
핵심이기도 하다. 하나님은 어미 닭처럼 하나님의 자녀들을 불러내어, 안
아주고 포용하고 환영하여 에덴에서부터 기획하셨던 새로운 하나님의 가
족으로 삼기를 바라신다.

누가복음은 이 핵심적인 메시지를 예수의 생애를 이야기하는 첫 부분
부터 보여주고 있다. 메시아의 기쁜 소식을 맨 처음 들은 사람은 목자들이
었다. 이 점은 매우 중요하다. 성서에 나오는 목자들은 친절하거나 예의 바
르지 않고 존경받을 만한 사람들은 아니다. 지금은 고인이 된 레이먼드 브
라운(Raymond Brown)은 자기 책 *The Birth of the Messiah*(번역: 메시아의 탄
생)에서 "예수 시대의 목자들은 점잖거나 고귀한 사람들로 여겨지기는커녕
종종 정직하지 못하며 율법 밖에 있는 사람들로 취급되었다"고 말하고 있
다. 그는 계속해서 "목자들은 초기 랍비들에 의해 재판관이나 증인이 될
수 없는 사람들로 분류되었는데 그 이유는 그들이 자주 자기들의 가축들

을 다른 사람들의 땅에서 풀을 뜯어 먹게 하였기 때문이었다."[*]

목자들은 사회의 변두리 곧 주변부에 있는 사람들을 대표했다. 하지만 복음은 그 경계를 넘어서 새로운 인간과 새로운 공동체를 만들어 내는데, 그것은 기존의 사회적 관습에서 비롯된 것이 아닌 하나님의 성령으로부터 나오는 것이다. "나는 온 백성에게 큰 기쁨이 될 소식을 너희에게 전하여 준다. 오늘 다윗의 동네에서 너희에게 구주가 나셨으니, 그는 곧 그리스도 주님이시다. 너희는 한 갓난아기가 포대기에 싸여, 구유에 뉘어 있는 것을 볼 터인데, 이것이 너희에게 주는 표징이다"(눅 2:10-11).

누가는 예수께서 언제나 버려진 사람들을 데려오고 매 맞은 사람들을 일으켜 세우며 당시 사회질서의 바닥에 있는 사람들을 하나님의 마음으로 인도하려는 의지를 지니고 있음을 보았다. 누가는 바로 여기에서 예수의 메시아적 메시지의 핵심을 본다. 그래서 누가는 한 시골 소녀(마리아)가 구세주의 오심 속에서 혁명적인 노래를 부르게 한다: "내 영혼이 주님을 찬양하며 내 마음이 내 구주 하나님을 좋아함은, 그가 이 여종의 비천함을 보살펴 주셨기 때문입니다"(눅 1:46-47). 예수께서는 누가복음에서 아버지의 말할 수 없는 긍휼함과 무조건적 사랑으로 집에 돌아온 아들을 품어준 탕자 이야기를 들려준다. 누가복음에서 예수께서는 선한 사마리아 사람의 이야기를 그런 사람은 없다고 종종 생각했던 사람들에게 들려준다. 누가는 또 예수 옆에서 십자가상에서 죽어가면서 하나님의 나라를 발견하는 '선한 강도'를 기억나게 한다.

예수께서 자신의 사역을 시작할 때 그는 바벨론 포로 시절 이사야의 예언과 자신의 사역을 동일시한다. 그 예언은 하나님의 영이 기쁜 소식을 선포하고, 삶을 변화시키며 사회를 새롭게 할 것으로 보았다. 그 선포는 개인과 사회의 변화가 서로 연결되어 있음을 보여주었다: "주님의 영이 내게 내리셨다. 주님께서 내게 기름을 부으셔서, 가난한 사람에게 기쁜 소식을 전하게 하셨다. 주님께서 나를 보내셔서, 포로 된 사람들에게 해방을 선포

---

[*] Raymond E. Brown, *The Birth of the Messiah* (New York: Doubleday, 1993), 420. (이옥용 옮김, 『메시아의 탄생』, 서울:기독교문서선교회, 2014.)

하고, 눈먼 사람들에게 눈 뜸을 선포하고, 억눌린 사람들을 풀어주고, 주님의 은혜의 해를 선포하게 하셨다"(눅 4:18-19).

사도행전 서두에서 예수께서는 제자들에게 그들이 "예루살렘과 온 유대와 사마리아 그리고 땅끝에까지 이르러"(행 1:8) 자신의 증인이 될 것이라고 말한다. 이 일의 시작은 오순절이다. 성령의 능력으로 예수를 따르던 사람들은 그리스도 안에서 새로운 인간을 창조하시는 하나님의 사역, 즉 혈통으로 이루어지는 것이 아니고 하나님으로부터 비롯되는 새로운 인간 사회를 형성하는 하나님의 사역을 공유하면서 자신의 길을 가게 될 것이다.

예수의 복음이 선포되고 예수에게 있었던 하나님의 성령이 부어질 때 새롭게 되는 인간사회는 다양하게 나타난다. 바로 그 다양함이 새로운 태피스트리(tapestry, 여러 색실로 짠 주단)로 짜져서 옛 예언자들이 오랫동안 기다려온 새로운 인간이 나타나게 된다: "하나님께서 말씀하신다. 마지막 날에 나는 내 영을 모든 사람에게 부어 주겠다. 너희의 아들들과 너희의 딸들은 예언을 하고, 너희의 젊은이들은 환상을 보고, 너희의 늙은이들은 꿈을 꿀 것이다. 그 날에 나는 내 영을 내 남종들과 내 여종들에게도 부어 주겠으니…"(행 2:17-18)

그 늙은 노예들은 하나님 나라가 끊임없이 우리에게 다가오고 있고 영원히 우리를 품어준다는 것이 예수가 전한 복음 메시지의 핵심임을 깨달았다. "내 아버지의 나라에는 좋은 방이 많이 있네, 좋은 방이 많이 있네, 좋은 방이 많이 있네."

# 사순절 셋째 주일
## 누가복음 13:1-9

¹바로 그 때에 몇몇 사람이 와서, 빌라도가 갈릴리 사람들을 학살해서 그 피를 그들이 바치려던 희생제물에 섞었다는 사실을 예수께 일러드렸다. ²예수께서 그들에게 대답하셨다. "이 갈릴리 사람들이 이런 변을 당했다고 해서, 다른 모든 갈릴리 사람보다 더 큰 죄인이라고 생각하느냐? ³그렇지 않다. 내가 너희에게 말한다. 너희도 회개하지 않으면, 모두 그렇게 망할 것이다. ⁴또 실로암에 있는 탑이 무너져서 치여 죽은 열여덟 사람은 예루살렘에 사는 다른 모든 사람보다 더 많이 죄를 지은 사람이라고 생각하느냐? ⁵그렇지 않다. 내가 너희에게 말한다. 너희도 회개하지 않으면, 모두 그렇게 망할 것이다." ⁶예수께서는 이런 비유를 말씀하셨다. "어떤 사람이 자기 포도원에다가 무화과나무를 한 그루 심었는데, 그 나무에서 열매를 얻을까 하고 왔으나, 찾지 못하였다. ⁷그래서 그는 포도원지기에게 말하였다. '보아라, 내가 세 해나 이 무화과나무에서 열매를 얻을까 하고 왔으나, 열매를 본 적이 없다. 찍어 버려라. 무엇 때문에 땅만 버리게 하겠느냐?' ⁸그러자 포도원지기가 그에게 말하였다. '주인님, 올해만 그냥 두십시오. 그 동안에 내가 그 둘레를 파고 거름을 주겠습니다. ⁹그렇게 하면, 다음 철에 열매를 맺을지도 모릅니다. 그 때에 가서도 열매를 맺지 못하면, 찍어 버리십시오.'"

## 신학

오늘 본문은 우리의 가정, 경제, 종교, 운명 등의 현실에 막대한 영향을 끼칠 임박한 시간에 대한 불길한 징조로 가득 차 있다. 세례자 요한과 유사한 방식으로 예수는 세상의 변혁이 임박했음을 강조하고, 귀 있는 사람은 듣고 회개해야지만 하나님의 심판을 통과할 수 있다고 선포한다. 이 점을 강조하기 위해 예수는 청자들이 갖고 있는 오해부터 해결해야 했다. 죄와 고난에 관해서 이스라엘 사람들이 일반적으로 생각하던 것은 고통과 질병이 자신들이나 그들의 조상의 죄에 대한 하나님의 심판이라는 것이었다.

욥기에 나오는 욥의 친구들의 논점도 이와 비슷했다. 예수는 치유와 용서의 사역의 의미를 이해하고자 노력하는 제자들에게 이와 비슷한 문제에 대해 답해줘야 했다. "선생님, 이 사람이 눈먼 사람으로 태어난 것이 누구의 죄 때문입니까? 이 사람의 죄입니까? 부모의 죄입니까?"(요 9:2). 이 질문은 예수가 생애 마지막 몇 주간에 베풀었던 가르침의 서막의 성격을 갖는다. 갈릴리 사람들이 빌라도에게 학살당하고, 18명이나 되는 사람들이 실로암 탑이 무너져 죽었다. 그러나 이들은 죽지 않고 예수 앞에 서 있는 사람들보다 악한 사람들이 아니었다. 예수는 난해한 신정론적인 질문으로부터 주의를 돌려 바울이 나중에 로마서에서 언급했던 교리와 일맥상통하는 말씀을 제시한다. "모든 사람이 죄를 범하였습니다. 그래서 사람은 하나님의 영광에 못 미치는 처지에 놓여 있습니다"(롬 3:23). 예수는 명확한 방식으로 에덴의 한 사람의 죄 때문에 모든 인간이 하나님의 심판을 받게 되었다고 선언한다.

그러나 하나님의 심판은—이것은 하나님의 자비가 아니고 하나님의 분노의 표현으로 이해되는데— 피할 수 없는 것은 아니다. 그것은 회개에 달려 있다. 회개(metanoia)는 예수 그리스도와 그분의 사역에서 드러나는 하나님의 나라에 관한 선포를 받아들임으로, 이전의 사고방식과 행동을 완전히 바꿔버리는 것이다. 이것이 예수가 무화과나무의 비유를 통해 전하려는 내용이다. 이 비유는 구약성서에 나오는 하나님이 가꾸신 포도원에 관한 비유들과 유사하다(사 5:1-7; 욜 2:22). 어떤 이들은 이 비유를 알레고리적으로 접근해서 3년을 예수의 공생애 3년으로, 무화과나무를 이스라엘로 해석하기도 하지만 그것보다는 무화과나무를 예수의 설교를 듣고도 아무 반응을 보이지 않는 무감각하고 결단력 없는 사람들로 이해하는 편이 더 합당하다.

이 이야기는 부재지주가 흔했던 1세기 팔레스타인의 사회경제적 상황을 반영한다. 지주가 와서 포도원지기에게 땅만 헛되게 차지하는 무화과나무를 지적한다. 그러자 포도원지기는 이 나무의 수호자를 자처한다. 그는 이 나무가 풍성한 열매를 맺을 수 있도록 기꺼이 특별한 관심을 줄 것이다.

그는 이 나무에 1년의 기회를 달라고 간청한다. "그는 값싼 은총이나 말도 안 되는 특혜를 달라는 것이 결코 아니다. 단지 최종 결정을 내리기 전까지 가능한 모든 기회를 달라고 간청하는 것이다."* 주인은 동의하고 유예기간을 준다. 이 이야기에서 임박한 시간이 강조되지만, 그와 함께 하나님의 심판이 신적인 자비에 의해 완화될 수 있다는 점도 강조됨을 놓쳐서는 안 된다. 예수는 이 이야기를 통해 우리가 쉽게 이해하기 힘든 하나님의 본질을 우리에게 보여준다. 무화과나무의 이야기는 바울이 로마서 3:23의 내용을 받아 3:24("그러나 사람은, 그리스도 예수 안에서 얻는 구원으로 말미암아, 하나님의 은혜로 값없이 의롭다는 선고를 받습니다")에서 완결하는 것과 같은 방식으로 앞 단락의 이야기를 매듭짓는다.

그러나 선물은 치러야 할 값이 없다고 생각하면 오산이다. 그래서 예수는 회개를 강조했다. 나무를 뽑아버리지 않은 결정을 하나님의 진노가 자비로 완전하게 바뀐 것으로 여기는 것은 위험한 생각이다. 우리가 이 이야기를 알레고리로 여긴다면 열매를 맺을지 안 맺을지에 대한 결단은 나무가 해야 할 몫이다. 그런데 이 비유에서 주목해야 할 점은 포도원지기가 열매 맺는 일에 결정적인 역할을 한다는 것이다. 그는 우선 주인에게 간청하여 시간을 벌고, 그다음 나무가 열매를 맺을 수 있도록 나무 둘레를 파고 거름을 주면서 최선을 다해 보살핀다. 주석가들은 스스로 열매를 맺을 수 있는 능력에 관심을 두느라, 경작하여 지키는(창 2:15) 역할을 하는 포도원지기에 충분한 관심을 두지 않았다.

아우구스티누스는 거름의 중요성을 강조하면서 거름은 겸양을 상징한다고 했다.** 우리는 여기서 회개의 핵심을 본다: "우리가 아직 죄인이었을 때에 그리스도께서 우리를 위하여 죽으셨다"(롬 5:8). 뿌리 주위에 뿌려진 거름은 하나님께 우리를 의롭게 여겨달라고 간청하면서 예수가 흘린 보혈이다. 그 보혈의 공로로 우리는 하나님의 나라의 열매를 맺을 수 있게 된

---

* Sharon H. Ringe, *Luke* (Louisville, KY:Westminster John Knox Press, 1995), 185.
** Augustine, Sermon 254.3, in Arthur A. Just Jr., ed., *Luke, Ancient Christian Commentary on Scripture, New Testament*, vol. 3 (Downers Grove, IL: InterVarsity Press, 2003), 223.

다. 사순절은 회개의 계절이다. 그러나 속죄를 통한 성화는 예수 그리스도의 낮아지심을 우리의 것으로 만들지 않으면 아무것도 아닌 것이 된다. 그리스도는 "하나님의 모습을 지니셨으나, 하나님과 동등함을 당연하게 생각하지 않으시고, 오히려 자기를 비워서 종의 모습을 취하시고, 사람과 같이" 되셨다. 그는 "사람의 모양으로 나타나셔서, 자기를 낮추시고, 죽기까지 순종하셨으니, 곧 십자가에 죽기까지" 하셨다(빌 2:6-8).

## 주석

때 이른 갈릴리 사람들과 유대인들의 죽음에 대한 이야기와 열매를 맺지 못하는 무화과나무의 비유는 회개에 초점을 맞춘 예수의 예루살렘 여행에 대한 누가의 이야기(9:51-18:14)의 도입 부분이다. 이 단원은 헤롯이 예수를 죽이려 하고 예루살렘에 대한 예수의 탄식이 실린 지난주의 복음서 본문(13:31-35)으로 끝난다. 지난주와 이번 주 본문 모두 행정당국의 적대감에 대해 말하고 있다. 둘 다 임박한 죽음의 위협에 초점을 맞추고 있다. 셋째와 예루살렘 성은 두 이야기에 모두 포함되어 있다. 1-9절에서 시작되고 31-35절에서 끝나는 전체 단락의 중간에 겨자씨와 누룩의 비유(18-21)가 있다. 이 비유에서 하나님의 통치가 시작되고 자라난다고 말하는데 이는 회개의 촉구에 대한 확실한 기초를 주는 것이다.

갈릴리인들의 학살(1절)이 누가복음 외에는 어느 곳에서도 언급되지 않는다. 희생자들이 갈릴리 사람들이지만 사건은 예루살렘에서 일어난 것으로 추정된다. 왜냐하면 그들이 희생제물을 바치는 중에 살해되었기 때문이다. 희생제사를 정식으로 드릴 수 있는 장소는 오로지 예루살렘 성전뿐이다. 갈릴리 사람들은 분명히 예루살렘 성전으로 순례를 갔을 것이다. 예수도 마지막 예루살렘 순례 여정에서 갈릴리 사람들과 비슷한 운명에 처하게 된다. 동료 갈릴리 사람들과 마찬가지로 예수도 빌라도가 내린 결정으로 운명을 감수하게 된다.

대체로 1세기의 유대 자료들은 빌라도의 통치 기간을 잔인함과 불의로 규정하는데, 그런데 이러한 묘사는 이데올로기적인 이유가 있다. 예를 들어, 요세푸스는 빌라도의 행동들이 첫 유대전쟁(주후 66~73)을 야기한 도발적인 행동들임을 보여주고자 한다. 복음서에서는 빌라도가 예수를 정죄했다고 제시하지만, 그렇게 하는 것을 주저한 것처럼 보인다. 그는 유대 종교 지도자들과 군중들의 예수를 반대하는 외침에 밀려 불의한 선고를 하도록 강요당한다. 복음서 저자들이 이렇게 기술하는 것도 호교론적 이유가 있다. 그들은 예수의 죽음에 대한 로마 권력의 책임을 최소화하려 한다. 물론 로마 권력은 팔레스타인 통치에 있어 어떤 반대에 대해서도 관용이 없었으며, 또한 갈릴리는 반란지도자들의 출신지였다. 이 중에 가장 유명한 사람은 갈릴리 유다(Judas the Galilean)였는데, 그는 예수 탄생 즈음에 로마의 세금부과에 반대해 반란을 일으킨 사람이다. 요세푸스는 유다를 젤롯당의 창설자로 보고 있는데, 그들은 로마의 과세에 대해 저항하도록 사람들에게 촉구했다. 아마도 예루살렘에 희생제사를 드리러 온 갈릴리 사람들은 유다가 몇 년 전에 그랬듯이 유대에서 반란의 행동을 선동하려 했다고 빌라도가 의심할 수 있는 말이나 행동을 했을 것이다.

마찬가지로, 실로암 탑이 무너진 사건(4)도 다른 데서 언급하지 않고 있다. 예수 당시의 예루살렘 성벽은 실로암 못을 돌아가는데 바로 그러한 전략적 장소에 실로암 탑이 있었던 것 같다. 요한복음에는 실로암 못에서 죄와 비극적 사건의 연관성에 대한 질문을 다루는 이야기가 있다(요 9:1-7).

성전에서 갈릴리 사람들의 죽음과 실로암 탑이 무너져 18명의 사람이 죽은 사고를 언급하면서 예수는 죄와 고난의 연관성을 제기하고 있다(2, 4). 고난이 죄에 대한 형벌이라는 것은 성서에 많이 나온다(신 28:15; 욥 4:7-8; 잠 10:24-25; 겔 18:26-28 등을 보라). 예수 당시에 유행했던 신명기 사관의 신학은 토라(율법)에 복종하면 축복을 받고, 불복종하면 저주를 받는다고 말한다. 여기에서 예수는 그러한 견해를 분명히 반박한다. 어느 사람의 의와 불의는 그 사람에게 내린 재앙과 아무런 상관이 없다는 것이다. 예수가 이 두 불행한 사건에서 주려는 교훈은 회개의 필요성이다. 갈릴리 사람들의 이른 죽음과 실로암 탑에 깔려 죽은 사람의 이야기는 사람들에게 회개를 미루는 것이 심각한 실수라는 것을 상기시킨다. 예수는 사람들이 너무 늦기 전에 그의 말씀에 적극적으로 반응하도록 요청한다. 이러한 긴급성은 종말론적 경향에서 나온 예수의 말씀들을 반영한다. 예수는 마지막 때가 가까이 왔으며, 극적인 운명의 반전이 하나님의 통치가 개입할 때에 일어난다고 확신했다. 빠르게 다가오는 세대의 종말을 준비하기 위해 회개해야 하는데, 회개를 위해 남은 시간이 많지 않다는 것을 기억해야 한다.

예수는 열매를 맺지 못하는 무화과나무의 비유(6-9)에서 심판 날이 다가온다는 그의 메시지를 강조한다. 이 비유는 구약의 두 본문을 연상케 한다. 미가 7:1은 이스라엘에게서 정의를 찾는 것을 그가 키우는 포도밭에서 무화과 열매나 포도알이 하나도 없는 것을 발견하는 좌절한 농부의 심정과 비교하고 있다. 이사야의 포도원 노래(사 5:1-7)에서도 잘 가꾸어진 포도원에서 포도를 제대로 수확하지 못하는 것을 묘사하고 있다. 예수가 이러한 익숙한 이미지를 비트는 것은 하나님의 인내를 강조하려는 것이다. 3년은 무화과나무가 열매 맺기에 충분한 시간이다. 논리적으로 보면 열매 맺지 못하는 나무를 뿌리 뽑아서 열매를 맺는 나무에 영양을 공급하는 데 사용할 수 있는 귀중한 땅을 차지하지 않도록 하는 것이다. 분명히 책임져야 할 사람들이 있었겠지만, 엄청난 하나님의 자비는 누가복음의 중요한 주제이다(15:1-32의 예). 물론 사람들은 하나님의 자비에 응해야만 한다(13:8-9). 무화과나무는 열매를 맺는 자기 능력을 입증해야 할 또 한 해가 주어졌지만, 만약에 그 일에 실패한다면 잘릴 수밖에 없다.

## 목회

독선적인 분노. 감정이 요리라면, 이것은 우리가 떠나지 못하면서 몇 번이고 돌아가고 싶어 하는 가장 흥미로운 음식일 것이다. 분노 그 자체는 별로 맛이 없다. 그것은 맛이 쓰고, 뒷맛을 남긴다. 반면 독선에는 분노를

217

억누를 수 없게 만드는, 전혀 특별할 것 없는 햄버거 양념이 있다. 독선적인 분노는 쉽게 가라앉는다. 그래서 우리가 우월하다고 느끼게 한다. 그것은 우리를 우리의 적들은 말할 것도 없고, 하찮은 인간들보다 높은 곳에 올려놓는다. 우리가 그것을 우리 접시에 담아 가지고 있는 한 이 지겨운 세상에서 우리를 혼란스럽게 하는 우울함은 사라진다. 우리는 좋은 사람이고 다른 사람들은 나쁜 놈들이라는 건 명백하다. 만약 이것으로 충분하지 않다면, 독선적인 분노는 놀랍게 다시 가열된다. 그것은 오븐에서 둘째나 다섯째나 예순째 나온 것처럼 맛있다.

하지만 지금은 사순절이고, 기독교 전통에서 사순절은 오랫동안 메뉴를 엉망으로 만드는 계절이었다. 오늘날의 복음서 읽기의 경우가 확실히 그렇다. 예수는 같은 민족이고 고향 사람인 갈릴리 친구들과 어울리고 있다. 이런 우호적인 분위기에서 그들은 독선적인 분노라는 요리를 내놓는다. 그들은 그에게 말하기를 "빌라도가 갈릴리 사람들을 학살해서 그 피를 그들이 바치려던 희생제물에 섞었다"고 한다(눅 13:1).

실수하지 말라. 이것은 화를 낼만 한 것이 될 수도 있다. 빌라도와 로마의 앞잡이들이 잔혹 행위에 가담하지 않았다고 해도 빌라도가 병사들을 성전의 거룩한 구역 안으로 들여보내서 사람들, 우리 고향 사람들을 도살장의 양처럼 죽인 것(들어 보았나?)은 충분히 악한 일이다. 더구나 단순히 도살장의 양처럼 한 것이 아니라, 거룩한 희생제물로 잡은 양의 피에 애국자들의 피를 하나로 섞었다. 이보다 더 폭력적이고, 더 비난받을 만하고, 더 정죄되어야 할 일이 있을까? 이보다 더 분명하게 우리를 진짜 악함에서 분리할 수 있는 것이 있을까?

제1차 세계대전 동안, 독일군에 대한 무시무시한 이야기는 독일에 대항하는 국가들의 후방으로 전해졌다. 독일 군인들이 그들의 적군의 유아를 공중에 던져서 총검으로 찌르는 비인간적인 일을 했다는 것이다. 1993년에 미국이 쿠웨이트에서 이라크군을 축출하기 전에, 미국 의회는 이라크 군인들이 병원에 침입해서 인큐베이터에 있는 신생아들을 꺼내서 차가운 바닥에서 죽게 했다는 이야기를 들었다. 이 두 이야기는 모두 거짓이었으며, 적개심과 복수심을 불러일으키기 위한 미끼였다는 것이 밝혀졌다. 그 당시에 이 이야기들에 대해 의문을 제기하고 근거를 찾으려고 했던 사람들은 국가에 대한 불충 혐의로 기소되었다. 소시지나 치즈를 계속 즐기고 싶으면 만드는 걸 보아서는 안 된다는 말이 있다. 독선적인 분노에 대해서도 이 말은 사실이다. 그것은 너무 자세하게 조사하지 않는 것이 가장 좋고, 같은 편이 확실한 동료들과 함께 먹는 것이 가장 좋은 음식이다.

우리는 갈릴리 사람들이 예수에게 이야기한 잔인한 일이 실제로 일어났는지 아닌지 알 길이 없다. 분명한 것은 그것이 예수의 민족주의적 동정심에 호소했다는 것이다.* 사람들은 예수가 그 이야기를 듣고 그의 고향 사람들처럼 도덕적 우월감에 자극을 받아서 외부인인 로마인들의 비인간적인 악한 힘에 저항할 거라고 기대했다. 그렇지만 예수는 그렇게 하지 않았다. 예수는 빌라도나 로마인들의 잔인함에 집중하지 않았다. 그 대신 예수는 관심을 그에게 질문한 사람들, 그의 고향 사람들에게 돌렸다. 당신들이 말하는, 빌라도의 손에 수난을 당했다는 갈릴리 사람들이 '다른 모든 갈릴리 사람보다 더 큰 죄인'이라고 생각하는가? 실로암의 탑을 짓다가 무너져서 죄 없이 죽은 사람들에 대해서는 어떤가? 그들은 깔려 죽지 않은 사람들보다 더 나쁜가? 예수는 이런 수사적 질문에 대하여 명백하게 응답한다. "그렇지 않다. 내가 너희에게 말한다. 너희도 회개하지 않으면, 모두 그렇게 망할 것이다"(2-5).

예수는 그의 고향 사람들에게 로마인들이 선함의 전형이라거나 그들의 억압을 억압이 아닌 다른 어떤 것이라고 말하지 않는다. 그렇지만 예수는 자기 자신이나 그에게 질문하는 사람들을 그들의 원수에 의해 규정되게 하지 않는다. 예수는 그의 동료 갈릴리 사람들과 함께 독선적인 분노에 참여하지 않을 것이다. 누가복음에서 자주 보이는 것처럼, 예수는 '스스로 의롭다고 확신하고 남을 멸시하는 몇몇 사람'(18:9)들과 맞선다. 죄를 판단할

---

* On atrocity storytellers and Luke 13:1-5, see Kenneth E. Bailey, *Through Peasant Eyes*, 75-79, in *Poet and Peasant; Through Peasant Eyes*, combined ed. (Grand Rapids: Eerdmans, 1983).

때, 이웃이나 원수에게서 티를 찾기 전에 자신의 눈에서 통나무를 찾는 것이 최선이다(6:37-42).

모든 사람이 세상의 악 때문에 다른 모든 사람을 비난하려고 한다는 점에서 우리는 잔인한 소문을 전하는 갈릴리 사람들과 별반 다르지 않은 시대에 살고 있다. 그리스도인들은 무슬림을 비난하고 무슬림은 그리스도인들을 비난한다. 근본주의자들은 할리우드, 미국시민자유연맹, 동성애자들을 비난한다. 자유주의자들은 근본주의자, 군국주의자, 제약회사들을 비난한다. 그 소음 가운데서 예수는 말한다. "잠깐만, 집에 있는 오래된 무화과나무를 생각해 봐. 오랫동안 많은 열매를 맺지 못한 나무. 농장주인은 말하지. '이 빌어먹을 나무를 잘라버리자.' 농장의 수석 정원사가 말했어. '먼저, 제가 주변의 땅에 공기를 통하게 하고 빈약한 땅에 거름을 주게 해 주세요. 그러고 나서 나무에게 일 년만 더 주세요. 그러고서도 열매를 맺지 못하면, 찍어 버리세요.'"(눅 13:6-9).

그래서 우리가 지구 위의 악을 제거하려고 완전군장을 하고 우리의 영웅적인 이미지를 불러일으키기 시작할 바로 그때, 예수는 도덕적으로 오만한 우리를 때려눕히신다. 예수는 우리에게 거름과 변변치 못한 나무의 이야기를 들려주어서, 우리를 땅으로 내려오게 하고 우리 자신으로 돌려보낸다. 예수는 말한다. "혹시 너희가 무화과나무 같다면 어떨지 스스로에게 물어보라. 너희가 열매를 맺는지, 아니면 자리만 차지하고 있는지."

이 이야기는 독선적인 분노에 대한 입맛을 망치기에 충분하다. 그래도, 지금은 사순절이고, 사순절은 메뉴를 엉망으로 만든다.

## 설교

이 본문은 어떤 면에서 목회적인 것으로 인간의 깊은 고민과 고통에 대한 예수의 답변을 요청하고 있다. 나는 어릴 적에 나이든 분들이 가벼운 불행을 당한 사람에게 농담조로 "네가 잘 처신하지 못해서 그래"라고 말하는 것을 들었다. 나는 이 말을 진짜로 심각한 상처를 입은 사람에게 하는 경우를 결코 보지 못했다. 하지만 사람들은 일이 실패했을 때, 견디기 힘든 짐을 떠안게 되었을 때, 일이 안 풀리다가 더 악화되었을 때, 고통과 절망으로 눈물의 골짜기를 걷게 될 때 이런 말을 하곤 한다: "왜?" "왜 나에게 이런 일이?" 그냥 일어난 일을 무슨 의미가 있어서 그런 것이라며 고통 속에서 그 의미를 찾으려는 사람들을 볼 때 옛날 듣던 그 말, 곧 "네가 잘 처신하지 못해서 그래"라는 말이 슬그머니 생각이 난다.

상식적으로, 분명한 결과에는 설명 가능한 원인이 있다. 우리는 보통 누군가에게 설명해 줌으로써 위로해 주려고 한다. 그것은 그런 상황에서 자연스러운 것이다. 욥의 친구들이 다양한 방식으로 이런 면을 보여준다. 욥이 모든 것을 잃었을 때 한 친구는 "내가 본 대로는, 악을 갈아 재난을 뿌리는 자는 그대로 거두더라"(욥 4:8)고 말했다. 다른 친구는 "네가 하나님을 간절히 찾으며 전능하신 분께 자비를 구하면, 또 네가 정말 깨끗하고 정직하기만 하면, 주님께서는 너를 살리시려고 떨치고 일어나실 것이다"(욥 8:5-6)라고 하였다. 또 다른 친구는 지금보다 더 나빠졌을 수도 있었다며 이렇게 말했다: "너는 하나님이 네게 내리시는 벌이 네 죄보다 가볍다는 것을 알아야 한다"(욥 11:6).

예수께서는 인간이 당한 끔찍한 이야기를 하러 온 사람들에게 직접적이고 단호하게 그러한 일은 거의 모든 인간이 겪는 것이라며 이렇게 말했다: "이 갈릴리 사람들이 이런 변을 당했다고 해서, 다른 모든 갈릴리 사람보다 더 큰 죄인이라고 생각하느냐? 그렇지 않다"(눅 13:2-3). 솔직히 하나님께서 우리들의 죄와 관련하여 심판과 저주를 내리셨다면 아마 이 지구상에 어느 누구도 살아남지 못했을 것이다. 본문에서 예수께서는 심오하고 복잡한 질문에 대해 간단하게 답을 말하지 않고, 깊은 고통에 대해 즉석 답변으로 해결하려는 시도도 하지 않으며, 얕은 신학적 사고로 대응하지도 않는다. 분명히 예수께서는 여기에서 인간이 당하는 고통에 대해 목회적으로 대응하고 있다.

하지만 여기에는 또한 선교적 과제와 메시지가 있다. 왜냐하면 예수께

사순절 셋째 주일

서 그렇지 않다고 말한 후에 계속해서 그의 말을 들은 사람들이 지녀야 할 책임에 대해 이야기하고 있기 때문이다. "이 갈릴리 사람들이 이런 변을 당했다고 해서, 다른 모든 갈릴리 사람보다 더 큰 죄인이라고 생각하느냐? 그렇지 않다. 내가 너희에게 말한다. 너희도 회개하지 않으면, 모두 그렇게 망할 것이다"(2-3). 이러한 인식을 다른 비극적 상황에 적용한 후 예수께서는 열매를 맺지 못하는 무화과나무를 돌보기로 결심한 한 정원사에 대한 비유를 말한다.

예수께서 돌아가실 때에 아무것도 하지 못했던 누가복음에 기술된 몇 및 제자들처럼, 이해하기 어려운 일을 만났다거나 우리가 알 수 있는 것은 한계가 있다는 핑계로 아무것도 안하고 슬프게 바라보기만 해서는 안 된다. 예수께서는 자신의 일을 하고 있는 것이다. 장차 예수의 제자가 될 사람들, 성령의 능력으로 그의 뒤를 따를 사람들 역시 그 일을 하고 있다. 많은 것이 불확실하다. 이해할 수 없는 일도 많을지 모른다. 결국 미래는 하나님 손에 달려있게 되겠지만 우리는 그 미래를 여는 일을 함께하게 될 것이다. 바로 이 지점이 우리의 책임이 있는 곳이다. "주님의 영이 내게 내리셨다. 주님께서 내게 기름을 부으셔서, 가난한 사람에게 기쁜 소식을 전하게 하셨다. 주님께서 나를 보내셔서, 포로 된 사람들에게 해방을 선포하고, 눈먼 사람들에게 눈 뜸을 선포하고, 억눌린 사람들을 풀어 주고, 주님의 은혜의 해를 선포하게 하셨다"(4:18-19).

나는 모어하우스 대학(Morehouse College) 학장을 역임했던 고(故) 벤자민 엘리야 메이스(Dr. Benjamin Elijah Mays) 박사가 "신앙은 당신의 최선을 다하는 것이고 하나님께 나머지를 맡기는 것"(필자가 풀어서 쓴 것)이라고 한 말을 들은 적이 있다. 이 복음서 본문을 선교적 관점에서 읽으면 예수의 발자취를 따르는 사람들은 예수의 이름과 영으로 이 세상에 대해 증인의 역할을 해야 한다. 이 증인 역할의 결과는 우리가 알아야 할 것이 아니다. 하나님의 나라에서 일하면서 그 결과를 아는 것은 우리의 몫이 아니다. 우리의 과제는 알 수 없는 모든 것에 대한 답을 얻으려 하지 않고 다만 일하는 것이다. 제자들의 할 일은 증인의 역할을 하고 그런 다음에 기다리는 것, 즉 우리의 최선을 다하고 결과를 하나님께 맡기는 것이다. 예수께서 기도를 가르쳐 주실 때 "나의 나라가 임하옵시고" 혹은 "우리의 나라가 임하옵시고" 하지 않았고 "당신의 나라가 임하옵시고 당신의 뜻이 이루어지이다"라고 하지 않았는가?

어떠한 신앙고백서도 말할 수 있는 모든 것을 담고 있지는 않다. 어느 기도도 우리의 신앙을 전부 다 표현하지 못한다. 어떠한 심방도 모든 것을 다 해 주지는 못한다. 어떤 프로그램도 교회의 사명을 완성시키지 못한다. 어떠한 목적이나 목표도 필요한 모든 것을 다 담고 있지는 않다. 우리는 언젠가 자라게 될 씨를 심는다. 우리는 그 씨앗들이 미래의 약속을 지니고 있다는 사실을 알면서 이미 심은 씨앗에 물을 준다. 우리는 장차 발전하는 데 필요한 기반을 마련한다. 우리는 우리 능력을 넘어서 효과를 내는 누룩을 공급한다.

우리가 모든 것을 할 수 있는 것은 아니다. 또 그것을 깨달았을 때 어떤 해방감이 있다. 우리가 행동의 결과로부터 자유하게 될 때, 무언가를 할 수 있게 되고 또 잘하게 된다. 우리는 마지막 결과를 결코 모를 수도 있는데 바로 그 점이 건축가와 일꾼의 차이이다. 우리는 일꾼이지 건축가가 아니다. 우리는 목회자이지 메시아가 아니다. 우리는 우리 시대가 아닌 미래에 대한 예언자이다.

# 사순절 넷째 주일
누가복음 15:1-3, 11b-32

¹세리들과 죄인들이 모두 예수의 말씀을 들으려고 그에게 가까이 몰려들었다. ²바리새파 사람들과 율법학자들은 투덜거리며 말하였다. "이 사람이 죄인들을 맞아들이고, 그들과 함께 음식을 먹는구나." ³그래서 예수께서는 그들에게 이 비유를 말씀하셨다.

¹¹"어떤 사람에게 아들이 둘 있는데 ¹²작은 아들이 아버지에게 말하기를 '아버지, 재산 가운데서 내게 돌아올 몫을 내게 주십시오' 하였다. 그래서 아버지는 살림을 두 아들에게 나누어 주었다. ¹³며칠 뒤에 작은 아들은 제 것을 다 챙겨서 먼 지방으로 가서, 거기서 방탕하게 살면서, 그 재산을 낭비하였다. ¹⁴그가 모든 것을 탕진했을 때에, 그 지방에 크게 흉년이 들어서, 그는 아주 궁핍하게 되었다. ¹⁵그래서 그는 그 지방의 주민 가운데 한 사람을 찾아가서, 몸을 의탁하였다. 그 사람은 그를 들로 보내서 돼지를 치게 하였다. ¹⁶그는 돼지가 먹는 쥐엄 열매라도 좀 먹고 배를 채우고 싶은 심정이었으나, 그에게 먹을 것을 주는 사람이 없었다. ¹⁷그제서야 그는 제정신이 들어서, 이렇게 말하였다. '내 아버지의 그 많은 품꾼들에게는 먹을 것이 남아도는데, 나는 여기서 굶어 죽는구나. ¹⁸내가 일어나 아버지에게 돌아가서, 이렇게 말씀드려야 하겠다. 아버지, 내가 하늘과 아버지 앞에 죄를 지었습니다. ¹⁹나는 더 이상 아버지의 아들이라고 불릴 자격이 없으니, 나를 품꾼의 하나로 삼아 주십시오.' ²⁰그는 일어나서, 아버지에게로 갔다. 그가 아직도 먼 거리에 있는데, 그의 아버지가 그를 보고 측은히 여겨서, 달려가 그의 목을 껴안고, 입을 맞추었다. ²¹아들이 아버지에게 말하였다. '아버지, 내가 하늘과 아버지 앞에 죄를 지었습니다. 이제부터 나는 아버지의 아들이라고 불릴 자격이 없습니다.' ²²그러나 아버지는 종들에게 말하였다. '어서, 가장 좋은 옷을 꺼내서, 그에게 입히고, 손에 반지를 끼우고, 발에 신을 신겨라. ²³그리고 살진 송아지를 끌어내다가 잡아라. 우리가 먹고 즐기자. ²⁴나의 이 아들은 죽었다가 살아났고, 내가 잃었다가 되찾았다.' 그래서 그들은 잔치를 벌였다. ²⁵그런데 큰 아들이 밭에 있다가 돌아오는데, 집에 가까이 이르렀을 때에, 음악 소리와 춤추면서 노는 소리를 듣고, ²⁶종 하나를 불러서, 무슨 일인지를 물어 보았다. ²⁷종이 그에게 말하였다. '아우님이 집에 돌아왔습니다. 건강한 몸으로 돌아온 것을 반겨서, 주인 어른께서 살진 송아지를 잡으셨습니다.' ²⁸큰 아들은 화가 나서, 집으로 들어가려고 하지 않았다. 아버지가 나와서 그를 달랬다. ²⁹그러나 그는 아버지에게 대답하였다. '나는 이렇게 여러 해를 두고 아버지를 섬기고 있고, 아버지의 명령을 한 번도 어긴 일이 없는

데, 나에게는 친구들과 함께 즐기라고, 염소 새끼 한 마리도 주신 일이 없습니다. [30]그런데 **창녀**들과 어울려서 아버지의 재산을 다 삼켜 버린 이 아들이 오니까, 그를 위해서는 살진 송아지를 잡으셨습니다.' [31]아버지가 그에게 말하였다. '얘야, 너는 늘 나와 함께 있으니 내가 가진 모든 것은 다 네 것이다. [32]그런데 너의 이 아우는 죽었다가 살아났고, 내가 잃었다가 되찾았으니, 즐기며 기뻐하는 것이 마땅하다.'"

## 신학

누가복음 본문의 앞 단락(12:54-13:9)이 예수의 말씀을 듣고 즉각적으로 응답하는 것이 중요하다는 점을 강조했다면 15장에 나오는 비유들은 죄인의 회개를 하나님이 어떻게 받아들이시는가에 대해 말하고 있다. 본문의 배경을 중요하게 여겨야 한다. 죄인들과 세리들이 예수의 말씀을 들으려고 몰려드는 것을 보고 바리새파 사람들과 율법학자들은 계속 투덜거렸다. 15장의 비유들은 4:18-19에서 예수의 사역이 시작될 때 언급되었던 '주님의 은혜의 해'의 선포의 배경하에서 고려되어야 한다.

포로된 사람을 해방시키는 것은 이 비유의 탕자와 같은 삶을 사는 사람들에게는 특별히 좋은 소식이다. 이야기 속의 작은 아들은 깊은 죄에 빠진 인간을 대표한다. 모든 인간이 보편적으로 깨닫는 것처럼, 버림받았다는 느낌은 죽음보다 더 처절한 것이고, 그 상황이 자신의 허영과 욕망과 자만에 의해 생긴 것이라면 더 그러하다. 아주 짧은 시간에 그는 가족을 등지고, 고향의 안락함을 떠나고, 돼지를 쳤다는 사실에서 드러나는 것처럼, 자신의 종교적인 유산을 버렸다. 가장 기본적인 관계가 다 단절되고 나니 그는 사실상 인간이 아니었다. 그러나 그런 그의 상황에서도 희망이 전혀 없는 것은 아니었다. 왜냐하면 그는 자신의 비행이 시작될 때 그가 내뱉었던 첫 마디, 즉 '아버지'라는 단어를 다행히도 아직도 말할 수 있었기 때문이다.

은총은 이 비유의 핵심이다. 그런데 이 은총은 스캔들의 성격이 강한

225

은총이다. 이 은총은 이 세상의 법과 관습을 모두 무시하려 한다. 우리가 작은아들과 우리가 비슷하다는 것을 너무 강조하다 보면, 이 비유의 중심이 되는 요점을 놓치게 된다. 그 요점은 "아직도 먼 거리에 있는데… 그를 보고 측은히 여겨" 달려가 자식을 껴안는 아버지의 특별한 사랑이다. 우리는 여기서 아버지가 매일 그의 아들이 돌아오기를 간절히 기다리며 기도하고 있었다는 것을 추측할 수 있다. 잃은 양을 찾기 위해 사방을 돌아다니는 목자나, 잃어버린 동전을 찾기 위해 온 방 안을 샅샅이 뒤지는 여인처럼 이야기 속의 아버지는 자신이 사랑으로 뿌린 씨가 아들의 귀환을 통하여 결실을 맺을 것이라는 희망을 버리지 않았다.

이런 사랑과 은총의 경륜은 그 흥청망청한 낭비성 때문에 우리를 놀라게, 혹은 화나게 만든다. 이 세상 사람들은 적당한 수준에서 작은아들이 용납되는 것은 수용한다. 그 아들이 원했던 것처럼 먹을 것을 주는 정도는 허용한다. 그런데 하나님의 관점에서는 단지 아들이 돌아왔다고 기뻐하는 것으로는 부족하다. 기쁨은 풍성함을 통해 완성되어야 한다. 가장 좋은 옷과 가장 귀한 반지와 가장 살찐 송아지를 하나도 아낄 수 없다. 이것이 은총의 놀라운 측면이다. 우리가 영적으로나 육적으로나 아담의 죄에 속박되어 있을 때 하나님의 성령이 우리로 하여금 구원의 언어인 '아버지'를 말할 수 있게 한다. 하나님은 우리를 만나기 위해 달려 나오신다 – 그의 아들을 통해서. 우리가 죽음보다 더 처절한 운명이 '잃어버린 상태'라고 알고 있었지만, 이제 우리는 신앙 속에서 생명 자체보다 더 중요한 것은 우리가 찾아졌다는 것을 깨닫고 사는 것임을 확인한다. 우리가 돌아올 때 하나님은 주체할 수 없는 기쁨으로 우리를 맞으신다.

아직 우리가 고려해야 할 또 하나의 인물은 큰아들이다. 큰아들은 동생이 그의 유산을 갖고 온갖 향락을 위해 탕진할 때 스스로 아버지의 종이 되어 집을 지키면서 늘 충실한 아들의 역할을 가까이서 감당했다. 본문의 배경을 볼 때 큰아들을 통해 예수는 다른 사람을 죄인이라고 차별하는 바리새파 사람들과 율법학자들에게 자신들의 잘못을 깨달을 기회를 준 셈이었다. 그러나 이 비유 속에서도 유대인의 이방인에 대한 차별이 깔려 있다는 것도 생각해 보아야 한다.

우리는 큰아들과 같은 입장에 서서 판단하는 것이 더 익숙할지도 모르겠다. 아니, 그렇게 하지 않을 때 우리는 반법주의(antinominianism: 하나님의 은혜로 구원을 받은 사람은 율법을 지킬 필요가 없고, 죄가 문제가 되지도 않는다는 입장 _ 역자 주)의 위험에 빠질지도 모르겠다.

큰아들의 반응에 대해 생각해 보면, 오랫동안 교회에 다니고 있는 우리들이 여러 면에서 큰아들과 같은 죄를 짓고 있는 것은 아닌지 묻게 된다. 자만심, 질투, 화, 자기의(自己義) 등은 세례를 통해 하나님의 은총의 수혜자가 된 우리가, 탕자가 돌아올 때 함께 기뻐하지 않는다면, 두드러지게 드러나는 죄이다. 죄는 여전히 우리의 구원을 훼손하고 성화를 방해한다. 우리는 타인에게서 최악의 것을 찾아내려 한다. 자기 동생의 이야기를 '창녀' 운운하면서 나쁘게 표현하는 형처럼, 우리는 우리 가운데 있는 사람들의 단점을 과장하기도 한다. 우리는 어떤 일의 진행이 우리에게 어떤 영향을 미치는지에 관심이 있지, 그것이 그리스도의 몸의 유익을 위한 것인지에는 무관심하다. 우리는 옳다고 생각하여 늘 하던 방식에 집착하면서 남들이 우리가 진실함을 알아주기를 (살찐 송아지나 염소 새끼를 잡아주지는 못하더라도) 기대한다. 우리는 우리 자신의 기준으로 세상을 판단하고, 자비보다는 정의를 앞세우는 데 익숙해 있다.

탕자의 비유는 그에 대한 대안적 관점을 제시한다. 그 관점은 아직 충분히 이해되지도 않고 모호한 왕국의 입장에서 바라보는 시각이다. 여기에서는 '마땅히 되어야 할 방식' 대신에, 다음과 같은 구호가 작동한다: "자비가 정의를 폐기한다", "풍성함이 분노를 이긴다", "방탕한 자녀들이 부모의 환대 속에 집으로 돌아온다." 이것은 엄청난 은총의 스캔들이요 대단한 기쁨의 원인이다.

## 주석

본문은 잘 알려진 '탕자의 비유'인데 잃어버린 것을 찾는 하나님에 대한 세 가지 비유 중의 하나이다. 나머지 둘은 '잃어버린 양의 비유'(15:4-7)와 '잃어버린 동전의 비유'(15:8-10)다. 15장 처음에서 이 비유들은 바리새인과 서기관들이 제기한 예수가 죄인들과 함께한다는 불평에 대한 답변으로 주어졌다고 말한다. 비유들은 예수가 잃어버린 자들을 찾는 것 외에 다른 선택은 없다는 것을 보여준다.

탕자의 비유에는 세 중요 인물, 즉 아버지와 두 아들이 나온다. 그들의 각자의 행동은 의미가 있다. 비유는 둘째 아들의 아버지에 대한 부끄러운 행동으로 시작한다. 둘째 아들은 가족의 연대라는 가치를 무시했을 뿐만 아니라 그의 아버지가 죽기도 전에 유산을 요구했는데 이는 아버지에게 커다란 모욕이 될 수 있는 행동이다. 놀랍게도 아버지는 작은아들의 계획을 포기하도록 요구하는 가부장의 권위를 부리지 않았다. 큰아들은 침묵한다. 분명히 큰아들도 동생의 부끄러운 요구나 아버지의 묵인에 반대하지 않았다.

둘째 아들이 요구한 유산은 아마도 가족 소유 토지 중의 일부였을 것이다. 아마도 땅을 판 뒤에 집을 떠나 그 판돈으로 불명예스러운 생활을 하는 데 낭비하였다. 예수의 청중들은 땅을 판 돈을 탕진한 것뿐만 아니라 땅을 팔았다는 것에서도 충격을 받았을 것이다. 유대인들이 조상의 땅을 유지하려는 것은 단순히 토지 기반 경제의 문제만은 아니었다. 그것은 종교적인 문제이기도 했는데 왜냐하면 유대인들은 선조들의 토지의 지분을 하나님이 그들의 가족에게 주신 선물로 여겼기 때문이다.

이야기 속의 위기는 둘째 아들이 살던 외국 땅에 흉년이 오면서 시작되었다. 그는 재산을 다 탕진했기에 이러한 흉년에 살아갈 자원이 없었다. 생존을 위해 그는 이방인을 위해 돼지를 치는 모욕을 감수했다. 그는 돼지가 먹는 음식이라도 먹어 배를 채우려 했지만, 그것도 어려웠다. 탕자는 그가 살아남을 수 있는 유일한 방법은 그의 아버지의 집으로 돌아가는 것이라고 생각했다. 그는 아들의 지위를 다시 요구할 수 없다고 생각했다.

장면은 다시 팔레스타인으로 돌아가는데, 체면이 손상당한 아버지의 행동은 전혀 예상치 못한 것이었다. 보통 아들의 행동으로 인해 부끄러움을 당한 아버지들은 자식과 의절한다. 그런데 그 아버지는 아들이 돌아오기만을 기다리고 있었다. 멀리서 아들을 보자마자 달려가 맞았는데 이는 보통 가부장적인 유대인 아버지들이 절대로 하지 않을 행동이다. 아들의 귀환에 대해 아버지가 한 행동—입을 맞추고, 옷과 반지를 선물하고 잔치를 여는 것—은 그의 아들에 의해 공개적으로 망신을 당한 그런 아버지가 할 수 있는 행동은 아니다. 아버지가 마련한 잔치는 아들이 이웃들에게 끼친 잘못을 보상하기 위해 꼭 필요했다. 그들은 탕자의 행동이 전통적 가치를 손상시키고 대단히 나쁜 선례를 만든 것으로 생각했다. 이 잔치는 작은아들이 이웃의 좋은 은혜로 돌아가는 데 도움이 되었다.

잔치가 진행되는 동안 큰아들이 다시 등장한다. 그는 질투와 분개에 사로잡혔다. 아버지는 잃어버린 작은 아들에게 손을 내밀었듯이 이제 그의 동생과 같이 또 잃어버릴 위험에 처한 큰아들에게도 손을 내민다. 아버지는 손님들에게 결례를 무릅쓰고 동생의 돌아옴을 함께 기뻐하도록 설득하기 위해 자리를 떴다. 이 지점에서 비유는 끝난다. 우리는 큰아들이 아버지가 동생의 귀환을 받아들이는 것에 대해 수용했는지 알 수 없다. 마치 예수가 바리새인들과 서기관들에게 죄인들인 형제자매들을 받아들이는 것에 동참하기를 요구할 때 그들이 하나님의 은혜로운 자비를 함께 기뻐했거나, 아니면 큰아들과 같이 잔칫집에 들어가기를 거부하고 밖으로 나와 예수가 와서 이룬 하나님과 죄인 사이의 화해에 대해 유감을 나타낼 수도 있다.

아버지와 아들 사이의 화해는 아들이 행한 일로 일어난 것이 아니라 아버지가 한 일로 일어난 것이다. 작은아들과 아버지는 1세기의 유대인 문화에서 부모와 자녀의 행동으로 예상된 것과는 반대이다. 작은아들의 허영은 이기적 목적에서 나온 것이다. 아버지의 행동—그의 아들에 의해 존중받지 못하고 당한 수모를 처리하는—이 화해가 일어나도록 만들었다. 아버지와 작은아들은 작은아들이 이웃과 화해했듯이 화해했다. 화해의 서클 밖에 서

229

있는 사람은 큰아들뿐이다. 큰아들의 행동은 아버지에게 또 다른 수치이다. 아들들은 그의 아버지에게 충성과 복종의 의무가 있다. 아버지는 작은 아들이 했던 것과 같이 큰아들이 행한 굴욕도 받아들였다. 아버지는 큰아들에게 간청하는 자세를 취했는데 이는 초기 유대교의 가부장적 문화에서는 큰 굴욕이 되는 것이다.

15장은 죄인을 받아들이고 함께 식사하는 예수에 대한 바리새인과 서기관들의 문제 제기로 시작한다. 그리고 아버지가 잘못한 작은아들을 받아들이고 큰아들이 이웃과 작은아들을 위한 잔치에 참여하도록 간청하는 것으로 끝나는데, 이것은 가족 구성원과 더 큰 공동체의 회복을 표시하는 것이다. 비유는 암시적인 질문으로 끝난다: 바리새인과 서기관들은 예수가 죄인들을 받아들이고 식사하는 자리에 동참했을까?

## 목회

J. R. R. 톨킨의 작품에 나오는 가상의 중간계에서, 호빗으로 알려진 작고 털이 많은 종족은 흥미로운 풍습을 가지고 있다. 그들은 생일에, 가족이나 친구에게서 선물을 받지 않는다. 대신 생일을 맞은 호빗이 모든 가족과 친구들에게 선물을 주고 잔치를 열기도 한다. 이것은 수긍하기 힘들어 보인다. "뭐라고? 내 생일인데 내가 모든 사람을 위해서 선물을 사고 잔치를 여는 수고와 비용을 감당해야 한다고? 이날은 축하하고 축하받는 나의 날인데!" 그렇지만 잠깐 멈춰서 매년 선물을 주고 잔치에 참여하는 수를 전부 생각해 보자. 일 년에 한 번 '내 생일'을 축하하는 대신, 호빗은 일 년에 여러 번 생일을 축하한다. 실제로 모든 날이 매일 사랑하는 누군가의 생일이다.

그들의 생일 풍습은 호빗족이 흔히 탕자의 비유라고 부르는 유명한 이야기를 매우 예리하게 이해하고 있다는 것을 시사한다. 예수께서 말씀하신 것처럼, 부유한 지주에게 두 아들이 있었다. 둘째 아들은 아버지의 유산을 가지기 위해 아버지가 죽을 때까지 기다릴 수 없었다. 아버지는 모욕을 당했으면서도 가문의 재산 가운데 둘째 아들의 몫을 주었다. 둘째 아들은 1세기의 라스베이거스로 달려가서, 모든 것을 탕진하고, 마침내 돼지에게 줄 콩과 죽을 줄여서 자기가 먹었다. 그러고 나서 그는 집으로 돌아가기로 결심한다. 그의 아버지가 그를 아들로 받아들이지 않고 일꾼으로 취급하더라도, 그게 더 나을 것이었다.

그래서 그는 집으로 간다. 그는 굴욕을 각오하고 있었다. 하지만 고향이 보이는 언덕을 넘어오자, 그의 아버지가 그를 맞이하려고 두 팔을 벌리고 달려온다. 탕자는 그가 몇 주 동안 그리고 몇 킬로를 오면서 연습했던, 고용인 이상의 대접을 받을 자격이 없다는 비굴한 말을 꺼내지도 못했다. 노인은 그에게 집에서 가장 좋은 옷을 입히고 그의 손가락에 반지를 끼워 주었다. 이것은 말 그대로 왕 대접이었다.* 그의 눈에서 눈물이 흐르기도 전에 살찐 송아지를 잡았고 마을 사람 대부분이 화려한 잔치에 초대되었다. 그것은 성경 이야기다운 흥겨운 잔치이다.

이 이야기가 거기서 끝났으면, 우리 지구에 사는 평범한 사람들에게 완벽하게 만족스러운 이야기였을 것이다. 예수는 하나님의 나라가 생일 잔치와 같다고 우리에게 말하려는 것처럼 보였을 것이다. 당신이나 나나 사람들은 하나님께로 돌아오고, 하나님은 우리 각 사람이 돌아온 것을 축하하신다. 하지만 예수는 이 이야기를 여기서 멈추지 않는다. 예수가 큰아들을 등장시키면서 이야기가 전환된다. 큰아들은 분개했다. 그는 아버지를 모욕한 적이 없었다. 그는 매매춘 여성과 즐기기 위해 유산을 날려버리지 않았다. 그는 매일매일, 여러 해 동안 계속해서 머슴처럼 뼈 빠지게 일했는데, 아버지는 그와 그의 친구를 위해 잔치하라고 염소 한 마리 던져주지 않았다. 그는 미친 듯이 화가 났다. 그는 지금 배은망덕한 동생을 둘러싸고 벌어지고 있는 이 거창하고 귀에 거슬리고 풍성한 잔치에 발을 들여놓지 않을 것이다. 평범한 지구인의 관점에서, 우리는 형에게 공감할 수 있다. 그는 책임감 있고, 바르게 행동했고, 그가 물려받을 유산의 안전을 신중하게

* See Kenneth E. Bailey, *Poet and Peasant*, in *Poet and Peasant; Through Peasant Eyes*, combined ed. (Grand Rapids: Eerdmans, 1983), 182-185.

지켰다. 반면에 동생은 방탕하게 죄를 지었고 그것을 즐겼다. 그리고 그에 대한 '처벌'은 올해의 잔치를 열어주는 것이다. 형에게 최소한 분노할 권한 정도는 있지 않을까?

이 이야기에서 예수가 말하려는 것은, 아버지가 큰아들을 나무라지 않고 큰아들의 모든 비난을 감수했다는 것이다. 아버지는 둘째 아들을 변호하지 않았다. 대신 아버지는 관심을 두 아들에게서 다른 곳으로 옮긴다. 아버지는 관심을 그 자신의 사랑과 은혜로 전환시킨다. 아버지는 돌아볼 것이 많다고 말한다. 누구도 부족하지 않을 거다. "내가 가진 모든 것은 다 네 것이다"(15:31). 이것은 동생의 잔치만이 아니라 많은 사람을 위해 내가 연 나의 잔치다. 나는 가까운 곳과 먼 곳에 있는 사랑하는 이들을 찾고 있다. 나는 그들을 위해 일하고 있고, 그들이 나에게 응답하거나 무언가를 주려고 생각하기 전에 그들과 함께 축하할 준비가 되어 있다.

예수의 비유 뒤에는 하나님과 하나님의 나라에 대한 심오하고 압도적인 진리가 자리 잡고 있다. 인간인, 우리는 누구나 질투라고 하는, 엉덩이까지 빠지는 돼지우리의 진창에서 음란과 탐욕과 자기 기준에 따른 분노로 길을 잃고 질퍽거린다. 우리가 그것을 알기도 전에, 하나님께서는 이스라엘 백성들에게 손을 내미셨고, 그다음에는 예수의 삶과 죽음과 부활에 손을 내미셨다. 하나님은 우리를 일으키시고 집으로 부르신다. 이것은 단순히 당신이나 나, 혹은 나의 죄나 당신의 죄, 혹은 나의 광야나 당신의 광야에 관한 것이 아니다. 이것은 하나님과 생명을 주시는 하나님의 사랑과 자비에 관한 것이다.* 적극적으로 손을 내밀어 찾고 치유하시는 하나님의 사랑이 누군가를 찾아내고 그를 집으로 돌아오게 할 때마다, 그로 인해서 우리에게 돌아올 것이 줄어드는 게 아니다. 더 많은 것이 있다. 더 많은 포도주, 더 많은 잔치, 더 많은 음악, 더 많은 춤이 있다. 그것은 또 다른 그리고 지금은 좀 더 큰 잔치를 의미한다.

아마도 이들 호빗들은 뭔가 눈치채고 있나 보다.

---

* See Joseph A. Fitzmyer, *The Gospel of Luke X-XXIV*, Anchor Bible (Garden City, NY: Doubleday, 1983), 1084.

## 설교

찬송가 가사로 된 시를 전체로 다 읽어보는 일은 흥미로운데 그것은 원작에는 놀라운 점이 있을 수 있기 때문이다. 나는 프레드릭 파버(Frederick Faber)의 찬송 <넓으신 하나님의 자비>(*There's a wideness in God's mercy*)를 전체 다 읽었을 때 이것을 경험하였다. 나는 그 찬송을 기억할 수 있는 한 오랫동안 부르고 있었다. "하나님의 자비하심은 바다처럼 넓고, 그의 정의 가운데 있는 친절함은 자유보다 크도다."

이 찬송은 '죄인들을 위한 영접'과 '의인들을 위한 은혜'를 말한다. 그리고 '풍성한 구원'과 '주님의 사랑'을 노래한다. (파버의 전체 시에서) 이러한 연(stanza)은 대부분 찬송가로 들어갔지만, 다음과 같은 연은 제외되었다.

그러나 우리는 잘못된 좁은 생각으로
그의 사랑을 너무나 작게 만들고
그는 너무 엄격하다고 여기어
우리를 사랑으로 품지 않을 것이라고 생각하도다
다가와서 당신의 발 앞에 우리를 모으신 구세주시며
부드러우면서도 달콤한 사랑을 지닌
이보다 더 친절한 목자가 어디 있을까?

예수께서 말씀하신 탕자의 비유에는 이러한 하나님의 깊고도 넓은 사랑, 은혜, 연민 그리고 정의가 나타나 있다. 이 비유는 하나님의 모든 자녀와 창조하신 모든 세계를 향한 깊은 열망, 크신 기대 그리고 열정적인 꿈을 보여주고 있다.

하나님께서는 우리들이 하나님과 인간들 그리고 모든 피조물과 사랑의 관계, 조화 그리고 상호관계를 이루며 살도록 창조하셨다. 아담과 하와의 이야기가 무엇이든 간에, 이것은 핵심적인 메시지이다. 아담과 하와가 하나님과 피조세계 그리고 서로 사랑의 관계에 있을 때에는 이들이 낙원에 있었다. 하지만 하나님과의 원초적인 관계가 깨어지고 부서져서 왜곡되었을 때, 그들 상호관계와 피조세계와의 관계 역시 깨어지고 부서져서 왜곡되었다. 이 모든 것이 일어났을 때 그들은 낙원에서 쫓겨나 있음을 발견한다.

피조세계를 새롭게 하고, 화해시키고 치유하며 회복시키려는 것이 하나님의 꿈이고, 이것이 탕자를 집으로 돌아가게 하는 탕자의 비유에서 우리를 감동시키는 힘이다. 우리는 이 이야기를 잘 알고 있다. 한 사람에게 두 아들이 있다. 그는 재산을 분할하여 각자의 몫을 준다. 나는 킹 제임스 성경이 서술하는 방식을 좋아하는데, 거기서 작은아들은 '방탕하게 살면서' 모든 것을 허비하였다고 서술한다.

이 이야기에서 상황은 점점 악화되어 이 탕자는 삶이 피폐해져서 할 일도 없고 배가 고픈 채 집으로부터 멀리 떨어져 있는 자신을 발견한다. 예수께서는 이 형제가 얼마나 집에서 떨어져 있는지를 자세히 보여준다. 그는 일을 하기 위해 돼지를 치는 어느 농부에게 고용이 되었다고 예수는 말한다. 모세는 돼지가 율법이 허용하는 음식이 아니라고 분명히 했다. 팔레스타인의 온전한 유대인은 누구나 돼지와 가까이 있기를 원하지 않을 것이다. 이 점이 이 탕자가 집으로부터 멀리 떨어져 있음을 보여준다.

그런 다음 예수께서는 놀라운 표현을 사용한다. 돼지와 더불어 뒹굴고 살던 이 탕자는 "제정신이 들었다." 그는 현재 자신의 모습과 진정한 자아 사이에 커다란 불연속성이 있음을 발견한다. 그는 그것이 무엇인지 규명하지는 못하지만, 무언가 의도하지 않았던 것임을 알게 된다.

아버지의 기대를 생각하면서, 그는 악몽 같은 삶을 살고 있는 자신을 발견한다. 그의 마음 깊은 곳에서 한 소리가 들린다: "이런 삶을 기대한 게 아니었잖아." 그의 삶은 옛 복음성가에 표현된 경험과 유사하다: "내 안에 나를 사로잡고 있는 무언가가 있고 나는 그것을 설명할 수 없도다. 내가 알고 있는 모든 것은 단지 무언가 내 안에 있다는 것뿐." 그래서 그는 집으로 돌아가기로 결심한다.

이 탕자는 아버지에게 할 말을 연습한다. "아버지, 내가 하늘과 아버지 앞에 죄를 지었습니다. 나는 더 이상 아버지의 아들이라고 불릴 자격이 없으니, 나를 품꾼의 하나로 삼아 주십시오…." 그는 집으로 돌아가는 길에서 이것을 반복해서 연습하는데 무언가 이상하고 예기치 않았던 일이 발생한다. 아버지는 일반적인 팔레스타인 남성의 규율을 무시하고, 아버지와 아들의 역할을 규정하고 있는 사회적 관습도 깨어버린다. 그 탕자가 돌아올 때 아직 멀리 있을 때인데 아버지는 그에게로 뛰어가서 그를 얼싸안고 '측은히 여겼다.' 이 아버지는 그의 문화에서 보통 사람들이 하지 않는 것을 한다. 그는 아들을 환영하며 집으로 데려온다.

그때 이 탕자가 말하기 시작한다. 그는 팔레스타인 남성문화와 그 규율을 알고 있다. 그래서 그는 시작한다. "아버지, 내가 하늘과 아버지 앞에 죄를 지었습니다. 나는 더 이상 아버지의 아들이라고 불릴 자격이 없습니다." 여기까지는 괜찮다. 아버지가 이해할 만한 말이다. 아들은 당시 사회구조 속에서 하소연을 하고 있다. 그러나 "나를 품꾼의 하나로 삼아 주십시오"라고 그가 말을 마치기 전에 아버지가 개입한다. 탕자가 무슨 일을 하였든 간에 그는 여전히 아버지의 아들이다. 그는 결코 품꾼이 될 수가 없다. "나의 이 아들은 죽었다가 살아났고, 내가 잃었다가 되찾았다!"

이야기가 진행되면서 이 비유는 탕자에 관한 것이라기보다, 단호하면서도 자비로우시며 무한하신 하나님의 돌보심을 더 보여주려는 것이 분명해진다. 결국 이 비유는 우리가 상상하는 것보다 더 깊고 넓고 높은 하나님의 위대한 포용과 깊고도 넓은 사랑, 연민 그리고 정의를 보여주고 있다.

데스몬드 투투 주교(Archbishop Desmond Tutu)는 자신의 저서 *God Has a Dream*(하나님께서는 꿈이 있다)에서 이렇게 쓰고 있다. "나에게는 꿈이 있단다라고 하나님께서 말씀하신다. 내가 그 꿈을 이룰 수 있도록 네가 도와주면 좋겠구나. 그 꿈은 이 세상에서 추함과 더러움과 빈곤이, 전쟁과 증오가, 탐욕과 끔찍한 경쟁이, 소외와 불화가 변하여 그 반대가 되는 것인데, 그때 거기에는 웃음, 기쁨, 평화가 있게 될 것이고 그리고 정의와 선함과 연민, 사랑과 배려와 나눔이 있게 될 거야. 나에게는 칼을 쳐서 보습을 만들고 창을 쳐서 낫을 만들어 하나님의 자녀들이 한 가족, 인류공동체, 하나님의 가족, 나의 가족이라는 것을 알게 되리라는 꿈이 있단다."*

# 사순절 다섯째 주일
## 요한복음 12:1-8

¹유월절 엿새 전에, 예수께서 베다니에 가셨다. 그 곳은 예수께서 죽은 사람 가운데에 살리신 나사로가 사는 곳이다. ²거기서 예수를 위하여 잔치를 베풀었는데, 마르다는 시중을 들고 있었고, 나사로는 식탁에서 예수와 함께 음식을 먹고 있는 사람 가운데 끼여 있었다. ³그 때에 마리아가 매우 값진 순 나드 향유 한 근을 가져다가 예수의 발에 붓고, 자기 머리털로 그 발을 닦았다. 온 집 안에 향유 냄새가 가득 찼다. ⁴예수의 제자 가운데 하나이며 장차 예수를 넘겨줄 가룟 유다가 말하였다. ⁵"이 향유를 삼백 데나리온에 팔아서 가난한 사람들에게 주지 않고, 왜 이렇게 낭비하는가?" ⁶(그가 이렇게 말한 것은, 가난한 사람을 생각해서가 아니다. 그는 도둑이어서 돈자루를 맡아 가지고 있으면서, 거기에 든 것을 훔쳐내곤 하였기 때문이다.) ⁷예수께서 말씀하셨다. "그대로 두어라. 그는 나의 장사 날에 쓰려고 간직한 것을 쓴 것이다. ⁸가난한 사람들은 언제나 너희와 함께 있지만, 나는 언제나 너희와 함께 있는 것이 아니다."

## 신학

오늘 본문은 사순절 다섯째 주에 매우 적절한 본문이다. 요한복음의 등장 인물에게나 독자인 우리에게나 고난주간과 함께 예수의 수난과 죽음이 임박했음이 느껴진다. 요한복음 11:2에서 예수가 나사로의 집을 방문할 것을 예고하고 마리아와 유다의 행동도 언급했다. 요한은 이 이야기를 12장 맨 앞에 위치함으로 예수의 예루살렘 입성과 그의 수난 및 죽음 이야기의 도입부로 삼았다. 오늘 본문은 마리아가 예수의 죽음을 예비하는 이야기일 뿐 아니라, 가룟 유다가 '가난한 사람들에게 줄 수 있는' 돈을 낭비하는 것에 대해 반대하는 이야기이기도 하다.

---

* Desmond Tutu, *God Has a Dream: A Vision of Hope for Our Time* (New York: Doubleday, 2004), 19-20.

요한이 예수의 생애 마지막 며칠을 묘사하는 이 이야기 속에서, 십자가를 향해 가는 예수와 동행하는 인물로 두 사람이 눈에 띄는데, 한 사람은 자신과 자신이 가진 모든 것을 예수에게 바친 충성스러운 제자 마리아이고, 다른 사람은 공동 기금에서 돈을 훔치고 예수를 배반한 불충한 제자 유다이다. 요한이 이 두 대조되는 인물을 예수의 죽음에 관한 이야기에 포함했다는 것은 십자가의 의미와 하나님의 은총의 포용적인 성격에 대해 많은 것을 시사한다.

마리아는 모범적인 그리스도의 제자도의 사례를 보여준다. 요한복음 서두에서 세례자 요한이 "보시오, 세상 죄를 지고 가는 하나님의 어린 양입니다…. 나는 그것을 보았습니다. 그래서 나는 이분이 하나님의 아들이라고 증언하였습니다"(요 1:29, 34)라고 하면서 예수에 대한 증언을 했다. 그와는 다르게 마리아는 말로서가 아니고 행동으로, 즉 값비싼(costly) 향유를 예수의 발을 닦기 위해 사용하는 낭비적 행동으로, 예수에 대한 증언을 했는데, 이는 앞으로 일어날 훨씬 더 값비싸고 더 낭비적인 행동에 관한 충실한 증언이었다. 예수가 이미 요한의 세례를 통해 그의 값비싼 사명(요 3:16처럼 보내심을 받음)을 위해 기름부음을 받았다면, 이제 마리아는 예수의 값비싼 죽음을 위해 값비싼 향유로 예수에게 기름을 붓는 것이다. 요한처럼 마리아도 증인이고 제자이다. 그러나 말로서가 아니고 행위로 그 역할을 수행한다.

오늘 본문은 충성스런 마리아에 관한 이야기일 뿐 아니라 불충한 유다의 이야기이기도 하다. 유다는 비싼 300데나리온(거의 1년 치의 급여)의 가치가 있는 향유가 가난한 사람들을 위해 사용되지 않고 이렇게 허비되는 것에 분개했다. 요한복음의 저자는 독사들에게 유다의 속셈이 무엇이었는지를 알려 준다. 그는 가난한 사람들에게 관심이 있었던 것이 아니고 자기가 훔칠 수 있는 돈에 관심이 있었다. 예수는 그를 나무랐는데, 베드로를 나무랐던 것(막 8:33)과 비교하면 좀 가볍다. 요한복음에서는 유다가 배신자로 묘사되지만, 배신자는 유다 한 사람이 아니다. 베드로도 자신이 예수의 제자가 아니라고 세 번이나 예수를 부인함으로써(18:15-27) 예수를 배반

했다. 그러나 예수로부터 "내 양을 먹이라"(요 21:15, 16, 17)는 명령을 받은 자는 가난하고 굶주린 사람에게 관심이 있는 유다가 아니고 베드로였다.

칼 바르트는 그의 『교회 교의학』 중 선택론(doctrine of election)에 500쪽을 할애하는데, 그중 가룟 유다에 관한 해설을 작은 글씨로 48쪽에 걸쳐 서술하고 있다.* 예수 그리스도의 죽음은 유다도 구원할 수 있는 효력을 갖는가? 이것은 쉬운 질문이 아니라고 바르트는 인정한다. 유다는 예수를 배척한 배반자이지만 아직 선택받은 자이고, 예수 그리스도의 사도로 불린다. 유다는 예수를 배반하고, 예수를 그를 죽일 자들에게 넘겨줌으로 '잃은 자를 구원하는 하나님의 거대한 목적'을 위해 다른 어떤 제자들보다도 중요한 역할을 한다. 그렇다면 끝까지 사랑함은 죽기까지 사랑하는 것이라는 것을 예수가 명백하게 드러내게 하는 데 가장 큰 공헌을 한 제자 가룟 유다에게 예수의 '끝까지 사랑함'의 효력은 미치지 않는 것일까?** 다른 말로 하면, 예수가 잃은 자를 구하기 위해 오셨다면, 복음서 이야기 중에서 예수를 배신한 유다보다 더 잃어진 사람이 있을까? 선한 목자가 잃어버린 양을 찾아 먼 데까지 나설 때, 유다는 선한 목자의 구원의 손길 바깥에 있는 것인가? 예수가 사랑할 수도, 구원할 수도 없는 그런 종류의 사람이 있는가? 예수의 구원의 팔은 한계가 있는가? 바르트는 신약성서가 이 질문에 대한 명확한 답을 주지 않는다고 말한다. 그러나 유다를 단순히 예수를 배척한 사람으로만 이해하면 안 된다. 유다는 신약성서에서 선택된 사람이 어떤 존재인지 보여준다. "그는 하나님 앞에서 버림받은 자로서의 독자적 삶을 갖지 않는다. 그는 하나님에 의해서 다만 버림받은 자만 되도록 결정된 것이 아니라 오히려 그가 선택받은 버림받은 자라고 말해지고 스스로 말할 수 있도록 결정되었다."***

유다는 예수의 죽음에 관한 요한의 이야기에서 마리아처럼 중요한 역할을 한다. 독자는 이 둘 중 누구와 동일화해야 할지 고민할 필요가 없다.

---

* Karl Barth, *Church Dogmatics*, II/2 (Edinburgh: T. & T. Clark, 1957), 458-506.
** Ibid., 475-476.
*** Ibid., 506.

그리스도의 제자는 마리아도 아니고 유다도 아니고, 이 둘의 역설적 결합이다. 예수는 그의 제자들을 의롭게 하고 성화시킨다. 마리아는 성화가 무엇인지를 보여준다. 마리아라는 인물 안에서, 제자도는 홀로 거룩한 분께 경배와 감사를 드리는 형태로 드러난다. 침묵 속에서 마리아는 우리의 관심을 그 자신이 아니라 그가 기름 부은 사람에게로 돌린다. 유다라는 인물을 통하여 우리는 예수를 배척하고 배반한 사람들이 '의롭게 함'(making righteous) 혹은 칭의(justification)를 받을 수 있는가라는 질문을 하게 되고, 이 질문도 제자도의 주제와 관련이 있다. 요한복음서 전체는 단순하게 마리아를 의로운 선택받은 자로, 유다를 불의한 배신자로 묘사하지는 않는다. 예수 그리스도의 은총은 이 충성되고 불충한 두 사람을 다 포함한다. 둘 다 이 어두운 세상에서 비치는 밝고 변혁적인 십자가의 빛을 받는다.

## 주석

나사로의 소생, 제국의 맥락, 예수에 대한 상반된 반응, 이스라엘의 절기 그리고 식탁의 친교는 예수께 기름 부은 사건의 배경이다.

1. 나사로의 소생은 약속과 문제를 모두 제기한다. 첫째로 그것은 예수를 '부활과 생명'으로 정의하는 것을 강화한다. 그것은 예수의 부활과 일반적 부활을 암시하지만, 또한 예수를 믿음으로써 생명의 풍성함이 가능하다는 것을 암시한다(11:24-25). 예수는 이러한 가능성을 나사로와 그의 가족들에게 제시하고, 그들은 예수를 위한 저녁 식사에서 이를 그들의 생명의 풍성함을 극화했다(12:2). 둘째로 나사로의 소생은 필사적 반대를 유발했다. 생명을 살리는 일이 예수의 죽음을 초래했다.

2. 예수의 죽음은 요한에게 신학적 기능을 준다. 예수를 하나님의 대리인으로 찬미한다. 하지만 신학적 목적이 로마제국의 현실과 분리되지는 않는다. 유대인들이 로마제국을 직접적으로 상대하는 것은 거의 드물다. 보통 제국은 예속 왕이나 총독 또는 지역의 귀족들의 뒤에 숨어 있는데, 그들

은 제국에 저항하기도 하고 협력하기도 했다. 대제사장 가야바의 공의회에서의 토론은 민족의 자치를 유지하기 위해(11:47-50) 로마에 저항하고 싶어 한다는 것을 보여준다. 그런데 저항은 협력을 포함한다. 사실 공의회를 유지하는 것은 로마에 협력함으로써만 가능했다.

3. 저항과 협력은 예수에 대한 상반된 반응을 가져온다. 어떤 주석가들은 요한복음이 예수에 대해 '반유대적'으로 기술한다고 말한다. 사실 기독교 역사에서 요한복음은 유대인들을 비방하는 데 사용되어 왔다. 하지만 이 본문에서 대부분의 유대인들의 반응은 부정적이지 않다. 도리어 그들은 이상한 일을 했는데 "많은 사람이 예수를 믿었다"(11:45; 12:11).

예수를 믿는다는 것은 이상한 것인데 그것은 목자를 따르는 양같이 소리 내지 않고, 스승이 제자들의 발을 씻기는 것과 같이 서로 사랑하며, 포도나무와 가지가 그 안에 거하는 것을 의미하기 때문이다. 진실로 마르다, 마리아, 나사로와 예수는 포도나무와 가지 같은 관계를 보여준다. 예수를 믿는다는 것은 동전에서 '백성들의 구원자'로, 또한 모든 먹을 것의 풍성함을 주는 수확의 신으로 묘사되는 황제에게 저항하는 것이다. 생명의 빵인 예수는 강력한 대조를 보여준다. 예수를 믿는다는 것은 또한 이스라엘의 제도들을 무시하는 것이다. 그래서 가야바는 예수에 대한 믿음을 성전과 민족에 대한 위협으로 간주했다.

가야바는 또 다른 예수에 대한 대응을 알려 준다: "한 사람이 백성을 위하여 죽는 것이 공의회를 위하여 좋은 것이요"(11:50). 가야바의 뜻은 만약에 공의회가 권력을 유지하려면 한 사람이 죽어야 한다는 것이다. 얄궂게도 대제사장들은 나사로도 죽이려고 모의한다(12:10). 그들의 전략은 이중적이다. 둘 다 죽는 것이 낫다는 것이다. 많은 주석가는 예수의 죽음에 대해 유대인들이 책임이 크다는 것은 역사적으로 변호할 여지가 없지만, 이는 또한 요한의 반유대적 성향을 반영하고 있다고 본다. 그런데 요한복음에서 유대인이 전체적으로 예수의 죽음에 관여한 것은 아니다. 협력자들은 특정한 유대인들이지 민족 전체가 아니다.

제국의 권력에 협력하여 특권을 유지하는 것은 오늘날 우리도 어느 정도는 적용하고 있는 전략일 것이다. 만약에 과테말라에서 만든 코트를 입거나 말레이시아에서 제조한 컴퓨터를 사용한다면 나도 지구촌의 경제적 불의에 대해 침묵하는 것이고, 불리한 사람들에게 이익을 보는 제도에 참여하고 있는 것이다.

4. 유월절 또한 배경이다. 요한복음에서 세 번째 유월절이다. 첫 유월절에 예수는 장사하는 사람과 동전 바꾸는 사람들을 성전에서 쫓아내면서 성전을 '내 아버지 집'(2:16)이라고 했다. 두 번째 유월절은 예수가 5,000명을 먹일 때 언급되는데(6:4), 이는 광야에서 이스라엘 백성들이 먹인 것을 기억하도록 했다. 세 번째 유월절은 요한복음 후반부에 나온다. 아마도 유월절 어린양을 잡는 오후에 예수가 십자가 위에서 못 박힌 것은 우연일 것이지만, 이는 단순히 상징으로서가 아니라 유월절 배경은 그것이 의미하는 바를 보여주고 있다.

5. 예수께 기름 붓는 사건의 직접적인 배경은 식탁 친교이다. 저녁 식사 전에 마르다와 마리아는 중요한 역할을 맡는다. 그들은 예수와 대화하는데 나사로는 말이 없다. 마리아도 향유를 붓는 장면에서는 말이 없는데 그 행동은 말로 표현할 수 없는 것을 극적으로 보여주기 때문이다. 그것은 나사로의 소생과 가족으로의 복귀이다. 이번에는 유다가 말한다. 그는 말로 표현할 수 없는 것을 들을 수 없었기에 항의한다. 향유를 팔아 가난한 사람에게 돈을 나누어주자는 것이다. 마리아의 행동을 이해할 수 없다면 유다의 논리가 더 맞는 것 같이 보인다. 그런데 화자는 독자들이 그런 논리에 서지 않도록 미리 알려 준다. 유다는 예수를 배반하려 하고 가난한 자에게 갈 돈을 훔치려 한다. 그런데 유다 같은 사람에게 손가락질하기 전에 과테말라에 산 코트나 말레이시아에서 산 컴퓨터를 기억할 필요가 있다.

마리아의 행동에 대한 예수의 해석은 한 걸음 더 나아간다. 마리아의 기름부음을 그의 장사와 연관시킨다. 마리아의 기름부음은 또한 예수의 예루살렘 입성을 예고한다. 이스라엘 왕에 대한 기름부음이다. 군중의 열광은 예수가 나사로에 행한(12:18) 표적에 의한 것이다. 마리아의 기름부음은 왕의 통치를 이해하는 여러 인간 집단들 사이에 복잡한 동기와 이해관계

241

를 야기했고, 또 종류 다른 왕의 다스림을 준비시켰다(18:36; 19:21; 비교. 6:15).

예수는 그의 임박한 부재를 가난한 자의 약속과 비교한다. "가난한 사람들은 언제나 너희와 함께 있지만, 나는 언제나 너희와 함께 있는 것이 아니다"(12:8). 믿을 수 없지만 이것은 가난한 자를 위해서 아무것도 할 수 없다는 것을 의미한다고 해석되어 왔다. 예수의 말은 신명기 15:11에서 왔는데 이스라엘 사람들이 손을 뻗어 가난하고 궁핍한 동족을 도와주어야 한다는 것이다. 왜냐하면 그들이 사는 땅에서 가난한 사람들이 없어지지는 않기 때문이다. 이 말은 사실은 가난한 자를 위해 무엇인가 해야 한다는 것이다.

예수의 말에는 다른 차원이 있다. 그의 떠나기 전의 기간은 가난한 자를 돌보는 것 같은 정상적 활동들을 대신하는 특별한 기간으로 묘사한다. 마리아의 기름부음은 말로 담을 수 없는 것을 표현하고 있고 예수의 처형 5일 전을 특별하게 만들었다.

## 목회

과도한 선물처럼 대화를 시작하기에 좋은 주제는 없을 것이다. 교회에서 회의를 많이 해 온 설교자는 그런 일들에 대해 할 이야기가 많을 것이다. 교회의 재정담당자가 누군가 큰 액수를 헌금했다고 발표하면 회의장의 분위기가 달라질 것이다.

기증자가 무슨 의도로 기증했는지에 대한 의혹이 있을 수 있다. 누군가 영향력을 행사하기 위해서 지나친 선물을 했다는 꼬리표를 달 수도 있다. 더 논란이 되는 것은 아무런 제한이 없는 풍성한 선물이다. 선물은 그것을 어떻게 사용할 것이냐를 두고 논쟁을 일으킬 뿐 아니라, 그것을 결정하는 사람이 가진 감춰진 우선순위를 드러나게 하기도 한다.

요한복음 12장의 이야기는 복음서에 나오는 향유를 붓는 다른 이야기와 비슷해 보인다. 어떤 복음서에서는 향유를 부은 여인의 도덕적인 문제를 제기하고(눅 7:36-49), 다른 복음서에서는 우리가 항상 가난한 사람들에게 친절을 베풀 수 있다는 것을 일깨워준다(막 14:3-8). 요한복음의 서술은 다르다. 마리아가 값비싼 향유를 예수에게 부으니까 유다의 모습이 드러난다. 요한복음은 유다에게 단호하다. 유다가 예수를 배신하기 전에 이미 그가 위선자요 도둑이라고 밝힌다.

이 본문은 설교자를 지나친 선물을 둘러싼 태도에 대해 성찰하게 한다. 선물은 동기에 대한 의혹을 일으킬 수 있다. 어떤 사람들은 관용이 일반적인 자기만족의 빌미가 될 수 있다고 불평할 것이다. 몇몇 사람들은 관용에 대한 비판이 그 힘을 피할 수 있는 훌륭한 방법이라고 생각한다. 우리 가운데 누군가는 돈이나 돈이 우리를 유혹하는 힘에 대해 솔직해져야 할 것이다.

에큐메니칼 목회자들이 관용에 대해 토론하기 위해 모인 청지기 콘퍼런스에서 촉발된 격렬한 반응을 잊을 수가 없다. 한 발표자가 하나님께 직접 선물을 바치는 것에 관해 말하자, 목사들이 하품을 하기 시작했다. 그러자 발표자는 지갑에서 100달러를 꺼내서 재떨이에 있는 불에 넣고는 기도했다. "주님, 이 선물을 주님께, 오직 주님께만 드립니다."

사람들은 감전된 것처럼 반응했다. 목사들은 그들의 의자에서 안절부절못하면서 그 지폐가 연기가 되어 올라가는 것을 지켜보았다. 어떤 사람은 화폐를 태우는 건 불법이라고 속삭였다. 다른 사람은 웅얼거렸다. "그가 돈을 저렇게 없애는 건 돈이 더 있기 때문일 거야." 방안에는 신경질적인 웃음소리가 들렸다.

"이해 못 하시겠습니까?" 발표자가 물었다. "나는 이것을 하나님께 바쳤습니다. 이 말은, 이것이 더 이상 우리에게 유용한 것이 아니라는 뜻입니다." 긴장되는 순간이었다.

확실히 우리는 선물에 대해 실용주의적인 접근을 발전시켜 왔다. 교인들은 자기가 기부한 것에 자기가 했다고 표시하기를 좋아한다. 주요 기부자는 선물이 주는 영향력, 명패를 달아서 이름을 알리는 일 그리고 상당한 규모의 세금 감면을 위해 기부한다. 교인들은 그들의 자선을 표시할 수 있지만, 진정한 선물은 통제될 수 없다.

마리아라는 여인은 향유를 예수에게 낭비했다. 우리는 그녀가 그렇게 한 이유를 추측할 수 있다. 특히 그녀의 머리로 예수의 발을 닦은 이야기를 들으면, 예수가 그녀의 오빠를 다시 살려서 그녀가 고마워했다고 추측할 수 있다. 요한복음은 예수가 나사로를 일으킨 것 때문에 예수를 죽이려는 음모가 시작되었다고 한다(요 11:45-53). 예수의 말대로 그녀가 예수의 장례를 위하여 향유를 구입했다면, 그 선물은 엿새 빠른 것일 뿐 아니라, 부활 이후에는 필요 없게 되는 것이다.

이상하게도 예수는 그 순간 그 선물이 어떤 성격을 가진 것인가에 대해서는 문제 삼지 않는다. 예수는 그 순간에는, 특히 임박한 죽음이라는 빛으로 볼 때, 그것이 적합하다고 선포한다. 예수는 감사하면서 그것을 받을 만큼 충분히 친절하시다.

많은 지나친 선물들이 허공 속으로 증발한다. 교회 찬양대가 복잡한 찬양을 준비하느라 애쓰지만, 3분만 지나면 사라지고 만다. 교사는 수업을 준비하고 서서 강의하고 수업은 끝난다. 문상객들은 그들이 애도하는 사람을 기리기 위하여 커다란 화환을 보낸다. 성도들은 자기가 다니는 교회가 사용하도록 많은 금액을 기부한다. 그들은 왜 그렇게 하는가? 사랑에는 이유가 있다.

관대함이 가져오는 기적에 대한 성찰은 예수에 대한 성찰로 이어진다. 요한복음서 전체를 통하여 예수는 복된 풍요를 제공했다. 가나에서 결혼식 하객들이 마실 수 있는 것보다 훨씬 더 많은 680리터의 새 포도주를 만들었다. 갈릴리의 바닷가에서 오천 명이 넘는 사람들이 먹고 열두 바구니의 음식이 남았다. 밤새도록 고기를 잡았지만, 아무것도 잡지 못한 시몬 베드로는 부활하신 그리스도의 지시대로 배의 다른 쪽으로 그물을 던졌다. 그 즉시 153마리의 큰 물고기들이 그물 안으로 뛰어 들어왔다.

요한이 말한 바와 같이, 예수를 통해 모든 것이 만들어졌다. 그가 있는 곳에는 풍요로움이 있다. 마리아가 아낌없이 향유를 부을 때, 비판하는 사람에게 예수는 "내버려 두라"고 말했다. 관용은 관용을 낳는다. 유다는 마리아가 한 일 때문에 비판할 수 있겠지만, 이야기는 그의 위선을 드러낸다. 우리는 아낌없이 사랑하거나, 그렇게 하지 않거나 둘 중 하나다. 우리는 가난한 사람들에게 공급하는 일에 이미 참여하고 있거나, 그렇지 않으면, 나누어야 할 것들을 몰래 쌓아놓고 있다.

대부분의 현대 종교는 무엇이 유용하고, 실용적이고, 비용이 효율적인지에만 집중한다. 자원이 부족할 때는 긴축에 대한 우려가 생긴다. 그러나 신앙생활에서 재정이 우리의 첫째 관심사라면 우리의 마음이 위축되는 것을 발견하게 될 것이다. 우리는 돈을 헤프게 쓰면서 살아야 하는가? 아니다. 하나님의 은사들을 낭비하는 것을 정당화할 수 있을까? 정말 아니다. 그러나 선물이 낭비되기 훨씬 전에, 먼저 선물을 받아야 한다.

예수는 하나님의 선물이다. 요한복음에 의하면 예수는 그를 보내달라고 요청하지 않은 세상으로 보내졌다. 그러나 그는 전적으로 세상의 유익을 위해 행하셨다. 그는 계속 자기 나름대로, 항상 하나님의 은혜와 진리를 드러내며 행하셨다. 나사로는 그의 자매의 소원에 대한 응답이 아니라, 예수의 시간표에 맞춰 죽음에서 일어났다. 마찬가지로, 예수는 그렇게 하도록 요청받아서가 아니라, 자기 자신을 주기로 스스로 선택해서, 그의 백성을 위하여 그의 생명을 바칠 것이다(요 10:17-18).

## 설교

베다니에서 기름을 붓는 장면만큼 아름답고 진실하게 표현된 장면도 많지 않다. 마태와 마가는 이 일을 나병환자 시몬의 집에서 일어난 것으로 서술하고, 또 기름을 부은 여인의 이름도 언급하지 않는다. 요한은 이 장면이 사랑하는 세 친구의 집에서 일어났고(요 11:5) 기름 부은 사람을 마리아라고 말하고 있다. 이야기의 흐름과 부각되는 구절들은 설교 구성에 가장 좋은 안내자가 된다.

245

"유월절 엿새 전에, 예수께서 베다니에 오신다." 이 구절은 수난의 서곡으로, 사역을 하면서 어디에도 머리 둘 곳이 없는 분이 집처럼 느꼈던 곳에서 가족과 같은 이들과 함께 있는 가장 아름다운 장면이다.

"거기서 예수를 위하여 잔치를 베풀었다." 거기에 마르다가 있었는데 그녀는 앞 장에서(11:27) 최고의 신앙고백을 하였었다. 거기에는 또 나사로가 있었는데, 예수께서는 그를 위하여 울었었고 죽은 자들로부터 일으키셨다. 이제 그는 부활 후 나머지 삶을 어떻게 살아야 하는지를 깊이 생각하고 있는 중이다. 또 거기에는 마리아가 있었는데 그녀는 누가복음 10:38-42에 따르면 예수의 발 앞에 앉아 배웠던 '모범적인 제자'였다. 이 잔치는 도래하는 하나님 나라의 표지이며 제자들과 함께한 최후의 만찬을 미리 보여주고 있다.

**예수께 향유를 부은 마리아.** 마리아는 값비싼 향유를 취하여 그의 발에 부었고 자기 머리털로 그 발을 닦았다. 그것은 과도한 헌신의 행동이었다. 에블린 언더힐(Evelyn Underhill)은 예배란 '희생으로 요약되는데'* 그것은 그리스도를 통해 나타난 하나님의 희생적 구속 행위에 대한 응답과 그것에 대한 우리의 참여를 보여주는 자비로운 행동이라고 말한다. 마리아의 희생에는 고귀한 것이 사용되었고 이러한 종류의 희생은 모든 성인이 예수를 향한 자신들의 연민과 자애로움을 드러낼 때 보여준 것이었다.** 그래서 마리아는 값을 생각하지 않고 예수께 그것을 부었다.

마태와 마가에서는 그 여인이 예수의 머리에 부었다고 기술하는데 그것은 가이사의 로마제국하에서 그를 왕이자 메시아로 기름 붓는 예언자적 행동이다. 사울이 여전히 왕으로 있을 때에 젊은 다윗 왕에게 기름 부은 예언자 나단의 위험스러운 행동을 생각해 보라.

---

\* Evelyn Underhill, *Worship* (London: Nisbet & Co., 1937), 47-48.
\*\* Edith Wyshogrod, *Saints and Postmodernism* (Chicago: University of Chicago Press, 1990), 146-147.

요한복음에서 마리아는 예수의 발에 붓는데 그것은 예수의 임박한 죽음을 알리는 또 다른 예언자적 행동으로 무덤에 묻히기 전에 그에게 기름을 붓는 것이다. 그녀는 베드로와 다른 제자들이 할 수 없었던 것 곧 그들의 스승이자 메시아인 예수의 죽음을 이해하고 받아들일 수 있었다.

이 장면에서 다시 모범적인 제자가 발을 씻기는 행동이 있었다. 예수께서는 여기서 그녀로부터 자신이 곧 제자들에게 할 섬김의 행위를 먼저 받았는데, 그것은 예수의 발을 그녀가 자신의 머리카락으로 '닦음'같이 그도 제자들의 발을 수건으로 '닦을 것'이다(같은 헬라어 동사). 여기에서 제자의 삶을 보여주는 거룩한 상징이 있는데 그것은 씻어주고 또 씻김을 받는 것이다.

**"온 집 안에 향유 냄새가 가득 찼다."** 마리아는 솔로몬의 아가를 알고 있었을까? (아가 1:12, "임금님이 침대에 누우셨을 때에, 나의 나도 기름이 향기를 내뿜었어요.") 우리는 보통 봉사활동을 냄새라는 감각과는 잘 연결시키지 않는다. 왜 그렇게 하면 안 되는가? 누군가에게 줄 갓 구워낸 빵 냄새, 휴식 후에 어린아이들로 가득 찬 주일학교 교실의 냄새, 손님을 위해 준비된 방 냄새. 샬롯 무료급식소를 창설한 앤 스미스(Anne Smith)는 어느 무료급식소에 보낼 도너츠가 가득 찬 승합차를 운전해서 가고 있었다. 그녀는 지금은 뱅크 오브 아메리카(Bank of America, 미국의 큰 은행 중 하나 _ 역자 주)가 된 어느 은행의 임원들에게 후원을 요청하려고 들렀다. 가장 높은 층으로 가는 엘리베이터를 탔을 때 누군가 "당신에게서 도너츠 같은 냄새가 납니다"라고 말했다. 그녀는 웃으면서 그 이유를 말했고, 엘리베이터 문이 열릴 무렵에 새로운 후원자를 얻게 되었다. 사랑의 행동에서 나오는 향기는 바람을 타고 우리가 볼 수 없는 곳으로 전달된다.

**유다의 반박: '이 향유를 삼백 데나리온에 팔아서 가난한 사람들에게 주지 않고, 왜 이렇게 낭비하는가?'** 유다는 계산을 하고 있었는가? 마태와 마가는 이 반박을 제자들이 한 것으로 기술한다. 요한은 유다를 빛에서 어둠으로 옮

긴 사람이라고 말하며 비난받을 사람으로 그리고 있다. 유다의 이 반박은 이유가 있다. 오늘날 제자됨에 대해 진지하게 말하는 교회가 예배라는 아름다운 행위에 사용된 돈과 가난한 자들을 위해 사용된 돈 사이의 균형에 대해 왜 고민하지 않는 것인가?

**예수의 응답: "그대로 두어라."** 여기서 예수께서는 이 여인을 위해 예리하면서도 분명한 변호를 하고 있다. 이 변호는 또한 지니고 있는 은사와 의견을 교회의 방해로 인하여 표출하지 못했던 사람들을 위한 것이기도 하다. 예수께서는 누가복음 10:42에서 했던 것처럼 그녀를 변호한다. 그런 다음 "그대로 두어라. 그는 나의 장사 날에 쓰려고 간직한 것을 쓴 것이다"라고 덧붙인다. 그녀는 앞으로 일어날 일을 알고 있었다. 그녀는 그 곳에 끝까지 있을 것이다.

**"가난한 사람들은 언제나 너희와 함께 있다."** 교회는 이 구절을 가난한 자들에 대한 무관심을 정당화하거나 비난하는 데 사용하여 왔다. 예수께서 가난한 자들을 무시하라고 권면하는 게 절대 아니다. 그의 말은 신명기 15:11의 인용이고 그 메시지는 분명하다: "당신들은 반드시 손을 뻗어, 당신들의 땅에서 사는 가난하고 궁핍한 동족을 도와주십시오. 그렇다고 하여, 당신들이 사는 땅에서 가난한 사람이 없어지지는 않겠지만, 이것은 내가 당신들에게 내리는 명령입니다"(신 15:11). 윤리학자이자 신학자인 스탠리 하우어워스(Stanley Hauerwas)는 이렇게 말한다: "우리와 항상 함께 있는 가난한 자는 예수다. 소중한 모든 것은 가난한 자에게 주어져야 한다."* 진정한 교회는 언제나 그 안에 가난한 자들이 있고 그들의 삶을 소중히 한다.

**"그러나 나는 언제나 너희와 함께 있는 것이 아니다."** 이제 우리가 처음 시작했던 곳, 즉 수난의 서곡과 함께 시작했던 자리로 돌아온다. 마리아의 행동은 속임수와 배신이 난무하는 세상 속에서, 그 세상과 예수의 추종자들

---

\* 3. Stanley Hauerwas, *Matthew* (Grand Rapids: Brazos Press, 2006), 215.

가운데서 나타났고 또 나타나고 있다.

우리는 십자가의 그림자 속에 살고 있지만 또한 부활하신 그리스도의 임재와 더불어 살고 있다. 그래서 성만찬의 식탁에서, 넘치는 연민과 사랑의 행동에서, 예배의 자리에서 예수와 매일매일 친밀한 관계를 맺도록 초대를 받고 있다. 넉넉하기보다는 부족하다는 생각으로 살아가는 세상 속에서, 이 모든 세상의 일은 우리에게 마음을 닫고 주지 말라고 유혹한다. 예수와 이러한 모든 교제가 이루어지는 곳은 여전히 폭력과 잔인함으로 매일 사람들을 십자가에 못 박는 세상이다.

# 사순절 여섯째 주일(고난주일)

누가복음 22:14-23:56

22<sup>14</sup>시간이 되어서, 예수께서 자리에 앉으시니, 사도들도 그와 함께 앉았다. <sup>15</sup>예수께서 그들에게 말씀하셨다. "내가 고난을 당하기 전에, 너희와 함께 이 유월절 음식을 먹기를 참으로 간절히 바랐다. <sup>16</sup>내가 너희에게 말한다. 유월절이 하나님의 나라에서 이루어질 때까지, 나는 다시는 유월절 음식을 먹지 않을 것이다." <sup>17</sup>그리고 잔을 받아서 감사를 드리신 다음에 말씀하셨다. "이것을 받아서 함께 나누어 마셔라. <sup>18</sup>내가 너희에게 말한다. 나는 이제부터 하나님의 나라가 올 때까지, 포도나무 열매에서 난 것을 절대로 마시지 않을 것이다." <sup>19</sup>예수께서는 또 빵을 들어서 감사를 드리신 다음에, 떼어서 그들에게 주시고 말씀하셨다. "이것은 너희를 위하여 주는 내 몸이다. 이것을 행하여 나를 기억하여라." <sup>20</sup>그리고 저녁을 먹은 뒤에, 잔을 그와 같이 하시고서 말씀하셨다. "이 잔은 너희를 위하여 흘리는 내 피로 세우는 새 언약이다. <sup>21</sup>그러나 보아라, 나를 넘겨줄 사람의 손이 나와 함께 상 위에 있다. <sup>22</sup>인자는 하나님께서 정하신 대로 가지만, 인자를 넘겨주는 그 사람에게는 화가 있다." …

23<sup>38</sup>예수의 머리 위에는 "이는 유대인의 왕이다" 이렇게 쓴 죄패가 붙어 있었다. <sup>39</sup>예수와 함께 달려 있는 죄수 가운데 하나도 그를 모독하며 말하였다. "너는 그리스도가 아니냐? 너와 우리를 구원하여라." <sup>40</sup>그러나 다른 하나는 그를 꾸짖으며 말하였다. "똑같은 처형을 받고 있는 주제에, 너는 하나님이 두렵지도 않으냐? <sup>41</sup>우리야 우리가 저지른 일 때문에 그에 마땅한 벌을 받고 있으니 당연하지만, 이분은 아무것도 잘못한 일이 없다." 그리고 나서 그는 예수께 말하였다. <sup>42</sup>"예수님, 주님이 주님의 나라에 들어가실 때에, 나를 기억해 주십시오." <sup>43</sup>예수께서 그에게 말씀하셨다. "내가 진정으로 네게 말한다. 너는 오늘 나와 함께 낙원에 있을 것이다." <sup>44</sup>어느덧 낮 열두 시쯤 되었는데, 어둠이 온 땅을 덮어서, 오후 세 시까지 계속되었다. <sup>45</sup>해는 빛을 잃고, 성전의 휘장은 한가운데가 찢어졌다. <sup>46</sup>예수께서 큰 소리로 부르짖어 말씀하셨다. "아버지, 내 영혼을 아버지 손에 맡깁니다." 이 말씀을 하시고, 그는 숨을 거두셨다. <sup>47</sup>그런데 백부장은 그 일어난 일을 보고, 하나님께 영광을 돌리며 말하였다. "이 사람은 참으로 의로운 사람이었다." <sup>48</sup>구경하러 모여든 무리도 그 일어난 일을 보고, 모두 가슴을 치면서 돌아갔다. <sup>49</sup>예수를 아는 사람들과 갈릴리에서부터 예수를 따라다닌 여자들은, 다 멀찍이 서서 이 일을 지켜보았다. <sup>50</sup>요셉이라는 사람이 있었는데, 그는 공의회 의원이고, 착하고 의로운 사람이었다. <sup>51</sup>이 사람은 의회의 결정과 처사에 찬성하지 않았다. - 그는 유대 사

람의 고을 아리마대 출신으로, 하나님의 나라를 기다리는 사람이었다. $^{52}$이 사람이 빌라도에게 가서, 예수의 시신을 내어 달라고 청하였다. $^{53}$그는 시신을 십자가에서 내려서, 삼베로 싼 다음에, 바위를 파서 만든 무덤에다가 모셨다. 그 무덤은 아직 아무도 묻힌 적이 없는 것이었다. $^{54}$그 날은 준비일이고, 안식일이 시작될 무렵이었다. $^{55}$갈릴리에서부터 예수를 따라다닌 여자들이 뒤따라가서, 그 무덤을 보고, 또 그의 시신이 어떻게 안장되었는지를 살펴보았다. $^{56}$그리고 그들은 집에 돌아가서, 향료와 향유를 마련하였다. 여인들은 계명대로 안식일에 쉬었다.

## 신학

오늘날 신학자들은 예수의 죽음에 관한 누가의 묘사보다는 마가나 요한의 묘사를 선호한다. 이 사실은 누가의 관점이 가진 특징보다는 현대 신학의 경향에 대해 더 많은 것을 시사한다.

서구 신학자들은 현대의 신학 정신을 양차 세계대전과 그 외의 수많은 전쟁, 홀로코스트와 그와 유사한 참변들에 대한 깊은 고려의 배경하에서 규정하려고 한다. 따라서 누가복음 23:46에 예수의 마지막 말씀("아버지 내 영혼을 아버지 손에 맡깁니다")보다 마가 15:34의 신의 부재를 드러내는 예수의 마지막 말씀("나의 하나님, 나의 하나님, 어찌하여 나를 버리셨나이까?")이 현대적 종교 상황에 더 적합하다고 생각한다. 마가복음에서 예수는 버림받은 가운데, 절망과 유기 속에서 죽는 것으로 그려진다. 누가복음에서 예수는 공생애가 시작될 때처럼(눅 4:1-13) 시험을 받지만 이겨내신다. 누가복음 전체에서 예수는 충성스런 하나님의 아들(3:22)이자 모세와 같은 예언자로 그려진다. 예수는 하나님의 말씀을 선포할 뿐 아니라, 그것을 구현한다. 말하는 것과 행하는 것의 일치가 그가 구원할 백성들에게(예를 들어 눅 19:1-10의 삭개오) 그리고 초대교회 선교사들에게(예를 들어 행6:8-7:60의 스데반) 모범이 된다.

누가복음의 예수는 마가복음처럼 고통스러운 절망 가운데가 아니고, 평온함 가운데 아버지에게 순종하면서 죽음을 맞이하기 때문에, 오늘날 교

251

회가 이 세상의 중심에서 주변으로 밀려났고, 사회적 권력에 의해 버림받고 고립되었다는 생각할 때 마가복음에 더 공감하는 것은 당연할지도 모른다. 하나님의 언약과 신실함, 그럼에도 불구하고 눈앞에 명백히 드러나는 하나님의 부재 상황은 오늘의 교회가 버림과 절망이 무엇인지 잘 알고 있는 그리스도에게 호소하도록 만든다. 그렇다면 누가복음의 예수는 오늘날 붕괴의 위기를 맞고 있는 서구의 기독교에 아무 할 말이 없다는 것인가? 누가는 예수의 죽음에 관한 묘사를 통해 오늘날 제자도와 선교가 풍요로운 현대 사회 속에서 어떤 의미를 갖는지에 대해 고민하는 교회에 꼭 필요한 교훈을 준다.

누가복음의 예수는 늘 움직임 가운데 있다. 갈릴리로부터(4:14-9:50) 예루살렘에 도달할 때까지 예수는 길 위에 있다(9:51-19:27). 예수의 제자가 되길 원하는 자는 가진 모든 것을 남겨두고 예수가 가는 길을 따라야 했다. 예수는 가벼운 차림으로 여행을 했고, 제자들에게도 그렇게 요구했다(12:32-34). 예수는 여행하면서 말씀과 이적을 통해 하나님의 통치와 하나님 나라의 도래를 선포했다. 누가복음은 예수가 말하는 것과 예수가 하나님의 이름으로 행하는 일 사이에 매우 긴밀한 관계가 있다는 것을 강조한다. 이는 예수의 공생애 초기에도(예수가 광야에서 시험을 받을 때) 나오고 끝에도(골고다에서의 죽음) 나온다. 예수가 죽어갈 때, 주위에 있던 사람들, 즉 지도자들(23:35), 군인들(23:36), 예수와 함께 처형당하는 한 강도(23:39)는 예수를 모욕했다. 그 상황에서도 예수는 그가 아버지라고 부르는 분에게 끝까지 충실했다.

피터 하지슨(Peter Hodgson)은 '예수의 말씀'과 '하나님의 말씀'의 관계를 '상동'(homology)이라는 용어로 표현했다. 이 둘은 유비적인 관계에 있지 않고 상동적(문자적으로 '동일한 말'이라는 뜻) 관계에 있다. 이 관계는 비례(proportionality)의 관계와는 다른 대응(correspondence)의 관계이다.* 하지슨은 마태복음 10:32("누구든지 사람들 앞에서 나를 시인하면, 나도 하늘에

---

* 1. Peter C. Hodgson, *Jesus－Word and Presence: An Essay in Christology* (Philadelphia: Fortress Press, 1971), 101.

계신 내 아버지 앞에서 그 사람을 시인할 것이다")을 그 근거로 든다. 여기에서 예수의 말과 하나님의 말의 대응뿐 아니라 예수의 인격과 그의 말의 대응이 명백하게 드러난다. 그는 곧 그의 말이고, 그의 말은 사건, 즉 인격적 사건이다. 더 나가서 예수의 인격과 일치하는 말과 그를 하나님과 일치시키는 그 말은 신실한 말이다.*

하지슨은 예수의 말뿐 아니라 예수의 행위도 하나님과 일치됨에 대해 더 탐구할 수도 있었다. 신약성서는 예수의 십자가의 희생적 사랑이 하나님의 사랑에 대한 유비라고 말하는 데서 더 나아가 양자는 일치한다고 말한다. 따라서 예수는 그의 말이고, 그의 행위이며, 양자의 완벽한 일치를 통해 그는 하나님의 말씀과도 일치한다. 이 측면이 누가가 예수가 죽음을 묘사할 때 매우 강조된다. 누가에 의하면 예수는 충실하게 살고 충실하게 죽는다. 즉, 그가 아버지라고 부르는 존재에 대한 완전한 신뢰를 선포하고 실천한다.

예수의 제자들이 예수의 길을 따르도록 부름을 받았다면, 그들은 예수가 말하고 행한 것에 충실한 순종을 하도록 부름을 받은 것이다. 예수만이 죄가 없고, 예수 안에서만 언행의 완벽한 일치가 가능하다. 예수의 제자인 우리는 하나도 예외 없이 죄인이다. 죄의 중요한 한 요소는 언행의 불일치라고 말할 수도 있다. 예수를 따르는 사람들은 하나님의 은총에 의해서만 산다. 하나님이 만물을 변화시키실 때까지 그리스도인의 말과 행동 사이에는 어느 정도의 불일치가 있을 수밖에 없다. 그리스도인들이 예루살렘을 향해 계속 길을 가는 동안 그들은 살든지 죽든지 말하는 것과 행하는 것의 일치하도록 최선을 다할 것을 요구받았다. "아버지 내 영혼을 아버지 손에 맡깁니다"라는 말씀 속에서 우리는 양자의 완전한 일치를 본다.

---

* Ibid., 144-145.

사순절 여섯째 주일 (고난주일)

## 주석

마지막 만찬 장면을 전후해서, 누가복음의 예수는 성전 구역(공적/외부)이나 다락방(사적/내부)을 무론하고 제국 치하의 삶과 하나님 나라 삶의 질적 차이를 가르쳤다. 성전에서 예수의 가르침은 제국의 엘리트 협력자들과 맞닥뜨리고(19:45-21:38), 마지막 만찬에서는 이방인 왕 치하의 사는 것(22:25-27)과 자신의 길을 구별했다.

예수의 머리 위에는 빌라도가 붙인 죄패가 있었다: "이는 유대인의 왕이다"(23:38). 빌라도에게 이것은 비꼼이었다. 그것은 예수의 하나님 나라의 선포를 조롱한 것이다. 십자가는 왕국의 현실-빌라도의 예수의 사형선고에서 보여진 로마의 패권-을 보여주었다. 그리스도인들은 사도신경을 외울 때마다 이 냉혹한 정치적 현실을 기억한다: "본디오 빌라도에게 고난을 받으사."

누가의 예수는 다윗 왕위를 이어받았다(1:32). 사무엘상에서 다윗의 기름부음은 외양과 신성한 목적을 구분한다. 비슷하게, 외양에서는 예수는 왕이라고 조롱당한다. 하지만 누가복음 4:43에서부터 예수는 하나님의 나라를 선포한다. 이 선포는 전복적인데 왜냐하면 로마는 황제의 통치를 신의 왕국으로 선포했기 때문이다. 성전에 기부하는 엘리트 계층들은 관대한 듯 보인다(21:1-4). 가난한 과부가 부자들이 관대하다는 신화를 벗긴다. 그들은 남의 가산에서 얻은 부로 관대한 듯이 보인다(20:47 참조). 성전의 돌은 질서를 유지하는 것처럼 보이지만, 그 위엄에도 불구하고 끝이 다가오고 있다(21:5-6). 겉으로 보이는 모습에서는 전사들이 하나님의 나라를 시작하지만, 하나님의 나라는 그러한 폐허를 넘어선다(21:7-24).

로마는 현지의 협력자들을 통해 지배한다. 누가복음 22:2는 대제사장들과 율법학자들을 사람들과 반대하는 협력자로서 지정하는데, 그러한 협력은 예수의 제자들에게까지 미쳤다. 유다의 협력자가 된다(22:3-6).

눅 22:1, 7의 유월절에 대한 언급은 예수와 최후의 만찬에 대한 음모의 동시성을 암시한다. 얄궂게도 둘 다 유월절에 대한 준비이다. '안'의 만찬은 '밤'의 예수의 고난을 예고하고, 유다의 출현은 새로운 계약의 선언과 메츠(Johann Baptist Metz)가 예수의 십자가와 부활(22:19-20)에 대한 '위험한 기억'이라고 이름 지은* 사건이 동시에 보조를 맞추고 있다는 사실을 반복해서 보여준다. 배신자가 누구인지에 대한 제자들의 질문은 독자들에게 그들이 주님의 식탁에서조차 유다와 같은 협력자인지 알아보도록 독자들에게 암시적으로 권고한다(22:21-23).

최후의 만찬과 외부 음모의 동시성으로 인해 예수의 이방인 왕에 대한 말씀은 음모에 대한 주석이 된다. 이방인 왕과 예수의 왕국을 비교해 보면 예수의 제자들이 제국의 확실한 대안임을 알 수 있다. 그것은 예수를 기억하는 것이 왜 그렇게 위험한지 보여준다. 새 언약을 언급하신 후, 예수는 "뭇 민족들의 왕들은 백성들 위에 군림한다. 그리고 백성들에게 권세를 부리는 자들은 은인으로 행세한다. 그러나 너희는 그렇지 않다"(22:25-26)고 선언한다. 사도행전 4:24-28은 사건에 대한 해석을 제공한다. 빌라도와 헤롯 안티파스는 모두 예수가 무죄임을 발견하고 여전히 불공정하게 정의를 집행한다고 선언한다. 예수의 밴드는 위계적 정치과정이나 후원자/고객 관계와 다르다. 그럼에도 불구하고 다른 사람들을 지배하는 사람들을 은인이라고 불리는 엘리트가 관대하다는 신화를 다시 폭로한다. 베드로의 부인, 칼에 대한 수수께끼의 말, 예수의 고통스러운 기도는 모두 예수가 제국의 세력과 대치할 위험이 있음을 나타낸다(22:21-38, 42-46, 54-62).

예수의 새 언약은 이스라엘의 역사를 버리지 않는다. 마리아, 스가랴, 베드로가 보여주듯이(눅 1:55, 73; 행 3:22-25) 새 언약은 아브라함, 모세, 다윗에 대한 약속의 갱신이다.

대제사장들, 성전의 경비, 장로들은 제국의 지역 협력자이다. 예수께서는 칼로 전투를 거부하셨다. 하지만 그는 하나님의 나라로 제국을 지역적으로 나타내며 맞서고 있다. 더욱이 그는 체포된 것을 '어둠의 힘'으로 해석한다(22:53). 예수는 제국의 차이에 대한 억압을 숨기려는 파시스트 전략

---

* J. B. Metz, *Faith in History and Society: Toward a Practical Fundamental Theology* (New York: Seabury Press, 1980), 109-111.

을 폭로하고, 그러한 억압을 악한 권력으로서 묘사한다.

　재판에서 피고의 역할을 거부함으로써 예수는 제국의 '정의'에 저항했다. 자신의 변호에 대한 예수의 거부(22:66-71; 23:3, 9)는 제국의 사법 제도의 근거와 외형 모두에 도전한다. 로마의 의뢰인 왕 및 총독과 지역 지도자들의 협력은 누가복음 23:12-13(행 4:25-27 참조)에서 더 분명히 나타난다.

　십자가에 못 박히는 길에 일부 여성들은 예수를 위해 통곡한다. 일부 주석가는 예수가 여성들을 거부한다고 말하지만(23:27-31), 또 다른 견해는 그가 외모와 현실을 다시 구별함으로써 그들의 애통에 동참하지만, 그것의 방향을 전환시키는 것이다. 외모는 관습에 대한 그의 대안이 비극적이라는 것이다. 현실은 현상 유지 자체가 비극을 향하고 있다는 것이다.

　십자가에 못 박히심의 또 다른 두드러진 부분은 예수와 완전히 다른 관계를 맺은 두 명의 다른 비난받은 사람들과의 교류이다. 한 명은 조롱하고 다른 한 명은 예수의 왕국에 참여해달라고 간청한다. 예수는 둘째 사람에게 그들이 전통적인 사회질서를 넘어서 하나님의 실재 속에서 서로 동행할 것이라고 확신시켰다. 그는 그것을 '낙원'이라고 부른다(23:39-43). 신약에서 세 번만 나오는 이 단어는 문자 그대로 '정원'을 의미하며 축복의 장소를 가리킬 가능성이 높다.

　예수의 마지막 말씀은 시편 31:5을 인용하는데, 그것은 잠자리에 들 때 기도로 알려졌다. "주님의 손에 나의 생명을 맡깁니다." 그러나 그 기도에는 시편을 아는 사람이라면 누구나 아는 둘째 줄이 있다. "주님, 신실하신 하나님, 나를 구속하셨습니다." 또한 시편은 무가치한 것(시 31:6, NRSV에서와 같이 '우상'이 아님)에 대한 하나님의 소망을 표현하고 하나님의 신실하심과 자비에 대한 확신을 고백한다. 예수의 말씀은 이 모든 것을 암시한다.

　로마는 지배적인 제국의 가치에 대한 대안, 특히 도전적인 노예와 무질서한 외국인을 소중히 여기는 사람들을 겁에 질려 십자가에 못 박았다. 예수가 예루살렘으로 여행하실 때 하나님의 왕국과 카이사르의 제국은 충돌한다. 하나님의 자비와 성실에 대한 예수님의 신뢰는 이러한 대결을 뒷받침한다. 그래서 그의 죽음의 순간에 그는 자신의 삶을 이 하나님에게 맡긴다.

## 목회

몇 년 전, 에큐메니칼 예배 중에 누가복음의 수난 이야기 전체가 낭독되었다. 예배자들은 최후의 만찬과 겟세마네의 고통의 기도와 예수의 체포와 재판 그리고 십자가를 회상하면서, 이미 알고 있다는 듯 고개를 끄덕였다. 그러나 이야기의 마지막 부분에서, 로마 백부장이 한마디 말을 했을 때, 모든 사람이 주목했다. 십자가 위에 있는 사람을 보면서, 그는 말했다. "이 사람은 참으로 의로운 사람이었다"(23:47). 거기 있던 사람들은 본문을 다시 보아야 했다. 그들은 모든 예수 영화에서 백부장이 외치는 마가복음의 말씀을 기억하고 있었다: "참으로 이분은 하나님의 아들이셨다"(막 15:39).

분명히 누가복음의 주된 관심은 기독론이 아니라 정의이다. 마가와는 달리 누가는 예수 생애의 가능한 마지막 순간까지 메시아 비밀을 공개하지 않는다. 오히려 누가는 로마와 예루살렘이 무지하다는 진리를 선포한다. 예수는 무죄다.

백부장이 한 말은 오늘의 긴 본문을 관통하는 깊은 주제다. 오늘 이 말씀을 설교하려면 그리스도의 결백함을 충분히 반영해야 한다. 본디오 빌라도의 말을 들어보라. 그는 세 번 이상 예수에 대한 고발이 근거 없음을 선포했고, 사형선고는 더욱 그렇다고 말한다(23:4, 14-15, 22). 심지어 십자가 처형 장면에서도, 한 강력범은 동료에게 말한다. "우리야 우리가 저지른 일 때문에 그에 마땅한 벌을 받고 있으니 당연하지만, 이분은 아무것도 잘못한 일이 없다"(23:41).

예수는 아무 잘못도 하지 않았다. 그는 백성들을 잘못된 길로 인도하지 않았다. 그는 성서를 거부하지도 않았다. 그는 제국에 저항하려고 테러리스트를 훈련하지도 않았다. 그는 하나님을 거역해서 말하지 않았다. 예수는 전혀 폭력적이지 않았다.

그러나 사람들이 그에게 저항하고 그를 제거하려고 한 이유가 있을 것이다. 로마제국이나 산헤드린의 탓만으로 돌릴 수는 없다. 처음부터 사람들을 예수에게 저항하게 했던 무언가가 있었다.

나사렛에서 예수는 그의 고향 사람들에게 하나님이 이방인을 사랑하신다고 설교했고, 그의 이웃들은 그를 언덕에서 밀어서 떨어뜨리려고 했다 (4:29). 예수가 가버나움에서 안식일에 가르치셨을 때, 더러운 영이 들린 사람이 큰소리로 외치기를, "예수여, 우리를 내버려 두소서!"(4:34)라고 했다. 누가는 말하기를, 예수가 사람들을 치유하실 때마다, 악한 세력의 입을 틀어막아야만 했다고 한다. 왜냐하면 그들은 예수의 사명을 타협시키려고 했기 때문이다(4:40-41). 사역의 시작부터 예수는 무언가 잘못했기 때문이 아니라 그가 성령의 권능으로 왔기 때문에 그의 말씀과 행위에 대한 반대에 직면해야 했다. 성령은 예수에게 충만해서 예수가 "포로된 사람들에게 해방을 선포"(4:18)하게 한 바로 그 성령이다. 그가 부당하게 비난받았다는 것이 얼마나 아이러니한가!

로마 백부장이 누가의 눈을 통해 십자가를 보았다고 말할 수는 없지만, 우리는 그의 증언을 가지고 있다. 그는 예수가 무죄라고 선언했다. 그 순간까지 이어지는 이야기에 갈등과 유죄판결이 있다는 것은 주목할 만하다.

뉴저지 교도소에서 원목으로 일했던 신학교 동창이 기억난다. 그는 주일 저녁 사형수 수감동에서 돌아와서 말했다. "모든 죄수는 자기가 무죄라고 주장하지. 그들은 자기가 잘못 기소되어 부당하게 유죄판결을 받았다고 해." 얼마 지나지 않아 그는 그런 주장들이 자기의 업무 영역에 속한다고 생각하게 되었다. 어떤 수감자와 대화하면서 원목은 그가 정말로 부당하게 기소되었음을 알게 되었다. 원목은 사실을 조사하기 시작했다. 세부사항이 들어맞기 시작했다. 원목은 이 사건을 조사하기 위해 신학교를 휴학하고 그 사람의 변호인이 되었으며, 얼마 후 그 죄수는 석방되었다.

물론 예수에게는 그런 변호인이 없었다. 백부장은 예수가 한 일을 말했지만, 처형을 멈추지는 못했다. 무고한 사람이 죽임을 당했다. 이것이 누가가 우리가 십자가를 볼 때 보기를 원하는 것이다. 예수는 완전한 선의로 마을과 도시에 왔지만, 사람들은 그것을 감당할 수 없었다. 본회퍼가 말한 기억에 남는 이야기가 있다. 하나님은 "하나님 자신을 세상 밖으로 밀어내

십자가 위에 올려놓았다."*

　누가복음서를 통해서 누가는 예수가 예언자처럼 말했다는 것을 상기시켜 주었다. 예수는 또한 예언자처럼 죽을 것이었다. 앞서 몇 사람의 친밀한 바리새파 사람들이 그에게 거룩한 도시에서 떠나라고 경고했을 때, 예수는 반박했다. "예언자가 예루살렘이 아닌 다른 곳에서는 죽을 수 없다" (13:33). 그는 어미 닭이 병아리를 모으는 사랑으로 왔지만, 죽음이라는 저항에 부딪혔다.

　수난 이야기를 반유대주의적인 복수심에 대한 장황한 이야기로 읽기보다는 인간의 조건에 대한 주해로 읽어야만 한다. 우리는 예수 그리스도의 사랑과 자비와 진실에 저항한다. 우리는 정직한 목소리를 침묵시킨다. 우리는 결백한 사람을 선동가라고 정죄한다. 우리는 우리가 해야 할 일을 우리 편의에 따라 수행한다.

　오늘 우리는 십자가 앞에 모여서 누군가 말하는 것을 듣는다. "이 사람은 무죄다." 예수는 아무 잘못도 하지 않았다. 그의 길은 진리의 길이다. 우리가 그를 따르려면, 우리는 우리 앞에 놓인 상황을 정직하게 판단해야 한다. 우리는 모든 형태의 잔인함에서 벗어날 선택권을 가지고 있다. 우리가 "예수를 위하여, 더 이상 원한을 품거나 복수를 하거나 악한 일에 참여하지 않겠다"고 결정할 때 진정한 믿음이 뿌리내리게 된다.

　그러려면 대단한 용기가 필요하다. 그것은 확실히 논쟁과 반대를 불러일으키겠지만, 예수의 길은 거룩한 길이고, 비폭력적인 길이고, 제자의 길이다. 그것은 하나님의 나라로 가는 좁은 길이다.

　예수는 무죄다. 그는 완전히 죄가 없는 유일한 사람이라는 바로 그 이유 때문에 유죄판결을 받고 죽임을 당했다. 그는 두 범죄자 사이에서, 억압적인 제국의 손에 의해, 이웃에게 거절당하고, 친구들에게 버림받아 죽었다. 우리는 그렇게 살 수 있을까?

　그것은 중요하지 않을 수도 있다. 하나님은 부활절 새벽에 예수가 무죄

---

* Dietrich Bonhoeffer, *Letters and Papers from Prison*, ed. E. Bethge, trans. R. Fuller, F. Clark, et al. (New York: Macmillan, 1971), 360.

사 순 절 여 섯 째 주 일 (고 난 주 일)

라고 선언할 것이다. 죽음에서 일어남으로써 예수는 정당하다고 인정될 것
이다. 그 사실이 우리를 매우 불안하게 만들지도 모른다.

## 설교

누가의 수난 이야기에서 깊이 생각할 수 있는 주제들을 적어보자.

**십자가로 인한 거리낌**. 십자가는 그 두려움이라는 측면에서나 또 십자가
에 달린 분이 우리 신앙의 핵심이 되었다는 사실에서나 여전히 거리낌이
되고 있다. 이런 형태의 처형은 최악의 범죄자들에게 적용되었는데 그 대
상은 국가에 대한 반역자, 폭력적인 범죄자, 하층계급의 도적들이었다. 로
마시민은 오직 심각한 반역죄로만 십자가형을 받을 수 있었다. 이보다 더
끔찍한 운명은 상상할 수 없었다.

바울이 십자가를 "유대 사람에게는 거리낌이고, 이방 사람에게는 어리
석은 일입니다"(고전 1:23)라고 한 것은 놀라운 일이 아니다. 바울 이후 세
기의 신앙 변증가인 순교자 저스틴(Justin Martyr)은 "그들은 우리가 **십자가
에 달린 사람**을 불변하시고 영원한 하나님 다음으로 둘째 자리에 놓는다는
사실을 가지고 우리가 **미쳤다고** 말한다"고 하였다.

로마정치가 플리니(Pliny)는 "이상하고 이해할 수 없는 그리스도인들의
미신"에 대해 썼는데, 그는 거기에서 하나님으로 추앙되는 사람이 국가의
공공의 적으로 십자가에 못 박혔다고 하였다.

기원전 200년에 건설된 서커스 막시무스(Circus Maximus) 근처 로마 궁
전 벽에서 발견된 그림 낙서 가운데는 십자가에 달린 한 사람을 그리고 있
는데, 거기에는 사람의 머리 대신 당나귀의 머리를 그려 넣고 그 아래 큰
글씨로 "알렉사메노스(Alexamenos)는 하나님을 숭배한다"고 적혀있다.*

십자가에 관해 설교하는 것은 하나님께서 이 세상을 가장 어둡고 부끄

---

* 여기를 보라. Martin Hengel, *Crucifixion* (Philadelphia: Fortress Press, 1977).

러운 자리에서 어떻게 구원하시는가를 깊이 생각하는 일이다.

**십자가의 값비싼 부름**. 예수를 따를 때 우리가 감당할 것을 요청하는 십자가는 무엇인가? 디이트리히 본회퍼(Dietrich Bonhoeffer)에게 그것은 다른 사람들의 고통을 떠안는 것이었다. 1938년 11월 9일 유대인들에 대한 나치의 비밀계획이 드러나고 있었다. 그날 밤 산산조각 난 유리의 밤(the Night of Broken Glass)이라는 뜻을 지닌 크리스탈나하트(Krystall- nacht)라고 불리우는 날 밤에 유대인 회당, 가정, 일터에 광란의 폭력이 행하여졌다. 그날 밤 본회퍼는 성경을 펴고 시편 74편을 읽었다. 여백에 그는 이렇게 썼다. "하나님, 얼마나 오랫동안 나는 방관자로 남아 있어야 하나요?" 십자가는 우리를 방관자가 되게 하지 않을 것이다.

**두 재판**.* 베드로에 대한 재판이 있었다. 재판관은 하녀와 다른 구경꾼들이었다. 베드로는 예수를 부인했다. 그는 자기의 생명을 건지려다 그것을 잃었고, 부활하신 예수께서 다시 살리기까지 그 생명을 잃어버렸다. "여보시오, 나는 그를 모르오"라고 그는 말했다(22:57). 이 말은 단순한 거짓말 그 이상이었다. 그것은 진실이었고 또 고백이었다. 그는 자기가 3년간 따라다녔던 사람을 정말로 몰랐다. 이것이 우리의 고백이기도 하지 않은가?

두 번째 재판은 빌라도와 헤롯 앞에서 진행된 예수에 대한 재판이었다. 예수께서는 자신의 생명을 기꺼이 포기하려 하였으나 그는 생명을 구했다. 그는 고발자들 앞에 엄숙한 침묵으로 서 있었다. 거기에는 빌라도가 있었는데 그는 결정에 대한 자신의 책임을 감당하려 하지 않았고 다른 사람들에게 떠넘겼다. 그는 정말로 겁쟁이였다. 헤롯은 예수를 노리개처럼 취급하면서 그의 '속임수'를 보고자 했다. 빌라도의 법정에 모였던 사람들은 대부분 유대인 민중이 아니고 지배계층과 그 동료들이었다.

**넘겨준 사람**. 유다는 '예수를 넘겨준 사람'(handed Jesus over, 22:21)으로

---

* Paul Minear, *The Good News according to Matthew* (St. Louis: Chalice Press, 2000), 92ff.

261

묘사된다. 배신이라는 특정 용어 프로디도미(prododomi)가 있지만, 여기에서 사용된 헬라어 파라디도미(paradidomi)는 종종 '배신하다'로 번역된다. '넘겨주다'는 의미로 광범위하게 사용된 이 말은 우리에게 영적 성찰의 기회를 주고 있다.*

우리는 인생의 대부분이 우리가 하는 일 곧 우리의 능동(action)으로 이 세상의 삶에 변화를 줄 것이라고 들었다. 그러나 이번 주 우리가 배우는 것은 하나님께서 우리의 수동(passion), 즉 '우리에게 이루어진 일'을 통하여 무언가를 하신다는 것이다. 수동은 파스코(pascho)에서 유래하는데 '이루어진 일'이라는 의미를 지닌다. 그 반대는 포이에오(poieo)로 '할 일'을 뜻한다. 하나님께서는 능동과 수동 둘 다를 통해서 세상을 구원하시는데 그것은 우리의 삶이 '이루어진 일'과 '할 일' 둘 다로 구성되기 때문이다.

예수는 '넘겨진 사람'이다. 유다는 예수를 넘겼고 유대 지도자들은 그를 다시 빌라도에게 넘겼으며, 빌라도는 예수를 군중들의 뜻에 넘겨준 사람으로 묘사되고 있다(23:25). 바울은 이 용어를 자신에게 전달된 최후의 만찬 전승을 전달하는 데 사용하고 있다: "주 예수께서 잡히시던 밤에…" (On the night when he was handed over…, 고전 11:23).

그것은 하나님께서 예수를 우리 손에 넘겨준 성육신 그 자체가 지닌 위험이기도 하다. 이제 예수는 우리들처럼 사랑, 거절, 질병, 예측할 수 없는 사건들, 아름다움 그리고 잔인함 등 모든 삶의 영역에서 위험에 노출되게 되었다. 또한 그것은 우리의 삶에서 나타나는 위험이기도 하다. 하나님께서 예수의 고난을 이 세상의 구원을 위해 사용했던 것처럼, 우리의 행동뿐만 아니라 고난을 사용할 것이라고 믿을 수 있는가?

**두 개의 기도.** 십자가에서의 두 개의 기도: 용서를 위한 기도("아버지, 저 사람들을 용서하여 주십시오. 저 사람들은 자기네가 무슨 일을 하는지를 알지 못합니다", 23:34) 그리고 맡기는 기도("아버지, 내 영혼을 아버지 손에 맡깁니

---

* See Henri Nouwen, *The Road To Daybreak* (New York: Doubleday, 1988), 156ff.; and W. H. Vanstone, *The Stature of Waiting* (New York: Seabury Press, 1983).

다", 23:46), 이 두 개의 기도는 십자가가 우리에게 다가올 때 우리가 드릴 수 있는 가장 중요한 기도들이다.

예수께서는 누구를 용서하고 있는가? 그를 버렸던 제자들, 그를 죽였던 로마 군인들, 그를 사형에 처했던 로마와 유대 지배계층들? 그렇다. 예수께서는 우리 모두를, 우리의 모든 죄를 영원히 용서하고 있었는가? 그렇다. 이것이 복음이다.

그들은 "자신들이 하고 있는 일을 알고 있었는가?" 단지 부분적으로 그렇다. 우리 중 어느 누구도 우리가 짓고 있는 죄에 대하여 혹은 우리가 하는 해악에 대하여 온전히 알지 못한다. 하나님의 용서는 이 모든 것을 포함한다.

예수께서는 모든 것을 포기하는 기도에서 아버지께 그에게 지금까지 주어진 모든 것 곧 하나님의 손에 있던 그의 삶, 모든 것에 진심으로 충실했던 것을 맡긴다. 이 기도는 시편 31편을 인용한 것으로 이 기도문은 유대 어린이와 부모들이 잠들기 전 사용하는 저녁기도였다. 그것은 모든 것을 '내려놓는'(letting go) 기도문이다. 우리는 잠들 때에 "오 하나님, 나의 생명을 나보다 더 나은 손에 맡깁니다"라고 기도한다.

우리는 생사의 갈림길에서 특히 생명이 위태로울 때 이런 두 개의 기도를 상상이나 할 수 있을까?

# 사순절 여섯째 주일(종려주일)
## 누가복음 19:28-40

²⁸예수께서 이 말씀을 마치시고, 앞장서서 걸으시며 예루살렘으로 올라가고 계셨다. ²⁹예수께서 올리브 산이라 불리는 산에 있는 벳바게와 베다니에 가까이 오셨을 때에, 제자 두 사람을 보내시며 ³⁰말씀하셨다. "맞은쪽 마을로 가거라. 거기에 들어가서 보면, 아직 아무도 타 본 적이 없는 새끼 나귀 한 마리가 매여 있을 것이다. 그것을 풀어서 끌고 오너라. ³¹혹시 누가 너희에게 왜 푸느냐고 묻거든, '주님께서 그것을 필요로 하십니다' 하고 말하여라." ³²보내심을 받은 사람이 가서 보니, 예수께서 그들에게 말씀하신 그대로였다. ³³그들이 새끼 나귀를 푸는데, 그 주인들이 그들에게 말하였다. "그 새끼 나귀는 왜 푸는 거요?" ³⁴그들이 대답하였다. "주님께서 그것을 필요로 하십니다." ³⁵그리고 그들이 그 새끼 나귀를 예수께로 끌고 와서, 자기들의 옷을 나귀 등에 걸쳐 얹고서, 예수를 올라타시게 하였다. ³⁶예수께서 나아가시는데, 제자들이 자기들의 옷을 길에 깔았다. ³⁷예수께서 어느덧 올리브 산의 내리막길에 이르셨을 때에, 제자의 온 무리가 기뻐하며, 자기들이 본 모든 기적을 두고 큰 소리로 하나님을 찬양하면서 말하였다. ³⁸"복되시다, 주님의 이름으로 오시는 임금님! 하늘에는 평화, 지극히 높은 곳에는 영광!" ³⁹그런데 무리 가운데 섞여 있는 바리새파 사람 몇이 예수께 말하였다. "선생님, 선생님의 제자들을 꾸짖으십시오." ⁴⁰그러나 예수께서 대답하셨다. "내가 너희에게 말한다. 이 사람들이 잠잠하면, 돌들이 소리지를 것이다."

## 신학

누가복음의 예수를 이해하기 위해서는 이스라엘의 역사, 특히 예언서 시대의 역사를 이해하는 것이 필수적이다. 오늘 본문에서 예수는 예루살렘으로의 여행을 끝내고(9:51-19:27) 이제 도시로 들어갈 준비를 한다. 누가의 이야기에 나오는 수많은 다른 장면에서처럼, 예수가 제자들에게 한 말은 그 뒤에 오는 사건들에 의해 즉시 실현된다. 예수는 두 제자에게 가까운 마을로 가서 한 번도 타 본 적이 없는 새끼 나귀를 찾아 가져오라고 말한다. 무엇을 하고 있느냐고 물으면 제자들은 "주님께서 그것을 필요로 하십니다"라고 답하라고 지시를 받았다(29-32). 제자들은 명령받은 대로 했고, 사건들은 예수가 말한 대로 전개된다. 이스라엘 역사에 등장한 다른 예언자들과 마찬가지로 예수도 미래의 사건을 예측할 수 있는 힘을 갖고 있는 것 같다.

제자들이 나귀를 갖고 돌아온 후, 그들은 담요를 그 위에 덮었고, 예수가 나귀를 타고 예루살렘으로 향했다. 스가랴 9:9의 예언이 성취되는 순간이었다. ("환성을 올려라. 네 왕이 네게로 오신다. 그는 공의로우신 왕, 구원을 베푸시는 왕이시다. 그는 온순하셔서, 나귀 곧 나귀 새끼인 어린 나귀를 타고 오신다.") 제자 무리는 시편 118:26을 노래한다. ("주님의 이름으로 오는 이에게는 복이 있다.") 바리새파 사람들이 예수에게 군중들을 좀 잠잠하라고 꾸짖으라고 요청했을 때, 예수는 하박국 2:11을 인용하면서 말했다. ("내가 너희에게 말한다. 이 사람들이 잠잠하면, 돌들이 소리지를 것이다.") 그러므로 누가에게 예수는 두 가지 의미에서 예언자이다. 첫째, 예수는 자기 앞에 온 예언자들이 예언한 것을 성취하신다. 둘째, 예수의 행동과 사건 속에서 예수는 자신이 예언한 것을 성취하신다.

기독교 신학자들은 공관복음이 구약성서의 제사장이나 왕의 직분을 예수의 죽음과 부활의 의미를 설명하기 위해 사용하는 것을 오랫동안 인식해 왔다. 오늘 본문은 공관복음의 다른 많은 구절과 마찬가지로 제사장과 왕의 직책을 사용하여 예수의 죽음과 부활의 중요성을 해석한다. 히브리서 5:9-10은 예수를 "자기에게 순종하는 모든 사람에게 영원한 구원의 근원이 되시고, 하나님에게서 멜기세덱의 계통을 따라 대제사장으로 임명"받은 분으로 묘사한다. 디모데전서 6:15는 예수를 "찬양받으실 분이시요, 오직 한 분이신 통치자이시요, 만왕의 왕이시요, 만주의 주"라고 칭한다.

칼뱅은 이스라엘의 역사에 근거하여 제사장과 왕의 직분에다 예언자의 직분을 기름부음 받는 셋째 직분으로 추가했다. 제사장과 왕의 직분이 예수의 죽음과 부활과 연결된 직분이라면, 예언자의 직분은 갈릴리에서 예루살렘까지 예수의 사역을 소개하는 복음의 의미 해석과 관련된다. 아쉽게도 칼뱅은 예수의 예언자적 직분의 의미를 그의 가르침에 국한했다. "그가 갖고 온 완전한 가르침은 모든 예언의 종언을 가져온다."* 칼뱅에게 예수는 '완벽한 교리'를 가르치는 예언자이다. 칼뱅은 예수의 예언자적 치유와 축사(逐邪)의 행위에는 전혀 관심을 기울이지 않았다.

한스 프라이(Han Frei)는 예수에 대한 복음서의 묘사 속에서 주목할 만한 일이 일어난다고 주장한다. 예수의 예루살렘 입성에 관한 누가의 묘사는 누가가 예수의 정체성을 해석하기 위해 얼마나 열심히 이스라엘 역사 속에 있는 예언자적 자료들을 사용하고 있는지를 드러내 주는 한 예이다. 그러나 누가의 이야기 전개 과정에서 미세하지만 중요한 반전이 일어난다. 예수는 처음에는 이스라엘의 예언자들에 견주어 소개되지만, 이야기가 진전됨에 따라 그의 특수성(프라이는 이를 예수의 단일성 혹은 대체 불가능한 측면이라고 표현한다)을 통해 예언자라는 칭호가 새롭게 규정된다. 이스라엘의 예언자들은 이스라엘 백성에게 하나님의 말씀을 선포한다. 그들은 이스라엘 백성에게 예언할 때 "주가 말씀하시기를" 혹은 "주님의 말씀을 들어라"라는 서두로 시작한다. 그러나 복음서에 의하면 예수는 하나님의 말씀을 선포할 뿐 아니라, 그분이 하나님의 말씀이다. 프라이가 말했듯이 "예수는 대체할 수 없는 존재로서, 그에게만 어울리는 칭호를 만드신다. 예수는 나사렛 예수라는 정체성을 통해 모든 것을 보증하신다. 칭호가 예수를 규정하는 것이 아니고 도리어 예수에 의해 규정받는다."** 다시 말해서, 예수는 처음에는 이스라엘 예언자들이 예언한 것이 성취된 것으로 해석되지만, 그의 정체성이 죽음과 부활을 통해 완전하게 드러날 시점에는 독자들이 이스라엘의 예언자를 예수의 빛으로 이해해야 한다. 예수가 예언자들을 규정하지, 그 반대가 아니다.

일부 현대 신학자들에게 예수는 우리가 자유와 평화에 대해 믿고 있는 것의 예시로, 아마 완벽한 예시로 의미를 갖는다. 이런 경우 예수가 누구인

---

* John Calvin, *Institutes of the Christian Religion*, ed. John T. McNeill, trans. Ford Lewis Battles (Philadelphia: Westminster Press, 1960), 2.15.2.
** Hans Frei, *The Identity of Jesus Christ: The Hermeneutical Bases of Dogmatic Theology* (Philadelphia: Fortress Press, 1975), 136 (emphasis added).

가를 정하는 것은 우리가 이미 갖고 있는 자유와 평화의 개념이다. 예수는 이데올로기의 포로가 될 수 있다. 그러나 복음서에서는 예수가 우리의 모든 이데올로기를 심판한다. 그의 왕국은, 마가복음 8:31-33에서 베드로가 발견한 것처럼, 우리가 생각하는 하나님의 나라를 보장하지는 않는다. 복음서가 우리에게 가르쳐 주는 바와 같이, 우리에게 참으로 자유가 무엇인지(갈 5:1), 평화가 무엇인지(엡 2:17-22) 알려 주시는 분은 예수다.

예루살렘으로 가는 길에 모인 큰 무리는 예수가 주의 이름으로 오시는 자, 하늘의 평화와 영광을 이루는 자라고 선포한다("복되시다, 주님의 이름으로 오시는 임금님! 하늘에는 평화, 지극히 높은 곳에는 영광!" 38). 뒤에 나오는 구절에서 누가는 군중들의 이 환호를 거두어 간다. 군중들의 찬양과 환호는 예수가 예루살렘을 위해서 우는 순간 순식간에 큰 슬픔으로 바뀐다. 그들이 비록 하늘의 평화와 영광을 노래했지만, 그들은 참된 평화를 위해 치러야 할 값, '평화에 이르게 하는 일'(42)을 알지 못했다. 군중들은 평화를 노래했지만, 예수가 평화라는 큰 개념의 한 부분이 아니라는 것을 깨닫지 못했다. 예수가 그들의 평화다. 진정으로 예수가 이 세상의 평화다. 그냥 평화가 아니고 그분만이 줄 수 있는 평화다. 이 평화는 예수에게나 예수의 제자가 되려는 사람에게나 골고다로 가는 험한 여정이 없이는 이루어질 수 없는 것이다.

## 주석

본문은 예수의 예루살렘 입성에 대해 두 가지 뚜렷한 반응을 보여주고 있다. 예수의 제자들은 그를 왕으로 칭하고, 그들의 전통에서는 하늘과 땅을 연결하는 지점이었던 도시로의 입성을 축하했다. 하지만 일부 바리새인들은(부정적인 고정관념을 피하기 위해, 본문은 '일부'를 말하고 모든 바리새인을 특징 짓는 것은 아님을 유의하라) 제자들을 꾸짖으라고 요청한다. 한데 예수는 제자들에게 다음과 같이 확증한다. '이 돌들로도 아브라함의 자손을 만들 수 있는'(3:8) 하나님께서 감람산의 돌들로 소리 지르게 하실 것이기 때문이다. 하지만 예루살렘 입성은 십자가 처형의 전주곡이기도 하다.

누가의 구상에서 예루살렘은 오랫동안 마음에 두어 왔던 것이다. 변화산에서 모세와 엘리아는 예수와 그의 출애굽에 대해 말했는데 그것을 예루살렘에서 완수했다(9:31). NRSV는 '출발'로 번역했지만, 모세의 역할을 고려할 때 폭넓게 말해 이집트에서의 탈출은 '해방과 정체성'을 말하는 것이다. 이스라엘 백성들에게 "당신은 누구냐?"고 물어본다면 그들은 "하나님께서 우리를 억압의 땅에서 이끌어 내셨다"고 말할 것이다. 이것이 예수가 이룬 것, 즉 하나님의 자녀들을 위한 해방과 정체성인가?

다른 두 이야기가 이러한 배경에 도움이 된다. 하나는 '삭개오의 이야기'이고 다른 하나는 '열 므나의 비유'이다. 삭개오는 부자 세리였다. 무엇보다 그의 부가 문제였는데, "부자가 하나님의 나라에 들어가는 것보다 낙타가 바늘귀에 들어가는 것이 더 쉽다. … 그렇다면 누가 구원을 얻을 수 있겠습니까?"(18:25-26)라고 했다. 둘째로 그는 세관장으로 로마의 협력자였다. 이것은 억압과 정체성의 문제이다. 해방주의자가 보여주듯이, 억압자(와 그들의 부역자) 또한 해방되어야 한다. 더 나아가, 부역자로서 삭개오는 그의 정체성에 대해 타협한 것이다. 사람들은 그를 '죄인'이라고 했다(19:7). 그는 하나님의 백성 가운데서 그의 정체성을 잃었다.

열 므나의 비유는 보통 '하나님의 나라가 당장에 나타날 줄로 생각하는'(19:11) 제자들의 기대를 고치기 위해 씌어진 것으로 해석한다. 이 관점에서 하나님의 나라는 전형적으로 종말로 미루어진다. 그런데 누가에게는 하나님의 왕국이 예수의 예루살렘 입성과 함께 온다는 생각이 있었던 것 같다. 내 생각에 이 비유는 하나님의 심판을 묘사하지 않는다. 도리어 이스라엘이 로마의 치하에서 살아가는 상황을 반영하고 있고, 왕위를 얻기 위해 로마에 가서, 비유에 나오는 종과 같이 다른 부역자들과 협력하도록 한 갈릴리의 로마의 분봉왕인 헤롯 안티파스를 암시하고 있다. 비유는 하나님 나라에 관한 것이 아니라 예수가 선포한 하나님의 나라에 반하는 현실을 말한다.

예수의 입성은 스가랴 9:9의 플롯을 따랐다: 시온의 왕이 당당히 승리의 왕으로 예루살렘에 오신다. 그는 어린 나귀를 타고 오신다. 제자들의 외침은 시편 118:26을 따랐다: 주님의 이름으로 오는 이에게는 복이 있다. 여기에 누가는 예수를 왕으로 명시적으로 언급하고 있다. 누가는 또한 평화와 영광에 대해 말한다. 2:14에서 수많은 천사의 찬양이 지상의 평화에 관한 것이며, 사실 예수는 이 땅에 평화를 주신다(7:50; 8:48; 10:6). 더욱이 예수의 입성에 강하게 작용하는 스가랴 9장의 플롯은 하나님께서 예루살렘에 평화를 이루기 위해 일하신다는 것이다.

그런데 누가복음 19:38은 하늘의 평화를 말한다. 평화가 다른 세상이 되었는가? 예수의 동포 중 일부가 평화를 이루는 방법을 인식하지 못하기 때문에 확실히 복잡해졌다. 이것은 폭력과 파괴를 예고한다(19:42-44).

평화의 개념을 어떻게 이해할 수 있는가? 하나의 실마리는 예수의 제자들이 그를 왕으로 칭하는 이유에 있다. 제자들은 자기들이 본 모든 능력의 행위에 대해 큰 소리로 하나님을 찬양했다(19:37). 이 시점까지 누가에서 보여주는 기적의 내용들은 치유, 귀신축출, 나인성 과부의 아들과 야이로의 딸을 살린 것 그리고 5천 명을 먹인 것이다. 그런데 이 상황에서는 가장 가까운 기적은 삭개오와 관계가 있다. 18:25이 말하듯 부자를 구원하는 것은 거의 불가능하다. 더구나 삭개오는 로마의 부역자이다. 몹시 근심하며 떠난 다른 부자와는 달리(18:23), 삭개오의 예수와의 만남은 그를 회심하고 돌아서게 만들었다. 그는 맘몬을 섬기는 것을 멈추고(16:13), 가난한 자에게 소유를 주고 강제로 빼앗은 것에 대해 네 배로 갚았다. "사람이 할 수 없는 일이라도, 하나님은 하실 수 있다"(18:27). 삭개오는 더 이상 협력자가 되지 않고, 예수가 그를 아브라함의 아들이라 부르심으로 자신의 정체성을 되찾았다. 삭개오의 경우에는 하나님께서 예수를 통해 권능을 행하셨고, 19:37에는 예수의 제자들이 그러한 권능의 행위를 찬양했다. 이것이 평화를 이루는 신성한 하늘의 힘인가?

제국과 그 협력자들이 하나님보다는 재물을 섬기는 방식을 바꾸는 것이 하나님을 찬양하고 평화를 이루는 왕으로 예수를 찬양하는 이유가 될

까요? 하늘의 평화와 가장 높은 곳의 영광은 종말론으로만 읽어서는 안 된다. 특히 누가복음 11:2와 같이 하나님의 나라가 오기를 기도하는 사람들은 그러해야 한다. 오히려 예루살렘이 하늘과 땅의 접점이기 때문에 하늘의 평화를 확인하는 것은 땅에 평화가 풍성해질 것을 예상해야 한다.

그런데 예수는 예루살렘의 운명이 평화를 이루지 못하는 길로 인해 방해를 받고 있다고 한탄한다(19:42). 사실 누가복음의 나머지 대부분의 이야기는 제국의 분봉왕과 협력자들이 어떻게 십자가의 폭력을 이용하여 그들의 왜곡된 평화의 버전을 유지하려고 하는가에 대한 것이다.

## 목회

교회의 초기부터 그리스도인의 모습은 단순한 예전에 의해 형성되어 왔다. 예배 인도자가 "주 예수 그리스도의 평화가 여러분과 함께하기를"이라는 축복을 선포한다. 다른 모든 사람은 "그리고 당신과 함께"라고 응답하도록 초대받는다. 이것은 우리가 여전히 주일마다 되풀이하고 있다. 누군가 우리에게 그 말을 하고, 우리도 즉시 그렇게 응답한다. 누가의 본문에 따르면 이렇게 하는 것은 적어도 첫 종려주일까지 거슬러 올라간다.

누가복음의 종려주일 이야기는 누가복음의 성탄절 이야기를 반영한다. 예수가 태어났을 때, 복음서 기자는 천사가 나타나서 "땅에는 평화"(눅 2:14)라고 노래했다고 말한다. 지금 예수께서 나귀를 타고 예수를 향해 가실 때 사람들은 하늘을 바라보며 "하늘에는 평화"라고 노래한다. 하늘은 "땅에는 평화"라고 노래한다. 땅은 "하늘에는 평화"라고 응답한다. 오늘 교회에 모이면서 우리는 축복의 십자포화에 휩싸인다.

누가에게 이것은 문학적으로 매끄러운 세부 묘사 이상이다. 그것은 하나님께서 예수의 죽음과 부활을 가능하게 하셨다는 것을 선포하는 것이다. 우리는 전통적으로 메시아가 나타날 장소로 알려진 올리브산에서 예수께서 예루살렘을 향해 가신다는 이야기를 듣는다. 예수를 따르는 사람들이

270

예수를 둘러싸고 활기찬 목소리로 하나님을 찬양한다. 그들은 시편 118편을 그들의 구원 노래로 부르면서, 하나님께서 택하신 백성을 구원하실 것이라고 단언한다.

많은 평화의 노래들처럼 시편은 사람들을 불안하게 만든다. 어떤 바리새파 사람들은 군중이 조용하기를 바란다. 우리는 그들이 왜 그러는지 모른다. 아마 그들은 그 순간이 너무 정치적이어서 로마제국이 보복할 거라고 생각했을 것이다. 혹은 그들이 예수가 메시아라는 추론에 동의하지 않았을 수도 있다. 확실하게 말할 수는 없다. 하지만 바리새파 사람들은 군중을 제지할 수 없었다. 이런 날에 그렇게 하는 것은 교회 찬양대에게 포레(Faure)의 <종려나무>(The Palms)를 부르는 것을 잊으라고 요구하는 것 같은 것이다.

예수께서 구부러진 길을 돌자, 무언가 달라진다. 예수는 그의 앞에 도시 전체가 펼쳐진 것을 본다. 그 도시는 예수를 울게 만들었고, 우리는 예수가 말하는 것을 듣는다. "예루살렘아! 오늘 너도 평화에 이르게 하는 일을 알았더라면, 좋을 터인데. 하지만 너희는 그것을 알지 못한다. 그것들은 너희의 눈에 숨겨져 있구나."

예수가 하신 말씀은 다른 사람의 말을 가로막는다. 땅에는 평화, 하늘에는 평화, 그러나 아직은 그 사이에 있고, 평화가 없다고 예수는 말한다. 예수의 말씀은 나중에 성주간에 일어날 일에 대한 냉정한 예고다.

즐겁게 호산나를 부르는 모든 사람에게 종려주일은 비교하는 날이다. 우리는 그 비교를 행복한 승리와 피할 수 없는 십자가 처형 사이를 선회하는 찬송가에서 듣는다. 우리는 우주의 통치자가 빌린 새끼 나귀를 타기로 선택하는 것을 예수에게서 본다. 예수를 환영하는 도시가 나중에 예수를 죽이라고 소리 지르게 되면서 비교는 최종적으로 명백해진다. 적어도 지금은 평화에 대한 가장 큰 희망이 평화를 바라는 사람들에게 숨겨져 있다.

물론 우리만의 모순이 있다. 누군가는 평화를 만드는 가장 좋은 방법이 전쟁을 시작하는 것이라고 말한다. 강한 자는 약한 자를 물리쳐서 강해진다. 부모는 권총을 사서 옷장 서랍에 넣어둠으로 두려움에 맞선다. 학교는 협력보다 경쟁을 장려한다. 정부와 기업은 어떤 대가를 치르더라도, 심지어 그 대가가 자신을 파산시키는 것이어도, 이기려고 한다. 예수는 하찮은 가축을 타고 그 모든 것을 뚫고 가신다.

설교자는 이렇게 물을 수 있을 것이다. 평화를 이루는 것은 무엇인가? '우리 눈에 감추어진 것'은 무엇인가?

질문을 하면, 답을 모른다는 것을 깨닫게 된다. 누가복음에서 예수는 십자가에서 "아버지, 저 사람들을 용서하여 주십시오. 저 사람들은 자기네가 무슨 일을 하는지를 알지 못합니다"(눅 23:34)라고 다시 호소한다. 지성의 무지가 아니라 마음의 무지가 있다. 해결책을 제시하지 않고도 문제를 헤쳐나갈 수 있다. 우리는 마치 체스를 하는 것처럼 갈등을 통해 우리의 방법을 변명할 수 있고, 희생자들을 완전히 외면할 수 있다. 만약 우리가 우리 자신을 우월하다고 생각한다면, 우리 자신조차 잃어버릴 것이다.

몇 년 전, 아버지가 군 계약직으로 일하시는 동안 나는 신약을 공부하고 있었다. 아버지가 하시는 일을 두고 방학 동안 많은 흥미로운 대화를 나누었다. 나는 세계 평화를 위한 나의 꿈에 대해 열심히 말했고, 아버지는 참을성 있게 귀를 기울였다. 아버지는 아버지 같은 사람이 헌금을 해서 나 같은 사람이 설교자가 될 수 있는 것이라고 지적했다.

내가 말을 한 후, 아버지는 이렇게 말씀하셨다. "네가 한 말에 동의하지 않는 것은 아니지만, 우리가 우리 자신의 마음속에 있는 전쟁을 잠잠하게 할 수 있을 때까지는 세상에서 평화를 이룰 수 없을 거다." 그리고 아버지는 마치 "신학교에서 그런 것을 가르쳐야 해"라고 말씀하시는 것처럼 나를 바라보셨다.

예수는 위풍당당한 말을 타지 않으시고 겸손한 나귀를 타셨다. 그는 무장하거나 방어하지 않고 죽음의 상황으로 들어가기로 선택하셨다. 예수는 거리낌 없이 그리고 아무런 조건도 없이 자신을 주신다. 이것은 예언자적인 행동이고, 모든 것을 걸고 모든 것을 얻겠다고 약속하는, 상처받기 쉬운 하나님의 사랑의 징표다.

올리브산 중턱에 눈물방울 모양의 작은 예배당이 있다. 도미누스 플래

비트(*Dominus Flevit*: 라틴어로 '주님이 우신다'는 뜻)라고 부른다. 전통적으로 예수가 도시를 내려다보면서 눈물 흘리셨던 장소로 알려진 장소다. 순례자들은 예루살렘을 향해 이동하면서 성찬을 나누기 위해 그곳에 모인다. 그들은 서로 다른 신앙을 가진 사람들이 같은 땅을 두고 다투고 있는 도시가 아직도 갈라져 있는 것을 보면서, "이것은 너희를 위해 부서진 내 몸이다"라고 하며 빵을 건넨다. 그 후에는 포도주를 나눠마시며, "이 잔은 너희를 위하여 흘리는 내 피로 세우는 새 언약이다"라고 말한다. 하나님께서 모든 사람을 하나님의 강력한 사랑으로 돌아오게 하시려고 아들을 세상에 보내신, 화해를 위한 큰 대가를 기억하는 순간이다.

때때로 우리는 평화에 관해 무지하다. 그러나 계속해서 그리스도의 몸과 피를 나누는 사람들은 항상 "주 예수 그리스도의 평화가 여러분 모두와 함께"라고 말한다.

우리는 어떻게 응답할까? "그리고 당신과 함께"라는 말로.

## 설교

종려주일 설교자에게 매년 반복되는 과제는 왕처럼 예루살렘을 향했던 행진이 로마제국의 십자가 죽음으로 귀결된다는 점이다. 그래서 설교자는 기쁨의 찬양 너머에 있는 예수의 죽음을 바라보아야만 한다. 교인들 대다수는 다음 주일에 새롭게 손질을 한 멋진 옷을 입고 열심히 부활절 노래를 부를 때에야 비로소 "그리스도 주님께서 오늘 부활하셨다"는 엄숙한 진술에 함께 할지도 모른다. 39-40절은 앞으로 일어날 일을 암시하고 있지만, 설교에는 41-46절에 있는 예언적 비탄과 성전 정화를 포함해도 좋을 것이다.

**두 개의 행진.** 역사적 예수 학자인 보그(Borg)와 크로산(Crossan)은 우리에게 흥미로운 점을 보여주는데 그것은 유월절 주간에 두 개의 행진이 있었다는 것이다.\* 서쪽에서 말, 전차, 번쩍이는 갑옷 등 제국의 권력으로

273

화려한 영광에 싸인 채로 빌라도가 왔다. 그는 유월절 주간이 시작될 무렵에 아무 일도 일어나지 않도록 로마 군대와 함께 들어왔다. 이집트에서 노예로 있던 히브리 민족을 하나님이 구원했었다는 기억을 공유하면서 반란이 일어날 것만 같았다.

동쪽에서 또 다른 행진 곧 한 평민의 행진이 있었는데 여기서 예수께서는 어린 나귀를 타고 평범한 옷을 입고 있었다. 세심한 준비와 더불어 예수께서는 상징적인 예언자적 행동을 고도의 예전 형태로 계획했음을 우리는 엿 볼 수 있다. 누가는 새로운 왕 곧 전쟁 무기를 버리게 만드는 평화의 왕이 오는 것을 스가랴 9:9-10을 염두에 두면서 묘사하고 있다.

예수께서 들어오실 때 '많은 제자'가 주위에 모여들어 자신들의 옷을 길 위에 깔고 소리를 높여 찬양을 한다. "복되어라, 주의 이름으로 오시는 왕이여." 여기서 '왕'은 그들이 부르는 할렐 시편(시 118:26)에 추가된 것이다.

그런 다음 "하늘에는 평화, 지극히 높은 곳에는 영광!"이라는 두 구절이 더해진다. 이것은 다가올 세상에서 하늘의 안식과 희망을 노래하는 것 그 이상이다. 그것은 마태가 언급했던 '천국'(kingdom of heaven)에 관한 것으로 예수 안에서 이 세상의 나라들을 향한 도전이고 변화를 요청하는 것이다. 여기서 '많은 사람'은 누가의 탄생 이야기에서 '많은 하늘 군대'가 부른 노래와 상응하고 있다. "지극히 높은 곳에서는 하나님께 영광이요 땅에서는 하나님이 기뻐하신 사람들 중에 평화로다"(2:13-14).

어떤 왕을 말하는가? 여기서 두 나라 곧 가이사 또는 그리스도의 나라가 충돌하는 것을 본다. 가이사의 나라는 지배와 무자비한 권력에 기반을 둔 것으로 예수께서 광야에서 유혹받았을 때 거부했던 왕권이다. 예수께서 선포했던 하나님의 나라는 정의, 자비 그리고 하나님의 사랑에 기초하고 있다(눅 11:42, 마 23:23). 우리는 그리스도의 평화 또는 로마의 평화 가운데 어느 하나를 선택할 수 있다. 우리의 과제는 하나님 나라의 복음이 정치적 의미를 지니면서도 어떻게 일상성 속에서 정치적 선택을 초월하는가를 보

---

* Marcus Borg and John Dominic Crossan, *The Last Week* (New York: Harper SanFrancisco, 2006), 1-5.

어주는 일이다.

**제자들이 보여준 격정적인 기쁨과 바리새파 사람의 질책.** 제자들은 자신들을 억제할 수 없다. 우리는 다윗이 주님의 법궤를 예루살렘으로 가져왔을 때 그 앞에서 옷을 벗은 채 춤을 춘 것을 생각한다. 한 무리의 바리새파 사람들이 "당신의 제자들에게 멈추라고 하십시오"라고 예수께 말한다.

이 바리새파 사람들은 격정적이고 황홀한 제자들의 찬양에 당황했을까? 그들은 예수에게 그러한 시위가 위험하다는 것을 경고하고 있는가? 누가복음 서두에서 몇몇 바리새파 사람들은 예수에게 헤롯이 죽이려 한다고 경고한다. "여기에서 떠나가십시오. 헤롯 왕이 당신을 죽이고자 합니다"(13:31). 그들은 로마 당국이 반란의 냄새를 맡고 이 나라에 대해 끔찍한 보복을 하러 올까 봐 두려워했는가?

**예수의 대답: 돌들이 소리 지를 것이다!** 오직 누가복음만이 이 떨리면서도 믿음이 넘치는 이 말씀을 기록하고 있다. "내가 너희에게 말한다. 이 사람들이 잠잠하면, 돌들이 소리 지를 것이다." 여기에 하나님께서 분명히 승리하리라는 믿음이 있다. 이 구절에는 여러 가지 의미가 있을 수 있다.

먼저 여기에는 입을 다물기에는 너무 훌륭한 진리가 있다. 잠시 침묵할 수 있지만 오랫동안 그럴 수는 없다.

둘째로 만일 제자들이 비겁함이나 안일함으로 떨어져 나간다면, 하나님께서 더 많은 사람을 일으킬 것이다! 세례자 요한이 요단강에서 선포했듯이 "하나님께서는 이 돌들로도 아브라함의 자손을 만드실 수 있다"(눅 3:8).* 시인 리처드 윌버(Richard Wilbur)의 크리스마스 찬송 *A Stable Lamp is Lighted*(마굿간에서 비치는 등불)에서는 "모든 돌들이 소리 질러야 하네/모든 돌들이 소리 질러야 하네"라고 노래하여 이것을 기억나게 한다.

셋째로 여기에는 하박국 2:9-11의 예언적 경고를 떠올리게 하는 것이

---

* Richard Wilbur, "A Christmas Hymn," in *New and Collected Poems* (New York: Harcourt Brace Jovanovich, 1988), 225.

있다. 불의는 오래가지 못한다는 것이다. 불의로 지은 집의 바로 그 돌들이 "벽으로부터 소리 지를 것이다." 이 뜻은 누가복음 다음 장에서 일어날 일을 가리킨다. 그래서 41-46절로 넘어가 보자.

**예루살렘을 향한 탄식과 성전 정화**. 성서정과는 곧 수난 이야기로 건너뛸 것이기 때문에, 설교자는 예수의 예언자적인 탄식과 성전에서의 상징적, 예언자적인 행동을 포함시켜 잘 마무리하면 좋을 것이다. 이곳 예루살렘은 예수께서 누가복음 9:51 이후 계속 목표로 삼아온 곳이다. 자신을 제물로 드리는 일 곧 십자가에서의 죽음조차도, 토라와 하나님의 백성을 배신하고 있던 그 나라의 지배 엘리트에 대한 그의 예언자적인 싸움과 분리해서는 안 된다. 십자가에서 하나님의 구원 사역과 십자가로 귀결된 예수의 구원 사역은 서로 다른 것이 아니다.

그래서 '평화를 만드는 일들'을 인식하지 못했던 예루살렘을 향하여 예수께서 눈물을 흘리는 생생한 장면이 나온다. 그는 돌 위에 돌 하나도 남지 않을 것이라며 다가올 멸망을 경고한다.

그런 다음 예수께서는 성전에서 환전상을 몰아내며 "성경에 기록하기를 '내 집은 기도하는 집이 될 것이다' 하였다. 그런데 너희는 그것을 '강도들의 소굴'로 만들어 버렸다"고 말씀하신다. 예수께서 예레미야를 인용한 것은 이 나라의 지도자들에게 올바르고 정의롭게 살 것을 분명히 요청한 것이었다. 그래서 예레미야 7:3-11을 세심하게 살펴보는 일이 매우 중요하다.

**예수께 매료된 사람들**(47-48). 매일 예수께서 성전에서 가르쳤을 때 종교 지도자들은 그를 죽일 방법을 계속 찾고 있었지만, 거기에는 경청하고 있었던 '예수께 매료된 사람들'이 있었다. 노래하고 손을 흔들며 옷을 깔아놓았던 군중들은 여전히 그와 함께 있고 예수께서 보여준 하나님 나라 운동의 한 부분을 여전히 담당하고 있다. 심지어 우리들까지도.

# 부활절

# 부활절

요한복음 20:1-18

[1]주간의 첫 날 이른 새벽에 막달라 사람 마리아가 무덤에 가서 보니, 무덤 어귀를 막은 돌이 이미 옮겨져 있었다. [2]그래서 그 여자는 시몬 베드로와 예수께서 사랑하시던 그 다른 제자에게 달려가서 말하였다. 누가 주님을 무덤에서 가져갔습니다. 어디에 두었는지 모르겠습니다. [3]베드로와 그 다른 제자가 나와서, 무덤으로 갔다. [4]둘이 함께 뛰었는데, 그 다른 제자가 베드로보다 빨리 달려서, 먼저 무덤에 이르렀다. [5]그런데 그는 몸을 굽혀서 삼베가 놓여 있는 것을 보았으나, 안으로 들어가지는 않았다. [6]시몬 베드로도 그를 뒤따라 왔다. 그가 무덤 안으로 들어가 보니, 삼베가 놓여 있었고, [7]예수의 머리를 싸맸던 수건은, 그 삼베와 함께 놓여 있지 않고, 한 곳에 따로 개켜 있었다. [8]그제서야 먼저 무덤에 다다른 그 다른 제자도 들어가서, 보고 믿었다. [9]아직도 그들은 예수께서 죽은 사람들 가운데서 반드시 살아나야 한다는 성경 말씀을 깨닫지 못하였다. [10]그래서 제자들은 자기들이 있던 곳으로 다시 돌아갔다. [11]그런데 마리아는 무덤 밖에 서서 울고 있었다. 울다가 몸을 굽혀서 무덤 속을 들여다보니, [12]흰 옷을 입은 천사 둘이 앉아있었다. 한 천사는 예수의 시신이 놓여 있던 자리 머리맡에 있었고, 다른 한 천사는 발치에 있었다. [13]천사들이 마리아에게 말하였다. "여자여, 왜 우느냐?" 마리아가 대답하였다. 누가 우리 주님을 가져갔습니다. 어디에 두었는지 모르겠습니다. [14]이렇게 말하고, 뒤로 돌아섰을 때에, 그 마리아는 예수께서 서 계신 것을 보았지만, 그가 예수이신 줄은 알지 못하였다. [15]예수께서 마리아에게 말씀하셨다. 여자여, 왜 울고 있느냐? 누구를 찾느냐? 마리아는 그가 동산지기인 줄 알고 여보세요, 당신이 그를 옮겨 놓았거든, 어디에다 두었는지를 내게 말해 주세요. 내가 그를 모셔 가겠습니다 하고 말하였다. [16]예수께서 마리아야! 하고 부르셨다. 마리아가 돌아서서 히브리 말로 라부니! 하고 불렀다. (그것은 선생님!이라는 뜻이다.) [17]예수께서 마리아에게 말씀하셨다. 내게 손을 대지 말아라. 내가 아직 아버지께로 올라가지 않았다. 이제 내 형제들에게로 가서 이르기를, 내가 나의 아버지 곧 너희의 아버지, 나의 하나님 곧 너희의 하나님께로 올라간다고 말하여라. [18]막달라 사람 마리아는 제자들에게 가서, 자기가 주님을 보았다는 것과 주님께서 자기에게 이런 말씀을 하셨다는 것을 전하였다.

## 신학

부활절 본문은 희망이 없는 세상에 심판을 가져오기 위해 그리고 믿지 못하는 자에게 구원을 가져오기 위해 쓰였다. 이런 종류의 글은 예언적이고, 그런 선포를 하는 사람을 예언자라고 한다. 예언자? 우리는 예언자라는 명칭을 조심스럽게 사용해야 한다. 사울 빌로우(Saul Bellow)라는 소설가는 1960년대에 수많은 사회 활동가가 '예언자'라 불리는 것을 염려했다. 그들 중 많은 경우는 진실되고, 좋은 의도를 갖고 활동한다. 그러나 그들 대부분은 하나님에 대해 말하지 않고, 자신, 자신의 주장, 상대방의 악에 대해서 말한다. 빌로우가 어떤 강연에서 이렇게 말한 것을 들은 적이 있다: "예언자가 된다는 것은, 그런 기회가 주어진다면 좋은 일이다. 그러나 조만간(sooner or later) 당신은 하나님에 대해 이야기해야 한다."

많은 설교자는 곧(sooner)이라는 부분을 무시하기 쉽다. 먼저 자신들이나 자신의 의견, 혹은 세상사나 영화에 대해 말하려는 유혹을 받는다. 그들은 하나님을 완전히 잊어버리거나, 말하더라도 명확하지 않게 얼버무려서, 아무도 그들로부터 하나님의 능력을 경험하지 못하게 될지도 모른다. 이를 교정하는 것이 시급하다: 하나님에 대하여 빨리 말하는 것이 더 능률적이고 효과적이다. 요한복음 20장에 나오는 하나님-이야기(God-Talk)가 던져주는 신학적 주제는 하나님이 구태의연한 이야기를, 회심을 불러일으키는 예언적 말씀으로 변화시키기 위해 무엇을 하시는지에 관한 것이다.

따라서 우리는 회심에 대해 말하려고 한다. 회심의 교과서적인 뜻을 확인하기 위해 회심이 히브리어로는 shub이고, 그 의미는 '뒤돌아 간다', '돌아선다'이며, 그리스어로는 metanonia인데, 그 의미도 180도 돌아선다는 것임을 확인하자. 이 두 단어를 보면 회심은 물론 지적 차원을 포함하겠지만 머리뿐만 아니라 마음의 움직임과 관련되었다는 것이 명백해진다. 회심은 선포된 말씀을 듣는 가운데 확신이 생김으로, 성례전에 참여하는 가운데 하나님의 임재를 느낌으로, 혹은 이미 회심한 사람이 보여주는 자비스런 행동에 감동을 받음으로써 발생한다. 그리스도인들에게는 세례가 그런 돌아섬(turn), 즉 그리스도 안에서 새롭게 태어남의 효과적이며 상징적인 계기이다.

종교개혁의 전통은 설교나 성례전을 통해 교회라는 공간에서 일어나는 회심도 중요하게 여기지만, 특별히 하나님의 은총이 한 사람의 마음에 작용함으로 생기는 개인적 변화를 강조한다. 어떤 때에는 오늘 본문과 같이 회심이 즉각적으로 일어나기도 한다. 오늘 본문에는 막달라 마리아와 베드로, 다른 제자의 회심의 유형이 소개된다. 그들은 모두 몰이해의 상태에서 열렬한 믿음으로 돌아섰다. 교회의 역사를 볼 때 많은 사람은 오랜 기간의 주저와 반항 이후 회심 경험을 하기도 한다. 회심은 눈과 마음이 열리고, 믿음, 소망, 사랑에 헌신하는 것인데, 이런 회심은 사람의 의도나 노력으로 이루어지는 것이 아니라는 것을 신자들은 오래전부터 알고 있었다. 회심자들은 그 대신 회심이 성령의 역사라고 말하길 좋아한다.

이제 이런 신학적 주제들을 제시하는 오늘의 이야기를 더 자세하게 살펴보자. 회심이 돌아서는 것이라고 말했는데, 우리가 돌아서는 경험을 하기 위해서는 두 가지 사례를 자세하게 살펴봐야 한다. 첫째 사례는 막달라 마리아의 경우이다. 마리아는 장례 절차에 따라, 죽은 예수를 정성을 다해 정중하게 장사하는, 소망 없는 행위로부터 돌아서는 경험을 한다. 1절에 마리아가 무덤에 가서 '보니'라고 기록하는데, 마리아는 정말 본 것일까? 마리아가 베드로와 다른 제자에게 하는 말 속에 하나님에 대한 언급이 없다는 것에 주목하자. 그것은 하나님-이야기가 아니다. 마리아는 익명의 "누가" "주님을 무덤에서 가져갔다"고 말했다(2). 마리아는 아직 돌아서는 경험을 하지 않은 상태에서, 회심하지 않은 상태에서 무덤 밖에서 당혹감과 슬픔에 빠져 울고 있다. 천사들이 왜 우느냐고 물었을 때, 마리아는 여전히 '누가' 무엇을 했다는 식으로 대답했다(13). 하나님이 무엇인가 했다는 생각은 하지 못했다. 마리아의 반응은 피동적이고 일상적이었다. 그리고 마리아가 '돌아섰을' 때, 예수를 보았다. 그러나 아직 회심하지 않은 눈과 마음으로 보았기 때문에 예수를 알아보지 못했다. 마리아는 동산지기의 존재를 믿었지, 부활한 그리스도 안에 있는 하나님의 현존을 믿지도 느끼지도 못했다. 이제, 마리아는 아주 간단한 일상적인 말, 즉 그녀의 이름이 불리는 것을 듣는다. 그런데 그 말은 마리아의 믿음과 소망을 불러일으키기 위한 특별한 신적 의도 속에서 이루어진 것이다. "마리아야!" 하자 '마리아가 돌아서서' 예수를 바라보았다(16). 마리아는 문자적으로 '돌아선' 것이다. 그것이 회심의 본래 의미이다. 이제 마리아는 다른 사람들에게 이 소식을 전해야 했다. 이 과정에서 마리아는 다른 사람보다 앞서게 되었다. 마리아가 핵심적인 두 제자보다도 먼저 돌아서는 경험을 한 것이다.

베드로와 다른 제자의 경우는 또 다른 사례이다. 두 제자 중 한 사람이 무덤 안쪽을 보았으나 사건이 일어났고 증거가 놓여 있는 안으로 들어가지는 않았다(5). 그리고 베드로가 들어갔다. 그는 무엇인가 보았고, 나름대로 추리를 했다. 베드로가 무엇을 했던, 그 일로 첫 제자가 영향을 받아서, 그도 자신의 마음을 열고 상황을 살피기 시작했다. 그도 들어가서 보고 믿었다(8).

이것으로 모든 과정이 다 끝난 것이 아니다. 베드로와 다른 제자는 자신들이 경험한 것이 무슨 뜻인지 알지 못했다. 왜냐하면 "아직도 그들은, 예수께서 죽은 사람들 가운데서 반드시 살아나야 한다는 성서 말씀을 깨닫지 못하고" 있었기 때문이다(9). 그들은 단지 슬픔 가운데 집으로 돌아갔을 뿐이다. 그들은 아직 막달라 마리아가 할 수 있었고, 하였던 것을 할 수 없었다. 마리아는 "자기가 주를 보았다는 것과 주께서 자기에게 이런 말씀을 하셨다는 것을, 제자들에게 가서 전하였다"(18). 마리아는 예수가 자신에게 어떤 말을 했다는 것을 전했고, 그렇게 함으로 회심의 현상과 그 실증적 결과의 좋은 예를 보여주었다.

## 주석

요한복음이 묘사한 부활절 새벽의 장면들은 아주 기억될 만하다. 공관복음서에서는 막달라 마리아가 다른 여인들과 함께 무덤에 갔다(마 28:1;

막 16:1; 눅 23:55-24:1, 10). 여기에서는 혼자 갔다. 마리아는 아직도 '어두운'(dark) 시간에 갔다. 이것도 요한복음 1:5에서 처음 언급된 '어둠과 빛'의 상징성으로 말하는 방식이다. 마리아가 도착한 시간은 또한 그녀가 가진 '절망의 어둠'과 그녀가 발견한 '혼란의 깊이'를 볼 수 있는 거울이기도 하다.

막달라 마리아가 가서 무덤의 돌이 '옮겨져' 있는 것을 발견한 것은 예수가 나사로를 살리신 장면(11:38-41)과 비교된다. 마리아가 놀라서 베드로와 예수께서 사랑하시던 다른 제자를 불러낸 것은 그녀가 예수의 시체를 도둑맞았다고 생각한 것이다.

다음 장면들에서 베드로와 사랑하는 제자 간의 경쟁 관계를 보고자 하는 사람들은 이 본문들이 전하고자 하는 순수한 이야기의 힘과 결론적인 모호성을 간과하고 있는 것이다. 베드로가 먼저 무덤을 향해 출발했고, 다른 제자가 뒤를 따랐다. 둘이 함께 뛰었는데, 얼마 뒤 다른 제자가 빨리 달려서 먼저 무덤에 이르렀다. 하지만 다른 제자는 삼베가 놓여 있는 것을 보았으나 들어가지는 않았다. 베드로가 먼저 들어갔다. 베드로도 처음에 마리아가 생각했듯 일(시체를 훔친)이 분명히 일어났을 증거가 되는 여러 잔재들을 보았다. 하지만 사랑하는 제자는 이러한 물적 증거들을 다르게 평가했다.

수의의 배열들이 특이하다. 다시 한번, 예수가 나사로를 살리신 사건과의 비교를 보여주고 있다(11:41-44). 나사로의 경우도 무덤의 돌이 옮겨졌을 뿐만 아니라, 그가 무덤에서 나왔을 때 손발이 천으로 감겨있었고, 얼굴은 수건으로 싸매져 있었다. 구경하는 사람들에게 그것들을 풀어주어서 나사로를 가게 할 임무가 주어졌다. 사랑하는 제자에게는 이 조촐함은 단지 시체 도난 사건이 아닌 것으로 해석하는 징조를 보여주었다. 그것은 소생의 문제만은 아니었다.

그렇다면 사랑하는 제자는 무엇으로 믿었는가? 무덤의 발견들은 그 자체가 말하듯 아직은 예수의 부활에 대해 충분하고 명확한 믿음의 근거가 되지는 못하였다. 복음서 기자는 이를 "아직도 그들은 예수께서 죽은 사람들 가운데서 반드시 살아나야 한다는 성경 말씀을 깨닫지 못하였다"(20:9)

고 설명하고 있다. 그래서 제자들은 자기들이 있던 곳으로 다시 돌아갔다. 그들의 무덤에 대한 조사는 많은 사람이 주장하듯, 충분치 않은 열등한 여성 혼자만의 보도에 대한 두 남성 증언자에 의한 법적으로 효력이 있는(신 19:15) 확정을 확증하거나 제공하지 못하였다. 마리아는 무덤 바깥에서 정신이 혼란한 채 남아 있었다. 그녀가 무덤 안을 보았을 때 수의가 그녀의 주의를 끌지는 못하였다. 그런데 무덤은 더 이상 비어있지 않았다. 두 천사가 앉아있었는데, 한 천사는 예수의 시신이 놓여 있던 자리 머리맡에 있었고, 다른 한 천사는 발치에 있었다(12, 막1 6:5; 마 28:2-3; 눅 24:4 참조). 마리아가 알아보지 못한 두 천사는 빈 공간을 거룩하게 하고 있었다. 이런 묘사는 언약궤에 대한 반어적인 소환으로 하나님은 죽음의 장소에서는 존재하지 않는다는 것이다. 그들이 왜 그녀가 우느냐고 물었을 때, 마리아는 누군가 주님을 가져갔다고 계속 주장했다.

이렇게 말하고 뒤로 돌아섰을 때에 마리아는 사람 형체를 보았다. 그녀는 '동산지기'(헬라어로 kepouros)로 생각했다. 이 말은 창 3:8의 하나님과 아담과 이브가 만났던 동산과는 다른 것을 의미하는 것이다. 그녀는 여전히 예수의 시체가 옮겨졌다는 생각에 집착하여 그에게 어디로 옮겼는지 알려달라고 간청했다. 우리는 호메로스와 같은 인식의 장면을 예상한다(오디세우스의 간호사가 영웅의 흔적을 남기는 흉터를 보고 그의 귀환을 환영한다). 하지만 예수께서는 "마리아야!"라고 이름을 부르셨다. 갑자기 마리아는 그의 선생님을 직접 보게 되었다. 독자들은 예수께서 그의 죽음 전에 예루살렘에서 가르치실 때에 "나는 선한 목자이다. 목자는 자기 양들의 이름을 하나하나 불러서 이끌고 나간다"(10:11, 3)고 말씀하신 것을 기억해야 한다. 양들은 이 목자의 목소리를 알고 있기 때문에 따라간다(10:4). 예수는 그를 알아보도록 마리아의 이름을 불렀다.

하지만 예수임을 알아챈다는 것과 부활하신 예수를 깨닫는 것은 다른 문제이다. 마리아는 분명하게 어떤 종류의 육체적 확증을 시도한다. 어떻게? 본문이 분명히 말하지 않기에 우리는 정확히 알 수 없다. 우리가 아는 것은 거절당한 것이다. "내게 손을 대지 말아라"고 예수가 말씀하셨다. 마

284

리아가 예수로부터 알게 된 것은 그녀가 예수의 죽음, 부활 그리고 승천을 포함하는 광대한 드라마에 포함되어 있다는 것이다. 이것은 단지 재회 이야기가 아니다. 그것은 예수와 마리아 그리고 제자들의 '궁극적인 운명들'(ultimate destinies)에 관한 이야기이다. 예수는 마리아에게 "내가 나의 아버지 곧 너희의 아버지, 나의 하나님 곧 너희의 하나님께로 올라간다"고 말하였다(20:17). 이야기는 결론이 나지 않았고 아직도 전개된다. 그녀는 제자들에게 이 이야기를 전해 주어야 한다.

요한복음 기자는 그의 청중들이 예수를 완전히 '하나님과 연관된 존재'로 인식하기를 바란다. 예수는 '아버지' 하나님과 독특하고 밀접한 관계를 가졌다.* 복음서 기자는 또한 하나님도 '예수와 관련된 존재,' 즉 하나님께서 예수가 하시고 당하신 일들을 통하여 구원의 사역을 행하신다는 것을 분명하게 하려고 애썼다. 그러기에 예수는 아버지의 '아들'인데 복음서 기자는 여기에서 더 나아간다. 누구든지 이러한 믿음의 눈을 가진 사람은 '하나님의 자녀'가 되는데 이는 '하나님과 연관된' 사람이자 또한 '예수와 연관된' 사람이라는 것이다. "그를 맞아들인 사람들, 곧 그 이름을 믿는 사람들에게는, 하나님의 자녀가 되는 특권을 주셨다. 이들은 혈통에서나, 욕정에서나, 사람의 뜻에서 나지 아니하고, 하나님에게서 났다"(1:12-13).

그것이 마리아가 예수를 붙잡을 수 없는 이유였다. 그녀의 이야기와 예수의 이야기, 예수의 경험과 그녀의 경험은 과거에 고정할 수 없다. 혼자로도 고정할 수 없다. 대신 예수는 그녀를 이름으로 부르고 제자들과 나아가 예수를 믿는 모든 사람에게 새로운 창조와 상상할 수 없는 미래를 선언한다. 마리아가 제자들에게 전한 복음은 부활과 그것이 함축하는 의미를 통해 계속되는 계시의 단지 시작일 뿐이다.

---

\* David H. Kelsey는 *Imagining Redemption* (Louisville, KY: Westminster John Knox Press, 2005)에서 어구를 유쾌하게 전환한다.

**목회**

본문은 거의 별개인 두 이야기처럼 보인다. 하나는 여성 마리아의 이야기이고, 다른 하나는 두 남자, 베드로와 예수께서 사랑하신 다른 제자의 이야기이다.

나는 그 제자들을 '남자들'이라고 부른다. 그러나 우리 마음에 더 빨리 떠오르는 단어는 '소년들'이라는 말이다. 그들 사이에는 어린아이 같은 경쟁이 있다. 예수의 시신이 사라졌다는 말을 들었을 때, 그들은 무덤으로 달려갔다. 그러나 그들의 달리기는 단지 도착하기 위해 달린 것으로 표현되지 않는다. 요한복음의 저자라고 알려진 '다른 제자'가 베드로를 앞질러서 먼저 도착했다고 한다. 그는 경주에서 이겼지만 성질 급한 베드로가 무덤에 먼저 들어갔다. 그렇게 베드로가 남성 제자로는 처음으로 예수가 부활하신 장소에 갔다는 일반적인 주장은 단지 기술적인 측면에서만 진실이다. 다른 제자인 요한이 사실은 먼저였고, 더 빨랐다. 게다가 그는 예수의 사랑을 받은 사람이었다. 이 장면에서 요한에 대한 설명은 우스꽝스럽게 과장된 것일 수도 있지만, 이들 두 상징적인 인물들 사이에 있는 유치하고 소년 같은 경쟁에 대한 암시를 무시하기는 어렵다.

반면에 막달라 마리아의 이야기는 이 코미디와는 아무 상관이 없다. 예수와 정원사를 혼동하는 장면이 고전적인 의미에서 희극적이기는 하지만, 사내아이들이 달리기 경주를 하는 것을 보고 웃는 것과는 전혀 다르다. 막달라 마리아의 이야기에서 우리가 느끼는 것은 깊고 친밀한 감정이다. 다른 복음서의 빈 무덤 이야기와는 달리 요한은 혼자 무덤에 온 한 여인의 이야기를 말해 준다. 그녀는 예수의 몸이 있는 곳에 있고 싶어 했다. 그녀는 예수를 빼앗겼다. 예수가 죽었을 뿐 아니라 그의 시신이 사라졌기 때문이다. 그녀는 슬퍼하고, 그리워하고, 운다. 그녀의 말은 뼈에 사무치고, 우리는 그 안에서 상처와 그리움을 느낄 수 있다. "누가 우리 주님을 가져갔습니다. 어디에 두었는지 모르겠습니다"(13).

나는 <지저스 크라이스트 수퍼스타>에서 막달라 마리아가 부른 노래의 울림을 들을 수밖에 없었다. 거기서 그녀는 그녀를 깊이 감동시킨 남자의 놀랍도록 헌신적인 연인으로 그려진다. 막달라 마리아를 상상한 전통이 가지고 있는 문제를 그대로 가진 책들이 많이 있다. 그것은 사도로서 그녀가 가진 정당한 권리의 중요성을 깎아내리거나 여성에 대한 남성들의 전형적인 판타지라는 시각에서 보는 것이다. 이 이야기는 남성 메시아에게 헌신하는 여성들에 관한 다른 이미지들처럼, 오용의 역사와 오용에 대한 잠재적인 위험으로 가득 차 있다. 이 이야기를 하려면 조심해야 한다! 그런 위험성이 있다는 것을 알지만, 나는 잃어버린 연인을 간절히 사모하는 이 여인에게 다시 한번 감동했다. 막달라 마리아에 대한 선정적인 전설들이나 외설적인 추측을 무시하면, 이 이야기는 친밀하고 깊이 내재된 사랑을 묘사하는 것으로 보인다.

하나의 이야기가 다른 이야기, 소년들의 이야기와 여성의 이야기, 코미디와 열정적인 이야기 안에 있다는 것이 기발하고 멋지지 않은가? 설교할 때 한 이야기나 다른 이야기를 우선적으로 선택할 수 있겠지만, 두 이야기를 함께 해서 부활과의 만남이 다른 장소에서 다른 사람들에 의해 다르게 경험될 수 있다는 것을 상기시켜 줄 수도 있지 않을까? 다른 음조로 음악을 연주하고 다른 방식으로 춤을 출 수도 있지 않은가?

제자들이 발견한 빈 무덤은 아직 이해되지 못한 채 감춰진 의미를 내포하고 있는 장소이다. 그것이 의미하는 것은 아직 알려지지 않았지만, 그것이 의미하게 될 것은 무덤을 향해 달려가는 열정적인 제자들의 과거와 미래를 모두 변화시킨다. 그들은 무덤 안에서 떠나간 사람이 남기고 간, 텅 빈 수의 말고는 아무것도 보지 못했고, 나중에야 부재가 알려 주는 현존을 이해하게 될 것이다.

반면, 마리아는 호기심이나 희망을 가지고 경주하지 않고, 사랑했던 사람에게 존경을 바치기 위해 무덤에 왔다. 그녀가 무덤 안을 보았을 때, 무덤이 빈 것뿐만 아니라 천사들을 보았다. 그들은 예수의 시신이 놓였던 곳을 더 이상 부재의 장소가 아니라 하나님의 임재를 상징하는 속죄판과 언약궤처럼 보이게 했다(출 25:17-22). 그러나 천사에게 응답하고 그녀의 슬픔에 대해 말한 후에 마리아는 무덤에서 돌아섰다. 천사와 함께 있는 것도, 종교적인 상징도, 초자연적인 약속과 암시도, 그녀의 관심을 붙잡아 둘 수 없었다. 그것이 예수의 현실을 보상하지 못하고, 그녀의 슬픔을 없애주지 않았다. 예수는 거기 없다. 그래서 그녀는 돌아섰다. 그녀가 무덤에서 돌아섰을 때 그녀는 그녀가 찾고 있던 사람을 만났다. 가능성이 아니라 진짜로. 처음에 그녀는 그가 누구인지 알아보지 못했지만(우리도 여러 가지 이유로 그리스도를 알아보지 못한다), 예수가 그녀의 이름을 불렀다. 그러자 그녀가 보고 돌아서서 놀라움의 인사를 한다. "라부니, 나의 선생님."

여기에 사랑의 부드러움과 정말로 존재한다는 기쁨이 있지만, 그러나 결국 나를 만지지 말아야 하는 새로운 불완전함이 있다. 그녀는 그를 안을 수 없고, 어쩌면 그를 만질 수도 없다. 그는 멀리 떠나가고 있고, 그녀가 그에게 닿으려고 하면 그는 그녀로부터 물러난다. 그녀는 제자들에게 예수의 사도가 될 것이지만, 예수는 계속 머물러 있지 않을 것이다. 그 물러남 또한 이야기의 일부이다.

우리가 여기서 살펴본 내용에는 우리 교회의 경험을 통해 익숙한 많은 것들이 관련되어 있다. 코미디와 폐허, 상징과 현실, 만남과 부재, 관계에 있어서 가까움과 멀리 있음의 춤 같이, 세대를 통해 전해지는 지루한 인생 이야기가 아니라, 변화하게 하는 빛으로 부활의 아침을 밝히는 이야기로 자리를 잡고 있다. 우리 설교자들이 그것을 볼 수 있기를 그리고 그것을 아주 신선한 새로움으로 보여주기를….

## 설교

이 본문은 성서정과에서 특별한데 그것은 매년 이 본문이 부활절 예배 본문으로 선정되어 있기 때문이다. 비록 이 본문이 부활에 대한 최초의 기록은 아니지만(부활에 관한 첫 기록은 바울이 고전 15:3-5에서 인용하고 있는 신앙고백적 진술에 그 영예가 돌려진다) 오랫동안 많은 영향을 끼쳐왔다. 그것은 비단 성서정과에서의 지위 때문만이 아니라, 저자의 세밀한 관찰, 즉 독자들로 하여금 마리아, 베드로 그리고 예수께서 사랑하시던 제자 등과 같은 현장에 있는 느낌을 갖게 하고 또 그들처럼 독자들에게도 선택의 기회를 주듯이 상세하고 극적으로 묘사하고 있기 때문이다. 무덤의 이 장면을 주제로 수없이 많은 찬송이 그리고 그림이 만들어졌다. 그래서 이 본문은 전통적인 부활절 본문으로 남아 있다. 설교자는 매년 이 본문으로 할 것인지 아니면 빈 무덤에서 예수의 제자들에 대한 다른 기록을 본문으로 할 것인지 결정해야 한다.

첫 두 구절에서는 부활에 관한 요한의 이야기에서 주도적인 역할을 하였던 세 인물을 다시 소개하고 있다. 막달라 마리아는 무덤에서 돌이 굴려진 것을 발견한다. 그녀가 달려가 시신이 사라졌다고 다른 사람들에게 말했을 때 베드로와 사랑하시던 제자는 확인하기 위해 마리아보다 먼저 무덤을 향해 출발한다. 부활절 설교는 바로 이 세 명의 대표적 제자들의 반응으로 인해 풍성해진다.

**사랑하시던 제자는 믿는다.** 사랑하시던 제자는 마리아가 전한 소식을 듣자마자 무슨 일이 생겼는가를 알기 위해 베드로보다 먼저 무덤에 도착한다. 그의 행동은 충분히 이해가 되는데 그 이유는 요한복음에서 그는 늘 예수와 그의 말씀에 가장 적절하게 반응을 보였기 때문이다. 결국 그 제자는 비통했던 마지막 때까지 예수와 함께 있었다. 당연히 그가 지금 일어난 일을 알려고 하지 않겠는가? 그 사랑하시던 제자는 이 복음서에서 신실한 증인의 역할을 하기 때문에 그는 세마포 옷과 빈 무덤을 보아야만 한다. 그는 곧 이 모든 것이 의미하는 바를 완전한 이해나 설명이 없어도 즉시 믿는다.

우리는 오늘날 이런 사람들을 알고 있다. 모든 교회는 존립하는 데 이런 사람들을 필요로 한다. 예배당 음향 장비를 망가뜨린 소년은 이런 사람들에게 전혀 문제가 되지 않는데 그 이유는 소년이 음향공학 분야에서 훌륭한 경력을 쌓고 있는 것이라며 아무 근거도 없이 믿기 때문이다. 이들은 망가진 교회 놀이터나 허름해진 친교실을 보면 일을 해야 한다고 여긴다. 이들은 영원한 생명이 죽음을 이긴다는 것에 대해 아무런 증거도 필요하지 않고, '부활'이라는 말을 들을 때마다 매번 그대로 믿으며 미소 짓는다. 때로 이들이 그 무한한 낙관적 태도와 사실을 직시하기를 거부하는 태도로 우리들을 화나게 할 때가 종종 있지만, 우리는 속으로는 이들을 응원하며 이들이 지닌 신앙 곧 하나님은 선한 일을 하실 것이라는(심지어는 십자가형에서도) 확고한 신뢰로부터 우리 자신의 신앙에 힘을 얻기도 한다.

**베드로는 달린다.** 이 복음서에서 마리아가 열린 무덤에 대해 전했을 때, 베드로의 반응은 다소 이해하기 어렵다. 그가 예수의 무덤까지의 이 이상한 경주에 왜 참여했는지 확실하지 않다. 아무튼 그는 지난 며칠 동안 예수로부터 도망쳐서 지내왔다. 그랬던 그가 지금은 왜 예수를 향하여 달려가고 있는가? 요한복음서 저자는 설명하고 있지 않지만 몇 가지 추측을 해볼 수 있다. 아마 그것은 단순한 질투, 즉 그가 신실한 사랑하시던 제자보다도 더 낫다는 것을 증명하려는 욕심이라고 생각할 수 있다. 아니면 죄의식이 베드로를 추동해서 문밖으로 달려 나가 예수를 만나서 그가 예수를 부인한 일, 십자가에서 곁에 있지 않았던 일, 아주 어려울 때 도망간 일등에 대해 미안하다고 말하려 했다고 볼 수 있다. 또는 베드로는 희망에 찬 호기심을 가졌을 수도 있다. 다른 제자들과 함께 베드로는 나사로를 일으킬 때 거기 있었다. 같은 일이 예수에게도 일어날 수 있지 않을까?

우리들 대다수는 베드로처럼 이런 복잡한 감정 속에 살고 있다. 우리는 하나님의 사랑으로 축복을 받은 것처럼 보이는 사람들, 확신과 기쁨에 차 있는 것처럼 보이는 사람들에 대해 약간의 질투를 느끼기도 한다. 우리는 다른 사람들의 성공에 대해 화내기도 한다. 혹은 하나님께서 우리에게 명하신 것은 무엇이나 결코 소홀히 하지 않겠다고 다짐하지만, 그 일로 인해 우리가 위험해지는 순간에 우리는 떠난다. 베드로처럼 우리는 약점을 쉽게 고백한다. 또 과거로부터 기억에 남거나 힘을 얻었던 무언가를 떠올리고 그 일이 다시 일어날지 모른다는 생각으로, 혹은 새로운 삶이 복잡한 감정

과 행동 속에 살아가는 우리들에게 가능할지도 모른다는 생각으로 달려가
기도 한다.

**마리아는 말한다.** 그런 다음 거기에는 남성 동료들이 집으로 돌아간 후
그녀가 보았던 것이 사라진 것을 슬퍼하며 무덤 옆에서 울고 있는 막달라
마리아가 있다. 그녀는 분명히 아무 일도 일어나지 않을 것이라고 예상한
다. 그녀는 생명을 잃고 다시는 만질 수 없는 몸이 떠나는 것을 슬퍼하여
작별인사를 하려고 왔다. 너무 슬퍼서 그녀는 또렷하게 생각을 할 수가 없
다. 마리아는 두 천사를 보지만 다른 세계에서 온 것을 알아차리지 못한다.
그녀는 예수를 보고 동산지기로 오해한다. 그러자 그가 그녀의 이름을 부
르고 갑자기 그녀는 이 신비스러운 낯선 사람이 누구인지 정확하게 알게
된다. 자기 이름을 부르는 소리에 이렇게 응답한다: "선생님." 그녀는 대답
한다. 그러자 예수께서는 사역 초기에 우물가에서 만난 여인에게 말했던
것처럼 그녀에게 가서 그녀가 본 것을 말하라고 명한다.

학자들은 종종 부활 이야기는 사명을 맡기는 이야기, 즉 신자들을 세상
으로 보내어 죽음이 마지막이 아니라는 것을 모든 사람에게 전하도록 사
명을 주는 것이라고 말한다. 그렇지 않으면 무슨 일이 일어났는지를 몰랐
을 것이고, 부활절은 단지 눈물과 포옹의 재회 이야기로 끝났을 것이다. 하
지만 마리아는 부활하신 예수께 순종하여 주와 함께 머물고 싶은 충동을
억제하고 동산을 떠나 자신이 알고 있는 것이 사실이라고 말한다. 끝인 줄
알았던 일이 이제 시작이 된다. 곧 생명에 관한 이 사실을 오직 죽음이 끝
인 줄 아는 사람들에게 말하고, 멸망할 것들을 사고파는 사람들에게 생명
수와 생명의 빵을 나누어 주는 일이 시작된다. 마리아는 말하고 그녀의 말
속에서 우리는 우리가 말해야 할 소리를 발견한다.

# 부활절 둘째 주일

요한복음 20:19-31

<sup>19</sup>그날, 곧 주간의 첫 날 저녁에, 제자들은 유대 사람들이 무서워서, 문을 모두 닫아걸고 있었다. 그때에 예수께서 와서, 그들 가운데로 들어서서서, 너희에게 평화가 있기를! 하고 인사말을 하셨다. <sup>20</sup>이 말씀을 하시고 나서, 두 손과 옆구리를 그들에게 보여 주셨다. 제자들은 주님을 보고 기뻐하였다. <sup>21</sup>[예수께서] 다시 그들에게 말씀하셨다. 너희에게 평화가 있기를 빈다. 아버지께서 나를 보내신 것 같이, 나도 너희를 보낸다. <sup>22</sup>이렇게 말씀하신 다음에, 그들에게 숨을 불어넣으시고 말씀하셨다. 성령을 받아라. <sup>23</sup>너희가 누구의 죄든지 용서해 주면, 그 죄가 용서될 것이요, 용서해 주지 않으면, 그대로 남아 있을 것이다. <sup>24</sup>열두 제자 가운데 하나로서 쌍둥이라고 불리는 도마는, 예수께서 오셨을 때에 그들과 함께 있지 않았다. <sup>25</sup>다른 제자들이 그에게 우리는 주님을 보았소 하고 말하였으나, 도마는 그들에게 나는 내 눈으로 그의 손에 있는 못자국을 보고, 내 손가락을 그 못자국에 넣어 보고, 또 내 손을 그의 옆구리에 넣어 보지 않고서는 믿지 못하겠소! 하고 말하였다. <sup>26</sup>여드레 뒤에 제자들이 다시 집 안에 모여 있었는데 도마도 함께 있었다. 문이 잠겨 있었으나, 예수께서 와서 그들 가운데로 들어서서서 너희에게 평화가 있기를! 하고 인사말을 하셨다. <sup>27</sup>그리고 나서 도마에게 말씀하셨다. 네 손가락을 이리 내밀어서 내 손을 만져 보고, 네 손을 내 옆구리에 넣어 보아라. 그래서 의심을 떨쳐버리고 믿음을 가져라. <sup>28</sup>도마가 예수께 대답하기를 나의 주님, 나의 하나님! 하니, <sup>29</sup>예수께서 도마에게 말씀하셨다. 너는 나를 보았기 때문에 믿느냐? 나를 보지 않고도 믿는 사람은 복이 있다. <sup>30</sup>예수께서는 제자들 앞에서 이 책에 기록하지 않은 다른 표징도 많이 행하셨다. <sup>31</sup>그런데 여기에 이것이나마 기록한 목적은, 여러분으로 하여금 예수가 그리스도요 하나님의 아들이심을 믿게 하고, 또 그렇게 믿어서 그의 이름으로 생명을 얻게 하려는 것이다.

## 신학

본문에 '보다', '만지다' 등의 표현이 자주 나와서, 본문이 '경험적 검증'에 관해 말하는 것으로 생각하기 쉽다. 인터넷에서 '경험'과 '검증'을 같이 검색하면 수백만 건의 결과가 나온다. 왜 사람들은 이 두 단어를 중요하게 생각하는 걸까? 그 답은 쉽다. 오늘과 같은 과학 시대에 우리는 감각적 경험에 의존해서 검증하는 것을 신뢰하도록 교육받았다. 시각과 촉각은 가장 확실한 증거의 수단이 된다.

우리가 그런 감각에 의존한 검증을 배제할 필요는 없다. 본문은 그것을 받아들인다. 예수는 손을 보고, 만지고, 의심하지 말고 믿으라고 말한다. '만지라', '보라'는 실험하는 모든 사람에게 주어진 명령이다. 그 교훈은 분명하다: 사람들이 전통적으로 당연하게 여긴다고, 그것을 무조건 받아들이지 마라. 과학은 전통에 대해 매우 비판적이다. 과학자들은 문제를 해결하기 위해서는 관찰하고, 비판하고, 평가하고, 해법을 위해 탐구해야 한다고 생각한다. 만지고, 보아야 한다. 물론 냄새를 맡는 것도 도움이 된다.

듣고 보는 것은 본문에서 중요한 사안이다. 베드로와 다른 제자는 빈 무덤을 보았다. 막달라 마리아는 자신의 이름이 불리는 것을 들었다. 부활의 날에 예수는 "너희에게 평화가 있기를" 하고 말씀하셨고, 그 말을 들은 제자들 가운데 평화가 임했다(요 20:19, 21). 예수는 그들에게 용서에 관한 가르침을 주었다. 도마는 거기 없어서, 보지도, 만지지도, 냄새를 맡지도, 소리를 듣지도 못했다.

도마의 이야기는 극적인 요소를 갖고 있어서 도마를 의심 많은 제자로 해석하는 접근은 매우 보편적이다. 도마는 종종 비판을 받고, 비난을 받는다. 왜 그는 즉각 깨닫지 못했을까? 그는 불가지론자, 회의주의자, 의심 전문가였나? 그렇지 않을 것이다. 단지 그는 예수를 보거나 그의 말을 들을 수 있는 그 자리에 그때 없었을 뿐이다.

이 이야기는 성금요일이나 부활절의 이야기가 아니고, 신앙의 새로운 단계와 교회의 탄생을 알리는 이야기로 받아들여야 한다. 이 사건 전까지 예수는 육체에 근거한 대면적 관계를 제자들과 유지해 왔었다. 오늘 도마에게 하는 말씀을 통하여, 예수는 하나님을 체험하는 것은 보는 것에만 의존할 수 없다는 것을 밝힌다. 이 사건 이후 수십 년이 지난 다음 모든 제자가 죽었다. 다시는 예수의 존재를 그의 육체적인 얼굴의 눈, 코, 입을 봄으로 확인할 가능성은 사라졌다. 물론 오늘날도 그리스도인들은 예수를 보고 느낀다고 말한다. 그러나 그것은 상징적 표현이다. 성만찬을 통해 떡과 포도주를 맛본다. 그러나 이것은 성례전적(sacramental)인 의미이다.

입증을 위한 방법 중 여전히 유효한 것은 듣는 것이다. '믿음은 들음에서 나고'라고 했다. 도마는 구세대 제자들 가운데서는 부활한 예수를 가장 마지막에 만난 자이지만, 부활한 예수로부터 앞으로는 '들음'에서 믿음이 생길 것이라는 말씀을 들은 첫 제자가 되었다. 예수가 도마에게 와서 "보고 만지라"는 초대의 말씀을 하셨다. 우리는 도마가 실제로 가서 예수를 만졌는지 알 수 없다. 그것보다 더 중요한 것은 그가 예수의 말씀을 듣고, "나의 주님, 나의 하나님!"이라고 외쳤다는 것이다. 그는 장래에 아시아, 아프리카, 호주, 미대륙 등 온 세상에서 예수를 믿는 사람들, 즉 보지 않고 믿는 사람들이 복되다는 것을 알게 한 공이 있는 셈이다(29).

예수의 생애 중에 수백 혹은 천 명 이상의 신자들이 있었을 수 있다. 그러나 그 이후 수십억의 신자들은 예수의 얼굴을 보지도 않고(화가가 그린 그림이나 환상을 제외한다면) 믿게 되었다. 예수가 말하고, 도마가 믿었다. 말씀이 믿음을 낳은 것이다. 더는 만지는 것은 중요하지 않다. 아마 만지려는 시도는 불손하고 모욕적일 수도 있다.

도마의 경험 이후, 입증의 방법은 듣는 것(혹은 글을 보는 것, 즉 읽는 것)에 의존하게 된다. 따라서 신학자들은 우리가 듣는 것이 무슨 뜻인지에 대해 많은 연구를 했다. 그리스도인들은 듣지도 않고, 입증되지 않은 것을 무조건 믿으라고 부름을 받은 것은 아니다. 그들은 듣고, 검증의 정신을 갖고 상고해야 한다. 그리스도인들은 다양한 증언들을 비교검토 해야 한다.

신학이나 철학에서 수사학이 중요하다. 수사학의 대가 아리스토텔레스는 효과를 가져다주는 설득력 있는 말이 수사학의 과제라고 했다. 그의 연구는 설교자들에게 시사하는 바가 크다. 그는 설득력 있는 말을 하기 위해 중요한 사항으로 다음의 몇 가지를 제시했다. (1) 말하는 자의 신뢰성: 위선자나 거짓말쟁이의 말을 믿을 사람은 없다. 말하는 자의 인격 혹은 성격(ethos: 특성, 기풍, 기질, 특성)이 중요하다. (2) 이야기 기법의 중요성:

청자들은 이야기를 듣고 싶어 한다. 동정이나 동일화 등과 같은 페이소스 (pathos: 동정, 연민, 파토스, 情意)가 중요하다. 설교자는 청중이 그들이 당하는 고난, 상실감, 자괴심 등 때문에 무엇인가 보고 싶어 하고, 부활한 예수와 동일시하려는 마음이 있다는 것을 기억해야 한다. (3) 언어의 중요성: 말씀은 로고스이다. 말하려고 하는 내용이 있어야 한다. 예수의 말씀은 도마를 열등한 제자라는 치욕으로부터 구해 주는 치유의 내용을 담고 있었다.

설교를 하는 신학자나 신학을 하는 설교자는 다른 사람과 마찬가지로 온도계나 저울에서 보듯이 경험을 통해 검증하는 세상에 살고 있다. 설교자는 이런 세태 속에서 전하고자 하는 말씀의 신뢰성을 입증하기 위해 성령의 인도하에서 최선을 다하고 있다. 그 과제가 잘 수행될 때, 청중들은 "나의 주님, 나의 하나님"이라고 반응할 것이다.

그런 반응을 보인 신자들은 이제 자신의 일터나 쉼터로 가서 다른 사람들과의 관계 속에서 그리스도의 제자로 살면서, 부활하신 예수로부터 오는 새로운 생명에 관한 증거들을 '경험적으로', '가시적으로' 보여주는 역할을 할 것이다.

## 주석

요한복음 20장의 간결한 인물 묘사는 예수와 만난 사람들이 예수를 믿게 되는 다양한 모습에 대한 실례이다. 십자가에 달리시기 전 예수는 믿음을 이끌어 내는 도구로 사용된(요 2:11) '표적' 또는 기적을 행했다. 십자가 자체도 표적인데, 그것은 예수를 영광되게 한 것이다(요 17:1). 성금요일 이후에 새로운 종류의 표적이 있었고, 그것은 믿음을 변화시켰는데 부활하신 아버지의 아들로서의 예수이다. 어떤 사람에게는 빈 무덤이, 다른 사람에게는(사랑하는 제자) 수의의 특이한 놓임이 표적이 되었다. 천사가 나타남도 주지 못한 부활의 확신이, 막달라 마리아 경우에서 보듯 이름을 부름으로 가능하게 되었다. 궁극적으로 복음서 저자는 이야기 자체의 힘이, 하나로든 합쳐져서든, 시공간적으로 떨어져 살던 독자들에게(20:31; 21:25 참조) 믿음을 불러일으키기를 바랐던 것이다.

예수가 열 제자에게 나타나면서 의도한 '표적'은 전에 한 약속의 성취가 되었다. 어둠이 내린 저녁이었다. 제자들은 유폐된 채 유대인들이 무서워 문을 잠그고 있었다. 예수가 예견한(요 15:18-24; 16:1-4) 박해가 다가오고 있다. 와서 그들 가운데 서서 예수는 고별담화(요 14-17장)에서 제의한 바로 그 서약을 이루었다: 갔다가 돌아오겠다는 것(요 14:18-19, 28), 평화를 주겠다는 것(요 14:33; 16:33), 고통이 기쁨으로 바뀌고 완성되리라는 것(요 16:20-24), 성령을 그들에게 주시겠다는 것(요 14:16-17, 25-26; 15:26; 16:13-14) 그리고 그들이 힘을 얻어 예수를 대신하여 시험당하고 증인이 된다는 것들이다.

이 성경 구절들을 고려할 때에 요한복음과 공관복음의 관계에 대해 고찰하는 것은 흥미롭다.* 누가복음 24:49에 예수의 약속과 사도행전 2:4의 성취가 이 장면에 하나로 묘사된다. 요한복음 16:8에 예수의 고별사와 요한복음 20:21-23을 연결시켜 보면, 마태복음 28:19의 대위임과 베드로와 제자들에게 '매고 푸는' 권한을 주신(마 16:18-20; 18:18) 것의 반향을 들을 수 있다. 전통의 상호관계에 관계없이(편집상의 지표들이 보여주는 바는 실망스럽게도 그 상호관계가 희박하다), 요한복음서 저자는 성금요일, 부활절 그리고 성령강림절을 신학적으로 풍부한 하나의 이야기로 요약하고 있다.

본문은 또한 구약의 인용도 풍부하다. 예수는 숨을 불어 넣으시고 "성령을 받아라"고 말씀하셨다. 여기서는 숨을 불어 넣는다는 동사(emphysao)는 흔한 것이 아니다. 칠십인역의 창세기 2:7과 에스겔 37:9에 나온다. 아버지가 보내신 예수는 육체에 갇히고, 두려움에 떨고, 앙상한 믿음을 가진 제자들에게 생명을 주는 성령으로 생기를 준다.

예수의 부활에 대한 제자들의 주장에 대해 믿을 수 없다는 도마의 첫 반응은 혼자 한 것이 아닐 것이다. 위에서 말했듯이, 예수가 공생애 중 행

---

* See D. Moody Smith, *John among the Gospels*, 2nd ed. (Columbia: University of South Carolina Press, 2001).

한 표적들은 믿음을 이끌어 내고자 한 것이다(요 1:50; 10:38; 11:15, 40; 14:11). 도마뿐만 아니라 다른 사람들도 표적을 믿음의 전제 조건으로 생각했다(요 4:48; 6:30). 다른 곳에서 제자들은 예수의 부활의 메시지에 대해 불신앙으로 응답했다(마 28:17; 눅 24:11, 24, 38, 41). 도마 이야기는 어느 복음서에서도 삭제하지 않은 부활 이후 전통의 요점이다. 만약에 요한복음과 공관복음의 연결의 가능성을 추구하고자 하면, 요한복음 20:26-28을 예수 자신이 제자들을 초청하여 육체를 만지게 하고, 그들이 의심이 많음에 도전하기 위해 물고기 한 토막을 잡수셨던 누가복음 24:36-43의 말씀을 재작업하고 도마를 주인공으로 개인화한 이야기로서 고려해 볼 필요가 있다. 문자적으로도 도마의 요구와 막달라 마리아가 손을 대지 못하도록 한 것(요 20:17)의 명백한 대조를 놓치지 말아야 한다.

도마는 공관복음서와 사도행전의 열두 제자 리스트에 지나가듯 언급될 뿐이다(마 10:3; 막 3:18; 눅 6:15; 행 1:13). 요한복음에서는 뚜렷한 목소리를 가진 중요한 인물로 취급된다(요 11:16; 14:5; 20:24-29; 21:2). 도마는 적절한 이름이 아니고, 아람어의 쌍둥이를 의미하는 별명이다. 도마복음서에 의하면 그의 이름은 유다다. 그래서 요한이 그를 '쌍둥이라 불리는' 사람이라 했을 때, 헬라어 번역으로 쌍둥이를 말한 것인데 이는 그를 유다와 구별하기 위함이다. 그는 누구와 쌍둥이인가? 영지주의 복음서에서 예수는 도마에게 "누구든지 내 앞에서 나온 것을 마시는 사람은 나와 같이 될 것이요, 나 자신도 그 사람이 될 것이다. 신비가 그 사람에게 계시될 것이다"라고 밝힌다(도마복음서 Log. 108). 엘렌 페이겔은 도마복음서에서는 '살아 있는 예수'를 만난다는 것은 자신과 예수가, 말하자면, 쌍둥이가 되는 것을 의미한다고 확신했다.* 요한복음은 믿지 않고 믿기 어려운, 도마를 쌍둥이로 말하며 이런 전통에 대항한다. 아마도 도마는 우리와 쌍둥이가 아닐까?

도마의 요구와 예수의 응함은 십자가나 부활에 대한 가현설적 읽기를 불가능하게 한다. 수난설화에 처음으로 성취공식(이것은 성경이 말한 것이 이루어진 것이다)을 도입했고, 분명하게 구약을 인용했다(요 19:24, 28,

---

* Elaine Pagel, *Beyond Belief* (New York: Random House, 2003), 57.

36-37). 마태는 이러한 테크닉에 능하다.* 요한은 이를 마지막으로 유보했다. 인용구들(시 22:18; 시 69:21; 슥 12:10)은 예수의 고난과 죽음의 육체적 현실을 강조하고 있다. 예수의 고통과 죽음은 뜻하지 않은 일이 아니라, 성경에 미리 예언되었다. 그렇지만 도마의 이야기를 호메로스의 오뒷세이에서 흉터를 증거로 삼아 사람을 확인하는 단락처럼(*Odyssey* 19.467-73) 읽어서는 안 된다. 빈 무덤, 수의, 천사의 출현, 예수와 마리아의 대화, 부활 후 첫 번째 날 저녁에 나타나심, 그리고 도마에게 나타나심, 모두를 합하여 한 가지 반응을 요청하는데, 그것은 바로 그리스도에 대한 신앙고백이다: "나의 주님, 나의 하나님." 이것은 복음서에서 가장 분명한 것이다(행 2:36; 딛 2:13; 히 1:8이하 참조). 요한복음의 서론의 관점에서 읽어보면, 그것이 복음서의 절정이자 논리적 결론이다.

## 목회

"[예수께서] 그들에게 숨을 불어넣으시고"(22).

성육신적인 상상력으로 이 문장을 생각해 보자. 그 숨결에서는 어떤 냄새가 났을까? 봄의 향기 같았을까? 그 안에 평범한 경험을 넘어서는 천국의 무언가가 있었을까? 혹은 그가 사흘 전에 그들과 함께 먹었던 포도주와 음식의 향기가 아직 있었을까? 혹은 어쩌면 제자들은 갈릴리에서 익숙했던 생선과 올리브와 빵 같은 음식 냄새를 맡았을까? 혹은 예수가 십자가에서 마시라고 받았던 쓸개즙이나 장례를 위해 부은 향료의 진한 향기였을까? 예수가 놀랍게 다시 살아서 제자들 앞에 서 있는데도, 제자들이 보았던 예수의 손의 상처와 같이, 지금까지 예수에게 달라붙어 있는, 무덤 같은 것이 있었을까?

각각의 가능성들은 이야기를 약간씩 다르게 만들지만, 그러나 어떤 것

---

\* O. Lamar Cope, *A Scribe Trained for the Kingdom*, CBQ Monograph Series 5 (1976).

도 본문이나 교리에 의해 결정적으로 입증되지 않고, 이런 추측들 가운데 어느 것도 복음에 활력을 주지 못한다. 이것에 대하여 생각하는 것은 사소하고 헛되며 순진한 문자주의에 근거하는 잘못으로 보인다. 그럼에도 불구하고 나는 설교의 내용을 제안하는 것이 아니라, 설교 준비를 위한 묵상으로 설교자가 이런 묵상의 훈련을 하기를 제안한다. 왜냐하면 묵상은 영감이라는 은유를 살과 피에 대한 경험으로 되돌려놓기 때문이다. 우리에게 주신 성령은 십자가에 달리고 부활하신 예수의 숨결, 즉 프뉴마(pneuma)다. 예수는 프뉴마를 종이 위에 쓴 단어가 아니라, 숨을 내쉼으로 주신다. 숨은 부분적으로는 말을 내뱉는 형태를 가지지만, 우리 허파를 위한 공기와 우리 삶을 위한 생명이기도 하다. 하나님이 흙으로 만든 피조물에게 숨을 불어넣으시자, 사람이 처음으로 생명을 가지게 된 것처럼, 그리스도가 제자들을 생기 있게 하셨다. 이것은 물론 은유적으로 말한 것이지만, 그것이 무엇을 의미하는지에 대하여 추상적인 논의를 시작하는 것은 그것이 가진 완전한 의미를 박탈하고 성령을 영적인 것으로 규정하여 부활을 성육신에서 분리시킬 위험이 있다. 실제 호흡과 실제 살을 포함하는 복음의 실제와 그것에 대한 우리의 이해를 포기하거나 무시하지 말자. 우리가 지금 우리 허파 속으로 들이마시는 호흡이 부활하신 주님의 호흡과 섞여 있음을 생각하고 느끼고 믿자.*

우리의 호흡이 실제로 예수의 호흡이라면, 우리의 호흡은 생명을 주는 산소를 가지고 우리의 몸을 지탱하기 위한 목적으로만 우리의 허파 안에 있는 것이 아니다. 우리가 호흡을 내쉬는 것도 마찬가지로, 문장의 형태로 하기도 하고, 다른 사람을 격려하는 말이나 상징으로 표현하기도 한다. 그것 역시 성육신이 가진 은유의 일부이다. 예수는 무서워서 문을 걸어 잠근 방에 나타나셔서, 평화를 말씀하신다. 그는 몸의 상처를 보여주시고, 숨을

---

* 우리 또는 우리의 청중이 느끼거나 믿지 못하더라도, 우리는 도마의 경우를 기억할 것이다. 도마의 믿지 못함이 그를 제자들의 무리 밖에 있게 하였다. 그러나 일주일 후 그는 여전히 제자들 가운데 있었다. 그것이 소망 때문인지, 우정 때문인지 혹은 그를 계속 떠나 있게 만든 다른 선택에 실망했기 때문인지는 알 수 없다. 그러나 제자들의 교제는 그가 거기 있게 하기에 충분했다는 것은 주목할 만하다.

불어넣으시며 제자들에게 명백히 성령을 주신다. 그러나 그렇게 함으로써 그는 또한 그들을 그가 보내시는 그의 사도가 되게 하신다. "아버지께서 나를 보내신 것 같이, 나도 너희를 보낸다." 그래서 그의 호흡은 사명을 위한 장비이자 투자다. 즉시 예수는 그들이 무엇을 해야 하는지, 예수의 호흡을 가진 그들의 과제를 자세하게 말해 준다. 예수는 제자들에게 용서와 심판의 말을 할 수 있는 권능을 주었다. 그것은 단순히 개인적인 감정을 표현하는 것이 아니라 신성한 사실을 선언하는 것이다.

그리스도의 생명의 호흡을 가졌다는 생각이 매력적으로 들릴지 모르지만, 이 시점에 두 가지 문제가 발생한다. 첫째는 선교에 관한 것인데, 세상으로 나가서 천국의 권위에 의해 어떤 사람에게는 정죄의 선고를, 다른 사람에게는 은혜의 선고를 부지런히 분배할 치안 판사 군단을 만들고 있다는 개념이다. 그러므로 사도에게 주신 이 명령을 법적인 것으로 이해하면 성령이 주신 영을 잃게 될 뿐만 아니라 예수께서 너무나 분명하게 공유하시는 상처받은 인성에 교만으로 인한 수치를 안겨줄 위험이 있다. 권위는 간단하게 말하면, 예수께서 말씀하신 것처럼, 평화의 말을 하는 것이다. 평화의 말이란, 날카로운 도전과 풍성한 용서, 고통받는 사람들에게 주는 위로와 안락한 사람에게 주는 고통이다. 루터교에서는 이것을 축약해서 율법과 복음이라고 말한다. 우리는 우리가 말해 주지 않으면 멸망할 사람들을 위하여 필요한 것을 말해야 하고, 하나님이 말씀하실 것을 말해야 한다. 여기서 신성한 권위는 사람을 오만하게 만들 수도 있기 때문에, 거룩한 책임을 가지고, 우리의 감정과 관심사가 아니라 하나님이 말씀하시려고 하는 것에 공감하면서, 또 거기에 긴급한 관심을 기울여서 조심스럽게 설교할 수 있고 해야 한다.

호흡을 불어넣는 위임이 가지는 둘째 잠재적 문제는 예수가 그의 제자들에게 맡긴 사명을 맡아 수행할 사람을 엄격하게 제한하는 것이다. 그것이 오직 사도들과 그들의 공식적인 계승자들만의 것인가? 아니면 모든 교회와 유능한 신자들을 위한 패러다임인가? 이에 대한 논쟁은 고전적이다: 예수가 베드로에게 말한 열쇠는 누가 가졌나? 우리의 다양한 전통은 이 질문을 동일하게 다루지 않지만, 아마도 우리는 예수께서 하신 일을 오직 목회자와 설교자들만이 하는 것으로 만드는 것은 불경스러운 수치라는 것에 동의할 수 있을 것이다. 우리의 목회는 사람들이 그들의 부활 호흡을 사용하여 자비와 정의의 복음을 말하고 행하도록 하는 것이다. 예수께서 우리(목회자)의 말에 숨을 불어넣어 주시기를. 그러나 우리의 청중 또한 같은 말을 하게 하시기를. 아마도 우리(목회자)는 청중의 설교가 필요한 사람 중 하나가 될 것이다.

## 설교

존 어빙(John Irving)의 소설 『오웬 미니를 위한 기도』(*A Prayer for Owen Meany*)에서 해설자로 등장하는 존(John)은 믿음의 의미에 관하여 그 친구인 오웬 미니(Owen Meany)와 많은 대화를 나눈다. 학교 운동장이 나오는 한 장면에서 오웬은 땅거미가 지고 있을 때 회색 대리석으로 만든 막달라 마리아상을 가리키면서 하나님에 대한 자신의 신앙을 설명하고 있다. 날이 너무 어두워져 마리아상이 보이지 않게 되었을 때 오웬은 존에게 아직도 조각상이 거기에 있는 것을 알고 있는가를 묻는다(오웬의 특이한 목소리를 보여주기 위해 존은 대문자로 표시한다. - 번역에서는 고딕체로 표기). 존은 물론 알고 있다고 답한다. 오웬은 계속 존을 밀어붙인다.

오웬: 너는 마리아가 그곳에 있음을 의심하지 않니?

(오웬이 나에게 잔소리를 했다.)

존: 물론! 나는 의심하지 않아.

오웬: 하지만 너는 그녀를 볼 수 없잖아, 그러니 네가 틀렸을 수도 있어, 그가 말했다.

존: 아니, 나는 틀리지 않아. 그녀는 그곳에 있고 나는 그녀가 거기 있다는 것을 알거든!

오웬: 너는 그녀를 볼 수 없을지라도 분명히 거기에 있다는 것을 안단 말이지? 그
는 내게 물었다.

존: 그럼! (하고 나는 외쳤다)

오웬: 내가 하나님에 대하여 느끼는 게 바로 그런거야. 오웬 미니가 말했다. 나는
그를 볼 수는 없지만 분명히 그가 거기 있다는 것을 알고 있거든.*

오웬 미니라는 인물은 요한복음 기자가 요한복음 20장 후반부에서 칭
찬하고 있는 부류의 믿음을 대표하고 있다. 오웬은 너무도 온전하고 완벽
하게 하나님을 믿고 있어서 그 확신에 목숨을 건다. 그는 볼 필요가 없다.
그는 표적이나 기적을 필요로 하지 않는다. 그는 믿고 그의 모든 삶은 이
믿음을 중심으로 진행된다.

도마가 예수를 만나는 장면이 보여주는 핵심적인 메시지를 이러한 믿
음으로 이해하려면, 먼저 요한복음 20장에서 실제로 모든 사람이 부활하신
예수를 보았다는 점을 주목해야 한다. 분명히 막달라 마리아는 보았고 며
칠 후 닫힌 문 뒤에 있던 제자들도 예수를 만났다. 그들은 예수께서 아침에
마리아에게 그랬던 것처럼 오후에 예수와 대화를 하였다. 마리아처럼 그들
은 섬기라는 위탁을 받는다.

그러면 도마가 모두가 보았던 예수를 똑같이 보기를 원했다고 해서 왜
우리는 그에게 심하게 대해야 하는가? 도마가 그런 믿을 수 없는 이야기를
믿지 못한다고 해서 왜 우리는 그를 비난하는가? 해마다 이 이야기가 부활
절 후 주일에 등장할 때, 우리는 보지 않고 믿는 충분한 믿음을 가지지 못
하고 의심한 불쌍한 도마를 탓하는 설교를 한다. 도마를 불충분한 믿음을
가진 사람으로 지목할 이유는 있지만, 그가 다른 모든 사람이 얻은 것을
원했다라는 것은 사실이 아니다.

여기에 도마의 진짜 문제가 있다. 제자들이 전한 좋은 소식 곧 그들이
본 것을 수긍하지 않으면서 도마는 그렇게 오랫동안 삶을 나누었던 동료
들을 거부하고 있다. 요한복음을 통하여 그리고 거기서 나오게 된 요한서

---

* John Irving, *A Prayer for Owen Meany* (New York: Ballantine Books, 1989), 451.

신들을 통하여 보면, 요한 신앙공동체 안의 사랑과 신뢰는 그들 가운데 그리스도의 사역을 보여주는 중요한 표현이다. 그러나 도마의 말은 특히 헬라어로 표현된 그의 말은 공동체에 쓰라린 상처를 입힌다: "내가 직접 보지 않는다면 나는 믿지 않을 것이다"라고 말하는 것은 공동체가 겪는 고통의 시발점이 된다* 도마는 이 의심의 발언으로 공동체 내에서 그리스도의 사역을 무력화시킨다. 제자들의 눈과 손가락은 도마에게 충분하지 않다. 그는 스스로 보고 만져보아야만 한다. 그리하여 예수께서 복음으로 견고하게 이루려 했던 공동체는 도마의 의심으로 인해 그 시작부터 위기에 처하게 된다.

신앙의 동료들에 대한 이러한 종류의 지나친 의심은 오늘날 우리 교회들에서도 문제가 된다. 우리들 가운데 있는 이런 불신의 목록을 만들 수 있다. 헌금을 계수하는 집사들을 신뢰하지 않고 비방하는 사람들이 있다. 또 자신의 신앙을 받아들이지 않는 사람을 진정한 그리스도인이라고 보기에는 의문이 많다며 헐뜯는 사람들이 있다.

전도사가 자신들에게 성적으로 접근했다고 고발한 어린 여학생들의 말을 덮어버리려는 냉소적인 인사위원회 위원들도 있다. "만일 입증할 증거들을 가지고 내 앞에서 증명할 수 없다면 너희들이 여기서 말하는 일들을 나는 받아들일 수 없다"며 이 의심 많은, 사람들은 진실을 말하는 다른 사람들을 무시하며 말한다. 그들이 이렇게 말할 때 우리는 도마를 떠올리게 된다. 그들은 자신들에게 익숙한 선입견을 다시 생각한다든지 혹은 그들이 다른 사람을 화나게 만드는 일을 할 수도 있다는 것을 거부하고 믿지 않는다.

요한복음이 거부하고 있는 것은 바로 공동체를 흔들리게 하는 도마의 의심이다. 어느 시점에서 우리 교회가 부활하신 그리스도께 신실하려면, 그리스도 안에서 우리 동료들을 불신해서는 안 된다. 최소한 우리는 동료들이 어떤 일을 하려는 동기에 의혹을 품거나 혹은 그들의 헌신을 의심해

---

* Bernard Brandon Scott, "A New Voice in the Amphitheater: Full Fidelity in Translating," in *Fidelity and Translation: Communicating the Bible in New Media*, ed. Paul A. Soukup and Robert Hodgson (Franklin, WI: Sheed & Ward and New York: American Bible Society, 1999), 115.

서는 안 되고 다른 의견이나 반대되는 안을 제시할 때 동료들을 최악이라
고 생각해서는 안 된다. 우리는 주님의 선하심에서 배울 뿐만 아니라 다른
사람들의 선함 속에서도 심지어 그들이 "우리가 주님을 보았다"는 가장 납
득하기 어려운 소식을 가지고 왔을 때도 거기서 배워야 한다.

결국 요한복음에서 예수를 진실로 따르는 사람들은 보지 않고 믿는 사
람들이다. 이것은 예수께서 도마뿐만 아니라 앞으로 수년 동안 보지 못할
독자들에게 하신 말씀에서 확인된다. "나를 보지 않고도 믿는 사람은 복이
있다"(29). 요한의 부활 이야기에서 이렇게 했던 유일한 사람은 사랑하시던
제자이고 그는 무덤으로 달려가 아무것도 보지 않고 믿었다. 복음서 마지
막에서 이 모든 기록된 말씀이 진실된 것임을 증명하는 사람도 바로 그 제
자이다. "이 모든 일을 증언하고 또 이 사실을 기록한 사람이 바로 이 제자
이다. 우리는 그의 증언이 참되다는 것을 알고 있다"(요 21:24).

오웬은 『오웬 미니를 위한 기도』(*A Prayer for Owen Meany*)에서 하나님과
하나님이 그의 삶에서 하신 일을 분명한 근거나 증거 없이도 믿는다. 그의
오랜 친구인 존 (John)은 오웬이 가졌던 그런 분명한 확신이 없다. 존이 가
지고 있는 것은 친구인 오웬에 대한 신뢰이고 그 신뢰로 인해 그도 의심을
넘어서 새로운 삶으로 향하게 된다.

# 부활절 셋째 주일
## 요한복음 21:1-19

[1]그 뒤에 예수께서 디베랴 바다에서 다시 제자들에게 자기를 나타내셨는데, 그가 나타나신 경위는 이러하다. [2]시몬 베드로와 쌍둥이라고 불리는 도마와 갈릴리 가나 사람 나다나엘과 세베대의 아들들과 제자들 가운데서 다른 두 사람이 한 자리에 있었다. [3]시몬 베드로가 그들에게 말하기를 "나는 고기를 잡으러 가겠소" 하니, 그들이 "우리도 함께 가겠소" 하고 말하였다. 그들은 나가서 배를 탔다. 그러나 그 날 밤에는 고기를 한 마리도 잡지 못하였다. [4]이미 동틀 무렵이 되었다. 그 때에 예수께서 바닷가에 들어서셨으나, 제자들은 그가 예수이신 줄을 알지 못하였다. [5]그 때에 예수께서 제자들에게 물으셨다. "얘들아, 무얼 좀 잡았느냐?" 그들이 대답하였다. "못 잡았습니다." [6]예수께서 그들에게 말씀하셨다. "그물을 배 오른쪽에 던져라. 그리하면 잡을 것이다." 제자들이 그물을 던지니, 고기가 너무 많이 걸려서, 그물을 끌어올릴 수가 없었다. [7]예수가 사랑하시는 제자가 베드로에게 "저분은 주님이시다" 하고 말하였다. 시몬 베드로는 주님이시라는 말을 듣고서, 벗었던 몸에다가 겉옷을 두르고, 바다로 뛰어내렸다. [8]그러나 나머지 제자들은 작은 배를 탄 채로, 고기가 든 그물을 끌면서, 해안으로 나왔다. 그들은 육지에서 백 자 남짓밖에 떨어지지 않은 곳에 들어가서 고기를 잡고 있었던 것이다. [9]그들이 땅에 올라와서 보니, 숯불을 피워 놓았는데, 그 위에 생선이 놓여 있고, 빵도 있었다. [10]예수께서 제자들에게 말씀하셨다. "너희가 지금 잡은 생선을 조금 가져오너라." [11]시몬 베드로가 배에 올라가서, 그물을 땅으로 끌어내렸다. 그물 안에는, 큰 고기가 백쉰세 마리나 들어 있었다. 고기가 그렇게 많았으나, 그물이 찢어지지 않았다. [12]예수께서 그들에게 말씀하셨다. "와서 아침을 먹어라." 제자들 가운데서 아무도 감히 "선생님은 누구십니까?" 하고 묻는 사람이 없었다. 그가 주님이신 것을 알았기 때문이다. [13]예수께서 가까이 오셔서, 빵을 집어서 그들에게 주시고, 이와 같이 생선도 주셨다. [14]예수께서 죽은 사람들 가운데서 살아나신 뒤에 제자들에게 자기를 나타내신 것은, 이번이 세 번째였다. [15]그들이 아침을 먹은 뒤에, 예수께서 시몬 베드로에게 물으셨다. "요한의 아들 시몬아, 네가 이 사람들보다 나를 더 사랑하느냐?" 베드로가 대답하였다. "주님, 그렇습니다. 내가 주님을 사랑하는 줄을 주님께서 아십니다." 예수께서 그에게 말씀하셨다. "내 어린 양 떼를 먹여라." [16]예수께서 두 번째로 그에게 물으셨다. "요한의 아들 시몬아, 네가 나를 사랑하느냐?" 베드로가 대답하였다. "주님, 그렇습니다. 내가 주님을 사랑하는 줄을 주님께서 아십니다." 예수께서 그에게 말씀하셨다. "내 양 떼를 쳐라." [17]예수께서 세

번째로 물으셨다. "요한의 아들 시몬아, 네가 나를 사랑하느냐?" 그 때에 베드로
는, [예수께서] "네가 나를 사랑하느냐?" 하고 세 번이나 물으시므로, 불안해서
"주님, 주님께서는 모든 것을 아십니다. 그러므로 내가 주님을 사랑하는 줄을 주
님께서 아십니다" 하고 대답하였다. 예수께서 그에게 말씀하셨다. "내 양 떼를 먹
여라. 18내가 진정으로 진정으로 네게 말한다. 네가 젊어서는 스스로 띠를 띠고 네
가 가고 싶은 곳을 다녔으나, 네가 늙어서는 남들이 네 팔을 벌릴 것이고, 너를 묶
어서 네가 바라지 않는 곳으로 너를 끌고 갈 것이다." 19예수께서 이렇게 말씀하신
것은, 베드로가 어떤 죽음으로 하나님께 영광을 돌릴 것인가를 암시하신 것이다.
예수께서 이 말씀을 하시고 나서, 베드로에게 "나를 따라라!" 하고 말씀하셨다.

## 신학

오늘의 이야기는 제자들이 석양녘에 디베랴 바닷가에 모여 있을 때 일
어났다. 베드로는 고기를 잡으러 가겠다고 했고, 다른 사람들이 그를 따랐
다. 베드로는 처음부터 이 작은 집단의 지도자로 묘사된다.

제자들이 밤새 노력했으나 물고기를 한 마리도 잡지 못했고(3), 동틀 무
렵에 예수가 등장한다(4). 밤이 지나고 새로운 날이 시작되었다. 예수가 제
자들을 불렀지만, 그들은 예수를 못 알아봤다. 예수는 그들이 아무것도 잡
지 못한 것을 알고, 제자들은 그것을 확인해 주었다. 예수는 배의 오른쪽에
그물을 던지라고 말했다. 그물이 잡힌 고기의 무게로 찢어지기 시작하자,
제자들은 처음으로 예수를 인식했다. '예수가 사랑하시는 제자'가 먼저 "저
분은 주님이시다"라고 말하자, 베드로는 즉시 벗었던 몸에다 겉옷을 두르
고, 바다로 뛰어내렸다(7).

신학적으로 중요한 의미를 지닌 몇 가지 사실을 자세히 살펴볼 필요가
있다. 많은 고대 학자와 교부들은 '예수가 사랑하시는 제자'와 베드로를 기
독교 신앙의 두 가지 대립하는 유형으로 해석했다. 크리소스토무스(Chry-
sostomus)는 『요한복음의 설교』(Homilies on the Gospel of John)에서 다음과
같이 말했다.

그들이 예수를 알아보았을 때, 베드로와 요한은 또다시 그들의 상이한 성격을 드러낸다. 한 사람은 열정적이고, 다른 사람은 명상적이다. 전자는 즉시 뛰어갈 준비가 되어 있고, 후자는 좀 더 끈질기다. 요한이 먼저 예수를 알아보았지만, 베드로가 먼저 그에게 달려갔다.[*]

'예수가 사랑하시는 제자'가 주님을 먼저 이해하고, 인식하고, 주님의 목소리를 들었지만(이는 신앙을 갖기 위해 꼭 필요한 조건이다) 그런 것들이 아직 행동으로 표현되지는 않았다. 만일 베드로가 먼저 행동했다면 (고전적 해석에 의하면 인간의 행동은 헌신적 신앙에서 나온다고 보기 때문에) 그런 행동은 진정한 인식에 근거해 있는 것으로 보일 수도 있다. 인식이나 행동 어느 하나만으로 진정한 신앙이 성립될 수 없으므로, 베드로와 다른 제자의 가장 좋은 부분을 결합해야 진정한 신앙을 가진 사람의 특징을 규정할 수 있다.

위의 고전적인 해석에서 조금 방향을 바꾼 새로운 신학적 관점도 있다. 각 인물의 반응을 알레고리적으로 해석하기보다는(즉, 이해 대 행동으로) 교회가 그리스도께 충실하게 응답하기 위해서는 다양한 은사를 가진 사람들이 필요하다는 식의 접근을 할 수 있다. 이런 관점에서 보면, 지역 교회의 차원이나 더 넓은 차원에서도, 다양한 형태의 은사, 관점, 신학이 우리의 개인적이고 집단적인 신앙이 충실해지는 데 필수적인 요소가 된다는 교훈을 얻을 수 있다. 만일 우리가 본문을 '부활 후 공동체' 내의 두 대립되는 노선으로 해석한다면, 이를 통해, 교인들은 각각 자신의 이익을 접어두고 인내와 용납과 예수에 대한 헌신을 통해 서로 협력해야 한다는 교훈을 얻을 수 있다.

관심을 베드로 자체 그리고 그가 '예수가 사랑하시는 제자'가 주님을 인식한 것에 대해 반응한 방식(7)으로 돌리면서 셋째 신학적 의미를 생각해

---

[*] John Chrysostom, *Homilies on the Gospel of John 87.2*, in *John 11-21*, ed. Joel C. Elowsky, vol. IVb of *Ancient Christian Commentary on Scripture: New Testament*, ed. Thomas C. Oden (Downers Grove, IL: InterVarsity Press, 2007), 380.

볼 수 있다. "시몬 베드로는 주님이시라는 말을 듣고서, 벗었던 몸에다가 겉옷을 두르고, 바다로 뛰어내렸다." 많은 주석가가 베드로가 완전 나체가 아니고 속옷은 입었을 것이라고 제안하기도 하지만, 그가 벗었다는 묘사는 많은 생각을 불러일으킨다.

요한복음의 저자가 1장에서 창세기의 창조 이야기를 새로운 각도에서 조명해 보려고 시도했던 것을 생각해 보면, 창세기 3장에서 아담이 하나님을 피해 숨는 장면을 염두에 둔 것이 아닌가 생각해 볼 수 있다. 만일 그렇다면 요한은 (혹은 21장을 첨가한 편집자는) 부활을 '아담의 수치의 무효화'로 해석하는 셈이다. 겉옷을 두르는 베드로는 자기의 부끄러움을 안다. 아담과는 달리, 베드로는 부끄러움 때문에 부활한 주로부터 숨지 않고, 도리어 기쁜 마음으로 그를 향해 달려간다. 아담과 대조되는 베드로의 즉각적인 반응 속에서 후에 예수가 베드로에게 "네가 나를 사랑하느냐"라고 물으실 때 어떤 대답을 할지 예견할 수 있다.

이런 관점에서 오늘 본문을 갖고 설교를 할 때 다음의 두 가지 주제를 강조할 수 있다: (1) 수치심이 한 인간을 어떻게 파괴하고 성장을 방해하는가. (2) 하나님의 부름에 응답하여 과거의 수치에서 벗어나 온전한 존재로의 치유와 회복이 기다리는 은총의 바다로 뛰어드는 결단을 하는 해방의 순간이 얼마나 중요한가.

본문 후반부에서 예수가 베드로에게 "네가 나를 사랑하느냐?"라고 세 번 물으신다. 흔히 이 부분은 예수가 베드로를 회복시켜주는 의미로(세 번의 부인과 연관), 혹은 베드로에게 권한을 위임하는 의미로(마 16:18-19과 연관), 혹은 이 두 가지 의미 모두를 가진 것으로 해석된다. 삼중의 질문은 베드로의 삼중 부인과 관련이 있지만, 그 내용은 예수의 마지막 담화에 나오는 사랑의 당부(요 14:1-16:33)와 밀접한 연관이 있다. 더 나아가, 예수가 베드로에게 "내 양 떼를 먹여라"라고 당부한 것은 요한복음 앞부분에 예수가 "나는 선한 목자이다. 나는 내 양들을 알고, 내 양들은 나를 안다"고 말씀하신 것과 연결된다. 우리가 앞에서 베드로와 '예수가 사랑하시던 제자'의 경우에서 살펴본 것처럼, 요한복음에서 '아는 것'과 '사랑하는 것'은 궁극적으로 하나이다. 이 단락에서 베드로가 지도자로 부름을 받은 것이라면, 그는 또한 그가 알고 사랑하는 모든 것에 목숨을 걸어야 한다는 사실도 전해 들었을 것이다.

## 주석

설교를 듣는 사람이든 아니든 간에, 이 구절에서 독자들은 일련의 주석적 역사적 질문들로 인해 쉽게 방향을 잃어버린다. 고기를 잡고 아침을 먹기 위해 바닷가에 있던 베드로와 다른 제자들에게 나타나신 예수를 묘사한 첫 이야기는 2000년 동안 독자들을 혼동시켜 왔다. 사랑에 대한 예수와 베드로의 담화가 담긴 둘째 이야기는 비교적 좀 더 평범한 이야기이다. 그 의도가 직접적으로 보인다.

요한복음 21장을 읽게 되면, 여러 가지 면에서 변화가 많다. 수사의 스타일과 신학적 묘사에서 분명한 변화는 요한복음의 다른 부분들의 저자와 저작 시기가 동일한 것인가에 대해 끊임없는 논쟁을 가져왔다. 어떤 학자들은 요한복음이 같은 저자에 의해 같은 시기에 쓴 것이 아니라 많은 저자가 여러 해에 걸쳐서 쓴 것이라고 말했다. 이러한 질문은 설교자들에게 이 본문을 복음서 전체적 맥락에서 읽어야 하는지, 아니면 독자적인 역사와 목적을 가진 분리된 조각으로 읽어야 하는지에 대해 문제를 제기한다.

첫 장면은 갈릴리 디베랴 바닷가가 배경이다. 갈릴리라는 배경은 초대 그리스도인들의 부활 이야기에서 예루살렘 중심의 이야기와 갈릴리 중심의 이야기 사이에 긴장의 문제를 제기한다. 그런데 요한은 바닷가에 모인 제자들의 흥미로운 명단을 보여주는데, 그 가운데 한 명이 사랑하는 제자였다. 이 점에서 이 이야기는 누가복음 5:4-11의 이야기와 밀접하게 병행하는데, 두 이야기 각각의 출처와 관계에 대해 문제가 제기된다. 누가복음에서는 기적적인 고기잡이가 '제자 됨'으로 인도한 반면, 요한복음에서는 '알아봄'으로 이끈다. 베드로는 물에 뛰어들어 예수를 맞이하기 위해 바닷가로 나간다.

바닷가에서 만남에 대한 설명도 대단히 흥미롭다. 그것은 예상되는 축하가 없는 억제된 그리고 어색한 만남이다. 예수는 빵을 준비하고 숯불을 피워 생선을 놓아두었다. 예수는 생선을 더 달라고 했다. 153마리의 고기가 있었고, 그물은 찢어지지 않았다고 한다. 예수는 다른 사람들도 식사에 초대했다. 아무도 말하지 않았다. 예수는 고기와 빵을 아무 말도 않은 채 나누어준다. 이 장면은 죽음에서 살아난 뒤 세 번째 나타나신 것이라고 말함으로써 끝난다.

독자들은 오랫동안, 이 수수께끼 같은 이 이야기를 어떻게 읽어야 하는가에 대해 생각해 왔다. 누가의 이야기가 전형적인 최초의 열쇠를 제공한다. 고기, 적어도 디베랴 바다에서 잡은 고기는 누가복음에 있는 것처럼 사람들을 상징한다. 그러기에 처음의 장면은 선교의 초대로 읽을 수 있다. 그런데, 이야기 속에는 고기가 사람을 상징하는 것인지 또한 이것이 선교와 무슨 관련이 있는지에 대한 힌트가 전혀 없다. 오직 단 하나의 힌트라면 물고기의 수이다. 옛날이나 오늘날이나 수의 상징을 설명하려는 무수한 시도는 설득력이 없는 것으로 결론지어졌다. 수는 단순하게 얼마나 잡았는가를 강조하기 위한 것일 것이다. 이 모든 것이 제시하는 것이 첫 장면의 포인트는 기적적 성격이다. 요한복음의 모든 기적과 마찬가지로, 그것의 중심적 목적은 예수를 나타내는 것이다. 기적에서 예수는 주님으로서 계시되었고 인식되었다.

만약 그렇다면 바닷가 장면은 더욱 중요해진다. 예수와 제자들 간의 어색한 만남의 흥미로운 이야기 가운데, 예수가 제자들에게 준비하고 제공한 식사는 이 만남의 초점이다. 이 식사의 상징과 목적은 이야기 안에서 명백하지 않다. 초기 기독교에서 물고기와 빵을 제공하는 다소 특징적인 식사 규례가 있다. 종말의 잔치에서 유대교와 기독교 모두 물고기가 주된 음식이다. 더 나아가 초대 기독교의 성찬식 성화에서 컵과 빵이 아니라 고기와 빵의 이미지를 주로 그리고 있다. 무엇을 정확하게 상징하는 것이든지, 이것은 예수가 제자들을 먹이는 거룩한 식사이다.

상당히 어색하긴 해도 이런 식으로 이야기를 읽는 것은 신학적으로 상당히 고전적이다. 우리의 일 가운데 예수는 부르시고 먹이신다. 음식은 성찬이고, 식사는 하나님 왕국의 잔치이다. 우리가 먹는 물고기는 우리의 노동으로 거둔 것이고 하나님께서 주신 것이다.

둘째 이야기도 약간의 수수께끼를 갖고 있지만, 기본적인 뜻은 명확하다. 이 이야기는 베드로를 불러 예수를 따르는 자들을 사랑하고 먹이시라는 것이다. 베드로를 세 번, 반복해서 부르시는 것은 베드로의 세 번 부인을 상기시킨다. 거의 모든 독자가 이 이야기에서 베드로의 명예 회복과 공동체의 지도자로서의 지명을 함께 읽고 있다. 이 이야기는 요한복음의 사랑의 정의 위에 세워졌는데, 그것은 예수를 따르는 사람들은 서로 간에 사랑해야 한다는 것이다.

최근에 어떤 학자들은 헬라어의 '사랑'이라는 단어의 변화(우정에서 절대적 사랑으로)나 '양'이라는 단어 표현의 변화(단지 양을 가리키는 말에서 일반적 가축을 가리키는 말로)가 의미를 미묘하게 강화시킨다고 말한다. 이것은 분명히 사실일 것이다. 하지만, 요한복음이나 초기 기독교는 이 두 단어를 사랑을 뜻하는 것으로 교환해서 사용해 왔다. 용어의 변화는 아마도 스타일이나 표시의 문제이지 신학적으로는 상관없을 것이다. 다른 수수께끼는 예수가 베드로에게 한 첫 질문이다: "네가 이 사람들보다 나를 더 사랑하느냐?" 사랑을 비교하는 것은 의도적 기능이지 사랑에 등급을 매기려는 것은 아니다.

그보다 더 흥미로운 것은 예수가 베드로의 장래에 대해 예언하는 것인데, 거기에서 어떤 사람이 그를 묶어서 그가 바라지 않는 곳으로 끌고 갈 것이라고 말한다. 베드로를 끌고 가는 사람이 로마의 박해자인지 예수인지는 분명하지 않지만, 그것은 폭력적 죽음을 말하고 있다. 처음에 예수는 베드로에게 그를 따르는 자들을 사랑하고 돌보라고 부르시고, 그다음에 그의 폭력적 죽음을 예언하고 있다. 사랑도 안전을 보장하지 못하는 것처럼 보인다.

## 목회

오늘날 많은 사람이 감각적으로나 정서적으로 과부하 상태에 있다. 인터넷과 텔레비전뿐만 아니라 인쇄 매체에서도 섹스와 폭력에 대한 그래픽 이미지가 점점 더 많이 등장하고 있으며, 라디오 광고와 거리에서 항상 들리는 소음의 데시벨이 증가하고 있는 것 같다. 많은 사람에게 평화롭고 조용한 시간은 점점 줄어들고, 직장에서 느끼는 스트레스는 수많은 사람으로 붐비는 거리나 지하철에서 통근하는 동안 느끼는 스트레스와 맞먹는다. 사람들은 우리의 일상생활이 인간의 영혼을 마비시키는 쪽으로 작용해서, 점점 더 큰 소리와 충격적인 경험이 필요하게 될 것이라고 걱정한다.

이것이 많은 사람에게는 일상생활의 일반적인 모습이지만, 어떤 사람은 병원에서 갑작스럽게 좋지 않은 진단을 받게 되거나 이혼을 하게 되면서 정서적인 과부하를 경험하게 된다. 어쩌면 아이가 갑자기 섭식장애가 되거나, 상사에게 경고를 받거나, 사랑하는 사람이 생명을 잃는 비극을 경험할 수도 있다. 이런 경험들은 인간의 영혼을 압도할 수 있으며, 많은 사람이 이런 일들을 겪을 때, 거의 무의식적으로 여러 가지 익숙한 활동들을 하면서 위로를 찾는다. 어떤 사람은 혼자서 정원을 가꾸고, 어떤 사람은 초콜릿을 먹거나 쇼핑을 한다. 어떤 사람은 텔레비전에 빠지거나 밤늦게까지 사무실에 있으면서 자신을 잊어버리려고 한다. 현실에서 도피하려고 한다. 또 다른 사람들은 술이나 약물에 의존한다.

제자들에게 예수의 생애 마지막 한 주간 전반적인 삶의 모습은 압도적이었다. 긴장으로 가득 차고 감정적으로 고양된 예루살렘 입성은 성전에서의 특별한 사건들로 이어졌고, 유월절 식사는 다른 것과 달랐으며, 겟세마네 동산의 강렬한 경험, 예상하지 못했던 배신, 군인들에 의한 체포, 일련의 부인, 거짓으로 가득 찬 재판, 조롱, 야유하는 군중 그리고 피의 처형이 뒤따랐다. 확실히 예수의 죽음 이후의 시간에, 제자들은 좌절하고 망연자실했다. 사람의 영혼은 그 정도밖에 감당할 수 없다. 그리고 정서적인 과부하를 가져오는 또 다른 사건들이 일어났다. 보아야만 믿을 수 있는 빈 무덤과 부활에 대한 소식들. 이 사건들은 압도적일 뿐만 아니라 제자들의 삶을 영원히 바꾸어 놓았다. 이 사건들은 세계 전체를 영원히 바꾸어 놓을 것이었다.

이 사건들이 있고 직후에 제자들은 그들이 경험한 것을 받아들일 시간과 정서적인 여유가 필요했을 것이다. 베드로의 인도에 따라 제자들은 그들에게 익숙한 일로 돌아갔다. "나는 고기를 잡으러 가겠소." 베드로가 말하자, 다른 제자들이 자기들도 가겠다고 말했다. 이것이 세상을 변화시키는 사건의 한복판에서 일어난, 독특하고 기발해 보이는 복음 이야기의 자세한 내용이다. 그러나 사람들은 감정적인 과부하에 종종 이런 식으로 반응하며, 제자들이 과거의 삶과 직업으로 돌아가기로 결정한 것은 어떤 면에서는 더 이상 탈출구가 없다는 사실을 알려 준다. 그들이 어디를 가든, 주님은 그들과 함께 계실 것이다. 평범하고 일상적인 것들은 더 이상 평범하고 일상적인 것이 아니게 될 것이다. 시편 기자는 매우 신랄하게 묻는다. "내가 주님의 영을 피해서 어디로 가며, 주님의 얼굴을 피해서 어디로 도망치겠습니까?"(139:7). 우리가 사무실이나 쇼핑몰이나 정원으로 물러서는 것처럼, 제자들이 그들에게 익숙한 직업으로 물러섰을 때, 그들이 궁극적으로 발견한 것은 예수가 거기 계시면서 그의 제자들을 섬기고 먹이기 위해 기다리신다는 것이다.

물론 우리는 보는 눈을 가져야만 한다. 제자들 가운데 한 사람만이 바닷가에서 예수를 알아보았다는 것은 주목할 만하다. 제자들 모두가 예수를 보았다. 그러나 그들 가운데 오직 사랑하시는 제자만 주님을 알아보았다. 그는 최후의 만찬 때 예수의 가슴에 기대어 있던 사람이다. 이것의 목회적 의미는 잠재적으로 엄청나다. '예수에게 기대어 있는 것'이 기도하면서 주님과 다정한 시간을 보내는 것이고, 우리의 마음을 예수의 마음과 가슴에서 쉬게 하는 것이 아닐까? 하나님 앞에서 우리 자신에게 조용하게 몰두하는 것이 우리의 일상생활과 평소에 되풀이해서 하는 일들에서 하나님을 발견하는 열쇠가 될 수 있지 않을까? 변화산에 초막 셋을 지으려고 한다든지, 단지 바쁘게 움직이기 위해 고기를 잡으러 가려고 하는 것과 같은 충동적인 성향이, 계속 움직이고 생산적이 되려는 우리의 욕구가 우리 삶 속에서 하나님의 임재를 인식하면서 기도 가운데 '하나님과 함께 시간을 낭비' 하지 못하게 하는 것은 아닐까?

결국, 부활하신 주님은 우리 각자 안에 있는 베드로에게 매일 하나님을 인식하고 만나는 또 다른 방법을 제안하신다. 주님은 성급하고 활동적인 그 제자에게 양을 먹이라고 세 번 말씀 하신다. 그것은 마치 하나님을 부인한 우리가, 굶주리고 가난한 사람들 가운데 계시는 하나님을 사랑으로 만나서 구원받는 것과 같다. 우리 각자 안에 주께서 사랑하시는 제자와 지나치게 활동적인 베드로가 있지만, 오늘 복음의 말씀은 우리를 압도하는 위협적인 환경에서 살아남고 그것을 정복하기 위한 지침을 제공한다. 기도하면서 예수의 가슴에 기대고, 때때로 주님의 품에서 휴식하는 것이, 지나치게 바쁜 우리의 삶 가운데 가장 일상적이고 익숙한 상황 속에서도 우리의 영적인 비전을 선명하게 하고 주님이 우리를 양육하신다는 것을 깨닫게 한다. 주님의 양을 먹이는 것은 주님과 관계를 유지하는 구체적인 방법이며, '입술로만이 아니라 우리 삶으로' 주님께 우리의 사랑을 표현하는 가장 확실한 방법이다.

## 설교

요한복음 20장 마지막 구절을 읽고 나면 요한복음이 여기서 끝나는 것처럼 보인다. 20장은 "여러분으로 하여금 예수가 그리스도요 하나님의 아들이심을 믿게 하고, 또 그렇게 믿어서 그의 이름으로 생명을 얻게 하려는 것이다"(요 20:31)로 끝난다. 얼마나 훌륭한 마무리인가? 그런데 마지막인줄 알았던 그때 아직 한 가지 이야기가 더 있다. 이것은 마치 연극에서 막이 내려오고 한 배우가 무대 앞으로 나와 에필로그 곧 이미 우리가 본 연극에 첨가하는 이야기를 들려주는 것과 같다. 우리가 보고 들은 모든 것의 의미를 우리가 잘 이해하지 못했다는 우려가 있는 것 같고, 그래서 한 가지 더 잊을 수 없는 이야기가 더해진다.

요한이 아닌 누군가가 이 에필로그를 썼을 수도 있지만 그렇다고 해서 이 이야기가 지닌 통찰력이나 생동감을 약화시키지 않는다. 누가 에필로그를 첨가했던 간에 그 누군가는 요한의 작품을 읽고 충분히 소화하였다. 우리는 이 익명의 편집자가 의도했던 바를 정확하게 파악할 수는 없겠지만, 에필로그를 세심하게 읽어보면 이 드라마에서 이미 일어났던 일들을 상기시켜 주고 있음을 알 수 있다. 에필로그를 섬세하게 읽게 되면, 전체적인 이야기의 주제, 관점, 장면들이 반복되고 있음을 알게 된다.

부활하신 그리스도께서 디베랴 바다에 나타나 제자들을 생선과 빵으로 먹이는 이야기를 들을 때 우리는 요한복음 6:1-14의 이야기 곧 예수께서 같은 호수에서 오천 명을 먹인 오병이어의 사건을 기억하게 된다. 만일 우리가 그리스도의 풍성한 자비는 지나간 이야기이지 현재는 아니라고 그릇된 판단을 내릴 때, 이 에필로그는 부활하신 그리스도께서 계속해서 우리를 축복하시고 먹이신다는 것을 증언하고 있다.

부활하신 그리스도께서 가르쳐주신 대로 제자들이 배 오른편으로 그물을 던졌다는 사실을 들으면서, 우리는 복음서 어디에서도 제자들이 그리스도의 도움 없이는 물고기를 잡지 못했다는 사실을 기억하고 감동할 수도 있다. 이 기억은 요한의 이야기 범위를 벗어나긴 하지만, 어느 학자는 누가복음 5:6-7을 '(요 21장과) 비슷한 장면이지만 도움을 준 사실을 다른 말로 표현한 것'이라고 말한다.[*] 요한복음과 에필로그를 읽었던 당대의 독자들과 청중들은 아마도 그리스도께서 제자들을 도와줄 때까지는 그들의 수고가 아무 결과물도 없었다는 전승을 알고 있었을 것이다. 에필로그는 사실상 이렇게 말하고 있다: 만일 당신에게 맡겨진 사명을 수행하려면(요 20:21), 당신을 인도하고 먹이시는 부활하신 그리스도가 필요하다.

제자 중 어느 누구도 부활하신 그리스도께서 해변에 나타나 그들을 부를 때 처음에는 알아보지 못했다는 것을 들으면서, 우리는 마리아가 빈 무

---

[*] Raymond E. Brown, *The Gospel according to John, XIII-XXI* (Garden City, NY: Doubleday & Co., 1970), 1071.

덤에서 예수를 만났을 때 동산지기로 착각했다는 이야기(20:15)를 기억하게 된다. 우리가 "자 그것은 마리아의 문제야. 그녀가 너무 슬퍼서 분간 못했으니까"라고 결론지으려 할 때, 에필로그는 제자들이 부활하신 그리스도를 인식하는 데 실패했던 일, 심지어 걸어 잠근 문 뒤에서 제자들에게 인사했을 때(20:19-23)조차도, 또 의심 많은 도마에게 다시 나타난 이후에도(20:24-29) 주님을 알아보지 못한 일이 이들을 괴롭게 하였음을 기억하게 된다. 우리는 결코 그리스도를 인식하는 데 이들처럼 둔감하지는 않을 것으로 생각하고 요한의 드라마를 떠나려 할 때, 이 에필로그는 그렇게 장담하지 말 것을 경고한다. 배 안에 있던 제자들처럼 그분의 존재를 우리도 더디게 인식할 가능성이 크다.

예수께서 제자들을 아침 식사에 초대하고 빵과 생선으로 그들을 먹인 일을 들으면서, 우리는 전에 고별담화에서 제자들의 발을 씻길 때 식탁에서 함께 있던 장면을 기억하게 된다. 해변의 이른 아침 식사는 최후의 만찬이 제자들과 그리스도가 함께했던 마지막 식사였다는 오류를 바로잡는다. 부활하신 그리스도께서는 교회의 식탁공동체에서 나눔을 계속하고 있고 우리의 삶과 사역에 필요한 능력과 힘을 늘 공급해 주시고 있다.

마지막으로 그리스도께서 베드로에게 그를 사랑하느냐고 세 번 물은 것을 들으면서, 우리는 베드로가 자신을 세 번 부인할 것이라고 예언한 일(13:38) 그리고 그 예언이 실현된 슬픈 장면들(18:15-17, 25-27)을 기억하게 된다. 만일 우리가 복음서에서 베드로의 신실하지 못했던 행동을 마지막으로 그에 대해 기억하고 있다면, 에필로그는 베드로의 부인보다 더 중요한 것이 그리스도의 은혜임을, 즉 지금까지의 삶이 불성실과 부정으로 점철된 사람에게도 사역에 참여하게 하고 맡기려는 하나님의 뜻을 기억나게 한다.

한 마디로 에필로그는 그리스도와 그의 놀라운 사역을 과거의 일로 제한하지 않고, 또 복음을 우리에게서 멀리 떨어져 있는 옛것으로 여기지 말라는 극적인 호소이다. 이 에필로그는 서문에서 나타난 역동성, 하나님 말씀이 지닌 회복력과 활력으로 다시 돌아가게 한다. 또 디베랴 해변에 나타난 부활하신 그리스도의 이야기를 통하여 에필로그는 그리스도의 지상사역이 시작될 때 서문이 확언하는 내용을 확증한다: "그 빛이 어둠 속에서 비치니, 어둠이 그 빛을 이기지 못하였다"(1:5).

에필로그는 우리 가운데 있는 어둠의 기억들, 즉 우리가 겪은 굶주림이라는 어둠, 우리가 그리스도를 알아보지 못했던 어둠, 우리가 그리스도를 부인했던 어둠을 일깨워 주지만 동시에 이 어둠 가운데 어느 것도 빛을 이길 수 없음을 상기시켜 준다. 왜냐하면 부활하신 그리스도께서는 여전히 우리를 부르시고 먹이시고 능력을 주시는데 심지어 의심하는 사람이나 그의 사역을 부인하는 사람에게도 그렇게 하시기 때문이다.

에필로그는 우리에게 이렇게 말한다: 요한의 이야기에서 막이 내려왔을지 모르지만, 그리스도의 살아 있는 이야기는 현재진행형이라고. 요한이 보여준 모든 것은 과거의 마지막 장면에서 현재의 순간으로 또 그 너머로 계속되고 있다.

# 부활절 넷째 주일

## 요한복음 10:22-30

²²예루살렘은 성전 봉헌절이 되었는데, 때는 겨울이었다. ²³예수께서는 성전 경내에 있는 솔로몬 주랑을 거닐고 계셨다. ²⁴그 때에 유대 사람들은 예수를 둘러싸고 말하였다. "당신은 언제까지 우리의 마음을 졸이게 하시렵니까? 당신이 그리스도이면 그렇다고 분명하게 말하여 주십시오." ²⁵예수께서 그들에게 대답하셨다. "내가 너희에게 이미 말하였는데도, 너희가 믿지 않는다. 내가 내 아버지의 이름으로 하는 그 일들이 곧 나를 증언해 준다. ²⁶그런데 너희가 믿지 않는 것은, 너희가 내 양이 아니기 때문이다. ²⁷내 양들은 내 목소리를 알아듣는다. 나는 내 양들을 알고, 내 양들은 나를 따른다. ²⁸나는 그들에게 영생을 준다. 그들은 영원토록 멸망하지 아니할 것이요, 또 아무도 그들을 내 손에서 빼앗아 가지 못할 것이다. ²⁹그들을 나에게 주신 내 아버지는 만유보다도 더 크시다. 아무도 아버지의 손에서 그들을 빼앗아 가지 못한다. ³⁰나와 아버지는 하나이다."

## 신학

오늘의 본문은 예수와 예수를 반대하는 종교 지도자들과의 논쟁의 배경 속에서 전개된다. 그들은 '성전 봉헌절' 기간 중 솔로몬의 주랑을 걷고 있었다. 이 절기는 이스라엘 사람들이 불을 밝히면서 축제 분위기에서 기쁘게 지키는 절기이다. 그러나 주랑을 걷는 예수는 전혀 기뻐하는 모습이 아니다. 요한복음을 여기까지 충실하게 읽은 독자들은 축제 기간에 기대되는 기쁨과 예수의 대적자들의 공격이 대조되는 것을 느낄 것이다. 로고스요, 지혜요, 세상의 빛인 분이 솔로몬의 주랑을 걷고 있는데 대적자들은 그를 몰라본다는 것이 역설이다. 그다음에 전개되는 장면에서는 요한의 신학의 핵심적 주제가 등장한다.

유대 사람들은 단순히 예수가 메시아인지 말해달라고 요청한다. 평상

시에도 이는 정치적으로 중요한 질문이지만, 기원전 167년에 셀레우코즈 제국에 맞서 승리한 마카베오 혁명을 기념하는 축제 기간에는 특별히 더 그러하다. 그에 대해 예수는 "내가 내 아버지의 이름으로 하는 그 일들이 곧 나를 증언해 준다"(25)고 대답한다. 예수는 그의 대적자들이 '내 양이 아니기 때문에'(26) 자신이 행한 일이 증거하는 것을 믿지 않는다고 지적한다. 예수의 대답은 수수께끼 같다. 첫째, 예수는 그가 하는 일은 그가 메시아라는 명백한 공적인 증거가 된다고 말한다. 그러나 곧바로 양의 비유를 통해 왜 유대 사람들이 그 증거를 이해하지도, 믿지도 못하는지를 설명한다. 이것이 수수께끼 같은 부분이다.

예수의 대답이 담고 있는 뜻을 이해하기 위해서는 이스라엘의 집단 기억에는 '목자'가 매우 강력한 메시아의 이미지로 인식된다는 사실을 잊지 말아야 한다. 에스겔 34장에 나오는 사악한 목자와 대조적으로 예수는 선한 목자, 즉 하나님의 보살피심을 완벽하게 구현하는 분으로 묘사된다. 예수가 그들에게 "너희는 내 양이 아니다"라고 말할 때 그 말은 저들이 악하다는 의미를 내포하고 있다. 저들은 사악한 목자, 사악한 지도자를 따르기 때문에 이 명백한 진리를 보지 못한다.

예수는 "내 양들은 내 목소리를 알아듣는다. … 나를 따른다"(27)고 말한다. 들음과 행함의 결합을 통해 예수의 양 떼들과 예수가 결합된다. 이 결합 속에서, 제자들과 예수의 관계는 예수와 아버지의 관계와 유사해진다. 예수는 그들이 믿음을 통해 영생을 받게 될 것이라고 말한다(28). 마카베오의 순교자들이 영원히 죽지 않는 것처럼—성전 봉헌절 축제가 증명하듯이— 예수의 제자들도 예수에 대한 헌신 때문에 영원히 살 것이다.

28-30절에서 예수는 놀랍고 결정적인 선언을 하신다. "나와 아버지는 하나이다." 예수는 자신의 양들이 '영원토록 멸망하지 아니할 것'이라고 말한 뒤, "아무도 그들을 내 손에서 빼앗아 가지 못할 것이다"라고 한다. 십자가에서 못 박힌 상처가 있는 그리스도의 손에 의해 보호받는다는 이미지는 매우 특별하다. 예수는 자신도 아버지께 의존함을 밝히신다: "그들을 나에게 주신 내 아버지는 만유보다 더 크시다. 아무도 아버지의 손

에서 그들을 빼앗아 가지 못한다"(29). 이 구절에서 제한된 속죄론(limited atonement: 예수가 세상 모든 사람이 아니고 선택된 사람들만 구원한다는 입장 _ 역자 주)의 근거를 찾으려는 사람도 있겠으나, 그것보다 더 핵심적인 요한 신학의 논지는, 첫째로 예수와 아버지는 동일한 목적 안에서 하나로 결합되었다는 것, 둘째로 제자들은 예수의 손안에 있기 때문에—즉, 예수의 권능 안에 있기 때문에— 그들은 계속 예수를 믿고 그분의 일을 행할 것이라는 사실이다. 예수의 "나와 아버지는 하나이다"라는 결론은 형이상학적인 명제가 아니라, 목적이 일치한다는 선언이다.

게일 오데이(Gail O'Day)는 『뉴인터프리터스 바이블』(*The New Interpreter's Bible*)의 요한복음 주석에서 이렇게 말했다: "그리스어 '하나'라는 단어는 남성이 아니라 중성이다. 즉, 예수는 그와 아버지가 한 인격, 본성, 본질이라는 것을 말하는 것이 아니다. 그보다는 예수와 하나님은 하시는 일을 통해 하나가 된다는 것이다. 예수가 행하는 일과 하나님이 행하는 일을 구분하는 것은 불가능하다. 왜냐하면 예수는 하나님이 하는 모든 일 속에서 하나님과 완전히 일치하기 때문이다."*

오데이는 "나와 아버지는 하나이다"라는 말을 형이상학적으로 해석하는 것에 대해 경고한다. 교회는 오랫동안 그런 해석에 집착했었다. 물론 그는 삼위일체나 성육신 교리를 반대하는 것은 아니다. 그러나 요한복음의 본문을 그런 교리로 환원시키는 것은 잘못이라고 그는 지적한다.

본문의 내용을 이해하고 이에 근거하여 설교하는 데 가장 고민이 되는 부분은 반유대주의(anti-Judaism)적 표현이다. 요한복음 전체에서 유대 사람들에 대한 부정적 묘사가 두드러진다. 이런 관점은 본문을 넘어서 교회의 역사에서 악용되어 큰 폐해를 남겼다. 이 관점의 문제는 우선 유대 사람들에게 예수를 죽인 자라는 낙인을 찍는 잘못을 저지르는 것에 있지만, 또한 성육신과 삼위일체 교리를 대체주의(supersessionism: 유대인이나 유대교가 폐하고 이를 교회가 대체한다는 주장 _ 역자 주)적으로 해석하도록

* Gail R. O'Day, "The Gospel of John," in *Luke, John*, vol. 9, *The New Interpreter's Bible*, ed. Leander Keck et al. (Nashville: Abingdon Press, 1995), 667.

오랫동안 악영향을 끼쳐왔다는 점에도 있다.

이번 주일에 그리스도의 구원에 관해 묵상하면서 예수의 손이라는 이미지에 생각을 모아 보는 것도 좋겠다. 부활이 예수가 황제의 손이나 죽음의 손이 아니고 하나님의 손안에 있다는 최종적 증거가 되는 것처럼, 부활절을 지키면서 우리가 예수의 손안에 있다는 것을 고백해야 한다. 우리가 그런 확신과 신뢰에 근거하여 삶으로, 이 세상을 위한 예수의 손이 된다. 우리가 예수의 손안에 있다면, 우리는 누구에게 손을 내밀 것인가? 누구의 손을 잡을 것인가?

## 주석

이 구절은 다른 요한복음의 많은 구절과 같이 복음서 곳곳에서 취급하고 있는 신학적 이미지로 가득하다. 어떤 면에서는 이 구절을 읽기 위해서 요한복음 전체를 읽어야만 한다. 이 구절의 구성 주제인 예수가 그리스도인가라는 물음은 또한 복음서 전체의 가장 중요한 주제이기도 하다. 이 구절의 명백한 주제들인 성전 봉헌절의 역할, 양의 이미지, 영생에 대한 약속, 예정론의 이슈, 아버지와 아들의 하나 됨 등은 복음서의 더 큰 논쟁점들의 일부이기도 하다. 사실, 전반적인 상호교환은 요한복음 7장과도 밀접하게 병행한다. 복음서의 다른 부분과의 깊은 상호관련성을 가짐에도 불구하고 이 구절은 특별한 역할을 가진다. 그것은 아버지와 아들의 하나 됨을 새로운 방식으로 도입하고 있는데, 그렇게 함으로써 그 뒤의 복음서에 나오는 수많은 논쟁을 야기한다.

배경은 성전 봉헌절이다. 이 축제는 기원전 164년에 안티오쿠스 4세가 성전에 제우스상을 세움으로써 신성모독을 한 다음 마카베오가 성전을 재봉헌한 것을 기념하기 위해 시작되었다. 이 축제는 히브리말로 하누카(Hanukkah, 봉헌이라는 의미)라고 일컬어졌는데 지금도 유대인들은 이 축제를 지키고 있다. 5장부터 요한복음에서는 예수가 예루살렘에서 연속해서 참여한 축제들의 이야기들을 전해 준다. 요한복음은 예수의 사역을 이러한 절기 축제의 맥락에 위치하게 함으로써 예수의 지위를 높였을 뿐만 아니라, 전통적 축제들의 지속적 효력에 대해 질문하고 있다. 메시아가 오심으로 생긴 종교적 전통과의 갈등은 요한복음뿐만 아니라 모든 복음서의 주제이다. 만약에 메시아가 오셨다면 하나님의 행동과 하나님의 정의의 중심이 되고, 하나님의 거룩함은 성전에서 메시아와 그의 사역으로 옮겨가게 된다.

성전 봉헌절에 유대인들의 질문에 대해 그가 메시아임을 선언하는 예수의 대답은 처음에는 명확하고 명료하게 보인다. 그런데 요한복음에서 전형적으로 나타나듯이, 단순한 확증은 결코 단순하지 않은 것이다. 예수는 "너희가 믿지 않는다"고 말하는데 그렇게 함으로 질문과 대답의 힘을 해소시킨다. 예수가 메시아인가에 대한 정확한 대답은 거의 중요하지 않게 된다.

또한 요한복음에서 전형적으로 나타나는 예수의 정체성에 대한 질문은 다양한 이미지와 신학적 전략을 가져온다. 예수는 처음에 그의 사역에 대해 말했다. 이것은 예수의 정체성 이슈에 관한 가장 일반적인 답변이다. 요한복음에서 전체적으로 예수와 아버지의 하나 됨은 우선 말씀과 행동으로 이루어진다. 예수는 아버지가 말씀하신 것을 말하고, 그가 하신 일을 행한다. 그러므로 요한복음에서 그리스도이심에 대한 우선적 논증은 예수의 행위의 특징에 관한 것이다.

그런데 요한복음의 신학적 논리에서는 예수의 말씀이나 행동 그 어느 것도 그가 누구인지를 제대로 인식할 수 있도록 인도할 수 없다. 믿음이란 예수의 행동의 데이타에서 부가되지만, 데이터 그 자체는 믿음의 결과를 가져오지 않는다. 이 점을 주장하기 위해 예수는 이 장을 여는 이미지로 돌아온다. 3-16절에서 말한 것처럼, 양들은 그들의 목자와 문지기의 목소리를 알아듣는다. 사람들이 예수가 그리스도임을 믿지 못하는 이유는 예수가 그들의 목자가 아니고, 그들은 예수의 양이 아니기 때문이다. 요한복음은 믿음을 단순하게 인간의 행위로 보고 있지 않다. 믿음은 하나님의 행동을 포함한다. 요한의 유명한 예정론이 여기에서 드러난다. 요한복음에서 예수를 믿는 것은 예수의 양으로서 하나님께 선택받는 것에 달려 있다.

예정은 특정한 사람들은 배제하는 것처럼 보이지만, 다른 사람들에게는 엄청난 축복을 준다. 28절에서 영생과 적으로부터의 안전의 확인은 17장에 있는 예수의 기도를 예고한다. 요한복음의 신학에서는 영생과 안전은 단순히 약속이 아니다. 예수의 양 떼 가운데 있는 양이 되는 것은 이미 영생을 가지는 것이요, 영원히 안전하다는 것이다. 예수는 (현재시제로) 지금 영생을 준다. 이 확증은 수수께끼처럼 보이는 "그들을 나에게 주신 내 아버지는 만유보다도 더 크시다"는 29절의 확증으로 나아간다. 고대의 문헌에서는 실제로 이 문장에 관한 다섯 가지 버전이 있다. 그런데 NIV의 '그들을 나에게 주신, 만유보다 더 크신 아버지'라는 덜 수수께끼 같은 버전을 많은 사람이 지지한다. 한 버전은 양의 가치를 인정하고, 다른 버전은 하나님의 우월성을 강조한다.

이 모든 것이 "나와 아버지는 하나이다"(30)라는 유명한 주장으로 정점에 이른다. 헬라어에서 '하나'라는 형용사는 남성형이 아니라 중성형이라는 것이 중요하다. 그러기에 이러한 주장이 아버지와 아들은 한 인격이라고 선언하려는 신학적 경향에도 불구하고 헬라어로는 이를 실제로 허락하지 않는다. 그렇다고 이것이 전통적인 삼위일체적 한 인격론이 부정확하다거나 지지받지 못함을 의미하는 것은 아니다. 단순히 이 본문이 이것을 말하고 있지 않다는 것이다. 위에서 언급한 대로, 이 본문에서 확증한 일치는 행위의 일치이다. 예수는 아버지의 일을 한다.

아마도 예수와 아버지의 하나 됨의 확인은 요한복음의 핵심적인 신학적 주장이다. 이 하나 됨이 아버지와 아들의 성격을 결정한다. 아들의 하는 일을 보고 그의 말을 듣는 것은 아버지 하나님의 말씀을 보고 듣는 것과 같다. 예수의 이야기는 하나님의 특성을 보여준다. 이 하나 됨이 또한 예수께 속한 사람들의 특성을 보여준다. 예를 들면, 본문이 말하는 대로 이 하나 됨은 예수의 양들을 빼앗아 가지 못한다는 것을 의미한다.

**목회**

"당신이 메시아라면 그렇다고 분명하게 말하여 주십시오"(24). 정치적인 반대파들에게 대한 조롱이든, 아니면 설교자가 힘든 시간을 보내고 있는 그리스도인에게 그 고난이 별거 아니라는 믿음을 그 말에 담아서 하는 것이든, 우리는 모두 '분명하게 말하는 지도자'의 매력에 익숙해져 있다. 물론 본질적으로 복잡한 것 혹은 우리의 이해를 넘어서는 것을 '분명하게' 말하는 것은 청중을 잘못 인도하고 토론의 주제를 손상시킨다. 하나님의 일들에 대하여 분명하게 말할 때 겪는 어려움은, 하나님의 일들이 평범하지 않다는 것이다. 하나님에 대하여 분명하고 확실하다고 말하기 시작하는 것은, 그가 더 이상 하나님에 관하여 말하지 않는다는 확실한 표시이다. 우리의 마음이 이해한 것에 대해서는 분명히 확실하게 말할 수 있지만, 하나님은 그런 것들과는 다르다. 하나님이 우리를 파악하신다. 우리가 하나님을 파악하는 것이 아니다.

때때로 신앙의 영역에 대해 분명하게 말하고 싶은 열망은 성경공부 참석자들이 "성서가 무엇을 의미하는지" 찾는 데 열중하는 성경공부에서 나타난다. 이런 성경공부는, 성서가 우리를 다양한 의미를 가진 풍성한 이야기를 경험하고 참여하도록 초대하는 것이 아니라, 성서가 끈기가 있고 하나님께 대해 바른 믿음을 가진 사람들만이 해독할 수 있는 암호화된 메시지로 되어 있다고 생각하게 한다. 이렇게 '성서의 명백한 의미'를 분별하려고 하는 사람은 불타는 덤불에서 말씀하시고 "나는 나다"라는 이름을 가지신 하나님에 관하여 아무것도 분명한 것이 없다는 것을 발견하게 된다. 평이하게 설교하는 침례교 설교자 윌 캠벨(Will Campbell)은 만약 모세가 자기가 한 경험을 자기 가족과 친구에게 말해 주었다면, "약 먹을 시간이야"라고 말할 것이라고 지적한 적이 있다.

요한복음의 이 부분에서 예수는 그에게 질문하는 사람들에게 그들이 알고 싶어 하는 것을 이미 분명하게 말해 주었다고 한다. 문제는 예수가 그들에게 말해 주는 방식이 그의 사역을 통해서라는 것이다. 다시 말해서,

예수의 역할과 정체성은 하나의 표제로 축소될 수 없다. 그의 역할과 정체성은 경험해야만 알 수 있는 것이다. 이것은 양과 목자의 비유에서 분명해진다. 양은 목자를 알고 신뢰하는데, 이성적으로나 지적으로 분별해서가 아니라, 목자와 그의 '사역'을 경험했기 때문이다. 같은 방식으로 아이는 논리가 아닌 경험으로 엄마를 알고 신뢰한다. 예수께서 다른 곳에서 "누구든지 어린이와 같이 하나님 나라를 받아들이지 않는 사람은 거기에 들어가지 못할 것이다"(막 10:15; 눅 18:17)라고 말씀하신 것은 우연이 아니다.

확실히 기독교 변증론에는 항상 역할이 있을 것이다. 결국, 가장 크고 첫째 되는 계명은 "네 마음을 다하고, 네 목숨을 다하고, 네 뜻을 다하여, 주 너의 하나님을 사랑하여라"(마 22:37; 막 12:30과 눅 10:27에는 '네 힘을 다하고'가 추가됨)라는 것이다. 우리는 신앙을 올바로 분별하고 하나님의 방법을 따라야 하지만, 아직도 많은 사람이 지성을 그리스도인의 삶에 있어서 우선적인 기능으로 여겨서 과도하게 지성에 의존하고 있다. 무신론자를 자처하는 저자들이 쓴 우리 시대의 베스트셀러들은 전통적인 종교의 가르침들에서 찾아낸 지적인 착오를 드러내는 데 몰두하고 있다. 하나님이 인간의 모든 생각과 개념을 넘어서신다고 믿는 신실한 그리스도인들도 그 저자들이 하는 주장 가운데 많은 부분에 대해 "아멘"이라고 말할 수 있다. 그렇지만 누가 하나님을 바르게 믿는가를 두고 싸울 때, 신실한 사람들이 하나님의 길을 걸어가는 대신 하나님에 관한 말들에 매여 있는 것을 본다. 오늘날 목사들은, 마음으로 믿는 것이 중요하다는 것을 부정하지 않지만, 진정한 하나님 경험은 우리의 이해와 설명할 수 있는 능력을 넘어선다는 것을 인식하면서, 그리스도인들이 진정한 하나님 경험으로 돌아가도록 돕는 일에 집중해야만 할 것이다. 그리고 어쨌든 초대교회는 극적으로 성장했는데, 대중들이 신조와 교리의 진실을 확신했기 때문이 아니라, 그들이 살아계신 주님을 경험하고, 또 지혜로운 자들에게 어리석음이었던(고전 1:27) 새로운 삶을 경험했기 때문이다. 아마도 오늘날 우리는 너무 우리 머리에 갇혀있는 것 같다.

예수회 신부인 앤서니 드맬로(Anthony DeMello)는 "탐험가"라는 제목

325

의 우화를 썼는데, 우리의 상태를 설명하고 있다. 어떤 사람이 고향을 떠나 멀고 이국적인 아마존을 탐험했다. 그가 고향으로 돌아와서 그의 경험을 이야기해 주자, 마을 사람들이 그의 이야기에 사로잡혔다. 믿을 수 없을 만큼 아름다운 곳, 천둥 치듯 쏟아지는 폭포, 아름다운 수풀, 신기한 야생 동물들. 하지만, 한밤에 숲에서 들려오는 소리를 들었을 때, 급류의 위험을 감지했을 때, 가슴에 밀려오는 느낌들을 어떻게 말로 다 설명할 수 있을까? 그래서 그는 사람들에게 아마존은 직접 가봐야만 한다고 말했다. 그들의 여행을 돕기 위해서 그는 지도를 그려주었다. 그러자마자 마을 사람들은 지도를 낚아채서는 지도를 복사해서 모든 사람이 각자 지도를 하나씩 가졌다. 그들은 지도를 액자에 넣어서 시청과 그들의 집에 걸었다. 그들은 정기적으로 지도를 공부하고 때때로 지도에 대해 토론했다. 마침내 마을 사람들은 그들이 아마존의 전문가라고 생각하게 되었다. 그들이 모든 폭포와 급류, 강의 모든 굽이를 알지 않는가?

사람들은 자주 목사와 동료 그리스도인들에게 하나님에 관해 "분명하게 말해 달라"고 압력을 가하고, 자기 신앙과 여행에 대해 유창하게 설명할 수 있는 능력을 놀라운 은사라고 한다. 하지만 가장 중요한 과제는 사람들이 그들 자신의 개인적인 여행을 하게 만들고 그들 자신이 살아계신 하나님을 경험하도록 격려하고 지원하는 일일 것이다. 드멜로가 그의 우화에서 말한 것처럼, 안락의자 탐험가에게 지도를 그려주는 것은, 지도를 아무리 분명하고 명확하게 그려준다고 해도, 무익한 일일 수 있다.

## 설교

예 또는 아니오 같이 분명한 답을 좋아하고 또 미묘하거나 암시적인 것보다 명료한 의미를 더 좋아하는 사람들은 요한복음을 읽을 때 불만스러울지 모른다. 하지만 그렇지 않은 사람들에게는 요한의 이야기가 지닌 애매모호함과 미묘함이 예수가 누구인지 또 그들의 삶에 예수는 무엇을 의미하는지를 이해하기 위해 애쓰는 그들의 노력에 오히려 도움이 될 것이다. 요한복음 10:22-30이 이런 점에서 대표적인 예이다.

나는 유대인들이 예수께 다음과 같이 한 질문을 고려하며 시작하는 설교를 상상해 볼 수 있다. "당신은 언제까지 우리의 마음을 졸이게 하시렵니까? 당신이 그리스도이면 그렇다고 분명하게 말하여 주십시오"(24b). 헬라어로 읽으면 이 질문의 어조를 두 가지 매우 다른 방식으로 이해할 수 있다. 첫째는 질문자들이 열린 마음으로 진지하게 예수가 누구인지를 묻는 것으로 보는 것이다. 그들은 예수의 진정한 정체성(identity)에 대해 '마음을 졸이고' 있다. 둘째로는 NRSV 성경의 "당신은 언제까지 우리의 마음을 졸이게 하시렵니까?"를 헬라어 원문 "당신은 언제까지 우리를 화나게 혹은 짜증나게 하렵니까?"로 읽는 것이다.* 만일 둘째가 맞는다면 질문자들은 분명하게 공격의 빌미를 주지 않는 예수로 인하여 난관에 봉착한 예수의 적대자들이다.

각각의 번역에 대해 논쟁이 있지만 결론이 난 것은 아니다. 이 구절보다 앞에 있는 두 구절에서 우리는 예수께서 말씀하고 행동한 것에 관하여 "유대 사람들 가운데 분열이 일어났다"(19)는 것을 알 수 있다. 그래서 유대인들의 질문이 두 가지 관점 모두에서 비롯되었다고 보는 게 합리적이다. 몇몇 사람들은 진정으로 그리스도가 누구인지 알기를 원하고 있고 또 다른 사람들은 그를 거부할 명백한 이유를 이끌어 내기 위해 질문을 한다.

이렇게 상황에 대한 미묘한 차이를 고려하며 본문을 읽는 것은, 예수와 그에게 종교적 질문을 한 사람들 간에 일어난 복잡한 상호작용을 가능하게 하고 또 설교자들이 예수가 누구인지에 대해 우호적 질문부터 적개심에 이르기까지 다양한 방식이 역사 속에 있었음을 다루는 것을 가능하게 한다. 이 질문들로부터 여러 가지 변형된 질문이 가능하다고 설교를 통해 알려 주면, 예수를 메시아로 인정하는 것에 대해 확신하지 못하는 교인들

---

* 이 두 가지 가능성을 다룬 자료는 다음과 같다. C. K. Barrett, *The Gospel according to St John: An Introduction with Commentary and Notes on the Greek Text* (London: SPCK, 1967), 316.

이 그럴 수도 있음을 수긍하는 것에 도움을 줄 수도 있다. 의심이나 질문을 억누르는 분위기의 교회에서는 이런 설교는 환영받지 못할 수도 있다. 그러나 예수를 이해하는 데 다양한 방식이 있음을 강단에서 표현하는 많은 교회의 교인들은 정직한 마음을 가질 수 있는데, 그것은 요한이 말한 것처럼 미묘하고 난해한 예수의 대답을 듣는 전제 조건이 된다.

예수의 첫 대답은 곧바로 상황을 정리하지 못한다. 그 대답 안에 애매모호한 것들이 있다. 그는 "내가 너희에게 이미 말하였는데도, 너희가 믿지 않는다"(25a)고 말한다. 사실 이 점에 대해 말한다면, 요한복음에서 예수께서 스스로 메시아라고 알려 준 유일한 사람은 우물가에서 만난 사마리아 여인이다(4:26). 그에게 지금 질문하는 유대인들은 더 분명한 근거들이 없었다: 그들은 예수께서 소경을 치유한 일 그리고 선한 목자라고 스스로 언급한 사실은 알고 있었지만, 그를 메시아라고 간주할 만한 결정적인 것을 아직 듣지 못했다. 대신 예수께서는 그들에게 자신이 했던 일을 정체성과 연결하여 설명한다: "내가 내 아버지의 이름으로 하는 그 일들이 곧 나를 증언해 준다"(10:25b). 하지만 예수에 대해 질문하는 이들은 그 일들의 의미를 이해할 수 없는데 그것은 그들이 그리스도의 양이 '아니기 때문'이다. 오늘날 합리적인 독자들에게 이런 방식의 서술은 예수가 아닌 요한을 향한 반발을 불러일으킬 수 있다. 이것은 아주 불공평해 보인다: 그리스도는 자신이 누구인가를 보여주기 위한 일들을 하고 있지만, 그의 정체성에 관해 묻는 사람들은 단지 그의 양 떼에 속해 있지 않기 때문에 결코 이해하거나 믿지 않을 것이다. 신실하고 은혜로운 설교는 이 점을 신중하게 고려해야 하는데 그 이유는 그리스도인들 가운데서 반유대주의와 종파 간에 발생한 전쟁은 종종 이러한 신학적 사고의 틀을 이용해 왔기 때문이다.

뿌리 깊은 왜곡과 그것이 만들어 내는 적대감을 줄이면서, 요한복음을 보다 공감하면서 읽을 수 있는 중요한 신학적 원리가 있다. 그것은 하나님께서 먼저 우리와의 관계를 시작하셨다는 기본적인 믿음을 보존하려고 복음서 기자가 애쓰고 있다는 점이다. 하나님께서는 우리가 하나님을 찾기 훨씬 전에 우리를 찾으신다. 그리스도는 우리를 그의 양으로 만드신다. 우리는 그를 우리의 목자로 삼지 않는다. 비록 복음서에 의해 기독교 용어로 변형되었지만, 이 하나님의 주도권과 주권은 히브리 성서 특히 시편에 나타난 위대한 목자의 모습에 그 뿌리를 두고 있다: "주님은 나의 목자시니…나를 푸른 풀밭에 누이시며 쉴 만한 물 가로 인도하신다"(시 23:1-2). 그리고 "너희는 주님이 하나님이심을 알아라. 그가 우리를 지으셨으니, 우리는 그의 것이요, 그의 백성이요, 그가 기르시는 양이다"(시 100:3)에서이다.

실제로 요한은 예수에게 질문했던 사람들을 포함한 유대인들이 사랑하고 존중하는 바로 그 전통의 특징인 하나님의 주도권과 주권을 확증하고 있다! 요한에게 이 옛 원형은 그리스도의 성육신과 사역에서 가장 완전한 형태로 나타난다. 안타깝게도 그리스도인의 헌신과 그로 인해 발생했던 1세기 기독교의 갈등은 예수를 메시아로 인정했던 사람들과 그렇지 않았던 사람들 사이의 관계를 혼란스럽게 하였다.

요한을 읽고 하나님의 말씀으로 다듬어지고 변화된 우리 자신을 발견하는 일은 그의 공동체 일부였던 그 갈등을 우리도 계속해야 한다는 의미는 아니다. 대신 설교를 통해 우리는 과거의 갈등을 반복하지 않기 위해서 우리가 필요로 하는 은혜를 요청할 수 있다. 우리는 유대인과 그리스도인들이 둘 다 인정했던 것 곧 하나님의 주도권과 주권을 새롭게 고백할 수 있다. 우리는 분명하게 그리스도께서 우리에게 준 영생을 인정하고, 미래가 어떠하든 간에 하나님의 손이 우리를 잡고 있고 어느 것도 우리를 빼앗아 갈 수 없음에 대한 감사를 분명하게 선언할 수 있다(28-29).

# 부활절 다섯째 주일

## 요한복음 13:31-35

[31]유다가 나간 뒤에, 예수께서 말씀하셨다. "이제는 인자가 영광을 받았고, 하나님께서도 인자로 말미암아 영광을 받으셨다. [32][하나님께서 인자로 말미암아 영광을 받으셨으면,] 하나님께서도 몸소 인자를 영광되게 하실 것이다. 이제 곧 그렇게 하실 것이다. [33]어린 자녀들아, 아직 잠시 동안은 내가 너희와 함께 있겠다. 그러나 너희가 나를 찾을 것이다. 내가 일찍이 유대 사람들에게 '내가 가는 곳에 너희는 올 수 없다' 하고 말한 것과 같이, 지금 나는 너희에게도 말하여 둔다. [34]이제 나는 너희에게 새 계명을 준다. 서로 사랑하여라. 내가 너희를 사랑한 것 같이, 너희도 서로 사랑하여라. [35]너희가 서로 사랑하면, 모든 사람이 그것으로써 너희가 내 제자인 줄을 알게 될 것이다."

## 신학

오늘 본문은 요한복음에서 십자가 직전에 일어난 일들과 연관된다. 본문의 서두에 "이제는 인자가 영광을 받았고, 하나님께서도 인자로 말미암아 영광을 받으셨다"는 예수의 말이 나온다. 주석가들은 이 본문을 삼위일체의 근거로 해석하기도 했다. 푸아티에의 힐라리우스(Hilarius of Poitiers)는 "아버지가 아들을 영화롭게 한다. 이 영광은 아들 밖에서 온 것이 아니고 아들 안에서 나온 것이다. 아들이 원래 갖고 있었던 영광을 다시 돌려줌으로, 아버지는 아들을 아들 안에서 영화롭게 한다"고 말했다.* 우리는 4세기 기독교 신학으로 요한의 본문을 해석하려는 것이 무리라는 것을 인정해야 한다. 본문에서 '이제'(Now)라는 단어를 통해 그때까지 있었던 모든

---

* Hilary of Poitiers, *On the Trinity* 9.40-42, in *John: 11-21*, ed. Joel C. Elowsky, vol. 4b of *Ancient Christian Commentary on Scripture: New Testament*, ed. Thomas C. Oden (Downers Grove, IL: InterVarsity Press, 2007), 111.

일과 바로 앞 장에서 예수가 말씀했던 모든 내용이 곧 완성될 것이라는 뜻으로 받아들일 수 있다. 예수는 당신이 선한 목자이기 때문에 그 증거로 "양들을 위해 내 목숨을 버린다"(10:15)고 말했고, 예수는 다가오는 죽음을 영화(glorification)로 이해했다. 이는 죽임이 아버지의 계획이 완성되는 순간, 즉 예수의 메시아적 역할이 밝히 드러나는 순간이기 때문이다.

예수는 "어린 자녀들아, 아직 잠시 동안은 내가 너희와 함께 있겠다"(33)고 말했다. 예수는 자신이 죽은 후 버려진 고아와 같은 상실감에 빠질 제자들을 걱정하면서 자상하게 그들을 준비시키기 시작한다. 요한복음 14:18에서 예수가 제자들을 버려두지 않겠다고 말했지만, 예수가 떠날 때 제자들이 받을 충격과 두려움은 매우 클 것임은 확실하다. 예수가 34절에서 주는 새로운 계명은 오늘 본문의 핵심이다. 서로 사랑하라는 명령에는 명백하게 드러나 보이는 예수의 자상함과 밑에 깔려 있는 고난의 징조가 다 담겨 있다. 예수는 앞으로 제자들이 서로 간에 인내하라고 당부한다. 예수는 제자들의 발을 씻는 행위를 통해 이 명령을 간절한 간청의 형태로 전한다. 예수가 십자가에서 예수를 처형하는 사람을 용서할 것처럼, 예수의 죽음 이후에도 제자들이 서로 돌보고, 서로 용서하라고 당부하는 것이다. 요한복음 13:13에서 예수는 베드로에게 이렇게 말했다. "내가 너를 씻기지 아니하면, 너는 나와 상관이 없다." 서로 사랑하라는 예수의 명령은 군대식의 명령이 아니고 제자들이 예수와 같은 방식의 삶과 사랑에 거할 것에 대한 간청이자 희망이다.

예수가 주신 사랑의 계명에 대해 여러 가지 해석이 있어 왔다. 아우구스티누스 같은 이는 이 계명을 유대인의 계명과는 다른 영적인 종류의 계명으로서 이해한다. 세상에 속하지 않고 하나님께 속한 제자들이니 새로운 종류의 사랑을 해야 한다는 것이다.[*] 알렉산드리아의 키릴로스(Cyril of Alexander)는 수준의 차이를 강조했다.

모세의 율법은 우리가 자신을 사랑하는 것처럼 이웃을 사랑해야 한다고 말한다.

---

[*] Augustine, *Tractates on the Gospel of John* 65.1, in *John: 11-21*, 114.

그러나 예수는 스스로를 사랑하는 것보다 더 우리를 사랑하였다. 그렇지 않다면 하나님과 동등하신 그분이 인간과 같은 수치스러운 단계로 내려갈 필요가 없었다. 그는 육체의 죽음을 경험할 필요도 없었다. 유대인들에게 매를 맞고 조롱받을 필요가 없었다. … 사랑이 갈 수 있는 범위를 훨씬 초월한 사랑이었다.*

그 이후의 신학자들은 요한의 사랑(내가 너희를 사랑한 것처럼 너희도 서로 사랑하라), 마태의 으뜸가는 계명(마 22:34-40), 누가복음의 사마리아인의 사랑 사이의 긴장에 대해 관심을 갖기도 했다. 이단에 관한 논쟁의 전통과 다양한 선택론 신학(election theology)의 형태에서 이 주제가 다루어졌다. 그리스도는 자신에게 속한 사람들만(선택받은 자)을 위해 죽었는지, 모든 인류(이방인, 이웃 포함)를 위해 죽었는지, 따라서 그리스도인들은 서로 사랑하는 데서 더 나아가 세상 사람을 모두 사랑해야 하는지 등의 주제가 다루어졌었다.

35절은 부활절 넷째 주의 본문에 언급된 증거와 연관된다. "너희가 서로 사랑하면, 모든 사람이 그것으로써 너희가 내 제자인 줄을 알게 될 것이다." 즉, 제자들이 앞으로 닥칠 고난 중에서도 서로 사랑하면, 그들은 예수에게 충실한 제자였음을 증명하게 된다는 것이다. 그들이 그런 상황에서도 서로를 사랑할 수 있다면, 그들이 예수가 가르친 것을 이해하게 되었는데, 그것을 실천함으로 이해하게 되었다는 것을 증명하게 된다는 것이다.

오늘 본문을 갖고 설교를 하려면 공동의 두려움(공동의 불안, 위협받는 느낌 등)에 대해 생각하며 두려움이 어떻게 공동체를 위협하고 공동의 선을 포기하도록 작용하는지 탐구해 보아야 한다. 공동체는 두 사람의 모임이 될 수도 있고, 국가와 같은 규모가 될 수도 있다. 이런 탐구를 통해 우리는 예수가 보여주시는 부드럽고 연민에 찬 당부의 깊은 뜻을 더 잘 이해할 수 있을 것이다.

* Cyril of Alexandria, *Commentary on the Gospel of John* 9, in *John: 11-21*, 114.

**주석**

  기독교 사상에서 이 구절은 대단히 중요하다. 여기에서 제자들에게 사랑하라고 하신 예수의 명령은 예수의 가르침이나 그리스도인들의 삶의 중심으로 받아들여진다. 이 구절로 인해 기독교윤리는 사랑의 윤리라고 일반적으로 말해진다. 대부분의 요한복음 독자 또한 복음서의 구조와 신학에서 이 구절을 핵심으로 여긴다.

  본문의 의미는 문맥적 배경이 중요하다. 예수의 공생애에서 제자들과의 고별담화로 전환되는 시점에서 본문은 예수공동체의 정체성과 성격에 근본적인 열쇠를 제공하고 있다. 이 공동체는 요한의 독특한 '영광과 사랑'이라는 개념으로 특징 지위진다. 본문의 직접적인 상황은 유다와 베드로의 배신이다. 배신의 역동성이 영광과 사랑의 성격을 바꾼다.

  유다가 밤에 나간 뒤에 예수는 하나님과 인자의 영광을 선언한다. 헬라어에서는 누가 언제 누구에 의해서 영광을 받았는지 분명하지 않다. 그럼에도 불구하고 궁극적으로 예수의 사건들에서 있어서 하나님과 인자가 영광을 받으신다는 것은 명백하다. 비록 한 번도 설명되지는 않았지만, 영광이라는 개념은 요한 신학에서 핵심적이다. 어근에서 보면 영광은 명성을 의미하고, 영광을 받는다는 것은 좋은 평판을 얻는다는 것을 의미한다. 하나님의 영광을 말할 때나 예수의 제자들이 얻을 지위로서 영광을 가리킬 때조차 하늘의 광채와 하나님 왕국의 경이로움이라는 측면을 가진다. 그래서 요한복음이 하나님과 예수의 영광을 언급할 때는 아마도 세상에 의한 그들의 적절한 하늘에서의 지위를 선언하고 인식하는 것을 말하는 것이다.

  그런데 요한복음에서 영광이라는 개념은 굉장한 역설이 있는데, 왜냐하면 예수와 (하나님이) 영광 받으신 것이 십자가이기 때문이다. 따라서 배신하려고 밤에 떠난 유다나 예수를 위해 그의 목숨을 던지겠다고 하고 금방 부인할 베드로의 이야기가 예수의 영광 이야기에 부적당한, 관계없는 첨부가 아니다. 죽음과 배신은 예수의 영광의 핵심에 속한다. 그렇다면 이 구절에서 영광을 받으리라는 선포 바로 다음에 예수의 떠남이 즉각적으로 선언된 것은 적절한 것이다.

예수의 떠남에 대한 이슈는 이미 7:32-36과 8:21-24에서 유대인들과의 어렵고 적대적인 논쟁을 초래했다. 이 두 가지 논쟁 모두 예수의 십자가에서의 죽음과 아버지께로 돌아가는 이야기를 연결하고 있다. 같은 연결이 이곳에도 보인다. 사실 예수의 "내가 가는 곳에 너희는 올 수 없다"(13:33)는 선언이 베드로의 부인 예고로 이어지고, 14장의 예수의 떠남에 대한 전체적 토론으로 이어진다. 14:1-4에서 예수의 떠남은 또한 예수의 돌아옴이 된다: "내가 가서 너희가 있을 곳을 마련하면, 다시 와서 너희를 나에게로 데려다가, 내가 있는 곳에 너희도 함께 있게 하겠다"(14:3). 예수가 제자들을 "어린 자녀들아"(3)라고 부르는 다정함이 예수의 죽음으로 인한 공포와 예수의 돌아옴으로 인한 위로를 연결시킨다. 이런 식으로, 배신과 십자가는 예수의 떠남과 돌아옴의 순간이 되고, 이 모든 것이 하나님과 예수님 그리고 예수의 제자들에게까지 영광으로 인도하게 한다.

이 짧은 구절은 또한 요한복음서 전체의 중심적인 신학적 주제, 이슈 그리고 질문들과 결부된다. 이 복음서에서 애써 말하려고 한 기독론적인 설명은 하나님의 현존이라는 본질에 초점이 맞추어져 있다. 예수가 '하나님'을 그의 신비와 타자성을 강화하는 방식으로 나타낸다. 예수 자신도 계속해서 그를 쫓는 사람들의 파악과 이해를 넘어선다. 현존과 부재의 끊임없는 교차가 여기에서도 영광이 고난으로, 떠남이 도착으로 나타나는 역설로 일어나고 있다.

사랑의 명령은 가장 많은 반응을 일으키고, 당연히 기독교 사상에 가장 큰 영향을 주었다. 본문의 배경은 독자들에게 오랜 계약의식을 상기시킨다. 본문에는 예수의 떠남에 대한 선포와 함께 새로운 계명을 주고 있고, 또한 이러한 명령에 복종하는 것이 새로운 공동체의 공적 표시라고 말하고 있고, 여기에 공관복음에서는 주님의 만찬에 위치시킨 새로운 계약의 요한복음 서판을 포함시키고 있다. 사랑의 명령은 예수 공동체를 조직하는 힘이자 표시이다.

이러한 계약 배경이 아마도 예수가 이 명령을 '새롭다'고 말하는 이유일 것이다. 사랑의 명령이 이전에 주어지지 않았다는 점에서는 분명히 새로운 것이 아니다. 하지만 새로운 공동체가 그것의 주어짐으로 나타난다는 의미에서는 새로운 것이다. 계약의 콘텍스트에서 서로 사랑하라는 것은 아마도 공동체의 다른 사람들을 사랑하라는 것이다. 그런데 기독인들은 언제나 이 명령을 보편적으로 이해했는데, 예를 들어 예수가 원수를 사랑하라고 명령하신 것(마 5:44)과 연결한다. 말하자면 사랑은 사람들의 사회적 배경에 제한되지 않는다.

사랑의 내용은 구체화되지 않았다. 단순히 예수가 모델이다. "내가 너희를 사랑한 것 같이, 너희도 서로 사랑하여라." 독자들은 자연스럽게 예수가 만났던 사람들에 대한 염려와 사랑, 나사로에 대한 통곡, 그를 따르는 무리에 대한 안전을 위한 헌신을 생각할 것이다. 그런데 이 사랑의 명령은 그러한 예들을 넘어선다. 예수가 15:13에 말한 대로, "사람이 자기 친구를 위하여 자기 목숨을 내놓은 것보다 더 큰 사랑은 없다." 예수는 바로 이렇게 자신의 목숨을 친구를 위해서 내놓았다. 예수를 모델로 삼음으로 모든 한계를 넘어섰다. 주어진 상황에서 사랑이 무엇을 의미하든, 그것은 모든 것을 요구한다. 사랑은 계산하지 않는다.

마지막으로 독자들은 오랫동안 사랑하라는 명령의 심리학적 불일치에 때문에 어려움을 겪었다. 사랑이 명령될 수 있는가? 사랑은 복종의 행동이라기보다는 선물이요 사건이다. 그래서 요한의 신학에서는 사람들의 사랑이 하나님의 현존에 속한 것이다. 계약의 용어로 말하면, 예수는 제자들의 사랑을 통해 살아 있다. 신학적 용어로 말하면, 예수 안에 산다는 것은 사랑하는 것이고, 사랑하는 것은 예수 안에 산다는 것이다(15:1-11).

## 목회

유다가 밖으로 나갔다고 성서정과 복음서 말씀은 말한다. 때가 왔다. 이제는 돌이킬 수 없다. 배신은 이미 시작되었고, 이제는 멈출 수 없다.

유다는 나갔고, 예수는 그것이 무엇을 의미하는지 알고 있었다. 그렇지만 예수는 제자들이 지금 무슨 일이 일어나고 있고 무슨 일이 일어나려고 하는지 이해하지 못할 것이라는 것도 알았다. 사실 너무 늦었지만, 제자들은 싸우고, 저항하고 결국 도망갈 것이다. 그래서 이번이 예수가 말하고 싶은 것을 말할 마지막 기회이다. 예수는 제자들에게 학생에게 말하듯 하지 않고, 그의 삶에서 특별한 순간의 절망감을 친밀하게 전해 주려고 한다. "어린 자녀들아." 예수는 다 큰 어른들에게 말한다. "내가 지금 하는 말을 들어라. 나는 너희가 올 수 없는 곳으로 갈 준비를 하고 있다. 그래서 지금 우리가 함께 있는 것이 중요하다."

우리 가운데 대부분은 유사한 경험을 한 적이 있다. 사랑했지만 더 이상 함께 있을 수 없는 사람과 마지막으로 집중적인 대화를 했던 경험, 그것은 우리 나머지 인생 동안 기억해야 할 참으로 신성한 시간이다. 마찬가지로, 예수께서 제자들에게 말씀하신 상황에 맞는 방식으로 예수가 하신 이 말씀을 기억해야 한다.

예수는 요점을 확실하게 하기로 했다. 그가 평소에 말하던 비유와 풍자로 말하지 않고, 단순하게 명령한다. "나는 너희에게 새 계명을 준다. 서로 사랑하여라." 그게 전부이다.

어떤 현대 신약학자가 말한 것처럼, "(이) 새로운 계명은 아기라도 기억하고 깨달을 수 있을 만큼 단순하고, 가장 성숙한 신자들이 이것을 이해하고 실천하기에 자신들이 얼마나 부족한가를 느끼며 계속 당황할 만큼 심오하다."*

"너희가 서로 사랑하면, 모든 사람이 그것으로써 너희가 내 제자인 줄을 알게 될 것이다"(35). 예수께서 이 계명을 쉬운 것으로 만들어 주시려고 우리에게 이 한 가지 일에만 집중하게 하셨다는 사실을 상기한다는 것이 스스로 그리스도인이라고 하는 많은 사람에게 얼마나 당황스러운 일인가. 그러나 우리는 이것 말고도 진정한 신자를 식별할 수 있는 다른 많은 방법을 찾아냈고 심지어 우리 가정생활에서도 이 계명을 실천하는 데 어려움

---

* D. A. Carson, *The Gospel according to John* (Leicester, England: APOLLOS, 1991), 484.

을 겪곤 한다.

예수는 성서의 중요성이라든지 신중하게 구성된 신조의 중요성에 대해 말하지 않았다. 신약성서는 예수가 죽은 후 두 세대가 지나서야 기록될 것이고, 니케아신조는 앞으로 350년 동안 전투적인 신학자들에 의하여 망치로 두드려서 만들어질 것이었다. 성서와 신조는 시간이 갈수록 사람들에게 대단히 중요해지지만, 권력과 정통의 문제를 가지고 씨름하는 동안 예수가 무엇보다 중요하게 여겼던 것은 잃어버렸다.

사람들은 바른 믿음을 지키기 위해 전쟁까지 했지만, 예수께서 우리가 알았으면 하신 것은 그게 아니었다. 그건 예수의 으뜸가는 관심사가 아니었다. 예수의 길은 공부를 많이 한 신학자나 지적인 설교자의 길이 아니라, 어린아이의 길이었다.

"어린 자녀들아." 예수는 말씀하셨다. "나는 너희에게 새 계명을 준다. 서로 사랑하여라." 예수의 계명은 무엇을 믿느냐에 관한 것이 아니라, 어떻게 사느냐에 관한 것이다.

카렌 암스트롱(Karen Armstrong)은 그녀의 자전적 작품인 『나선형 계단』(The Spiral Staircase)에서, 대부분의 종교 전통에서 믿음은 신앙에 대한 것이 아니라 실천에 대한 것이라고 지적한다. 암스트롱은 '종교'란 신앙을 가지거나 어떤 어려운 제안을 수락하는 것에 관한 것이 아니라 '당신을 변화시키는 일을 하는 것'이라고 한다.[*]

이것은 그녀가 이슬람에 관한 첫 책을 썼을 때 특히 그녀의 가슴에 와 닿았다. 그녀가 이해하기로는, 무슬림들은 복합적인 신조를 받아들이라고 하지 않는다. 그 대신 그들은 메카 순례와 라마단과 같이 그들을 변화시키기 위해 고안된 특별한 제의적인 행동을 수행해야 한다. 이슬람 신도들은 하루에 여러 번 메카를 향해 기도하면서 엎드리는 복종의 행위를 해야 한다. 이슬람 신도들은 하나님처럼 은혜롭게 베풀고 싶어 하는 관대한 정신을 기르기 위한 방법으로 가난한 사람들에게 자선을 베풀도록 명령받는다.

---

[*] Karen Armstrong, *The Spiral Staircase: My Climb Out of Darkness* (New York: Alfred A. Knopf, 2004), 270.

암스트롱은 이런 반복적인 행동이 개인의 변화를 이끌어 낸다고 말한다. "요점은 이것이다. 이것은 신앙 체계가 아니라 과정이다. 종교 생활은… 자신을 영원히 변화시킬 수도 있는 행동을 하도록 만든다."*

물론 기독교는 우리의 삶을 그리스도의 형상으로 만드는 고대의 관습과 의식들을 가지고 있다. 오늘날의 그리스도인들은 종종 신앙에 있어서 누가 정통이고 누가 수정주의인가에 관해 관심을 가지기도 하지만, 더 중요한 관심사는 누가 자신의 삶에서 그리스도의 사랑을 가장 효과적으로 실천하는지에 관한 것이다. 어쨌든 예수는 "만약 너희가 바른 것을 믿는다면, 사람들이 너희가 내 제자인 줄 알 것이다"고 말씀하지 않으셨다.

아이작 디네센(Isak Dinesen)의 책 『아웃 오브 아프리카』(Out of Africa)에 키타우(Kitau)라는 소년에 관한 이야기가 있다. 어느 날 키타우는 작가의 집을 찾아와 관리인으로 일하게 해달라고 했다. 그녀는 그를 고용했는데, 삼 개월 후 그는 인근 마을에 사는 셰이크 알리 빈 살림(Sheik Ali bin Salim)이라는 이슬람 교인에게 보낼 추천서를 써달라고 요청했다. 디네센은 놀라서, 키타우를 붙잡으려고 임금을 올려주겠다고 했지만, 돈이 문제가 아니었다. 키타우는 그리스도인이 될지 아니면 무슬림이 될지를 결정하려고 했고, 디네센을 위해 일했던 목적은 그리스도인의 삶의 방식을 가까이서 보기 위해서였다. 디네센을 위해 일하면서 그리스도인의 방식을 보았으니, 이제 셰이크 알리에게 가서 무슬림의 행동을 보기로 한 것이다. 그러고 나서 그가 결정할 것이다. 저자는 키타우가 그녀에게 오기 전에 그 이야기를 해 주었으면 하고 바랐던 것을 기억한다.

유다는 밖으로 나갔다. 이것이 예수가 제자들에게 자신의 주장을 전달할 마지막 기회였다. 더 이상 비유와 풍자는 없다. 오직 단순한 계명뿐이다. "어린 자녀들아, 서로 사랑하여라. 너희가 나의 제자라는 것을 모두가 알게 될 것이다."

---

* Karen Armstrong, 281.

영광과 명성은 미국 대중문화의 척도이다. 이 성서정과 본문으로 설교를 준비하면서 연예와 스포츠에서 가장 인기 있는 인물이 등장하는 잡지를 사서 보는 것도 괜찮을 것이다. 온라인상에서 대중에게 인기 있는 웹사이트를 접속해 보라. 또 최고 평점을 받은 텔레비전 쇼를 시청해 보라. 오늘날 영웅이나 스타들의 인터뷰를 들어보라.

영광을 추구하고 그것을 얻은 사람을 대중들이 좋아하는 일은 인간의 문명만큼이나 오래되었다. 이런 사람들에 대한 열광은 비록 미디어가 그들을 띄워줄지라도 단지 미디어의 역할로 인한 것만은 아니다. 2천 년 전 지중해 유역의 국제적인 문화에서도, 사람들은 누군가 영광과 명성을 얻었을 때 관심을 기울였다. 요한에 따르면, 예수 자신도 그런 높은 대중적 인기를 받았던 때가 있었다. 이번 주일 본문을 이해하는 데 중요한 선행구절에서 바리새파 사람들이 이같이 말한다: "보시오. 온 세상이 그를 따라갔소"(요 12:19b).

그 직후에 '몇몇 그리스 사람들'이 와서 예수를 만나게 해 줄 것을 요청한다. 요한의 서술에서 그들의 등장을 배치한 것을 보면, 그 그리스 사람들은 세상이 '추종했던' 그분을 간절히 보기를 원했다고 보는 것이 타당하다. 예수께서는 이 시점에서 나중에 더 자세하게 설명하게 될 오늘의 복음서에 나오는 주제를 소개한다. 예수께서는 영광의 의미를 근본적으로 바꾸기 시작한다: "인자가 영광을 받을 때가 왔다. 내가 진정으로 진정으로 너희에게 말한다. 밀알 하나가 땅에 떨어져서 죽지 않으면 한 알 그대로 있고, 죽으면 열매를 많이 맺는다"(12:23-24). 이것은 세상이 말하고 있는 그 영광이 아니다. 그것은 고대 세계에서 웅장한 대리석 기념물을 세우는 것이 아니고 또는 미디어의 세상에서 잡지 표지에 등장하거나 토크쇼에서 감동적인 인터뷰를 하는 것도 아니다.

하지만 엄밀히 말하면, 요한복음에서 그리스도가 드러낸 이런 종류의 영광을 이해하는 데 어려움을 겪고 있는 것은 비단 세상만이 아니다. 심지어 그의 제자들 특히 베드로조차도 처음에는 당황해하고 이해하지 못한다. 오늘 이 가르침이 끝나는 한 장면에서, 예수께서 베드로의 발을 씻어주려 할 때 당황한 베드로가 이렇게 외친다. "아닙니다. 내 발은 절대로 씻기지 못하십니다"(13:8). 베드로는 자신이 이해하고 있는 (영광의 개념으로) 예수를 영광스럽게 하는 것과 예수의 영광개념 곧 어떻게 하나님이 겸손함과 희생적인 행동을 통해 영광을 받으시게 되는가를 함께 받아들일 수 없었다.

요한복음은 예수 사역의 이야기라는 한 층과 그리고 요한 공동체의 삶과 관심들이라는 두 개의 층으로 이야기를 전개해 나가고 있다. 따라서 오늘의 본문은 당시 교회가 예수께서 철저하게 바꾼 영광에 대한 인식과 어떻게 지속적으로 갈등을 빚고 있었는가를 보여주고 있다. 역사적으로 당시 교회는 경제적, 군사적인 면에서 범세계적인 로마제국과 비교해 보면 상대적으로 변방의 운동이다. 요한 공동체는 황제의 영광을 드러내는 표지가 곳곳에 있음을 발견한다. 그들이 교환하는 동전에는 황제의 머리가 새겨져 있고 황제의 규율은 주둔하고 있는 군대나 황제를 대신한 통치자나 총독을 통해 시행된다. 이런 상황에 살면서 또 이런 경제적, 문화적 분위기에서, 교회는 (예수께서 배신을 당하고 고통과 죽음으로 가는 그 시점에서 말한) "이제는 인자가 영광을 받았고, 하나님께서도 인자로 말미암아 영광을 받으셨다"(13:31)는 것을 어떻게 이해했을까?

나는 영광에 대한 용례를 살펴보기 위해 오늘날 통용되는 사전 하나를 펼쳐본다. 그 사전은 8개의 정의를 보여준다. 하지만 그 각각의 정의는 첫 정의의 변형된 형태이다: "사람들이 일반적으로 인정하는 최고의 명예, 칭찬, 혹은 탁월함."* 이 사전은 그리스도가 보여준 영광에 대한 새로운 이해를 조금도 보여주지 못한다.

그러면 사람들은 어떻게 그리스도의 죽음과 부활을 통하여 영광에 대한 의미를 새롭게 이해했을까? 우리가 이천 년 전 로마제국에 살고 있든

---

* William Morris, ed., *The American Heritage Dictionary of the English Language* (Boston: Houghton Mifflin Co., 1976), 561.

아니면 오늘날 미국 대중문화에 살고 있든 이에 대한 답은 단어 그 이상의 설명을 필요로 한다. 일반적인 대화에서 영광이라는 의미는 명예, 칭송, 명성 등으로 쓰인다. 우리는 영광에 대한 새로운 이해를 문자적으로만 논할 수 없다. 그것이 바로 예수께서 제자들에게 가르친 이유이다. "이제 나는 너희에게 새 계명을 준다. 서로 사랑하여라. 내가 너희를 사랑한 것 같이, 너희도 서로 사랑하여라"(13:34).

이 '계명'이 지닌 새로움은 '사랑이 이제까지 낭랑한 적이 없다'는 의미가 아니다(레 19:18, 다만 너는 너의 이웃을 네 몸처럼 사랑하여라). 그 새로움은 사랑을 공급하는 근원에 있다. 그 근원은 그리스도의 죽음을 통하여 드러난 전능자의 낮아지심에서 그리고 세상의 명예가 아닌 하나님의 긍휼로 새롭게 이해된 영광에서 나온다. 우리는 이 용어를 단순히 십자가와 부활의 의미에 관해 사람들에게 말하기 위해 사용하지 않는다. 그리스도께서 그의 죽음과 부활을 통해 보여준 그 진리를 구현하기 위해 우리는 서로 사랑하여야 한다. 이 구절을 그리스도의 사랑과 공동체의 사랑을 연결하여 더 명확하게 번역하면 이렇게 된다. "나는 너희들이 서로 사랑하도록 하기 위하여(그리스어 hina) 너희를 사랑하였다." 나는 이 번역을 "너희도 서로 사랑해야 한다"는 NRSV의 번역보다 더 좋아하는데 그 이유는 '해야 한다'는 표현은 우리의 사랑을 가능하게 만든 그리스도의 자비로운 행동과는 좀 거리가 있는 도덕적 명령처럼 들리기 때문이다.

그리스도의 사랑이 우리 가운데 깊이 뿌리내려서 그래서 그 사랑이 우리 모두를 풍성하게 하고, 우리가 서로 사랑하고 또 사랑한다고 말하게 될 때, 비로소 우리는 그리스도께서 보여준 영광에 대한 새로운 이해를 세상에 설명할 수 있을 것이다. 용어에 대한 논쟁이 아닌 그리스도를 중심에 둔 공동체를 통해 하나님의 영광이 숨 쉬게 될 때 그것이 이루어질 수 있을 것이다

# 부활절 여섯째 주일

### 요한복음 14:23-29

²³예수께서 그에게 대답하셨다. "누구든지 나를 사랑하는 사람은 내 말을 지킬 것이다. 그리하면 내 아버지께서 그 사람을 사랑하실 것이요, 내 아버지와 나는 그 사람에게로 가서 그 사람과 함께 살 것이다. ²⁴나를 사랑하지 않는 사람은 내 말을 지키지 아니한다. 너희가 듣고 있는 이 말은, 내 말이 아니라, 나를 보내신 아버지의 말씀이다." ²⁵"내가 너희와 함께 있는 동안에, 나는 이 말을 너희에게 말하였다. ²⁶그러나 보혜사, 곧 아버지께서 내 이름으로 보내실 성령께서, 너희에게 모든 것을 가르쳐 주실 것이며, 또 내가 너희에게 말한 모든 것을 생각나게 하실 것이다. ²⁷나는 평화를 너희에게 남겨 준다. 나는 내 평화를 너희에게 준다. 내가 너희에게 주는 평화는 세상이 주는 것과 같지 않다. 너희는 마음에 근심하지 말고, 두려워하지도 말아라. ²⁸너희는 내가 갔다가 너희에게로 다시 온다고 한 내 말을 들었다. 너희가 나를 사랑한다면, 내가 아버지께로 가는 것을 기뻐했을 것이다. 내 아버지는 나보다 크신 분이기 때문이다. ²⁹지금 나는 그 일이 일어나기 전에 미리 너희에게 말하였다. 이것은 그 일이 일어날 때에 너희로 하여금 믿게 하려는 것이다."

## 신학

오늘의 본문은 하나님과 우리의 관계에 관한 잘못된 선입관을 버리게 한다. 예수는 역사성의 범주 안에 갇히기를 거부하신다. 예수는 언어를 초월하여 진행되는 하나님과의 만남에 관한 강력한 경험에 대해 증언하신다. 이 만남은 아직 완성된 것은 아니다. 그러나 예수는 신-인 간의 완전한 소통을 약속하신다. 이 내용을 생각하면서 세 가지 도전에 대해 살펴보려고 한다.

첫째 도전은 예수가 성령, 즉 보혜사를 보내겠다는 약속과 관계된다. 요한복음의 예수는 제자들이 감당할 수 없는 일들을 예견하고, 또한 그들이 결국은 감당할 수 있게 될 것을 기대한다. 예수는 당신이 이제 곧 떠날 것이라고 예고하고, 감추어진 모든 것을 밝히 말해줄 선생님을 그들에게 보내줄 것이라는 소식을 전한다. 그들은 기억하고 믿게 될 것이라고 말한다. 그러나 그들의 변형된 기억(transformed remembrance)은 그들 자신에 의해서가 아니라 모든 것을 가르쳐 줄 보혜사에 의해서 주어질 것이다.

성령이 예수에 관한 새로운 지식을 전해 주는가 아니면 이미 알던 것을 명확하게 설명해 주는가? 하나님의 계시는 십자가와 부활의 예수 그리스도를 통해 완결되었는가 아니면 오늘날 더 추가적으로 드러나야 할 것이 있는가? '추가적'인 부분이 역사적 예수와 어떤 연관이 있는가?

둘째 도전은 오래된 것이다. 예수는 성령이 오실 것이라는 소식과 함께 당신이 아버지께로 간다는 말씀을 했는데, 이 말씀은 삼위일체 교리의 역사적 토대가 된다. 예수 당신과 아버지가 성령을 통하여 신자들의 공동체 안에 내재한다는 선언은 삼위일체 교리로 발전할 수 있는 단초가 되는 것 같다. 그러나 삼위일체 교리의 확립에 방해가 되는 요소도 그 안에 포함되어 있다.

초기 해석자들은 하나님이 아버지이고, 자신보다 크신 분이라는 예수의 말씀과 삼위일체 교리에서 삼위가 동등하다고 하는 주장을 어떻게 조화시켜야 할지 많은 고민을 했다. 4세기 대바실리우스(Basilius the Great)는 아버지가 더 위대하다는 표현은 동일한 본체를 가진 두 존재 간에만 적용되는 것으로 봐야 한다고 주장했다. 그는 아들인, 예수가 아버지와 다른 본질을 갖고 있다는 생각을 경계했다.[*] 후에 다마스쿠스의 요한(John of Damascus)은 더 나아가, 아버지는 아들의 원인 혹은 기원일 뿐 꼭 시간적으로 선행하거나, 더 우월한 본질을 소유하는 것은 아님을 강조했다. 그는 '더 큰'(greater)이라는 표현은 단순히 아들이 아버지에게서 나왔지, 그 반대가 아니라는 것을 말할 뿐이라고 주장한다.[**]

이런 오랜 논란은 그리스도의 인성과 신성에 관한 논쟁의 깊이와 폭을

---

[*] Basil the Great, "On the Holy Spirit," quoted in Joel C. Elowsky, ed., *Ancient Christian Commentary on Scripture* IVb: *John 11-21* (Downers Grove, IL: InterVarsity Press, 2007), 156.

[**] Ibid., 145-146.

알려 준다. 이 본문으로부터 하나님에 관한 여러 다른 이해가 도출되거나 반박될 수 있다. '더 큰'이라는 간단한 단어 하나를 통해 요한은 탄탄한 기독교 교리의 구축물에 틈을 만들고 있는 셈이다(8). 다행인지 불행인지, 본문에서는 예수가 "'더 큰'이 무슨 뜻인가?"에 대한 답변은 하지 않고 있다.

셋째 도전은 다른 유다의 질문(본문 직전인 22절, "주님, 주님께서 우리에게는 자신을 드러내시고, 세상에는 드러내려고 하지 않으시는 것은 무슨 까닭입니까?")과 관련이 있다. 유다처럼 우리도 이 셈이 궁금하다. 이번 주일의 본문은 사실 이 질문과 밀접한 연관이 있다. 유다는 예수가 세상에 당신을 드러내시지 않기로 선택하신 것으로 오해한다. 예수의 대답은 "(누구든지) 나를 사랑하지 않는 사람은 내 말을 지키지 아니한다"(24)이다. 이 대답은 많은 질문을 유발한다. 인간의 하나님 사랑은 선택할 수 있는 것인가? 왜 어떤 이들은 하나님을 사랑하고, 어떤 이들은 증오하고, 어떤 이들은 하나님의 존재를 깨닫지 못하는가? 하나님이 그렇게 만든 것인가?

심한 핍박을 받던 초대교회 교인들에게 이 질문은 신학적인 차원에 머무는 질문이 아니었다. 왜 반기독교적 회유자들, 심지어 가족들은 신앙을 이해하지도 받아들이지도 못하는 것일까? 이 딜레마는 날선 검과 같은 예리한 부분이 있다.

왜 어떤 사람들은 보고, 믿는 데 반해 다른 사람들은 보지 못하고 분노하는지에 대해 시공을 초월하여 수많은 신자가 물어왔다. 현대주의적 풍토에서 이 질문은 지적인 차원의 문제가 된다. 회의주의자들은 모든 종교적 주장은 공적인 방식으로 검증될 수 없으므로 공허한 것이라고 단언한다. 의혹은 여러 방식으로 제기되었다. 신자들에게만 통하는 종교적 언어가 의미가 있는가? 사적인 진리를 진리라고 할 수 있나? 이런 종류의 세속적 공격이 현대 신학의 지형에서 중요하게 대두되었다.

오늘의 상황을 정직하게 관찰해 볼 때, 우리는 다른 유다처럼 '숨어계시는 하나님'과 믿음에 기인한 갈등과 분열의 상황에 대해 질문을 할 수밖에 없다. 어떤 의미에서 예수는 긴장을 더 조장하는 것 같다. 그러나 예수는 지적인 토대와는 다른 출발점을 제시하신다. 그는 믿는 자들은 '나의 말을 지킴으로' 사랑에 근거한 새로운 삶을 시작해야 한다고 주장한다. 그리고 그런 삶은 예수뿐 아니고 그를 보낸 분의 도우심으로 가능하다고 한다.

믿지 않는 사람들에게 믿음에 대해 어떻게 설득력 있게 '말할' 것인가 하는 고민인 체화된 믿음을 '실천'하는 일로부터 우리의 주의를 빼앗아 가게 해서는 안 된다. 우리가 믿음을 행동으로 표현할 때, 사람들은 신의 임재를 직접 체험하게 된다고 예수는 확언한다. 우리는 그리스도의 길을 가는 것으로부터 시작해야 한다. 우리는 다른 이들을 그 실천적이고 진실한 길로 초대할 수 있다. 하나님에 대해 아는 길은 예수의 말씀대로 사는 것이고, 성령의 도우심으로, 예수와 하나님의 사랑을 생생하게 경험하게 되는 경지로까지 인도될 수 있다.

예수의 물리적 부재의 조건하에서 우리의 매일의 실천이 하나님의 살아계신 현존과 사랑을 실제적인 것으로 만든다. 행동으로 옮겨진 사랑은 은총으로 가득 찬 하나님의 사랑으로 인도하는 길이다. 하나님이 살아계신다는 증거로 우리가 가장 내세울 수 있는 것은 실천된 사랑이다. "왜 어떤 사람은 믿고, 어떤 사람은 믿지 않는가?"라는 질문에 대한 답은 아직 주어지지 않았다. 그러나 그 문제를 풀기 위한 첫 단계는 이론이 아니고 실천이고, 논쟁이 아니고 열정적인 사랑이다.

## 주석

긴 본문의 짧은 부분을 가지고 설교하는 것이 쉬운 일이 아닌데 오늘 성서정과가 그러하다. 오늘 본문은 예수가 제자들에게 한 장문의 '고별담화'(Farewell Discourse, 13:1-17:26)의 일부분이다. 요한복음 14장은 네 부분으로 나눌 수 있다: 1-4절 여는 말, 5-7절 도마의 질문, 8-21절 빌립의 질문, 22-31절 유다의 질문. 오늘 본문은 유다의 "주님, 주께서 우리에게는 자기를 드러내시고, 세상에는 드러내려 하지 않으시는 것은 무슨 까닭입니까?"라는 질문에 대한 대답의 일부분이다. 이 본문을 통해 고별담화가 예수의 제자들을 위한 것이지 호기심 많은 외부자를 위한 것은 아님이 분명해진다. 이것은 특권적인 대화이다.

요한복음은 아마도 에베소에서 기원후 80년대나 90년대 초 가정교회들이 회당에서 추방당하던 시기에 쓰였을 것이다. 적대감이 높았고, 상호 불신이 가득했다(이에 대한 역사적인 반영은 요 9:22; 16:2; 20:19 참조). 갓 출범한 가정교회들은 에베소의 회당과 로마 신전 양쪽으로부터 분명하게 분리된 영역을 지켜야만 했다. 갈등은 차이를 첨예화했고, 또한 그룹들의 자기 정체성을 분명히 해야 했다. 예수의 고별담화는 이러한 역사적 맥락을 반영하고 있고, 이러한 두 가지 과제에 기여한다. 이것이 고별담화가 이런 형식을 취한 이유이기도 하다. 제자들의 질문은 요한 공동체의 구성원들이 품었던 질문을 반영하고 있고, 그래서 제자들에게 대답하는 형식을 취하면서도 요한의 가정교회 구성원들에게도 또한 말하고 있는 것이다.

오늘 성서정과가 약간 수수께끼인 것이 유다의 질문(22)에 대한 예수의 대답(23)으로 시작하는 부분인데도 정작 유다의 질문을 빠뜨리고 있다는 것이다. 이는 중대한 누락인데 왜냐하면 질문은 이어지는 대답(담화)을 규정짓기 때문이다. 질문은 또한 그것이 유도하는 역설적인 대답에도 필요하다. 예수는 전혀 유다의 질문에 답변하는 것처럼 보이지 않는다. 14:22과 14:23-24의 관계는 무엇인가? 이런 종류의 담화는 요한복음에 흔하다. 제자들은 세상적 관점의 차원으로 말하는데, 예수는 영적 차원에서 말한다. 이 두 차원의 교차는 요한복음의 특징이다. 담화에 대해 무엇이라 말하든, 유다가 중요한 질문을 제기한 것은 틀림없는데, 예수는 확대된 대답을 제공하고 있기 때문이다(14:23-31).

분명히 유다는 가정교회와 세상과의 장벽을 세우는 질문을 하고 있다. 왜 당신은 그들에 대항해 우리를 선택하셨습니까? 이러한 특별한 계시를 왜 우리에게만 하는 것입니까? 예수는 질문의 부적절함을 지적하며 교묘하게 그것을 격하시키는 대답을 하고 있다. 우리와 저들을 나누는 것보다 더 중요한 것이 있다. 제자들의 기본 과제에 유의해 보라. 그들은 누구인가? 본문의 어휘들은 제자들의 사명을 가리키는 요한의 언어로 채워져 있다. 예수는 '내 말을'(단수) 지킨다(23)와 '내 말들을'(복수) 지키지 아니한다(24)고 말한다. 무슨 차이인가? 같은 것을 말하는 두 가지 방식인가?

그것은 예수와 하나님은 제자들이 가진 모든 책임과 그러한 과제를 수행해나가는 데 필요한 것들을 제공한다는 것이다. 이 경우에는 예수와 아버지(하나님)는 제자들과 함께 '산다'(살 집을 만든다). 건축업에서 온 이미지이다. 집을 만든다는 것은 집 짓는 기술이나 형식으로 번역할 수 있다. 물론 이 집이 공사 중인 건물을 말하는 것은 아니다. 요한 공동체에는 회당이 더 이상 집으로서 기능하지 않았기에, 그들에게는 바로 집이 필요한 상황이 전개되고 있었던 것이다. 제자들이 예수의 말/말들을 지키기에, 예수와 아버지도 그들을 위해 집을 짓는데, 그 말/말들을 공부하고 굳게 잡을 수 있는 그러한 집을 제공할 것이다.

한 가지 더 23-24절에 대해 언급할 것은 이것은 요한의 종말론의 예라는 것이다. "내 아버지와 나는 그 사람에게로 가서 그 사람과 함께 살 것이다"라고 말할 때 요한은 파루시아(Parousia)나 죽은 자들의 부활을 말하는 것이 아니라, 제자들의 삶 가운데 아버지와 아들의 영적인 내재(Indwelling)를 말하는 것이다. 이것은 요한이 자신의 독특한 안경으로 사물을 보는 또 다른 예이다.

어쨌든 이것은 고별담화인데, 요한 공동체에 그러한 담화의 위험성은 공허감과 약간의 버려짐의 감정을 남긴다는 것이다. 부재가 그들이 기대할 수 있는 모든 것인가? 대답은 물론 '아니다'이다. 예수의 떠남은 공동체에 새로운 현존을 가져온다. 주변부의 사람들이 모두 로마의 법에 의해 다스려질 수밖에 없는 세상에서, 공동체에 다른 옹호자가 나타났다. 보혜사(Paraclete)의 우선적 역할은 가르치는 것이지 변호하는 것이 아니다(시 25:5, 9 참조). 그렇다면 보혜사의 역할은 공동체의 기억은행들을 활성화시켜서, 예수의 가르침을 기억하도록 하는 것이다. 성령께서 "내가 너희에게 말한 모든 것을 생각나게 하실 것이다"(26)라고 했다. 그래서 공동체가 예수의 모든 말씀을 지키도록 도울 것이다.

사실상, 공동체에는 아버지와 예수 성령께서 관계하시는 연속성(continuum)이 있다. 예수가 떠나면, 사실상 예수는 떠날 것인데, 그러면 성령께서 오신다. 예수께서 아버지와 다시 하나가 되면, 공동체는 성령과 하나가 될 것이다. 이것은 특별한 고별담화이다. 그것은 근심하는 마음에 '평화'를 준다(근심한다는 것은 두려움과 불안을 의미하고 아마도 겁을 먹게 될 것이, 다). 믿음은 겁 많은 사람을 위한 것은 아니다. 동사 aphiemi(평화를 너희에게 남겨준다, 27)는 유산으로 남긴다는 뜻이다. 비록 이 세상의 지배자가 막우해 "노자라고 있지만," 이 '고별담화'는 제자들이 '견고하게' "선나만" 그들이 '받기로 약속된 자원들과 재물에 대해 증언하고 있다. 보혜사가 그들에게 미리 모든 것을 말해 줄 것이기 때문에 놀랄 것이 전혀 없다. 이 세상의 통치자들이 그러한 영적 자원들에 대항할 수 있는 가망은 없다.

## 목회

요한의 고별담화를 목회적 관점에서 보면, 설교를 듣는 사람들의 삶에서 이별과 죽음이라는 현실을 생각하게 하는 것이다. 설교를 듣는 사람들은 대부분 그들의 부모가 처음으로 그들을 혼자 남겨두었을 때를 기억하지는 못하지만, 거의 모두가 혼자 남겨졌던 기억을 가지고 있다. 보모와 함께, 학교 가는 첫날에, 관계가 끝났을 때, 사랑하는 사람의 죽음으로. 예수가 그의 제자들을 떠나기로 했을 때와 같은 경험은 교인들 대부분의 의식 안에 있을 것이다. 부활절 예배가 진행되는 동안에도, 예상되거나 기억에 남는 슬픔이 그림자를 드리울 것이다.

설교자는 본문 자체 안에 있는 슬픔을 해소하기 위한 자료들에 대해 언급할 수 있다. 보혜사는 예수의 제자들에게 예수와 그의 가르침을 기억나게 하려고 오실 것이다(26). 예수는 제자들에게 그들이 두려워하거나 걱정할 필요가 없고(27), 그가 떠나가는 것을 기뻐하는 것이 맞다는 것을(28) 상기시킨다. 그렇지만, 추가 설명이 필요하다. 이 말씀이, 우리가 상실감에 직면했을 때, 기분이 나아질 수 있는 대체품이나 다른 보상을 찾을 수 있다고 믿는다는 얘기처럼 들릴 위험이 있다. 또는 '그렇게 해야 한다'는 말로 가득 찬 상투적인 경건을 입에 담을 수도 있다. "너는 너의 상실에 대해 행복해야만 해. 왜냐하면 너를 떠나간 사람은 떠나는 게 훨씬 좋으니까." 여기서 예수가 말씀하신 맥락은 성령의 임재에 관하여 앞서서 하신 약속 (17, 23)과 제자들이 고아처럼 버려지지 않을 것이라는 약속을 포함하는 고별담화 전체다.

예수의 떠남은 슬픔과 상실을 수반할 수 있지만, 이 말씀은 그가 계속 함께 있으며, 그래서 지금 이 시간은 슬퍼할 만한 다른 시간과 구별해야 한다고 말한다. 성공회의 1979년 공동기도서는 장례 의식에 대한 설명에서 부활절의 기쁨에 대하여 언급하고서, 계속해서 이렇게 말한다. "그렇지만 이 기쁨은 인간의 슬픔을 비기독교적인 것이 되게 하지는 않는다. 우리가 그리스도 안에서 서로를 사랑하는 바로 그 사랑은 우리가 죽음으로 인해 갈라졌을 때 깊은 슬픔을 가져온다. 예수가 그의 친구가 죽었을 때 울었던 것처럼."[*]

많은 교인이 슬퍼하는 사람에게 무슨 말을 해야 할지, 또 무슨 말을 하지 말아야 할지를 걱정하고 있는데, 이 성구는 그런 염려에 대해 말해 줄 목회적 기회를 제공할 수 있다.

근심, 두려움 그리고 불안해하는 생각에 대해 예수는 마음을 많이 쓰셨다(27b). 이러한 두려움에 대한 해독제는 예수가 주신 평화이지, 세상이 주는 평화가 아니다(27a). 많은 사람이 세상이 말하는 평화를 갈망하는데, 그것은 심리적인 긴장이든, 전쟁이든, 갈등의 중단, 즉 고요한 느낌 혹은 영혼의 평온과 같은 것들이다. 예수가 약속한 평화는 이런 것들을 포함하지만, 예수가 준 평화는 하나님이 계속해서 함께 계신다는 바로 그것이다. 하나님이 계실 때, 평화는 확실해진다. 예배에 평화의 인사를 포함시키는 공동체는 종종 그것을 고백과 사함의 기도 바로 다음에 위치시킨다. 그들이 그렇게 할 때, 죄가 용서받은 곳에 새로운 (종말론적) 평화의 공동체가 실현된다는 진리를 재현한다. 평화라는 선물은 정의 혹은 정의로운 관계를

---

[*] *The Book of Common Prayer* (New York: Seabury Press, 1979), 507.

만드는 모든 것, 즉 사랑, 용서, 화해 그리고 감사와 묶여 있다.

염려로부터의 자유는 하나님의 은혜와 사랑을 전적으로 신뢰하는 것과 직결된다. 그것은 사랑이 우리를 사랑으로 창조했다는 것을 기억하게 한다. 머레이 보웬(Murray Bowen)에 의해 전개되고 에드윈 프리드만(Edwin Friedman)의 저서*를 통해 신앙공동체에 소개된 '가족 시스템'(family systems)이라는 용어는 최근에 교회의 여러 분야에서 통용되고 있다. 프리드만은 스스로를 객관화함으로써 어떻게 걱정하지 않는 존재가 될 수 있는지에 대해 말한다. 우리가 누구이며 인생에서 어디에 서 있는지가 분명해지면, 우리는 다양한 상황에서 더욱 걱정하지 않을 수 있게 될 것이다.

대부분의 가정은 큰 고모가 술을 너무 많이 마시지는 않을지, 삼촌이 허튼 소리를 하지 않을지 걱정되는 가족 모임에 참석하는 기분이 어떤지 알고 있다. 마찬가지로, 대부분의 가정은 아버지가 직장에서 집에 오거나 어머니가 집에 들어와서 집안일을 하게 되면 모두가 안정을 찾게 된다는 것도 알고 있다. 염려하지 않게 되는 능력은 다른 사람도 안정을 찾도록 돕는다. 이것은 하나님의 임재 안에서 일어나는 일이나 혹은 세상이 주는 것과는 다른 평화의 시간 안에서 일어나는 일과 다를 바가 없다. 우리는 이것이 부활하신 예수의 사역에서 실제로 이루어진 것을 본다. 예수께서 부활하신 후, 제자들이 두려워서 한곳에 모여 문을 잠그고 있었을 때 일어난 일을 생각해 보자. "예수께서 와서, 그들 가운데로 들어서셔서 '너희에게 평화가 있기를!' 하고 인사말을 하셨다"(20:19). 예수는 염려하지 않는 하나님의 임재이셨고, 지금도 그렇다.

하나님의 은혜와 사랑을 전적으로 신뢰함으로 염려하지 않는 예수의 능력은 그가 '이 세상의 통치자'(30)를 언급할 때 나타난다. 예수가 당대의 종교 당국과 충돌한 것은 요한복음의 도입부에서, 성전을 정화하시는 이야기에 소개되었다(2:13-22). 지금까지 이 이야기를 따라온 사람이라면 해피

---

\* See Edwin H. Friedman, *Generation to Generation* (New York: Guilford Press, 1985); *A Failure of Nerve: Leadership in the Age of the Quick Fix* (New York: Seabury Books, 2007).

엔딩은 없을 거라고 예상할 수밖에 없다. 예수조차도 자신이 죽을 것이라는 사실을 알고 있었다.

요한은 겟세마네 동산에서 예수가 고뇌한 것을 보여주지 않는다(마 26:30-56; 막 14:26-42; 눅 22:39-46). 그 대신 요한은 하나님과 함께 있고, 그래서 이 세상의 통치자가 그에게 힘을 행사하지 못할 것이라는 확신을 가진 예수를 보여준다. 예수가 "일어나거라. 우리 길로 출발하자"(31)고 말할 때, 예수는 그의 죽음으로 인도하는 길, 십자가의 길을 말하고 있었고, 죽음이 그의 인생에서 최악의 운명이 아니라고 확신했다. 최악의 운명은 성실하지 않게 행동하여 그의 믿음을 그의 생명의 근원과 함께 깨뜨리는 것이다.

## 설교

부활절 기간에 계속해서 설교를 힘차고 생동감 있게 하는 일은 어렵다. 부활주일에 가득 채워졌던 예배 공간이 점차 '보기에 편안하게 차 있거나' 또는 '실망스럽게 비어있기' 시작하게 되면, 설교자는 교인들이 '일상적인 일'로 경험하던 것을 마주하게 된다. 이런 상황에서 본문이 좋은 소식과 나쁜 소식을 전해 준다. 나쁜 소식은 예수께서 떠난다는 것이고(28) 좋은 소식은 성령께서 예수의 빈자리를 채우기 위해 오실 것(26)이라는 것이다. 부활을 이제 막 축하한 교인들은 예수의 죽음을 가리키는 오늘의 본문을 예상하지 못했을 수도 있다.

오늘의 복음서 본문은 삼위일체라는 주제를 설교하기에 적합해 보인다: 성부 하나님은 누구신가(23, 26, 28), 성자 하나님은 누구신가(23, 24, 26), 또 성령 하나님은 누구신가?(26)

**성부 하나님.** 이 이름이 지니고 있는 권위는 그 남성성에 있는 것은 아니다. 누군가는 하나님을 남성으로 상상하도록 유혹을 받지만, 그렇게 하는 것은 우리 주님이 '아버지'(the Father)라는 용어를 어떻게 사용했는가를 놓치게 된다. '아버지'라는 단어는 사랑(23), 공급(23, 26) 그리고 환영(28) 등의 특징을 지닌 신성 간의 관계를 묘사하기 위해 사용된 것이다. 예수께서 '아버지'라는 용어를 사용한 것은 성(gender)에 관한 것이 아니고 관계(relationship)에 관한 것이다.

예수의 이 말씀들은 한 질문(22)에 대한 답변이다. 주님께서 질문에 대해 열려있는 것은 얼마나 안심이 되는 일인가? 교회는 이런 질문을 할 수 있고 또 이 질문에 대한 대답도 할 수 있는 공동체이다. 예수께서는 이 질문에 세상과 하나님께서 보내신 말씀을 지키려는 사람들을 대조시켜 답한다(24). 사랑은 신실함을 소통하게 만든다. 사랑의 부재는 그 사랑을 가져오는 관계의 부재를 뜻한다. 사랑이 있는 그곳에 예수와 아버지가 함께 거하신다(23).

**성자 하나님.** 예수께서는 그 자신과 아버지가 하나임을 분명히 하고 있는데, 그것은 마치 그들이 같은 악보를 보고 노래를 부르고 있는 것과 같다(23-24). 예수께서는 그가 제자들에게 가르친 기도대로 살았다: "그 뜻을 하늘에서 이루심 같이, 땅에서도 이루어 주십시오"(마 6:10). 예수를 보내신 분이 주신 사랑의 명령은 예수께서 삶으로 가르친 바로 그것이다. 만일 하나님의 충만함을 만나고 경험하기를 원한다면, 우리는 예수를 만나고 경험하게 될 것이다. 그리스도인들이 십자가 표시를 할 때 그것은 완전한 하나님, 즉 성부, 성자, 성령 하나님의 이름으로 그렇게 하는 것이다. 십자가에서 오는 사랑은 하나님으로부터 오는 사랑이다. 이 구절들은 요한복음 17:21-22에 나타난 예수의 기도를 예상하게 한다: "아버지, 아버지께서 내 안에 계시고, 내가 아버지 안에 있는 것과 같이, 그들도 하나가 되어서 우리 안에 있게 하여 주십시오. 그래서 아버지께서 나를 보내셨다는 것을, 세상이 믿게 하여 주십시오. 나는 아버지께서 내게 주신 영광을 그들에게 주었습니다. 그것은, 우리가 하나인 것과 같이, 그들도 하나가 되게 하려는 것입니다." 제자들(그리고 우리들)을 초대하는 것은 하나님과 하나이고 또 사랑으로 충만한 공동체에 참여하게 하는 것이다.

이때 28절이 튀어나와 설교자의 팔을 잡고 "방향을 잃지 마세요!"라고 말한다. 사실 "아버지는 나보다 크신 분이다"라는 예수의 진술을 무시하려는 유혹이 있다. 이 말은 예수께서 아버지보다 작다는 것을 의미하는가? 오랫동안 성서학자들은 이 본문에 대해 수많은 (그리고 다양한) 연구를 해 왔다. 설교에서 이 구절을 가지고 너무 오래 있게 되면 아마 재미있는(혹은 재미없는) 신학 강의처럼 될 것이다. 그렇지만 예수의 진술은 설교자에게 완전한 인간이고 완전한 하나님이신 우리 주님의 인성(humanity)에 대해 설교할 수 있게 한다. 주님은 우리와 인성을 공유하였고, 그의 임박한 죽음을 가리키기 시작한 이 구절들은 그 인성을 생각나게 하는 것이다. 28절은 우리들의 인생 여정과 예수의 삶(그리고 죽음)을 연결하는 지점이다: "내가 갔다가 너희에게로 다시 온다."

빌립보서 2:5-8의 '하나님과 동등함을 당연하게 생각하지 않으신' 그리스도 예수는 그리스도가 가진 동일한 마음을 우리도 갖도록 초대하신다. 그것은 온전히 하나님을 사랑하는 마음이고 또 온전히 이웃을 사랑하는 마음이다.

**성령 하나님.** 여기에서 성령은 가르쳐주고 생각나게 하는 분(26)으로 서술되고 있다. 우리가 좋아하는 교사들이 가진 특징은 무엇인가? 대부분 우리가 좋게 기억하는 교사들은 돌보아 주는 관계를 맺은 사람들 그리고 우리 안에 있는 가장 좋은 면을 기대했던(보았던) 사람들이다. 성령은 우리의 변호자, 돕는 자, 동반자 그리고 위로자이다. 이 모든 용어는 우리 안에 있는 가장 좋은 것을 기대하는(보는) 사람으로 들린다.

성령은 우리에게 예수가 누구인가를 기억나게 한다(26). 예수는 세상이 삭개오를 오직 교활한 세금 징수원으로만 바라보고 있을 때, 그에게 구원이 열려있음을 본다. 예수께서는 세상이 베드로에게서 약한 믿음을 지닌 사람이라고만 바라볼 때, 그가 교회의 기초를 놓을 것을 본다. 예수께서는 세상이 한 여인에게 오로지 간음한 여인이라고만 바라볼 때, 그녀에게서 순결한 삶을 다시 찾을 것을 본다. 예수께서 나를 볼 때 그는 나에게서 무엇을 볼 것인가?

성령은 예수의 행동을 현재시제로 바꾼다. '말씀이 육신이 되게 하여'(24, 또 1:14) 예수를 세상에 보내신 동일한 분이, 그 예수를 기억나게(새롭게) 하는 성령을 보내신다(26). 삼위일체의 세 위격이 같은 천 조각에서 잘려 나간 것처럼 보이는 것은 당연한 일이다!

**또 다른 접근.** 이 복음서의 가르침은 '설교하기에 좋은 구절들'로 가득 차 있다. 예수께서는 죽으러 가는 길이라고 이미 선포하였다(요 13:36). 이 선포를 둘러싸고 있는 것은 주님의 가르침을 요약한 것이다: 너희가 나를 사랑하면, 내가 말한 것을 지킬 것이다(14:23), 나는 세상이 줄 수 없는 (또는 빼앗을 수 없는) 평화를 너희에게 준다(27), 너희는 새로운 미래를 두려워할 필요가 없다(27). 이 주제들 가운데 아무거나 강단에서 하루 종일 사용할 수 있다.

# 부활절 일곱째 주일

요한복음 17:20-26

²⁰"나는 이 사람들을 위해서만 비는 것이 아니고, 이 사람들의 말을 듣고 나를 믿는 사람들을 위해서도 빕니다. ²¹아버지, 아버지께서 내 안에 계시고, 내가 아버지 안에 있는 것과 같이, 그들도 하나가 되어서 우리 안에 있게 하여 주십시오. 그래서 아버지께서 나를 보내셨다는 것을, 세상이 믿게 하여 주십시오. ²²나는 아버지께서 내게 주신 영광을 그들에게 주었습니다. 그것은, 우리가 하나인 것과 같이, 그들도 하나가 되게 하려는 것입니다. ²³내가 그들 안에 있고, 아버지께서 내 안에 계신 것은, 그들이 완전히 하나가 되게 하려는 것입니다. 그것은 또, 아버지께서 나를 보내셨다는 것과, 아버지께서 나를 사랑하신 것과 같이 그들도 사랑하셨다는 것을, 세상이 알게 하려는 것입니다. ²⁴아버지, 아버지께서 내게 주신 사람들도, 내가 있는 곳에 나와 함께 있게 하여 주시고, 창세 전부터 아버지께서 나를 사랑하셔서 내게 주신 내 영광을, 그들도 보게 하여 주시기를 빕니다. ²⁵의로우신 아버지, 세상은 아버지를 알지 못하였으나, 나는 아버지를 알았으며, 이 사람들도 아버지께서 나를 보내신 것을 알고 있습니다. ²⁶나는 이미 그들에게 아버지의 이름을 알렸으며, 앞으로도 알리겠습니다. 그것은, 아버지께서 나를 사랑하신 그 사랑이 그들 안에 있게 하고, 나도 그들 안에 있게 하려는 것입니다."

## 신학

예수와 직접적인 관계를 맺지도 않았고 그분의 신적인 은총을 경험해 보지도 못한 사람들에게 어떻게 복음의 메시지를 전할 수 있을까? 종교적 경험의 다양성에도 불구하고 우리가 진정 하나가 될 수 있을까?

제자들을 위한 예수의 고별 기도 마지막 부분에서 예수는 그들 이외의 수많은 다른 사람이 예수의 제자가 될 것임을 예견하고 있었다. 따라서, 이 기도는 예수 생애의 제자들뿐 아니라 예수를 따르려는 사람들, 즉 우리 모두를 위한 기도이다. 예수의 말씀은 심각한 딜레마를 예견한다. 예수를 직접 만났던 제자들이 아닌, 후대의 그리스도인들도 그 제자들이 체험했던 것과 같은 방식으로 하나님 그리고 그리스도와의 일치를 경험할 수 있을 까?(20-21) 예수는 세대를 초월하여 믿는 자 가운데 완전한 영적 체험과 교제가 있게 되기를 원했다.

22-23절은 그리스도의 영광이 최초의 제자들뿐 아니라 후세의 제자들에게도 똑같이 주어질 것이라고 말한다. 이것은 일치를 위한 일치가 아니라, 온 세상을 위한 증거로서의 일치다. "나는 아버지께서 내게 주신 영광을 그들에게 주었습니다. 그것은, 우리가 하나인 것과 같이, 그들도 하나가 되게 하려는 것입니다. 내가 그들 안에 있고, 아버지께서 내 안에 계신 것은, 그들이 완전히 하나가 되게 하려는 것입니다. 그것은 또, 아버지께서 나를 보내셨다는 것과, 아버지께서 나를 사랑하신 것과 같이 그들도 사랑하셨다는 것을, 세상이 알게 하려는 것입니다."

예수의 기도는 일치 자체를 위한 것이 아니고, 하나님의 사랑과 하나님으로부터 보냄받은 그리스도의 진정성에 대한 증언을 위한 것이다. 이런 기도는 예수 이후 1세기의 교회뿐 아니라 분열되고 파편화된 21세기의 기독교에도 절실하게 필요한 것이다.

이런 기도는 기독교의 생생한 역사 속에서 늘 중요하게 여겨졌다. 4세기 후반 콘스탄티노플 주교 크리소스토무스(Chrysostomus)는 예수의 기도를 다음과 같이 풀어서 설명했다. 제자들이 예수에게서 배운 평화를 그들 스스로 지킬 수 있다면, 주위 사람들이 제자들을 통해 그들의 스승에 대해 알게 될 것이다. 그 반대로 그들 안에 다툼이 있다면 그들이 평화의 하나님의 제자라는 것을 부정하는 것이 되고, 예수가 하나님으로부터 보냄을 받았다는 것도 부정하게 된다.* 이것은 교회의 분열을 많이 봐 왔던 주교로서는 자신의 경험에서 나온 쌉쌀한 충고였을 것이다.

하나님과의 일치와 제자들 간의 일치에 관한 기도는 역설적으로 오래 전부터 수많은 분열의 원인이었다. 오랜 논쟁의 핵심에는 하나님과의 연합

* John Chrysostom, in Joel C. Elowsky, ed., *Ancient Christian Commentary on Scripture IVb: John 11-21* (Downers Grove, IL: InterVarsity Press, 2007), 257.

과 사람들 간의 연합이 인간의 노력으로 가능한 것인가, 아니면 하나님의 은총으로만 가능한 것인가, 아니면 둘 다 필요한 것인가에 대한 견해 차이가 있었다. 이 논쟁은 때로는 그리스도의 본성이 완전한 신성에 가까운지, 완전한 인성에 가까운지에 관한 논쟁으로 불거져 유혈사태로 발전하기도 했다.

그러나 서로 다르고 때로는 극명하게 대립하는 신학적 관점에도 불구하고 그리스도를 따르는 자들 간의 깊은 일치에 대한 열망은 꺼지지 않았다. 3세기 초 알렉산드리아의 오리게네스(Origenes)는 그리스 철학과 기독교 신앙을 동원하여, 교회의 일치는 미래 인류의 일치를 예고하는 것이라고 주장했다. 즉, 제자들 간의 일치는 모든 인류의 일치가 궁극적으로 성취되는 모형의 역할을 한다는 것이다.*

그리스도인들이 서로 하나가 될 때, 세상 사람들은 그 일치를 통해 평화의 주 예수를 보게 될 것이다. 예수를 따르는 사람들이 보여주는 일치는 앞으로 올 더 나은 세상, 치유된 인류의 모형으로 작동할 수도 있다. 우리가 하나님과 하나가 되고, 이웃과 하나가 되는 순간을 통하여 우리는 모든 인류의 화해와 일치에 대한 희망을 갖게 된다. 현대 에큐메니칼 운동은 한편으로는 교회 일치의 비전을 다른 한 편으로는 인류를 위한 화해, 정의, 평화의 비전을 추구해 왔다. 이 둘은 다 예수가 보여주었던 기도의 정신과 일맥상통한다. 우리가 그리스도인들의 일치와 더욱 정의롭고 평화로운 세계를 위해 열심을 내면서도, 예수가 강조하는 일치는 큰 값을 치러야 가능하다는 것을 잊지 말아야 한다. 이 짧은 단락에 나오는 '영광'과 '사랑'이라는 두 단어에 특별히 주목해야 한다.

본문에서 예수는 당신의 영광을 제자들과 같이 나누겠다고 한다. 그러나 우리는 요한복음 전체 맥락에서 이 기도가 유다의 배신 직전에 나온다는 점을 통하여 예수의 영광은 고난 및 십자가와 밀접한 관계가 있음을 알 수 있다. 예수가 제자들에게 요구하는 일치는 제자들이 져야 할 십자가도 포함할 수 있다. 예수와 하나 됨은 역사적으로 볼 때 사랑과 공의를 추구하

---

* Origen, 256.

다가 불의한 권력에 의해 핍박받는 것을 의미했다. 그리스도의 영광은 이 세상의 영광과는 다르다. 우리의 전통적인 영광에 대한 기대는 십자가 위에서 산산이 해체된다.

다음으로 중요한 단어는 사랑이다. 예수는 교리적인 일치나 기구적인 연합, 정치적인 단결을 주창하신 것이 아니다. 제자들을 위한 예수의 기도는 종종 일치 자체를 신성시하거나 심지어는 인위적인 일치를 강제하는 폭력을 정당화하기 위해 사용되어 왔다. 그러나 예수가 말하는 일치는 하나님의 사랑에서 자라 나온 일치다. 이 일치는 하나님을 믿는 자들에 의해 받아들여지고 공유되며, 예수, 제자 그리고 하나님 사이의 사랑의 일치를 경험하도록 인도된다. 연합이 이루어지면 신성이냐 인성이냐, 하나님의 은총으로냐 인간의 의지로냐는 온갖 논쟁은 사라지고 십자가와 "하나님이 세상을 이처럼 사랑하사…"라는 말씀만 드러날 것이다.

만일 우리가 그런 사랑을 마음에 새긴다면 우리 가운데 있는 분열과 적대감은 녹아버릴까? 사랑을 위해서 우리는 더 값진 영광을 기꺼이 받아들일까? 이것이 우리를 위한 예수의 기도에 깔려 있는 희망이다.

## 주석

오늘 본문은 요한복음 고별담화(13:1-17:26)의 정점이다. 학자들이 요한복음 14장이 수사학적인 부분으로 독자적으로 설 수 있다고 제안한 것처럼, 학자들은 요한복음 17장이 독자적으로 설 수 있고 통일된 담론일 수 있다고 믿는다. 담화는 두 부분으로 나누어진다: 1) 13:1-16:33: 말씀/교회에 한 말씀, 2) 17:1-26: 말씀/천국에 대한 말씀.

둘째 부분을 더 세분하면 17:1-19: 제자들에게 하신 말씀, 17:20-26: 장래 세대에 한 말씀이다. 전체적으로 오늘 본문은 고별담화의 적절한 결론이다. 본문은 과거를 요약해서 볼 뿐만 아니라 회당에서 추방당한 가정교회로서의 요한 공동체의 미래를 내다본다.

담화는 현재의 갈등을 세상(kosmos)과 공동체에 준 말씀(logos)과의 대립으로 묘사한다. 요한복음의 어법으로 '세상'은 지리적 용어일 뿐만 아니라, 아들을 통해 하시는 아버지의 일에 대항하기 위하여 모인 영적이고 역사적인 모든 힘을 묘사하는 신학적 용어로써도 사용된다. 세상은, 로마제국의 세상이든, 신전으로 가득한 에베소 같은 도시의 세상이든, 회당의 세상이든, 아버지의 일에 적대적으로 대항한다. 이것이 예수가 "의로우신 아버지, 세상은 아버지를 알지 못하였으나, 나는 아버지를 알았으며"(17:25)라고 말한 이유이다. 이것은 또한 가정교회 공동체가 반드시 맞아야 할 핵심적 갈등이다.

세상에 포위된 상황에서 공동체가 좀 더 응집되거나 분열될 것이다. 이것이 예수가 공동체의 하나 됨에 그렇게 관심한 이유이다. 오늘 본문에서 전체적으로 예수는 헬라어의 '안'(en)과 '하나'(hen)라는 용어로 단어 놀이를 하고 있다. 하나 됨은 21절과 같이 아버지와 아들의 상호 내재에서 시작되는데, "아버지, 아버지께서 내 안에 계시고, 내가 아버지 안에 있는 것과 같이, 그들도 하나가 되어서 우리 안에 있게 하여 주십시오"라고 말한다. 여기에서 예수의 말씀을 개인적 신비주의나 영적 형성으로 곡해하기 쉽지만, 예수의 말씀은 공동체에 주신 것이다. 만약에 요한복음에 신비주의적 요소가 있다면, 그것은 공동체 지향의 신비주의이지 개별 신앙인의 신비주의가 아니다.

요한은 공동체의 영적 형성에 관심을 가지고 있는데, 왜냐하면 요한 공동체의 특징은 공동체 자체의 본질에 뿌리를 두기 때문이다. 아버지와 예수의 내재는 공동체에 필요한, 하나 됨의 모델인데 "우리가 하나인 것과 같이 그들도 하나가 되게 하려는 것입니다"(22)라고 말한다. 공동체의 결속은 신적 연원을 가지고 있는데, "그래서 아버지께서 나를 보내셨다는 것을 세상이 믿게 하여 주십시오"(21)라고 했다. 만약에 공동체가 분열된다면 그러한 혼란으로 공동체의 세상에 대한 사명을 약화시킬 것이다.

우리는 일반적으로 사명을 개인이 선교 현장에 가는 것으로 생각하지만, 요한은 공동체 자체가 사명이라고 말하고 있다. 그러므로 공동체의 안

넝에 관심하는 것이 세상을 향한 사명의 부분이고, 하나 됨을 교육해 나가는 것이 갈라진 세상에 주는 증언이 된다. 건강한 공동체의 삶을 양육하는 것은 외부적인 사명의 표현이다. 둘은 서로를 의미한다.

요한복음은 영광의 신학을 말하는 영광의 복음서이다. 그래서 예수가 "나는 아버지께서 주신 영광을 그들에게 주었습니다"(22)라는 말이 사실로 들린다. 자세히 보면 예수의 영광은 가장 생생하게 그리고 강렬하게 십자가 위에서 나타났다. 영광의 신학은 십자가의 신학을 통합하고 있으며, 그 둘은 요한복음에서 나눌 수 없다. 이것이 특별히 중요한 것은 고별담화의 정점이 세상의 장래에 대한 선언을 하고 있기 때문이다. 진실로 요 17:20-26은 제자도와 증언의 축약된 매뉴얼로 볼 수 있다. 영광으로 가득한 승리한 공동체처럼 보이지만, 사실은 그 반대이다. 그것은 말씀으로 영광의 신학(예수의 특이한 영광)과 십자가의 신학(예수의 특별한 영광이 가장 명확하게 나타나는)이 하나 되는 곳이다.

요한복음과 고별담화는 교회 공동체들에 심각한 질문을 제기한다. 우리는 요한이 했던 것처럼 복음을 온전히 선포할 수 있는가? 우리는 이 공동체의 비전과 복음의 풍성함에 충실한가? 그리고 요한이 했던 것처럼 영광의 신학과 십자가의 신학의 균형을 맞추고 있는가?

미래 세대에 대한 관심이 본문이 고별담화일 뿐만 아니라 전환적 담론임을 상기시켜 주고 있는데, 그것은 임박한 변화에 대해 증언하고 있다. 모세의 고별로 여호수아가 출현했고, 엘리야의 사라짐이 엘리사의 출현을 가져왔던 것처럼 예수의 떠남이 성령의 오심으로 이어졌다. 요한이 가장 관심을 가졌던 것은 내재의 경험이 공동체에 가능하도록 해야 한다는 것인데, 왜냐하면 요한 공동체의 하나 됨은 교리가 아닌 예수와 아버지의 하나 됨과 같은 내재의 공동경험에 근거하기 때문이다. 이것이 공동체가 세상에 대해 증언해야 할 내용이다. 그들의 사명은 이 믿음의 경험을 공동체에 살아 있도록 지켜서, 갈라지고 조각난 세상에 제시할 수 있어야 한다.

24절에서 "아버지께서 내게 주신 영광을 그들도 보게 하여 주시기를 빕니다"라고 한 것은 아마도 요한복음 14:1-7이나 십자가의 암시이다. 어느 경우이든, 제자들이 살 곳을 만든 것이 아니라 예수와 아버지가 그들에게로 가서 그들과 함께 살 것이다(14:23). 이것은 담화가 끝나지 않음을 보여주는 것이고, 요한의 독특한 내재를 초월한 종말론이다. 예수께서 말한 '영광 너머의 영광'이 있지만 그 영광은 인자의 영광의 시간을 넘어서야 찾을 수 있다.

담론은 사랑으로 끝난다(26). 아버지의 내재의 목적은 제자들의 사랑에 참여하는 것이다. 이제 그들은 사랑의 경험을 공동체로 가져오는데, 이 사랑은 이 세상을 다시 만드는 데 충분히 강한 힘이다.

## 목회

예수는 앞서 11절에서 언급한 제자들의 하나 됨이라는 주제로 다시 돌아오면서 대제사장의 기도를 마친다. 분열이 요한 공동체를 위협했는지 혹은 그런 분열의 원인이 되는 것이 있었는지는 알 수 없다. 우리는 예수가 현재와 미래(부활절 이후) 사이, 갈릴리에서 그와 함께 있던 제자들과 나중에 그들의 선포를 통해 믿게 된 사람들(20) 사이의 일치와 연속성을 분명하게 하는 데 관심이 있다는 것을 안다. 예수가 아버지와 연결되어 있는 것처럼, 현재와 미래의 제자들은 서로 연결되어 있다. 교회는 이러한 통일성과 연속성을 오순절에 임하신 성령과 관련하여 인식하게 될 것이다.

예수의 선교적 명령 앞에서 그리스도인들 사이의 분열이라는 현실과 불일치라는 스캔들을 다루기 위해 이 기도의 현대적 사용으로 너무 빨리 이동하기 전에, 역사적 경계를 초월하는 일치라는 비전과 좀 더 씨름하는 것이 목회를 위해 도움이 될 수 있을 것이다. 이것들은 설교를 통해 쉽게 설명하기에는 너무 어려운 주제들이다.

요한에 따르면, 창조 안에서 예수의 역사적 실재는 창조주와의 일치와 연속성을 가지고 있으며, 후기 제자들의 선포는 부활절 이전에 예수와 함께 걸어온 사람들의 선포와 연속성을 가지고 있다.

몇 가지 이미지들이 도움이 될 수 있을 것이다. 이것은 살아 있는 자가 죽은 자와 함께 기뻐하고, 교회가 고전적인 신조로 고백하는 것과 같은 일 치이다. 시간과 장소는 창조의 일부이다. 창조주는 창조된 질서를 초월하고, 그러므로 어떤 의미에서, 시간 밖에 있다. 역사 안의 모든 순간은 즉시 혹은 '눈 깜빡할 사이에'(고전 15:51-52) 하나님께 접속할 수 있다. 때때로 우리는 우리가 죽은 후에 알게 될 '하나님이 더 가까이 계심'에 대해 이야 기하면서, 우리가 지금도 때때로 맛보는 처음 열매에 대해 이야기한다. 하 나님이 시간의 밖에 계신다는(그래서 우리의 존재가 존재했던, 존재하고 있는, 아직 존재하지 않는 모든 것과의 연속성 안에 있다는) 인식을 『네 개의 사 중주』(Four Quartets)에서 엘리어트(T. S. Eliot)보다 더 잘 파악한 사람은 거의 없다.* 이런 사상들은 예수의 대제사장의 기도 안에 내재된 것인데, 죽음에 관한, 이전에 죽은 사람들과의 연속성에 관한 그리고 우리 예배에서의 성도의 교제에 관한 성찰이 이런 사상들의 도움을 받았다.

예수가 하나 됨을 위해 한 기도(21)는 예수의 생애에서 볼 수 있는, 자기 를 주는 사랑인 상호적인 사랑(23, 26)에 기초하고 있다. 상호적인 사랑은 결 정과 선택을 해야 하는 사랑이다. 명령할 수 있는 사랑이고(13:34, 15:12, 17), 때로는 쉽고 은혜로운 사랑이며, 선물이라는 성격을 가지고, 다른 때에는 결단과 선택을 통해 우리의 약속에 충실한 것이다. 기독교 공동체들끼리 눈에 보이는 하나 됨을 유지하기 위해 겪는 어려움은 많은 사람이 서로에 대한 헌신적인 서약을 지키기 위해 겪는 어려움과 같은 것이다.

목회자는 예수의 기도에 계시된 사랑의 본질적인 상호관계와 그것이 주는 도전, 즉 자기를 주는 사랑을 할 수 있게 되는 도전에 관해 성찰할 수 있을 것이다. 춤에 관한 이미지가 도움을 줄 수 있을 텐데, 커플이 춤을 출 때, 때로는 함께 춤을 추고, 때로는 따로 춘다. 하나 되어 사는 일에 실 패하는 것은 보통 상호주의에 실패하는 것이다. 목회자는 그런 실패로 이

---

* "A people without history/ Is not redeemed from time, for history is a pattern/ Of timeless moments"("역사 없는 민족은 / 시간에서 구원받을 수 없다. 역사는 영원한 / 순간들 의 패턴이기 때문에"). From Little Gidding, in T. S. Eliot, *Four Quartets* (New York: Harcourt, Brace & World, 1943), 58.

끄는 것들에 대해 점검하고 그런 일들이 얼마나 자주 권력이나 통제의 문제를 둘러싸고 일어나는지 검토하기를 원할 수 있다. 부부에게 이것은 가사 관리에서 돈 관리에 이르기까지 모든 것에 대한 차이가 포함될 수 있다. 기독교 공동체들 사이의 차이는 교리적 순수성과 그에 따른 교회 규율의 관행에서 비롯된다. "만약 모든 사람이 내가 정한 규칙을 따른다면, 모든 사람이 상호적인 사랑과 연합 안에서 사는 것은 쉬운 일일 것이다."

제자들에게 주어진 영광을 구성하는 하나 됨(22)은 하나님이 주신 사랑의 하나 됨이다. 바울은 이것을 '모든 것을 완전하게 묶는 띠'(골 3:14)라고 표현한다. 불화, 관계의 파괴, 그로 인한 고통에 대하여 자각하는 것은 생명을 위하여 하나님께 의존해야 한다는 사실을 인정하게 하고, 회개하고 하나님의 용서와 회복을 받아들이게 한다. 하나님이 주신 하나 됨 안에서 사는 우리가 겪는 명백한 어려움은, 상실과 회복, 추방과 귀향, 광야와 약속의 땅, 회개와 용서 같은 주제들에 대한 목회적 성찰로 이어질 수 있다.

기도를 마무리하면서(24-26) 예수는 하나님과 함께하는 삶의 희망이라는 맥락 안에 모든 것을 설정한다. 많은 주석가는 예수와 함께 있는 상태(24)를 죽음 이후에 예수가 우리 안에 거하는 것이라고 가정하지만, 그것이 현재 드러나 있다고 해도 장차 완전히 알게 될 것이라고 한다(26). 오래된 정신분석 규칙은 만약 어떤 사람이 우울증의 경향이 있다면 근본적인 문제는 의미에 대한 것이라고 본다. 어떤 사람이 걱정하는 경향이 있다면, 근본적인 문제는 죽음이다. 요한복음에서는 수난과 부활 이야기 바로 앞에 있고, 이제는 승천일 다음에 또 다른 출발의 빛에서 읽고 있는 예수의 기도는, 가까이 계시는 하나님의 임재 안에서 삶에 대한 합리적이고 거룩한 희망을 지적함으로써 불안을 해소하는 계기가 될 수 있다. 그런 희망의 합리적인 현실을 지적하는 한 가지 방법은 성서에 명시되고 예수를 통해 선포되었고 역사 안에서 계시된 하나님의 신실하심과 같은 하나님의 본성에 대하여 토론하는 것이다. 다시 말해, 우리는 사람들이 '내세'에 대한 고전적인 묘사(천사, 하프, 황금의 거리를 포함) 가운데 일부 불만족스러운 것을 발견하는 것을 인정하면서도, 그러한 비전을 갖게 하시는 하나님에 대한

363

믿음을 여전히 긍정할 수 있다.


## 설교

예수의 말씀을 표시하기 위해 붉은색으로 그 말씀만을 인쇄한 성서에서, 오늘의 가르침은 4장에 걸쳐 거의 다 붉은색으로 표시된 부분의 마지막에 해당된다. 여기서 예수께서는 지도자가 되는 것은 섬기는 자가 되는 것이라고 가르쳤고(13:1-20) 앞으로 있을 배신에 대해 말했다(13:21-30). 14-16장은 죽음을 앞둔 지도자가 자신을 따르는 모든 사람을 모아놓고 마지막 교훈을 말한다는 느낌이 든다: "이 모든 일을 기억하라."

그런 다음 요한복음 17장에서 주님은 기도로 방향을 선회한다. 설교자가 할 질문은 이것이 예수께서 당신에게 말하는 것인지 혹은 당신을 위해 기도하는 것인지이다(이 질문은 답을 고르는 게 아니다. 여기에 정답은 없다). 비록 요한복음의 기록은 4장 더 계속되지만, 이 기도는 주님께서 돌아가시기 바로 직전의 말씀을 보여주고 있다. 다시 한번 예수께서는 삶에서 가장 중요한 것은 우리 마음과 태도가 다른 사람을 포용하도록 열려있는 것이라는 진리를 보여준다. 요한복음 17장은 소위 '제사장의' 기도인데 그 이유는 예수께서 이 장에서 제사장이 그런 것처럼 하나님 앞에서 다른 사람들을 위한 중재자의 역할을 보여주기 때문이다.

이 기도에서는 세 가지 주제를 다루고 있다: (1) 믿음, (2) 하나 됨 그리고 (3) 사랑. 설교자는 부활절 기간이 거의 끝나가는 시점에서 이 세 가지 중 하나 혹은 모두를 설교에서 다룰 수 있다.

**믿음.** 예수께서는 그를 믿었던 사람들(20), 제자들의 증언으로 인해 장차 그를 믿게 될 사람들(20) 그리고 세상을 위해 기도하고 모든 사람이 믿음을 갖게 되기를 기도한다(21). 여기에서 개별 신앙공동체의 복음적 과제가 보이기 시작한다. 먼저 신앙공동체의 일차적 관심은 그 안에 있는 사람들의 양육과 성장이다(26). 그다음에는 밖을 향하여 교회 공동체가 직접 만나는 사람들을 말씀과 행동으로 돕는 일이다(26). 셋째로 세상을 향하여 증인, 섬김 그리고 선교의 역할을 감당하는 것인데, 그 세상은 가깝게는 예수의 삶과 무관하게 사는 곳이고 멀리는 삶에 은혜를 주는 분(25)의 이름조차 알지 못하는 곳이다.

여기에서 믿음은 생각을 통해 정보를 받아들이는 것 그 이상을 의미한다. 믿음은 예수께서 그가 '아버지'라고 부르는 분에 의해 보내어졌음을 (23) 깨닫는 것이다. 요한 크리소스톰(John Chrysostom ca. 347~407)은 세상이 예수를 따르는 사람들이 보여주는 변화된 삶을 관찰함으로써 그러한 믿음에 도달할 수 있을 것이라고 주장했다. 그는 이렇게 썼다: "그들이 어떻게 이것을 믿게 될 것인가? 예수께서는 '당신은 평화의 하나님이시기 때문입니다'라고 말씀하셨다. 그러므로 만일 (제자들이) 예수로부터 배운 것과 같은 평화를 유지한다면, 그들의 말을 듣는 사람들도 그 제자들을 통하여 그 선생님을 알게 될 것이다. 그러나 만일 그들이 분쟁하면 사람들은 그들이 평화의 하나님의 제자들임을 부정하게 될 것이고 예수께서 하나님으로부터 보내심을 받은 것도 받아들이지 않을 것이다"* 신앙을 지키며 산다는 것은 단지 개인적으로 선하게 살라는 요청만은 아니다. 그것은 또한 우리의 삶을 통해 다른 사람들이 예수를 따르도록 하라는 요청이다.

**하나 됨**. 삼위일체 하나님의 공동체에서 일치란 예수께서 말하고 있는 그 일치이다(21). 예수께서는 믿는 자들의 하나 됨을 위해 기도한다(21). 주님께서 자신의 죽음을 향하여 가고 있는데 여전히 제자들이 다투고 있는 것을 보았을 때, 그의 마음을 우리는 상상이나 할 수 있을까? 이 문제와 관련하여 오늘날 주님께서 교파 간의 갈등과 내적인 혼란을 목격하면서 그분이 느끼는 마음을 우리는 상상이나 할 수 있을까?

---

* Chrysostom, "Homilies on the Gospel of John," in Joel C. Elowsky, ed., *Ancient Christian Commentary on Scripture, NT vol. IVb, John 11-21* (Downers Grove, IL: InterVarsity Press, 2007), 257.

믿는 자들에게서 일치가 중요한 것은 그 하나 됨을 통해 세상이 믿게 된다는 것(23)이다. 역으로 말하면 세상은 예수의 제자들 간에 분쟁으로 인해 예수를 믿지 않는다는 것이다. 예수는 열한 제자들과 그 제자들로 인해 믿음을 갖게 될 사람들이 한 몸이(20) 되게 해 달라고 기도한다. 신앙인들 사이에서는 2등 시민이란 있을 수 없다. 교회일치운동 곧 하나님께서 전 세계를 하나로 만드시는 일은 그리스도인들이 요청받은 그 일치를 표현하기 위한 노력이다. 교회의 궁극적 일치는 인간의 산물이 아닌 하나님께서 이루시는 하나 됨(21)에 있다. 우리는 그리스도를 공동으로 받아들이는 데서 일치를 발견한다. 프레드 칸(Fred Kaan)은 이렇게 썼다: "그리스도께서 우리를 받아주신 것처럼 우리도 서로를 용납하게 도와주소서. 우리 서로가 자매요 형제로 받아들일 수 있게 가르치소서. 주님, 우리 가운데 함께 계셔서 우리들 자신이 받아들여졌고 사랑과 생명으로 살게 된 것을 믿을 수 있게 인도하소서"*

**사랑**. 6절로 구성된 본문에서 예수께서는 다섯 번씩이나 '사랑'을 하나님과 연관된 관계를 표현하는 핵심적 용어로 말하고 있다(23, 24, 26). 사랑은 하나님 안의 결속이다(23-24). 사랑은 제자들에게 준 하나님의 선물이다(23). 사랑은 마치 자석과 같은 은혜인데 그것을 통하여 하나님께서는 세상을 당신께로 이끄시려고 한다(25-26). 사랑은 주님께서 그를 따르는 사람들 가운데 함께 있을 것임을 보여주는 요소이다(26).

이 기도는 이 이야기가 어떻게 끝나는지를 알지 못한다면 감상적인 말장난처럼 보일 수도 있다. 예수께서 기도하는 사랑은 십자가에서 드러난 사랑이다. 여기에는 분명히 사랑으로 하나가 되는 영광이 있으나(22) 그 영광은 십자가 죽음과 분리될 수 없다. 그것은 새로운 생명으로 부활하는 것으로 자기를 내어주는 사랑이다. 아가 8:6은 "사랑은 죽음보다 강하다"고 말한다. 영원하신 그리스도는(24) 그의 제자들이 "내가 있는 곳에 나와

---

* Fred Kaan, "Help Us Accept Each Other," in *The United Methodist Hymnal* (Nashville: United Methodist Publishing House, 1989), 560.

함께 있게 하여 주시고"(24)라고 기도한다. 이것은 그가 죽음으로 가는 길이었다는 것을 생각하면 단순한 문제가 아니다.

**성령강림절**. 마지막으로 설교자는 일치에 관한 이 성서정과 다음에 성령강림절 이야기가 이어질 것을 기억해야 한다. 성령이 임할 때 장벽과 경계가 무너지고 일치가 이루어진다(행 2:1-4).

# 성령강림절

# 성령강림절

## 요한복음 14:8-17 (25-27)

[8]빌립이 예수께 말하였다. "주님, 우리에게 아버지를 보여 주십시오. 그러면 좋겠습니다." [9]예수께서 대답하셨다. "빌립아, 내가 이렇게 오랫동안 너희와 함께 지냈는데도, 너는 나를 알지 못하느냐? 나를 본 사람은 아버지를 보았다. 그런데 네가 어찌하여 '우리에게 아버지를 보여 주십시오' 하고 말하느냐? [10]내가 아버지 안에 있고 아버지께서 내 안에 계시다는 것을, 네가 믿지 않느냐? 내가 너희에게 하는 말은 내 마음대로 하는 것이 아니다. 아버지께서 내 안에 계시면서 자기의 일을 하신다. [11]내가 아버지 안에 있고, 아버지께서 내 안에 계시다는 것을 믿어라. 믿지 못하겠거든 내가 하는 그 일들을 보아서라도 믿어라. [12]내가 진정으로 진정으로 너희에게 말한다. 나를 믿는 사람은 내가 하는 일을 그도 할 것이요, 그보다 더 큰 일도 할 것이다. 그것은 내가 아버지께로 가기 때문이다. [13]너희가 내 이름으로 구하는 것은, 내가 무엇이든지 다 이루어 주겠다. 이것은 아들로 말미암아 아버지께서 영광을 받으시게 하려는 것이다. [14]너희가 무엇이든지 내 이름으로 구하면, 내가 다 이루어 주겠다." [15]"너희가 나를 사랑하면, 내 계명을 지킬 것이다. [16]내가 아버지께 구하겠다. 그리하면 아버지께서 다른 보혜사를 너희에게 보내셔서, 영원히 너희와 함께 계시게 하실 것이다. [17]그는 진리의 영이시다. 세상은 그를 보지도 못하고 알지도 못하므로, 그를 맞아들일 수가 없다. 그러나 너희는 그를 안다. 그것은, 그가 너희와 함께 계시고, 또 너희 안에 계실 것이기 때문이다."

## 신학

오늘 본문에는 수많은 신학적 주제들이 등장하는데, 모두 성령론과 관련되어 있지만, 어디에서 시작해야 할지 정하기 힘들 정도로 내용이 복잡하다. 아버지를 보여 달라는 빌립의 요구에서 시작해 보자(8). 하나님을 어떻게 알 수 있나? 그 답은 예수에 의해 주어졌다. 즉, 예수가 하나님 안의 진리와 생명으로 가는 유일한 길이다(7). 이것은 단지 계시에 관한 질문이 아니고 신을 알 수 있는 다른 종교나 방식에 관한 질문이기도 하다. 예수가

371

길이요, 진리요 생명이라는 주장에 대한 반론이 있을 수 있지만, 그 주장을 뒷받침하는 근거는 아버지가 예수 안에 있듯이 예수가 아버지 안에 있다는 것이다(10a, 11a). 이런 주장은 장차 완전한 성육신론으로 전개될 발판이 된다.

이 장에서는 다음과 같은 다른 교리들도 등장한다: 예수의 인격과 사역의 관계(11), 승천하신 그리스도의 능력이 교회에서 어떻게 역사하는지(12), 예수 재림의 성격(18-19), 기도의 효과(14) 등. 그러나 교회 내 성령의 현존이라는 주제가 이 모든 것을 연결한다.

이 특별한 만찬의 주제인 성령에 관한 언급은 16절에 가서야 비로소 명확하게 등장한다. 예수는 아버지가 다른 보혜사(수호자 혹은 중재자)를 보내겠다고 약속을 한다. 예수가 첫 보혜사라는 것이 전제되어 있다. 이 다른 보혜사는 진리의 영인데, 예수는 그 보혜사가 제자들과 영원히 함께 할 것이라고 약속한다. 성령의 은사에 관한 두 번째 명확한 언급은 26절에 나온다. 여기서 예수는 제자들에게 아버지가 예수의 이름으로 보혜사를 보낼 것이라고 확신을 준다. 그리고 이 성령이 제자들에게 모든 것을 가르치고, 예수가 한 모든 말을 생각나게 할 것이라고 말한다.

'위로'라는 주제는 전체 구절을 관통하고 있기 때문에 이에 대해 우선 살펴보는 것이 중요하다. 예수는 낙심하지 말라는 당부로 제자들과의 대화를 시작하시고, 동일한 당부로 말을 맺는다(14:1, 27). 제자들이 불안해 하는 이유는 예수가 자신과 베드로의 죽음에 대해 명백하게 예고했기 때문이다(13:36). 제자들에게 이런 예고는 사탄의 승리와 자신들의 파멸을 뜻할 뿐이다. 예수가 주는 위로는 예수 같은 파라클레토스(parakletos), 즉 보혜사를 보내어 그들과 함께 있게 하겠다는 약속이다. 예수는 성령을 통해 제자들과 늘 함께 할 것이다. 실제적인 의미로 예수는 육체적으로는 그들과 떨어져 있지만, 영적으로는 그들 가운데 머물 것이다(14:18-19). 성령은 위로자이다. 왜냐하면 예수는 지금 영광 중에 아버지와 함께 있지만, 제자들 옆에도 여전히 계시기 때문이다.

성령의 임재의 본질은 애매하지 않게, 구체적으로 묘사된다. 성령은 특별한 목적을 갖고 있는데, 그것은 예수가 가르친 모든 것을 생각나게 하고, 예수의 모든 언행의 의미를 설명해 주는 것이다(26b). 이 구절에서 성령의 역할은 지혜를 주는 것이다. 그러나 성령은 추가적인 진리를 전해 주는 것이 아니고, 예수가 행했던 것과 다른 방식으로 행하지도 않는다. 보혜사의 임재는 예수를 마음속으로 모시게 한다. 그리고 이 예수는 길이요, 진리요, 생명인 분이다. 이런 의미로 보혜사는 진리의 영이다. 즉, 성령은 진리인 예수에 관한 증인이다.

이런 이유로 그동안 교회가 성령과 그리스도를 분리해 온 것은 중대한 신학적 오류이다. 바르트는 이에 대해 다음과 같이 지적했다: "성령을 다른 형태의 영과 구별하는 기준은 분명하다. 그것은 성령은 그리스도의 인격 및 사역과 절대적으로 일치한다는 것이다. … 성령에 관한 모든 것은 예수로부터 기원하고, 예수에게서 완결된다."[*] 바르트는 확고한 기반 위에 서 있다. 이 구절의 의미는 성령에 의한 어떤 새로운 가르침이 있다면, 그것이 이미 예수가 가르치고 행했던 것과 일치할 때만 받아들여질 수 있다는 것이다.

주목해야 할 마지막 신학적 주제는 예수와 아버지와 성령의 긴밀한 관계에 관한 것이다. 이 구절을 나중에 확정된 삼위일체 교리의 확실한 토대로 이해하는 것은 무리다. 요한복음에서 이 삼자 간의 관계는 예수의 사명과 관련하여 언급되었지, 신의 내적 존재 속에서의 예수의 지위에 관한 관심과는 상관없었다. 예수는 영인 아버지께(4:24), 그의 이름으로(즉 예수의 이름으로) 성령을 보내달라고 구하고(14:16-26), 그렇게 함으로써 성령을 통해 그가 제자들과 항상 함께 있게 해달라고 구한다(14:18-19). 이 구절을 동서방 교회 간에 논란의 대상이 되었던 성령의 단일방출설(성령이 성부로부터 나온다는 주장)이나 이중발출설(성령이 성부와 성자로부터 나온다는 주장)과 연관시키는 것은 잘못이다. 본문이 주는 가장 중요한 교훈은 예수의 육체적 부재나 이 세상으로부터 받는 핍박이나 홀로 남겨졌다는

---

[*] Karl Barth, *The Faith of the Church: A Commentary on the Apostles' Creed* (London: Fontana Books, 1960), 109-110.

고립감에도 불구하고, 모든 시대에 예수의 제자들은 두려워할 필요가 없다
는 것이다. 우리는 마음에 근심할 필요가 없다, 왜냐하면 예수가 아버지께,
"늘 우리와 함께 있어서 우리에게 예수에 관한 모든 것을 가르치고 예수에
대한 기억을 생생하게 불러오게 하는 보혜사를 보내달라고" 요청했기 때
문이다.

## 주석

오늘 본문은 요한복음의 고별담화(Farewell Discourse) 전반부의 중심
구절이다. 저자는 공식적인 성찬 제정사 대신에 예수와 제자들 간의 마지
막 대화를 보여준다. 그런데 이것은 아마도 제자들로부터 촉발된 독백이라
고 할 수 있다. 오늘 본문은 빌립이 "아버지를 보여달라"는 요구에 의해 시
작되었다. 이어 예수의 궁극적 운명(아버지께로 돌아감)과 "내가 있는 곳에
너희도 있게 하겠다"(14:3)는 예수의 바람이 표명된다. 도마가 "주님, 우리
는 주님께서 어디로 가시는지도 모르는데, 어떻게 그 길을 알겠습니까?"
(14:5)라고 끼어든다. 여기에 대해 "나는 길이요 진리요 생명이다"라는 유
명한 말을 했고, 그들이 아버지를 이미 보았다고 말한다.

예수는 빌립의 질문을 질책한다. 이것이 사실이면, 실제 대화의 사실적
기록으로서 빌립이 예수의 현존에 대한 중요한 점을 놓쳤고, 정당하게 질
책받았다고 할 수 있다. 그런데 이것은 문학적으로 구성된 것으로서, 빌립
의 질문은 요한복음의 '오해'의 고전적 예일 것이다. 이 오해는 저자에 의
해 한 주제에서 다른 주제로나 더 깊은 주제로 넘어가는 문학적 장치이다.
그것은 소크라테스의 반어법과 같은 것이다. 소크라테스가 그와 이야기하
는 사람이 주제에 대한 올바른 생각의 방법을 발견하도록 일련의 질문을
던지는 것과 같이, 요한복음 저자도 예수의 대화자들이 무지나 오해를 드
러내는 질문을 하게 한 뒤, 예수가 이 오해를 교정시킬 기회를 갖게 하고,
동시에 새로운 사실이나 구체적인 것들을 묘사하는 것이다.

이 경우에는 질문이 예수의 아버지와의 관계를 묘사하도록 하는데, 말하자면 상호내재이다. 이 구절의 목적은 삼위일체 신학을 표현하는 것이 아니라, 예수를 따르는 공동체에 예수의 죽음 이후에도 그의 오심과 현존의 결과를 묘사하는 것이다. 저자는 신비적 용어인 '하나님 안의 존재'를 사용함으로써 예수와 공동체 안에서 하나님의 현존의 경험을 말하고자 한다. 예수가 공동체 바깥에서 온(하늘에서 내려온) 교사로서(13:13) 또한 공동체 내의 지도자와 친구로서(13:12-15) 행동하기 때문에, 예수와 아버지 사이의 상호내재는 공동체의 신성을 향한 창문으로 작용한다. 예수는 공동체가 아버지를 볼 수 있다는 것인데, 왜냐하면 요한에게는 아버지가 예수 안에 실질적으로 거하고 그의 말과 행동을 인도하며, 최소한 예수를 통해 그의 일을 하는 것이기 때문이다.

형이상학적 관점에서 어려운 점은 예수의 뜻과 아버지의 뜻의 관계에서 나온다. 아버지가 예수 안에 거하신다는 이유 때문에, 아버지의 뜻이 예수의 뜻을 대체하는가? 이것이 후기 교부들에게 삼위일체 논쟁에서 삼위의 세 인격의 본질에 대한 매우 어려운 질문이 된다. 하지만 이것이 요한의 관심사는 아니다. 도리어 그는 공동체를 강조하고 그들을 격려하는데, 그들의 예수를 체험함으로써 아버지에게 다가갔는데 왜냐하면 아버지와 예수 간의 상호관계와 연결 때문이다. 공동체가 신을 향한 창문으로서 예수 안에서 체험하는 것 외에 이 관계의 중요한 이득 중의 하나는 예수가 아버지에게 간다는 것은 공동체가 그들과 예수와의 연관 덕분에(14:13-14) 하늘에 변호자를 두는 것이다. 이 용어와 개념은 공동체에 보혜사(Paraclete) 보내는 것과 병행한다. 예수가 천국에서 공동체의 대변인인 것과 같이 보혜사는 땅 위에서 공동체의 대변자이다. 이 모든 변호의 용어는 parakletos의 이해에 달려있다.

요한이 14:25에서 성령으로 사용한 parakletos라는 단어의 의미를 두고 학자들은 오랫동안 논쟁해왔다. 이 맥락에서는 잘 사용하지 않는 이 단어의 가장 그럴듯한 의미는 법적 상황의 '변호자'이다. 요한의 심판에 대한 이해는 당시의 유대교의 묵시운동 문서에(바울과 다른 정경복음서와 연관된

375

것을 포함하여) 반영되는 것과 같은 묵시적 배경에 두지 않는다. 도리어 그의 심판에 대한 생각은 법적 연관을 갖는다. 보혜사는 고소된 자(이 경우는 공동체인데)의 변호인으로서 행동한다. 요한에 관해 흥미로운 것은 특정한 법정 재판에 필요한 역할이 언제나 복음서에 나오는 특정한 인물과 연관되지 않는다는 것이다. 그래서 공동체가 대항해서 변호를 하는 사람이 불명확하다. 불특정한 '세상'이라는 것이 있는데, 요한은 그보다 덜 특정적이다. parakletos의 가장 그럴듯한 의미가 무엇이든지, 26절에서 그 용어의 사용은 몇몇 맥락에서 사용된 것이다. 보혜사는 1) 예수의 이름으로 아버지가 파송한 것이고, 2) 공동체에 모든 것을 가르치며, 3) 예수가 그들에게 말한 모든 것을 기억나게 할 것이다. 2)와 3)의 역할은 밀접하게 연관되어 있는데, 왜냐하면 고대사회에서 배움은, 특별히 플라톤 시스템에서는 회상으로 형성된다. 여하튼 요한은 예수의 일(아버지/하늘에서 보냄을 받고 공동체에 살며 아버지의 일에 관해 공동체에 가르치는)과 보혜사의 일(예수 이름으로 아버지에게 보냄을 받고, 공동체에 살며 공동체에 예수의 길과 모든 아버지의 일에 관해 가르치는)과의 명확한 연관을 끌어내었다. 그래서 예수의 지상 공동체와의 현존과 공동체 안에 계속 계시는 성령의 임재 간에는 기능적 등가관계가 있다. 요한에게 보혜사는 예수가 공동체에 육체적으로 부재하는 동안에 계속되는 예수의 현존이다. 요한에게 예수는 진정으로 공동체와 함께하지 않는 경우가 없는데, 그것은 성령을 통해 함께하시기 때문이다.

## 목회

요한복음 14장은 초기 기독교 공동체에서 생겨났고 지금까지도 계속되고 있는 목회적 우려를 제기하고 응답한다. 공동체의 창시자인 예수가 더 이상 옆에 없으면 어떻게 될까? 공동체는 홀로 남겨져서, 예수의 존재나 변화시키는 권능에 접근할 수 없는 것일까? 요한복음의 저자와 오순절을 지키는 우리는 예수가 떠나고 나면 다른 보혜사, '곧 아버지께서 내 이름으로 보내실 성령'(26)이 오실 것이라는 약속을 공동체에 상기시킴으로 이런 우려에 응답한다.

다른 경우에 설교자는 12-14절에서 예수께서 하신 약속에 초점을 맞출 수도 있을 것이다. 특별히 예수의 이름으로 아버지께 구한다는 것(14)이 무슨 뜻인지 혹은 예수를 믿는 사람이 예수보다 더 큰 일을 한다는 것 (12)이 의미할 수 있는 것이 무엇인지를 탐구할 수 있다. 그러나 오순절의 초점은 확실히 기독교 공동체 안에 성령이 임재하시고 활동하신다는 본문의 약속이다.

문화와 교회 모두에 만연한 개인주의를 감안할 때, 설교자는 어렵더라도 본문이 공동체에 우선적인 관심을 가지고 있다고 말해야만 한다. 본문은 제자들에게 하신 예수의 고별담화의 일부이고, 요한은 앞으로 계속될 제자들의 공동체가, 보혜사가 함께 계시기 때문에 예수의 존재와 권능이 전혀 손실되지 않는다는 확신을 가지기 원한다.

그렇지만 빌립이 제기한 문제(9)가 있다. 제자들의 기독교 공동체는 예수의 이야기를 직접 들었고, 예수의 가르침을 듣고, 예수의 식탁에 초대되었음에도 불구하고, 어떻게 예수가 '아버지'의 본질적이고 궁극적인 계시인지를 알려고 하지도 않아서 예수를 '알지도' 못했거나, 전에 알았던 적이 있었다는 것을 잊어버리는 기억상실증의 염려가 있었다. 그래서 예수는 '진리의 영'이 오실 것을 약속하셨다. 진리의 영은 공동체 안에 있고(17절에는 대안적인 표현으로 '너희 안에'라고 한다) "너희에게 모든 것을 가르쳐 주실 것이며, 또 내가 너희에게 말한 모든 것을 생각나게 하실 것이다"(26).

이것은 단순한 회상 그 이상이다. 공동체는 예수가 말한 모든 것을 기억하는 데 도움을 받을 것이다. 어렵거나 쉽거나 간에 예수께서 가르치신 말씀 전체 그리고 끊임없이 변화하는 교회의 상황 속에서 그 말씀이 가진 의미 전체를 발견하는 데 도움을 받을 것이다. 교회가 이 약속을 듣고 신뢰하는 것은 대단히 중요하다. 예수의 삶과 가르침의 의미를 이해하게 되면, 공동체는 새로운 확신과 신선한 명확성을 기대할 수 있다.

이 모든 것은 가르침과 예배라는 기독교적 실천과 관련이 있다. 교회는 어린이나 새 신자나 혹은 오랫동안 교회 주변에서 있었던 사람들을 가르치면서 예수의 이야기를 말해 주고 예수의 가르침을 마음에 떠오르게 한다. 그러나 공동체가 그 이야기의 의미를 '알게 해 주고' 오래되고 익숙한 (그리고 낯선) 말씀들과 새로운 현실 사이를 연결하도록 도와주는 분은 진리의 성령이시다. 또한 예수의 이야기는 교회의 예전을 통해 되풀이해서 말해지는데, 진리의 영이 계시기 때문에, 예수가 말씀하신 모든 것이 살아난다.

그렇지만 본문의 관심사는 기억 자체도 아니고, 온전한 이해로 인도하는 기억도 아니다. 기억은 신실하기 위한 것이다. 본문의 관심은 예수에게 순종하며 살아가는 공동체, 예수의 계명을 지켜서 예수에 대한 사랑을 증명하는(15) 공동체에 있다. 요한은 순종하는 기독교 공동체 안에 성령이 오신다고 믿는 것 같다(15-16, 23 참조). 본문 전체는 또한 진리의 성령이 함께 계심과 상관없이, 시험당할 때(9/11처럼 외부적인 시험이든, 교회나 교파의 분열처럼 내부적인 시험이든) 기독교 공동체가 너무 쉽게 주님이 가르쳐주신 것과 본을 보여주신 것을 잊어버리고 비겁한 침묵이나 명백한 불순종에 빠진다는 것을 암시한다.

요한복음 14장의 목적은 믿고 순종하는 사람들의 공동체를 형성하는 것인데, 그 공동체는 예수의 인성으로 오는 하나님의 계시를 굳게 믿으며, 언제나 순종하며 생산적일 수 있도록 진리의 성령의 지도력에 의존한다. 본문이 의도하는 공동체는 볼링 동호회나 바느질 동아리, 요가 교실, 치유 모임이나 성경공부로 만족하지 않고, 버림받은 사람들의 친구가 되고, 아픈 사람을 치유하며, 소외된 사람들을 위해 말해 주고, 노숙인에게 주거를 제공하고, 굶주린 사람을 먹이고, 제국을 향해 그리고 제국에 관하여 진리를 말하는 것과 같은 예수의 사역을 닮은 '사역'으로 이끌게 될 것이다. 공동체가 기억하기 때문에, 공동체가 그들의 주님을 '알도록' 성령의 도움을 받기 때문에, 공동체가 예수의 계명에 순종하기 때문에, 공동체가 그의 사역을 하기 때문에 그리고 공동체의 삶 속에 성령의 임재와 권능이 있기 때문에, 공동체는 불안하고 두려운 세대에서 염려하지 않는 존재가 될 것이다. 공동체는 세상이 줄 수도 없고(27) 가져갈 수도 없는 평화를 가지게 될 것이다.

오순절에 요한복음 14장을 본문으로 사용하는 것은 사도행전 2장에 초점을 맞추는 것보다 부드럽고, 조용하고, 좀 더 사색적이다. 전례는 덜 현란하고 덜 화려할 것이고, 찬송과 기도는 좀 더 사색적일 것이다. 그렇지만, 오순절은 이날을 기념하기 위해 모인 사람들의 염려와 좀 더 많이 접촉하게 될 것이고, 신실하기 위한 방향을 찾고 권능을 얻으려고 하는 공동체에 더 많은 격려가 될 것이다.

## 설교

이 본문은 매우 난해한 신학적 명제들을 보여주고 있어서, 설교자는 설교를 삼위일체에 대한 논문처럼 만들어 교인들 대부분을 졸게 만들 가능성이 있다. 신앙인이라면 물론 이 주제에 관해 깊이 생각해야겠지만, 대다수 교인들은 20분도 채 견디기 어려울 것이다. 따라서 이 본문에서 나오는 사람들과 그들 간의 역동적 관계에 주목하는 일이 또한 중요하다. 이런 부류의 이야기는 그것이 지닌 역동성을 여러 다른 방식으로 표현해보기 위해 큰 소리로 읽어보는 것도 도움이 된다.

복음서는 보통 베드로를 먼저 말을 하거나 배에서 뛰어내리는 것과 같은 충동적인 행동을 하는 사람으로 보여준다. 요한은 오늘의 성서정과 직전인 13:37에서도 베드로의 이런 특징을 보여주고 있다. 하지만 그 이야기를 따라가다 보면 이슈가 되는 질문을 하는 사람은 도마가 먼저이고 그 다음이 빌립이다. 나는 몇몇 학생들에게 이 본문과 관련하여 본문의 내용과 우리의 일반적 경험과는 어떤 연관이 있는지를 물었던 적이 있다. 학생 중 하나가 "누구나 무언가를 말하고 즉시 그것을 후회한 적이 있는 것 같다"고 말했다. 우리는 예수께서 빌립의 질문에 응답하시는 방식이 빌립을 그런 느낌을 갖도록 할 수 있었다는 것에 의견이 모아졌다. 그러나 빌립의 질문에 뒤이어 나오는 예수의 가르침은 단지 입을 다물고 있는 군중만을 위한 것이 아니라 모든 믿는 자를 위한 것이다. 아마도 이 본문에서 가장 놀라운 일은 제자들이 하나님을 보여 달라고 요청하는 데 얼마나 시간이 걸렸을까 하는 점이다. 우리 모두 내심 하나님을 보기를 바라고 있을지 모른다. 하지만 누군가가 하나님을 실제로 보여줄 수 있다고 확신하기 전에는 그 사람에게 하나님을 보여 달라고 요청하지는 않을 것이다. 결국 모세조차도 하나님의 뒷모습을 아주 잠깐 보는 것이 허락되었다. 우리는 여기에서 빌립이 이런 질문을 하면서 도대체 무엇을 기대했을까에 관해 묵상할 수 있다.

복음서는 보는 것(seeing)과 믿는 것(believing)을 다루는데, 특히 요한복음에서 빛과 어둠, 보는 것과 보지 못하는 것 등은 신앙과 불신앙을 대비시키는 상징적인 표현이다. 빌립이 아버지를 본다는 의미와 예수에게 그것이 의미하는 것을 대비시키는 설교는 재미있고 또 도움이 될 것이다. 이것은 요한복음 17:20에 보이는 예수의 기도에 나타난 진술과 연관되어 있다: "나는 이 사람들을(나를 보는 사람들) 위해서만 비는 것이 아니고, 이 사람들의 말을 듣고 나를 믿을 사람들을 위해서도 빕니다." 우리는 예수와 연결되어 있는 것을 믿음이라고 부르고 그것은 보이는 것에 근거하고 있지 않다. 이런 의미에서 보는 것은 믿는 것이 아니다. 오히려 보는 것은 믿음의 필요성을 제거한다.

이 본문의 일차적인 관심은 하나님을 보는 것이 아니고 하나님과 예수의 친밀한 관계 그리고 그것이 예수의 제자들에게 주는 의미이다. 그래서 빌립의 질문에 대한 대답에서 얻은 것은 아버지와 아들 사이의 관계에 관한 것이고, 이것은 또 다른 신적 존재인 보혜사 성령에 대한 약속으로 이어진다. 이러한 신적 능력에 대한 약속은 이 강력한 신적 존재들로 인해 예수의 제자들이 위대한 일들을 성취하는 것이 가능하게 됨을 의미한다. '위대한 일들'을 떠올릴 때 종종 우리는 소위 기적을 너무 많이 생각한다. 그러나 객관적으로 살펴보면 예수의 제자들이 예수께서 이룩한 일보다 더 많은 일을 성취하였음을 우리는 알 수 있다. 예수는 시공간에 제한되어 있었으나(짧은 인생에서 상대적으로 좁은 지역에 한정되어 살았다), 그의 수많은 추종자는 2천 년 동안 세계를 다니면서 치유, 위로, 변화 그리고 삶을 더 나은 것으로 변화시키는 일을 하였다. 물론 여기에는 부정적인 결과도 역시 있었다. 그러나 대체로 예수 그리스도의 교회는 사람들이 곤경에 처했을 때 하나님의 능력과 임재를 보여주려고 하였다. 우리가 예수의 이름으로 또 하나님의 영광을 위하여 이 사역을 계속한다면 이 사랑의 사역은 세상에 긍정적인 영향을 미치게 될 것이다.

"만일 네가 나를 사랑하면"이라는 구절은 "너는 나의 계명들을 지키게 될 것이다"와 밀접하게 연결되어 있다. 흔히 우리 문화에서 사랑은 모든 것을 용납하는 부드러운 감성으로 이해되고 있다. 하나님을 이러한 이해의 틀 안에 두려는 시도는 오늘날 영성을 이해하는 데는 흥미로울지 모르지만, 그것은 성서에서 묘사된 하나님을 서술하는 것은 아니다. 하나님의 속성인 은혜, 긍휼 그리고 사랑은 성서에서 언제나 의, 거룩, 순종을 요청하는 하나님의 요구와 연결되어 있다. 설교자는 15절에 관한 본문의 증거들에 대해 세심하게 관찰해야 하는데, 그 이유는 "너희는 지킬 것이다"로 번역된 이 말이 많은 고대사본에는 명령형으로 되어 있기 때문이다. 예수께서 순종을 명령하고 있는 것인지 아니면 순종을 제자들에게서 기대되는 특징으로 언급하는 것인지는 설교에서 큰 차이를 가져올 것이다. 마찬가지로 예수의 사랑과 그의 말씀을 지키는 것의 연관은 21절, 23절에서 반복되어 나타나서 본문에서 핵심적인 역할을 하고 있다.

18절에서 시작하는 본문의 주목적은 예수를 따르는 사람들의 삶에서 계속해서 하나님의 현존이 나타난다는 점이다. 다른 성서 본문에서도 나타나지만(롬 8:9-11을 보라) 신약성서는 하나님의 현존을 약속이나 사실로 나타내고 있다. 하지만 그것을 체계화하고 있지는 않고 있다. 여기에는 하나님의 현존, 그리스도의 현존 그리고 성령의 가르침이 혼재되어 있다. 이 사실은 설교자에게 신자들의 삶 가운데 현존하는 하나님을 너무 체계적으로 서술하려 하지 말라는 경고로 생각하면 된다. 우리가 듣고 의지해야 하는 것은 일반적 약속이다: "나는 너희를 고아처럼 버려두지 아니할 것이다."

이 모든 것은 우리에게 매우 익숙한 27절, 즉 그리스도의 평화에 대한 약속으로 이어진다. 히브리어 샬롬의 개념이 지닌 넓은 의미에 관한 설교는 신자들이 평화란 적대관계의 부재보다 큰 것이라는 것을 깨닫는 데 도움이 될 것이다. 그리스도께서 주는 평안은 "세상이 주는 것과는 다르다"는 예수의 말씀은 설교를 통해 오늘날의 교인들에게 잘 대조하여 설명하여야 할 것이다. 예수 안에서 우리가 지닌 평화를 방해하는 두려움은 잠깐이고 피상적이며 예수께서 약속한 깊은 평화로 인해 우리는 안식을 누리고 그리스도인으로서 삶을 살게 될 것이다.

# 삼위일체주일
요한복음 16:12-15

> [12]"아직도, 내가 너희에게 할 말이 많으나, 너희가 지금은 감당하지 못한다. [13]그러나 그분 곧 진리의 영이 오시면, 그가 너희를 모든 진리 가운데로 인도하실 것이다. 그는 자기 마음대로 말씀하지 않으시고, 듣는 것만 일러주실 것이요, 앞으로 올 일들을 너희에게 알려 주실 것이다. [14]또 그는 나를 영광되게 하실 것이다. 그가 나의 것을 받아서, 너희에게 알려 주실 것이기 때문이다. [15]아버지께서 가지신 것은 다 나의 것이다. 그렇기 때문에 내가, 성령이 나의 것을 받아서 너희에게 알려 주실 것이라고 말한 것이다."

## 신학

이 본문이 왜 삼위일체주일 본문으로 채택되었는지 아는 것은 어렵지 않다. 본문은 아들에게 속한 모든 것을 가지고 있는 아버지, 아버지에게 속한 모든 것을 가지고 있는 아들 그리고 아들에게 속한 것을 취하여 제자들에게 선포하는 (진리의) 성령의 관계를 설명해 준다(16:15; 16:13). 우리가 추측할 수 있듯이 교부들은 각각 하나님으로 믿어지는 이 삼위의 상호관계에 대해 깊은 숙고를 해왔었다.

그 결과 초대교회는 자신들의 정체성의 근거라 할 수 있는 삼위일체 하나님에 관한 뚜렷한 정의를 남겨놓았다. 이 교리에 의하면 하나님은 하나이지만 그 안에 세 위(persons)가 있고, 이 세 위는 동일한 본질(substance)을 공유한다. 또한 하나님은 가 위에 해당하는 별도의 이름, 즉 아버지, 아들, 성령이라는 이름을 갖는다. 따라서 그리스도인들이 기도를 드릴 때 일반적으로 성령 안에서 아들을 통해 아버지에게 기도를 드린다. 마찬가지로 복음을 선포할 때, 성부, 성자, 성령의 이름으로 선포한다.

이렇게 하나님을 부르는 것이 지금은 논란의 대상이 되고 있다. 특별한 성(性)을 지칭하여 하나님을 부르는 것에 문제가 없는가? 창조자, 구속자, 성화자(creator, redeemer, sanctifier)라고 호칭하는 것이 덜 성차별적이지 않은가? 논란이 되는 신학적인 쟁점은 이와 같은 기능적 명칭이 삼위의 본질적 관계를 대치하기에 충분한가 하는 것이다.

이 문제에 대해 아무리 다양한 논란이 있어도, 교회의 기도와 선포는 삼위일체적 구조를 따르고 있음은 다행이다. 그렇지만 삼위의 상호관계를 어떻게 이해하는가는 여전히 매우 중요한 문제로 남는다. 신약성서가 쓰인 후 수 세기 동안 동방 교회와 서방 교회는 이 문제에 대해 다른 해석을 내놓았다. 서방 교회는 성령이 성부와 성자에게서 나온다고(proceed, 발출, 유출, 발행) 주장했다. 동방 교회는 성령이 성부로부터만 나온다고 주장했다. 서방 교회는 성자가 교회에 성령을 준다는 것을 분명히 하려고 한다. 동방 교회는 유일신론적 측면을 강조하기 위해, 성자와 성령 모두가 성부 하나님으로부터, 그러나 각각 다른 방식으로 나온다고 주장했다. 성부가 성자를 낳았고(beget), 성령은 성부로부터 나온다(proceed).

이 구절에 대해 초기 주석가들은 동방 교회의 관점을 따르는 해석을 했다. 아우구스티누스는 요한복음 16:13c에 관해 다음과 같이 주석을 남겼다. 다른 어떤 존재로부터 나오지 않은 분은 성부만이다. 성자는 성부가 낳았고, 성령은 성자에게서 나왔다. 그러나 성부는 누구로부터 낳지도, 나오지도 않았다. 그러나 이것이 삼위일체의 관계 내에 어떤 불균형이 있다는 생각으로 연결되면 안 된다. 왜냐하면 성자는 그를 낳은 분과 동등하고, 성령은 그를 나오게 한 분과 동일하기 때문이다.[*]

우리는 요한복음에서 동·서방 교회의 입장을 모두 지지하는 근거를 찾을 수 있다. 예수가 보혜사를 보낸다고 말하는 16:7은 서방 교회에 유리하다. 성부가 성령을 보낸다고 말하는 14:16, 26은 동방 교회에 유리하다. 이 구절에 대한 더 최근의 해석은 동방 교회의 견해를 지지한다. 요한복음 16:15은 요한이 최종적으로 성부가 예수와 성령의 근원이라고 믿었음을 암시한다.

---

[*] Augustine, *Tractates on the Gospel of John*, 99.4, *Nicene and Post-Nicene Fathers* 17:382.

그러나 요한복음 본문의 주된 관심은 삼위일체론의 내재적(immanent) 측면이 아니고 경세적(economic, 경륜적) 측면에 있다. 즉, 성부, 성자, 성령이 이 세상의 창조, 보존, 완성을 위해 서로 관계를 맺는 방식이 어떠한가가 관심의 초점이다. 16장은 예수가 아버지께로 가는 "길이요, 진리요, 생명"(14:6)인 것을 제자들이(따라서 교회가) 이해하는 데 성령이 어떤 역할을 하는지에 관해 관심을 갖는다. 요한복음의 이 특정 부분에서 성령은 세상이 예수를 정죄하는 것이 잘못되었고, 악의 세력이 패배했다는 것을 제자들에게 증명한다. 그런 다음 성령은 그들에게 능력을 주어 세상으로 나가 예수에 관한 진리를 선포하도록 한다. 이렇게 성령은 예수가 아버지께로 간 이후에도, 예수가 지상에서 하시던 일을 계속 수행한다.

본문에 또 다른 어려운 문제가 있다. "내가 너희에게 할 말이 많으나, 지금은 감당하지 못한다"는 구절이나 성령이 앞으로 올 일들을 알려 준다는 구절은 무슨 뜻인가?(16:12-13) 예수가 밝혀주신 것 외에 추가적인 계시가 있다는 것인가? 그리스도를 통해 계시된 하나님에 관한 진리 외에 더 추가적인 계시가 필요한가? 그러나 본문에는 그런 입장을 지지하는 근거가 충분하지 않다. 15:15에서 예수는 "내가 아버지에게서 들은 모든 것을 너희에게 알게 하였다"고 했다. 같은 취지에서 16:12-13은 예수의 부활 이후에야 예수의 생애와 가르침의 완전한 의미가 밝혀질 것이라고 말한다. 간단하게 말해서, 삼위일체의 각 위 사이의 관계는 예수가 아버지에 대해 알리고, 성령이 예수가 아버지에 대해 제자와 교회에 알린 것을 해석하는 역할을 한다는 것으로 요약할 수 있다.

## 주석

이 구절은 계속해서 요한복음의 고별담화(Farewell Discourse)에서 성령강림절 본문으로 채택한 것이다. 여러 가지 면에서 성령강림절 본문 주석에서 다루었던 예수와 아버지 그리고 성령의 관계의 본질에 대한 토론을 이어가고 있다. 특히 요한복음에는 예수와 성령의 기능적 동등관계가 있는데, 왜냐하면 성령도 아버지께서 보내시고 공동체와 함께 있다는 것과 (14:17), 공동체에 예수의 길을 가르쳐 주는데 그것은 모든 아버지의 일을 하는 예수가 하신 중요한 역할이었다. 그러기에 성령은 예수의 죽음과 부활 이후에 공동체를 위한 예수의 현존으로 기능한 것이다. 하지만 요한이 나중에 삼위일체론과 같은 하나님의 세 인격의 본질에 대한 존재론적 토론에 관계했던 것은 아니다. 요한은 자신과 자신의 공동체가 가졌던 하나님(삼위)과의 관계의 경험을 말을 표현하고자 했던 것이다.

그런데 오늘 본문은 성령강림절의 본문과는 조금은 다른 용어로 성령에 대해 말하고 있다. '진리의 영'이라고 부름으로써 요한은 성령의 다른 역할을 추가하는데, 말하자면 "모든 진리 가운데로 인도하실 것이다"(16:13)라는 것이다. 이것은 이사야서에서 하나님에 대해 사용한 용어와는 다른 것인데, 특히 2:3("백성들이 오르면서 이르기를 '자 가자. 우리 모두 주님의 산으로 올라가자. 야곱의 하나님이 계신 성전으로 어서 올라가자. 주님께서 우리에게 주님의 길을 가르치실 것이니, 주님께서 가르치시는 길을 따르자' 할 것이다. '율법이 시온에서 나오며, 주님의 말씀이 예루살렘에서 나온다'")과 30:20-21 ("비록 주님께서 너희에게 환난의 빵과 고난을 물을 주셔도, 다시는 너의 스승들을 숨기지 않으실 것이니, 네가 너의 스승들을 직접 뵐 것이다. 네가 오른쪽이나 왼쪽으로 치우치려 하면, 너의 뒤에서 '이것이 바른길이니, 이 길로 가거라' 하는 소리가 너의 귀에 들릴 것이다")에서 볼 수 있다. 나아가 성령은 "그는 자기 마음대로 말씀하지 않으시고, 듣는 것만 일러주실 것이요, 앞으로 올 일들을 너희에게 알려 주실 것이다"(16:13).

이러한 두 가지 기능은 예언자의 선포나 행동과 놀랄 만한 유사성을 지니고 있다. 이스라엘 예언자들은 자신의 말을 하는 것이 아니라 하나님의 말씀을 대언한다. 그들을 또한 일어날 일을 점쟁이들처럼 말하는 것이 아니라, 그들이 하나님과 연관을 가지고 있기에 세상의 일에 알 만한 사람으로서 말하고 있다. 요한은 이 개념을 성령의 모습을 형용하는 데 사용한다. 결과적으로 성령은 공동체를 위한 하나님의 말씀의 도관(導管)으로서 일하시고, 그들을 진리로 인도하며, 미래의 적절한 방향으로 향하게 한다.

다음 두 절은 성령, 예수, 아버지 간의 관계에 대한 핵심을 보여준다. 14절은 성령이 예수를 영광되게 하실 것인데, "그가 나의 것을 받아서, 너희에게 알려 주실 것이기 때문이다." 요한이 예수의 영광에 대해 직접적으로 말하는 것은 흔치 않은데, 그는 보통 예수의 영광을 예수의 죽음의 시간과 연관시켜 사용했다. 요한복음 전반부에서 요한은 예수의 시간이 아직 오직 않았다고 말했다. 예수의 시간이 왔다는 것은 요한에게는 예수의 죽음으로 인한 영광이었다. 12:27-36에서 땅에서 들려 올라간다는 이미지는 그의 부활을 말하는 것이 아니라 십자가를 의미했다. 13:31-35에서 유다가 나가서 그를 넘겨주려고 하는 바로 뒤에 예수가 인자가 영광을 받으리라고 선포한다). 하나님이 예수를 영화롭게 한다는 구절도 있고(8:54; 12:43), 나사로의 병과 죽음으로 하나님의 아들이 영광스럽게 된다는 구절도 있지만(11:4), 예수의 궁극적인 영광은 그의 부활에서가 아니라 십자가에서인데, 거기에서 "아버지께서 주신 외아들의 영광"(1:14)이 온전히 드러났기 때문이다. 요한에게는 친구를 위해서 자기 목숨을 버림으로써 예수가 아버지의 사랑을 체현하고 있고, 그러기에 하나님의 영광을 드러내고 있다. 그의 죽음으로 예수는 영광을 받았는데, 왜냐하면 그것을 통해 하나님이 영광 받으셨기 때문이고, 이것은 그들이 가지고 있는 상호적 관계의 일부이다.

14-15절은 성령, 예수 그리고 아버지의 상호관계의 핵심을 표현하고 있다. 14절에서 성령은 예수를 영광되게 하시는데, "왜냐하면 그가 나의 것을 받아서 너희에게 알려 주실 것이기 때문이다." 15절에서 우리는 아버지께서 가지신 모든 것이 다 예수의 것임을 알게 된다. 그러기에 아버지는 예수에게 모든 것을 주시고, 그래서 성령은 예수의 모든 것을 받아서 우리에게 알려 주시는 것이다. 헬라어로 '가진다'는 뜻을 가진 lambano는 '받는다'는 의미도 또한 지니고 있다. 이 말의 뉘앙스를 취하면 성령, 예수 그리고 아버지 사이에는 상호 간에 주고받음이 있으며, 이것이 그들의 관계를 형성하고 있는 것이다. 그들이 가진 모든 것은 아버지의 것이다(15). 더 이상 방해하지 않는다. 그래서 우리는 왜 고별담화에, 나중에 삼위일체 정립

을 위한 자료들이 그렇게 풍성하게 많은지 알 수 있다.

공동체는 어디에서 어떤 역할을 하는가? 그들은 '하나님의 가진 모든 것을' 받는 사람들인데, 이는 아버지를 통해서 예수와 성령에게 전해 주셨기 때문이다. 그런데 삼위의 관계는 신적인 관계로 닫혀져 있는 것이 아니라, 요한이 볼 때 도리어 성령의 계속적인 현존을 통해 하나님의 삶을 나누려는 공동체에 퍼져나간 것이다. 지난주 성령강림절 본문에서 요한은 성령이 예수가 말씀하신 모든 것을 공동체에 가르치실 것이요, 기억나게 하실 것이라고 했다. 여기에서는 성령은 예수의 일(그것은 아버지가 가진 모든 것이다)을 공동체에 선포하실 것이다. 성령은 예수가 함께 있었을 때 공동체에 가능했던 신적인 삶의 원천이다. 그리고 하나님, 예수 그리고 성령 간의 관계로 인해 아무것도 공동체에 유보되는 것이 없다. 요한이 볼 때 공동체는 아버지가 가졌던 모든 것과 같은 신적인 삶의 풍성함에 다가갈 수 있는데, 왜냐하면 그들은 예수를 사랑했고, 그가 하나님으로 왔다는 것을 믿었기 때문이다(16:27).

## 목회

설교자가 삼위일체주일에 삼위일체 교리를 교육하는 설교를 하려고 하면, 요한복음 16:12-15보다 더 적합한 본문들이 있다. 15절에서는 성령과 아버지의 관계에 대해 막연하게 언급하고 있지만, 이 구절은 대개 성령의 활동이 예수의 가르침을 발전시키며, 특히 예수께서 알려 주신 계시를 기독교 공동체가 성숙하게 이해하도록 촉진시킨다는 말씀으로 본다.

요한복음에서 계시는 예수의 제자들 개인에게는 적게 주어지고, 공동체에는 더 많이 주어졌다. 그리고 12-15절에서는 성령의 사역은 공동체 안에 있다. 개인주의 문화 속에서 설교자는 본문의 약속이 성령께서 개인과 예수의 신비한 관계를 향상시킨다는 것이 아니라는 점을 강조할 필요가 있다. 성령의 활동의 수혜자는 공동체이고, 공동체는 '모든 진리 가운데로'(13) 인도될 것이다.

'진리'라는 단어는 설교자의 설명이 필요하다. 예배하는 사람들은 '진리'를 '사실'과 같은 말이거나 혹은 지혜를 가리키는 말로 이해하는 경향이 있다. 그러나 요한복음에서 '진리'는 예수를 가리킨다. 예수가 '진리'다(14:6). 그래서 '진리'가 인도하는 공동체는 예수 자신과 관련이 있고, 예수가 하신 말씀에 대하여 더 분명하게 알게 되며, 예수가 누구인지에 관하여 더 깊은 확신을 갖게 된다.

예배자들은 12절을 자신들의 경험과 연결시키는 데 별 어려움이 없을 것이다. 듣는 사람이 이해할 수 있는 능력이 없거나 너무 고통스러워서 감당하지 못하는 것을 말하는 사람들이 많이 있다. 부모들은 말해 줄 것이 많은데 어린아이들은 아직 감당할 수가 없다. 청소년들은 어른들에게 할 말이 있는데, 부모를 포함해서 어른들은 감당할 수가 없다. 교사와 학생들, 목회자와 교인들도 마찬가지이다! 고통이나 불치병이나 슬픔이나 출산이나 조립 라인에서 일하는 것이나 전쟁이나 허리케인, 홍수, 토네이도 같은 자연의 파괴적인 행위에 대해 말할 것이 있지만, 경험해 보지 않은 사람은 이해할 수가 없다.

본문이 씨름하고 있는 것은 기독교 공동체 안에서도 마찬가지다. 분명히 예수의 죽음 전날 예수와 함께 모인 공동체에서 있었던 일이다. 요한복음뿐만 아니라 다른 복음에서도, 특히 마가복음에서, 예수는 임박한 그의 고난과 죽음 그리고 예배로의 부름에 대한 언급을 제자들이 이해하거나 감당할 수 없을 것이라고 이미 말했다. 오순절이 지나 진리의 성령이 제자들을 '모든 진리 가운데로' 인도하실 때까지 제자들은 계시의 의미가 예수 자신이라는 것을 이해하지 못했고 또 못할 것이다.

이후의 기독교 공동체도 모두 마찬가지다. 예수는 우리가 감당할 수 있는 것보다 더 많은 것을 말씀하셨다. 그의 말씀, 그의 사역, 그의 삶과 죽음과 부활의 의미에 관하여 여전히 우리는 '진리'를 온전히 파악하는 것과는 거리가 멀다. 이 말조차도 감당하기 어려운 기독교 공동체가 있는데, 그들은 자기들이 이미 '모든 진리'를 가지고 있다고 스스로 확신한다. 그럼에도 불구하고 설교자는 진리를 말해야만 한다.

본문이 가장 원하는 것은 공동체가 예수의 계시를 새롭게 만날 수 있도록 자신을 개방하도록 격려하는 것이다. 요한은 성령이 인도하시는 성장을 받아들이는 공동체를 형성하려고 한다. 이것은 '말씀이 육신이 되신' 것을 넘어서는 새로운 '진리'가 있다는 말이 아니다. 요한은 그런 것을 상상할 수 없다. 그러나 요한은 예수의 메시지와 예수의 의미가 지속적인 해석을 필요로 할 것이라고 상상할 수 있고, 또 상상한다. 요한은 과거에 갇혀 있지 않지만, 예수가 자신의 시대에 어떤 의미였는지를 이해하는 공동체를 상상한다. 요한은 변화하고 있는 상황과 새로운 질문, 예를 들면 줄기세포 연구라든지 인공적인 방법으로 수명을 연장하는 능력, 성장하는 종교 다원주의 등과 같은 것들이 등장해서, 참신하게 사고하는 공동체가 필요해질 것이라고 기대한다.

요한은 공동체가 '진리의 성령'의 인도에 의지하여, 가야 할 곳으로 가게 될 것이라고 확신한다. 공동체는 단지 예수의 계시를 지적으로 깊이 이해할 뿐만 아니라, 예수의 삶과 가르침에 부합하는 삶을 살아야 한다. 요한이 형성하려고 하는 공동체는 그들이 믿는 것을 바르게 이해하고 신앙적으로 정통일 뿐 아니라, 도덕적으로 그리고 윤리적으로 예수와 일치하고, 예수가 관심을 가졌던 것들에 관심을 가지며, 예수의 목회를 반영하는 목회를 수행하는 공동체이다.

요한은 이런 공동체가 가능하다고 확신했다. 왜냐하면 '진리의 성령'께서 하시는 목회가 예수를 따르는 사람들을 '모든 진리 가운데로' '인도'할 것이기 때문이다(13). 본문은 모든 시대와 모든 장소에 있는 교회에 같은 확신을 심으려고 한다. 성령은 새로운 진리나 새로운 계시와 함께 오시는 것이 아니라, 예수의 메시지와 의미를 그대로 선포하여 공동체가 그것을 받아들이고 순종할 수 있게 함으로 그리스도(아들)에게 영광을 돌리게 하신다.

공동체는 확신을 가지고 미래와 직면할 수 있다. 왜냐하면 성령께서 "앞으로 올 일들을… 알려 주실" 것이기 때문이다(13). 이 약속은 공동체가 미래의 사건들에 대한 지식을 미리 가지게 된다는 것이 아니라, 예수의 계시의 의미를 파악하고 어떤 상황에서든지 신실하게 된다는 것이다.

본문에서 성령을 '(공동체를) 모든 진리 가운데로 인도하실' 분이라고 설명하는 것은 예수의 방식과 일치한다. 예수는 설득하려고 애썼고, 강요하거나 강제로 시키기를 거부했으며, 회중과 그들의 지도자들에게 본을 보이며 섬겼다. 특별히 설교자들은 '진리의 성령'과 충돌하지 않도록, 교인들을 예수의 의미에 관해 더 깊이 이해하고 예수의 삶과 사역을 더 많이 닮아가도록 '인도'하는 것이 무엇을 의미하는지에 대해 생각해야 할 것이다.

## 설교

위대한 스승인, 예수께서는 그의 제자들이 이해할 수 있는 것을 알고 있었다. 청중에 대한 그러한 관심은 어떤 종류의 의사소통에서도 중요한 일이고 특히 설교에서도 중요하다. 오늘 본문은 비교적 짧지만, 예수께서 다락방에서 제자들을 위해 사례와 교훈 둘 다를 사용하여 오랜 시간 동안 가르치는 상황에서 나온 것이다. 여기서 설교자의 첫째 과제는 이 본문이나 이 본문의 배경을 가지고 설교를 듣는 청중들과 연관될 만한 무언가를 찾아내는 일이다. 이 접점은 긍정적일 수도 있고(소그룹 상황의 친밀한 대화) 혹은 부정적일 수도(21세기 삶과는 관계없는 2천 년 전의 이야기) 있다. 어느 경우든 접점을 파악한 설교자는 설교를 시작할 때 청중의 삶의 자리를 본문과 연관해서 또 예수께서 여기서 가르치시는 주요 내용인 성령과 연관해서 생각하게 될 것이다. 이 생각은 설교를 시작하는 방식뿐만 아니라 아마도 마무리하는 방식까지도 안내할 것이다.

다음으로 중요한 질문은 청중들이 이해해야 할 성령에 관해 예수께서는 여기서 무엇을 가르치고 있느냐는 것이다. '진리의 영'(Spirit of truth)이라는 이름은 요한복음에 독특한 것으로 히브리 성서에는 이런 형태로 나타나지 않는다. 이 개념은 위경인 Testament of Judah('유다의 증언') 20장에 나오는데 거기서는 오류의 영(spirit of error)과 비교하고 있다. 하지만 이 용어를 예수께서 여기서 사용한 것은 독창적인 것처럼 보인다. 예수께서는 자신의 종교적 유산으로부터 이 개념을 가지고 와서 그것을 확장시킨다. 삼위일체는 제자들이 그랬던 것처럼 우리에게도 어느 한 사람이 이해할 수 있는 것보다 더 많은 생각할 거리를 제공한다.

우리는 모두 점차 그러한 것을 배워야 하므로, 목회자가 교인들과 공유해야 할 가장 중요한 내용이 무엇인지를 결정하는 일이 중요하다. 여기가 바로 설교자의 목회적 감각이 자신의 설교를 발전시키는 지점이다. 목회경험과 상상력을 통하여 설교자는 하나님의 진리에 관한 질문(13), 또는 영광 받으시는 그리스도(14), 또는 삼위일체에서 세 위격 사이의 관계(본문 전체), 또는 예수와 제자들 간의 관계에서 성령의 역할(15) 중에서 가장 시급한 주제를 결정할 수 있을 것이다. 신적 계시가 지닌 관계적 측면같이 몇몇 주제를 섞어서 해도 아마 도움이 될 것이다. 심오한 교리적 주제의 표피만을 살짝 보여주는 이런 본문으로 설교할 때는 교인들에게 부담을 주지 않고 그들의 생각과 실천에 대해 무언가 도전을 주기 위해 설교에서 한 가지 분명한 초점을 두고 전개하는 것이 중요하다.

이런 분명한 초점 중 하나는 진리는 관계적이라는 것이 될 수 있다. 어떤 사람들은 진리를 사실에 대한 서술이나 명제적 확언으로 정의하고 또 다른 사람들은 '대문자 T로 시작하는 그런 절대적 진리'(Truth)는 없다고 말한다. 오늘날 사람들이 갈급해 하는 것은 어느 관계에서 비롯되어 그 관계를 발전시키고 견고하게 도와주는 그런 진리이다. 여기서 예수께서는 한 진리를 선포하는데 그것은 성부, 성자 그리고 성령이라는 관계에서 비롯되어 성자를 통하여 성부와 성령과 연관된 사람들에게 주어진다.

나아가 예수께서는 이 진리가 예수 자신을 영광스럽게 할 것이라고 말한다. 이 관계라는 측면은 오늘날 개인을 높이려 하는 우리 서구문화에서는 더욱 중요하다. 이런 개인주의는 거의 모든 경험이나 관계를 그것이 나에게 도움이 되는지 여부로만 평가한다. 결혼은 한 사람 또는 두 파트너가 인식하고 있는 필요한 것들이 충족되지 않기 때문에 삐걱거린다. 사람들은 심지어 교회 선택에 대해서도 교회 프로그램, 예배, 설교 혹은 교회 재산이 그들의 입맛과 요구에 잘 맞는지를 잣대로 삼는다. 오늘 본문이 보여주는 관계 모델은 진리가 어떻게 그리스도를 영광스럽게 할 것인지를 보여주고 있고, 이것은 우리의 삶에 있어서 어떤 결정을 하는 데 가장 적합한 기준이 될 것이다. 설교에서 우리가 너무 자주 간과한 것은 예수께서 사람들이 하나님을 향하게 하는 방식으로 소통한다는 점이고, 여기서도 예수께서는 우리에게 성령이 그러한 방식으로 사람들을 그리스도를 향하도록 소통하리라는 것을 확신시켜 주고 있다. 비이기적인 면은 삼위일체에 있어 중요하지만 우리들이 무시한 특성이기도 하다. 우리는 하나님에 관해 말할 때 '모든'(omni-)을 붙여서 omniscience(전지), omnipotence(전능), omnipresence(무소부재) 등을 사용하지만, 하나님의 비이기적인 면에 대해서는 거의 듣지 못한다. 이런 설교는 신선할 수 있다.

진리가 그리스도를 영광스럽게 하는가라는 질문과 더불어, 그리스도를 영광스럽게 하는 이 진리와 나는 어떻게 소통할 수 있는가라는 질문이 나오게 된다. 진리는 결코 그냥 나타난다든지 혹은 저기에 있는 식으로 존재하지 않는다. 진리는 항상 소통되는 것으로, 얼마나 자주 그런가라는 질문은 진리의 속성을 부정하는 것이다. 이 구절들에서 소통이라는 용어는 흥미롭다. 예수께서는 제자들에게 할 말이 더 있다. 진리의 영이 그들을 모든 진리로 인도할 것이다. 그 영은 자신의 것을 말하지 않고 들은 것을 말하게 될 것이다. 그는 앞으로 올 일들을 선포할 것이다. 그는 그리스도에게 속한 것을 취해서 (혹은 받아서) 그것을 제자들에게 선포할 것이다. 이 마지막 선언은 14절과 15절 모두에 나타나 있다. 본문의 상황에서 이 용어들을 면밀히 연구하면 진리를 전달하는 것 곧 보내고 받는 것에 대한 설교에 도움이 될 것이고, 겸손이 설교의 구조와 내용 모두에 있어서 중요한 역할을 하게 될 것이다. 설교자가 모든 진리를 패키지로 전달하기를 기대하는 시대는 지났다. 사람들은 진리를 찾는 일에 우리 모두가 참여하고 있음을 알아야 한다. 우리에게는 하나님의 말씀과 더불어 성령 안에서 의지할 만한 인도자가 있다. 하지만 완전한 이해는(우리는 '부분적으로밖에 알지 못한다', 고전 13:12) 모든 것이 완성될 때 오게 된다.

# 성령강림절 후 둘째 주일

## 누가복음 8:26-39

<sup>26</sup>그들은 갈릴리 맞은 편에 있는 거라사 지방에 닿았다. <sup>27</sup>예수께서 물에 내리시니, 그 마을 출신으로서 귀신 들린 사람 하나가 예수를 만났다. 그는 오랫동안 옷을 입지 않은 채, 집에서 살지 않고, 무덤에서 지내고 있었다. <sup>28</sup>그가 예수를 보고, 소리를 지르고서, 그 앞에 엎드려서, 큰 소리로 말하였다. "더없이 높으신 하나님의 아들 예수님, 당신이 나와 무슨 상관이 있습니까? 제발 나를 괴롭히지 마십시오." <sup>29</sup>예수께서 이미 악한 귀신더러 그 사람에게서 나가라고 명하셨던 것이다. 귀신이 여러 번 그 사람을 붙잡았기 때문에, 사람들이 그를 쇠사슬과 쇠고랑으로 묶어서 감시하였으나, 그는 그것을 끊고, 귀신에게 몰려서 광야로 뛰쳐나가곤 하였다. <sup>30</sup>예수께서 그에게 물으셨다. "네 이름이 무엇이냐?" 그가 대답하였다. "군대입니다." 많은 귀신이 그 사람 속에 들어가 있었기 때문이다. <sup>31</sup>귀신들은 자기들을 지옥에 보내지 말아달라고 예수께 간청하였다. <sup>32</sup>마침 그 곳 산기슭에, 놓아 기르는 큰 돼지 떼가 있었다. 귀신들은 자기들을 그 돼지들 속으로 들어가게 허락해 달라고 예수께 간청하였다. 예수께서 허락하시니, <sup>33</sup>귀신들이 그 사람에게서 나와서, 돼지들 속으로 들어갔다. 그래서 그 돼지 떼는 비탈을 내리달아서 호수에 빠져서 죽었다. <sup>34</sup>돼지를 치던 사람들이 이 일을 보고, 도망가서 읍내와 촌에 알렸다. <sup>35</sup>그래서 사람들이 일어난 그 일을 보러 나왔다. 그들은 예수께로 와서, 귀신들이 나가버린 그 사람이 옷을 입고 제정신이 들어서 예수의 발 앞에 앉아있는 것을 보고, 두려워하였다. <sup>36</sup>처음부터 지켜본 사람들이, 귀신 들렸던 사람이 어떻게 해서 낫게 되었는가를 그들에게 알려 주었다. <sup>37</sup>그러자 거라사 주위의 고을 주민들은 모두 예수께, 자기들에게서 떠나 달라고 간청하였다. 그들이 큰 두려움에 사로잡혔기 때문이다. 그래서 예수께서는 배에 올라 되돌아가시는데, <sup>38</sup>귀신이 나간 그 사람이 예수와 함께 있게 해 달라고 애원하였으나, 예수께서는 그를 돌려보내시며 이렇게 말씀하셨다. <sup>39</sup>"네 집으로 돌아가서, 하나님께서 네게 하신 일을 다 이야기하여라." 그 사람이 떠나가서, 예수께서 자기에게 하신 일을 낱낱이 온 읍내에 알렸다.

# 신학

갈릴리 맞은편에서 배에서 내리는 순간, 예수는 생사의 드라마 속으로 발을 디딘 셈이다. 거라사인이 예수를 만나기 위해 달려왔다. 그는 모든 면에서 부정한 존재였다. 그는 군대귀신에 들려 인간이라고 하기가 힘들 정도였다. 그는 무덤에서 살았다. 그는 옷을 입지 않았고, 어떤 짓을 할지 모르는 상태였고, 폭력적이었으며, 고립되어 있었다. 그는 또한 이방인이었다; 따라서 갈릴리 맞은편(opposite Galilee)이라는 표현은 지리적인 차원을 넘어서, 생명의 반대쪽(opposite life)이라는 의미로 해석할 수 있다. 예수는 의도적으로 생명의 반대쪽 영역으로 발을 디딘 셈이다. 이 이야기는 어떤 사람도 그리스도의 구원과 치유로 드러나는 사랑의 영향권에서 벗어날 수 없다는 것을 밝히는 기독론적인 성격을 띠고 있다.

누가복음에서는 예수가 의도적으로 이방지역을 방문하는 경우가 이곳에서만 나온다. 예수가 경계를 넘어가는 것은 장차 제자들이 예루살렘과 유대와 땅끝까지 이르러 증인으로 보냄을 받을 것을 예견한다. 그들도 모든 종류의 악으로 고통당하는 소외된 자들에게로 가야 한다. 그들은 온 세계를 구하기 원하는 예수의 능력으로 보냄을 받는다. 하나님의 은총은 죄가 구축한 온갖 장애를 넘어서 뻗어나간다.

앞의 이야기에서는 예수가 바람과 파도를 제어하는 능력을 갖고 있는 것으로 묘사되었다면, 여기서는 예수가 귀신들을 제어하는 능력이 있음이 묘사된다. 그가 귀신을 제어하는 방식이 아직 완전하지는 않을지라도 예수는 귀신 들린 사람을 해방시키고 치유하신다. 구원은 전일적(holistic)이어서, 몸과 정신과 영혼과 관계성에 생명을 가져온다. 치유적 사랑의 마지막 사례에 해당하는 이 이야기에서 예수는 무명의 남자를 집으로 돌려보낸다. 그는 이방인에게 파송된 첫 선교사가 된다.

오늘 본문에는 모호한 부분이 있어서 해석자들이 혼란을 겪어왔다. 왜 예수가 귀신들과 타협을 하고, 그들이 돼지에게 들어가는 것을 허용했을까? 왜 예수는 돼지들이 파괴당하는 것을 허용했을까? 이런 폭력이 불가피한 것이었나?

한편에서 보면 오늘 본문은 신정론적이고 종말론적인 문제를 제기하지만, 완전한 답을 제공하지는 않는다. 최후의 심판이 올 때까지 하나님은 악을 심판하고 제어하는 장치를 갖고 계시지만 악은 일정한 영향력을 행사하고 있고, 모든 생명은 그 때문에 고통을 당한다. 이는 부분적으로 성취된 종말론이라고 말할 수 있을 것이다. 자연과 귀신과 질병을 제어하는 능력을 갖고 있는 예수를 통해 하나님의 나라는 도래했지만, 악에 대한 최종적인 심판은 미래에 일어나게 된다. 이런 관점에서 본문은 답변하기 곤란한 질문을 설명하려고 시도하지 않고 신실한 제자로 살려는 사람이 겪게 되는 모호성을 그대로 표현한다.

다른 관점에서 보면, 본문은 예수가 귀신을 심판하고 축출하는 완전한 권위가 있다는 점을 강조한다. 중동 고대의 악마에 대한 속설에 따르면 악령은 물에서 살 수 없다(눅 11:24에서 예수가 귀신들이 마른 땅에 산다고 언급함). 예수가 귀신들에게 돼지에게 들어가는 것을 허락하자마자, 돼지들은 물로 뛰어들어 스스로를 파괴하게 된다. 군대귀신의 제거를 위해서는 불쌍한 동물들의 희생은 감수해야 하는지도 모르겠다.

전통적인 해석에 의하면 돼지는 유형론적인 의미를 갖는다. 돼지는 모든 형태의 부정한 것을 상징한다. 예수를 포함하여 유대인들은 돼지를 부정한 동물로 여겼으므로, 돼지가 죽는 것은 크게 문제가 되지는 않는다. 그러나 돼지를 길러 먹고 사는 사람들에게는 돼지의 몰살은 큰 재앙임에 틀림없다. 돼지 치는 사람들은 기적적 치유에도 불구하고, 두려움에 휩싸였고, 예수에게 떠나기를 요청했다. 이 이야기는 복음은 소란을 일으키며 경제적 사회적 질서를 혼란시키는 동력을 가져옴을 보여준다. 복음이 모든 사람에게 좋은 소식으로 여겨지지는 않는다. 가끔 제자들은 그들이 전한 복음이 배척을 받아서, 발에서 먼지를 털어내야 하는 상황도 겪게 된다(눅 9:5; 10:11).

이런 모호함 속에서, 본문은 하나님의 사랑에 대해 많은 것을 명확하게 표현한다. 우리는 거라사인이 어떻게 이런 딱한 처지에 놓이게 되었는지 알지 못한다. 그는 오늘날의 노숙자와도 같다. 노숙자는 쓰레기 더미를 뒤질 수도 있고, 다리 밑이나 지하도에 살 수도 있다. 그중 다수는 정신적으로 온전하지 않고, 정상적인 직장이나 가정을 갖고 생활을 할 수 없다. 노숙자들은 폭력, 강간, 살인 등과 같은 군대귀신의 공격에 더 쉽게 노출되어 있다. 노숙자들은 사회에서 기피 대상이고, 그들이 일상적인 생활로 돌아오기는 힘들다. 모든 도시에는 거라사인이 있다. 그리고 거라사인도 우리 이웃이다(누가 이웃이냐는 문제에 대해서는 눅 10:25-37의 선한 사마리아인의 비유를 참고).

예수가 거라사로 가신 것처럼, 예수의 제자들도 배에서 내려 반대편으로 가도록 부름을 받았다. 예수의 제자들에게 주어진 사명은 하나님의 치유와 자유케 하는 사랑을, 파괴되고 소외된 지역으로, 귀신의 힘에 묶여서 스스로 벗어날 수 없는 속박된 삶을 사는 사람들에게 가져가는 것이다. 실제로 아주 오랜 시절부터 축사와 치유는 세례 예식과도 밀접하게 연관되어 있었다. 세례를 받은 사람은 어떤 상황에서도 사탄과 악령의 세력에 저항하기를 약속해야 했다. 세례를 받는다는 것은 예수와 함께 반대쪽으로 가는 것이다.

성찬의 예전에서도 구원의 복음을 갖고 반대쪽으로 가도록 보내는 것이 중요한 의미를 지닌다. 오래전부터 그리스도인들은 성찬에 참여한다는 것은 그리스도의 능력과 사명을 자신들의 것으로 취하는 것을 의미한다고 믿어 왔다. 성찬에 참여하는 것은 하나님의 선교적 부르심에 "네"라고 대답하는 것이다.

14세기의 위대한 신학자 노르위치의 줄리안(Julian of Norwich)은 그리스도의 구원의 능력과 악마의 파괴적인 힘이 나란히 보이는 것을 보고 크게 웃었다고 한다. 왜냐하면 결국 원수는 패하게 되기 때문이다.* 악에 의해 만들어진 모든 상처와 슬픔은 그리스도 안에서 치유된 상처가 되어, 영예와 영광의 표식이 될 것이다. 줄리안이 보인 반응은 구원에 관한 기독론

---

\* Julian of Norwich, *Showings*, trans. and with an introduction by Edmund College and James Walsh (New York: Paulist Press, 1978), 201-202.

적 확신에서 나온 것이다. 거라사인이 지니고 살게 될 이전의 상처는 구원의 촉매제가 된다. 왜냐하면 치유된 이 사람은 세상 사람들에게 예수가 자신에게 무엇을 해 주셨는지를 생생하게 증언할 것이기 때문이다.

## 주석

복음의 축소판으로서 기적 이야기는 비참함에서 생명을 구원하는 예수의 능력을 묘사하는 복음서 기자들의 플롯을 담고 있다. 거라사의 귀신 들린 사람에 대한 누가의 이야기는 이러한 플롯의 친숙한 모든 요소를 보여주고 있다: 1) 병의 진단과 고통의 외침, 2) 예수의 치유 응답, 3) 고통당하는 사람의 온전함으로의 회복과 군중들의 놀람. 여기에 귀신을 쫓는 데 친숙한 요소도 있다: 귀신을 쫓는 사람에 대한 인식과 비난(28, 30-31). 그런데 누가의 앞 설명(4:33-37)과는 달리, 이것은 단순한 귀신 쫓는 이야기가 아니다. 다른 어떤 예에서도 군대귀신이 한 사람에게 들어가지 않았으며, 어느 곳에서도 귀신이 돼지에게 들어가 물에 빠져 죽는 이야기도 없다.

누가의 이야기 전개가 이 이야기의 초점을 보여준다. 처음 시작에서부터 낮은 자들의 운명을 역전시킬 것이라고 선언한다(1:48, 52). "가난한 자에게 복음을"이라는 메시아 취임 설교(4:18)는 뒤이은 치유와 축귀에서 현실이 된다(4:33-34; 5:12-16). 세례자 요한이 제자들을 보내어 예수가 "오실 자입니까?" 물어보았을 때 예수는 그의 사역에서 하나님 나라의 표지를 가리켰다. "눈먼 사람이 다시 보고, 다리 저는 사람이 걷고, 나병환자가 깨끗해지고, 귀먹은 사람이 듣고, 죽은 사람이 살아나고, 가난한 사람이 복음을 듣는다"(7:22). 반대자들이 축귀에 대해 잘못 해석하자, "내가 하나님의 능력을 힘입어 귀신들을 내쫓으면, 하나님 나라가 너희에게 이미 온 것이다"(11:20)라고 답변했다. 고대 사람들이 병을 악한 영의 역사로 인한 결과로 생각했듯이, 누가 기자도 치유와 축귀의 구별을 하지 않는다. 악한 세력과의 싸움에서 궁극적인 승리를 얻는다는 것을 "사탄이 하늘에서 번갯불처럼 떨어지는 것을 내가 보았다"(10:18)고 말했다. 그러기에 거라사의 귀신을 만나는 것은 예수의 하나님 나라 선포와 함께하는 악한 권세와의 싸움의 예일 것이다.

다른 공관복음서의 축귀 이야기와 비슷한 요소들을 가지지만(마 8:28-34; 막 5:1-20), 누가의 구별되는 특징들이 초점을 보여준다. 장소가 처음 실마리를 제시한다. 세 공관복음서 이야기에서(마 8:28; 막 5:1과 비교) 정확한 장소제시에 혼동이 있다. NRSV는 장소를 '이방인의 땅, 갈릴리 맞은편에 있는 거라사 지방'으로 제시한다. 그러기에 누가는 사도행전에서 보여준 이방인 선교의 많은 이야기를 예상하게 된다. 예수가 만난 귀신 들린 사람은 고쳐 달라고 외치는 많은 사람 중의 하나가 아니라, 그는 사회에서 아주 추방당한 사람이다. 돼지를 먹고 키우는 땅에서 외지인으로서 그는 하나님의 백성 중에서 외부인이었고, 무덤에서 지냈다는 것은 영원히 부정한 생활을 하고 있다는 것을 보여준다. 심각한 병을 가진 귀신 들린 자로서 그는 자신의 백성들 가운데 홈리스였다.

귀신과 대화하는 것이 축귀 이야기에서 흔한 것도 아니지만(눅 4:34-35을 보라), 8:29-31의 긴 대화와 다른 공관복음서 본문과 비교하여 유례없는 것이다. 그것은 이어지는 대화에서 예수가 말한 "귀신은 쉴 곳을 찾느라고 물 없는 곳을 헤맨다"(11:24)는 고대의 믿음을 반영한다. 이 예에서 보듯 귀신은 유대인들의 우주관에서 물 깊은 곳이라 생각하고 '사탄의 마지막 감옥'이라는(계 20:3) '심연'을 무서워하여, 차라리 유대인들 생각에 가치 없는 동물인 돼지에게 들어간다. 돼지들이 호수에 빠지는 장면을 극적으로 묘사한 것은(8:32-33), 예수가 귀신의 능력을 압도하는 것을 생생하게 보여준다.

귀신을 쫓은 결과에 대한 이야기(8:34-39)는 '가난한 자에게 복음을'(4:18) 전한 생생한 예를 보여준다. 그 젊은이의 변화는 역전의 주제를 요약적으로 보여주는데, 옷도 입지 않고 귀신 들렸다가(8:27), 옷을 입고 제정신이 들었기 때문이다(8:35). 처음부터 지켜본 사람들이, 귀신 들렸던 사람이 어떻게 해서 낫게 되었는가를 그들에게 알려 주었다(8:36). 이 이야기는 단지 치유의 이야기만은 아닌 것이 '치유한다'와 '구원한다'는 헬라어는 같기 때문이다. 누가에 따르면 예수는 "잃은 것을 찾아 구원하러 왔다" (19:10). 이 사람은 예수 안에서 온전함을 찾은 잃어버린 자 중의 하나이다. 독자들은 그에게서 예수께 찾아와 구원받은 사람(행 4:9, 12; 11:14) 중 하나의 예를 보게 된다. 부정함으로 인해 하나님의 백성 가운데서 배제된 사람이 이제 환영받고 깨끗하게 되었다.

이 이야기는 어떤 사람을 구원하는 것이 다른 사람들에게는 적대감을 가져온다는 것도 보여준다. 예수에게 그들의 고향을 떠나달라고 요청하는 거라사 주민들을 보면 사도행전에서 귀신 들린 여종을 고쳐준 것이 주인들의 돈벌이를 없앴다는 이야기를 생각나게 한다(행 16:16-24). 많은 예에서 기독교 선교는 공동체에 재정적 영향을 끼치고, 복음의 영향으로 인해 자신들의 돈벌이가 흔들리는 사람들에게 적대감을 가져온다는 것을 보여준다.

귀신 들린 사람이 옷을 입고 제정신이 들었다는 것이 이 이야기의 적절한 끝이겠지만, 누가의 특별한 관심이 마태복음에는 없는 에필로그에서 나타난다. 마태에서는 고침을 받은 사람이 금방 사라지지만, 누가에서는 예수의 순회 선교에 참여하기 위해 예수와 함께 있게 해달라고 애원한다. 하지만 예수는 "네 집으로 돌아가서, 하나님께서 네게 하신 일을 다 이야기하여라"라고 말하는데, 이는 누가가 어떤 이는 예수의 순회선교에 함께하지만, 다른 이는 자기 집에서 그의 사역에 참여한다(10:38-42)는 것을 잘 보여준다. 한때 집 없는 자가 이제 집을 가진다. 하나님의 나라의 능력을 체험한 사람이 다른 사람에게 이 하나님 나라를 선포하고 있다.

하나님의 놀라우신 권능은 이해하기 어려울 수 있다. 특히 일상생활에서 더 그렇다. 그러나 인간의 기준을 넘어서는 그 권능은 삶을 변화시키는 능력이 있다. 누가복음 8:26-39에서 하나님께서 악마에게 절대적인 지배권을 가지셨고, 잃어버린 것처럼 보이는 자들에게 비할 데 없는 연민을 가지고 계신다는 것을 예수께서 보여주셨을 때, 귀신들은 그 권능을 두려워했고, 귀신 들린 사람은 그 권능에 의해 구원받았으며 동네 사람들은 그것들을 어떻게 받아들여야 할지 몰랐다.

예수께서 거라사 땅에 도착했을 때 그를 처음 맞이한 것은 큰 고통을 당하고 있는 사람이었다. 그 사람에게 필요한 것은 본문의 시작 부분에 잘 소개되어 있다. 그는 귀신 들려서, 지치고 고통스러웠고, 옷을 입지 않은 채 무덤 사이에서 살았고, 자신의 공동체에서 추방되었으며, 사람들은 그를 두려워해서 종종 쇠사슬에 묶어서 감시했다. 언뜻 보면 이런 상황은 선과 악 사이, 하나님의 권능과 귀신 들림 사이의 고전적인 만남처럼 보인다. 지금까지 본문에 대한 해석은, 귀신이 실제로 존재한다고 증명하거나 혹은 귀신 들린 사람이 정신과적인 문제를 가지고 있다는 것을 증명하여 귀신 들린 상태를 현대의 용어로 설명하려는 유혹을 받아 왔다. 이 고전적인 난제를 해결하는 것은 이 사람의 고통의 깊이를 이해하는 데 필수적이지 않을 뿐 아니라, 그로 인해 이 구절의 더 큰 주제에서 주의를 분산시켜서는 안 된다.

이 사람이 왜 이런 고통을 당해야 하는지는 밝혀지지 않았지만, 그러나 그것이 얼마나 강렬한지는 의심의 여지가 없다. 그의 삶은 본질적으로 그의 통제 밖에 있다. 예수가 "네 이름이 무엇이냐?"라고 물었을 때, 그가 "군대입니다"라고 대답하는 것은 많은 것이 그에게 영향을 미치고 있다는 것을 알려 준다. 이것은 우리 같이 예수를 주라고 부르는 사람들 가운데에서도 흔한 일이다. 우리 자신이 우리 인생을 통제하고 있다는 생각이나 하나님이 우리 삶을 통제하시도록 우리가 허락했다는 생각은 우리를 둘러싼 현실에 의해 그 실체가 폭로되곤 한다. 직업에 대한 염려, 재정적인 압박, 파괴된 관계, 매일매일 살아가는 삶 자체가 경쟁적으로 우리의 관심을 끌고, 우리의 시간과 자원을 먹어 치우면서, 하나님과의 관계 안에서 무엇이 가장 중요하며 우선적인 것인지 혼란스럽게 한다. 칼뱅(John Calvin)은 기독교강요 제1권에서, 이런 혼란을 깨닫고 "우리가 싸워야 할 상대의 수가 무한하다는 사실을 깨달아야 하며, 그리하여 그 수를 멸시하고서 싸움에 임하기를 게을리하거나 혹은 때때로 휴전 상태에 들어갈 때도 있다는 식으로 생각하여 나태함에 빠지는 일이 결코 없어야 할 것"*이라는 사실을 명심해야 한다고 경고한다. 하나님께서 주시는 변화시키는 능력을 받으려면 하나님과 함께하는 삶의 충만함과 우리 사이에 있는 장벽을 인식하는 것이 필수적이다.

그 사람 안에 있는 악한 영이 예수의 신성과 거기 저항하는 것이 아무 소용없음을 가장 먼저 깨달았다는 사실에 주목하라. 첫 질문이 "당신은 누구십니까?"가 아니라 "당신이 나와 무슨 상관이 있습니까?"였다. 단순히 하나님의 존재를 인정하는 것과 하나님께 자신을 맡기는 것은 다르다. 귀신의 관심은 더러운 돼지 떼 속에 들어가서라도 자기 자신을 보존하는 것이었다. 아이러니하게도, 귀신들이 새로 머물게 된 돼지들이 앞을 다투어 호수를 향해 달려가서 익사하는 바람에, 그들이 안전한 도피처로 선택한 곳이 그들을 파괴하는 수단으로 변했다. 한편 그 사람은 그의 의식을 회복하고 마침내 예수의 발 앞에 안전하게 앉았다.

삶의 혼란 속에서 하나님의 임재와 마주칠 때, 우리는 비슷한 문제에 직면하게 된다. 그리스도의 치유와 구원을 신앙의 눈으로 보면 합리적으로 보일 수 있지만, 인간의 본능은 때때로 우리를 다른 방향으로 몰고 간다. 이 이야기에 등장한 사람이 자기 자신의 의지와 상관없이 그 안에 있는 귀신들에게 이리저리 끌려다녔던 것처럼, 우리는 종종 변화에 저항하면서 익숙한 것을 향해 도망치고, 신앙의 눈으로 볼 때 말도 안 되는 삶을 산다. 그가 예수 앞에 엎드릴 때 비로소 어떤 희망을 발견하게 되었다. 우리는 다른 어떤 영향력이 가리키는 삶의 피난처에서가 아니라 우리 구주의 발 앞에서 평화와 변화를 발견한다.

---

* John Calvin, *Institutes of the Christian Religion* (『기독교강요』, 크리스챤다이제스트, 2003), 1.14.14.

그 동네에 사는 사람들은 하나님이 그들의 이웃에게 주신 행운을 알고 서 축하하기보다 두려워했다. 거라사 사람들보다 귀신이 훨씬 더 빨리 예수 안에 있는 하나님의 권위를 받아들였다는 것은 얼마나 아이러니한 일 인가! 그들이 그 사람을 그렇게 괴롭히던 더러운 귀신보다 하나님의 아들을 더 두려워하게 되는 것은 때로 거룩한 것을 마주칠 때 가지게 되는 감정의 표현이다(예를 들어 눅 1:12, 1:30, 1:65, 2:9). 사실 우리는 종종 우리가 알지 못하는 변화보다 우리가 알고 있는 문제를 더 선호한다는 것은 어느 정도 진실이다. 그들 앞에는 그들의 유익을 위해 주신 은혜의 선물인 하나님의 권능이라는 증거가 있었다. 그렇게 오랫동안 그 사람을 괴롭혔던 귀신들은 단지 쫓겨난 것이 아니라 파괴되었다. 그 사람의 인생은 확실히 달라졌다. 그는 더 이상 희생자가 아니라 승리자가 되었고, 귀신이 '더없이 높으신 하나님의 아들'이라고 불렀던 분에 의하여 변화되어 인생의 새로운 기회를 얻게 되었다. 그러나 그 지역 사람들은 예수에게 떠나달라고 요청하는 바람에, 예수가 그들에게 가져온 놀라운 권능이 그들에게 줄 더 이상의 혜택을 얻을 기회를 상실했다. 이것은 누가복음 4:28-30에서 예수가 나사렛에서 경험했던 일을 떠오르게 한다.

"네 집으로 돌아가서, 하나님께서 네게 하신 일을 다 이야기하여라"(39). 이 말씀을 하시면서 예수는 치유된 그 사람을 그의 도시로 돌려보내서 무슨 일이 일어났는지를 증언하게 한다. 개인적인 차원에서 그는 삶을 변화시키는 은혜를 받은 사람이 되었지만, 거라사 공동체로 복귀한 주민으로서 그리고 하나님의 권능을 가까이 경험한 사람으로서, 말해야 할 중요한 이야기를 가지게 되었다.

## 설교

누가복음 8장은 예수의 가르침, 설교 그리고 기적 이야기가 함께 들어 있다. 기적들은 자연(22-25), 귀신의 힘(26-39), 질병(40-48), 심지어 죽음까지

403

(49-56) 다스리는 예수의 능력을 보여주면서, 다가오는 하나님의 나라를 선포하는 그분의 힘을 드러내고 있다. 이 이야기 또한 8장 전체와 동일한 분위기를 연출하고 있다. 설교자는 이 풍성한 자료들을 가지고 다양하게 설교할 수 있다. 본문에 나타난 이야기 순서를 따라가면서 나는 정체성에 관한 것과 관련하여 세 가지 가능한 방식으로 설교를 생각해 보고자 한다. 그 첫째는 무엇보다도 예수의 치유가 개인적 정체성 회복에 영향을 준다는 것이다. 우리는 귀신에 빙의되었다거나 귀신축출에 대체로 회의적인 세상에 살고 있지만, 이 귀신 들린 현상을 정신질환과 동일시하려거나 또는 복음서 기자의 세계관이 잘못된 것으로 이해하려는 것 모두 별 도움이 되지 못한다. 이 이야기는-아마도 일차적이진 않지만- 육체적 치유에 관한 것뿐만이 아니라(비록 부분적으로 치유에 관한 것이지만), 한 사람의 정체성 회복에 관한 것이다. 귀신 들린 사람이 예수에게 한 응답은 성서에서 가장 가슴 아픈 구절 중 하나다. 그의 이름을 물었을 때 그 사람은 이름이 없다고 대답한다. 혹은 더 정확히 자신의 이름이 '군대'(Legion), 즉 '다수'라고 대답한다. 셀 수 없는 수많은 귀신에 사로잡혀서 그는 이들이 내는 소리의 불협화음으로 인하여 자아를 잃었고 자기 스스로 개별적인 인간이 되는 것을 멈추게 되었다. 그래서 그는 자신의 공동체와 심지어 자신으로부터 분리된 채로, 자신과 다른 사람들에게 위협이 되면서 홀로 광야에서 미쳐 날뛰며 지내고 있는 것이다.

우리 교인들 가운데 얼마나 많은 사람이 안팎으로 분노하는 소리들에 압도되어 자신들의 정체성을 훼손당하고 또 외롭고 절망적인 상태로 자신들을 몰아가고 있는가? 우리는 교인들이 그 귀신들을 추방하고 치유되기를 기대할 수는 없어도, 그들의 이름 곧 하나님의 자녀로서의 본래적인 권리를 회복시킬 수는 있다. 마틴 루터(Martin Luther)가 마귀에 사로잡혀 있다고 느꼈을 때 그는 "나는 세례받았어!"라고 외침으로써 용기를 얻었다고 한다. 이러한 방식으로 그는 구원의 확신을 물과 말씀의 세례를 통하여 그리스도의 가족으로 인도하는 하나님의 외적이고 객관적인 행위에 두었던 것이다. 이처럼 이 세상의 소리들이 우리에게 외치는 온갖 이름들과 요구들이 최종적 권위를 갖는 것은 아니다. 우리는 하나님께서 우리를 다시 한 번 그리고 항상 하나님의 사랑하는 자녀로 여기신다고 선포할 수 있다. 이러한 방식으로 교인들에게 하나님께서 주신 그들의 이름과 정체성을 상기시켜 주면서 변함없는 하나님의 약속을 선포할 수 있다.

이 이야기에서 살펴볼 둘째 요소는 좀 이해하기 어려운 것인데, 그것은 예수께서 귀신들을 제압하는 능력을 지녔지만, 사람들에게는 비슷한 권위를 행사하지 않는다는 점이다. 사람들은 놀랍게도 예수의 치유를 크게 기뻐하지 않는다. 오히려 그들은 두려워하고 예수께 떠나기를 요구한다. 바람과 폭풍우를 잠재우고 그들 가운데 함께 있던 한 사람을 치유한 분이 그들의 존경을 받기에는 무기력해 보인다. 설교자는 청중들에게 무엇이 이들을 깊은 두려움에 이르게 했는지 물을 수 있다. 많은 가능성이 있겠지만 나는 예수의 존재와 능력이 사회질서를 혼란스럽게 하지 않았을까에 무게를 둔다. 마을 사람들은 귀신에 사로잡힌 사람을 치유하지도 또 수용하지도 못하면서 그 사람에게 익숙해져 있었다. 그는 자기 자리(place)를 알고 마을 사람들은 그들의 자리를 알았다. 더 정확하게는 그들은 그의 자리 곧 광야에 있는 그를 알고 있었다. 이전에 귀신 들린 그가 다시 그들 가운데로 온다는 것을 알았을 때 (비록 그가 치유되어 오더라도) 그들은 불안해했는데, 아마도 그 이유는 그들이 익숙했던 사회질서가 완전히 흐트러지기 때문이었을 것이다.

이상하게 들릴지 모르지만 우리는 종종 우리가 알고 있는 마귀를 우리가 알지 못하는 자유보다 더 좋아한다. 교인들 역시 그들이 대처하는 법을 배웠던 역기능적 사회로부터 그릇된 안정감을 느낄 수 있고 변화–심지어는 건강을 위한 변화–가 가져올 것들을 두려워한다. 공동체의 정체성은 이런 면에서 개인적 정체성보다 더 변화되기 어렵다. 실제로 누가가 예수의 사역을 통해 무언가를 보여주려 한다면, 그것은 두려워하는 공동체 가운데 변화를 일으키는 것이 폭풍을 잠재우고 마귀를 쫓아내는 것보다 더 어려울 수 있다는 것이 될 수 있다.

주목할 만한 셋째 요소는 이제 귀신 들렸다가 치유된 그 사람에게 예수께서 주는 이해하기 어려운 대답이다. 바른 정신으로 회복되고 치유 받은 이 사람은 이제 예수를 따르겠다고 간청한다. 놀라울 게 없지 않은가! 여기 그의 고향에는 문자 그대로 아무도 없다. 그가 여기 남아야 할 이유가 무엇인가? 예수께서는 보통 사람들에게 "나를 따르라"고 말한 반면에 이번에는 그에게 머물러서 "하나님께서 네게 하신 일을 다 선포하라"고 명령한다. 이 말은 위에서 주목했던 딜레마와 관련하여 한 가지 단서를 줄 수 있다. 예수께서는 그의 존재와 능력을 느꼈던 공동체 사람들 가운데서 그 공동체의 변화를 이끌어 내기 위해 이 사람에게 책임과 권위를 주고 있는 것일수도 있다. 아마 이들에게 필요한 것은 예수의 능력을 보여주는 것이 아니라 치유되고 회복된 사람의 살아 있는 증언일 것이다. 만일 이 사람이 떠난다면 그의 이웃들은 원래 있던 자리로 쉽게 돌아갈 것이다. 이들 가운데 마음, 몸, 영이 새롭게 된 그가 계속해서 함께 머문다면, 그 자체가 그들의 건강과 생명을 위하는 하나님의 단호한 행동으로 그들은 생각하게 될 것이다.

이와 같이 우리들도 하나님의 부름에 응답하여 낯선 곳으로 갈 때도 있지만, 때로는 예수를 따르는 일이 우리의 삶 속에서 경험했던 하나님의 전능한 일을 증거하면서 우리가 있는 곳에 머물러 있을 수도 있다. 공동체의 회복은 이렇게 개인적 치유와 불가분하게 연결되어 있어서 자아를 잃었던 한 사람이 다른 사람들을 이끌어 그들의 정체성과 가능성을 새롭게 발견하도록 돕는다.

결국 어떤 방향으로 정하든, 설교자는 우리 가운데 예수께서 오셔서 우리를 그에게로 부를 때 일어나는 매우 현실적인 도전과 다양한 가능성 모두를 진솔하게 보여주어야 한다.

# 성령강림절 후 셋째 주일

## 누가복음 9:51-62

⁵¹예수께서 하늘에 올라가실 날이 다 되었다. 그래서 예수께서는 예루살렘에 가시기로 마음을 굳히시고 ⁵²심부름꾼들을 앞서 보내셨다. 그들이 길을 떠나서 예수를 모실 준비를 하려고 사마리아 사람의 한 마을에 들어갔다. ⁵³그러나 그 마을 사람들은 예수가 예루살렘으로 가시는 도중이므로, 예수를 맞아들이지 않았다. ⁵⁴그래서 제자인 야고보와 요한이 이것을 보고 말하였다. "주님, 하늘에서 불이 내려와 그들을 태워 버리라고 우리가 명령하면 어떻겠습니까?" ⁵⁵예수께서 돌아서서 그들을 꾸짖으셨다. ⁵⁶그리고 그들은 다른 마을로 갔다. ⁵⁷그들이 길을 가고 있는데, 어떤 사람이 예수께 말하였다. "나는 선생님이 가시는 곳이면, 어디든지 따라가겠습니다." ⁵⁸예수께서 그에게 말씀하셨다. "여우도 굴이 있고, 하늘을 나는 새도 보금자리가 있으나, 인자는 머리 둘 곳이 없다." ⁵⁹또 예수께서 다른 사람에게 "나를 따라오너라" 하고 말씀하셨다. 그러나 그 사람이 말하였다. "[주님,] 내가 먼저 가서 아버지의 장례를 치르도록 허락하여 주십시오." ⁶⁰그러나 예수께서는 그에게 말씀하셨다. "죽은 사람들을 장사하는 일은 죽은 사람들에게 맡겨두고, 너는 가서 하나님 나라를 전파하여라." ⁶¹또 다른 사람이 말하였다. "주님, 내가 주님을 따라가겠습니다. 그러나 먼저 집안 식구들에게 작별 인사를 하게 해주십시오." ⁶²예수께서는 그에게 말씀하셨다. "누구든지 손에 쟁기를 잡고 뒤를 돌아다보는 사람은 하나님 나라에 합당하지 않다."

## 신학

예수는 갈릴리 지역 순회를 마치고 "예루살렘에 가시기로 마음을 굳히셨다." 예수는 9:28-36에서 대화를 나누었던 모세나 엘리야처럼 강력하고 단호하게 예언자적 태도를 보이신다. 그렇지만 예수는 단순한 예언자 이상이다. 그는 메시아다. 오늘 본문에서 예수는 제자들이 앞으로 당할 일과 관련하여 꼼꼼한 대비를 시작하신다. 분위기는 차분하다. 예수는 이미 제자들에게 당신이 배신당하고 죽임을 당할 것이라고 말했다(9:21-22, 44). 예수가 사명을 이루기 위해 가는 길에 동행하기 위해서는 단단한 각오를 해야 한다. 예수의 제자들은 배척과 박해에 어떻게 대응해야 하는지 배워야 한다. 그리스도를 따른다는 것은 그 결과가 어떻든 상관없이 예수가 가는 길을 걷는 것이다.

오늘의 본문은 예수의 승천에 대한 예고로 시작된다: "예수께서 하늘에 올라가실 날이 다 되었다." 제자들은 오순절 성령강림 이후 주어질 대사명을 위해 준비되고 있다. 누가는 제자들이 예수가 가는 길을 예비하기 위해 사마리아 동네로 보냄을 받은 것을 기록하면서 속죄론적인 주제를 전개한다. 사마리아는 유대 공동체와 적대관계에 있는 외부 공동체이지만 예수는 이 지역을 위한 선교 계획을 추진한다. 용서와 치유에 관한 예수의 능력은 인종적으로나 종교적으로 '불순한' 집단인 사마리아인을 포함하여 모든 사람에게 열려 있다. 제자들은 예수의 복음을 갖고 그들에게 간다. 제자들은 예수가 그랬던 것처럼, 기꺼이 익숙한 영역을 떠난다.

그러나 그들의 포용심은 금방 바닥이 드러난다. 사마리아인들이 그들을 배척하자, 제자들은 분노한다. 야고보와 요한은 엘리야가 바알의 선지자들을 불로 멸망시킨 것처럼 사마리아에도 불심판이 내려지기를 바란다. 예수는 즉각 그들을 꾸짖고, 제자가 되기 위한 대가에 대한 확고한 가르침을 주신다.

힘에 의존하여 문제를 해결하려는 유혹은 제자들에게는 물론 교회에도 늘 있을 것이다. 예수는 제자들에게 어떤 마을에서 배척을 당하면 발에서 먼지를 털고 하나님의 나라가 가까이 왔다는 선포를 하라고 이미 명령하셨다(눅 9:5, 10:11). 오늘 본문에서 예수는 어떤 형태의 보복도 허용되지 않는다는 것을 강조한다. 기독교 신앙을 강요하기 위해 폭력을 사용하는 것은 기독교의 본질적 정신에 어긋난다. 복음을 거부하는 자들은 종말론적인 심판을 직면해야 하지만, 심판은 하나님께만 속한 것이다.

능력을 남용하기를 거부하는 예수의 입장과 연결되는 것이 물질적 집착으로부터의 초탈이다. 예수는 제자들이 이것도 배우기를 원한다. 그 내용은 귀에 거슬리고 반감을 불러일으킬 수도 있다. 예수는 제자가 되려는 이들에게 여우도 굴이 있고 새도 둥지가 있지만, 인자는 머리를 둘 곳이 없다고 말한다(58). 성육하신 하나님은 편안한 집을 떠나 환영하지 않는 사람들 가운데 사시는 셈이다. 이것이 제자들에게는 어떤 의미로 다가오는 가? 물질적 소유나 경력, 가족과 관련하여 어떤 영향을 미칠까? 제자도는 성인들이나 신비가들이 수행했던 초탈, 즉 빈손으로 사는 훈련이다. 누구도 소유욕에 잡혀있으면서 예수의 충실한 제자가 될 수 없다.

이러한 금욕적 요구에 근거하여 오래전에 수도원 전통이 생겨났고, 가톨릭에서는 청빈, 순결, 순명이 복음적 덕목으로 강조되었다. 이 본문이 어떨 때는 극단적인 금욕주의로 또는 육체적인 것을 경시하는 이원론으로 빠진 예도 있었지만, 예수가 극단적인 금욕주의를 실천했거나 주장했다고 볼 수는 없다. 예수의 대적자들이 예수가 "마구 먹어대는 자요, 포도주를 마시는 자"(7:34)라고 비난한 것은 과장된 것이겠지만, 예수가 정상적인 육체적 욕구를 죄악시하지 않았음은 확실하다. 예수가 가르치고자 했던 것은 인간사의 모든 일이 하나님의 선교(missio Dei)라는 절대적 중심에 견주어 상대화되어야 한다는 것이었다. 의식주와 같은 인간의 가장 기본적인 요소까지도 이차적인 것이다.

예수의 낮아지심(kenosis, 자기 비움)의 의미가 어떤 때에는 종종 육체를 죄악시하고 영적인 것만을 강조하는 식으로 잘못 받아들여지기도 했지만, 그 본래 의미는 오늘의 물질문명과 극명하게 대비된다. 본문은 오늘의 교회에 중요한 질문들을 던진다. 예수에게 집이 없다는 선언이 오늘의 교회론에 주는 의미는 무엇인가? 물질적 소유나 장소와 관련하여 자기 비움을 실천하려는 하나님의 백성들에게 본문이 주는 도전은 무엇인가? 교회가 소비주의적 문화에 휩쓸리지 않으면서 가족과 공동체를 위해 할 수 있는 역할은 무엇인가?

충실한 제자로 살기 원하는 사람들은 모든 영역에서 도전을 받게 된다. 어떤 경우 복음은 전통적인 가족·문화적 관습에 어긋나는 때도 있다. 긴 장례 일정을 앞둔 자에게 예수는 "죽은 사람을 장사하는 일은 죽은 사람들에게 맡겨 두고, 너는 가서 하나님 나라를 전파하여라"라고 말씀하셨다

(9:60). 이 말은 부친상을 당한 사람에게 주는 것으로는 배려심이 없고 부적절한 것처럼 들린다. 예수가 말하고자 하는 것은 제자가 가족, 공동체, 전통에 관한 의무에 일차적 우선순위를 준다면, 그는 자신의 삶에 충실한 것을 더 중요한 사명으로 여기는 셈이라는 것이다.

동방정교의 theosis(神化, deification)나 서방 교회의 성화(sanctification) 교리는 제자들이 성령의 임재를 통해 겪게 될 변혁과 관련 있다. 오늘 본문은 제자들에게 성령의 능력으로 그리스도의 삶과 사명을 본받아 그리스도와 연합하는 삶을 살기를 요구한다. 즉, 제자들은 성화된 삶을 살도록 부름을 받았다. 하나님의 사랑과 뜻을 이루기 위해 자신을 버리고 "예루살렘으로 가기로 마음을 굳히는" 삶을 살도록 부름받았다. 작물을 심기 위해 흙갈이하는 농부처럼, 제자들은 미래에 추수할 것을 생각하여야 한다. 그들은 쟁기를 손에 잡고 뒤를 돌아보지 말아야 한다. 그들에게 설교하고, 가르치고, 병 고치는 사도적 능력이 주어질 것이다. 그러나 그들은 배척과 박해도 경험하게 될 것이다. 사마리아 동네에서 시작된 예루살렘으로의 여정은 그리스도의 영에 이끌려 걷게 되는 사도의 길이다.

## 주석

공관복음서에서 모두 예수의 갈릴리 사역을 이어서 유대와 예루살렘으로 들어가신 것을(마 19:1-2; 막 10:1) 묘사하고 있지만, 누가는 이 여행의 드라마를 '선교여행 이야기'(눅 9:51-19:28) 안에 약 1/3쯤 되는 곳에 배치하여 강조하고 있다. 누가의 관심은 지리적인 것보다는 신학적인 것인데, 그의 여행의 진도를 알 수 있는 아무런 표시는 없지만, 누가는 예수가 예루살렘으로 가는 길이라는 것을 반복적으로 상기시키는 것에서 이를 알 수 있다(13:22, 33-34; 17:11; 18:31; 19:11, 28).

누가는 9:51에서 이야기의 결정적인 전환점을 제시하는 말로 선교여행 이야기를 도입하고 있다. 결정적 순간을 "예수께서 하늘에 올라가실 날이다 되었다"고 말한다. 하늘에 올라가실 날이 다 되었다는 것은 누가가 말한 중간 시간으로서 그리스도 사건에 대한 강조와 상통한다(1:1; 4:21; 행 1:2). 누가는 이 시간을 앞에서 모세와 엘리야가 예수의 '떠나가심'에 대해 말한 것을(9:31) 상기시킴으로 말하고 있다. 이번 경우에는 예수가 예루살렘으로 올라가신다. '올라가는 것'이 대개 승천을 의미하지만(행 1:2, 11, 22), 누가는 아마도 죽음, 부활, 승천을 포함한 예루살렘에서 일어날 모든 일을 말하고 있는 것 같다. 그러기에 예루살렘은 예수에게 운명의 장소이다. 가시기로 마음을 굳힌다는 것은 마치 에스겔이 이스라엘을 향해 예언할 때와 같은(겔 6:2; 13:17; 14:8), 단호한 결의를 보여주는 예언적 행동이다. 예수가 나중에 선교여행 이야기에서 제시한 것과 같이 예루살렘은 예언자들이 순교하는(눅 13:34) 장소이다.

죽음을 향한 예수의 여행은 9:51-62에 이어지는 제자도에 대한 이야기의 배경을 제공한다. 갈릴리 사역과 마찬가지로 여행 도중에, 제자들이 예수를 따르고, 그의 사역을 함께하며(9:1-5), 십자가를 진다(9:23). 마태와 마가가 베레아를 통과하는(마 19:1; 막 10:1) 것으로 묘사하는 것과 비교해서, 누가는 예루살렘으로 가는 직선도로인 사마리아를 통과하는 것으로 묘사한다. 사마리아를 통과한다는 것은 큰 도전인데, 왜냐하면 유대인들과 사마리아인들은 오랫동안 적대적으로 살며 서로 상종하지 않았기 때문이다(요 4:9). 요세푸스는 예루살렘으로 가기 위해 사마리아를 통과하는 유대 순례자들에 대한 사마리아인들의 빈번했던 폭력적 행동을 기록으로 남기고 있다(유대전쟁사 2.232). 그럼에도 불구하고 예수는 제자들을 경멸받는 사마리아인들의 선교에 가담시켰는데, 이는 후에 복음이 유대를 넘어 사마리아로 퍼져나가는(행8 :4-25) 계속적인 선교를 예고하고 있다. 제자들은 곧바로 이 여행의 위험을 알게 되었는데, 왜냐하면 예수를 환영했던 다른 사람들과는 달리(눅 7:36; 9:1-5. 비교. 10:38-42), 사마리아인들은 예수가 예루살렘으로 가시는 도중이므로 예수를 맞아들이지 않았다.

맞아들이지 않는 사마리아인들에게 하늘에서 불을 내려 태워버리라고 하는 요청을 보면, 제자들은 이러한 거부에 대해 발에서 먼지를 떨어버리고(9:5) 다른 동네로 가라는 예수의 가르침을 잊어버린 것이 틀림없다. 그들은 하늘에서 불을 내려 왕의 부하들을 태워버렸던(왕하 1:10) 엘리야를 모방하려 했다. 제자들을 꾸짖고 다음 동네로 가시면서 예수는 제자들에게 불가피한 거부에 대해 폭력적으로 대응하지 않고 새로운 길로 선교를 계속하도록 가르치셨다.

제자가 되려고 하는 사람들과의 짧은 이야기에서, 누가는 예수가 그의 운명의 길을 가는 것처럼 제자도의 더 높은 차원을 제시한다. 누가는 처음 두 이야기(9:57-60)는 마태와 공유하지만(마 8:19-22), 그의 독자적 자료를 통해 셋째 이야기(9:61-62)를 첨부한다. 이미 누가는 예수가 그를 따르려면 매일 십자가를 져야 한다고 했지만(9:23), 제자가 되려 했던 첫째 사람은 예수가 가는 곳이면 어디든지 가겠다고 말했다. 다른 제자 지망생과는 달리 그는 제자 됨에 아무런 조건도 달지 않았다. 사마리아인들과의 만남은 "인자는 머리 둘 곳이 없다"는 것을 생생하게 생각나게 해 주었는데, 왜냐하면 그가 의지하는 환대를 거절했기 때문이다. 그러기에 예수를 따르려는 사람들은 같은 운명을 예상할 수 있다. 누가는 어떤 사람들이 그들의 동네에서 예수를 섬기고(8:39. 비교. 8:1-3), 환대하는 것(10:38-42)을 묘사하면서도, 예수를 따르려는 사람들이 결정적인 선교에 있어서는 특별한 요구를 하고 있다.

첫째로 예수를 따르려는 사람이 있었지만, 예수는 둘째 사람에게 "나를 따르라"라고 말씀하신다. "네 아버지와 어머니를 공경하라"(출 20:12)는 십계명의 가르침과 부모를 매장하는 책임을 져야 하는 유대의 전통에서 보자면, 그 사람이 아버지의 장례를 치르겠다는 요청은 온당한 것이다. 그 사람의 아버지가 이미 죽었는가를 따지는 주석가들은 대화의 초점을 놓치고 있는 것이다. 왜냐하면 누가의 일차적 관심은 그 사람이 예수를 기꺼이 따르고자 하는 조건을 내건다는 것이다. 예수의 대답, 즉 "죽은 사람들을 장사하는 일은 죽은 사람들에게 맡겨 두라"는 것은 그 사람이 사태의 긴급성에 대한 인식이 없다는 것을 가리키는데, 그러기에 제자 됨의 요구는 율법의 정상적 의무를 넘어서는 것이다. 14:16-24의 예화에서 보듯이 시대의 긴급성을 보지 못한 채 땅을 사고 결혼을 하는 정상적 일만을 계속하는 사람들처럼, 이 사람도 제자 됨을 '아버지나 어머니나, 아내나 자식이나, 형제와 자매보다'(14:26) 우선하라는 예수의 요청을 이해하지 못했다.

　제자가 되려는 셋째 사람도(61-62) 이해할 만한 요청을 한다. 그의 대답은 엘리야가 엘리사에게 제자가 되라고 했을 때를 상기시키는데(왕상 19:19-20), 그때 엘리사는 그의 아버지와 어머니에게 작별 인사를 하게 해 달라고 요청했다. 엘리야는 그 요청을 허락했지만, 예수는 "누구든지 손에 쟁기를 잡고 뒤를 돌아다보는 사람은 하나님 나라에 합당하지 않다"고 말했는데, 이는 엘리야가 그를 불렀을 때 엘리사가 쟁기를 잡고 있었던 것을 (왕상 19:19) 암시하고 있다. 뒤를 돌아본다는 것은 가족들의 요청을 제자로의 부름보다 우선한다는 것이다. 예수의 하나님 나라 선포하는 일에 어울리기 위해서는 엘리야의 요구보다 더 엄격해져야 한다는 것이다. 예수의 제자들은 예수의 거부됨(51-56)과 운명(57-62) 모두를 나누어야 한다.

## 목회

　믿음은 다양한 방법으로 표현되고 경험되지만, 각자의 신앙 여정에서 헌신의 깊이를 분명하고 명확하게 표현해야 할 때가 온다. 우리 인생에서 하나님의 자리는 편의의 문제도 아니고, 당연한 것으로 여겨져서도 안 된다. 인간의 다른 노력과는 달리 하나님께 대한 헌신은 논리적 의사결정과정의 결과라기보다는 진심에서 우러나는 문제다. 예수와 함께 예루살렘으로 가는 길을 선택할 때, 얼마나 오래 알고 지냈는가 혹은 얼마나 깊이 알고 있는가보다 사랑이나 은혜 같은 요소들이 훨씬 더 중요한 역할을 한다. 제자의 삶을 사는 것은 파트타임이나 일시적인 헌신일 수 없다. 그것은 삶의 방향과 우선순위를 변화시키는 것으로, 우리의 인간적인 필요와 요구를 우리 주님의 부르심에 종속시키는 것이다.

　그래서 저항도 하게 된다. 예수가 걸어간 여정은 고된 것이었고, 결국 십자가에서 끝나는 것이었다. 선택지가 수없이 많고 즉각적인 만족을 추구하는 시대에, 이런 식의 헌신은 우리 마음을 사로잡기 힘들다. 누가복음 9:51은 예수의 생애와 사역에서 중요한 전환을 의미한다. 예수는 결국 그자신에게 요구될 희생에 관하여 가르치고 있었다. 이제 그가 "하늘에 올라가실 날이 다 되었다." 그래서 예수는 예루살렘과 거기서 만날 죽음을 향해 방향을 바꾸었다.

우리도 사는 동안 중요한 전환의 시간과 마주하게 된다. 신앙 발달의 초기에 우리는 종종 성서와 교회에 대하여, 하나님의 자녀가 된다는 것이 무슨 의미인지에 관하여 더 자세히 배우는 데 집중한다. 우리는 멋지고 자상한 구세주에게 온전하고 완전한 사랑을 받고 있다는 것을 알고 기뻐한다. 우리는 그리스도의 몸으로서 멋진 친교를 함께 나눈다. 우리는 새로워지고, 양육되고, 놀랄 만큼 성취감을 느낀다. 우리의 신앙이 성장하고 성숙함에 따라 그리스도 안에 있는 우리의 삶은 세상 안에서 살아가는 우리의 삶과 서서히 통합된다. 그리스도의 길을 가는 삶을 사는 것은 개인적인 노력이 아무리 의미 있는 일이라고 하더라도, 그 이상이라는 것을 깨닫게 된다. 그런 삶이 진정한 의미와 온전함을 가지려면 그것이 우리의 정체성이 되어야만 한다. 우리는 우리 존재의 모든 부분에서 우리의 정체성을 깨닫고 정체성에 따라 살아야 한다. 우리가 가진 은사와 단점이 무엇이건 간에, 성숙한 그리스도인이라면 기꺼이 예수와 함께 걸어가야 한다. 비록 그 여정이 세상 사람들이 피하려고 하는 어려운 선택을 강요하더라도 말이다.

저항은 여러 가지 형태를 취할 수 있다. 예수가 선택한 새로운 방향은 심한 반대에 부딪혔는데, 때로는 적대적이고 때로는 당황스러웠다. 그 길을 준비하려고 파견된 사람들 대부분은 영접보다 반대를 받았다. 사마리아 사람들은 예수께서 예루살렘으로 가시는 이유를 거룩한 도성으로 순례하는 것으로 오해해서 시비를 걸었다. 예수가 환영받지 못했기 때문에 그의 제자 야고보와 요한은 분개하면서, 하늘에서 벌을 내리게 하자고 제안했다. 오늘날에도 예수는 자기를 지지하기를 꺼리는 사람들을 처벌하려고 하지 않는다. 그 대신 우리는 우리의 주님이 사랑의 구주시라는 것을 거듭거

듭 기억해야 한다. 사랑의 구주는 저항하는 사람을 처벌하거나, 모든 사람을 강제로 줄 세우려고 하지 않고, 그와 함께 여행길을 걷자고 믿는 사람들을 초대한다.

모든 사람이 그 길을 갈 준비가 된 것은 아니다. 오늘 본문의 후반부(57-62)는 잠재적 추종자들의 진정성과 신앙의 깊이를 시험하는 일련의 만남으로 구성되어 있다. 표면적으로는 각각의 응답이 합리적이고 적절한 것처럼 보인다. 누가복음 9:51의 맥락에서 이러한 만남을 보면, 각 사람에게 분명한 것은, 예수를 따르는 것이 여러 가지 우선순위 가운데 하나일 뿐이며, 예수를 따르겠다는 열망보다 앞자리에 무언가를 놓고 있다.

첫 시나리오(57-58)는 열광적인 지지자가 "당신이 가는 곳이면 어디든지 따라가겠습니다"라고 선언하는 것이다. 불합리한 선언은 아니지만, 아마 이것은 종종 우리의 기도에도 스며있을 것이다. 사실, 그리스도인은 대부분 예수를 따르는 것이 그들의 신앙과 신념에 기본적으로 중요하다는 데 동의할 것이다. 중요한 질문은, 그것이 무슨 뜻이냐는 것이다. 단순히 듣고 배우는 것인가? 아니면 더 깊은 헌신을 해야 하는 것인가?

예수는 간단명료하게 "함께 가자"고 대답하시지 않고, "여우도 굴이 있고, 하늘을 나는 새도 보금자리가 있으나, 인자는 머리 둘 곳이 없다"고 대답하심으로 따라오는 것을 차단하신다. 예수의 길을 따르기로 선택한 사람들은 물질적으로나 문화적으로나 집이라고 부를 곳이 없다는 것을 알게 될 것이다. 첫째 경우, 예수의 이름으로 일하는 것은 현관 바로 밖에서 이루어질 수 있지만, 항상 특정한 장소에서만 일하게 되리라고 기대할 수는 없다. 둘째 경우, 그리스도인의 가치와 봉사는 언제나 정치적으로 올바르거나 문화적으로 인기 있는 것은 아니다. 예수를 따르는 것은 신자를 세상과 불화하게 할 수도 있는데, 그것이 우리의 결심을 방해해서는 결코 안 된다. 우리가 가는 길은 우리가 소중히 여기는 것과 우리가 정한 순위 그리고 우리가 다른 사람을 대하는 방식에 의해 확인된다. 누가복음 12:34을 보라.

이 점은 둘째 시나리오(59-60)에서 강조된다. 여기서 예수는 "나를 따라 오너라"고 단순하게 초대한다. 예비 추종자는 먼저 가서 자기 아버지의 장례를 치르게 해달라는 요청으로 응답한다. 이것은 누가복음 5:11에서 제자들의 응답과 비교된다. 자유롭게 예수를 따라가기 전에 돌봐야 할 중요한 우선순위가 있다는 것을 의미하는 것이 분명하다. 셋째 시나리오 (61-62)에서 우선순위는 가족의 필요와 의무라는 형태를 취한다. 합리적인 요청으로 보이는 것이 사실은 우리의 소명을 따라 살아가는 것에 대한 또 다른 장애일 수 있다. 이러한 변명은 다른 방향으로 가려고 요청하는 것이다. 예수가 제공하는 것은 신앙의 여정을 따라갈 수 있는 기회다.

그리스도인의 여정은 가족과 직장에 대한 책임을 거부하라고 요구하지 않는다. 오히려 신앙의 빛으로 그리고 그리스도에 대한 더 깊은 헌신이라는 렌즈를 통해 그것들을 보도록 우리를 격려한다.

## 설교

사람들이 좋아하는 루이스(C. S. Lewis)의 작품 『사자와 마녀와 옷장』(*The Lion, the Witch, and the Wardrobe*)의 전환점이 되는 장면에서, 여러 중요한 등장인물들은 마녀에게 점령당한 나니아(Narnia)의 진정한 통치자이며 위대한 사자인 아슬란(Aslan)이 악한 마녀와 싸우기 위해 다시 나타났다는 소식을 공유하면서 서로를 격려한다. 그들이 서로를 격려하는 말은 명료하면서도 강력하다: "아슬란이 움직이고 있다."

오늘 누가복음을 읽으면서, 예수 사역의 후반부를 열어주는 이 구절들이 예루살렘으로의 여정과 십자가를 예고할 때 이와 비슷한 일이 일어나고 있다. 말씀을 선포하고 가르치며 기적을 행했던 예수께서는 이제 예루살렘을 향하여 가라는 고요하고 분명한 부름을 듣게 되고, 누가복음의 나머지 이야기는 그곳을 향한 확고한 여행을 묘사하고 있다. 한마디로 말해서 "예수께서 움직이고 있다."

예수께서는 예루살렘을 향하여 가지만 그는 가장 직접적인 경로를 택하지 않는다. 사실 누가가 다루고 있는 이야기와 사건에는 뚜렷한 서술기준이 거의 없어서 예수께서 걸었던 경로를 식별하기도 쉽지 않다. 밝혀진 것은 누가의 일차적 관심은 이야기나 지리적인 것이 아니라 신학적인 데 있다는 점이다. 누가가 보여주는 이야기들은 예수의 특성을 드러내고, 이어서 그를 보낸 아버지와 예수를 통해 성취할 사명에 관한 것이다.

오늘의 성서정과에서 함께 다루고 있는 두 개의 장면은 예수의 소명에 대한 인식을 보여주고 있다. 두 장면 모두 예수께서 산꼭대기에서 변모되고 그가 가장 신뢰하는 제자들 앞에서 모세와 엘리야를 만난 사건 바로 직후에 일어난다. 첫 장면은 예수께서 사마리아 마을에서 거부당한 일과 야곱과 요한이 화를 내며 하늘로부터 불을 내려 이 마을을 불사르자고 요청하는 의로운 분노를 표현하고 있다. 우리 눈에는 이 두 제자가 도가 지나친 것처럼 보일 수도 있으나 우리는 엘리야가 자신의 적대자들을 태우려 두 번이나 불을 내린 것을 주목해야 한다. 아마도 야고보와 요한은 예수를 이러한 예언자의 반열에서 이해했던 것 같다. 하지만 예수께서는 거절한다. 이보다 앞에 있는 구절에서 이미 그는 자신을 따르는 자들에게 어디를 가든 제공되는 환대를 받으라고 하였고 그것이 거절되면 그 발의 먼지를 털어버리고 이동하라고 하였다. 복수나 폭력은 예수의 방식이 아니다.

이상하게도 누가는 사마리아 사람들이 예수를 받아들이지 않은 이유를 보여주지 않는다. 그가 이 마을에서 기적을 행하기 위해 머무르지 않아서인지 혹은 메시아에 대한 그들의 인식을 무시해서인지 아니면 그가 논쟁의 중심지인 예루살렘으로 가고 있기 때문에 이 문제가 별로 중요하지 않아서인지 알 수 없지만, 어쨌든 예수는 받아들여지지 않는다. 하지만 누가는 사마리아 사람들의 반응을 예수께서 예루살렘을 향하신 것과 연결시킨다. 분명히 중요한 것은 사마리아 사람들의 거부가 아니고 예수께서 지닌 한결같은 목표이다.

이 점은 그다음 장면과 연결된다. 언뜻 보기에 예수를 따르는 사람들이 예수께 했던 요청이 왜 예수로부터 그런 책망을 받았는지를 설명하기란 쉽지 않다. 가족들에게 작별 인사를 하고 부모님의 장례를 치르는 일은 지나친 요청이 아닌 것처럼 보인다. 엘리사가 예언자가 되기 전 가족들과의 인사를 허락했던 엘리야와 비교하려는 의도가 있는 것 같다. 그렇지만 요점은 예수께서 엘리야보다 더 많은 요구를 한 데 있는 것이 아니고 오히려 예수의 길이 더 확고하다는 데 있다. 예수께서는 자신의 목적과 사명으로부터 벗어날 수 없고 또 그러지도 않을 것이다. 예수께서는 예루살렘을 향한 여정과 거기서 그를 기다리는 십자가는 타협할 수 있는 것이 아님을 인식하고 있다. 폭력을 거부하고 다른 사람을 위하여 고통을 떠안으며 하나님의 비전과 사명에 충실하기 위해 안락한 삶, 특권을 포기하는 일은 적어도 한 사회에서 일반적인 삶의 방식은 아니다. 아마도 이러한 일들은 보호, 안전 그리고 안락한 삶을 누리려는 인간의 자연스런 본능에도 역행하는 일일 것이다. 이러한 면에서 우리는 예수를 따르려는 사람들을 책망했던 예수에게서 진실한 점을 발견할 수 있다. 예수와 그의 사명을 받아들인 사람들은 이것이 그들에게 의미하는 바를 혼동해서는 안 된다.

그렇다면 여기에서 아마도 설교자가 직면하는 가장 중요한 질문은 이 본문이 먼저 제자들에게만 해당되는 것인가를 결정하는 일이다. 만일 제자들이 누가가 보기에 더 낫게 행동했다면 이렇게 이해하는 것이 더 나을 것이다. 하지만 제자들은 예수께서 자신의 운명을 여러 차례 이야기하지만 알아듣지 못한다. 십자가에 대해 예고를 해 주었을 때에도 그들은 즉시 높은 자리를 두고 다툰다. 예수께서 필요한 시간에 그들은 잠을 잔다. 그들은 예수를 배반하고 버리고 부활에 관해 '말도 안 되는 이야기'로 여긴다.

이러한 이유로 인해 나는 누가복음 이야기의 더 큰 흐름이 다른 면을 강조한다고 보는데, 그것은 세상을 위해 십자가를 받아들이는 예수의 헌신이다. 이 본문이 말하려는 것은 제자도도 아니고 십자가를 앞둔 예수의 영웅적인 용기도 아니다. 오히려 온 인류와 세상을 향한 하나님의 심원한 사랑에서 비롯된 한결같은 목적이다. 누가복음 서두에서 누가는 예수의 족보를 다윗이나 아브라함이 아닌 온 인류와 연관되어 있음을 보여주기 위해 아담까지 소급해 올라간다. 사도행전의 마지막에 누가는 복음의 궤적을 예루살렘으로부터 로마 그리고 온 세상까지 확대시켰다. 누가에 따르면 예수의 관심은 전 인류적이다. 마찬가지로 그것은 용서에 그 뿌리를 두고 있다. 결국 십자가에 달리신 예수께서 자신을 못 박았던 사람들을 용서하는 이야기는 오직 누가에게만 있다.

모든 것을 아우르며 사랑하시는 하나님에 대한 강조는 본문에서 사마리아 사람들에 대한 폭력을 예수께서 거부하는 데서 가장 강조된다. 그것은 단순히 예수의 비전에 반대되는 것일 뿐만 아니라 그의 정체성과 사명과도 부합되지 않는다. 이처럼 예수와 그의 십자가에서 드러난 하나님의 철저한 사랑을 입은 사람들은 이 사랑이 인간의 사랑 개념과는 다르다는 것을 반드시 알아야 한다. 우정, 가족 간의 결속, 경건, 제자도 등, 이 모든 것은 하나님의 희생적 사랑을 통하여 볼 때 다르게 보인다. 이 사랑을 강조하여 설교할 때 그 설교가 불러일으키는 반응에 설교자는 놀랄 수도 있다. 여하튼 이 세상에는 심지어 우리 가운데서도 그런 배려를 받을 만한 자격이 없다고 생각될지도 모르는 사람들이 있다. 그들의 반응이 어떻든 간에 이러한 교훈을 따라 살아가는 설교자는 좋은 동반자를 만나게 될 것이다.

# 성령강림절 후 넷째 주일

## 누가복음 10:1-11, 16-20

¹이 일이 있은 뒤에, 주님께서는 다른 일흔[두] 사람을 세우셔서, 친히 가려고 하시는 모든 고을과 모든 곳으로 둘씩 [둘씩] 앞서 보내시며 ²그들에게 말씀하셨다. "추수할 것은 많으나, 일꾼이 적다. 그러므로 추수하는 주인에게 추수할 일꾼을 보내 달라고 청하여라. ³가거라, 내가 너희를 보내는 것이 양을 이리 가운데로 보내는 것과 같다. ⁴전대도 자루도 신도 가지고 가지 말고, 길에서 아무에게도 인사하지 말아라. ⁵어느 집에 들어가든지, 먼저 '이 집에 평화가 있기를 빕니다!' 하고 말하여라. ⁶거기에 평화를 바라는 사람이 있으면, 너희가 비는 평화가 그 사람에게 내릴 것이요, 그렇지 않으면, 그 평화가 너희에게 되돌아올 것이다. ⁷너희는 한 집에 머물러 있으면서, 거기서 주는 것을 먹고 마셔라. 일꾼이 자기 삯을 받는 것은 마땅하다. 이 집 저 집 옮겨 다니지 말아라. ⁸어느 고을에 들어가든지, 사람들이 너희를 영접하거든, 너희에게 차려 주는 음식을 먹어라. ⁹그리고 거기에 있는 병자들을 고쳐주며 '하나님 나라가 너희에게 가까이 왔다' 하고 그들에게 말하여라. ¹⁰그러나 어느 고을에 들어가든지, 사람들이 너희를 영접하지 않거든, 그 고을 거리로 나가서 말하기를, ¹¹'우리 발에 묻은 너희 고을의 먼지를 너희에게 떨어버린다. 그러나 하나님 나라가 가까이 왔다는 것을 알아라' 하여라.

¹⁶누구든지 너희의 말을 들으면 내 말을 듣는 것이요, 누구든지 너희를 배척하면 나를 배척하는 것이다. 그리고 누구든지 나를 배척하면, 나를 보내신 분을 배척하는 것이다." ¹⁷일흔[두] 사람이 기쁨에 차서, 돌아와 보고하였다. "주님, 주님의 이름을 대면, 귀신들까지도 우리에게 복종합니다." ¹⁸예수께서 그들에게 말씀하셨다. "사탄이 하늘에서 번갯불처럼 떨어지는 것을 내가 보았다. ¹⁹보아라, 내가 너희에게 뱀과 전갈을 밟고, 원수의 모든 세력을 누를 권세를 주었으니, 아무것도 너희를 해하지 못할 것이다. ²⁰그러나 귀신들이 너희에게 굴복한다고 해서 기뻐하지 말고, 너희의 이름이 하늘에 기록된 것을 기뻐하여라."

## 신학

복음을 들고 세상으로 간다는 것이 무슨 뜻인가? 사도적 권위를 어떻게 적절하게 행사하는가? 그리스도인들은 그들이 전한 복음에 사람들이 무관심과 적대감을 드러낼 때 어떻게 해야 하나? 마태복음 28:18-20을 유일한 전도에 관한 지상명령으로 여기는 오늘날 교인들에게 본문은 아주 다른 관점을 제시한다.

예수는 9장에서 열두 제자를 파송했고, 본문에서는 일흔 명의 제자를 파송한다(칠십인 역에는 72명). 창세기 10장에서 모든 인류가 일흔 족속으로 구성되어 있다고 묘사하는 것에 근거하여 일흔이라는 수는 모든 인류를 가리킨다고 볼 수 있다. 여기서 누가의 구원론의 특징이 드러난다. 즉, 구원은 모든 인류를 위한 것이다.

사도들은 예수의 길을 준비하기 위해서 예수보다 먼저 마을로 보냄을 받았다. 예수가 "추수할 것은 많으나, 일꾼이 적어서" 더 많은 일꾼을 보내달라고 기도하라고 요청하는 대목(2-3)에서 우리는 긴급성을 느낀다. 선교는 포괄적이다: 설교, 가르침, 병 고침을 다 포함한다. 사도들은 이런 사명을 수행하기 위해 예수와 동일한 능력을 부여받는다. 평화의 복음을 전하는 이 70인은 즉각적으로 사탄의 저항에 부딪히겠지만, 사탄은 굴복하게 될 것이다(17-20). 그렇지만 그들은 하나님의 나라가 가까웠다는 소식을 평화롭게 전해야 한다. 그들은 늑대 가운데 양 같이 행동해야 한다.

본문에서 사도적 권위는 병자를 고치고, 귀신을 쫓아내고, 평화를 가져오고, 하나님의 나라를 선포하는 능력으로 표현된다(9:2-3). 그것은 자발적으로 가난을 택하고, 신변 보호를 받을 수 없는 상태에서, 최소한의 여행 경비로, 타인의 환대에만 의존하여 여행하는 삶의 형태로 드러난다. 다른 사람의 배척에 대해서 비폭력적으로 대응해야 한다. 이 모든 것은 한 가지 목적 때문에 행해진다: 그들이 예수를 받아들일 준비가 되게 하는 것이다. 사도들이 자신들의 사역 가운데 하나님의 능력이 나타나는 것을 보면, 자신들의 역할 때문이 아니라, 자신들의 이름이 하늘에 기록된 것 때문에 기뻐해야 한다. 다른 말로 하면, 사도적 사명은 이 세상의 권력과 특권의 시스템을 전복시킨다.

사도들이 주는 평화는 단순한 겉치레 인사가 아니다. 하나님 나라의 핵심은 평화이고, 구원의 내용은 샬롬이다. 역설적으로 평화는 분란을 일으킨다. 왜냐하면 평화는 악마적 세력의 저항을 촉발하기 때문이다. 사도들은 뱀과 전갈이 우글거리는 길을 걸어야 할 때도 있다(19). 그러나 사도들은 그런 세력을 이길 능력을 부여받았다. 복음 전파를 방해하는 자들은 종말론적인 심판을 받을 것이지만, 그것은 사도들의 소관이 아니고 하나님 소관이다(12-15).

2절의 '추수할 것'에 관해 다양한 해석이 있었다. 이사야 27:12에 근거하여 그것이 모든 이스라엘의 회복을 의미한다는 견해도 있고, 혹은 구원 받을 모든 자를 가리킨다는 의견도 있다. 오늘날 추수라는 표현은 '우리'와 '그들'을 구별한다는 점에서 비인간적으로 들릴 수도 있다. 또한 복음을 받아들이는 사람을 너무 수동적으로 묘사한다는 문제도 있다. 추수한다는 것이 정확히 무슨 의미인가? 이 부분은 다종교적 상황에서 종교 간 대화와 연관하여서도 문제가 될 수 있다. 누군가를 추수한다는 표현이 과연 적절한 것인가? 이런 비판적 시각에도 일리가 있지만, 예수의 명령이 이 세상의 권력과 특권과 부를 포기하는 것을 전제로 한다는 점을 생각해 볼 때, 추수의 은유가 착취나 우월감을 조장한다고 보기는 힘들다. 추수는 완전히 익어서 하나님의 나라로 모여짐을 의미한다.

탁발 수도회 전통은 본문을 비롯한 몇몇 구절에 근거하여 발전되었다. 일하는 자는 숙식을 받을 자격이 있지만, 그 이상은 기대하면 안 된다. 사도들은 지갑을 갖고 다니면 안 되었다. 즉, 돈을 보관할 생각을 할 수 없었다. 이런 사도적 사명은 오늘과 같은 소비지상주의 문화에서 매우 전복적으로 여겨진다. 오늘날 교회가 자발적 가난의 모습을 보인다면 어떤 일이 일어날까?

예수는 제자들에게 무엇이든 차려 주는 음식을 먹으라고 말한다(8). 사도행전 10장에서는 이 구절이 베드로의 경험과 관련하여 특별한 의미가 있는 것으로 해석된다. 복음을 위해서는 음식에 관한 종교적 규례도 잠시 잊어야 한다. 사도적 소명을 위하여서는 복음을 받을 사람들과 평화롭게 지내기 위해 자신의 관습과 문화적 규준을 무시해야 할 때도 있다. 삶의 모든 측면이 선교의 중심 과제를 위해 모두 조정되어야 한다. 이것 때문에 평화의 복음이 분란을 일으킬 소지가 있는 것이다.

선교에서 환대는 매우 중요하다. 70인이 모든 형태의 착취, 자기중심주의, 개인적 이익을 포기하고 평화의 사역에 참여할 때 그들은 환대를 실천하는 것이다. 그들의 유일한 관심은 사람들로 예수를 만날 준비를 시키는 것이다. 이 일은 친절한 태도와 사려 깊은 대화를 통해 이루어진다. 사도들은 다른 사람의 가정에 초대받을 수 있을 만큼 인간관계를 잘해야 하고 다른 사람을 존중해야 한다. 그래야 하나님의 나라의 복음을 전할 기회가 온다. 이들은 항상 상처받을 위험에 처해 있다. 다른 사람에게 복음의 수용이나 환대를 강요할 수 없다. 사도들은 먹을 것, 잘 곳, 환영하는 사람이 없어도 복음을 위해 기꺼이 나선다.

사도들이 사람들로부터 받을 수 있는 최선의 환대는 열린 마음으로 복음을 듣고 반응하는 것이다. 사도들이 진정으로 예수를 대신하여 복음을 전한다면 그들은 많은 사람으로부터 긍정적인 반응을 받을 것이다. 예수가 말했듯이 추수할 것이 많기 때문이다. 부족한 것은, 본문이 묘사하는 것과 같은 사도적 사명감을 갖추고 보냄을 기다리는 일꾼들이다.

## 주석

세 공관복음서가 예수가 그의 말씀과 행동의 사역을 확대하기 위하여 열두 제자를 짝지어 보냈다고 말하지만(마 10:1-42; 막 6:6-11; 눅 9:1-5), 오직 누가만이 일흔(두) 사람에 대해 추가적으로 언급하고 있다. 누가가 말한 첫 선교는 예수의 갈릴리 선교인데 이는 명백히 유대인들을 향한 선교이다. 그런데 일흔두 사람에 의한 선교는 예수가 사마리아를 통해 예루살렘으로 가는 여행(9:51-56) 기간 중에 일어난 것이다. 누가는 마태와 동일한 자료로 유대인 선교를 말했는데 이를 확대된 선교로 연결하기 위하여 초점을 바꾼다. 전통적으로 제자들의 수는 짝수로 하는데(70 혹은 72), 이는 주로 구약을 참조하고 반영하는 것이고, 그 수는 상징적 의미를 지닌다. 주석가들은 이 수가 이스라엘의 70인 장로(출 24:1; 민 11:16)를 의미하거나, 창세기 10:2-31에 나오는 노아의 자손들의 수를 의미하는 것으로 본다. 불확실하긴 하지만, 일흔둘의 선교는 선교의 확장된 범위를 가리키는데, 제자들이 많아져 '땅끝까지'(행 1:8) 하나님 나라의 메시지를 전할 것이라는 것을 예시하고 있다. 마태에서는 사마리아로 지나가지 않았다고 말한 반면에(마 10:5), 누가는 사마리아로 지나가는 도중에 예수가 친히 가려 했던 '모든 고을과 모든 곳으로'(10:1) 그들을 보내신다. 누가는 이 선교를 과거의 사건으로 묘사하지만, 아마도 많은 부분에서 누가의 공동체가 그가 살던 시대에 계속적인 선교를 인식하고 있는 듯이 보인다.

이야기의 형태를 구성하는 종말론적 프레임은 확장된 선교의 긴급성을 가리킨다. 마태의 '제한적인 위임'(마 9:37-38)과 같은 자료인 누가의 추수의 비유는 종말의 친숙한 이미지인데(마 13:39; 요 4:35), 이는 '구름 위에 앉은 분이 낫을 땅에 휘둘러서, 땅에 있는 곡식을 거두어 들일 때'(계 14:6), 충실한 하나님의 일꾼을 모으기 위한 것이다. 마찬가지로 사탄의 이미지를 '하늘에서 번갯불처럼 떨어지는 것'(10:18)으로 묘사하는 것은 악의 궁극적 패배를 가리키는 종말론적 주제이다(계 12:9; 20:2, 7-10). 하늘에 이름이 기록된다는 모티프(10:20)는 계시록에서 충실하게 견디는 사람은 궁극적으로 정당성이 입증된다는(3:5; 13:8) 주제와 상응한다.

종말론적 프레임은 확장된 선교의 긴급성과 제자들의 위치를 우주적 드라마에 위치시킨다. 앞에서 예수는 제자들이 사람을 낚는다고(눅 5:10) 표현했는데, 이제는 하나님의 나라가 도래할 때 충성하는 사람과 그렇지 않은 사람을 나누는 말하자면 종말론적 추수에 참가하는 더 넓은 서클을 선언한다. 일흔둘의 사명은 열두 제자와 같이, '가난한 자에게 기쁜 소식을 선포하는'(4:18) 예수의 사역을 확장하는 것이고, 치유와 귀신축출을 통하여 하나님의 왕국이 도래했음을 보여주는 것이다. 그러기에 예수는 제자들이 병자들을 고치며 "하나님의 나라가 너희에게 가까이 왔다"(10:9, 11)는 것을 계속해서 선포하도록 위임하고 있다.

추수할 것이 많은 것은 그것이 썩기 전에 추수할 수 있는 많은 일꾼이 필요함을 요청하고 있다. 제자들은 추수할 일꾼을 위해 기도하고 선교적 노력에 동참하는 것으로 응답할 수 있다. 제자들은 예수의 사명에 함께할 뿐만 아니라, 그 결과로 박탈과 위험도 함께 겪는다. 제자들은 그의 머리 둘 곳이 없는 어려움(9:58)과 다른 사람의 호의에 의지해 살아야 한다(9:51-56). 이리 가운데 있는 양의 이미지(10:3)는 사명을 감당하는 데 따른 박해를 예고한다(요 10:12과 비교). 메시아 왕국에서는 이리와 양이 함께 풀을 뜯지만(사 11:6; 65:25), 지금은 양이 이리를 겁낼 수밖에 없다. 전대도 자루도 신도 가지고 가지 말고, 길에서 아무에게도 인사하지 말라(10:4)는 것은 사태의 긴급함을 의미하는데, 제자들이 예수와 함께 방랑의 생활을 할 때 길에서 사교적인 인사를 할 시간은 없다는 것이다. 여행에 필요한 최소한의 물품들이 없는 것은 전적으로 하나님과 다른 사람들의 호의에 의지하라는 것을 말한다.

제자들이 집에 들어가는 것(5-7)과 고을에 들어가는 것(8-12)에 대한 병행적 가르침은 때의 긴급성을 가리킴과 동시에 복음을 전하는 자들이 응대를 받는다는 복합적 반응을 말한다. 어느 집에서 대접을 받을 때, 주는 것을 먹고 한 집에서 머물러야 한다(7). 마찬가지로, 어느 고을에서든지 차려 주는 음식에 만족해야 한다(8). 이러한 두 가지 음식에 대한 가르침은 여러 족속에 대한 확장된 선교에서 하나님 나라의 도래는 음식에 대한 율법에 우선한다는 것을 말한다.

제자들의 사명에 대한 혼합된 반응은 추수에 수반되는 궁극적인 분리를 예상한다. 집에서 그들은 평화의 자녀(문자적으로, '평화의 아들들', NRSV '평화에 참여함')와 그렇지 않은(6) 자녀를 만날 것이다. 유사하게, 그들은 도시에서 그들을 환영하는 사람들(8)과 환영하지 않는 사람들(10)을 만날 것이다. 이 묘사는 누가 시대의 교회 경험을 반영할 수 있다.

이러한 복합적 반응은 또한 추수에 동반되는 전환, 즉 그들의 선교의 복합적 결과가 궁극적 결과들을 가진다는 것과 상응한다. 한편으로, 하나님 나라의 소식을 거부하는 사람들은 소돔과 고모라보다 너 나쁜 운명을 맞을 것이고(12), 다른 한편으로 제자들의 선교는 승리의 결과를 가져올 것이다. 그들이 돌아와 귀신이 복종한다고 보고하자, 예수는 "사탄이 하늘에서 번갯불처럼 떨어지는 것을 내가 보았다"(17)고 선언하는데, 이는 하나님의 왕국의 궁극적 승리를 인지하고 있다는 것이다. 선교 사명의 위험과 박탈에 참여하는 사람들의 이름은 하늘에 기록될 것인데, 왜냐하면 그들은 추수 때에 함께하는 무리에 속하기 때문이다.

## 목회

기독교 메시지의 핵심은 특정한 시간이나 공간을 훨씬 넘어 확장된다. 그것을 공유하는 사람이나 혹은 듣는 장소에 제한되지 않는다. 삶을 변화시키는 복음의 힘은 매우 다양한 언어와 셀 수 없이 많이 장소에서 매우 다양한 유형의 교사들(혹은 설교자들)에 의해 표현될 수 있지만, 그 중심에는 예수 그리스도의 이름으로 우리 모두에게 주어진 희망이 있다.

예수가 예루살렘으로 방향을 정한 후에(눅 9:51), 그의 메시지를 사람들과 나눌 수 있는 시간은 한정되어 있었다. 예수는 그의 가르침의 범위를 넓히고 그가 도착하는 것을 준비하기 위해서 특별한 메신저를 보냈다(9:52). 70명을 임명해서 한 쌍씩 보내서 사람들이 예수를 영접할 준비를 하게 했다(10:1). 그는 그들을 "친히 가려고 하시는 모든 고을과 모든 곳으로" 보내며 말하기를, "추수할 것은 많으나, 일꾼이 적다"(2)고 한다. 그들이 돌아왔을 때, 그들은 그들이 받은 환대에 기뻐하면서 말했다. "주님, 주님의 이름을 대면, 귀신들까지도 우리에게 복종합니다"(17).

오늘날 우리는 그의 이름의 권세가 여전히 우리의 삶을 변화시키는 강력한 수단인 것을 기뻐한다. 70명의 메신저는 이미 오래전에 죽었지만, 하나님은 계속해서 새로운 복음 전도자, 교사 그리고 설교자들을 부르셔서 복음의 메시지를 더 널리 전하게 하신다. 지금도 메신저가 누구인가는 본질적인 요소가 아니다. 심지어 평범한 그리스도인이라도 하나님의 말씀을 나누도록 권능을 받아서 다른 사람들에게 믿고 따르도록 격려할 수 있다. 교회는 메신저가 아니라 메시지가 핵심이라는 사실을 알고 있어야만 한다. 우리가 사는 세상은 예수가 살던 세상보다 더 크고, 우리는 예수가 지상에서 다니던 시대로부터 2천 년이나 떨어져 있고, 의사소통을 위한 기술은 널리 사용되고 있다. 그러나 다른 사람들이 듣고, 마음을 바꾸고, 말씀에 복종하도록 하도록 격려하는 권능은 여전히 우리가 주님이라고 부르는 분의 이름에 있다.

예수께서 70명의 메신저에게 지시하신 것은 대단히 구체적이어서, 그들이 해야 할 일이 어렵다는 것을 의심할 여지가 없었다. 예수는 그들을 "양을 이리 가운데로 보내는 것과 같다"(3)고 하면서, 그들이 입고 있는 것만 가지고 가고, 그들을 위해 아무것도 가지고 가지 말라고 한다. 이 방문의 주목적에 대해서는 혼란스러울 것이 없다. 그들은 한 집에 머물면서 제공되는 것을 먹었다. 환대는 받아들여야 했고, 축복으로 갚아야 했다. 그들이 할 일은 평화를 빌어주고 병자들을 고쳐주고 하나님의 나라가 가까이 왔다는 소식을 전하는 것이었다. 그들이 중요하게 여기는 것은 하나님이 주시는 선물이었지 그것을 전해 주는 메신저가 개인적으로 어떤 사람이냐가 아니었다.

하나님의 종들이 도시와 마을의 사람들에게 전한 메시지는 필수적이고 긴급한 것이었다. 그들은 하나님의 나라가 그들을 받아들이는 사람이나 그렇지 않은 사람 모두에게 중요하다고 선포했다. 삶을 변화시키는 권능을 가진 하나님 나라는 예수 앞에서 곧 실현될 것인데, 예수는 지방을 다니고 그의 이름으로 선포할 사람들을 임명했다. 그들은 메시지의 긴급성을 중요하게 여겼다. 지금은 지체할 때가 아니라 결정할 시간이있다. 예수가 예루살렘에 더 가까워지면서 십자가에 대한 전망(9:22을 보라)은 그 메시지를 더욱 확대할 것이다.

많은 믿는 사람들에게 하나님 나라의 긴급성은 시간이 지나면서 희미해진다. 우리는 본질적으로 매우 현실적인 사람들이다. 우리 자신의 상황과 환경 속에서 살면서, 상황이 지시하는 대로 변화하지만, 우리가 보고,

만지고 느끼는 범위 안에서 살아간다. 하나님 나라의 도래는 우리의 관점을 바꾸라고 요구한다. 오늘 그리스도의 현존 안에서 살든 아니면 내세에서 그와 함께 살든, 우리는 인간의 노력으로 세워진 관점이 아니라 하나님이 주시는 렌즈를 통해 삶의 도전들을 보기 시작해야 한다. 그렇지만 시간은 우리를 둔감하게 만든다. 한해 한해 지나가면서 우리는 하나님 나라의 도래에 대한 약속에서 멀어지고, 그 나라에 대한 기대감이 희미해진다.

이와 비슷한 관점의 변화를 통해 본문에 새로운 활력감이 찾아온다. 누가를 다가오는 나라에 대한 약속을 기다리고 있는 사람으로 칭송만 하는 대신, 우리 자신을 하나님 나라라는 뉴스를 세상에 전하도록 임명받은 메신저의 발자취를 따라가는 사람으로 본다면 어떻게 될까? 그리스도인으로서 우리는 부활에 대한 약속이 성취되리라는 기대를 계속 공유하면서, 부활의 현실을 가르치는 사람으로 사는, 이 두 관점에서 오는 축복을 받았다.

메신저로서 우리는 강력한 소명을 가지고 있다. 주님은 우리를 자기보다 먼저 세상으로 가라고 임명하셨다. 우리는 스스로 예수의 발자취를 따라 사는 방법을 찾는 것이 아니다. 그 대신 우리는 활력과 기대에 차서 복음을 나누라는 특별한 명령을 받았다. 설득은 더 이상 부담스러운 일이 아니다. 왜냐하면 우리가 중심이 아니기 때문이다. 이제 아주 분명하게 메시지의 초점은 그리스도의 오심과 또한 그의 이름으로 매일 살아가라고 우리를 부르신 것이다. 우리의 권위는 우리의 지위나 재산이나 능력에 있지 않다. 맨 처음 메신저들처럼 우리는 예수의 이름을 따르고 복종하도록 모든 사람을 격려해야 한다. 그 권능은 70명에 의해 이미 검증되었다. 그들은 "기쁨에 차서, 돌아와 보고하였다. '주님, 주님의 이름을 대면 귀신들까지도 우리에게 복종합니다'"(17). 이 기쁨은 또한 우리 시대의 메신저인 우리의 것이다. 하나님 나라의 도래라는 복음을 나누라고 그리스도가 우리를 임명하셨다. 우리는 우리가 성취한 능력 때문에 기뻐하지 않고, 우리의 이름이 가장 강하신 분에 의하여 '하늘에 기록된 것'(20)을 알고 기뻐한다.

# 설교

주의 깊게 이 본문을 살펴보면, 신앙공동체의 삶과 사역에 큰 영향을 미치는 우리 주님의 사역이 점점 발전하고 있음을 보게 된다. 이 성서정과 본문은 선교와 깊은 연관이 있기 때문에, 교회의 성장을 강조하는(그래서 초록색이 예전 색깔) 기간인 성령강림절의 한복판에 위치하는 것이 적절하다.

바로 몇 가지 흥미로운 질문들이 있다: 이들 70명은 누구이며 어디에서 왔는가? 이들 중 몇 명은 이전 장(눅 9장)에 나온 추종자가 되기를 원하는 사람들이라고 보아도 괜찮은가? 누가는 예수의 사역에서 추종자들의 수를 늘림으로써 열두 제자의 중요성을 약화시키려는 것은 아닌가?(누가의 기록에서 열두 제자만을 예수의 유일한 추종자라고 한 적이 없다. 앞서 누가는 예수를 도왔던 많은 여성의 역할을 중요하게 기술하고 있다).

이 질문들(학자들 간에도 명확한 합의는 없다) 가운데 어디서 시작하든, 누가복음 전체에 걸쳐서 예수의 선교가 확대 · 발전되고 있음을 주목하는 것이 중요하다. 앞에 있던 이야기 대부분에 있어서 주역은 예수였다. 그는 이곳저곳을 다니며 말씀을 선포했고 가르쳤으며 또 기적을 행했다. 더 최근에 그는 자신의 추종자들에게 같은 일을 하도록 권한을 부여했는데 먼저 열두 제자에게 그랬고 그런 다음 다른 사람들을 자신보다 먼저 보내어 일을 하게 하였다. 여기서 예수께서는 70명의 추종자에게 열두 제자에게 부여했던 동일한 권위를 부여하면서, 그의 메시지를 들고 그가 가려고 했던 곳으로 가라고 말하고 있다. 예수의 사명을 위탁받은 사람들이 계속해서 늘어나는 것은 누가의 둘째 책 사도행전에서 선교의 과제가 예수로부터 오순절과 그 이후에 성령을 받은 사람들에게 이전되는 것을 예상하게 한다. 예수께서는 그때나 지금이나 제자들을 위해 스스로 모든 것을 하지 않는다. 오히려 그는 제자들이 부여받은 사명을 성취할 수 있도록 힘을 실어주기 위해 그들이 할 수 없는 것을 한다.

세부적인 예수의 지침들에서 그 사역의 청사진을 찾으려는 것은 주의해야 한다고 보지만, 그래도 여기에서 네 가지 주목할 점이 있는데 그 중 어느 것이라도 설교를 위한 좋은 주제가 될 수 있다. 첫째로 예수께서는 추수할 것이 풍성하다고 약속한다. 그는 다른 사람들이 부족하다고 여길 수도 있는 곳에서 풍성함을 본다. 명백하게도 이것은 그가 낙관적이기 때문이 아니라 오히려 '추수하는 주님'(2)에 대한 믿음 때문이다. 예수께서는 70인에게 추수를 준비하라고 말하지 않는다. 그것은 하나님의 책임이다. 오히려 예수께서는 제자들에게 (1) 추수한 것을 모아들이고, (2) 다른 일꾼들이 이 중요한 일에 참여하도록 기도하라고 말씀하신다. 우리가 하는 사역의 상황이 70인에게 주어진 때와 달라져 있을 수도 있지만, 예수께서 그의 제자들에게 맡기신 사역은 본질적으로 동일하다. 하나님은 우리 공동체의 성장을 책임지신다. 우리는 이 성장을 향하여 마음을 열고, 그러한 성장을 방해하기보다는 열망하면서 계획하고 조직하며 일하도록, 또 하나님께서 준비해 둔 것을 추수하는 일에 다른 사람들이 참여할 수 있도록 기도하고 초대하도록 부름을 받았다.

둘째로 예수께서 제자들을 불러 위탁한 이 사명에는 피할 수 없는 취약한 점이 있다. 70명이 적대적인 세상으로 들어가게 되는데도 예수께서는 싸움에 필요한 무장을 시키지 않는다: 오히려 그들은 어린 양처럼 가게 될 것이다. 그들을 받아들이는 가정에는 축복을 해야 하고, 만일 거부당하더라도 저주하지 않도록 가르침을 받는다(이전에 야곱과 요한이 예수를 받아들이기를 거부하는 사람들에게 불을 요청했던 일을 상기해 보라). 예수께서는 하나님의 평화가 그것을 소중하게 여기고 바라는 집에 자연스럽게 임할 것이고, 그렇지 않은 집에서는 되돌아올 것이라고 선언한다.

예수께서는 일꾼들이 자기 삯을 받는 것이 당연하다고 선언하고 또 그들을 받아들이는 사람들의 환대에 의존하라고 가르친다. 그들은 필요한 것들을 가지고 다녀서는 안 된다. 또 후원자들을 조직하면서 마을 이곳저곳을 돌아다녀서도 안 된다. 어느 한 집에 머물러 있으면서 제공하는 것을 기쁘게 받고 그들의 도움에 의존하라고 가르친다. 오늘날 우리 교인들 대부분은 도움을 받기보다는 주는 것에 익숙하기 때문에, 예수께서 제자들에게 명령한 이 수동적인 의존성을 이해하기가 쉽지 않을 것이다.

셋째로 70명의 성공은 그들이 생각하는 것보다 훨씬 더 중요하다. 이들이 성취한 것은 예수께서 했던 이전 사역의 메아리에 불과하지만, 예수께서는 그 일들이 사탄의 몰락과 새로운 시대의 시작을 예고한다고 선언한다. 제자들이 충실하게 한 행동의 실제 효과가 겉으로 드러나는 것보다 훨씬 크기 때문에, 여기서 눈에 보이는 것보다 더 많은 일이 일어나고 있다. 마찬가지로 오늘날 우리가 주님께서 주신 사명에 충실하게 참여하고 주님의 이름으로 자비를 행하는 곳 어디에서나, 하나님의 나라가 선포되고 악의 세력이 흔들리며 하나님께서 이루시려는 약속이 완성되어 가고 있는 것이다.

넷째로 그리고 아마 가장 중요한 것으로, 예수께서는 70명의 승리보다 더 중요한 무언가가 있다고 선언한다: "보아라, 내가 너희에게… 원수의 모든 세력을 누를 권세를 주었으니, 아무것도 너희를 해하지 못할 것이다. 그러나 귀신들이 너희에게 굴복한다고 해서 기뻐하지 말고, 너희의 이름이 하늘에 기록된 것을 기뻐하여라"(19-20). 예수를 따르는 사람들에게 이 땅에서 성공이나 영적인 성공보다 더 중요한 것은 하나님과의 영원한 관계이고, 그를 통하여 기쁨을 누리는 것이다. 이 관계는 은혜를 통하여 그들의 것이 되는데, 그 이유는 그들이 그리스도 안에 나타난 하나님의 은혜와 자비의 수혜자이고 또 전달자이기 때문이다. 그들이 예루살렘으로 여행하고 또 하나님의 은혜가 깊숙이 확산되는 것을 볼 때, 이들은 자신들의 사역이 만들어 낸 가시적 성과에 관계없이 하나님 나라에서 그들의 지위가 보장되어 있음을 확신하면서, 자신들이 본 것을 증언하도록 부름을 받게 될 것이다.

# 성령강림절 후 다섯째 주일
## 누가복음 10:25-37

<sup>25</sup>어떤 율법교사가 일어나서, 예수를 시험하여 말하였다. "선생님, 내가 무엇을 해야 영생을 얻겠습니까?" <sup>26</sup>예수께서 그에게 말씀하셨다. "율법에 무엇이라고 기록하였으며, 너는 그것을 어떻게 읽고 있느냐?" <sup>27</sup>그가 대답하였다. "'네 마음을 다하고 네 목숨을 다하고 네 힘을 다하고 네 뜻을 다하여, 주 너의 하나님을 사랑하여라' 하였고, 또 '네 이웃을 네 몸같이 사랑하여라' 하였습니다." <sup>28</sup>예수께서 그에게 말씀하셨다. "네 대답이 옳다. 그대로 행하여라. 그리하면 살 것이다." <sup>29</sup>그런데 그 율법교사는 자기를 옳게 보이고 싶어서 예수께 말하였다. "그러면, 내 이웃이 누구입니까?" <sup>30</sup>예수께서 대답하셨다. "어떤 사람이 예루살렘에서 여리고로 내려가다가 강도들을 만났다. 강도들이 그 옷을 벗기고 때려서, 거의 죽게 된 채로 내버려두고 갔다. <sup>31</sup>마침 어떤 제사장이 그 길로 내려가다가 그 사람을 보고 피하여 지나갔다. <sup>32</sup>이와 같이, 레위 사람도 그 곳에 이르러 그 사람을 보고, 피하여 지나갔다. <sup>33</sup>그러나 어떤 사마리아 사람은 길을 가다가, 그 사람이 있는 곳에 이르러, 그를 보고 측은한 마음이 들어서, <sup>34</sup>가까이 가서, 그 상처에 올리브 기름과 포도주를 붓고 싸맨 다음에, 자기 짐승에 태워서, 여관으로 데리고 가서 돌보아주었다. <sup>35</sup>다음 날, 그는 두 데나리온을 꺼내어서, 여관 주인에게 주고, 말하기를 '이 사람을 돌보아주십시오. 비용이 더 들면, 내가 돌아오는 길에 갚겠습니다' 하였다. <sup>36</sup>너는 이 세 사람 가운데서 누가 강도 만난 사람에게 이웃이 되어 주었다고 생각하느냐?" <sup>37</sup>그가 대답하였다. "자비를 베푼 사람입니다." 예수께서 그에게 말씀하셨다. "가서, 너도 이와 같이 하여라."

## 신학

기독교의 핵심이 무엇이냐고 누가 묻는다면 어떻게 대답할까? 오늘과 같은 다종교 상황에서 그리스도인들은 이와 직간접적으로 관련된 질문을 매일 듣는다. 오늘의 비유를 그 답으로 제시하면 정답에서 크게 벗어나지 않을 것이다. 대부분의 사람들이 이 비유의 중요성을 인식하고 있다. 예수의 비유 중 이것이 가장 친숙할 것이다.

그러나 불행히도 친숙한 것을 경시하는 습관이 우리에게 있다. 우리는 얄팍한 생각에 근거하여 이 비유를 다음과 같은 단순한 교훈으로 대치하려는 경향이 있다. "비유에 나오는 고약한 제사장처럼 행하지 말고, 착한 사마리아인처럼 행하라!" 오늘 본문에 담겨있는 신적인 명령에 대한 순종은 그렇게 단순화할 수 없다. 우리는 사마리아인이 어떤 생각에서 그런 자비의 행위를 하였는지 잘 알지 못한다. 그러나 우리가 우리의 행동과 자아에 대해 조금 깊이 생각해 보면, 그런 행위는 아무 판단 없이 자동으로 나오지 않는다는 것을 알 수 있다.

매를 맞고 쓰러진 사람은 다른 두 종교인에게나 사마리아인에게나 아주 귀찮은 존재이다. 모든 윤리적 행동은 신학적인 숙려(熟慮)를 동반한다. 이 비유를 포함하여 대부분의 비유가 단순하다고 바울의 '십자가에 달리신 그리스도'(고전 1:23) 신학의 복잡성을 무시하면 안 된다. 자유주의 신학자들은 종종 이를 무시했다. 한 사람의 본능적인 자기중심주의를 타인을 위한 철저한 관심으로 바꾸기 위해서는 복음 전체가─그 중심은 십자가─ 필요하다.

또한 많이 배운 사람들은 행동과 사고, 윤리와 신학의 연결을 너무 복잡하게 만드는 습관이 있음을 유념해야 한다. 교부들은 알레고리를 너무 좋아해서 이 비유의 아주 세부적인 부분의 의미까지 찾아내려고 애썼다(강도 만난 사람은 그리스도, 여관 주인은 교회, 동전 두 닢은 성례전 식으로). 오늘날 많은 설교자는 쉽게 주워들을 수 있는 심리학적 이론을 거론하면서 보석과 같이 명료한 이 비유를 아주 복잡한 이야기로 변질시키기도 한다. 회중은 모든 연민의 행동은 산더미 같은 분석과 성찰을 통해서 이루어진다는 착각을 받게 된다.

오해하지 말자. 이 비유의 메시지는 놀라울 정도로 단순하다. 자기 의에 빠졌던 율법교사도 금방 그것을 알아차렸다. 배타적 종교관 때문에, 누가 이웃이었냐는 질문에 '사마리아인'이라고 직접적인 답을 줄 수 없어서 그는 "자비를 베푼 사람입니다"(37)라고 대답했다.

이 율법교사를 우리는 여러 이유로 비난하고 싶어 한다. 그는 진정한 이웃은 멸시받은 외국인, 경쟁적 관계에 있는 종교의 신봉자라는 것을 인정하려 하지 않았다. 그러나 우리는 그가 복잡한 율법적 규정을 넘어서서 '자비'라는 용어를 이웃의 진정한 표지로 해석했다는 점은 잘한 것으로 인정해 주어야 한다. 이런 해석은 오늘의 사회에서 더욱 의미심장하다. 오늘 우리 사회는 자비보다는 경쟁, 탐욕, 개인주의의 지배를 받고 있고, 이 사회의 도덕적인 사람들은 용서보다는 권리에, 자비보다는 정의에, 동정보다는 평등에 더 관심을 준다.

커트 보네거트(Kurt Vonnegut)는 한 미국 청년이 "모두 다 괜찮아지겠지요?"라고 질문했을 때 이렇게 대답했다. "청년이 지구에 온 것을 환영합니다. 여기는 겨울에는 춥고 여름에는 덥습니다. 지구는 구형이고, 물기가 많고, 붐빕니다. 겉으로 볼 때 한 백 년쯤 시간이 남아 있습니다. 내가 알기로는 한 가지 법칙이 있습니다. 그것은 당신은 친절해야 한다는 것입니다."[*]

보네거트가 말하지 않은 것은 (그도 이것을 잘 알고 있었다고 여겨지지만) 인간이 진정한 친절을 행할 때, 그것은 '우리를 만들고 우리가 진정한 인간으로 계속 남기를 원하시는 분'의 친절에 대한 아주 작은 응답이라는 것이다.

하나님의 사랑은
인간의 계산보다 넓고
영원자의 심장은
가장 경이로운 친절이다.
For the love of God is broader
Than the measure of the mind;
And the heart of the Eternal
Is most wonderfully kind.[**]

---

[*] Kurt Vonnegut, *A Man without a Country* (New York: Seven Stories Press, 2005), 107.
[**] Stanza 6, "Souls of men, why will ye scatter," by Frederick William Faber(1814~1863).

이 비유가 주는 위대한 교훈은─특히 오늘의 그리스도인에게─ 친절의 윤리가 예상치 못했던 상황에서 나오는 행동을 수반하는 경우에만, 그래서 우리 모두에게 충격을 주는 경우에만 온전히 의미를 가질 수 있다는 것이다. 이 비유가 우리에게도 동일한 충격으로 다가오려면 우리는 '사마리아인'(오늘의 독자에게 아무 의미가 없는 단어, 어쩌면 반대 의미로 다가오는 단어)이라는 단어를 '이슬람교도', '시크교도', '유대인' 혹은 어떤 상황에서는 '가톨릭'으로 바꿔야 한다.

진정한 선과 도덕은 어느 특정한 집단이나 신조에 의해 규정될 수 없고, 근사한 이론에 의존하지도 않는다. 참된 도덕은 그 열매로 드러나는(마 7:16) 기본적인 삶의 태도 및 행동과 관련되어 있다. 그리스도인들은 모든 인간의 정신에 특정한 신조나, 도덕률이나, 신앙 전통에 얽매이지 않은 '친절 본능'이 있다는 것을 인지해야 한다. (종교개혁자들은 이를 '일반 은총'이라는 개념으로 표현했다.)

모든 참여자가 이런 인식에 근거해서 종교 간의 만남을 시작한다면 어떤 결과가 나올까? 이웃 종교와 만나게 되는 상황마다 하늘에서 다음과 같은 음성을 듣는다고 상상해 보자: "하나님을 위해서, 그리스도인들이여, 친절해라!" 그러면 우리 마음속에 잠재하고 있던 연민의 능력이 발현되는 것을 느낄 것이다.

## 주석

예수의 '선한 사마리아 사람의 비유'는 그것을 해석한 오랜 역사에서 보듯이, 이야기의 맥락에서 벗어나 적용할 때는 종종 중세 시대의 도덕극으로 전락되기도 한다. 하지만 누가가 25-29절과 36-37절을 결합하여 비유를 제시하면서, 여행자에 대한 동정, 관용, 예의 이상의 것을 제시한다. 이 비

---

형용사 '친절한'과 그 파생어들이 이 시에서 네 번 나온다.

유는 듣는 이들에게 가장 강력한 방법으로 다른 사람들을 위한 사랑을 실행하는 기회를 잡을 것과 그렇게 할 수 있는 놀라운 원천을 배우도록 요구하고 있다.

누가는 예수를 시험하는 사람을 '율법교사'라고 언급하는데, 모세의 율법을 해석하는 전문가인 서기관과 동의어이다. 그들에 대한 이전의 특성 규정(7:30)과 일관되게, 이 비유는 율법교사들의 위선을 강조하며 갈등의 장면을 주입한다. 율법교사들은 예수를 시험하려 하는데, 공개적으로 별 볼일 없는 갈릴리 사람에 대한 권위와 통찰력에 대해 도전하고 있다. 예수가 질문을 받아넘긴다. 그런데 여기에서 예수나 율법교사 모두 "네 마음을 다하고 네 목숨을 다하고 네 힘을 다하고 네 뜻을 다하여, 주 너의 하나님을 사랑하라"(신 6:5), "네 이웃을 네 몸과 같이 사랑하라"(레 19:18)는 말씀에서 공통적인 근거를 가진 것처럼 보인다. 하지만 이어지는 질문 "내 이웃이 누구입니까?"라고 이웃의 범위를 물으며 대립이 확대된다. 이 질문은 율법교사가 자기를 옳게 보이고 싶어서 한 질문이고, 또한 누가 그의 이웃이 될 수 있는지 그리고 그가 사랑해야 할 사람들을 한정하려고 하는 것이다. 이렇게 자기를 정당화하려는 사람은 누가복음 7:29에 나오는 하나님의 옳으심을 드러내려는 사람과 대조된다. 비유와 결론의 말씀을 통해서 예수는 율법교사가 가진 이웃의 의미와 어떻게 이웃을 사랑할 것인가라는 부분에 대해 이해를 넓히도록 촉구함으로써 그의 인위적인 질문의 전제들을 재정립하게 한다.

이야기의 전체 맥락이나 이 일이 일어난 장소가 제시하듯, 이 비유에서 강도 만난 사람은 유대인이다. 예수는 예루살렘 성전과 연관된 대단히 존경받는 종교 지도자들인 제사장과 레위인이 왜 자신들의 동족을 도와주려고 하지 않았는지에 대해 설명하지는 않는다. 비유는 그들이 피하여 지나갔다고만 말한다. 강도 만난 사람이 죽었으므로 시체로부터 부정을 타는 것을 두려워했다는 근거도 전혀 없다. 설사 그 사람이 죽었다고 해도, 그러한 정결례를 지키는 것보다 노출된 시체를 묻는 것이 훨씬 더 중요하다. 요점은 아마도 희생자의 정체성과 신앙을 대표할 두 사람이 그 희생자에게 아무런 관심도 보이지 않을 뿐 아니라, 위험한 장소에 있다가 어려움을 당할 모험을 회피한 것으로 보인다. 두 사람은 똑같이 행동했는데, 그 사람을 보고, 피하여, 지나갔다. 그들이 도와주는 것을 거부한 것은 변명의 여지가 없다.

사마리아 사람을 여기에 등장시킨 것은 청중들에게 충격적이다. 33절에서 시작되는 첫 헬라어 문장에서 처음 단어가 '사마리아 사람'이다. 사마리아 사람이 유대인들이 가는 길에 등장한 것이다. 예수가 살던 시대에 대부분의 유대인들에게 사마리아인들은 적이나 타자를 의미한다. 열왕기하 17:24-41은 주전 8세기의 앗시리아의 정복 뒤에 북이스라엘에 이방인들을 강제로 이주시키는 것과 연관시키고 있지만, 유대인과 사마리아 사람들의 갈등의 역사적 뿌리는 분명하지 않다. 예수 시대에 유대인과 사마리아인들은 같이 하나님을 섬긴다고 주장했지만, 각기 자신들의 성경, 성전, 종교적 의식을 가지고 있었다. 9:53에서 누가는 이 둘 간의 긴장된 관계를 사마리아 사람들이 예수가 유대인의 종교적 중심지인 예루살렘을 향하는 길이었기에 맞아들이지 않았다고 표현한다. 종족이 다르고 오랫동안 문화적으로 대립해 왔기 때문에, 비유에서도 사마리아 사람과 강도 만난 여행자는 서로 아무런 상관도 하지 않을 충분한 이유가 있다. 사마리아인이 보여준 동정심은 제사장과 레위인의 무관심과 정반대의 입장에 서 있다. 사마리아 사람은 그가 보여준 여러 행동으로 보아 그 사람을 적이 아닌 사랑하는 사람으로 대했다. 동정심에서 나온 그의 모범적 행동은 사랑이 갈 길을 보여준다. 진정한 사랑은 차별하지 않고, 이웃의 관계를 만드는데, 왜냐하면 본래 사랑은 다른 사람들의 필요를 충족시켜 주기 때문이다.

예수는 율법교사의 본래 질문으로 돌아가 이 비유에서 누구를 자신의 이웃으로 고려해야 하는지를 묻지 않았다. 예수가 "너는 이 세 사람 가운데서 누가 강도 만난 사람에게 이웃이 되어 주었다고 생각하느냐?"(36)라고 질문함으로써 자신의 책임을 제한하려는 율법교사의 질문에서 대화의 방향을 바꾸고 있다. 율법교사는 누가 자신의 사랑을 받기에 적절한가라고 제한하려 하지만, 예수의 비유는 비록 기존의 장벽과 편견이 도와주지 못하게 하려 할 때도 사랑은 이웃들에게 동정과 돌봄을 주려고 한다는 것을 말하고 있다.

36절의 예수의 질문은 율법교사가 누가 강도 만난 사람에게 이웃이 되어 주었는가를 시인하도록 하려 했다. 그가 '사마리아인'이라고 대답하기를 거절한 것은 비유의 흠이 되는 것을 강조한 것이다. 사마리아 사람은 모범자이다. 율법교사는 그가 적이라고 여기는 사람의 행동으로부터 진정한 사랑을 배우도록 요청된다. 이웃을 사랑하고자 헌신하려고 하면 적을 진정한 사랑과 정의의 가르침을 줄 수 있는 은인으로 볼 줄 알아야 한다.

이 본문의 설교는 나그네를 대접해야 한다는 진부한 가르침으로 축소되는 뻔한 가르침을 피해야 한다. 설교자는 비유에서 무엇인가 문제가 되는 측면을 부각시켜야 하는데, 청중들이 그들과 이웃의 관계를 맺기에 가장 적절하지 않은 사람들을 끌어안을 수 있도록 해야 한다는 것이다. 성서학자 애미-질 레빈(Amy-Jill Levine)은 스캔들을 경험하는 길을 제시한다: 만약 우리가 수렁에 빠졌는데, "어떤 집단의 어떤 사람에 대해서, '그녀가 도와주었다' 혹은 '그가 동정심을 보였다'는 것을 인정할 바에는 차라리 죽겠다"고 하지 않을지 스스로 생각해야 보아야만 한다. 또, 우리를 돕느니 차라리 죽겠다고 하는 사람들은 없을까? 만약 그렇다면 우리는 오늘날 사마리아 사람과 같은 사람을 어떻게 찾아낼 수 있을지를 아는 것이다.*

## 목회

폴 레만(Paul Lehmann)은 그의 사후에 출판된 십계명에 관한 책에서 율법에 대한 복음의 관계가 변화되었다고 말한다. 레만은 율법이 곧 복음이라고 이해하게 되면, 율법에 대한 복종을 신앙의 실천적인 증거라고 여기게 된다고 말한다. 그러면 우리 자신을 정당화하기 위해 율법이 요구하는

---

* Amy-Jill Levine, *The Misunderstood Jew: The Church and the Scandal of the Jewish Jesus* (San Francisco: Harper SanFrancisco, 2006), 148-149.

것에 대한 이해를 점점 더 다듬어서, 사람의 의견과 전통을 계시와 같은 위치에 놓게 된다. 율법은 하나님이 우리에게 주신 목표에 이르기 위해 주어진 수단이다. 만약 복음을 율법처럼 지키며 살면, 우리는 길에서 벗어나서, 어디로 가는지 알 수 없게 되고 만다. 우리는 누가복음에서 방금 보냄을 받은 제자들처럼, 다른 사람들에게 응답하기 위해 보냄을 받은, 근본적으로 취약한 제자로서 은혜에 의지하여 여행한다. 다른 사람들은 "사람을 위해 만들어지고 구속된 세상 안에서 신앙의 복종"을 향하도록 부름받는다.*

예수를 시험하기 위해 자리에서 일어선 율법학자는 율법이 복음이라고 이해하고 있는 것처럼 보인다. 그는, 어쨌든, 율법학자! 영생에 대한 율법학자의 질문에 대해 예수는 선견지명을 가지고 다음과 같이 말한다. "율법에 무엇이라고 기록하였으며, 너는 그것을 어떻게 읽고 있느냐?" 그는 자기 인생이 신앙의 복종을 실천적으로 증거하고 있다고 믿는 사람답게 율법을 인용한다. 아직도 그는 혼자 출발할 수 없다. 예수가 그에게 그의 안에 있는 모든 것으로 하나님을 사랑하라고 말했을 때 그리고 그의 이웃을 그 자신처럼 사랑하라고 말했을 때, 그는 율법이 명령하는 것이 무엇인지 정확하게 알아야만 복종할 수 있다.

물론 우리와 우리가 섬기는 사람들 가운데도 법조인이 있다. 율법이 곧 복음인 사람들 대부분은 법안에서 피난처를 찾고, 경계를 미화하고, 규범들을 열거하고, 제자도를 성문화한다. 여기서 중요한 질문은 종종 정의(定意)를 요구하고, 그래서 한계를 정해놓으려는 것이다. 정확하게 내가 나 자신처럼 사랑해야 하는 사람은 누구인가? 율법을 복음이라고 하면, 나는 연기자이고, 나의 연기는 궁극적으로 인간이 규정한 율법에 대한 이해와 복종에 의해 정당화되어야만 한다.

정의와 한계를 추구하는 질문에 대하여 가상 광범위하고 포괄적인 단어로 대답하는 것은 율법이 곧 복음이라고 확인하는 것이다. 그것은 질문

---

* Paul Lehmann, *The Decalogue and a Human Future* (Grand Rapids: Eerdmans, 1995), 18.

자가 계속 주도권을 가질 수 있다고 착각하게 하는 것이다. 그것은 제자로서의 삶이 오직 하나님과 하나님의 자비만을 알기 위한 것이 아니라, 악한 것을 통해 선한 것을 알게 되는 것을 특징으로 하는 삶이라는 전제를 강화시킨다.*

예수가 율법학자에게 한 이야기, 즉 우리가 강단에서, 병실에서, 회의실에서, 열려 있는 무덤 앞에서 여러 가지 방법으로 말하려고 하는 이야기는 우리와 우리가 섬기는 사람들이 배역을 맡아 연기하는 것이 아니라, 우리가 측량할 수 없는, 무한하게 선한 사랑에 따라 행동하는 이야기이다. 그것은 또한 이웃이 누구인가에 대한 정의가 점점 더 협소해지는 세상이 끝났다고 말하는 이야기이다. 여기서 이웃이 누구인가에 대한 정의는 율법이 내린 것이다. 예수가 하시는 이야기는 율법으로서의 복음에 관한 이야기이다.

만약 이 이야기를 우리가 섬기도록 부름받은 공동체에서 말한다면, 우리는 사람들을 예루살렘에서 여리고로 가는 위험한 길로 가도록 인도하게 될 것이다. 어쩌면 이 길을 가는 사람들은 순종이 신앙의 실천적 증거라고 믿을 것이고, 율법이 요구하는 것에 대한 이해를 점점 더 다듬어서 사람의 의견과 전통을 계시와 같은 위치에 놓게 될 것이다. 우리는 매 맞고 옷이 벗겨져서 무력하게, 거의 죽은 채로 길가에 버려졌다. 우리 자신을 정당화해 온 전통의 수호자들은 우리 옆을 그냥 지나쳐 간다. 어찌 된 일인지 선한 것에 대한 그들의 정의는 그들에게 자신을 사랑하는 것처럼 우리를 사랑하라고 강요하지 않는다. 그보다 우리가 여행하고 있는 것과 같은 길을 여행하고 있는 또 다른 사람, 복음을 율법으로 보는, 실재할 것 같지 않은 인물이 가까이 와서 보고, 연민으로 마음이 움직였다. 우리 인간의 상태는 레만이 말한 것처럼, "사람들을 위해 만들어지고 구속된 세상 안에서 믿음의 순종"으로 부름받았다. 이것은 가까이 와서 보고 연민으로 감동하는 누군가만의 이야기가 아니다. 에이미-질 레빈은 이렇게 역설한다.

> 만약 우리가 수렁에 빠졌는데, "어떤 집단의 어떤 사람에 대해서, '그녀가 도와주

---

* Dietrich Bonhoeffer, *Ethics* (New York: Simon & Schuster, 1995).

었다' 혹은 '그가 동정심을 보였다'는 것을 인정할 바에는 차라리 죽겠다"고 하지 않을지 스스로 생각해야 보아야만 한다. 또, 우리를 돕느니 차라리 죽겠다고 하는 사람들은 없을까? 만약 그렇다면 우리는 오늘날 사마리아 사람과 같은 사람을 어떻게 찾아낼 수 있을지를 아는 것이다. 실천적이고 정치적이며 목회적인 용어로 이 비유의 충격과 가능성을 인지하기 위하여 우리는 1세기의 지리적, 종교적 관계를 현대적인 표현으로 번역해야 할 것이다.[*]

레빈은 율법학자가 예수에게 질문한 것에 대해 지금까지 상상해 온 것보다 더 구체적으로 이야기를 진행한다. 이웃으로 입증된 사람이 누구인가? 마음과 생각과 영혼과 힘으로 하나님을 사랑한 사람이 누구이고, 이웃을 자기 자신처럼 사랑한 사람이 누구인가? 유대인인 레빈이 보기에 그것은 자비를 보여준 하마스의 일원이었다. 9.11의 공포를 직접 경험한 사람들 앞에서 이 비유에 대하여 했던 강연에서, 그녀는 이웃임을 증명한 사람은 알 카에다의 일원이었다고 시사했다.

어둡고 폭풍우 치는 밤에 차가 고장 난 여행자를 돕도록 선한 그리스도인들을 격려하는 데 익숙하게 사용되어 온 이 비유는 갑자기 율법 앞에서 복음으로 날아가는 비유가 되었다. 이 이야기의 끝에서 율법학자는 예수가 아니라 자기가 시험받고 있다는 사실을 깨닫게 되자, 이웃임을 증명한 사람이 자비를 보여준 사람이라고 겨우 말한다. 그는 '사마리아 사람'이라고는 말할 수 없었다. 때로는 이런 식으로 이름을 밝히지 않고 인정해야 살아 있는 동안 마음이 편할 것이다.

## 설교

어떤 비유가 너무 자주 사용되어 진부하게 된다면 그 비유는 여전히 공동체의 삶에서 그 역할을 할 수 있을까? '선한 사마리아 사람'은 일반적으

---

[*] Amy-Jill Levine, *The Misunderstood Jew* (San Francisco: Harper Collins, 2006), 148-149.

로 다른 사람에게 도움을 주기 위해 오는 사람으로 보통 알려져 있다. 하지만 이것이 정말로 예수께서 이 비유를 통하여 말하고자 하는 것인가? 그는 단지 "어려움에 처한 사람을 마주치게 될 때 도움이 되라"는 교훈을 실천한 하나의 사례로만 제시하고 있는가? 그러면 예수께서는 단지 우리가 노숙인을 무시하고 지나칠 때 죄의식을 느끼게 하려고 이 비유를 말하고 있는가?

나는 이 비유가 낯선 사람의 친절이 필요한 사람들에게 도움을 베풀라는 의미를 배제하지는 않지만, 그 이상이라고 본다. 그것은 도전을 줄 뿐만 아니라 복음에 대한 보다 깊은 것을 제시한다. 이 비유는 스스로를 여행 중에 있다고 여기는 사람들(단지 태어남에서 죽음까지 여행이 아니라 탄생에서 거듭남, 불완전한 삶에서 풍성한 삶으로의 여행)을 위한 이야기이다. 복음은 이 위험한 세상에서 여행하는 모든 사람의 마음에 하나님께서 부어주시는 것을 선포한다.

전체적인 이야기 속에서 예수께서는 예루살렘으로 여행을 하고 있다: "예수께서 하늘에 올라가실 날이 다 되었다. 그래서 예수께서는 예루살렘에 가시기로 마음을 굳히시고"(9:51). 예수께서는 죽음을 향하여 가는 길에서 한 율법교사를 만나는데, 그는 생명으로 가는 길에 관해 묻는다: "선생님, 내가 무엇을 해야 영생을 얻겠습니까?" 어떤 사람들은 율법교사가 적대감을 가지고 있었다고 보지만 또 다른 사람들은 랍비들의 대화에서 사용되는 '시험'(testing)을 그가 하고 있다고 말한다. 아마도 그는 하나님과 더 심원한 교제인 '영원한 생명'을 얻길 원하는 현재의 우리 모두를 대신하여 말하고 있는지 모른다.

예수께서는 "율법에 무엇이라고 기록되어 있느냐?"라고 묻는다. 이 율법교사는 토라(신 6:5과 레 19:18)를 적절하게 인용한다: "'네 마음을 다하고 네 목숨을 다하고 네 힘을 다하고 네 뜻을 다하여, 주 너의 하나님을 사랑하여라' 하였고, 또 '네 이웃을 네 몸같이 사랑하여라' 하였습니다" (10:27). 예수께서는 그를 칭찬하신다: "네 대답이 옳다. 그대로 행하여라. 그리하면 살 것이다"(28). 그러자 그 율법교사는 오늘의 이 비유가 등장하게 되는 한

질문을 던진다: "그러면, 내 이웃이 누구입니까?"(29).

이렇게 해서 우리는 또 다른 여행 이야기를 만나게 된다. 어떤 사람이 다윗의 평화로운 도시, 언덕 위에 높이 서 있는 예루살렘으로부터 광야를 30km 정도 지나 사해의 끝에 자리하고 있는 여리고로 내려가고 있는 중이다. 혼자서는 아무도 여행하지 않는 위험한 길이다. 그는 강도에게 공격을 받고 모든 것을 빼앗기고 잔인하게 매를 맞아 거의 죽게 되었다. 먼저 제사장이 지나가고 다음에 레위 사람이 지나간다. 둘 다 그를 보지만 모두 그를 피하여 길을 지나간다. 예수의 청중들은 그 이유를 알고 있다: 그 남자는 거의 죽게 되었고 제사장이나 레위 사람이 죽은 자를 만지게 되면 그들은 부정하게 될 것이다. 이 사람들은 예수에게 질문하는 율법교사처럼 율법에 대해 알고 있다. 율법은 제사장이나 레위 사람에게 예배를 위해 정결하게 될 것을 말하고 있다. 또 이 상황은 함정일 수도 있다. 그래서 그들은 자신들의 역할을 수행하기 위해 다른 길로 간다.

여기에 어떤 사마리아 사람이 온다. 유대인들은 사마리아 사람들을 모세의 율법과 예루살렘의 성전 예배에 적합하지 않은 자들로 바라보며 경멸하고 있었다. 사마리아 사람들 역시 마찬가지였다. 누가는 예수께서 그 경멸함을 경험했다고 기록한다: 한 사마리아 사람이 예루살렘으로 가는 길에 예수를 받아들이기를 거부하였다. 야고보와 요한은 예수께 하늘로부터 불을 내려달라고 요청하지만, 예수께서는 이들을 꾸짖었다 (9:51-56).

예수의 비유에 나오는 이 사마리아 사람은 그대로 지나치지 않는다. 그는 자신의 마음에 부어진 하나님의 영에 감동이 되어 '측은한 마음이 들어서' 가까이 다가가 그 사람이 누워있는 곳으로 간다. 살아 있는 것을 보고 그는 상처를 닦기 위해 기름을 붓고 고통을 덜어주기 위해 포도주를 붓는다. 그를 태우고 여관으로 데리고 가서 비용이 더 들면 돌아올 때 갚겠다고 약속한다. 이 사마리아 사람은 이미 영생을 얻었다. 그는 그 자리에서 영생을 누리고 있는 것이다.

한두 해 전에 나는 12살 된 팔레스타인 소년 아마드 카팁(Ahmad Khatib)에 관한 것을 읽었는데 그는 웨스트뱅크 지역 예닌에 있는 자신의 집 근처에서 시위를 하던 도중 이스라엘 군인들의 총을 맞고 사살되었다. 소년은 장난감 총을 들고 있었다. 이스라엘 병원으로 옮겨졌지만, 이틀 후에 죽었다. 그의 부모는 소년에게서 이식 가능한 장기를 이스라엘 사람들에게 제공하기로 결정하였다. 생후 2개월 된 아기를 포함하여 6명이 심장, 폐 그리고 신장을 이식받았다. 소년의 어머니 아블라(Abla)는 "내 아들은 죽었어요. 하지만 그는 다른 사람들에게 생명을 줄 수 있을 겁니다"라고 말했다. 이 부모들은 긍휼히 여기시는 하나님을 향하여 자신들만의 여행을 하였고, 영원한 생명을 살고 있는 것이다.

본문 처음에 나오는 예수의 질문에 대한 율법교사의 대답을 번역본을 비교해 보면, 어떤 것은 "네 이웃을 네 몸같이 사랑하여라" 앞에 콤마(,)를 찍은 반면 다른 것들은 그 자리에(27) 세미콜론(;)을 두고 있다. 구두점이 다르지만, 의미상 차이는 없는 것 같다. 마가렛 에드슨(Margaret Edson)의 웅장한 연극 <Wit>(한국에서 <위트>라는 이름으로 공연되었다)에는 등장인물들이 존 던(John Donne)의 시(詩) <Holly Sonnet 6>을 낭송하면서 구두점을 사용하는 것에 관한 대화가 나온다. 등장인물 중 교사인 에블린(Evelyn)은 학생인, 비비안(Vivian)을 질책하는데 그 이유는 시의 마지막 두 행에 콤마를 사용해야 할 자리에 세미콜론을 사용하였다는 것이다. 에블린은 이 마지막 두 행을 특히 구두점을 크게 소리 내어 감정을 실어서 낭송한다: "그리고 죽음은 더 이상 없어 **세미콜론**! 죽음, 너는 죽게 될 거야 감탄사." 그리고 그녀는 다른 버전으로 이렇게 하라고 한다: "그리고 죽음은 더 이상 없어 **콤마** 죽음, 너는 죽게 될 거야 감탄사." 그녀는 "단순히 숨 한 번 쉬는 것, 즉 콤마가 이 삶과 영원한 삶을 구분한다고 말한다."* 그런데 그냥 간단한 콤마만 사용해도 충분하다. 오늘 본문에서도 같은 원리라고 생각한다. 간단한 콤마만 있으면 된다. 하나님을 사랑하는 것은 이웃을 사랑하는 것이고, 이웃을 사랑하는 것이 하나님을 사랑하는 것이다. 이 비유가 확증해 주듯이 이처럼 계속되는 사랑의 흐름이 영원한 생명을 지금 여기에서 시작되게 한다.

---

* Margaret Edson, *Wit* (New York: Faber & Faber, 1999), 14-15.

선한 사마리아 사람의 비유는 성경을 GPS로 하여 길을 가는 사람들을 위한 이야기로, 다른 사람을 사랑하고 긍휼히 여기는 길 곧 하나님께서 바라시는 유일한 방향으로 우리를 인도한다. 이것은 도움을 주는 낯선 자에 관한 비유 그 이상이다; 그것은 오늘날, 이 위험한 길을 여행하는 사람들 가운데서 일하시면서 우리를 생명의 풍성함으로 또 영원한 생명으로 지금 여기에서 옮기시는 하나님의 능력에 관한 것이다.

# 성령강림절 후 여섯째 주일

## 누가복음 10:38-42

> ³⁸그들이 길을 가다가, 예수께서 어떤 마을에 들어가셨다. 마르다라고 하는 여자가 예수를 자기 집으로 모셔 들였다. ³⁹이 여자에게 마리아라고 하는 동생이 있었는데, 마리아는 주님의 발 곁에 앉아서 말씀을 듣고 있었다. ⁴⁰그러나 마르다는 여러 가지 접대하는 일로 분주하였다. 그래서 마르다가 예수께 와서 말하였다. "주님, 내 동생이 나 혼자 일하게 두는 것을 아무렇지 않게 생각하십니까? 가서 거들어 주라고 내 동생에게 말씀해 주십시오." ⁴¹그러나 주님께서는 마르다에게 대답하셨다. "마르다야, 마르다야, 너는 많은 일로 염려하며 들떠 있다. ⁴²그러나 주님의 일은 많지 않거나 하나뿐이다. 마리아는 좋은 몫을 택하였다. 그러니 아무도 그것을 그에게서 빼앗지 못할 것이다."

## 신학

이 글을 쓰면서 최근에 읽은 잡지의 글이 생각난다. 그 글은 선교에 관한 것이었는데 성 프란시스코의 다음과 같은 말이 소개되어 있었다. "항상 복음을 선포하여라. 만일 필요하다면 말을 사용하라."

오늘의 본문은 나사로의 누이 마리아와 마르다에 관한 잘 알려진 이야기이다. "만일 필요하다면 말을 사용하라"는 표현과 앉아서 예수의 '말'을 듣고 있었던 마리아를 "더 좋은 것을 택했다"고 하신 예수의 칭찬 사이의 모순을 어떻게 받아들일 것인가?

오늘날 그리스도인이 말을 조심해야 한다는 것을 대부분 절실하게 느끼고 있다. 오늘 세계는 말로 가득 차 있다: 자기 정책의 정당성을 우리에게 설득시키기 위해 만들어진 정치인들의 말, 1930년대 히틀러의 인종정책에 대해 중립적인 견해를 밝힌 독일 학자들의 말, 필요하지도 않은 상품을 강매하려고 반복해서 쏟아내는 광고 문구. 좀 부끄럽지만 텔레비전 설교자들, 성직자들, 교단 지도자들, 신학자의 말들도 포함해야 한다. 왜냐하면 우리 그리스도인들도 합리화, 자기 자랑, 말장난의 혐의를 벗기 힘들기 때문이다. 오늘과 같은 과대 소통사회에서 말은 중요성을 상실하여 값어치 없는 것이 되었다. 말이 의미를 갖기 위해 꼭 필요한 침묵이 화자나 청자에게 없다.

그러나 하나님은 예루살렘의 전통에 따르면 말씀하시는 하나님(Deus loquens)이다. 그리고 하나님이 당신의 형상대로 창조하여 언약의 파트너로 삼으신 인간은 말하는 동물이다. 인간을 '이성적 동물'이라고 규정하는 것보다 '말하는 동물'이라고 함이 더 적절할지도 모르겠다. 창세기에 나오는 하나님과 달리 우리는 말로 명령함으로써 어떤 것을 창조할 수 없고, 우리의 말은 그 자체로 필요한 것을 만들어 내지는 못한다. 그러나 창조의 세계 안에서 제사장의 역할을 부여받은 우리는 하나님의 말씀을 이해하는 것뿐 아니라 그 말씀을 세상과 소통하는 데 필요한 말을 우리 스스로 찾아야 하는 의무가 있다. 전하는 자가 없이 어떻게 들을 수 있으랴?

우리는 말에 대해 신중해야 하지만, 그리스도인들은 예수의 말을 들을 뿐 아니라 최선을 다해 하나님의 말씀을 소통할 '적절한 말을 찾기 위해서 노력해야 한다. 신학자나 설교자나 교회학교의 교사가 말을 포기한다면 그것이 하나님의 말씀의 엄청난 신비 앞에서의 겸손의 결과인지, 개인적인 한계 때문인지, 혹은 심지어 나태함 때문인지 비판적으로 살펴보아야 한다.

말과 행동, 말하는 자와 행하는 자, 명상가와 활동가 사이의 대립과 갈등은 우리의 삶 속에서 없어지지 않을 것이다. 한쪽에 속한 사람이 다른 쪽에 속한 사람을 비난하는 일도 과거에 있었던 것처럼 미래에도 계속될 것이다. 자기 자매가 예수와 함께 신학적 토론에 빠져 희열에 차 있는 동안 귀찮은 일을 해야 하는 마르다의 심정을 이해하지 못할 사람이 있겠는가? 마리아도 (예수와 비슷한 심정으로) 마르다에게 불만을 가질 수도 있다: 왜 일의 본질과 목적을 고려하지 않고 그냥 바쁘게 움직이는가?

예수는 이 가정과 매우 가까웠는데, 다른 때에는 마르다가 열심히 일하여 칭찬을 받고, 마리아가 나태함과 수다 때문에 야단을 맞은 적도 있었다.

상황이 달라짐에 따라 강조점도 달라진다. 또한 이 두 태도는 극단적인 형태를 띨 때 심각한 문제를 일으킨다. 명상 없는 활동은 방향성 없이 수많은 일만을 벌려 놓아 때로는 상황을 악화시킨다. WCC의 "정의, 평화, 창조 질서의 보존" 대회는 오늘날 인류의 위기의 원인으로 삼중적 불안정을 꼽았다. 활동가들이 위기를 극복하기 위해 내놓은 해결 방안이 상황을 더 악화시키는 경우가 종종 있다. 그 이유는 상황에 관한 문제들이 (특히 삼중적 불안정의 복잡한 상호관련성에 관한 문제가) 충분히 깊이 있게 탐구되지 않았기 때문이다. 반면에 수많은 이론–성서적, 신학적 혹은 기타 학문적–이 사실은 참여하기를 원치 않는 사람들이 만들어 낸 이중적이고 기만적인 논설이라는 것을 우리는 안다.

사고와 행위의 대립에서 나오는 문제를 통해 우리는 그리스도인으로서 늘 주의해야 할 것이 있다는 것을 깨닫게 된다. 마르다에게 필요한 것은 문제의 본질을 볼 줄 아는 민감성이고, 마리아에게 중요한 것은 태도의 문제이다. 새로운 상황에서 새로운 의무가 주어진다. 끊임없이 말을 생산하는 데 주력했던 개인이나 교회는–그것이 고도의 학문적인 신학이던, 전도의 문구이던– 지난주 본문에서(눅 10:25-37) 예수가 '말의 전문가'였던 율법 교사에게 주었던 충고에 귀 기울여야 한다: "가서… 하여라."

오늘 본문이 주의하여 듣고, 그것을 효과적으로 전할 말을 생각해 내기 위해 노력을 하지 않은 채 그저 열심히 행하는 것의 위험을 너무 강조한 것처럼 느껴질 수도 있다. 그러나 오늘날 북미의 자유주의와 중도 개신교의 상황에서, 예수가 마리아를 칭찬하신 말, 즉 '필요한 것은 한 가지뿐'(공동번역)이라는 말은 경청해야 하는 중요한 충고이다. 지금 마리아는 활동에 몰두하고 있지 않고 꼭 필요한 일, 즉 예수의 말씀을 경청하는 일에 집중하고 있다.

**주석**

이 이야기는 흥미를 끄는데, 왜냐하면 다방면의 제자 됨에 여성이 참여하는 해방적 이해를 보여주는 몇 안 되는 본문 중의 하나이기 때문이다. 여성이 예수님 앞에 앉아서 배우는 것은 아마도 문화적 한계를 뛰어넘는 것인데 예수는 이를 허용하고 있고, 이는 그의 모든 사역에서 여성이 남성과 함께 참여할 수 있다는 것을 의미하는 것이다. 그런데 어떤 해석은 마치 본문에서 마리아의 행동을 칭찬하는 것이 마르다의 행동을 폄훼하는 것으로 보인다. 그러한 본문 읽기는 금방 반대를 받는데 그중에서도 존 칼빈은 이 본문으로 실제적 봉사보다 명상적 삶이 우월하다고 주장하는 것을 비판한다. 현대의 여성신학에서도 마르다가 그녀에게 주어진 실제적 봉사의 역할을 맡음으로 실패했고, 반면에 마리아가 남자들같이 배움으로 성공했다는 해석을 거부한다.* 본문을 자세히 보면 이러한 주석들에서 얘기된 이슈들을 조명해 주고 잘못된 해석을 낳을 단순한 가정들을 피하게 한다.

두 자매에 관해서는 자료가 많지 않은데, 누가의 본문은 공관복음서에 그들에 대한 언급이 나오는 유일한 곳이다. 요한복음 11:1-12:8에는 예수가 베다니에서 나사로를 죽음에서 살리시고, 그의 자매인 마르다와 마리아와 말씀을 나눈다. 하지만 누가나 요한은 각자 묘사한 장면에 대해서 서로 알고 있지 않은 듯이 보인다. 누가에게 이 자매가 중요한 것은 마르다의 대접이나 마리아의 예수의 가르침에 대한 흥미 그리고 마르다가 예수를 '주님'이라고 부르는 데에서 보는 자매들의 명확한 예수께 대한 헌신 때문이다.

식사를 준비하는 마르다는 그에게 사회적으로 주어진 역할을 수행했다. 마리아는 선생의 발 곁에 앉은 학생으로서 역할을 수행하며 문화적으로 금지된 장벽에 도전한다(행 22장을 보라). 39절을 축자적으로 번역하면 "마리아는 주님의 발 곁에 앉아서 말씀을 듣고 있었다"이다. 누가의 다른

---

* 이 이슈에 대해서 다음의 글을 참조, Loveday Alexander, "Sisters in Adversity: Retelling Martha's Story," in *Women in the Biblical Tradition*, ed. George J. Brooke (Lewiston, NY: Edwin Mellen, 1992), 167-175.

본문에서도 하나님의 말씀이나 예수의 말씀을 들으라고 명령한다(5:1; 6:47; 8:11-15, 21; 11:28). 그러기에 예수가 자신에 대한 헌신으로서 곁에 앉아 말씀을 듣는 마리아를 옹호하며 말하는 것이 전혀 놀라운 것이 아니다. 마리아는 그녀의 시대에 드물게 남성 종교 지도자의 학생이 되는 처음의 여성이었지만, 그녀의 언니가 말한 것을 보면 이 상황에서 다른 역할을 하도록 예상되어 있었다.

장면은 40절에서 마르다가 한 말에서 전환된다. 마르다는 동생이 혼자 일하게 놔둔다고 불평하면서 자신의 환대를 손상시킨다. 사실 마리아에게 얘기하지 않고 손님에게 말한 것이다. 마르다의 좌절은 분명히 봉사를 통하여 환대를 제공하려는 욕구가 아니었겠지만, 예수가 41-42절에서 말하고 있는 문제이다.

누가복음은 diakoneo(4:39; 8:3; 10:40)라는 동사를 사용함으로써 예수를 섬기는 사람들을 칭찬한다. 이 용어는 명사 diakonia와 더불어 누가-사도행전에서는 이 본문에서와 마찬가지로 음식 준비나 식탁 봉사를 의미한다. 하지만 누가나 다른 신약에서는 좀 더 넓게 섬김과 사역을 가리키기도 한다. 예수는 자신을 22:26-27(12:37 참조)에서 '섬기는 자'로 말하고, 그러기에 많은 일 중에서 손님이나 식솔들에게 해야 될 봉사하는 일을 선택한 마르다를 책망하지 않았다. 그러한 일도 자체로서 제자 됨의 표현이다. 여기서 마르다의 문제는 그러한 일을 하는 데 염려하며 들떠있다는 것이다. 자신을 혼자 놓아둔다고 마리아를 비판하면서(은근히 예수를 비판했는데) 마르다는 자매가 하려고 선택한 다른 활동들에 대한 가치 판단을 넌지시 하고 있다. 이것은 그녀의 환대하는 일이 목적을 가지고 있다는 것을 드러낸다. '염려하며 들떠있는' 환대는 누가 주님이고 손님인지 초점을 잃어버리게 된다.*

영국 성서학자 러브데이 알렉산더(Loveday Alexander)는 이 본문의 오독을 여러 가지로 열거한다.** 첫째는 마르다와 마리아를 양극단으로 몰아

---

* 나중에 누가복음 12:22-26에서 예수는 염려하지 말라고 경고한다.
** 알렉산더는 "Sisters in Adversity," 177-185에서 세 가지 이상의 것이 연관된 세 가지 포인트

독자들로 하여금 자매의 행동을 대립적으로 보도록 하는 것이다. 둘째는 마르다와 마리아를 그들의 행동과 함께 일차원적으로 성격화시켜 마치 이 이야기의 자매가 각각 어떤 패러다임을 대표하는 사람으로 알레고리적으로 해석하는 것이다. 셋째 경향은 이 본문이 마치 젠더 문제가 중심 주제인 것처럼 생각하고 우선적으로 여성과 그들의 역할을 지정하는 것이다.

설교자들과 교사들은 본문이 지지하지 않는 이러한 가정들을 막아야만 한다. 첫째, 화자나 예수 그 누구도 마르다와 마리아의 행동을 반대로 설정하지 않는다. 예수가 마리아는 "좋은 몫을 택하였다"(42)고 칭찬했을 때도 예수에게 집중한다고 말했던 것이다. "주님의 일은 하나뿐이다"(42)라고 한 것도 한 가지 형태의 헌신을 말한 것이 아니라, 헌신의 대상이 하나라는 의미이다. 제자도의 진실한 행동은—그것이 명상적이든 행동적이든 그 밖의 다른 것이든— 초점을 유지해야 한다는 것이다. 마르다의 문제는 올바른 헌신의 대상인 주 예수께 집중하지 못하고 흐트러진 것이다.

둘째로 이 여인들의 행동들이 어떤 삶의 형태를 대표한다거나 예수의 최종 선언이 어떤 특정한 제자도의 표현이 다른 것에 우월하다는 것을 말한 것이 아니라는 것이다. 이 이야기를 어떤 종류의 예수에 대한 헌신이 다른 것에 우월하다고 주장하려고 이용한다면 마르다가 염려하며 들떠있었던 것과 같이 같은 함정에 빠지는 것이다.

셋째로 마르다와 마리아가 여인이라는 것이 이야기를 흥미롭게 하고, 분명히 예수가 마리아를 용인하는 것이 예수의 제자 됨은 남녀 모두에게 열려 있다는 것을 보여준다. 그렇다고 해서 본문이 우선적으로 여인의 행동에 관한 이야기는 아니며, 또한 예수가 마르다의 심란함에 대한 친절한 비판이 여인들에게만 특징적으로 나타나는 것은 아니라는 것이다.

---

에 대해 제시한다.

## 목회

마리아는 예수의 발치에 앉아 그의 말에 매혹되어 제자가 되고 싶어 하는 것 같았다. 마르다가 인내의 한계에 달해서 예수가 거기 계심으로 인해서 불의가 생긴 것에 관심이 있는지 예수에게 물을 때까지 마리아가 얼마나 오랫동안 집중하고 있었는지는 알 수 없다. 마르다의 분노 말고도, 복음을 선포하기 위하여 파송된 70명이 방문했던 수많은 집에서 있었을 장면이 떠오른다. 어떤 사람들은 식탁에서 봉사하기 위해 바삐 움직이는 동안 어떤 사람들은 제자들이 말하는 것을 듣기 위하여 모여 있었을 것이다. 이것은 신앙의 가정을 포함한 대부분의 가정에서 지금도 계속되는 일이다. 어떤 사람들은 음식을 준비하고, 돈을 세고, 집안에서 살림을 하고, 가난한 사람을 위한 봉사를 계획하는 것 등, 모두를 위한 허드렛일을 하는 것으로 제자로서 삶을 살아갈 팔자다. 다른 사람들은 연구와 기도, 예배와 설교, 전도와 교육 등 말씀으로 섬기는 제자들이다.

누가가 나중에 사도행전에서 확인하듯이(행 6:1-6), 양쪽 다 필요하지만, 이 두 장면에서 누가는 후자의 손을 들어 준다. "오직 하나의 일만 필요하다. 마리아는 더 좋은 쪽을 택했다"고 예수는 말한다(41-42). 이것이 오늘 교회의 예식과 예배를 향한 우리 삶의 질서에 대하여 무엇을 의미하는가? 누가의 이야기에 좀 더 집중하자면, 하나님의 나라가 가까이 왔을 때 어떻게 환대를 보여줄 것인가?

조엘 그린(Joel Green)이 "예수가 마르다와 마리아를 만나신 것은 예수 자신뿐만 아니라 그의 메신저들, 즉 하나님의 통치를 가까이 오게 하는 일에 참여하는 모든 사람을 위하여 예수가 추구한 환대의 본질을 선포한 것"*이라고 한 말이 옳다면, 그리스도에게 호의적인 공동체는 하나님의 말씀에 집중하는 공동체다. '많은 일로 염려하고 들떠 있는'(41) 교회는 필연적으로 정신 나간 잔치와 불안한 청지기 캠페인과 단지 단체를 계속 유

---

* Joel Green, *The Gospel of Luke*, New International Commentary on the New Testament (Grand Rapids: Eerdmans, 1997), 433.

지하기 위해 고안된 행사의 늪에 빠져 사는 공동체가 될 것이다. 하나님의 통치에 대하여 고려하지 않는 회의에서 결정들이 내려질 될 것이다. 빵을 나눌 때 그리스도가 함께 계신다는 인식 없이 상 위에 음식과 음료만 놓게 될 것이다. 사회적 쟁점들은 다루어지겠지만, 늘 그렇듯이 복음은 실종되고 정치적인 참여만 이루어질 것이다.

이것은 종종 교인들을 아주 완고하게 만든다. 매일 밤 교인들은 기계적으로 집에서 나와서 교회로 갔다가 집에서 나오던 때처럼 막막하고 공허하게 돌아온다. 교회의 사업들은 그들이 섬기기로 동의한 하나님의 말씀이 전혀 없이 진행되기 때문에, 끝없는 회의들은 유쾌해야 할 그리스도인들을 분노하게 한다. 마르다를 생각해 보자. 만약 우리가 한 가지 필요한 일을 놓친다면(42), 만약 우리가 하나님의 말씀에 특별한 관심을 쏟지 않는다면, 공천위원회가 공천할 후보도 정하지 않은 채 우리를 찾아와도 놀라지 말아야 한다.

반면에, 교회가 그리스도의 발치에 앉아, 함께 성서를 읽고 그 의미를 질문하고, 현실에 관한 설교를 듣고, 야곱처럼 하나님의 축복을 받기 위해 씨름하고, 이해를 추구하는 신앙을 공부하고 양육하면, 일상생활의 세밀한 부분에도 복음이 울려 퍼지기 시작한다. 이 이야기를 위한 누가의 일상적인 배경은 집이다. 이것은 모든 목회자의 소명이 하나님의 말씀을 듣거나 하나님의 통치에 가까이 다가가는 데 참여하는 잠재적인 기회라는 것을 상기시킨다. 목회에서 더 심오한 순간은 우리가 삶의 의미와 목적에 관한 대화의 장을 제공하는 만찬 모임에 참여할 때, 우리가 병실에 들어갔을 때, 다른 사람의 육체적인 취약함이 신앙의 위기에 관한 고백으로 이어질 때나, 혹은 우리가 모임에 늦게 도착해서, 진부한 토론을 삶의 신비에 대하여 이야기를 나누는 방향으로 가까스로 돌려놓았을 때 시작된다.

하지만, 하나님의 통치가 가까워지면, 누군가는 해야 하는 일이 있다는 문제가 있다. 누가는 파송된 70인을 위하여 부엌에서 음식과 음료를 준비하는 사람이 있어야 한다는 것을 가정할 뿐 아니라, 식탁에서 기다리는 임무를 부여받은 '신망이 있고 성령과 지혜가 충만한 사람 일곱'(행 6:3)으로 구성된 직분의 필요성을 인식하고 있었다. 그렇다면 교회는 예수가 마르다를 꾸짖은 것을 어떻게 보아야 할까? 그린은 "예수가 추구한 환대의 본질은 누군가의 손님이 될 때 실현된다. 그러나 마르다의 말은 '내' 이야기(3번)에 집중된다. 그녀가 예수를 '주님'이라고 부르지만, 그녀의 계획에 그의 도움을 받으려고 하지, 그에게서 배우려고 하지 않는다."* 잘해야 한다는 염려가 환대의 척도가 되자, 교회는 교회가 섬겨야 하는 분을 잊어버렸다. 그리스도가 교회의 프로그램을 위한 수단이라고 선포되었을 때, 교회는 교회를 존재하도록 처음 부르신 그 '말씀'에 더 이상 귀를 기울이지 않게 되었다.

우리는 그리스도의 은혜로 우리 자신을 잊고 그리스도를 섬기고(diakonia) 있다. 이런 섬김은, 바르트가 말한 것처럼, "보통 은밀하게 행해져서, 그 자신의 본성대로 어떤 영광도 따르지 않는다. 그리고 그것은 지배하려는 우발적인 시도에 의해 방해받거나 전적으로 오염되기 쉬운, 순수하고 사심 없으며 겸손한 봉사로 착수되고 실행될 수 있다."** 겸손은 말씀과 성례전을 통해 하나님의 나라가 가까이 올 때 상상할 수 있는 유일한 태도이다. 이러한 점에서 오직 한 사람만 마음속에 떠오른다. 그날 밤 마르다와 마리아의 집에서 마침내 저녁 식사가 제공되었을 때, 빵을 떼는 중에, 그들의 손님이 바로 그들의 친절하고 겸손하며 숨어 있는 주인이라는 것이 드러났다.

## 설교

예수께서 마르다와 그 자매 마리아의 집에 들르기로 결정했을 때, 마르다에게 첫째로 든 생각은 부엌에서 무언가를 준비하는 일이었다. 이렇게 함으로써 그녀는 조상 아브라함이 3명의 손님을 장막에서 접대하면서(창

---

* Ibid., 437.
** Karl Barth, *Church Dogmatics* IV/3, Second Half (Edinburgh: T. & T. Clark, 1962), 891.

18:1-10) 시작되었던 오랜 환대(hospitality)의 전통에 충실하고 있었다. 아브라함이 사라에게 환대의 의무를 다하도록 했던 것처럼, 마르다는 마리아도 그렇게 할 것을 기대하였다. 마르다의 기대와는 달리 마리아는 예수의 발 앞에 앉아있었고 마르다가 모든 일을 해야만 했다.

하지만 바로 그 일이 그녀의 여동생이 한 일이다. 마르다가 요리책을 넘기며 물을 끓이고 채소를 썰며 3명을 위한 식탁을 준비하는 동안 마리아는 친구이자 손님인, 예수의 발 앞에 앉아 그가 말하는 것을 주목하고 있었다. 사실상 마리아는 예수의 발에 앉아 제자의 자세를 취했다. 마르다가 (심기가 불편해서) 냄비 몇 개를 두드리고 접시를 식탁 위에 놓으면서 쿵쾅거리는 소리를 낸다고 해서 누가 그녀를 비난할 수 있겠는가?

아마도 예수께서는 부산하게 이리저리 움직이는 소리를 그리고 얼마 후에 불평 어린 중얼거림을 들었던 것 같다. 마르다는 자기의 감정을 숨기는 사람이 아니었다. 사람들의 마음에 일어나는 일을 예리하게 바라보는 예수였기에 그는 마르다가 불만을 표출하기 오래전에 그 투덜거림의 이유를 알고 있었지만, 마르다가 말을 할 때까지 기다렸다. "주님" 하고 마르다가 입을 열고 "당신은 왜 그냥 두십니까…"라고 말하여 불만의 대상이 마리아만이 아님을 보여준다. 결국 그 불만은 자매인 마리아에게로 향했고 "내 동생이 나 혼자 일하게 두는 것을 아무렇지 않게 생각하십니까?"라고 말하였다.

사실 예수께서는 별 관심이 없었다. 나는 그가 미소를 지으며 말했다고 생각한다: "마르다야, 너는 많은 일로 염려하며 들떠 있다." 여기가 이 이야기에서 중요한 순간이다. 예수께서는 '바쁜 마르다'가 아니라 '염려하며 들떠 있는 마르다'에 주목하고 있다. 그는 친구인 마르다에게 말하고 있는데, 마르다는 대접해 드리기를 원하는 예수를 위해 음식을 준비하면서 불안정한 상태에서 하고 있다. 그녀는 불만의 초점을 여동생에게뿐만 아니라 이제 친구이자 손님에게도 두었고 소중히 여기며 '주님'이라고 부르던 그분을 잠시 잊게 되었다. 예수는 부드럽게 그녀를 부르며 다시 자기 자리를 찾도록 한다. 음식을 대접하는 환대 그 자체가 중요한 게 아니다. 중요한 것은 그 환대가 어디를 향하고 있느냐이다.

오랫동안 이 이야기는 말씀을 묵상하는 삶이 실천을 하는 삶보다 우위에 있는 것으로 해석되었다. '더 나은' 삶은 기도와 묵상의 삶이며, '고요한' 삶은 분주히 움직이는 것보다 '더 온전한' 것으로 여겨졌다. 최근에 이 이야기에 대해 도전을 주는 해석들이 제기되었다. 어떤 사람들은 이 이야기가 교회의 활동적인 영역에서 여성들을 제거하기 위한 초기 공동체의 노력을 반영하고 있다고 제시한다. 이 해석은 오늘날 일부 교회들이 그 사역에서 여성들의 역할을 특히 지도적인 직위에서 제한하려는 동일한 경향을 생각나게 한다. 이런 입장에서 여성들의 역할을 제한하는 것으로 이 이야기를 읽으면, 누가는 마르다를 섬김/사역에서 손을 떼게 하고 마리아처럼 '보다 나은 것'(42)을 곧 더 수동적인 자세로 조용히 주님 앞에 앉아 몰입해 듣는 것을 택하도록 하고 있다고 볼 수 있다. 이러한 해석은 슬프게도 누가복음이 여성들을 위한 복음이 아니며 여성들을 제자리에 두어 남성에게 복종하게 하는 것으로 귀결되게 한다. 마리아가 택한 '더 나은 것'은 수동적으로 주님의 발 앞에 앉아있는 것이고 예수는 마르다는 불안함과 걱정에 사로잡혀 봉사하는 것을 나무란다.

하지만 이 이야기는 다르게 읽을 수 있다. 그것은 반드시 말씀을 묵상하는 삶이 실천하는 삶보다 우위에 있음을 입증하기 위한 것이 아니고 또 사역에 있어 여성들의 은사와 소명을 부인하기 위한 것도 아니다. 신학자 존 셰어(John Shea)는 영어 성경에서 마리아가 '더 좋은 것'(the better part)을 택한 것으로 되어 있지만, 헬라어 성경에서 이 단어는 그냥 '좋은 것'(good)으로 번역되어 있음을 지적한다.* 마리아가 좋은 쪽을 택했다는 것은 "선하시고 실질적인 행동의 근간이자 에너지가 되는 하나님과 연결"됨을 의미한다는 것이다. 그는 이 이야기를 마르다-마리아라는 이분법을 강화시키는 것으로 보지 않고 하나님은 안과 밖에서 우리를 일하도록 부르시고, 우리의 섬김을 통하여 세상의 정의, 자비 그리고 평화를 가져오도록 한다는

---

* John Shea, *The Spiritual Wisdom of the Gospels for Christian Preachers and Teachers: The Relentless Widow, Year C* (Collegeville, MN: Liturgical Press, 2006), 203.

것이다. 이 이야기는 이것이냐 저것이냐의 메시지(either/or message)가 아니라 둘 다 함께라는 메시지(both/and message)이다.

몇 년 전, 톰 프리드맨(Tom Friedman)이 「뉴욕타임즈」 지에 "택시 기사"라는 칼럼을 썼다. 이 칼럼에서 그는 파리 드골공항에서 만난 한 택시 기사를 언급했다. 한 시간 걸리는 여정에 그와 그 기사는 여섯 가지 일을 하였다. 그 기사는 택시를 운전했고 휴대폰으로 말을 했으며 비디오를 시청하였다. 반면에 그는 택시를 타고 있었고 자신의 랩탑으로 작업을 했으며 아이팟으로 음악을 듣고 있었다. 프리드맨은 계속해서 과학기술 전문가인 린다 스톤(Linda Stone)을 인용하여 인터넷 시대의 병은 '지속적인 집중력 결여'라고 하였다. 아마 이것은 인터넷 시대의 병만은 아닐 것이다. 그것은 늘 우리와 함께 있어 왔고 단지 집중하지 못하는 원인이 바뀌어왔다.

이 두 자매의 이야기가 주님께서 계속해서 우리에게 부탁하는 일 곧 주님께 초점을 두고 '소중한 시간'을 드리고 우리의 가장 친한 친구에게 하듯 지속적으로 온전한 관심을 가지라는 것으로 받아들일 수 있을까? 이러한 일은 친한 친구들과 관계를 유지하기 위해 우리가 하는 일이다. 동일한 주님께서 주일예배로 모일 때 주님께 초점을 맞추고 '여러 가지 일들로 염려하고 들떠있는' 우리 자리로부터 빼앗기지 않을 좋은 쪽을 택하도록 우리를 부르신다. 거기에서 우리가 감당해야 할 모든 것에 평화와 에너지를 공급해 주는 근원과 연결될 것이다.

# 성령강림절 후 일곱째 주일

## 누가복음 11:1-13

¹예수께서 어떤 곳에서 기도하고 계셨는데, 기도를 마치셨을 때에 그의 제자들 가운데 한 사람이 그에게 말하였다. "주님, 요한이 자기 제자들에게 기도하는 것을 가르쳐 준 것과 같이, 우리에게도 그것을 가르쳐 주십시오." ²예수께서 그들에게 말씀하셨다. "너희는 기도할 때에, 이렇게 말하여라. '아버지, 그 이름을 거룩하게 하여 주시고, 그 나라를 오게 하여 주십시오. ³날마다 우리에게 필요한 양식을 내려 주십시오. ⁴우리의 죄를 용서하여 주십시오. 우리에게 빚진 모든 사람을 우리가 용서합니다. 우리를 시험에 들지 않게 하여 주십시오.'" ⁵예수께서 그들에게 말씀하셨다. "너희 가운데 누구에게 친구가 있다고 하자. 그가 밤중에 그 친구에게 찾아가서 그에게 말하기를 '여보게, 내게 빵 세 개를 꾸어 주게. ⁶내 친구가 여행 중에 내게 왔는데, 그에게 내놓을 것이 없어서 그러네!' 할 때에, ⁷그 사람이 안에서 대답하기를 '나를 괴롭히지 말게. 문은 이미 닫혔고, 아이들과 나는 잠자리에 누웠네. 내가 지금 일어나서, 자네의 청을 들어줄 수 없네' 하겠느냐? ⁸내가 너희에게 말한다. 그 사람의 친구라는 이유로는, 그가 일어나서 청을 들어주지 않을지라도, 그가 졸라대는 것 때문에는, 일어나서 필요한 만큼 줄 것이다. ⁹내가 너희에게 말한다. 구하여라, 그리하면 너희에게 주실 것이다. 찾아라, 그리하면 찾을 것이다. 문을 두드려라, 그리하면 너희에게 열어 주실 것이다. ¹⁰구하는 사람마다 받을 것이요, 찾는 사람마다 찾을 것이요, 문을 두드리는 사람에게 열어 주실 것이다. ¹¹너희 가운데 아버지가 된 사람으로서 아들이 생선을 달라고 하는데, 생선 대신에 뱀을 줄 사람이 어디 있으며, ¹²달걀을 달라고 하는데 전갈을 줄 사람이 어디에 있겠느냐? ¹³너희가 악할지라도 너희 자녀에게 좋은 것들을 줄 줄 알거든, 하물며 하늘에 계신 아버지께서야 구하는 사람에게 성령을 주시지 않겠느냐?"

## 신학

웨스트민스터 신앙고백은 "인간의 가장 중요한 목적은 하나님을 영원히 영화롭게 하고 즐거워하는 것"이라고 적고 있다. 이것은 매우 심오한 내용을 담고 있지만, 그 심오함은 충분히 이해되지 못하고 있다. 하나님의 거룩과 인간의 의무에 관한 다른 고백처럼, 인간의 궁극적 목적에 관한 이 조항은 자주 명령문으로 받아들여진다. 당신의 전 존재가 하나님에 집중해 있을 때만 당신은 인간으로서 해야 할 바를 하는 것이다. 이것을 다른 말로 하면, 구체적으로 당신 자신을 잊어버릴 때만 인간의 할 바를 한다는 것이다. 인생의 기쁨의 근원인 하나님의 찬란한 영광이 아무도 진실되게 지킬 수 없는 명령으로 잘못 번역된 셈이다. 복음이 또 율법이 되었다. 이는 종교가 빠지기 쉬운 유혹이다.

이 '율법'이 기도에 적용된다면, 우리의 기도는 우리 자신을 부인하는 엄청난 노력과 형언할 수 없는 신적 신비로의 몰입을 통해서만 정당화된다. 우리와 같은 보통 사람들에게 이것은 불면증 걸린 사람에게 '가서 자라'고 말하는 것과 비슷한 것으로 다가온다. 우리는 수 세기 동안 '올바른' 기도의 중요성과 그 방법 때문에 시달려 왔다. 그 결과 소수의 특별한 그리스도인만이 자주 기도를 할 수 있다고 생각하고, 그 외 사람들은 가끔만 기도하고, 그나마 그 기도도 심각한 결함으로 차 있다고 생각하게 되었다. 도와달라는 우리의 본능적이고 절박한 외침은 기도의 전문가들이 정한 기도의 기준에 따르면 하나님 중심의 기도가 갖추어야 할 찬양, 감사, 중보 등의 필수적 요소를 갖추지 못하고 있다.

이런 이유로 예수가 제자들에게 가르쳐주신 기도는 매우 신선하다. 그래서 근 이천 년에 걸쳐 수많은 사람이 이 기도를 드렸고, 신앙을 버린 사람조차도 이 기도를 기억하고 있는 것인지도 모르겠다. 이 기도는 우리가 아닌 다른 누군가가 되라고 요구하지 않는다. 이것은 매우 인간적인 기도이다. 이것은 인간을 위한, 즉 필요한 것이 있는 피조물을 위한 기도이다.

예수의 기도는 웨스트민스터 신조가 원하는 방식으로 하나님께 영광을 돌리는 기도로 시작된다: 하나님의 초월성('하늘에 계신'), 타자성("이름이 거룩히 여김을 받으시오며"), 주권("나라가 임하옵시며")이 언급되고 있다. 그러나 이런 가운데서도 인간적인 관점이 명확하게 반영되어 있다. 초월적 하나님은 '아버지'이다. 하나님의 거룩은 우리가 이름을 부를 수 있는 존재로서 하나님이 우리 가운데 현존함을 가리키는 말이다. 하나님의 나라(왕국)는 우리 친인척을 초월하여 지구 전체를 가리킨다. 여기에는 '스스로 존재하는 자', '하나님만', '저 위의 하나님과 이 아래 우리'라는 개념이 없다.*

이것은 기도에 관한 성서적 관점과 일치한다. 유대-기독교적 신관은 우리와 함께하는 하나님에 관한 것이다. 인간은 결코 하나님으로부터 분리될 수 없다. 예루살렘 전통의 존재론은 관계적 존재론이다. 이에 따르면-창조자까지 포함하여- 어떤 존재도 다른 존재와 분리되어 단독으로 존재하지 않는다. 따라서 성서적 신학은 단순히 신에 관한 학문이 아니다. 신학은 '우리와 관계 속에 있는 하나님'에 관한 학문이다. 칼 바르트는 '신인간학'(theoanthropology)이라는 용어로 이를 표현하고자 했다. 예수는 하나님의 영광을 말하는 순간에도 인간을 잊지 않는다.

이 짧은 서두에 이어 기도는 인간의 필요에 관한 부분으로 빠르게 이동한다. "우리에게 주시고…, 우리를 용서하시고…, 우리를 인도하시고…. 우리를 구원하소서…"로 연결되는 요구는 얼마나 직설적이고 무례해 보이는가? 인사말을 하고는 곧바로 요구사항을 전달하는 방식은 인간관계에서도 바람직하지 않다. 우리는 보통 타인의 호의를 기다리지, 직접 요구하지는 않는다. 그럴 때 역효과만 난다는 것을 우리는 안다. 우리는 이 기도를 경건하게 조용히 반복하라고 배웠지만, 우리가 이 기도를 통해 얼마나 무례하고 공격적으로 자본주의적 욕심을 표현하고 있는지 우리는 깨닫지 못한다. '제발'이라는 말도 없이, 의례적인 '사랑의 주님', '은혜로우신 주님' 같은 구절도 없이, "달라…, 달라…, 달라"의 기도이다.

이 기도가 너무 직설적이고 뻔뻔스럽게 여겨지지 않는가? 이것은 기도할 때 위선자나 이교도들처럼 같은 말을 많이 하지 말라는 예수의 경고(마 6:5; 6:7)와 모순되지 않는가? 그렇지 않다. 왜냐하면 이 기도가 갖는 큰 전제는 이 기도가 실제적인 필요로 드려진다는 것이기 때문이다. 이 기도는 절박한 필요 때문에 드려진다. 미사여구나 겉치레를, 할 마음이나 시간의

---

* John A. T. Robinson, *Honest to God* (Louisville, KY: Westminster John Knox Press, 2002), 13. 『신에게 솔직히』로 번역됨.

여유가 개입될 수 없다. 기독교적인 기도의 목적은 신에 관한 명상 속에서 자신을 망각하는 것이 아니고, 자신을 찾는 것, 즉 가능한 최선의 본연의 자아를 회복하는 것이다.

(1) 우리는 의존적이다. 따라서 "우리에게… 주소서." (2) 우리는 죄인이다. 따라서 우리를… 용서하소서. (3) 우리는 잃은 자이고 연약하다. 따라서 인도하소서, 구원하소서. 우리의 기도의 대상이 영광스럽다는 것은 일상적인 의미(우리의 형상에 따라 우리가 지어낸 신과 같은)로가 아니고 사랑의 관계 속에서 그렇다는 것이기 때문에 우리는 가장 진솔한 기도를 통해 우리의 치명적인 약점을 깨달을 수 있고, 이를 통해 새로운 힘의 근원을 만날 수 있다.

예수가 제시한 기도의 모범(5-13) 이후에 나오는 구절은 그 기도가 강조한 것을 다시 강화하는 역할을 한다. 즉, 기도는 유순하고, 참회적이고, 종교적인 행위가 아니고 진정한 인간이 되기가 얼마나 힘든지를 아는 자의 인간적인 행위라는 점이다. 진정한 기도는 가장할 수 없다. 그 필수 조건은 우리의 필요에 관한 깊은 자각과 도움을 간청하려는 겸손이다. 구하라(진정으로, 계속해서). 주실 것이다. 구함 속에 이미 주심이 포함되어 있다.

## 주석

누가는 다른 출처의 자료를 함께 짜서 예수가 제자들에게 기도에 대해 가르치고 하나님의 신뢰를 격려하는 모습을 묘사한다.[*] 누가복음의 예수의 기도에 대한 주의는 주목할 만한데(3:21; 5:16; 6:12; 9:18, 28-29; 18:1; 21:26), 사도행전에서는 기도가 믿음의 공동체들을 드러낸다(1:14; 2:42; 12:12; 13:3; 20:36). 누가 11장에 따르면 기도를 통해 신자들이 하나님의 통치를 앞당기는 하나님의 사역에 참여한다.

---

[*] 2-4절은 마 6:9-13과 같고, 5-8절은 누가의 고유한 자료, 9-13은 마 7:1-77과 비슷하다.

**주기도문**(1-4). 마태와 누가의 주기도문 버전은 아마도 초대교회의 예배를 통해 기도가 발달되었던 다양한 방법을 통해 생겨났다. 두 버전 모두 다 공동의 청원을 하고 있는데, 1인칭 복수로 말하고 있다. 기도의 형태와 주제는 고대 유대인의 기도와 유사하다. 용어와 강조는 누가의 신학적 견해와 비슷하다. 예를 들면, 하나님을 아버지로 칭하는 것은 예수 당시에 익숙한 실행이었는데, 하지만 화자의 맥락에서 기도의 시작하는 말은 또한 아들이 아버지를 드러내는(10:21-22) 앞의 기술을 생각나게 한다.

다섯 개의 단문이 기도를 구성한다. 첫 두 문장은 비슷한데, 각기 고백을 하고–하나님은 진실로 예수 안에서 자신의 이름을 거룩하게 드러내며, 하나님의 통치가 가까이 왔다(10:9, 11)– 한편으로 더 완전한 실현을 염원한다: 모든 사람이 주님의 이름을 존중한다는 것, 하나님의 통치를 완전히 수립하는 것이다. 두 문장 다 같은 것을 바라고 있다.

나머지 세 문장은 세 가지 필수적인 필요들을 언급한다. 3절의 단어는 보통 '날마다'(epiousios)라고 번역하는 데 문제가 있다. 마태와 누가 전의 헬라 문헌에는 나타나지 않는데, 어원에 근거하여 그것은 '날마다', '내일의' 또는 '필요한'을 의미할 수 있다. 기도의 첫 두 문장의 종말론적 경향은 예수가 '내일의' 빵을 말한 것으로 제시하고 있는데, 메시아 잔치를 염원하며 하지만 '매일'이라고 분명히 얘기하고 있고, 3절의 현재형 명령법 '주십시오'라는 것은 사람들이 매일 필요한 필수적 생활을 위한 요청을 보여준다.

다음 요구는 용서이다. 기도는 아버지께서 우리의 죄를 용서해 주신다고 말한다. 하나님의 용서는 우리에게 빚진 모든 사람을 용서하는 자극제로 작용한다. 현재형 동사로 예수는 다른 사람을 용서하는 것이 끝나지 않는 과정임을 인정했지만, 문장 서두의 단순 과거 명령형으로 하나님으로부터 명확한 용서를 기대하고 있다. 마지막 문장은 보존을 요청한다. '시험의 때'는 악을 행하도록 유도하는 '시험'이 아니다. 예수는 시험이나 특히 박해의 위협을 통하여 믿음을 곤경에 빠뜨리는 환경에서 보호해 주기를 요청한다(눅 8:13; 22:38; 행 20:19을 보라).

한밤중의 친구(5-8절). NRSV에서 이 단락의 모호한 구문을 번역하면, 5-7절이 예상치 못한 시나리오를 설명한다는 의미임을 알기 어렵다. 이 구절은 헬라어에서 "이것이 당신들 누구에게나 일어날 수 있습니까?"라고 묻는 단 한 가지 질문에 대해 말하고 있다. 질문은 부정적 대답을 예상한다. 예수의 말을 듣던 그 누구도 7절에서 친구가 그런 말을 할 것이라고 예상하지 않는다. 그러한 상황에서 돕기를 거부하는 친구는 환대의 관습을 위반하는 것이고 수치스럽게 된다. 예수의 논점은 비록 우정과 환대의 거룩한 의무가 친구를 반응하도록 강요할 수 없다고 하더라도, 여전히 친구는 결론적으로 요청하는 사람의 절박한 끈덕짐 때문에 빵을 제공할 수밖에 없었을 것이다. 이어진 절이 명확하게 하듯이 예수는 하나님께서 도우려고 애쓰는 것으로 성격을 규정하고 있다. 하나님은 친구 이상으로 도움이 필요한 사람들을 위해 헌신하고 응답한다. 그래서 동시에 사람들은 굳게 결심하고 건방진 사람들을 괴롭히며 끈덕지게 기도해야만 한다(18:1-8 참조).

구하라, 찾으라, 문을 두드리라(9-13절). 하나님은 우리가 원하는 것이 아니라 필요하고 유익한 것을 주신다. 더 넓은 맥락은 하나님의 통치를 신자들의 기도의 첫째 초점이 되도록 세운다. 나중에 예수가 말하기를(12:29-31) 그러한 통치를 추구하기 위해 사람들을 구하고 찾아야 한다. 악한 부모들도 아이들을 돌본다면 키워야 할 사람에게 제공하는 하나님의 능력은 얼마나 클 것인가. 아마도 이에 대한 최상의 표현은 성령이 하나님의 선물로서 하나님의 구원의 새로운 시대가 완성되도록 한다(행 2:1-36 참조)는 것이다. 성령의 선물은 하나님께서 주님의 기도에 대답하는 헌신으로서 보여주고 있고, 성령을 받은 사람을 통하여 하나님의 의도가 그렇게 한다는 것을 선언한다.*

---

* 13절은 누가복음에서 처음으로 예수께서 사람들에게 성령을 약속하셨다고 기록하고 있다(참조. 3:16). 이 약속은 사도행전의 많은 부분을 예상하며(또한 누가복음 24:49 참조), 교회의 경험과 하나님의 통치에 대한 예수의 사역을 연결한다.

**결론.** 아버지들은 어느 시대이든지 여러 가지 다른 방법으로 아이를 키운다. 이 관계적 용어가 주기도문 시작에서 나타난 것은 그 자체로 하나님을 키우고 사랑하는 부모로 성격화시킨 것이 아니다. 하나님의 돌봄과 신실성을 묘사하는 전체 본문에서 아버지가 누구인지에 대한 필수적 스케치를 제공하고 있다. 성령을 주시는 믿을만한 하나님에 대한 기초적인 스케치와 무관하게, 1-4절은 아마도 자주 침묵하는 것처럼 보이는 신에게 말하고 싶은 생각이나 높은 기대들로 받아들일 수 있다. 주기도문과 무관하게, 5-13절은 공허한 약속들을 제공하는 것처럼 보이고, 유쾌하게 제안하기를 하나님께서 자동판매기같이 호의와 축복을 나눠준다는 것이다. 그리스도인들은 그들이 원하는 것을 얻기 위해 기도하지 않아야 한다. 하나님께서 하나님의 통치가 이루어져 열매를 맺도록 기도해야 한다. 이 구절들은 이러한 것을 이루기 위해 하나님께서 헌신한다고 확증하고 있는데 예수가 가르쳐 준 기도를 드리는 사람들은 하나님께서 그렇게 행하도록 우리를 수단으로 사용한다는 것을 예상해야만 한다.

조지 버트릭(George Buttrick)은 "만약 신이 존재하지 않는데, 사람의 삶이 가난하고 고독하고 불쾌하고 잔인하고 결핍되었다면, 기도는 가장 완벽한 자기기만이다. 만약 하나님이 존재하는데, 모호한 뜬소문과 암울한 강요로만 알려져 있다면, 기도는 징징대는 바보짓이다. 죽는 것이 더 고귀하다. 그러나 하나님이 예수처럼 깊고 영원한 의미 안에 계신다면, 하나님과의 우정은 우선적인 관심사이고, 가장 훌륭한 예술이고, 최고의 자원이고, 장엄한 기쁨이다."* "주님, 우리에게 기도를 가르쳐 주십시오"라고 제자들이 예수에게 말했다. 목회자들도 같은 요청을 받는다. 누가복음의 이 대

---

* George Buttrick, *Prayer* (Nashville: Abingdon Press, 1942), 15.

화에서 우리가 돌보는 양 떼만큼이나 우리가 배울 수 있는 것은 무엇일까?

예수는 제자들에게 이천 년 동안 사람들의 가슴에 기록된 기도의 틀을 주신 후에, 버트릭이 첫째로 지적한 간절히 비는 이야기를 시작하신다. 만약 하나님이 존재하지 않는다면, 기도는 가장 완벽한 자기기만에 지나지 않는 것 아닌가? 때때로 이것은 한밤중에 설교자와 교인들이 상황이 가라앉기를 바라며 간청했지만, 소용없는 경우처럼 보인다. 만약 하나님이 계시지 않는다면, 우리가 머리를 숙이고, 무릎을 꿇고, 우리의 애통함, 우리의 요구, 우리의 슬픔을 허공에 외치거나 우리 안에 있는 자아에 외치는 것은 얼마나 애처로운 일인가? 이것이야말로 가장 완벽한 자기기만 아닌가?

기도에 관한 인간의 의심은 솔직히 지적 논쟁의 문제일 수도 있지만, 대개는 절망, 가난, 고독, 불쾌함, 잔인함, 결핍 같은 인생의 경험으로부터 오는, 하나님이 정말 존재하시는가에 대한 질문과 관련되어 있다. 그래서 예수는 기도하는 모든 사람이 만나왔던 침묵을 인정함으로 그의 가르침을 시작한다. 그의 가르침은 직설적이다. 때때로 기도하면서 하나님의 침묵을 인내하는 것부터 시작해야만 한다. 예수는 한밤중에 친구를 찾아온 사람의 이야기를 하신다. 처음에 반응을 보이지 않는 친구는 때로는 사람의 인내 때문에 결국 하나님이 깨어나시고, 내려와서, 우리의 노크에 응답하시는 것을 비유로 설명하는 것이다. 기도는 예수가 길게 설명한 것처럼 깜빡 졸고 계신 하나님을 깨운다.

기도에 관한 예수의 첫째 가르침이 끝나자마자 이어진 것은 기도하라는 명령이다. "구하여라…, 찾아라…, 두드리라." 이따금 이것은 자신이 하고 있는 대화의 실마리를 잃어버린 교인에게 목회자가 줄 수 있는 유일한 좋은 조언이다. "그냥 하세요!" 다른 때에는 청원자에게 그가 이미 기도하고 있는 것이라고 이야기해 줄 필요가 있다. 궁지에 빠진 사람이 할 수 있는 유일한 말이 "노와주세요!"일 때, 목사는 그 한마디 말이 하나님을 향하도록 가르쳐야 한다. 기도가 말로 하기에는 너무 깊은 탄식 이상일 때, 기도라는 소통은 인간의 분노, 두려움, 갈망 혹은 감사가 언어 속으로 들어가는 것이다.

465

버트릭은 우리의 스승에게 더 깊은 질문을 던진다. 만약 우리가 기도하는 하나님이 실제로 존재하지만, 우리에게 알려지지 않은 채로 남아 있기로 했다면 어떨까? 만약 하나님이 존재하시는 건 의심할 바 없는 사실이지만 그의 의도는 숨겨져 있고, 그의 행동은 자의적인 것처럼 보이는 엄격한 부모와 같다면 어떨까? 그래서 우리의 곤경에 대해 조금의 동정도 가지고 있지 않은 분에게 어떤 보장도 없이 자비를 빌어야 한다면 어떨까? 기도는 징징대는 바보짓과 같을 것이다. 여기서 예수는 부모가 자녀의 요청에 응답하는 것을 상상하게 한다. 세상의 많은 사람에게 입장을 바꾸는 건 위험하다! 부모는 자식에게 생선 대신 뱀을 주고, 달걀을 달라고 하면 전갈을 줄 것이라고 알려져 있다. 예수가 하시는 말씀의 초점은, 가장 좋은 경우라도, 부모가 자녀의 가장 깊은 요구를 알았을 때라도, 우리에게 아버지를 부르도록 초청하시는 예수가 우리를 아는 것과 비교할 수 없다는 것이다.

버트릭은 끝으로 "만약 하나님이 예수처럼 깊고 영원한 의미 안에 있다면, 하나님과의 우정은 우리 첫째 관심사요, 가장 훌륭한 예술과 최고의 자원과 숭고한 기쁨"이라고 한다. 만약 하나님이 존재하고, 우리에게 기도를 가르쳐주시는 분 안에서 우리에게 알려지기로 선택하셨다면, 기도는 우리의 친구인 분과 대화하는 것이 될 것이다. "너희 가운데 누구에게 친구가 있다고 하자"고 예수가 말한다. 그는 이 거룩한 대화에 참여한 사람들을 위한 친구이다. 머리를 숙이고 눈을 감을 때 우리는 하나님 안에서 누구에게 말하는지 안다. 그의 안에서 우리는 우리가 나누었던 대화에 초대되고 포함된다. 가난, 고독, 불쾌함, 잔인함, 결핍 같은 우리 인생의 경험으로 우리를 이끌었던 침묵은 육신을 입고 우리의 기도에 대답하시는 말씀에 의해 깨졌다.

예수가 제자들에게 주신 각각의 가르침은 그들에게 관계를 맺도록 초대한다. 관계는 대화를 포함하고, 대화는 말로 시작한다. 예수 그리스도 안에서 하나님이 우리에게 먼저 '말씀'하셨다. 이제 우리는 응답하기 위해 좋은 감각을 모아야만 한다. 하나님의 은혜로 우리가 그렇게 한다면, 우리는 그 자신이 고통으로 울부짖고 침묵을 경험했기 때문에 우리의 모든 약함을 잘 아는 친구와 대화하는 우리 자신을 발견하게 될 것이다. 그렇지 않다면, 그와 대화하는 중에, 성서 말씀을 통해 그리고 교회의 증언을 통해, 하나님이 우리가 길을 잃어버렸을 때 우리를 따라오시고, 우리가 다른 모든 사람에게 버림받았을 때 우리와 함께 음식을 먹고, 우리의 인생을 허비하고 난 후 우리를 집에서 환영하시고, 우리가 너무 멀리 떨어지지 않도록 지키실 하나님이심을 신뢰할 수 있을까? 하나님의 영이 아니시면, 어떻게 하나님을 증언하는 말씀과 그가 없는 우리의 가난하고 외롭고 불쾌하고 잔인하고 결핍된 삶을 연결시킬 것이며, 어떻게 함께 길을 가는 우리를 발견할 수 있을까?

만약 하나님이 예수처럼 깊고 영원한 의미 안에 있다면, 우리는 이렇게 말할 수 있을 것이다. 어떤 상황이 올지라도, 그 무엇도 우리의 기도를 가로막을 수 없다. 왜냐하면 죽음도, 삶도, 천사들도, 권세자들도, 현재 일도, 장래 일도, 능력도, 높음도, 깊음도, 그 밖에 어떤 피조물도, 그의 몸으로 우리의 기도에 응답하시는 '말씀'을 침묵하게 할 수 없기 때문이다.

## 설교

여러분은 어떻게 기도하는가? 누가 여러분에게 기도를 가르쳐주었는가? 무엇을 위해 기도하는가? 어린 시절을 생각해 보면 우리 가족들이 기도했던 일이 떠오른다. 어머니는 수년간 모아두었던 특별한 기도 카드를 넣어둔 작은 책에서 어느 기도 제목을 뽑아서 매일 기도하곤 했다. 어머니는 '나를 가장 잘 아시는 좋으신 주님'이라는 말로 기도를 시작하시곤 했다. 나의 '둘째 아버지'(나는 계부라는 말을 결코 좋아하지 않았다)는 볼티모어 가스전기 회사에서 가스계기를 점검하는 일을 하였는데 종종 교회 뒷자리에 앉아 점심을 드시곤 하였다. 그는 '위에 계신 분'이라 부르며 기도했는데 이 말은 우리 시대에는 어울리지 않지만, 그에게는 아직 가까운 사이는 아니나 존경을 표하는 분을 뜻했다. 나의 부모들과 조부모들은 특정한 말보

467

다는 구체적인 예를 통해 기도하는 법을 나에게 가르쳐 주셨던 것이다. 그들로부터 나는 하나님은 선하신 분이고 우리들이 매일 필요로 하는 것에 관심을 갖는 분임을 배웠다.

가톨릭 학교에서 나는 기도해야 할 네 가지 이유에 대해 배웠다. 그것은 하나님을 찬양하고 감사하고 용서를 요청하고 내가 필요로 하는 것 혹은 원하는 것을 구하는 것이었는데, 마지막은 겟세마네의 예수처럼 "하지만 나의 원대로 마옵시고 당신의 뜻대로 하옵소서"로 끝나야 했다. 후에 로마 가톨릭 수도단 중 하나인 구속주회(Redemptorists)* 회원으로 있을 때에는 명상하고 묵상하는 기도를 배웠다. 내가 있던 종단의 창시자인 알폰소 리구오리(Alphonsus Liguori)는 *Prayer, the Great Means of Salvation*(기도, 구원의 위대한 수단)이라는 책을 썼는데 거기서 기도하는 사람은 분명히 구원받을 것이라면서 기도의 중요성을 강조했다. 더 최근에 나의 기도에 대한 태도에 영향을 준 사람은 토마스 머튼(Thomas Merton)인데, 그는 기도를 하나님의 궁극적 자유에 우리의 자유가 함께하는 것이라 말했다. 또 한 사람은 앤 라못(Anne Lamott)인데 그녀는 두 가지 기본적인 기도를 말한다: "감사합니다, 감사합니다." 그리고 "나를 도와주세요, 도와주세요, 도와주세요."

우리들 모두는 이처럼 각자가 기도에 관한 개인적 경험이 있다. 하지만 오늘의 복음서는 예수 그리스도와 함께 그리고 그분 안에서 하는 것이 기도의 시작임을 알게 한다. 예수께서는 제자들에게 기도하는 법과 무엇을 위해 기도하는지를 가르쳤다. 기도는 그의 삶에 있어서 필수적인 요소였다. 누가복음은 예수께서 "물러가사 한적한 곳에서 기도했고"(5:16) 또 "예수께서 기도하시러 산으로 가사 밤이 새도록 하나님께 기도하시고"(6:12과 9:18)라고 말한다. 예수께서는 사도들을 선택하기 전에 기도했고 (6:13-16) 5천 명을 먹였을 때도 기도했다(9:16). 그는 죽기 전날 밤에도(22:39-44) 또 십자가에서도(23:34, 46) 기도했다. 기도는 그의 삶 심지어 죽음에서까지도

---

* Congregation of the most holy Redeemer, 1732년 창설, 나폴리 소외된 사람들을 돕는 목적으로 후에 전 세계로 확산. (역자 주)

일부분이었다.

그래서 예수께서 자신을 따르는 사람들이 기도하는 법을 가르쳐 달라고 했을 때, 그가 가르친 내용은 그들에게도 중요했지만, 또 이후 교회의 삶에도 영향을 미쳤다. 그는 그들에게 (또 우리들에게) 하나님을 부르고, 하나님을 찬양하고, 찬양 후 하나님께 요청하는 말들을 가르친다. 예수께서는 "너희는 기도할 때에, 이렇게 말하여라. '아버지, 그 이름을 거룩하게 하여 주시고, 그 나라를 오게 하여 주십시오'"라고 시작한다. 우리는 하나님께 나아갈 때 '아버지'(Father) 또는 친밀한 표현으로 '아바'(Abba)라고 부른다. 이 한 단어에 관해 많은 해석이 있었는데 그것은 하나님께서 우리를 가족처럼 존중해 주는 분으로 또 우리가 하나님의 자녀인 것처럼 소중하게 여겨주는 분으로 이해하는 것이었다. 삶이 깨어지기 쉬운 오늘날 (이런 상황은 변하지 않았고 오히려 강화되어 왔다) 예수의 기도는 모든 것을 주관하시면서 우리들 가까이 계신 한 분이 있음을 기억하게 한다. 이어 뒤따르는 두 구절은 하나님을 하나님 되게 할 것을 요청한다: "그 이름을 거룩하게 하여 주시고." 그리고 "그 나라를 오게 하여 주십시오." 이 구절들은 하나님께 우리의 생명, 삶을 진정으로 맡아주실 것과 세상에 정의와 평화를 가져다주시기를 탄원하고 있다.

나머지 간구는 세 가지 모두 기본적인 것들이다: 양식("날마다 우리에게 필요한 양식을 내려 주십시오"), 용서("우리의 죄를 용서하여 주십시오. 우리에게 빚진 모든 사람을 우리가 용서합니다") 그리고 충실함("우리를 시험에 들지 않게 하여 주십시오"). 이 요청들은 우리 개별적인 몸의 생명에(양식), 공동체의 삶에, 즉 교회, 사회 그리고 세상(용서), 또 하나님과의 지속적인 관계의 삶에(충실함) 필수 불가결한 것들이다. 이것들은 하나님 나라의 선물인데 그 이유는 우리를 먹이시고 용서하시며 신실하게 대하시는 하나님과 우리가 연합할 때 흘러나오는 것이기 때문이다.

예수께는 이 기도에 관한 대목을 인내를 촉구하는 한 비유와 교훈으로 마친다. 존 필치(John Pilch)는 예수 당시의 문화 속에서 인내에 대한 보다 나은 번역은 '부끄러워하지 않는 것'(shamelessness)이라고 제시한다.* 환대

(hospitality)가 매우 고귀한 덕목인 사회에서 부끄러워하지 않고 (shame-less) 계속해서 문을 두드리는 것은 긴급한 환대가 요청되는 상황에 응답하지 않고 이불 속에 있는 한 친구의 부끄러워하지 않는 태도를 세상에 고발하는 것이다. 그러므로 기도 가운데 구하고 찾고 문을 두드리기를 계속하는 일은 똑같이 부끄러운 일이 아니고 "하나님은 이들을 선한 아버지 혹은 후견자처럼 돌보아 주신다." 여기에서 하나님은 잠자는 친구로 등장하는데, 그는 이 부끄러워하지 않는 친구가 흔들어 깨워야 할 필요가 있는 존재이다. 누가는 계속해서 사람이 필요로 하는 그 이상을 주시는 하나님을 언급하며 구하는 모든 이에게 성령을 선물로 주시는 분임을 말한다.

오늘의 복음서는 우리들의 기도 생활을 성찰하게 한다. 우리는 삶에 있어 기도가 필수적임을 알게 해 준 사람들에게 감사의 빚을 지고 있다. 그래서 우리는 계속해서 '주님! 우리에게 기도하는 법을 가르쳐 주십시오'라고 요청한다. 하나님을 우리의 부모님이자 보호자로 부르면서 당신의 아들이 주신 말씀을 진정으로 기도하도록 가르쳐 주십시오. 비록 우리가 어떻게 기도할지를 모를 때에도 성령께서 우리의 약함 가운데 탄식함으로 도우신다는 말에서(롬 8:26-27) 위로를 얻기도 한다. 우리가 해야 할 일은 우리의 기도가 하나님의 마음을 움직인다는 확신으로 예수께서 우리에게 가르쳐 준 기도를 우리에게 맡겨 준 사람들에게 계속해서 가르치는 것이다.

---

* John J. Pilch, *The Cultural World of Jesus, Sunday by Sunday, Cycle C* (Collegeville,MN: Liturgical Press, 1977), 116-117.

# 성령강림절 후 여덟째 주일

## 누가복음 12:13-21

<sup>13</sup>무리 가운데서 어떤 사람이 예수께 말하였다. "선생님, 내 형제에게 명해서, 유산을 나와 나누라고 해주십시오." <sup>14</sup>예수께서 그에게 말씀하셨다. "이 사람아, 누가 나를 너희의 재판관이나 분배인으로 세웠느냐?" <sup>15</sup>그리고 사람들에게 말씀하셨다. "너희는 조심하여, 온갖 탐욕을 멀리하여라. 재산이 차고 넘치더라도, 사람의 생명은 거기에 달려 있지 않다." <sup>16</sup>그리고 그들에게 비유를 하나 말씀하셨다. "어떤 부자가 밭에서 많은 소출을 거두었다. <sup>17</sup>그래서 그는 속으로 '내 소출을 쌓아 둘 곳이 없으니, 어떻게 할까?' 하고 궁리하였다. <sup>18</sup>그는 혼자 말하였다. '이렇게 해야겠다. 내 곳간을 헐고서 더 크게 짓고, 내 곡식과 물건들을 다 거기에다가 쌓아 두겠다. <sup>19</sup>그리고 내 영혼에게 말하겠다. 영혼아, 여러 해 동안 쓸 많은 물건을 쌓아 두었으니, 너는 마음놓고, 먹고 마시고 즐겨라.' <sup>20</sup>그러나 하나님께서 말씀하셨다. '어리석은 사람아, 오늘밤에 네 영혼을 네게서 도로 찾을 것이다. 그러면 네가 장만한 것들이 누구의 것이 되겠느냐?' <sup>21</sup>자기를 위해서는 재물을 쌓아 두면서도, 하나님께 대하여는 부요하지 못한 사람은 이와 같다."

## 신학

이번 주 본문의 핵심은 어리석은 부자의 비유이다. 이 부자는 하나님 나라의 확장보다는 잉여 재산의 보관에 더 관심을 두었던 사람이다. 이 비유는 부를 그 자체를 위해 추구하는 것의 위험을 생생하게 묘사한다. 재산이 많은 사람은 탐욕의 죄를 범할 위험이 크다. "이젠 충분해"라는 말은 '더 많이'라는 말 속에 묻혀버리고, '나, 나를, 내 것'을 반복적으로 언급함으로 다른 사람을 품을 여지는 남지 않는다. 탐욕의 가장 심각한 문제는 자신에 관한 관심의 집중 때문에, 하나님과 이웃에 대해 풍요로운 마음을 가질 수 없다는 것이다. 탐욕을 향한 인간의 성향은 부자와 가난한 자 모두를 위한 하나님의 섭리와 강하게 대립한다. 또한 이것은 누가복음이 강조

471

하는 소유에 관한 청지기 정신과도 상반된다.

그의 곳간이 이미 꽉 차서 빈 곳이 없는데, 이 부자는 또 큰 수확을 거두었다. 이것을 자기 혼자 누리려고 그는 기존의 곳간을 허물고 새로 큰 곳간을 지을 계획을 세웠다. 그는 거기에 그의 수확을 저장한 후 편하게 앉아 넘쳐나는 부를 갖고 인생을 즐길 요량이었다. 이 농부는 예수를 따르는 자가 피해야 할 대표적인 사례가 되었다: 제자처럼 살지 않길 원한다면 이 사람을 따라 하여라.

이 비유를 들은 사람들은 이렇게 물었을지도 모른다: "남는 수확을 보관하는 것이 무슨 문제인가?" 절약하여 여분의 분량을 농산물 저장탑이나 저장소나 지하실 선반에 쌓아 두는 것은 검약하는 습관을 지닌 사람들이 해 온 일이다. 많은 사람이 만일의 경우를 대비해 저축하고, 은퇴 이후를 위해 수입의 일부를 떼어 따로 모으며, 심지어 침대 밑에 지폐를 숨겨놓기도 한다. 미래를 위해 절약하고 아껴 쓰면서 저축하는 것은 권장할 일이 아닌가? 바로의 꿈을 해석했던 요셉도 풍요로운 7년 동안 여분의 식량을 비축하여 7년의 흉년을 대비하지 않았는가?(창 41:17-36) 그리고 큰 행운을 잡은 이 농부는 '먹고, 마시고, 즐길' 자격이 있지 않은가? 성서에도 큰 수확을 기뻐하고 좋은 일이 생겼을 때, 잔치를 하는 예가 많이 나오지 않는가?

물론, 장래의 필요에 대비해 지금 무엇인가를 비축하는 것은 하나님의 청지기의 의무에 속한다. 그러나 미래에 대한 준비는 균형이 있게 이루어져야 한다. 하나님께 영광을 돌리는 일, 이웃을 보살피는 일, 가난하고 소외된 사람들에게 필요한 것을 제공하는 일, 세계적 풍요의 혜택에서 빠진 사람들과 생존을 위한 기본적 조건도 갖추지 못하며 사는 사람들을 돕는 일들은 균형 있게 이루어져야 한다. 비유 속의 농부는 관심을 자신에게만 집중함으로 하나님께 돌려드리고 이웃을 돌보는 청지기의 이중적 본분을 저버렸다. 그에게 풍성한 수확을 준 하나님을 생각하지 않았고, 그런 부유를 꿈도 꿀 수 없었던 이웃을 배려하지 못했다. 우리는 이 농부의 말 속에 '내가, 내게, 나의'라는 말이 많이 나온다는 것을 관찰할 수 있다. 그는 자신에게만 관심이 있었지, 이웃에게는 무관심했다. 자신의 땅이 없어서 농사를 지을 수 없는 사람이나 나그네와 과부와 고아 같이 사회에서 소외된 사람들, 최소한의 생필품도 구하지 못해 생존이 위협받고 있는 사람들에게 눈길을 주지 않았다. 누가복음이나 초대교회의 전통에 따르면 가난한 자에게 자선을 베푸는 것은 성스러운 삶의 핵심적인 요소였다. 그러나 비유 속의 부자는 너무나도 자기중심적이어서 그의 수확과 그의 곳간과 그의 생명 외에는 관심이 없었다.

오늘의 본문에는 우리가 다뤄야 할 두 가지의 중요한 주제가 더 있다. 첫째로 하나님은 땅을 창조하시고 땅에 사는 자들에게 식량을 제공하는 분이기도 하지만 생명과 죽음의 주관자라는 사실을 기억해야 한다. 신학적 용어를 쓰자면, 풍성한 수확을 얻게 된 것은 하나님의 섭리 때문이다. 비유의 주인공은 그가 행운을 만나도록 관여한 하나님의 손길을 무시했고, 자신에게 돌아오는 이득에만 심취해 있었다. 어디서도 이 농부가 그의 땅에서 풍성한 소출이 나온 데 대해 하나님께 감사했다는 내용을 찾을 수 없다.

둘째로 이 농부는 재산의 많고 적음과 상관없이 창조된 모든 생물은 죽음을 피할 수 없다는 진리를 잊고 있었다. 결국은, 조만간 죽음이 그를 그의 재물과 갈라놓을 것이다. 죽으면 재물을 갖고 갈 수 없다. 하늘나라에는 창고시설이 없다. 곳간은 차고 넘치지만, 그의 남은 날은 하루씩 줄고 있다. 그는 자신의 행운을 자축하면서 이 중요한 사실을 고려하지 않고 있었다. 그의 잉여 재산이 삶의 중심을 차지하면서 그는 우상숭배의 덫에 걸려들었다.

풍요로운 삶의 중심에서 그는 우상의 올가미에 걸려들었다. 그 우상은 현대 문화 속에서도 종종 숭배의 대상이 된다. 오늘날 미디어가 한결같이 뿜어내는 메시지는 인생의 의미는 더 많이 소유하는 데 있다는 것이다. 더 많이 소비하고, 더 많이 소유하고, 더 많이 사용하라. 더 크게 최대한 가득 채워라. 성공한 인생이라는 것을 부티 나는 외모로 증명해라. 오늘날 문화는 필요도 없는 것을 사게 하는 욕망을 우리에게 주입함으로써, 비유가 어리석다고 판단한 삶을 최고의 삶의 형태로 미화하고 있다.

이 비유는 상황에 따라 다르게 해석된다. 극심한 가난에 처해 생필품조차 구하기 힘든 삶을 사는 사람에게 부의 문제는 가벼운 주제가 아니다. 그러나 이 비유는 부자와 가난한 자 모두에게 우리가 원하는 것이 무엇이고 왜 그것을 원하는지에 대해 깊은 성찰을 하게 한다. "이제는 충분하다"고 말할 수 있는 기준이 무엇인가? 그것이 우리 자신의 쾌락을 위해 많은 것을 쌓아두려는 욕망인가, 아니면 하나님이 주시는 축복의 본질과 인생의 진정한 목적에 관한 성서의 가르침인가? 우리는 더 많은 것을 욕구하도록 우리를 권유하는 미디어가 정한 기준으로 우리의 삶을 평가할 것인가, 아니면 하나님에 대해 풍요로운 자가 되라는 복음에 따라 우리의 삶을 평가할 것인가?

## 주석

누가의 신학적 관점에서 부(재산, 소유물과 엘리트적 경제적 지위 등)란 중립적이지 않다. 그것은 본래 부정적인 것이다. 사람들은 가난한 자들을 착취하여 부자가 된다. 사람들은 부를 그들의 지위를 높이는 것과(14:7-14), 사치스럽게 그들의 지위를 즐기는 데(16:19-31) 사용한다. 마리아는 처음으로 부와 교만에 대한 하나님의 부정적 태도를 밝힌다(1:51-53). 예수 또한 그러한 부정적 태도를 가진다(6:20-26). 이 본문은 이러한 관점들을 생명을 위협하는 부의 본질을 묘사함으로써 상기시키고 확장 시킨다.

이런 맥락에서 예수는 수천 명의 군중들 가운데서 제자들을 가르치셨고(12:1), 무리 가운데서 어떤 사람이 자신의 문제를 가지고 질문하였다(13). 그 사람은 자신의 형제에게 명해서 유산을 나누게 해달라고 요구했다. 유대의 유산 관례에 따르면 형은 재산의 2/3을, 동생은 1/3을 받게 되어 있다(신 21:16-17). 이 사람은 (아마도 동생으로 외부의 중재가 필요한 힘이 없는 사람이었을 것이다) 예수가 정당한 유산을 가질 수 있도록 도와주기를 원했다.

예수는 질문에 대한 대답을 통해 예수의 역할이 가족 유산 다툼의 중재인의 역할이 아님을 보여준다(14). 대신 예수는 무리에게 온갖 탐욕을 멀리하라는 강한 경고를 하는데, 이는 사람의 삶의 의미와 가치가 차고 넘치는 재산 축적에 달려 있지 않기 때문이다(15). 1세기의 경제적 현실 속에서 만족할 줄 모르는 욕심은 공공적 의미를 지닌다. 만약에 한 사람이 점점 더 부를 모은다는 것은 다른 사람이 점점 가난하게 된다는 것을 의미하는데, 왜냐하면 경제는 제로섬게임이기 때문이다. 한 사람의 삶은 하나님과 연관되어 있는 것과 같이 다른 사람들과 연관되어 있다.

15절에서 예수의 부자의 딜레마에 관한 비유를 제시한다. 비유가 시작되는 16절에 관해서 몇 가지 점들만 지적하고자 한다. 첫째, 부자로 묘사된 사람은 1:52-53이나 6:20-24에 얘기된 부정적인 신학적 조명이 주어져 있다. 둘째, 이 부자는 조그만 땅을 가진 그러한 단순한 농부가 아니다. 그는 한 지역이나 지방 농산물 산출의 많은 부분을 통제하고 있는 사람이다.* 셋째, 당시의 신학적 관점으로는 이러한 드문 엄청난 수확은 하나님의 관대한 축복으로 여겨졌다.

그런데 부자는 축복으로 여긴 대신에 풍성한 수확을 딜레마로 여겼는데 왜냐하면 소출을 쌓아 둘 곳이 없었기 때문이다(17). 그의 부적절한 저장 공간에 대한 관심은 그 시점에서 소출을 팔거나 나눌 의도가 없다는 것을 보여준다. 18절에 나와 있듯이 장기적 해결 방안을 구했다. 그는 지금의 곡간을 헐고서 그곳에 더 크게 짓고자 했다. 이것은 그 자체만으로는 부정적 행동은 아니다. 실제로 성경에서 엄청난 수확을 미래를 위해 아껴두기 위해 모아두었던 전례가 있다. 바로 요셉이 바로에게 권고한 것이다(창 41:32-36).**

그런데 이 부자는 시대를 지혜롭게 분별하고 필요한 사람들을 이익을 위해 적절하게 행동했던 요셉이 아니다. 그는 차라리 자신에게만 초점을 두고, "내 영혼아 여러 해 동안 쓸 만한 많은 물건을 쌓아 두었으니, 마음 놓고 먹고 마시고 즐기자"고 말했다. 그의 풍요의 딜레마에 대한 해결책은

---

\* Benard Scott, *Hear Then the Parable, A Commentary on the Parables of Jesus* (Minneapolis: Fortress Press, 1989), 132.
\*\* Ibid., 134.

역시 공공적 의미도 지닌다. 장래에 곡식이 모자랄 때, 그는 더욱 부자가 되고 다른 사람들은 그가 정해놓은 곡식 값에 의존해야만 한다.*

19절 끝의 자신에게 말한 "너는 마음 놓고, 먹고 마시고 즐겨라"라는 지침은 심각한 아이러니가 있는데, 이는 비슷한 이사야 22:13에서 그렇게 흥청망청 즐기는 이유를 달아놓았는데 그것은 '내일 죽을 것이기' 때문이다. 이 사람은 자신에게만 도취하여 다른 사람들을 고려하지 않았고, 자신의 운명이나 하나님도 고려하지 않고 있다(20). 부자의 자기 인식과 하나님의 자기 인식에 대한 대조는 대단히 뚜렷하다. 부자는 여러 해 동안 쓸 것을 만들었다고 생각하는 데 비해, 하나님께서는 그를 어리석은 영혼으로 여기고 오늘 밤에 그의 영혼을 찾을 것이라고 말한다. 그는 자신의 편안하고 풍족한 미래를 보장하는 세심한 준비를 했지만, 그러나 다가올 죽을 운명은 준비하지 못했다. 20b에 있는 하나님의 질문은 그 사람이 자신을 넘어선 사람을 생각하지 않았기 때문에 공중에 매달려 있다. 여러 가지 면에서 그는 예수가 그의 제자들에게 9:25에서 요구한 것을 지금 정확하게 경험하고 있다. "사람이 온 세상을 얻고도 자기를 잃거나 빼앗기면, 무슨 이득이 있겠느냐?"

예수의 결론(21)은 15절의 온갖 탐욕에 대한 그의 말을 완성시킨다. 여기에 가진 것이 풍족한 사람의 삶의 최종적이고 치명적인 결과가 있다. 여기에 자신을 위해 소출을 쌓고 하나님에 대해 부요하지 못한 사람의 운명이 있다. 이 본문은 전후에 누가가 분명한 통찰력을 제공하는 하나님께 부요함에 대해 말하지 않는다. 하나님께 부요하다는 것은 선한 사마리아 사람에 행했듯이(10:25-37) 필요한 이웃을 위해 가진 것을 사용하는 것이다. 하나님께 부요한 것은 마리아가 했듯이(10:38-42) 의도적으로 예수의 말을 경청하는 것을 포함한다. 하나님께 부요하다는 것은 하나님께서 일용양식을 제공한다는 기도의 믿음을 가지는 것이다(11:1-13; 12:22-31). 하나님께 부요한 것은 자신의 소유를 팔아 자신을 베풀고 하늘에다 없어지지 않는

---

* Joel Green, *The Gospel of Luke*, New International Commentary on the New Testament (Grand Rapids: Eerdmans, 1997), 491.

재물을 쌓아 두는 것이다(12:32-34).

비유의 부자나 그의 삶의 패턴을 흉내 내는 사람은 고립되고 자기도취적인 삶으로 인도하는바, 그들에게 준 모든 것은 죽음으로 끝나기 때문이다. 삶은 자신이 가진 것으로 이루어지는 것은 아니다. 삶과 소유는 하나님의 선물로서 돌봄과 사랑의 하나님의 과제를 위해 사용되기 위해 미리 준 것인데, 특히 별로 가진 것이 없는 사람들을 위한 것이다.

## 목회

오늘의 복음서 본문의 힘은 누가복음 11장 끝에 나오는, 예수를 스토킹하는 비평가와 같은 교인에게 몰래 다가갈 수 있다. 한여름은 가족 여행을 하고 한가하게 커피 한잔하는 시간이다. 휴식, 놀이, 여행처럼 환영받는 일상에 안주하는 동안에는 기독교적 삶의 의무가 약간 완화될 수 있다고 가정하는 것은 유혹이다. 하지만 집에 머물러 있는 사람에게 금주의 복음서 본문은 뒷마당에 있는 바비큐 불판처럼 지글거리면서 기름을 튀게 한다. 목회자가 휴가를 떠나 있는 동안, 이 활기찬 본문에 대해 설교하겠다고 순진하게 동의한 방문 목사 또는 신학생에게도 마찬가지다.

오늘 말씀은 교인들을 더 깊은 영성과 하나님께 대한 신뢰로 초대한다. 하나님과의 관계를 더 깊어지게 하는 설교가 쉬워 보이고, 무더운 주말에 적당해 보이지만, 예수는 돈에 대한 인간의 탐욕과 염려를 폭로하고, 하나님이 주신 삶이 번영과 성공이라는 미국의 이상과 동의어라는 환상을 손상시키는 우화를 사용하신 후에야 하나님과의 관계를 새롭게 하도록 초청한다.

돈 문제와 회중의 삶이 어디서 교차하는가? 어디에서나 그렇다. 누가복음 12:13-14에서 예수에게 해결해달라고 하는 가정불화는 거의 모든 교회에서 볼 수 있다. 유산의 문제만이 아니라, 돈은 교회 자체에서 걱정과 통제의 문제에 있어서 일종의 온도 조절 장치의 역할을 한다.

에드윈 프리드먼(Edwin Friedman)*과 피터 스타인케(Peter Steinke)**가

가족제도에 대하여 연구한 바에 의하면 돈 문제가 우리 개인 가정에서처럼 교회 조직에서도 실제로 핵심이다. 돈은 언제나 돈 그 이상이다. 우리의 지출과 우리의 저축과 물질적인 부에 대한 우리의 일반적인 태도는 우리의 감정과 기억에 투자된다. 하나님을 신뢰하는 능력은 다른 문제들이 우리의 삶을 지배하는 지배력이 줄어들어야 깊어질 수 있다. 오늘 복음서의 본문은 회중 앞에 놓인 현실에 대하여 가장 엄격한 용어로 말하고 있다.

설교자에게 이 본문은 성직자의 사회적 지위가 쇠락하는 문화에서 '하나님에 대하여 부요'하게 되는 자신의 준비 상태를 진단하는 데 필요한 건전한 목록을 제공한다. 회중의 집단적 가치와 재정적인 참여에 대해 이의를 제기하기 전에, 돈과 공적인 존중에 대해 자신이 어떤 입장을 가지고 있는지 살펴보는 것이 목회를 위한 좋은 훈련이 된다.

돈과 세상의 보물들에 관하여 당신은 설교자로서 어린 시절부터 어떤 가치를 가져왔는가? '하나님에 대하여 부요한'(눅 12:21) 삶을 살기로 한 것이 당신에게 깊고 지속적인 기쁨을 주는가, 아니면 재정적 압박이나 다른 걱정이 그리스도인으로 살아가는 은혜에 대한 확신을 침식하기 시작했는가? 당신은 교회 안에 다른 지도자들에게 직설적이고 솔직하게 돈, 저축, 재정적 청지기직에 대하여 말할 수 있는가? 혹은 예산이나 당신이 받아야 할 보상금이나 혹은 당신의 소비 습관이 논의될 때마다 긴장하게 되는가?

이 구절에서 예수의 솔직함은 자기의 삶에 어떤 변화도 기대하지 않으면서 교회에 오는 예배자들에게 충격적이지는 않더라도 당황스러울 수 있다. 여름에는 신앙과 돈의 교차점에 대하여 돌아볼 기회가 거의 없다. 설교자와 국민 모두가 변화하는 국가 경제의 위기를 느낄 수 있다는 것은, 돈과 번영과 인생의 목표들과 같은 주제들을 훨씬 자연스럽게 토의하게 해 준

---

\* Edwin H. Friedman, *Generation to Generation* (New York: Guilford Press, 1985) provides a comprehensive overview of family-systems thinking.

\*\* Peter L. Steinke, *Healthy Congregations: A Systems Approach* (Herndon, VA: Alban Institute, 2006)와 *Congregational Leadership in Anxious Times: Being Calm and Courageous No Matter What* (Herndon, VA: Alban Institute, 2006)는 가족 제도의 역학 관계가 교회에서 어떻게 작용하고 있는지 보여준다.

다. 가을에 있는 청지기직 캠페인의 긴급함이 없는 한여름의 예배는 덜 불안하고 좀 더 성찰적인 방법으로 교인들의 관행을 살피기에 좋은 시간이다.

이번 주의 성서정과 복음서 말씀을 듣는 교인들을 위해 계획을 세우는 설교자는 개인적인 재산 관리, 재정적 가치, 인생의 목표들에 관하여 정직하게 대화할 수 있는 상황을 만들 수 있다. 설교가 아이들, 청년, 빈 둥지 세대, 은퇴자들을 위해 금전 문제를 교육하는 워크숍을 준비하게 할 수 있지 않을까? 교회는 부동산 구입을 위한 상담 시리즈를 준비하거나 지역 주택 시장과 소비재의 비용을 주도하는 경제학을 파헤치는 시간을 가질 수 있을 것이다. 돈을 그리스도인의 생활의 한 부분(중심이 아니라)으로 보는 능력이 있는 곳에서, 교회는 재정적 현실주의를 복음적 신앙과 결합시킬 유용한 지식과 토론을 중개할 수 있다.

한여름은 또한 교회의 사명을 위해 투자하는 데 관하여 이야기하기에 매력적인 시간을 제공한다. 무엇을 위하여 교인들은 수고하고 절약하는가? 교회에서 금전 문제의 역사는 좀 더 많은 성찰을 위한 영역을 제안하는가? 교회를 설립한 세대가 금전에 대해 어떤 가치를 가지고 있었는가? 사명에 의해 기부가 추진되는가, 혹은 기부 때문에 사명이 제한되는가?

여러 세대에 걸친 그룹을 모아서, 3~4명으로 팀을 나누고, 한 가지 질문을 한다고 생각해 보자. "하나님께 대하여 부요한 사람"이 된다는 것이 우리에게 어떤 의미가 있는가? 설교를 이런 토론과 연결하는 것은 오늘 말씀에서 예수께서 제자들과 나눈 대화가 오늘의 교훈을 듣는 개인들에게처럼 교회의 공동체적 현실과도 관련이 있음을 시사한다.

모든 말씀이 끝났을 때, 누가복음 12:13-21은 세계 경제의 불안정한 변동보다 좀 더 지속 가능한 어떤 것을 신뢰하라고 설교자와 교인들을 초대한다. 하나님은 모든 사람을 좀 더 많은 창고, 좀 더 큰 창고를 채우는 것이 아니라 하나님의 은혜와 자비라는 영원한 경제로 초대한다. 그것은 한 해의 모든 계절에 복음이다.

## 설교

'어리석은 사람아.' 이 말은 주로 이성적인 대화가 불가능해 보이는 적대적 관계에 있는 사람들을 비난하는 데 사용되는 심한 말이다. 누가복음에서 예수께서 사용한 이런 표현들은 더 경멸적으로 들린다. 부자에게 '최선의 사업' 경영전략에 대해 대안을 제시하지 않고, 하나님은 갑자기 "네 영혼의 대차대조표를 보니 파산 직전이다. 폐업이 임박했다, 너는 끝났다!"는 절망스러운 말을 한다.

선한 사마리아 사람, 잃어버린 양, 돌아온 탕자 등과 같은 (부자와 나사로, 열 므나 비유 그리고 악한 소작인 비유도 놀랄 만큼 유사하다) 누가의 다른 이야기와는 달리, 이 비유는 마지막에 '그 이후로 행복하게'로 마치게 되는 마지막 순간의 구원이나 잘못된 방향을 교정할 여지를 보여주지 않는다. 누가의 예수는 풍성한 소유를 지닌 사람들에게는 단호한 입장을 가지고 있는 것 같이 보인다.

일부 설교자들도 이런 태도를 지니고 있다. 이 본문에 관한 많은 설교가 "네 재산을 혼자 소유해서는 안 된다. 다른 사람들과 특히 교회와 네 재산을 공유하는 관대한 사람이 되어라"는 방향으로 흐른다. 이 이야기가 이런 점을 목적으로 하고 있는가?("자기를 위해서는 재물을 쌓아두면서도, 하나님께 대하여는 부요하지 못한 사람은 이와 같다", 21) '하나님께 대하여 부요하다'는 것은 무엇을 뜻하는가? 이 이야기는 우리를 벼랑 끝으로 데리고 가서 거기에 우리를 남겨둔다.

우리는 아마도 그것을 예상했어야 했다. 본문에서 예수께서는 분배정의 입장을 취하지도 않을 뿐 아니라("이 사람아, 누가 나를 너희의 재판관이나 분배인으로 세웠느냐", 14) 이어지는 대목에서 체계적 자원관리도 금하는 것처럼 보인다("목숨을 부지하려고 '무엇을 먹을까' 하고 걱정하지 말고, 몸을 보호하려고 '무엇을 입을까' 하고 걱정하지 말아라", 22). 이런 프란시스코 수도단 같은 이상적인 삶이 어떻게 현실적인가?(심지어 프란시스코 수도승에게도) 하나님의 경제에서는 더 큰 곳간을 지을 여지란 없는가?

누가에 나타난 예수에게도 돈은 중요하고 그 사실은 부인할 수 없다(비록 어떤 설교자들이 특히 부유한 교회에서 때로 이 점을 회피하려 하지만). 하지만 여기서 문제가 되는 것은 단순히 얼마를 벌고 저축하느냐가 아니다. 문제는 투자나 분배가 아니라 방향을 잃은 것(distraction)이다.

2주 전에 읽은 누가복음 성서정과에서 예수는 마리아와 마르다로부터 환대를 받았고 마르다가 그 과정에서 명백하게 더 힘든 일을 하였다. 마르다는 마리아가 공정하게 일을 나누어서 하지 않는 것을 불평한다(이 이야기를 공정한 상속에 관한 논쟁 비유에서 누군가 예수에게 자기 편이 되어 달라고 요청하고 있는 것과 비교하면 그 순차적 배열이 흥미롭다). 예수께서는 마르다에게 "많은 일로 염려하여 들떠 있다"고 말한다. 여러 중압감으로 인해 마르다는 자기 입장을 잃어버렸다. 여러 가지 일을 하면서 마르다는 그 일을 하는 데 있어 정작 중요한 점을 놓쳤던 것이다.

아직 받지도 않은 유산에 마음이 빼앗긴 사람이나(얻기를 원하고) 가진 재산에 마음이 가 있는 부자(늘리기를 원하고)나 모두 마르다처럼 문제에 직면해 있지만 마르다와는 좀 다르다. 불만으로 가득 찬 형제나 부자는 마르다처럼 많은 일로 마음이 분주한 것이 아니다. 오히려 두 사람은 한 가지 일로 인해 마음이 분주한데 그것은 재산을 더 모으는 일이다('내 형제가 오직 재산을 나눈다면', '오직 내 창고가 더 크다면').

예수께서 먹을 것과 입을 것에 대해 '걱정하지 말 것'을 (다음에 나오는 것처럼) 권면할 때, 그는 철저하게 프란시스코 수도승 같은 삶을 살라고 요구하는 것이 아니다. 그는 하나님의 은혜로운 선물을 통해 얻을 수 있는 것에 늘 우리의 마음을 의지하고 살아가는 인간의 풍성한 삶을 말하고 있는 것이다("두려워하지 말아라. 적은 무리여, 너희 아버지께서 그의 나라를 너희에게 주시기를 기뻐하신다." 12:32).

마르다, 불만에 가득 찬 형제, 부자 그리고 우리들에게 주는 도전은 여러 가지 가치에 대해 분별을 해야 한다는 것이다. 분별하는 데 있어, 특히 돈이 개입될 때 문제가 된다. 현존하는 문제가 자본과 노동의 '공정한' 분배와 관련될 때 분별이 더 어려울 수 있다. 이 양자에 관련한 인식은 종종

481

즉각적이고 또 강렬하다. 어떤 것을 보는 관점은 분별에 있어 필수적이며 획득하기가 때로는 힘들기도 하다.

"어리석은 사람아!"라는 말은 '쉽게 쓸 수 있는' 말은 아니다. 하지만 누가의 예수는 거기에 구애받지 않고 사용하고 있는데, 그 이유는 "하나님의 아들"이기 때문에 일반적으로 사용하는 규칙에 적용되지 않기 때문이다. 이 상황에서 이 말은 독설적인 것이 아니다. 오히려 그것은 실제 상황을 생생하게 묘사하는 말이다. 집중하지 못하는 분주함은 명료한 분별을 못하게 만들고, 종종 어리석은 비극적 선택과 행동으로 이어진다. 어느 누구도 멍청한 선택을 내리려고 하지 않는다! 결정과 관련한 정보가 미비하거나 정확하지 못할 때 뒤따르는 오해는 비교적 수정하기가 쉽다. 다시 검토하고 "아, 이제 알았다"면서 조정할 수 있다. 하지만 집중하지 못하는 습관적인 성향이 있다면 (너무 많은 것이든 한 가지 큰 것이든) 관점을 가지고 일을 대하기가 어렵다. 이 비유에서 날카로운 경고를 통한 충격요법은 최후의 수단으로 등장한다.

이렇게 어리석은 부자에 대한 비유를 읽는 것은 앞서 거론되었던 세 사람을 이해하는 방식을 제시한다. 부자와 나사로, 열 므나 비유 그리고 악한 소작인 비유 모두 비극적이고 어리석은 행동으로 재산을 잘못 사용한 인물들을 포함하고 있다. 이 세 이야기 모두 마음을 빼앗긴 것(distraction)과 분별에 관한 것이다. 자색 옷을 입은 부자는 연회에 마음이 빼앗겨(distracted) 나사로를 볼 수 없었다. 므나를 땅에 묻은 하인은 폭군 같은 주인이라는 생각에 사로잡혀 있었다(obsessed). 소작인들은 주인의 '사랑하는 아들'을 죽이면 '유산이 그들의 것'이 될 수도 있다는 마음에 사로잡혀(caught up) 있었다(큰 잔치 비유에도 이것이 적용될 수 있고, 좀 애매하긴 하지만 불의한 청지기 비유에도 해당될 수 있는데, 거기서 그는 다른 일을 찾기보다는 하던 일을 다르게 한다).

이러한 접근은 누가가 오늘의 설교자들에게 무엇과 씨름하기를 원하는지 생각나게 한다. '하나님께 대하여' 부요한 것은 무엇을 말하는가? 이것은 분별의 문제이다.

# 성령강림절 후 아홉째 주일
## 누가복음 12:32-40

³²"두려워하지 말아라. 적은 무리여, 너희 아버지께서 그의 나라를 너희에게 주시기를 기뻐하신다. ³³너희 소유를 팔아서, 자선을 베풀어라. 너희는 자기를 위하여 낡아지지 않는 주머니를 만들고, 하늘에다가 없어지지 않는 재물을 쌓아 두어라. 거기에는 도둑이나 좀의 피해가 없다. ³⁴너희의 재물이 있는 곳에 너희의 마음도 있을 것이다." ³⁵"너희는 허리에 띠를 띠고 등불을 켜놓고 있어라. ³⁶마치 주인이 혼인 잔치에서 돌아와서 문을 두드릴 때에, 곧 열어 주려고 대기하고 있는 사람들과 같이 되어라. ³⁷주인이 와서 종들이 깨어 있는 것을 보면, 그 종들은 복이 있다. 내가 진정으로 너희에게 말한다. 그 주인이 허리를 동이고, 그들을 식탁에 앉히고, 곁에 와서 시중들 것이다. ³⁸주인이 밤중에나 새벽에 오더라도, 종들이 깨어 있는 것을 보면, 그 종들은 복이 있다. ³⁹너희는 이것을 알아라. 집주인이 언제 도둑이 들지 알았더라면, 그는 도둑이 그 집을 뚫고 들어오도록 내버려두지 않았을 것이다. ⁴⁰그러므로 너희도 준비하고 있어라. 생각하지도 않은 때에 인자가 올 것이기 때문이다."

## 신학

우리가 두려워하는 것이 많이 있다. 테러, 전쟁, 경제위기, 지구온난화, 실업, 기아, 가난, 노숙자가 되는 것, 질병, 죽음 외에도 많다. 동네를 산책하거나 먼 지방으로 여행할 때나 이런 두려움의 징조들을 피할 수 없다. 집 안에 갇혀 있다고 사정이 달라지는 것은 아니다. 뉴스 진행자가 온갖 나쁜 소식을 끊임없이 뱉어내고 있을 때, 화면 하단에는 추가적인 충격적 뉴스가 텍스트로 표시되고, 웹 브라우저의 알림창과 스팸메일은 끊임없이 우리가 당장 무엇인가를 구매하지 않으면 큰 재앙이 닥칠 것이라고 협박조로 경고한다. 오늘의 미디어는 우리에게 더 많이 두려워하라고 부추긴다. 수 세기에 걸쳐 두려움에 익숙해 있고, 그 두려움이 날로 더 위협적인 형태로 체험되는 현대인에게 오늘 본문에 나오는 예수의 가르침은 매우 특별한 위로의 내용을 담고 있다. "두려워하지 말아라. 적은 무리여, 너희 아버지께서 그의 나라를 너희에게 주시기를 기뻐하신다"(32).

이것은 어둠 속에서 용기를 북돋워 주는 호루라기 소리와는 다르다. 이 것은 보이는 것이 전부가 아니라는 확증이요, 지상에서의 삶에 편만한 '두려움'이 우리의 삶을 규정하는 최종적 내용이 아니라는 것을 확인시켜 주는 말이다. 오늘의 본문은 인간 실존의 연약한 실을 엮어서 (예수와 예수의 가르침에 구현된) 하나님에 관한 확신의 주단을 짜는 것과 같다. 하나님은 '너희 아버지'이고, 하나님의 기쁨은 하늘나라, 즉 썩지 않을 하늘의 보배를 누리는 데 있다. 하나님의 주권과 보호에 대한 확신은 불확실한 미래에 대한 공포와 허황된 낙관론에 대한 치료제의 역할을 한다.

누가복음 12장에 "염려하지 말아라", "두려워 말아라"라는 표현이 많이 나오는 것을 고려할 때 우리는 누가복음의 원래 독자들이 여러 가지 이유로 두려워하고 있었다는 것을 추정할 수 있다. 우리는 어떤가? 당신은? "당신은 죽임을 당하는 것이 두려운가?"라고 예수가 묻는다. 하나님은 우리의 머리카락에도 신경을 쓰신다는 것을 기억하라(12:4-7). 복음에 대해 증언할 때 적절한 말이 생각나지 않을까 걱정하는가? 성령이 할 말을 주실 것이라는 확신을 가져라(12:8-12). 불확실한 미래에 대한 두려움 때문에 도움이 필요한 사람에게 무관심하고 욕심을 내어 재산을 모으려고 애쓰는가? 생의 마지막 순간에 그것을 갖고 갈 수 없다는 것을 기억하라(12:13-21). 당신의 삶에 대해 염려하는가? 무엇을 먹을까, 입을까 걱정하는가? 혹은, 유기농 식품, 명품 의류, 고급 승용차, 두툼한 지갑 등에 정신이 팔렸는가? 세상 사람들의 눈에 보이는 외양에 온 정신을 쏟는가? 아니면, 더 근본적으로 헐벗음과 굶주림에 대해 두려워하는가? 이런 것들에 관한 걱정 때문에 가장 중요한 것, 즉 하나님의 나라를 위한 헌신을 망각하지 않도록 주의해야 한다 (12:22-31). 삶과 죽음(인간의 유한성)이나 의식주(이 땅의 소유물)에 대해 염려할 필요가 없다. 이런 것은 안전과 행복을 위한 인간적인 방도일 뿐이다. 그러나 이것은 하나님의 방도와는 비교가 안 된다. 그런 걱정을 한다 해서

이 세상에서나 저세상에서나 바뀌는 것은 하나도 없다.

"두려워하지 말아라. 적은 무리여, 너희 아버지께서 그의 나라를 너희에게 주시기를 기뻐하신다." 우리가 믿는 하나님은 세계를 창조하신 후 뒷짐을 지고 세계가 전개되는 것을 관찰하는 냉담한 존재가 아니다. 하나님은 참새와 까마귀와 백합도 돌보시는 분이다. 하나님은 인간의 머리카락까지도 관심 있게 살피시고 우리에게 하늘의 보화를 주기 원하시는 분이다. 이런 하나님의 친밀함을 강조함으로 설교자는 본문에 나오는 임박한 종말에 관한 경고가 추가적인 두려움의 원인이 되는 것을 방지할 수 있다. 물론 누가복음의 본문은 다가오는 심판과 징벌을 강조하는 설교를 하기에 용이해 보인다(예, 19:12-27). 그러나 오늘 본문의 종말론적 관심은 마지막 때(the end times)보다는 마지막 길(the end ways, 최종적 방식)에 맞춰져 있다. 계속 강조되는 메시지는 "준비하여서 징벌을 피하라"가 아니고 "준비하여 축복을 받아라"이다. 주인이 돌아올 때 준비된 사람들은 하늘 잔치에 참여할 수 있다(37-38).

신학적으로 말한다면 하나님의 섭리는 인간의 두려움의 성향을 제거하는 방식으로 작용한다. 즉, 인간이 앞으로 일어날지도 모르는 상황을 대비해, 소유하고 있는 것을 놓지 않으려는 성향을 변화시킨다. "너희 소유를 팔아서, 자선을 베풀어라"(33)는 말씀을 통해 예수는 제자들에게 좀먹어 상할 이 땅의 것이 아니고 변치 않는 천상의 것에 신뢰를 두라고 가르치신다. 이 비유는 우리에게 주어진 아주 단순한 시험이다. 우리는 소유하는 삶을 살 것인가 베푸는 삶을 살 것인가? 어떤 답을 하느냐는 우리 마음의 진심에 달려 있다(34). 하나님이 우리에게 주시려고 예비한 축복으로의 길이 이 답에 따라 열릴 수도 있고 닫힐 수도 있다.

하나님이 주는 축복은 위험과 어둠과 죽음의 가능성을 더는 두려워하지 않는 사람들에게 활짝 열려 있다. 그렇지만 동서고금을 막론하고 이런 삶을 사는 사람은 많지 않았다. 인간은 죄악 때문에 '주는 것'보다는 '보유하는 것'이 결핍, 가난, 절박의 상황으로부터 자신을 지킬 것이라고 믿는 경향이 있다. 그러나 복음은 우리가 가진 것을 줌으로 하나님의 뜻과 일치되는 삶을 살게 되고, 하나님이 주시는 선물을 받을 준비가 된다고 말한다.

우리가 덜 욕망할수록, 필요한 것이 줄어든다. 이것 자체가 하나님이 주시는 축복이다. 우리가 덜 갖기를 원할수록, 두려움도 줄어든다. 덜 두려워하게 될수록 우리는 주는 삶이 파멸이 아니라 축복 속에서 사는 것이라는 점을 더욱 확실하게 알게 된다. 이렇게 살 때 우리는 "인자가 예기치 않는 시간에 온다"는 약속을 설레는 마음으로 기다릴 수 있다. 왜냐하면 그분은 징벌하기 위해서가 아니라 축복하기 위해서 오시기 때문이다.

## 주석

이 이야기 모음의 문맥은 종말에 관한 것을 수반하고 있다. 예수는 그의 죽음과 부활 그리고 승천으로 완성될 하나님의 최종적인 구원의 계획을 이루고자 예루살렘으로 가는 여행길에 있다(눅 9:22, 30-31, 44-45, 51). 12:1-3, 8-12에서 예수는 숨겨놓은 것이 알려질 것과 성령께서 어려운 상황에서 어떻게 말할 것인가를 제자들에게 궁극적으로 가르쳐주실 것이라 말한다. 12:4-7에서 예수는 제자들에게 누가 궁극적으로 지배하는지 그래서 누구를 두려워해야 하는지를 상기시킨다. 계속해서 예수는 부가 한 사람의 궁극적인 관심이 될 수 없다는 것(12:13-21) 그리고 제자들이 지나치게 삶의 이차적인 것, 즉 음식이나 옷에 대해 걱정하지 말 것을(12:22-30) 가르치셨다. 삶의 궁극적인 관심은 하나님에 대해 부요해지는 것이며 하나님의 나라를 구하는 것이다(12:21, 31). 오늘의 본문은 소유와 재림이 포함되어 있기에 종말의 주제를 다룰 것이다.

본문은 명령으로 시작하는데(32) 정체성과 강조의 이유를 말한다. "두려워하지 말아라"는 명령은 스가랴(1:13), 마리아(1:30), 목자들(2:10), 베드로(5:10), 야이로(8:50) 그리고 제자들(12:4, 7)에게 주었던 명령과 유사한 명령이다. 이러한 예들에서 두려움은 임박한 하나님의 뜻과 그것이 그들의 삶에서 실현되는 방법을 인식한 사람들의 인간적 반응이다. 이 맥락에서 두려움은 삶의 기본적 필요성에 대한 불안들을 놔두는 것(22-30a)과 하나님이 우리의 필요를 신의 사랑으로 제공하는 분이라는 것을 잊는 것(12:30b-32; 11:1-13)을 포함한다. 예수가 그의 제자들에게 준 정체성은 "적은 무리여"인데, 이는 하나님이 제공하는 돌봄과 보호에 절대적으로 의존하는 것을 의미한다. 이 적은 무리의 구성원에게 준 강조의 이유는 두려워하지 말아야 하는 것은 아버지께서 그의 나라를 먼저 주시는 것을 기뻐하기 때문이다.

32b의 예수의 주장에 대해 세 가지 점을 지적하고자 한다. 첫째로 절박한 제자들에게 하나님의 나라를 주는 하나님의 기쁨(또는 기쁜 결정)은 예수의 탄생(2:14)과 이후의 세례(3:22) 그리고 아이들에게(10:21) 표현되었던 하나님의 기쁨과 직접적으로 연관되어 있다. 둘째로 헬라어에서 하나님의 기쁨을 표현하는 동사(eudokesen)는 아오리스트(aorist) 시제인데 과거에 완료된 동작을 의미한다. 달리 말하면 하나님의 기쁜 결정은 이미 일어났다는 것이다. 그러기에 제자들은 하나님의 나라를 구하는데(31), 왜냐하면 하나님이 이미 이 왕국을 그들에게 주기로 결정했기 때문이다. 셋째로 '하나님의 나라'는 단순히 미래의 달콤한 영생을 의미하지 않는다. 여기에서 '하나님의 나라'는 예수가 그의 사역을 통해 이제 땅에서 시작한(1:33; 4:43; 8:1; 9:11; 11:20; 17:20-21) 하나님의 통치를 말하는 것이다. 그것은 인간의 심정, 마음, 가치, 행동에 대한 하나님의 주되심을 포함한다. 하나님은 기쁨으로 우리를 이러한 하나님의 통치에 포함시키기로 결정함으로 우리의 정체성과 행동이 온전히 변화되도록 하신다.

이러한 하나님의 우선적 결정은 32절의 두려워하지 말아야 할 근거를 줄 뿐만 아니라 33절의 자신의 소유를 팔고, 줄 수 있는 힘을 주신다. 예수의 하늘나라 투자프로그램은 1세기가 주는 패턴을 완전히 거꾸로 뒤집어 놓는다. 약탈적 상호성의 사회적 현실에서 사람들은 오직 반대급부로 높은 사회적 지위를 받는 경우에만 준다.* 그런데 하나님께서는 이미 하나님의

* Joel Green, *The Gospel of Luke*, New International Commentary on the New Testament (Grand Rapids: Eerdmans, 1997), 495-496.

나라를 줌으로써 우리의 지위를 높여 주었다. 그래서 사람들은 하나님의 주심에 대해 하나님의 나라의 가치와 기준을 적용하는 행동으로 반응하는데, 여기에서는 소유를 팔고, 자선을 베풀며, 하늘에다가 없어지지 않는 재물을 쌓아 두는 것을 포함한다. 사람의 마음은 인간의 보물을 축적하여 부자가 되는데 두지 않게 되고, 하나님의 궁극적 보물에 두게 되는데 그것은 필요로 하는 사람들에게 사랑과 자비를 베푸는 것이다(1:50-55, 72-79; 3:10-14; 4:18-19; 6:27-31, 36; 9:1-6; 10:1-9, 25-37; 12:34).

본문에서 소유(33-34)에서 재림(35-40)으로의 전환은 처음에 생각하듯이 자연스럽지 않은 것은 아니다. 앞에서 말했듯 본문은 계속해서 궁극적인 것에 초점을 맞춘다. 이제 궁극적인 초점은 예수의 재림(파루시아)에 맞추어지는데, 이곳에서 하나님의 나라(이 나라에서 우리의 삶을 포함하여)가 완전하고 명백한 현실이 된다. 본문의 긴급한 관심은 예수의 오심이 늦어지는 것에 있는 것이 아니라(12:45), 그의 오심과 연관하여 확실성과 불확실성의 긴장에 있다. 한편으로는 예수의 재림은 확실하다. 그래서 35절에 온전한 준비에 대한 권고가 있다. 다른 한편으로는 그가 오시는 정확한 시간은 불확실하다. 그래서 39절의 밤의 도둑에 대한 부정적 묘사가 있다.*

그의 주인이 결혼식 축하연에서 돌아오는 것을 기다리는 종들에 대한 이미지는 예수의 오심을 기대하는 일관성과 항구성의 중요성을 강조하는 데 도움이 된다.** 복이 있는 종(37a, 38b)은 주인이 언제 돌아올지는 모르지만, 확실히 돌아오는 것을 깨어 기다리는 종들이다. 매우 이례적으로 반문화적 행동으로 예수는 그들의 주인이 깨어있는 종을 식탁에 앉히고 시중들 것이라 선언한다. 이러한 역할 변경은 예수가 그의 죽음에서 그러한 봉사를 행하는(22:24-27) 것을 예상케 한다. 그러기에 부지런한 경계에 대한

---

* 밤에 오는 도둑으로서의 예수의 오심에 대한 비슷한 이미지는 마 24:43-44; 살전 5:2; 벧후 3:10; 계 3:3에 있다.
** 37-38절의 중간 부분에 있는 주인의 시중에 강조를 둔 교차대구법에 주목하라. A. 그 종들은 복이 있다(37a). B. 주인이 와서 깨어있는 것을 본다(37b). C. 주인의 시중(37c). B′. 주인이 와서 깨어있는 것을 본다(38a). A′. 그 종들은 복이 있다(38b).

종말론적 보상은 예수 자신의 종됨의 사역의 이득을 받는 것을 포함한다.

우리의 삶의 궁극적 관심은 무엇인가? 본문은 우리의 궁극적 관심이 하나님의 나라가 되어야 함을 주장하는데, 이는 하나님이 기쁨으로 우리를 이러한 하나님의 통치에 포함시켰기 때문이다. 결론적으로 우리의 삶에서 필요하고, 축적하고, 소유한 것은 시간이 가는 것처럼 일시적이다. 우리를 향한 하나님의 기쁨의 결정은 우리로 하여금 자신의 소유와 시간을 지금 이 시간과 미래에 궁극적으로 도래함을 기대하는 하나님의 왕국의 가치와 의제를 위해 행동하도록 힘을 주신다.

## 목회

"나는 교회에서 연구할 때 늘 방해를 받기 때문에 아무것도 하지 못한다"고 말한 적이 있는가? 설교를 하는 사람들은 설교를 형성하는 아이디어가 떠오르는 것을 다른 사람들이 알아차리는 게 아닌가 하고 종종 의심하게 된다. 그때 전화벨이 울리거나 노크 소리가 문에서 울리기 때문이다. 설교자의 마음의 작용을 드러내는 것은 설교자가 하나님의 존재의 신비를 전달하기 직전에 눈을 깜빡이는 경우가 많다는 것을 인정하는 것도 정직한 일일 수 있다. 목사나 교인이나, 하나님의 말씀으로부터 멀어지도록 주의를 산만하게 하는 것들이 많이 있고, 하나님의 일로부터 관심을 다른 데로 돌리는 많은 프로젝트와 일들이 있다.

금주의 복음서 말씀은 청중들에게 중요한 일을 우선순위에 두도록 이끈다. 하나님의 일은 모든 그리스도인의 삶에서 가장 긴급한 우선순위를 부여받는다. 두려움도, 세속적인 혼란도 하나님의 다정하고 세심한 보호로부터 자녀들을 멀어지게 하지 않는다. 인간이 만든 것 가운데 시간이 지나도 닳아서 해지지 않을 지갑이나 주식 포트폴리오는 없다. 하나님은 특별한 보물을 받으려고 준비하고 기다리는 사람들에게 하나님의 나라라는 선물을 주셔서 놀라게 하시겠다고 약속하셨다.

조급한 세상에서 이런 기다림은 쉬운 것이 아니다. 교회 생활이 분주한 것이 미래에 대한 염려와 두려움 때문이라는 사실을 고려하면 더욱 그렇다. 만약 우리가 정말로 우리의 미래를 하나님께 맡긴다면 어떻게 될까?

교구 프로그램은 교인들을 참여시키기 위해 고안되었다. 교회의 활동은 특정한 인구 집단을 대상으로 하여, 각각의 인생 단계에 있는 사람들에게 특별히 매력적이지 않으면 사람들이 흩어질 거라는 가정 아래 진행된다. 많은 교인이 살아가는 모습을 보면, 예수가 그의 제자들에게 하나님이 다시 오신다는 확신을 가지고 그날을 열망하며 너그러운 마음으로 기다리라고 지시하신 게 아니라 계속 바쁘게 살라고 말씀하셨다는 인상을 준다. 병원을 심방하고 성경공부를 계획대로 인도하는 것으로 한 주간을 경주하듯이 보내는 것으로 목양실의 중요성을 증명하려고 하지 않는 목사는 찾아보기 힘들다.

이번 주 복음서 독서에서 예수는 정신없는 속도로 달려가고 있는 모든 사람에게 놀라운 위로의 말씀을 하신다. "두려워하지 말아라. 적은 무리여, 너희 아버지께서 그의 나라를 너희에게 주시기를 기뻐하신다"(32). 간단히 말해서, 선물로 오는 것은 자신의 부를 가지고 살 수 있는 것이 아니며, 신실한 사람들이 어려운 처지에 있는 사람에게 자유롭게 아낌없이 주는 것이다. 오늘 복음서 말씀의 핵심에는 부끄러움이 아니라 놀랍도록 다정한 관심이 있다. 목사가 할 일은 교인들이 그들의 미래가 하나님의 은혜로우신 약속과 임재 안에 있다는 것을 믿으라는 초대로 이 말씀을 듣도록 돕는 것이다.

염려와 두려움이 신앙공동체를 둘러싸는 일은 어디서나, 때때로 좀도둑처럼 교회의 확신을 빼앗아 가는데, 이럴 때 오직 하나님만이 잃어버린 것을 회복하실 수 있다. 이 복음서 말씀은 그런 하나님의 놀라운 모습을 몇 가지 제공한다. 현명한 목사는 이것들을 회중들 앞에 섬세하고 은혜롭게 제시할 방법을 찾아낼 것이다.

첫째는 희미해지거나 사라지지 않는 보화를 주시는 하나님의 선하신 기쁨이라는 이미지다. 설교자는 우리가 과거에 언제 어디서 이런 은혜로우신 하나님을 만났었는지 깊이 생각하도록 초청할 수 있을 것이다. 교회의 초기 역사에 극적인 선교적 열정과 성장의 시기가 있었는가? 사람들이 위기에 직면하여 용감하고 참을성 있고 침착했던 때가 있었는가? 미래를 하나님께서 준비해 주신다는 믿음의 본보기가 되려고 자기에게 허용된 개인적인 이익을 제쳐둔, 지역 주민들이 잘 아는 신앙의 거인들이 있는가? 교회 자신의 역사와 기억을 타진하는 이런 구체적인 이야기들은 오늘 본문에 대한 토론을 활기차게 만든다.

둘째 이미지는 한밤중에 집으로 돌아온 주인에 관한 기이한 이야기에 나온다. 제자들에게 준비하고 기다리는 것의 중요성을 설명하기 위해 예수는 한밤중에 벌어진 연회에서 긴장하며 기대하고 있는 사람들에게 하나님께서 앞치마를 두르고 서빙을 하는 그림을 보여준다. 회중들은 예배당 스테인드글라스에 이 장면이 그려진 것을 상상할 수 있을까? 친교실에서 교인들 가운데서 즉석 식사를 대접하는 하나님을 발견하는 것은 어떻게 보일까?

금주의 복음서 본문은 지나치게 계획된 삶의 요구에 집중하는 게 아니라, 하나님의 작은 무리에게 위로와 확신과 영원한 보화를 제공하기 위하여 놀라운 방법으로 우리에게 오시는 하나님에게 집중하면서 중단된다. 목사의 과제는 결국 교인들이 하나님께 중요한 일들에 대해 상상하도록 청지기를 돕는 것이다.

하나님께서 주말 예배 시간에 딱 맞춰 도착하시지 않는 한, 돌아오시기로 한 하나님의 약속은 교구 식구들의 주중 생활 가운데 이루어질 것이다. 교인들은 앞치마를 두르고 하나님의 일을 하려고 기다리는 사람들을 섬기시는 하나님을 어디에서 볼 수 있을까? 근처에 있는 오피스 빌딩의 휴게실에서? 동네 병원 식당에서? 누군가의 집 부엌에서? 이들 특별한 추종자들을 위하여 하나님이 주시는 부드러운 확신의 단순함이 걱정거리가 많은 세상의 열광과 초조함과 교차하는 곳은 어디일까?

하나님께서 다시 오시는 것이 공포를 일으키는 게 아니라 은혜로운 사건이 확실하다고 설교하는 목사는 회중들이 이 복음서 말씀을 평소보다 더 쾌활하게, 기대하면서 읽도록 초청할 수 있다. 어떻게 문을 두드리면 하나님의 선하신 기쁨을 전할까? 어떤 관대한 행동이나 자선이 천국의 문을 통해 엿볼 수 있게 할까? 어떤 작은 발걸음이 이 특별한 교인들을 위한 하나님의 선하신 미래에 대한 확신을 나타낼까? 이 모든 질문은 이번 주 복음서 본문이 가진 풍부함의 일부이다.

## 설교

어느 누가 절대로 졸지도 않고 말똥말똥한 채 경계 태세를 유지할 수 있겠는가? 경계를 요청하는 외침은 특정 상황에서 아주 중요하다. 그것은 "잘 들어!" "지금부터 집중해야 해!"라는 것들로, 이 언급 후에 바로 나오는 명령에 주의를 기울이게 한다. 그것은 "저것 봐!" "다음에 나오는 것을 주목해!"라고 하면서 한 장면에서 다음 장면으로 넘어갈 때 주의를 환기시키기도 한다. 그것은 또 "조심해!"라고 하여 위기 상황이나 임박한 위협에 직면하였음을 우리에게 알리는 것일 수도 있다. 경계를 요청하는 말은 또 "잠에서 깨어!"라고 하여 무엇을 주시하는 일을 하는 중에 지치거나 느슨해져 있을 때 다시 그 일에 집중하라는 것일 수도 있다. 근무 시간이 교대로 배정되는 데에는 다 이유가 있다. '적색경보'는 공공의 안전을 책임지고 있는 사람들이 신중하게 명령하는 것이다. 하지만 어느 누구도 경계 태세를 무한정 유지할 수는 없다.

지나치게 끊임없이 집중하는 일은 창조적인 일을 하는 데 오히려 도움이 안 될 수도 있다. 수학자, 과학자, 예술가, 작곡가, 작가, 심지어 설교자들도 막혀있던 것이 뚫리는 돌파구는 무언가를 만들어 내는 복잡한 과제에 오랫동안 집중해 있다가 잠시 쉴 때 (그리고 오직 그때에) 일어난다고 증언하는 사람들이 많다.

이 모든 것이 보여주는 바는 이 본문을 끊임없이 깨어있으라는 권면으로 보는 접근은 신뢰할 수 있거나 유익하지 않을 수 있다는 것이다. 비록 누가가 보여주는 이미지가 흥미롭기는 하지만, 단순한 사실은 연회장이 돌아오는 것을 기다리는 종이나 도둑을 경계하는 집주인이나 주 7일, 하루 24시간 내내 깨어있을 수는 없다는 것이다. "예기치 않은 때를 기다리라"는 말은 논리적으로나 현실적으로나 문제가 있다.

더욱이 무조건적으로 깨어있으라는 권면은, 누가가 방금 보여주는 것처럼 예수의 가르침 궤적과도 일치하지 않을 수도 있다. "바로 움직이기 위해 옷을 입고 있어라", "돌아올 주인을 기다리는 사람처럼 되어라" 등의 경고는 그보다 앞에 있는 것들 곧 "네 삶에 대해 두려워하지 말아라" "두려워하지 말아라. 적은 무리여, 너희 아버지께서 그의 나라를 너희에게 주시기를 기뻐하신다"(22, 32) 등과 일맥상통해야 한다. 오늘날 설교자가 주님의 재림이나 하나님 나라의 도래를 이렇게 두려운 개념으로 만든다면, 예수께서 지금까지 가르쳤던 것과 조화를 이루지 못하게 될 것이다.

이 본문으로 하는 설교가 만들어 낼 수 있는 것 곧 깨어서 기다리는 것에 관해 건강하고 보다 현실적인 (아마도 더 신앙적인) 이해가 무엇일까? 한 가지 가능한 출발점은 지난주 고민거리였던 '하나님께 대하여 부요한 것'이 무엇을 의미하는가를 이번 주 본문의 두 구절과 연관하여 다시 생각해 보는 것이다: "너희 아버지께서 그의 나라를 너희에게 주시기를 기뻐하신다"(32)와 (하인들이 깨어있는가를 확인하러 돌아온 주인의 행동을 표현하는) "그 주인이… 그들을 식탁에 앉히고, 곁에 와서 시중들 것이다"(37).

아마도 예수께서 제자들에게 소유를 포기하라고 명령한 것은 부자를 어리석다고 평가한 것과 무관해 보이지 않는다. 제자들이 지키려는 재산(그리고 부유한 농부가 쌓아두기로 결심한 그 재산)은 깨어있어야 하는 그들의 의무(즉, 하나님께서 기뻐하셔서 주신 하나님 나라의 부요함에 참여하는 것)로부터 마음을 빼앗는 위험한 것이다. 하나님께 대하여 부요한 것은 헌금을 많이 내는 것이 아니다. 도둑이나 좀에게 빼앗기지 않도록 하늘에 재물을 쌓아 두라는 말은 단순히 더 큰 곳간을 짓는 것보다 나은 경영전략이라는 말이 아니다. 오히려 예수께서 명령하는 것은 우리의 모든 삶을 관대한 하나님으로부터 나오는 풍성하면서도 빼앗기지 않을 선물로 여기며 살라는 것이다.

우리가 손에 무언가를 잡고 있거나 꽉 쥐고 있을 때는 무언가를 받거나 나누는 일이 불가능하다. '하나님께 대하여 부요한 것'은 (이그나티우스의 영성이 보여주듯이) 하나님의 관대함을 볼 수 있게 우리의 인식을 열어주는 '관대한 영성'을 지니는 것인데, 이 하나님의 관대함은 항상 존재하지만, 우리의 초점이 무언가에 사로잡힐 때는 쉽게 보이지 않고 인식의 영역 밖에 존재하게 된다.

그렇다면 이것은 밤낮 깨어있는 종들의 이미지와 어떻게 연관이 있는가?(도둑이 오는 것을 효과적으로 예측하지 못하는 집주인과는 대조적으로)

우리에게 선택은 '높은 경계 태세를 유지'하든지 아니면 '깨어 있는 데 실패'하든지 중 어느 하나만 할 수 있는 것은 아니다. 우리는 늘 깨어있지 않으면서 또 몽롱한 상태로 있지 않으면서도 우리가 기대하는 깨어서 기다리는 일에 초점을 맞출 수가 있다. 우리는 그것을 암묵적 인식이나 주변 관찰을 통해서 체계적으로 계발할 수가 있다. 경계를 서는 사람이 되는 것과 주의를 집중해서 지켜보는 것은 다르다. 우리는 (이것을 찾아 또는 무엇이든 찾아봐 등과 같이) 자연스레 들어왔던 명령(또는 오랫동안 습관화되어 들었던 명령)에는 좀 긴장을 완화시킬 수 있다. 오히려 우리는 그때 (설교학자 진 로우리[Gene Lowry]의 인상 깊은 구절에서 보듯이) "우리 자신을 양극단의 중간지점에 서게 하는 놀라움을 경험할 수 있다."*

놀라운 일은 드디어 주인이 나타나서 하인들의 기대를 뒤집어 놓은 것인데 그것은 주인을 위해 일했던 바로 그 하인들을 위해 주인이 시중을 든다. 우리가 애써야 한다고 배웠던 그 나라는 우리 가운데 주어져 있는데 (연회가 그들에게 주어져 있던 것처럼) 보상이나 애써서 얻은 결과물이 아니고 선물로 있다.

다시 '창조적인 일을 하는 사람들'(작곡가, 예술가, 작가, 수학자, 과학자, 설교자)로 돌아가서, 그들이 휴식을 취할 때 돌파구가 열렸던 경우를 생각

---

* Eugene L. Lowry, *The Sermon: Dancing the Edge of Mystery* (Nashville: Abingdon Press, 1997), 95-100.

해 보자. 그렇다고 해서 그 일은 '그냥 일어나는 것'이 아니다. 그것은 오랜 시간 동안 훈련된 인식을 키워야만 한다. 그러한 축적된 인식을 통하여 새로운 통찰력이 '보고 있지 않는' 중에 (그리고 거기서) 떠오른다. 이러한 훈련 가운데 진정한 숙련은 '주어진 것들'에 최선을 다하는 것이다. 이것은 우리가 만나는 모든 것에 대해 의도적인 의지를 부과하는 (또는 무의식적 두려움을 투사하는) 것과는 극명한 대조를 이룬다. 이 과정을 통하여 숙련에 이른 한 화가는 이렇게 표현했다: "나는 색깔들(colors)이 나에게 하는 말을 듣는데 그들은 나에게 좋은 때와 불확실한 시기 그리고 내가 어떻게 나아가야 하는지를 말해 준다."* 이렇게 해서 나온 그림은 그 화가에게, 그 화가로부터 그리고 그 화가를 통한 선물이 된다.

아마도 종들은 섬기는 주인을 위해 깨어있어야 한다고 추정하는 것은 이 본문에서 그다지 벗어나는 것은 아닐 것이다. 반면에 집주인은 너무 오랫동안 열심히 도둑을 찾고 있었기 때문에 도둑이 들어왔을 때는 '정작 잠을 자고' 있다.

---

* 뉴욕에 있는 화가 샬롯 리히블러(Charlotte Lichtblau)와 나눈 개인적인 대화.

# 성령강림절 후 열째 주일

## 누가복음 12:49-56

<sup>49</sup>"나는 세상에다가 불을 지르러 왔다. 불이 이미 붙었으면, 내가 바랄 것이 무엇이 더 있겠느냐? <sup>50</sup>그러나 나는 받아야 할 세례가 있다. 그 일이 이루어질 때까지, 내가 얼마나 괴로움을 당할지 모른다. <sup>51</sup>너희는 내가 세상에 평화를 주러 온 줄로 생각하느냐? 내가 너희에게 말한다. 그렇지 않다. 도리어, 분열을 일으키러 왔다. <sup>52</sup>이제부터 한 집안에서 다섯 식구가 서로 갈라져서, 셋이 둘에게 맞서고, 둘이 셋에게 맞설 것이다. <sup>53</sup>아버지가 아들에게 맞서고, 아들이 아버지에게 맞서고, 어머니가 딸에게 맞서고, 딸이 어머니에게 맞서고, 시어머니가 며느리에게 맞서고, 며느리가 시어머니에게 맞서서, 서로 갈라질 것이다." <sup>54</sup>예수께서 무리에게도 말씀하셨다. "너희는 구름이 서쪽에서 이는 것을 보면, 소나기가 오겠다고 서슴지 않고 말한다. 그런데 그대로 된다. <sup>55</sup>또 남풍이 불면, 날이 덥겠다고 너희는 말한다. 그런데 그대로 된다. <sup>56</sup>위선자들아, 너희는 땅과 하늘의 기상은 분간할 줄 알면서, 왜, 이 때는 분간하지 못하느냐?"

## 신학

누가복음 서두에서는 예수가 우리의 발걸음을 평화의 길로 인도할 것이라고 선언한다(1:79). 누가복음이 끝나는 부분에서는 부활한 예수가 제자들에게 나타나 평화의 축복을 기원하는 것으로 나온다(24:36). 이런 맥락에서 예수가 "이 세상에 불을 지르러 왔다"는 문장을 어떻게 이해해야 할까?(12:49) 예수는 평화가 아니고 분열을 갖고 오는가? 부자간 화해의 비유를 말했던 분이 부모와 자녀가 맞설 것이라고 말할 수 있는가? 그는 병자를 고치면서 평화를 기원하지 않았나?(7:50; 8:48) 그는 제자들에게 복음을 전하기 위해 여행을 하면서 평화로 인사하라고 하지 않았나?(10:5-6) 예수의 삶과 가르침의 관점에서 볼 때 분열을 강조하는 말씀의 의미를 어떻게 이해해야 하는가?

많은 설교자는 성서정과에 이 본문이 포함된 것에 대해 불편함을 느낀다. 예수가 회개와 화해의 가르침을 통해 상처받고 분열된 공동체를 회복하려 했다는 점을 생각해 볼 때 소외와 분열을 조장하는 가르침을 어떻게 받아들여야 할지 당황하게 된다.

수 세기 동안 신학자들은 이 본문의 의미를 다양하게 해석해 왔다. 어떤 신학자는 이 땅에서 실제로 많이 경험되는 충돌의 상황에서 예수가 '정당전쟁론'(just war theory)의 입장을 표명한 것으로 해석한다. 다른 이들은 눈을 멀게 할 정도의 강력한 복음의 빛을 경험한 사람들 가운데 신자와 불신자의 분리에 대해 말하는 것이라 이해한다. 이 두 입장은 줄리아 워드 하우(Julia W. Howe)가 1861년에 작사한 <공화국 전투찬가>(Battle Hymn of the Republic)에 잘 담겨있다. 이 찬가는 영광스럽게 재림하는 그리스도가 "공포의 검을 휘둘러 운명의 번개를 내리고… 심판의 자리에서 사내들의 영혼을 걸러내고… 그의 진리는 힘차게 행진할 것"이라고 노래한다.

고대 희랍적 이성주의의 영향을 받은 사람이나 근대적 개인주의의 이상을 따르는 사람들은 상징적으로 본문을 해석하여, 부자간의 갈등은 개인 내면의 이성과 격정 간의 분열을 의미하고, 이성적 사고가 죄의 충동을 극복하는 것을 가르치는 것이라고 해석한다. 이처럼 다양한 해석이 제시하듯이 평화와 화해를 강조하는 누가복음 전체의 맥락과 분열을 선포하는 본문의 명백한 모순은 설교자들을 딜레마 속에 빠져들게 한다.

본문의 중심적 신학적 메시지를 찾아내는 것이 어려울 뿐 아니라, 그 세부적인 내용을 파악하는 것도 쉽지 않다. 본문의 '불'은 오순절에 수많은 신도의 가슴 속과 머리 위에 강림해 그들이 능력 있는 믿음의 행동을 하게 했던 성령과도 같은 '불세례'를 의미하는가?(3:16 참고) 아니면 죄의 쭉정이와 열매 맺지 못하는 가지들을 태워버리는 불과 같은 것인가?(3:9, 17 참고) 아니면 하늘로부터 원수들의 머리 위로 떨어지는 심판의 불과 같은 것인가?(17:28-33 참고)

아마도 예수의 말씀에 담겨있는 딜레마와 긴장은 완전히 해소되지도 않을 것이다. 그렇지만 이 단락의 의미는 복음서 이야기 전체의 관점에서 그리고 하나님의 섭리와 인간 역사 간의 상호작용이라는 관점에서 바라볼 때 가장 잘 파악될 수 있을 것이다. 그런 관점에서 볼 때 우리는 본문이 규정적(prescriptive)이라기보다는 기술적(descriptive)이라고 말할 수 있다. 다른 말로 하면, 자녀와 부모가 맞서는 것이 예수가 원하는 것은 아니지만, 이런 분열이 그리스도의 사역의 결과 생길 수 있다고 본다는 것이다. 누가 복음에 나오는 탕자의 비유에서 작은아들과 아버지가 결국 화해했지만 (15:11-32), 그 화해는 분열의 씨를 품고 있었다. 이 회복된 관계는 큰아들과 아버지 사이를 갈라놓는 결과를 낳았다. 오늘의 본문은 이와 같은 현실을 반영한다. 오랫동안 원수지간에 있던 사람들을 화해시키는 사역은 현재 상태에 만족해하는 사람들의 저항을 불러일으킬 수도 있다.

인간은 복음이 가져다주는 운명의 대역전을 항상 달가워하지는 않는다. 우리는 자격이 없다고 생각되는 사람들이 모두를 위한 큰 은택에 포함되는 것을 좋아하지 않는다. 우리는 스스로는 천국에 초대되기를 바라지만 다른 사람은 그들의 죄에 대해 벌을 받아야 한다고 생각한다. 어느 사람도 천국에서 자신의 원수를 만나기를 원치 않는다. 질투, 분노, 복수심, 완고함…, 이런 것들이 복음을 접한 우리를 삼켜서 우리를 예수가 환대하는 사람들의 원수가 되게 할 수도 있다.

예수의 가르침은 또한 혈연에 의한 가족이 아니고 예수의 보혈의 언약으로 맺어진 가족에 대해 생각하게 한다(22:20). '요셉의 아들'(4:22)로 알려진 예수는 하나님으로부터 받은 사명을 밝혔을 때 그의 가족으로부터도 배척을 받았다. 그의 모친과 형제가 예수에게 가까이 가려고 하였을 때, 그는 "하나님의 말씀을 듣고 행하는 이 사람들이 나의 어머니요, 나의 형제들이다"(8:21)라고 함으로써 진정한 가족의 의미를 새롭게 규정했다. 신자들을 하나로 묶는 것은 혈족 관계가 아니고 하나님의 가족이 되어 관계성을 형성하길 원하는 사람에게 부어지는 보혈의 언약이다.

수 세기 동안 미술과 시에서 예수는 선한 목자에서 승리의 양에 이르기까지 다양한 모습으로 묘사되었다. <공화국 전투찬가>에서도 "공포의 검을 휘둘러 운명의 번개를 내리시는" 분이 동시에 "나리꽃의 아름다움 속에서" 나신 그리스도라고 표현한다. 신학적으로 볼 때 이 두 가지 이미지는 자비와 심판을 상징한다. 자비와 심판은 악과 죄를 멸하려는 하나님의 화해의 능력에서 나온다. 오늘 본문은 분열이 시작될 때–그것이 적절한 시기에 하나님에 의해 촉발된 것이라면– 복음이 우리에게 침입했다는 표가 된다는 것을 우리에게 알려 준다.

## 주석

본문에서 예수의 말씀은 강하고, 충격적이기까지 하다. 한편으로 불, 세례, 분열의 이미지는 예수의 설교보다는 세례자 요한의 설교와 가까워 보인다(3:7-9, 15-17). 다른 한편으로 이 말씀들은 예수께서 인간의 제도나 그것들의 가치를 실현하기 위해 오신 것이 아니라, 하나님의 근본적인(radical) 뜻을 시작하기 위해 오셨다고 말한다. 지난주 성서정과는 제자들이 언제인지는 알 수 없지만 분명하게 오실 주님의 재림을 어떻게 주의 깊게 준비하느냐에 관한 것이었다(12:35-48). 오늘 본문은 초점을 바꾸어 예수의 선교가 사회의 기존 질서(status quo)에 어떻게 영향을 줄 것인가에 맞추어져 있다.

49-50절의 영어 번역은 생생한 말과 강조점을 충분히 전달하지 못한다. 49절의 강조하는 여는 말은 '불'인데, 50절은 '세례'이다. 그러기에 본문은 예수의 선교적 강림(missonal advent)의 예상되는 결과를 강조하고 있다. 비슷하게 49절의 "내가 바랄 것이 무엇이 더 있겠느냐?"(how I wish)라는 널리 퍼져있는 엉어 번역은 하나님의 뜻을 실현하기 위한 예수의 열렬한 헌신을 표현하는데 부족하다. 50절의 '괴로움'(stress 또는 distress)이라는 전형적인 번역도 예수의 불안을 보여주지 못한다. 하지만 헬라어 번역은 예수가 완수하고자 하는 선교에 전적으로 몰두하고 있는가를 잘 보여준다.

누가-사도행전 전체의 맥락에서 그러한 극적인 용어와 이미지는 예수가 하나님의 계획을 그의 죽음과 부활을 통해 완수하기 위해 예루살렘으로 가는 여정의 단호한 결심을 강조하고 있다(처음 9:22, 31, 44-45, 51에 도입되어 13:31-35; 17:24-25; 18:31-34; 22:14-20, 41-42에 이어 보여주고 있다). 고난과 죽음은 예수가 완전히 몰입한 세례이다. 불은 이 땅에 (세례자 요한이 3:9, 17에 보여주는 것처럼) 종말론적 파괴를 가져오는 것이 아니라, 성령의 감화로 예수의 죽음과 부활을 선포하는 것이 초래하는 갈라지고 때로는 적대적인 반응들을 가져온다(예를 들어 행 3:12-4:4; 13:16-52). 예수의 장차 오심이 제자들의 모든 태만을 없애주었듯이, 예수가 그를 보낸 사명을 완전히 완수하는 것도 마찬가지인데, 그러기에 완수의 결과는 세상 끝까지 퍼져나간다 (12:49, 51; 행 1:8; 13:47).

12:51-53의 분열에 대한 예수의 강조는 1세기 세계의 핵심적 사회적 현실과 연관하여 이해될 필요가 있다. 유대 세계든 이방인 세계든 당시에는 가정이 사회의 기본적인 구성 요소였다. 그래서 가정은 사회적 실체의 소우주로 여겨졌다. 평화가 아니라 분열을 가져온다고 주장하면서(51), 가정에서의 분열을 묘사하고 있는데(52-53), 본문은 예수의 선교적 오심이 현존 사회질서를 옹호하려는 것이 아니라 완전한 해제를 의미한다는 것을 보여준다. 이것은 마리아(1:51-55)와 스가랴(1:68-79)에 의해 처음 선언되었고, 예수가 더 강하게 말한(4:16-27; 6:20-26; 7:28-30, 36-50; 8:19-21; 9:46-48) 근본적인 사회적 역전의 연장이다.

가정이 분열한 이미지(미 7:6의 반향)는 11:17-18에 나와 있는 현재의 사회구조가 완전히 붕괴된다는 생각을 전하고 있다. 12:52-53에 묘사된 분열을 또한 주목해 보면 이는 세대 간 분열이어서 더 이상 한 사람의 정체성, 직업, 신의 그리고 지위가 혈연으로 자동적으로 정해지지 않는다는 것을 보여준다. 대신에, 이러한 것들은 첫째로 시몬에게 선언되었던 것과 같이 (2:34-35; 또한 가족의 대변동과 재편성에 관한 9:57-62; 11:27-28; 14:26; 18:28-30; 21:16-17의 묘사를 보라) 한 사람의 적극적인 또는 소극적인 예수에 대한 자세에 의해 결정되는 것이다.

예수가 평화를 가져온다는 것에 대한 강조적 부정(51) 또한 스가랴 (1:79), 천사들(2:14), 예수 자신(7:50; 8:48; 10:5-6; 19:42) 그리고 제자들(19:38)에 의해 선언되었듯이 그의 강림을 통해서 시작될 하나님의 평화와 관련하여 고려될 필요가 있다. 예수가 시작하고 주신 하나님이 만든 평화는 하나님과 사람 사이의 자비, 사랑 그리고 정의의 올바른 관계의 수립을 가져온다. 그런데 모든 사람이 이러한 하나님의 평화의 계획을 원하거나 환영하지는 않는다. 그러기에 예수가 평화 의제를 시작하는 것이 모든 사회에서의 대립적 분열과 균열을 가져오는데, 바로 사회의 핵심 조직인 가정에도 그러하다. 그러한 분열이 남자와 여자 사이에도 있다는 것은 누가가 예수의 선교에서 시작되고 제자들의 선교로 확장된 하나님의 의제에 대해 남녀 공히 적극적이든 소극적이든 반응한다는 이해를 강화한다.* 그러기에 결정적인 종교적 결정이 더 이상 남자들의 배타적인 특권은 아니라는 것이다.

누가복음 11:16, 29-32에서 예수는 표적을 구하고 그의 사역의 유효성을 시험하려는 군중들을 책망한다. 12:54-56에서는 그들 가운데 펼쳐지고 있는 하나님의 활동을 이해하는 데 완전히 무능력한 군중들을 책망한다.** 그들의 해석적 실패는 그들이 비록 날씨의 패턴의 전조들을 해석할 줄은 알면서도(54-55), 예수의 사역에 의해 발생한 사회적 전복이 펼쳐지고 있는데도 이러한 하나님의 종말론적 심판의 전조에 대해서는 해석하지 못한다는 사실에 의해 배가된다.***

본문에 들려지는 심한 말이나 고발은 예수께서 우리가 건설한 사회적 현실이나 가치를 인정하러 오신 것이 아님을 상기시킨다. 그러한 사회적 현실과 가치는 권력이 없는 자나 소모품이 되는 사람들을 희생하여 권력을 가진 자들에게 호의를 보이고자 하는 것에 조화를 찾으려는 경향이 있다. 예수의 선교적 의제인 사랑, 자비, 정의는 그러한 기존 질서를 산산이 부숴버린다. 이것은 예수를 그의 죽음과 부활에서 완성될 신의 운명을 향

---

* 눅 1:5-25, 26-38, 39-56; 2:34-35, 36-40; 7:36-50; 8:1-3, 40-56; 10:38-42; 13:10-17; 15:1-10; 24:1-12; 행 1:13-14; 2:17-18; 5:1-11, 14; 8:3, 12; 13:48-50; 16:14-40; 17:4, 12, 34; 18:2-4.

** Joel Green, *The Gospel of Luke*, New International Commentary on the New Testament (Grand Rapids: Eerdmans, 1997), 508.

*** 56절의 "이 때에" 대한 언급은 52절의 "이제부터"라는 언급과 어울린다. 또한 12:20, 40, 42, 46; 13:1, 9, 56의 결정적인 시간의 지배자를 주목하라.

하도록 하는 선교적 의제이다. 그것은 하나님께서 예수를 통해 하려는 것을 사람들이 끌어안을까 또는 내칠 것인가라는 점에서 사회의 모든 층위에서 분열과 갈등을 초래하는 선교적 의제이다. 그것은 우리가 하나님의 미래를 고대하며 현재를 인식하며 살아가도록 부름받은 의제이다. 그것은 우리로 하여금 하나님이 진실로 예수의 사역에서 하려는 것을 재해석하고 그래서 우리가 누구이며 예수의 제자로서 무엇을 해야 하는가에 대한 의제이다.

## 목회

의회에서 표결해달라는 요청은 현안의 찬반을 놓고 투표해서 결정해달라는 것이다. 만약 목회자가 대담하게 회중에게 오늘 본문 혹은 좀 더 부드러운 본문 어느 쪽에 대하여 토론하기를 선호하는지 묻는다면, 많은 사람이 예수가 좀 덜 도전적이신 이야기를 원할 것이다.

오늘의 성서정과 본문은 누가복음에서 가장 어려운 여덟 절로 구성되어 있다. 평화보다는 분열의 언어가, 귀에 거슬리는 어조의 정죄가 그리고 군중들 속에 위선자들이 있다는 예수의 고발이 방문자들과 교회 장로들을 불쾌하게 할 수 있다. 그럼에도 불구하고, 오늘 말씀의 예수는 우리가 알아야 할 가치가 있는 주님이다. 회중들과 함께 걷는 용감한 목회자는 이 문장의 혼란스러움을 통해 인공감미료를 넘어서서 하나님의 실체와 권능과 씨름할 수 있는, 드문 기회라고 주장한다.

우리 교회에서 이런 예수를 말하는 것이 왜 그렇게 어려워야 하는가? 부분적으로 누가복음 12:49-56에 그려진 예수는 좀 더 익숙한 본문들의 예수와는 어울리지 않는 것처럼 보인다. 누가복음 8:26-39에서 많은 귀신 들린 사람을 고쳐주시고 누가복음 10:38-42에서 마리아와 마르다의 집에서 식사하시려고 멈추신 친절한 목수에게 무슨 일이 생긴 것일까?

여름 내내 성서정과를 따라온 교인들은 누가복음 9:51에서 예수가 '예루살렘으로 가시기로 마음을 굳히는' 결정적인 전환이 일어난다는 것을 알게 될 것이다. 8월 중순이 성주간으로부터 멀리 떨어진 것처럼 보이겠지만, 오늘 본문에 적절한 배경은 성금요일로 이끄는 침울한 마지막 날들이다. 오늘 본문을 위해 선택된 예전과 찬송가를 통해 회중들이 연관성을 이해하도록 도우면, 설교자가 설교를 시작하기도 전에 설교를 이해하는 상황이 만들어질 것이다.

오늘 본문처럼 강한 언어를 사용하는 것이 과거에 교인들에게 정죄를 당한 경험이 있거나 불친절한 취급을 당한 적이 있는 어떤 교인들에게는 힘들 수 있다는 것을 성찰하는 것이 목회자에게 도움이 될 것이다. 한 주간 회중들이 살아 온 경험과 교회를 구분하는 것은 얇은 벽에 불과하다. 예배를 위해 모인 사람들은 살아오면서 했던 개인적인 경험, 심리적인 복잡함 그리고 때로는 다른 교회에서 경험했던 아주 고통스러운 기억을 예배에 가져온다. 그것은 그리스도의 교회라는 이름으로 행해진 끔찍하고 부끄러운 일들을 포함한다.

환영과 환대를 포함하여 그리스도인의 실천을 이어가는 교인들이 과거에 그들이 다른 사람을 배제하는 관행을 보았을 때 아무 생각 없이 그것을 따르지 않았다면, 예수가 하는 정죄의 말을 듣기가 비교적 편할 것이다. 이혼이나 세대 갈등, 화해라는 힘든 일을 포함하는 가정생활의 쟁점들이 종종 공개적인 토론의 주제가 되는 교회라면, 누가복음 12장의 갈라진 가정에 관하여 이야기하는 것이 가정생활의 위기가 거론되어 본 적이 없는 교회보다는 훨씬 쉬울 것이다. 정기적으로 공동의 회개를 하고 이 시대의 실제 생활에서의 실패를 향한 죄 사함을 듣는 교인들은, 군중을 향한 예수의 엄격한 말씀 너머에, 똑같이 강력한 용서의 말씀과 하나님의 부드러운 포용이 기다리고 있다는 것을 훨씬 더 잘 알 것이다.

이번 주는 이 모든 것을 새롭게 제안할 때는 아니다. 그러나 여름철은 교인들의 신앙적인 관행을 되돌아보는 기회를 제공한다. 이렇게 모인 공동체 안에서 환영받는 사람은 누구이며, 환영의 말은 어떻게 말뿐만이 아니라 행동으로 전달되는가? 교인들 사이에서 어떤 형태의 가정이 대표적인가? 독신 성인들이 교회 생활의 모든 활동에 참여할 수 있는가? 아이가 없는 가정들이 아이가 있는 가정들과 같이 환영받는가? 이혼한 사람, 홀로된 사람, 동성애 커플, 가족들과 소원해진 사람들이 환영받고 그들의 은사에 따라 지도적인 역할을 할 기회가 주어지는가?

가정생활의 역동성을 포함해서, 대인관계가 소그룹에서 어떻게 다루어지고 있는가? 교인들은 종종 가정이나 공동체를 분열시키는 쟁점들에 관하여 이야기할 수 있는 기술과 인내심을 얻었는가? 교인들의 삶에서 논란이 되는 주제들을 이야기할 수 있는 여지가 있는가? 아니면 분쟁을 일으킬 만한 모든 주제가 회피되는가? 대단히 부담스러운 주제들에 대하여 서로 들어주는 능력을 구축하는 데는 시간과 기술이 필요하다. 일단 세워지면, 그것은 희귀하고 귀중한 선물이다.

교인들이 하나님의 용서와 그리스도를 닮은 삶을 살아갈 용기를 구하기 위하여 열린 마음으로 하나님 앞에 설 기회는 언제, 어디에 있는가? 오늘 복음서 본문을 그들의 삶에 대한 정확한 고발로 듣는 사람에게는 희망이 있는가? 공적인 예배를 넘어서, 개인적으로 회개하고 하나님과 화해할 다른 기회가 있을까?

이러한 신앙의 실천이 뿌리내린 교회에서 사역하는 목사는 오늘의 복음서 본문을 설교할 차례가 되었을 때 이 말씀을 들려주기 위해 투쟁할 기회를 가질 것이다. 예수의 한결같은 결정은 우리가 인정하고 종종 존경하는 열정이다. 그것은 마치 자기가 사는 도시에서 자동차 총격 사건으로 아이가 죽은 후에 그곳에 청소를, 하러 가는 지역 활동가와도 같다. 그것은 노인들에게 필요한 처방 약을 합리적인 가격으로 구입할 수 있도록 주 의회에 혼자서 도전하는 노인의 열정과 유사하다. 그것은 들어야 할 모든 교인에게 친환경적이 되어야 한다고 거침없이 발표하는 초등학생의 열정과 유사하다. 어떤 일들은 너무 중요해서, 오직 집중적인 관심과 강력한 연설만이 예언자의 메시지를 전달할 수 있다.

우리와 창조 세계를 위해 기꺼이 죽고자 하는 하나님은 이들 특별한 문제들 가운데 하나이다. 예수는 예루살렘을 향한 그의 순례와 예루살렘에서 그가 해야 하는 사명과 그의 생애를 건 사역이 얼마나 긴급한 것인지 이해하지 못하는 사람들을 더 이상 참을 수 없었다. 그것이 오늘 복음서 본문의 핵심이다. 목사의 과제는 회중들이 이 말씀을, 결국 하나님의 은혜와 자비의 메시지로 들을 수 있도록 돕는 것이다. 그것은 일 년 중 언제라도 가치 있는 일이다.

## 설교

설교자는 '문제점을 발견하려는' 태도로 성서 본문을 접근하는 것이 유익하다는 유진 로우리(Eugene Lowry)의 제안이 맞다면,[*] 오늘 본문은 그런 요소들을 많이 보여주고 있다.

지난주 성서정과 이후로 누가복음에서 예수의 어조는 점점 날카로워지고 있다. 중간에 나오는 자료에 의하면(41-48, 성서정과가 편리하게 하려고 생략) 그는 주인에게 인정받은 종이 저녁을 대접받은 것에 대해 말하다가, 예기치 않은 시점에 돌아와 맡긴 일로 인해 마음이 상한 주인에게 자신의 잘못으로 심하게 매를 맞은 (심지어 '동강 난', 46) 종들에 대한 이야기로 방향을 바꾼다.

오늘 본문에서는 얼마 전만 해도 자신들을 환영하지 않는 사마리아 사람들에게 불을 내려 주기를 청했던 야고보와 요한을 꾸짖었던 예수께서 갑자기 불을 지르러 왔다고 선언한다(야고보와 요한이 "우리가 원할 때는 가만있더니 어떻게 그럴 수 있느냐?"고 불평하는 소리가 들린다). 물론 예수께서 "스트레스를 받았다"고 스스로 말씀하신 것을 감안하더라도, 그들에게 "두려워하지 말아라"(12:32)라고 말한 지 얼마 되지도 않았다.

게다가 "땅에는 평화"라고 천사들이 합창하며 그의 탄생을 알리는 것을 들으며 태어났던 바로 그 예수께서 평화가 아닌 분열을 선포하기에 이르

---

[*] Eugene L. Lowry, *The Sermon: Dancing the Edge of Mystery* (Nashville: Abingdon Press, 1997), 94-95.

고, 그 분열을 가족의 가치를 소중하게 여기지 않는 것 같은 가족들 간에 벌어지는 몇 가지 갈등으로 상세히 설명하고 있다(52-53).

마침내 예수께서는 사람들을 향하여 "어리석은 자여"라는 말 대신에 이번에는 "위선자들아!"라고 부른다. "어리석은 자여"는 이전 성서 본문에서 논의했듯이 그런 사례가 있을 수 있다. 하지만 이번 경우에 '위선자들'이라는 분명한 욕설은 우리를 헷갈리게 만든다. 날씨는 분별하면서 '시대를 분별하는 능력'이 없는 것이 왜 '위선적'이 되는 것인가? 아마도 각각의 구절이 지닌 난제들에 관해 생각해 보는 것이 설교를 준비하는 데 도움이 될 것 같다.

1. 벌을 받은 혹은 '손발을 잘린' 하인들의 절규.* 가혹하게 처벌을 받은 이유는 이들이 다른 종들을 못살게 굴고 무절제하게 이기적으로 먹고 마시며 놀았기 때문이다. 예수께서 강하고 분명하게 말한 내용에서 놓치기 쉬운 것은 이들이 42절의 '신실하지 않은 자들이 받을'(12:46) 벌을 받게 된다는 것이다. 모두를 위해 주어진 하나님 나라의 선물을 올바르게 관리하는 데 실패하게 되면, 그 일로 인해 그 나라 밖으로 쫓겨나게 된다는 것이다(그것을 남용하고 부적절하게 사용한 신실하지 못한 종은 본질적으로 어리석은 부자와 같은 것이다). 이것은 오늘 본문의 핵심에 있는 '분열'(division)이라는 의미를 이해하는 단초를 제공한다.

2. 예수께서 이 세상에 가져온 불. 정화시키는 불과 그냥 태워버리는 불은 중요한 차이가 있다. 야고보와 요한은 후자를 생각하고 있었고(태우는 것, 9:52-56) 반면에 예수께서는 전자(12:49)를 의도하였다. 더욱이 예수께서 가져올 불은 그 자신이 취할 불인데 그것은 '불세례'이고 또 그것은 자신이 받아야 할 고난(12:50)이며 스스로 견뎌야 하는 것이기 때문에 괴로움을 당

---

* '손발을 잘린'(cut off)이라는 표현은 누가복음 12:46에 나오는 '동강 난'(cut in pieces)에 대한 대안적 번역으로 가능하지만, 이 비유에서는 '동강 난'보다는 이야기의 의도나 방향에 더 부합하는 것 같아 보인다. 만일 그렇지 않다면 이미 '동강 난' 사람들을 '신실하지 않은 자들'과 함께 두는 것이 이치에 맞지 않는다.

하게 될 것이다. 그것은 '그 나라를 주려는 아버지의 기쁨'(12:32)이지만 그 선물은 예수 자신이 스스로를 내어주어야 하는 괴로움이기도 하다.

3. **평화 대신 가족 간의 분열.** 만일 하나님 나라가 사실상 철저한 공동소유를 뜻한다고 하면, '가족이 지닌' 유산은 상속되어야 한다고 고집하는 사람들은 필연적으로 예수의 사랑의 불로 형성된 넓은 의미의 가족(하나님 나라)이라는 생각을 가진 다른 가족 구성원들과는 갈등을 겪게 될 것이다. 소수의견을 지닌 사람들을 제외시키고 평화(그리고 번영)를 말하는 것은 평화가 없는 데도 "평화, 평화"하며 외치는 것이다(렘 8:11). 우리 시대의 (그리고 우리의 언어로) 평화를 말할 때 동일 집단이 지닌 인식을 뛰어넘을 때에야 비로소 천사들이 선포한 땅 위의 평화가 '사람의 헤아림을 뛰어넘는'(빌 4:7) 것으로 존재하게 될 것이다.

4. **좋은 일기 예보자 그러나 시대를 잘못 분별하는 사람이 '위선자'** 전통적 도덕신학에서는 '극복 가능한' 무지와 '극복 불가능한' 무지를 구분한다. 전자는 그것을 근절시켜야 할 도덕적 책임이 우리에게 있고 그렇게 하지 못하면 '태만하다는 비난'을 받게 된다. 하지만 후자는 우리의 통제를 벗어난 것으로 우리에게 책임이 없다.

만일 예수께서 말하고 있는 군중들이 그냥 무지하다면('극복 불가능한 무지'), 그들은 '시대를 분별하지 못한' 데 대한 책임이 없을 것이다. 그들은 예수께서 말한 주인의 뜻을 알지 못한 종과 같아서 최소한의 처벌만 받게 될 것이다. (그의 태만이 완전히 면제되는 것은 아니다. 하지만 자신에게 요청되는 것이 무엇인지를 알지 못하기 때문에 경감되는 것이다.)

예수의 군중들은 (아마도) 그냥 무지한 사람들은 아닌 것 같다. 그들은 부유한 사람들로부터 배우고 율법과 예언자 전통을 쉽게 접하여 자신들의 책임을 감당할 수 있었음에도 불구하고, 공동체의 재산을 잘못 관리하고 그로 인해 하나님의 경제관념에서 보았을 때 부정적인 반향을 일으켰던 것이다. 그들은 처벌을 피하기 위하여 (거짓으로) "나는 당신이 오고 있는 것과 나에게 무엇을 원하는지를 몰랐습니다"라고 외친 종들과 같다.

물론 그러한 외침은 위선적인 것이고 그는 (그리고 암묵적으로 군중들도) 그들이 모르는 체하는 것을 알고 있다. 만일 예수께서 이 극복 가능한 무지의 군중들을 향해 책임을 묻고 있다면, 그것은 그들이 '시대를 분별하는 법'을 알지 못한 데 대한 것이다. "어찌할 바를 몰랐다"고 말하는 것은 카트리나 허리케인이 가져온 재해와 관련하여 "우리가 어떻게 알 수 있었겠는가?"라며 손을 내 저었던 정부 관료의 변명과 유사한 것이다. 그들은 알아야만 했고 자신들의 무지에 대해 도덕적으로 책임이 있다.

날씨의 유형과 징조들에 관련해서는 알면서 하나님 나라/공동체의 약속과 관련한 분명한 양태와 은혜로운 등장 그리고 경고의 징조들에 대해서 무지한 것은 용서받아야 한다는 이 태도는 얼마나 어리석은 일인가. 부자 농부를 향하여 "어리석은 자여"라고 부르고 이 무지한 군중들에 대해 "위선자들아"라고 하면서 예수께서는 더 이상 이름을 부르지 않는다. 그는 정확하게 그것이 무엇인지 어떻게 진행되고 있는지에 대해 말한다. 그것은 필연적이지만 놀랍지는 않게 분열을 불러일으킨다. 관심을 얻기 위해 때로는 거친 표현도 필요하다.

508

# 성령강림절 후 열한째 주일

## 누가복음 13:10-17

<sup>10</sup>예수께서 안식일에 회당에서 가르치고 계셨다. <sup>11</sup>그런데 거기에 열여덟 해 동안이나 병마에 시달리고 있는 여자가 있었는데, 그는 허리가 굽어 있어서, 몸을 조금도 펼 수 없었다. <sup>12</sup>예수께서는 이 여자를 보시고, 가까이 불러서 말씀하시기를, "여자야, 너는 병에서 풀려났다" 하시고, <sup>13</sup>그 여자에게 손을 얹으셨다. 그러자 그 여자는 곧 허리를 펴고, 하나님께 영광을 돌렸다. <sup>14</sup>그런데 회당장은, 예수께서 안식일에 병을 고치신 것에 분개하여 무리에게 말하였다. "일을 해야 할 날이 엿새가 있으니, 엿새 가운데서 어느 날에든지 와서, 고침을 받으시오. 그러나 안식일에는 그렇게 하지 마시오." <sup>15</sup>주님께서 그에게 대답하셨다. "너희 위선자들아, 너희는 저마다 안식일에도 소나 나귀를 외양간에서 풀어내어, 끌고 나가서 물을 먹이지 않느냐? <sup>16</sup>그렇다면 아브라함의 딸인 이 여자가 열여덟 해 동안이나 사탄에게 매여 있었으니, 안식일에라도 이 매임을 풀어 주어야 하지 않겠느냐?" <sup>17</sup>예수께서 이 말씀을 하시니, 그를 반대하던 사람들은 모두 부끄러워하였고, 무리는 모두 예수께서 하신 모든 영광스러운 일을 두고 기뻐하였다.

## 신학

18년 동안 영혼이 부자유했던 이 여자는 신체도 부자유하여 똑바로 설 수 없었다. 이 여자는 낫게 해 달라고 먼저 요청하지 않았다. 예수가 먼저 이 여자를 불러 머리에 손을 얹음으로 병으로부터 그를 자유롭게 했다. 이 여자의 반응은 허리를 펴고 일어나서 하나님을 찬양하는 것이었다. 이 여자가 고쳐 달라고 청하지 않았고 주위의 누구도 이 여자를 고쳐 달라고 예수께 부탁하지 않았다는 것은 의외의 일이다. 18년 동안, 이 익명의 여인은 해나 하늘이나 별을 보려면 온몸을 비틀어야 했다. 오랜 시간이 흐르면서 이 여자는 사탄이 일으킨 것으로 간주된 자신의 오래된 중병에 대해 익숙해졌을 것이다. 18년 동안 이 여자는 아래만 보는 것, 혹은 기껏해야 몇

발자국 앞만 보는 것에 익숙해 있었다. 고개를 똑바로 들어 위를 바라보는 것은 너무 힘들었다. 18년 동안 이 여자는 다른 사람들은 힐끗 눈길을 한 번 주면 파악할 수 있는 세상을 보기 위해 왼쪽과 오른쪽으로 삐딱하게 반복적으로 고개를 돌려야 했다. 이 여자는 이런 방식에 익숙해졌고 누구도 이 여자가 처한 운명에 의문을 제기하지 않았다. 도리어 회당장은 예수가 안식일에 병을 고쳤다는 사실에 분개했다.

본문에서 종종 회당장의 잘못된 태도가 주목을 받는다. 설교자는 인간사에서 매우 자주 보게 되는 이런 반응에 초점을 맞추려는 유혹을 받게 된다. 그러나 우리는 이 이야기가 두 비유, 즉 회개를 강조하는 '무화과나무의 비유'(13:1-9)와 하나님의 나라를 강조하고 우리가 실패했다고 생각할 때 겪게 되는 절망의 문제를 다룬 '겨자씨와 누룩의 비유'(13:18-21) 사이에 있다는 것을 기억해야 한다. 왜 치유에 관한 이야기가 겨자씨(회개의 촉구)나 누룩(하나님 나라의 특성)과 같이 우리가 맘대로 조정할 수 없는 것에 관한 비유 사이에 자리 잡고 있는지 생각해 봐야 한다. 이 비유들은 하나님 나라의 경이로운 측면과 하나님 나라가 우리 삶 속으로 침투하는 측면을 묘사하고 있다.

이 익명의 여인을 통해 우리는 치유가 목회적이고 예언자적인 사명과 밀접한 관계를 가진다는 것을 깨닫게 된다. 치유를 목회적 돌봄과 예언자적 비판의식으로 연결시키려는 노력을 통해 우리는 영적·사회적 억압으로부터의 해방의 중요성을 강조하게 된다. 이 과정에서 우리는 그 억압을 극복했다는 것을 발견할 수도 있고, 그렇지만 우리가 완전히 목표를 이루지는 못했다는 것을 깨달을 수도 있다. 온전한 치유가 이루어지는 삶을 살려는 시도를 통해 우리는 현실과 변혁의 가능성에 관해 더 구체적인 인식을 하게 된다.

치유에 관한 통찰을 통해 우리가 얻을 수 있는 것은 우리 삶의 다른 영역에 대해서도 깊은 관심을 가질 필요가 있다는 것을 깨닫고, 각 영역 속에 있는 은총, 소망, 심판에 대해 생각하게 된다는 것이다. 이런 것들이 처음에는 우리가 굳이 경험하고 싶지 않은 것일 수도 있다. 우리는 우리의 증언과 그 증언의 방향을 평가·재평가하며 그것이 하나님의 길인지, 교회의 길인지, 인간의 어리석은 길인지, 혹은 허영심에 의해 만들어진 것인지 분간할 수 있는 능력을 기르도록 해야 한다. 우리가 그렇게 할 때 우리는 하나님이 원하시는 더욱 건강하고 치유력을 가진 하나님의 증인으로서 삶을 살 힘과 용기를 얻게 될 것이다.

신학적으로, 우리는 치유가 목회적이고 예언자적인 측면을 갖고 있음을 강조해야 한다. 구원을 향한 길은 하나이고, 이 모든 측면이 여기에 포함된다. 치유와 죄 사이에는 깊은 관련성이 있다는 것을 기억하는 것이 중요하다. 우리가 어떻게 하나님으로부터나 다른 것들로부터(죄로부터) 피하고 있는지를 깊이 생각해 보지 않고 진정한 치유가 이루어질 수 없다. 이런 측면에서 볼 때, 회당장은 너무나도 많은 사람이 범하기 쉬운 오류, 즉 내용보다 형식을 중요시하는 오류를 범한 것이다. 설교자는 이것을 지적하면서 위로자이며 동시에 희망의 선포자가 된다. 교회가 목회적이고 예언자적인 관점을 유지하면서, 죄와 질병의 문제를 갖고 끊임없이 씨름하는 가운데, 사역의 방향에 대해 수시로 재평가해 나갈 때, 교회가 가진 은사와 능력이 무엇인지 확실하게 드러나게 된다. 혼란의 시기에 이것은 더욱 중요하다. 너무 자주 교회는 양자택일의 상황을 만들어 놓고 혼란을 자초한다. 한 편으로 너무 내부적으로 시선을 집중하여 교인 개개인의 상황에 관심을 쏟는다. 혹은 교회의 프로그램과 예배의 개선이 모든 문제에 대한 해결책인 것처럼 접근하기도 한다. 어떤 접근을 하던, 그것이 교인들이 갖고있는 은사나 능력과 연결되지 않을 때 문제가 생긴다.

회중과 우리 자신에게 우리만으로는 이것을 할 수 없음을 상기시켜야 한다. 우리가 선한 동기로 시작했지만, 위선적인 종교로 전락하는 것을 피하고자 한다면 공동체를 양육하고 격려하여야 한다. 이것은 또한 하나님께 의지하고 하나님을 신뢰하는 법을 배우는 것과 관련 있다. 이것이 결코 실천하기 쉬운 것은 아니지만, 꼭 우리의 삶 속에서 시도해야 하는 것이다.

우리는 등이 굽어서 일어나 해를 보지 못하는 여자와 같은 신세이다. 우리는 발아래 흙과 먼지만 볼 뿐이다. 우리는 똑바로 설 수 없어서 앞을 보려면 온몸을 비틀면서 어렵게 바라보아야 한다. 고쳐 달라고 요청하는

511

것은 예수의 초대에 한 발자국 가까이 가는 방법이다. 예수는 우리가 이 세상을 고치려고 하듯이 우리 영혼도 고치려고 노력하라고 우리를 초대한다. 우리는 계속해서 치유를 추구해야 한다. 우리는 등이 굽은 여자를 치유한 은사를 물려받은 사람들이다. 이 여자는 치유함을 받고 허리를 펴고 하나님을 찬양했다.

## 주석

만약 우리가 누가복음 전반부 12장을 읽었고, 그중 다양한 상황에서 예수가 안식일에 치유한 것과 안식일법을 재정립하려 했던 것을 보았다면, 오늘 본문의 사건도 친근하게 느낄 것이다. 예수는 자신을 '안식일의 주인'(6:5)이라고 선언하고, 안식일에 병을 고치는 것이 '착한 일을 하는 것'(6:9)임을 확신했기에, 우리는 여기서 예수의 행동이나 가르침을 보고 전혀 놀라워하지 않는다. 하지만 그의 청중들은 예수를 이상하게 여긴다. 예수가 안식일에 어느 회당에서 가르치시는 동안, 18년 동안이나 '약한 영혼을 가진' 이름 모를 여인이 나타난다. 그 여인을 보면서 예수는 결정해야만 했다. 그 여인을 고치고 안식일에 관한 구전법을 어길 것인가, 아니면 안식일에 제한된 것을 지키고 여인에게 필요한 축복을 주지 않을 것인가. 이사야 61:1의 해방적 비전에서 나온 4:18-21의 그의 사명에 대한 이해를 고려한다면 그의 선택은 자명해 보인다. 비록 그 여인이 요청하지 않았다 해도 예수는 반드시 그녀를 고쳐주었을 것이다.

누가는 치유 이적을 두 단계로 묘사한다. 우선 예수는 13:12에서 "여자야, 너는 병에서 풀려났다"고 선언하신다. 그런데 치유가 13절에 나오는 예수가 손을 얹기 전까지는 일어나지 않았다. 얼핏 보기에는 불필요한 두 단계를 거치는 것이 6:6-11에 오른손이 오그라든 사람을 고친 것과 4:31-37의 더러운 귀신 들린 사람을 고친 안식일 치유 이야기와 구별된다. 오늘 본문

512

의 이야기는 14:1-6의 수종병(水腫病) 앓는 사람을 고친 이야기와 비슷한데, 하지만 여기에서의 손을 얹음은 다른 목적이 있다.

오늘 본문에서 예수의 두 단계 치유는 더러운 그녀에게 손을 얹어 사회적으로나 신체적으로 회복되게 했다는 것이다. 누가복음에서 예수가 유대인의 관습을 어기고 더러운 사람들을 만진 예들을 고려해 보라: 나병환자(5:13), 나인성 과부의 아들(7:14), 12년간 혈루병 걸린 여인이 예수를 만진 이야기(8:43-48) 등. 한마디 명령으로 병을 치유할 수 있는 예수의 능력을 고려하면 이것은 불필요한 일이지만, 더러움을 없애주는 만짐이 누가복음서에는 여러 번 나온다. 만짐은 상징적으로 예수가 그가 고친 사람들을 더럽다고 보는 것에 개의치 않으셨다는 것, 더러움이 옮겨진다는 위협이 도전받고 그래서 소외된 사람들을 구원하는 일로부터 예수를 떼어 놓지 못했다는 것을 말해 준다. 이러한 각각의 예들에서, 그의 만짐은 그들의 병으로 사람들로부터 격리된 사람들과의 친교를 나타낸다. 예수의 만짐은 그들이 공동체로의 복귀됨을 첫째로 환영하는 것이다.

이 본문에서 예수는 자주 그러하듯이 유대인 종교 지도자들에게 대항한다. 6:7의 '율법학자들과 바리새인들'이나 14:3의 '율법교사들이나 바라새인들'과 같은 치유 이야기에는 '예수를 고발할 구실을 찾으려는 사람들'(6:7)이나 예수의 행동에 반대하여 '잠잠해진'(14:4) 사람들과 같은 적대자들이 등장한다. 이 절에서는 분개한 회당장이 안식일에 치유하는 것에 대해 논박한다(13:1). 이러한 사람들은 예수의 치유가 뒤집어 놓을 현상 유지를 대변한다. 그들은 자신들의 사회적 구조를 강화하는 구전 전통의 문을 지키는 수호자들이다. 그들에게는 '선을 행하는' 것이 핵심이 아니다. 왜냐하면 예수와 같이 선을 행하는 것은 그들의 사회질서를 약화시키기 때문이다.

안식일 준수를 유지하려는 것은 다른 사회질서를 유지하려는 것에 있어 결정적이다. 미국 남부의 노예옹호제도(slavocracy)들은 부분적으로 안식일에 선을 행하려는 것에 대한 제한을 통해 유지되었다. 노예제도를 유지한 남부의 종교적 관행들에 대해 성찰하면서 프레드릭 더글라스(Frederick Douglass)는 다음과 같이 썼다.

성 미카엘 교회의 종교적 지도자에게는 우리들이(노예들이) 안식일에 레슬링, 복싱을 보며 위스키 마시는 대신에 하나님의 뜻을 알고자 배우려는 것이 익숙하지 않도록 하는 것이 필요하다. 왜냐하면 그들은 그러한 저질의 스포츠에 빠져 우리가 지성적이고, 도덕적이고 책임적인 존재로서 행동하지 않도록 하고자 원했기 때문이다.*

노예가 된 아프리카 흑인들이 하나님께 예배드리고, 자신들을 교육하기를 원해도, 문자적으로 '선을 행하려' 해도, 그들은 할 수 없었다. 왜냐하면 그들의 진보는 자신들의 삶을 규정짓는 사회시스템에 위협이 되기 때문이다. 대농장이라는 배경이 분명히 예수가 접했던 상황과는 달랐지만, 권력 통제 질서라는 이슈는 두 경우 모두 비슷했다. 두 경우에서 안식일 규례의 통제는 억압적 체제를 유지하는 간편한 방법을 보여준다. 그 체제에서 어떤 사람들은 그들을 악화시키는 짐을 경감시키는 것보다는 그러한 체제를 유지함으로써 이익을 얻는 데 더 관심이 많은 사람에 의해 영원한 고통을 견디도록 강요받는다.

예수의 행동은 13:15-16의 말을 행함으로 그러한 체제에 도전한다. 예수는 후기 랍비 유대주의가 많이 사용하는 추론의 패턴을 차용하여, 가벼운 것에서 무거운 것으로, 조셉 피츠마이어(Joseph Fitzmyer)가 말한 a minori ad maius(작은 것에서 큰 것으로)의 수사학적 패턴으로 논쟁한다.** 만약에 소나 나귀를 안식일에 풀어주는 것이 허용된다면, 왜 '열여덟 해 동안이나 사탄에게 매여 있던 아브라함의 딸'을 풀어주는 것이 허용되지 않는가 말인가? 예수에게는 인간에 대한 돌봄 자체가 종교적 덕목이고, 이는 종교가 장려하는 의식, 예식, 사회적 체제에 우선하는 것이다. 이러한 말들은 제도화된 의식으로 종교에 대한 우리의 이해를 형성하도록 하여, 우리 가운데

---

* Frederick Douglass, "Slaveholding Religion and the Christianity of Christ," in *African American Religious History: A Documentary Witness*, ed. Milton C. Sernett (Durham, NC: Duke University Press,1999), 105.

**Joseph Fitzmyer, *The Gospel according to Luke X-XXIV*, Anchor Bible 28a (New York; Doubleday, 1985), 1012.

필요한 사람들을 위해 선을 행하는 것을 막는 위험을 막아 주는 잠재적인 비망록이다. 이사야 1:10-17이나 미가 6:6-8 말씀과 같이 여기에서 예수의 말씀들은 어려운 가운데 있는 하나님의 백성을 돌보는 것이 우리 신앙의 중심임을 꼭 생각나게 하는 것이다.

## 목회

구약성서에서 안식일에 대해서 강조하는 한 가지는 이스라엘이 모든 일을 쉬어야 한다는 것이다. 왜냐하면 하나님께서 안식하는 거룩한 날로 영광스럽게 하셨기 때문이다(창 2:2-3). 하나님은 안식일을 복 주시고 거룩하게 하시려고 창조하는 일을 쉬셨다. 그러므로 이스라엘 백성들은 안식일에 일해서는 안 된다(출 20:8-11). 오늘의 본문인 누가복음 13장에서 예수는 구약성서의 이러한 개념을 보완하는 다른 강조점을 선택하는데(신 5:12-15), 안식일 계명이 언약의 백성들에게 이집트의 노예에서 해방된 것을 인정해서 그날을 거룩하게 지키라고 명령한다는 것이다. 두 번째 강조점은 안식일을 준수하고 거룩하게 행하라는 것인데, 이를 통해 백성들은 거룩한 일을 행할 의무를 가지게 된다. 완전한 쉼과 적극적인 안식일 실천은 일을 포기한다는 것이 무엇이고 적극적인 거룩함이 사람에게 무엇을 의미하는지를 묻는다.

어떤 일도 하지 않는 것을 강조하는 바리새파 사람들은 미쉬나를 따라 소의 주인이 안식일에 자기 소들을 짐을 지우지 않고 물로 데려가는 것을 허용했다.* 하나님이 안식일을 거룩하게 하셨다는 사실을 인정해서 일을 쉬는 것과 안식일의 거룩함을 지키고 유지하는 활동을 하는 것 양쪽이 모두 가진 공적인 기능은 십계명 두 돌판 모두에 제도적이고 공적인 기초를 제공한다. 오직 하나님만을 높이고 예배하며 이웃에게 정의롭게 행하는 것이다.

---

* I. Howard Marshall, *The Gospel of Luke* (Grand Rapids: Eerdmans, 1978), 558-559.

거룩에 대한 이러한 신명기적 이해는 구약성서 예언자 전통의 핵심이다.*

안식일에 회당에 있던 지체장애인 여성을 설명하면서 누가는 안식일에는 일을 삼가야 한다는 안식일에 대한 둘째 이해를 강조한다. 바리새파 사람들은 일하는 것에 대하여 지키기 힘든 요구를 해서 오랫동안 사람들을 속박하고 통제해 왔는데, 예수는 바리새파 사람들을 분노하게 했다. 하나님의 백성이 해방된 것을 기억하고 존중하는 종교의식은 바리새파 사람들의 손에서 사회적인 통제와 억압의 수단이 되었다. 속박하는 영은 여성의 안에서 살면서 독립성과 자유를 제한해서 그녀를 강하고 충만하게 살지 못하게 한다.

C. S. 루이스의 『천국과 지옥의 이혼』(The Great Divorce)**에, 버스 한 대에 타고 지옥에서 천국으로 휴가 온 사람들의 이야기가 있다. 천국에 사는 사람 가운데 하나는 죽기 전에 골더스 그린이라는 동네의 세탁소 직원이었다. 그녀는 적은 급료로 그녀를 고용한 사람들의 옷에 묻은 얼룩으로 생계를 꾸렸었다. 하나님 나라에서 살면서 그녀는 자신의 하얀 가운을 입고 보석 머리 장식을 하고서, 시중을 받으며 하나님이 주신 새날의 밝은 광채 속에서 웃고 있었다. 버스를 타고 지옥을 떠나 천국으로 휴가를 온 사람들은 대부분 천국에 머무는 대신 지옥으로 돌아가는 쪽을 선택했다. 되돌아가는 여정은 힘들다. 왜냐하면 지옥으로 돌아가려면 하나님 나라의 광대한 초원에 있는 작은 틈을 찾아내야 하기 때문이다. 그리고 돌아가기 위해서는 여행객을 찌부러뜨릴 만큼 작아진 마차에 들어갈 수 있도록 몸을 웅크려서, 견딜 수 없을 만큼 비좁고 갑갑한 마차로 들어가서 지옥으로 돌아가야 하기 때문이다. 그러나 누가복음의 장애인 여성은 휴일에 머물러 있기로 했다.

예수는 바리새적인 일의 관습에 도전한다. 그들조차도 소와 나귀들에게 물을 먹이려고 외양간에서 물로 인도한다고 예수는 말한다. 동물들이

---

* Patrick D. Miller, *Deuteronomy* (Louisville, KY: John Knox Press, 1990), 65-70, 79-84.
** C. S. Lewis, *The Great Divorce* (New York: Macmillan, 1946). (김선형 역, 『천국과 지옥의 이혼』, 서울: 홍성사, 2019.)

자유롭게 물을 마신다면, 하나님의 나라에 있는 아브라함의 딸은 생명을 위한 자유를 얼마나 더 많이 받아야 할까? 그녀는 약속된 계약의 상속자이다. 억압으로부터 자유롭게 하는 것이야말로 예수가 그 여인을 치유하신 목적이다. 사탄은 세상을 억압하는 힘의 우두머리 영이다. 예수 자신도 유혹받으면서 악마와 맞섰다(눅 4:1-13). 많은 사람이 질병을 치유 받고 그들을 괴롭히는 영으로부터 해방되기 위하여 예수를 찾아왔다(눅 6:18; 7:2; 9:1, 37-42).

갈릴리에서, 열두 명의 남성 제자들이 예수와 동행하였고, "악령과 질병에서 고침을 받은 몇몇 여자들도 동행하였는데, … 막달라와… 요안나와 수산나와 그 밖에 여러 다른 여자들이었다"(눅 8:2-3). 그들은 자기들의 재산으로 예수와 남성 제자들을 섬겼다. 예수의 십자가 처형에 동행하고 남성 제자들에게 증언한 사람들도 마리아, 요안나 그리고 다른 여성들이었다. 오늘의 성서정과는 18년 동안 구속되어 온 여인이 아브라함과 사라가 함께 맺은 언약의 딸이고, 생명을 주고 자유를 주는 예수의 손길로 억압과 육체적 질병에서 해방을 받은 다른 많은 아브라함의 딸들 가운데 하나라는 사실을 알려 준다.

예수가 속박의 영을 쫓아낸 것과 비틀어진 여인의 관절을 고쳐주신 것을 목격한 사람들은 두 가지로 반응했다. 안식일 관습으로 사람들에게 생색을 내고 권력을 행사하는 동시에 자기들의 짐은 무시하는 바리새파 사람들은 망신을 당했다. 새로운 치유를 목격한 대다수 사람은 예수가 한 놀라운 일들을 기뻐했다. 주님의 참된 안식일은 예수의 손길로 자유를 찾은 이름 없는 여인과 같은 사람들에게 하나님이 주시는 자유와 기쁨이다.

예수의 실천과 가르침에 담긴 안식일의 목회 신학은 하나님의 백성들에게 억압적인 짐을 지게 함으로 세상에서 활동하는 속박을 그리스도 안에 있는 하나님의 해방하시는 능력이 이기시는 것을 경험했던 우리의 기억을 포함한다. 이 이름 없는 여인은 악마의 억압과 질병이라는 무거운 짐과 하나님의 백성들의 충만한 삶을 강탈하는 다른 모든 것으로부터 하나님의 백성들을 해방하는 자유의 증인이 되었다.

## 설교

이 이야기에서 예수께서 행한 기적적인 치유는 '회당장'(14)의 분노를 불러일으킨다. 여기서 회당 사람들이 교인들보다 더 규범을 따진다고 여기지 않도록 주의해야 한다. 때와 장소를 불문하고 지도자들은 규범을 지키는 것에 관심을 갖기 마련이다! 지도자의 자리에 있기 위해서는 규범을 잘이해해야 하고 그것을 가능한 설득력 있게 설명해야 할 책임이 있다. 한기관의 책임자는 그 규범에서 예외가 되기를 바라는 많은 사람이 있는 것도 잘 알고 있다. 자신들에게 부여된 수호자로서 책임을 진지하게 감당하려는 사람들은 그 자리를 믿고 맡겨 준 것을 생각하면서 어떤 의무감을 느낀다. 그래서 규칙을 준수하는 일과 예외적인 경우를 허용하는 것 사이에는 운용의 미가 필요하다. 가장 안전한 선택은 그냥 규칙을 준수하는 것이다. 항공사 관계자나 자동차 등록소의 직원에게 다급한 당신의 상황을 설명해도 소용이 없었던 때를 떠올리면 이해하기 쉬울 것이다.

노아 펠드맨(Noah Feldman)은 「뉴욕타임즈」에 소위 '현대 정통 유대교'라 불리는 그룹이 운영하는 종교학교에서 자신이 교육받은 경험에 관해쓰고 있다.* 여기에서 펠드맨은 현대 정통 유대교 운동 회원인 어느 외과의사가 이 학교에서 가르쳤던 내용을 소개한다. 그 외과 의사는 토라는 아주 특별한 경우에 이방인이 아닌 유대인의 생명을 구하기 위해서는 안식일을 범할 수도 있다고 가르친다고 주장하였다. 토라에 대한 이런 이해는 (물론 모든 유대교 학자가 주장하는 것은 아니다) 유대인들이 안식일을 얼마나 철저하게 지키려 하는 가를 강조한다. 비록 생명을 구하기 위해 안식일을 범할지라도 이 관점이 지닌 논리는 어려움을 당한 사람이 생명에 위협을 느끼지 않는 한 그 고통을 치유하기 위해 안식일을 범하는 것을 허락하지는 않는다는 것이다.

오늘 본문에서 허리가 굽은 여인은 죽을 정도의 위험에 처해 있지는 않

---

* Noah Feldman, "Orthodox Paradox," *New York Times Magazine* (July 22, 2007), 40.

다. 누가는 그녀가 18년 동안이나 병마에 시달려 왔다고 말한다. 그녀가 (치유를 받기 위하여) 다른 날이나 혹은 다른 주를 기다리는 것이 (안식일을 범하지 않기 위해) 합리적이지 않은가? 물론 그녀는 회당장과는 전혀 다른 형편에 있음을 인지한다. 다른 사람에게 좀 참으라고 조언하는 것은 쉽다. 규칙은 그 규칙을 집행하는 사람에게 영향을 미치지 않을 때 합리적으로 여겨질 때가 많다. 하지만 예수께서는 마치 그녀의 추한 모습이 자신인 것처럼 또는 자기 어머니인 것처럼 여기면서 회당장보다는 그 여인과 자신을 동일시한다.

어떤 규칙이 자신들과 친한 사람들을 억압하는 역할을 할 때, 사람들은 그 규칙에 대해 더 유연한 태도를 보이는 것을 본 일이 있는가? 그들은 사람들이 보통 지지하는 규칙으로부터, 그 규칙이 지닌 불의한 점 그리고 심지어 그 규칙이 의도하지 않은 잔인한 점을 지니고 있다고 들춰내기 시작한다. 이런 점은 오늘날 교회에서도 많이 논쟁이 되고 있는 점이기도 하다. 우리 교회 안에 이런 예는 없는가?

최근 일부 그리스도인들이 안식일을 지키는 것에 대해 인정하기 시작했다. 그들은 특정한 날을 쉬는 날로 정하고, 그날은 쇼핑하지 않고 전화기를 끄고 이메일을 열어보지 않는다. 우리는 휴식과 자기 성찰의 날을 소중히 여기는 그 지혜를 인식하고 또 그날을 지키는 데 필요한 개인적인 규칙도 인정한다. 하지만 예외를 인정하지 않아서 때로 그 규칙이 잘 지켜지지 않는다면, 그 규칙을 존중하고 소중히 여기는 것이 가능할까? 예수께서 고통받는 여인을 돌본 사건에서 규칙과 신적 동정심 모두를 고려하여 세심하게 평가하고, 특별히 동정심을 베푸는 대상에게 잠재적으로 예외를 두는 것으로 보는 것이 이 이야기의 핵심일까?

어떤 교인들은 기적에 관한 성서 본문들을 받아들이는 데 문제가 없지만 또 다른 교인들은 그 본문들이 자신들과 무관하다고 여기거나 당황스럽게 생각한다. 서술된 사건에 관해 누구나 어떤 판단을 할 수 있지만, 우리 중 어느 누구도 그 본문에 대해 자기 판단이 맞다고 할 수 없으며 또 그런 판단이 필요하지도 않다. 더 큰 문제는 그 이야기가 본문 안에서 어떤 역할을 하는가를 발견하는 일이다. 예를 들면 오랫동안 고통을 당해온 (아마도 골다공증으로) 여인을 예수께서 치유한 누가의 이야기는 어떤 목적으로 기록되었는가를 찾는 일이다. 본문의 핵심은 신학적인 것이다.

신학적 진술을 하고 있는 이 본문은 예수의 정체성과 권위 그리고 예수께서 하시는 일을 통해 드러난 하나님의 특성에 관해 무엇을 말하고 있다. 예수께서는 우리가 보통 하는 것과는 달리 이 여인을 위해 기도하지 않고, 단지 그녀를 부르시고 "여자야, 너는 병에서 풀려났다"(12)고 선포하신다. 예수께서 그 여인에게 손을 얹었을 때 그녀는 허리가 굽어있던 고통으로부터 즉시 해방되었다. 그녀의 치유는 그녀 자신의 믿음이나 다른 사람의 믿음에 의한 것이 아니다. 이 점은 기도를 더 많이 하거나 더 큰 믿음을 갖게 되면 기적이 나타날 것이라고 약속하는 모든 사람이 주목해야 할 점이다.

예수를 '안식일의 주인'이라고 단호하게 선언하는 마태복음과는 달리 누가는 예수에 대한 정체성을 이 이야기를 듣는 사람들에게 맡긴다. 비록 온전하게 좋은 규칙을 중단시키는 것을 필요로 하지만, 예수께서는 여기서 몸이 뒤틀리는 질병을 회복시키는 능력을 통해 자신의 자비를 나타내고 그의 권위로 그 일을 시행한다.

누가복음의 이 이야기 다음에 하나님의 통치에 관한 짧은 두 구절이 뒤따른다. 첫째 구절은 이렇게 시작한다: "(예수께서) 말씀하셨다. '하나님 나라는 무엇과 같은가?'"(18). 그리고 둘째 구절은 "그것을(하나님의 나라를) 무엇에다가 비길까?"(20). 오늘 고통을 당한 여인의 이야기는 이 질문을 예상하고 하나님의 통치는 궁극적으로 무엇인가 하는 그림을 보여주기 위한 것처럼 보인다. 예수께서 계신 그곳에 그 나라가 있다. 예수께서 계신 그곳에서 모든 것이 제 자리를 찾기 시작한다. 예수의 사역은 다가오는 하나님 나라를 미리 맛보게 한다. 하나님의 나라에서 세상은 회복될 것이다. 거기에서는 보지 못하거나 듣지 못함이 없을 것이고 몸이 부러지거나 뒤틀리는 일이 없을 것이다. 하나님의 나라에서는 개인에게 선한 것과 모두에게 선한 것 사이의 갈등은 없게 될 것이다. 이것이 하나님께서 우리를 위해 준비하고 계신 궁극적 미래라면, 우리는 그 나라가 드러나기 위해 우리가 서 있는 자리에서 어떻게 기여해야 할까?

# 성령강림절 후 열두째 주일

## 누가복음 14:1, 7-14

¹어느 안식일에 예수께서 바리새파 사람의 지도자들 가운데 어떤 사람의 집에 음식을 잡수시러 들어가셨는데, 사람들이 예수를 지켜보고 있었다 ⁷예수께서는, 초청을 받은 사람들이 윗자리를 골라잡는 것을 보시고, 그들에게 비유를 하나 말씀하셨다. ⁸ᵃ네가 누구에게 혼인 잔치에 초대를 받거든, 높은 자리에 앉지 말아라. 혹시 손님 가운데서 너보다 더 귀한 사람이 초대를 받았을 경우에, ⁹너와 그를 초대한 사람이 와서, 너더러 '이 분에게 자리를 내드리시오' 하고 말할지 모른다. 그러면 너는 부끄러워하며 가장 낮은 자리로 내려앉게 될 것이다. ¹⁰네가 초대를 받거든, 가서 맨 끝자리에 앉아라. 그리하면 너를 청한 사람이 와서, 너더러 '친구여, 윗자리로 올라앉으시오' 하고 말할 것이다. 그 때에 너는 너와 함께 앉은 모든 사람 앞에서 영광을 받을 것이다. ¹¹누구든지 자기를 높이면 낮아질 것이요, 자기를 낮추면 높아질 것이다." ¹²예수께서는 자기를 초대한 사람에게도 말씀하셨다. "네가 점심이나 만찬을 베풀 때에, 네 친구나 네 형제나 네 친척이나 부유한 이웃 사람들을 부르지 말아라. 그렇게 하면 그들도 너를 도로 초대하여 네게 되갚아, 네 은공이 없어질 것이다. ¹³잔치를 베풀 때에는, 가난한 사람들과 지체에 장애가 있는 사람들과 다리 저는 사람들과 눈먼 사람들을 불러라. ¹⁴그리하면 네가 복될 것이다. 그들이 네게 갚을 수 없기 때문이다. 의인들이 부활할 때에, 하나님께서 네게 갚아 주실 것이다."

## 신학

내가 어릴 때 할머니가 "나는 축복이 되고 싶다. 내가 살아가는 동안 한 가지 소원은 내가 다른 사람들에게 축복이 되는 것이다"고 말씀하던 것이 기억난다. 내 기억에, 내가 처음 이 말을 들었을 때, 아마 세 살쯤 되었을 때라고 생각하는데, 나는 그 말이 무슨 의미인지, 축복이 무엇인지 알지 못했다. 그것이 뭔가 좋은 것이고 기독교 신앙과 관계된 것이라는 정도만 짐작했지, 그 이상은 몰랐다. 나이가 들면서 축복이 무엇인지에 대해 윤곽

이 잡히기 시작했고 이해가 되기 시작했다. 축복을 예수, 하나님, 성령이 착한 어린이에게 일상적으로 해 주는 어떤 것으로 생각하게 되었다. 우리는 어른들을 존경하고, 공부를 열심히 하고, 장난감은 같이 갖고 놀고, 가족과 다른 사람과 자신을 위해서 열심히 기도해야 한다. 그러면 우리가 원하는 것은 무엇이든 하나님이 주실 것이다 – 이것이 축복이라고 생각했다.

그러나 인생은 매우 복잡한 것이어서 이런 축복은 가끔만 통했다. 주일학교에서 어느 날엔가 우리의 기도에 대한 하나님의 답이 "Yes"가 아니라 "No"일 수도 있다는 것을 배웠다. 이것도 시간이 지나면서 이해하게 되었다. 왜냐하면 내가 비현실적이거나 사리에 맞지 않는 것을 요구하는 기도를–예를 들어 도시에 살면서 조랑말을 달라고 기도하거나 대통령(당시 내가 생각할 때 하나님은 아니면서 가장 능력 있는 존재였던)이 인종차별을 중지하는 선포를 발표하여 미국 내 인종차별이 없어지게 해달라는 기도– 하기도 했기 때문이다.

축복은 더 복잡하고, 애매하고, 유별난 것이 되었다. 내가 청년이 되면서 할머니가 축복이 되기 위해 많은 노력을 한다는 것을 알게 되었다. 축복이 된다는 것은 쉬운 일이 아니다. 축복이 되기 위해서는 축복이 쏟아지는 시간과 공간으로 급하게 움직여 다녀야 한다.

오늘의 본문은 팔레스타인의 결혼 잔치 관습의 배경 속에서 이해해야 한다. 남자 손님들은 각자의 자리에 비스듬히 앉아있고, 중앙의 자리는 부와 권력과 지위에 따라 택해진 사람이 앉는 명예스러운 자리가 된다. 나중에 더 높은 지위의 손님이 오게 되면 그 자리에 앉아있던 사람은 다른 자리로 옮기도록 요청을 받는다. 예수는 나중에 더 높은 자리로 옮겨 갈 수 있게 우선 낮은 자리에 앉으라는 실용적인 가르침을 줄 뿐 아니라, 더 깊은 가르침을 준다.

하나님의 나라는 하나님이 우리에게 진정한 축복을 주기 위한 초청과 관련이 있다. 우리가 하나님으로부터 받은 축복을 쌓아놓고 그것을 통해 우리의 선행을 과시하려는 태도는 잘못된 것이다. 축복은 하나님과 더 깊은 관계로의 초대인데, 이것은 우리 자신의 가치를 스스로 드러냄으로 획득할 수 있는 것이 아니다. 하나님은 매일 서로 간의 관계를 통하여 그리고 하나님과 하나님이 창조한 세계와의 관계를 통하여 우리가 피조된 존재라는 것을 자각하는 삶을 살기를 원하신다. 예수는 우리가 집이나 연회에서 가장 좋은 자리에 앉기를 원할 때, 그것은 하나님의 자비와 사랑에 진정으로 동참하는 것과는 거리가 멀다는 것을 알려 주신다.

그러나 이것이 예수가 가르치시는 교훈 전부가 아니다. 잔치를 주최하는 자를 위한 지혜와 경고와 축복의 말씀이 있다. 그들은 자신이 나중에 답례로 잔치에 초청받기 위해 지위가 높은 사람들을 잔치에 초청하는 식의 사고방식을 버려야 한다. 이것은 침몰하는 배에서 계속 의자를 쌓아 가며 위기를 모면하려는 것과 유사하다. 아무 효과도 없고, 단기적인 일이다. 예수는 누가 초대되어야 하는지 명확하게 알려 주신다. 하나님의 나라의 구체적인 구성원들, 즉 가난한 사람들과 지체에 장애가 있는 사람들과 다리 저는 사람들과 눈먼 사람들이다. 이타적인 호혜와 친절을 통해 드러나는 진정한 환대는 축복에 관한 우리의 생각을 새롭게 하며, 부활과 함께 주어질 축복이 무엇인지 확실하게 깨닫게 한다.

축복이 된다는 것은 매우 어렵다. 회중들의 삶과 관련하여 본문을 고찰할 때 우리가 어떤 방식으로 축복이 되려 하는지보다는, 어떤 방식으로 축복을 추구하는지에 대해 할 말이 더 많을 것이다. 의로움 혹은 의로운 삶은 우리가 속한 공동체 안에서 정의와 건전한 도덕적 원칙에 따라 정직한 삶을 사는 것을 의미한다. 내 할머니는 당신의 삶에서 역사 속에 일어나는 하나님의 구원의 행동을 눈에 보이게 구체적으로 드러내는 삶을 사는 것이 중요하다고 생각했던 것 같다. 일상 속에서 축복이 된다는 것, 의로운 삶을 산다는 것은 우리보다 적게 가진 사람들과 관계를 맺게 하고, 그들이 우리 공동체의 삶에서 하나님의 무수한 축복의 진정한 근원이 된다는 것을 깨닫는 것이다.

## 주석

누가복음에서 예수는 분명히 먹는 것에 몰두했다. 예수는 "마구 먹어대는 자요, 포도주를 마시는 자"(7:34, 마 11:19)라고 불리었을 뿐만 아니라, 누가복음에는 먹는 것, 잔치, 밥상, 식탁에 비스듬히 누워있는 등 다른 어느 복음보다 식사에 관한 예가 많다.* 식탁(trapeza, 또는 동사적 개념으로는 식탁 옆에 앉거나 비스듬히 누워 있다는 뜻을 암시한다)은 주님에게는 가르치고 (22:24-30), 꾸짖고(11:37-41), 소외된 사람들을 만나는(7:39) 중요한 장소였다. 식탁은 나아가 어떤 비유에서는(16:21) 중심적인 장소이기도 했다. 식탁이 누가의 예수에게는 친교와 말씀의 중요한 자리였음을 놓치지 말아야 한다.

오늘 본문도 역시 식사 자리인데, 이번에는 결혼 잔치였다. 오늘 단락에서 공동식사는 사람이 많이 모이고 그래서 필연적으로 격조 높은 예절이 요구되는 규모로 확대되었다. 그러기에 우리는, 여기에서 주어진 교훈이 공동식사가 그들의 예배에서 가장 중요한 예식이 되었고, 이후의 초대기독교 공동체에서 친교의 기초가 되었다고 추정할 수 있다. 예수가 직접 말함으로써 더욱 중요하게 되었다. 그런데 여기에서는 더 나아간다.

7-11절은 결혼 잔치에서 높은 자리에 앉는 교만에 대한 교훈을 준다. 사람들이 친교 모임에서 자기 권력의 확대를 꾀하는데(솔직히 우리 모두 어느 집에서든 가장 좋은 자리를 선호한다), 예수는 이러한 경향에 대해 가이드라인을 준다. 그래서 예수는 높은 자리에 앉거나 자기 허영심으로 인해 모욕당하지 않고, 이러한 특권을 포기하고 겸손한 자세를 취하라고 말한다. 이렇게 기분 좋게 행한 사람은 주인이 도리어 더 좋은 자리를 찾아주고 높여 줄 것이다. 예수가 준 이 교훈의 본질은 히브리 지혜 전통의 유산이다. 지혜문학은 세대를 거쳐서 어떻게 세속적 삶의 일상을 품위 있고 총명하게 처리할 것인가에 대한 교육적 가르침을 보여준다. 이번 경우에 예수의

---

* Robert J. Karris, *Luke: Artist and Theologian: Luke's Passion Account as Literature* (New York: Paulist, 1985), 47.

교훈은 공동식탁을 함께하는 사람들에게 특권을 내려놓고 겸손한 방책을 권유하고 있다. 비슷한 교훈이 히브리 지혜 전통에도 있다. 예를 들어 잠언에는 교만을 경계하는 수많은 경구(6:17; 8:13; 16:5; 16:18-19; 21:4; 30:13)와 겸손을 옹호하는 격언이 있다(15:33). 이러한 경구들은 누가 14:7-11의 예수의 교훈의 요지를 보여준다. 잠언에는 또한 식탁예절(23:1-3), 높은 사람과 함께하는 식탁예절(23:6-8, 20-21, 30-35)을 다루고 있는데 모두 피해야 할 행동에 대해 초점을 맞추고 있다. 아마도 예수의 14:7-11의 교훈과 가장 유사한 것은 잠언 25:6-7일 것이다: "왕 앞에서 스스로 높은 체하지 말며, 높은 사람의 자리에 끼어들지 말아라. 너의 눈앞에 있는 높은 관리들 앞에서 '저리로 내려가라'는 말을 듣는 것보다, '이리로 올라오라'는 말을 듣는 것이 더 낫기 때문이다."

잠언과 예수의 교훈이 내용이나 묘사 그리고 형태의 유사함이 예수의 교훈이 잠언에 많이 의지하고 있고, 예수의 교훈 자체가 세상일에 관심하는 지혜문서에서 왔다는 질문을 갖게 한다. 이것은 또한 상황에서도 잘 맞아 보이는데 1절에서 이 이야기가 바리새파 지도자의 집에서 안식일 잔치를 하는 것이고, 7절에서 예수의 말은 초청받은 사람들이 윗자리를 골라잡는 것을 보고 말씀하신 것이다. 그러기에 우리는 예수가 교만하지 못하게 게 하고, 일반적으로 공동식사의 동력을 끌어올리려는 듯이 보인다. 한데 그보다는 더 중요한 것이 있다. 22:30에서 식탁(trapeza)은 하나님의 통치에서 공동적 친교의 자리로 비유된다. 마찬가지로 24:30에서 식탁은 영적으로 해석되는데, 부활하신 메시아의 정체성을 보여주는 장소의 행동으로 여겨진다. 누가에서 식탁의 이미지가 밥 먹는 자리에서 하나님의 통치의 상징으로 변환되고 있기에, 아울러 예수의 교훈도 더 큰 의미를 가진다. 먼저 이것은 하나님과의 관계에서 특권을 가진다고 생각하는 바리새인에 대한 책망으로 이해할 수 있는데, 주님의 식탁에서 높은 자리로 옮기는 것은 오로지 주인 되신 하나님의 은혜에 의한 것이고, 이러한 우선권에 대한 주제넘음이 그들을 하나님의 식탁에서 환영받지 못하게 한다. 나아가 이것은 그리스도인들에게 특권에 대한 추정을 단념시키고, 하나님의 나라에서 자기 발전의 허망함과 우리 모두는 주인의 뜻에 따라 자리에 앉게 된다는 것을 보여준다.

7-11절은 하나님의 통치에서의 삶의 본질에 관한 증언을 보여주는데, 그곳에서 특권의 추정–개인뿐만 아니라 그룹들, 즉 인종, 민족, 계급, 성별, 국적 그리고 언어–이 우리를 구별해 주는 것이 아니다. 만약에 우리가 그렇게 한다면 그것은 우리를 부끄럽게 할 것이다. 우리가 더 높은 자리에 앉을 권리를 갖게 하는 이러한 우리 정체성의 측면은 의미가 없는 것으로 간주된다. 왜냐하면 하나님의 식탁에서 가치를 결정하는 것은 우리가 아니기 때문이다. 예수 안에 사는 집단생활에서 우리는 언제나 11절의 말씀을 기억해야 한다. "누구든지 자기를 높이면 낮아질 것이요, 자기를 낮추면 높아질 것이다."

12-14절 또한 직관에 반한 메시지를 계속하고 있는데, 우리는 식탁에서 '가난한 사람들과 지체에 장애가 있는 사람들과 다리 저는 사람들과 눈먼 사람들' 같은 손님들에게 둘러싸여 있다. 우리는 대단히 사회적으로 불이익을 당하는 사람들에게 식탁을 제공해야 한다. 이 교훈은 이 세상에서의 일을 말하고 있지만, 하나님의 통치의 본질에 관해서도 무엇인가 말하고 있다. 듣는 사람들에게 이 세상에서 좋은 대우를 받는 사람들이 오는 잔치에서도 같은 대우를 받지는 않을 것임을 알게 한다. 낮은 자리에 있는 사람은 큰 존경을 받고, 호의를 얻으며 영광의 자리를 향유할 것이다.

## 목회

본문에서 예수는 절망적인 환자를 고쳐주시고, 바리새파 지도자의 집에서 식탁 교제를 나누신다. 의료적 치료라는 예수의 선물과 바리새파 지도자의 집에서 받은 환대에 대한 예수의 개인적인 반응은 둘 다 예루살렘을 향한 예수의 여정 동안 계속되고 있는 갈등이라는 누가의 주제(눅 9:51-19:44)를 심화시킨다.

526

오늘 본문은 예수의 넷째 안식일 논쟁이다(눅 6:1-5; 6:6-11; 13:10-17). 바리새파 사람들은 예수가 자신을 안식일 활동의 주인이라고 주장해서 그를 싫어했다. 첫째 논쟁(눅 6;1-13; 병행 구절 막 2:23-3:6, 마 12:1-14)에서 예수와 그의 제자들은 이삭을 훑었고, 바리새파 사람들은 안식일에 일하는 것을 금지한 법을 어겼다고 그들을 비난한다. 예수는 이집트의 노예에서 해방된 출애굽이라는 선물을 기념하여 안식일을 지키라는 신명기 5:13-15의 안식일 명령으로 반격한다. 누가복음은 안식일이 노예로부터 해방된 것을 기념하는 날이라는 관점에서 예수가 인간 생명의 충만함을 파괴하는 질병으로부터 해방하는 것을 보여준다.

환자를 치료하신 후에 예수는 바리새파 지도자와 함께하시는데, 바리새파 사람들은 예수를 감시하고 있었다(14:1). 예수는 바리새파 사람들의 적대감의 대상이었지만, 이상하게 예수에게 끌리는 한 바리새파 지도자의 환대에 응하여 예수는 의외로 자유롭게 그와 식탁 교제를 나눈다. 예수는 자신이 안식일의 주인인 것과 식탁에 앉아서 빵과 잔을 나눌 수 있는 자유를 보여주신다.

누가는 예수의 가르침을 통해 이런 아이러니를 심화시킨다. 예수는 '솔로몬의 지혜'(잠 25:6-7)를 인용하면서 함부로 행동하는 손님들에게 왕궁에서나 귀족이 초대한 식사에 적절한 예의를 알려 주는 전통적인 지혜를 따르라고 말한다. 손님은 연회석의 윗자리로 달려가서는 안 되며, 매력적인 주인 옆으로 초대되는 행복한 기회를 위하여 더 낮은 자리에 앉아야 한다. 더욱 대담하게, 예수는 주인에게 그에게 보답할 수 있는 사람을 초대하지 말고, 가난한 사람들, 장애인, 다리 저는 사람들, 눈먼 사람들처럼 보답할 수 없는 사람들을 초대하라고 일깨워 주신다.

이 기이한 복종에 대한 보상은 의로운 자의 부활로 선포될 것인데, 의로운 자의 부활로 인하여 인간 공동체 안에 있는 모든 사회적 경계와 불공평한 분열이 심판받는다. 예수가 누군가 베푸는 환대를 공유하실 때 구체화 된 이 반전은, '지혜의 자녀들이' 지혜가 옳다는 것을 드러내는 것이다(눅 5:29-32; 7:33-35). 누가는 연회의 전통적인 예절을 뒤집는다. 하나님 나라의 새로운 환영법은 가장 낮은 자를 높이 올리는 것이다. 사회에서 높은 자리에 오르고 싶은 사람은 가장 낮은 사람이 되어야 높은 자리로 초대될 기회를 가지게 될 것이다!

예수가 식탁 교제에서 치유하고 실천한 것들은 하나님 나라에 대한 은유가 되었는데, 하나님 나라에서는 사람들이 "동과 서에서, 또 남과 북에서 와서, 하나님 나라 잔치 자리에 앉을 것이다"(눅 13:29; 시 107:3 참조). 따라서 예수가 예를 들어 가르친 것은 마리아의 노래(1:46-55), 스가랴의 노래(1:68-79), 평지설교(6:20-49)에 있는 누가의 중심 강조점들과 누가복음 전체에서 확인된다. 예수의 목회는 우리가 하나님의 백성으로 제공해야 할 목회적 섬김의 기초를 잘 보여준다.

바르트(Karl Barth)는 우리의 목회 사역을 위하여 기독교 공동체의 다양한 사역 가운데 하나인 친교(코이노니아)에서 이런 종류의 환대에 대한 해석을 제공한다.* 공동체가 친교를 확립하기 위해 행동할 때, 공동체는 예수 그리스도 안에서, 온 세상과 하나님 사이에, 또한 사람들 가운데 세워진 하나님의 친교를 증언한다. 하나님은 예수 그리스도 안에서 인류와 함께하신다. 하나님은 우리와 예수 그리스도 사이에 이 교제를 확립하신다. 주님은 하나님의 백성의 공동체를 부르셔서 사람들 사이에서 친교를 확립함으로 하나님과 사람 사이의 친교를 증언하게 하신다. 바르트는 이 개념을 네 가지 차원으로 풀어낸다.

1. 모든 나라에 기독교 공동체가 있게 되면, 세상에서 국가와 인종과 언어적인 장벽을 극복하는 민족 간의 단결을 제공한다.

2. 인종적인 차이에 대한 태도에 대해 교회는 공동체를 '특별히 백인과 흑인 및 갈색 회중'으로 나누는 합법성이나 필요성을 거부한다.**

3. 하나님의 백성들에 대한 목회는 문화의 다양성에 응답하면서, 문화적인 차이들을 신성시하거나 축복하기보다 문화적 차이를 극복하기 위해

---

* Karl Barth, *The Doctrine of Reconciliation* (Church Dogmatics IV/3, second part), trans. G. W. Bromiley (Edinburgh: T. & T. Clark, 1962), 898-901.

** Ibid., 899.

서로 다른 민족들이 함께하도록 한다. 그리고

4. 목회 사역에서 기독교 공동체는 부자와 가난한 사람들 사이의 사회적인 계급을 구분하지 않는다.

바르트는 하나님의 백성의 공동체인 교회가 "스스로를 어떤 계급과 동일시하거나, 교회의 관심을 이익과 동일시하거나, 교회의 신앙을 이데올로기와 교회의 윤리를 어떤 계급의 도덕성과 동일시한다면 치명적인 병에 걸리게 될 것"이라고 말한다.* 바르트의 목회 신학은 그리스도인에게 환대를 실천하고 세상의 국가적, 민족적, 인종적, 문화적, 계급 구분을 치유하는 것을 환영하라고 제안한다. 이 위대한 신학자의 성찰에서, 환대와 친교는 교회 사역의 중심이 된다.

누가는 나사렛에서 베들레헴으로 가는 마리아와 요셉의 여정에 대한 설명에서 장벽을 없애는 환대에 대한 아름다운 증언을 한다. 베들레헴에서 마리아는 아기를 낳아 말구유에 놓았다. "여관에는 그들이 들어갈 방이 없었기 때문이다"(2:1-7). 그러므로 예수의 탄생은 여관에서 아기를 환영하지 못하게 가로막는 장벽을 허물고, 예상치 못한 방식으로 다윗 왕조의 자손의 모습을 구현한다. 구유의 환대는 나그네를 환영하고 공동체들의 경계선에 세워진 장벽을 파괴하고 두려움과 혐오 때문에 다른 사람을 배제하라는 압박을 극복하는 식탁의 백성을 특별히 강조하는 누가의 패러다임이 된다.

## 설교

필자의 한 친구는 언젠가 은혜의 말을 들어야 할 사람이 심판의 말을 듣고 또 그 반대로 심판의 말을 들어야 정신을 차릴 사람이 은혜의 말을 듣는 것을 보게 되었다. 겸손은 분명히 좋은 덕목이지만 겸손하라는 권면

---

* Ibid., 900.

은 자존감이 낮은 사람들에게는 다소 위험할 수도 있다.

어느 교회에서 일 년 예산 약정헌금이 목표치에 모자라는 것을 보고 모든 교인에게 편지를 보냈다. 그 편지를 받은 사람 중 요양원에서 살고 있는 한 교인의 마음이 움직였다. 그녀는 눈물을 흘리면서 자기의 적은 수입이 교회의 필요한 예산에 충분한 도움이 되지 못하기 때문에 부끄럽고 슬프다며 목사님에게 털어놓았다.

'가장 낮은 자리'에 앉는 것에 관한 이 본문을 읽고 설교하는 일은 위험요소가 있다. 이미 그러한 자리에 있는 사람들은 지금보다 더 비우라는 요청으로 들을 수 있다. 물론 다른 한편으로 몇몇 사람들은 이 본문을 좀 더 높은 지위를 얻기 위한 공식으로 들을 수도 있다. 이들은 가장 겸손한 자리에 앉은 사람이 상을 받을 것을 기대하며 '가장 낮은 자리'에 앉기 위해 자기들끼리 경쟁할 수도 있다.

상황이 모든 것을 결정한다. 예수께서는 이 이야기를 '초청을 받은 사람들이 윗자리를 골라잡는'(7) 상황에서 말하고 있다. 스스로를 높이기보다 낮추라는 윤리적 훈계는 어떤 사람들에게는 독이 되지만, 자신들의 스펙에 심취한 사람들에게는 좋은 약이 될 가능성이 있다. 우리의 사회적 지위가 정확히 어디인가를 평가하기는 어렵겠지만, 오늘 예수의 이야기는 진리를 말하고 있는데 그것은 하나님께서 보는 것은 우리의 관점보다 더 중요하고, 우리를 높여주거나 폄하할 수 있는 지위에 있는 사람들의 평가보다 더 중요하다는 것이다.

교회에서 제직들이 새 신자들을 맞이하는 자리에서 돌아가면서 자기소개를 했다. 제직 중 한 사람은 첫 달 착륙 지점을 선정하는 데도 참여했던 과학자였는데 그는 "나는 교사입니다"라고 자기소개를 했다. 그 말이 사실이긴 하지만 그는 듣는 이들에게 그가 말하지 않은 것을 찾아보라고 남겨둔 것이었다.

이 본문이 윤리적 명령의 형태가 될 수도 있지만(겸손함이 별로 없는 곳에서 혹은 겸손한 공동체를 조성할 필요가 있는 곳에서), 이 본문은 또한 신학적 의미를 내포하고 있다. 우리는 이 본문의 11절을 예수를 기념하는 초기

찬송이자 신앙고백인 빌립보서 2:6-11과 연관하여 읽어야만 한다. "그는 스스로를 낮추셨고… 그래서 하나님께서 그를 높이셨다." 자신의 삶, 죽음 그리고 부활을 통해 예수께서는 그가 가르쳤던 것을 구체적으로 보여주셨고 그가 구현했던 것을 가르쳤다.

사도신경을 암송하거나 노래할 때 우리는 이 신조가 "동정녀 마리아에게서 나시고"에서 바로 "본디오 빌라도에게 고난을 받아"로 건너뛰는 것을 보고 놀라게 된다. 예수의 전 생애는 한 구절과 다음 구절 사이의 쉼표 안에 숨겨져 있다. 이 신조는 예수의 비유, 설교, 제자들에게 준 교훈 등에 대해 아무 말도 하지 않는다. 이 신조에는 또 겸손이나 그 밖의 덕목에 관한 권고도 없다. 잘못된 생략인가? 모든 가르침은 십자가와 부활에서 다 보여주었다고 말할 수 있는가? "자기를 낮추면 높아질 것이다." 이 본문이 말하는 핵심을 찾기 위해 대조되는 무엇인가를 살펴보려면, 복음서에서 이름이 전해 내려온 권력자들을 보면 될 것이다: 빌라도, 가이사, 헤롯, 가야바. 당시 상황에서 권력을 가지고 있던 사람들은 높은 자리를 차지하는 데 조금도 망설임이 없었음을 보여주고 있다. 그 뒤의 일들이 무엇을 보여주고 있는가? "누구든지 자기를 높이면 낮아질 것이요"(11).

겸손을 배우는 것이 어려운 일이 아니라고 생각했는지 예수께서는 안식일 만찬을 위해 모인 사람들에게 두 번째 훈계를 추가하고 있다. 잔치를 베풀 때에 훗날 갚을 수 있다고 생각되는 사람들을 초대하지 말라고 한다. "가난한 사람들과 지체에 장애가 있는 사람들과 다리 저는 사람들과 눈먼 사람들을 불러라"(13). 이것은 손님들을 부를 생각을 하고 있는 사람들에게 말하는 문자적 명령인가? 아마도 충분히 문자적일 수 있다. 적어도 잔치를 포함한 모든 삶의 영역에서 상처받고 고통당하며 약한 위치에 있는 사람들을 향한 것으로 그들이 눈에서 멀어져서 마음으로부터 멀어지지 않도록 하는 것으로 받아들일 수 있다. 이 가르침은 또한 선행에 대한 대가로 무언가를 얻으려는 태도보다 스스로를 내어주는 것을 높이 평가하는 공동체적 가치를 형성하려는 의도를 담고 있다.

예수의 이 말씀은 태도보다는 자신의 사역에 관한 것이다. 그는 '가난한 사람들과 지체에 장애가 있는 사람들과 다리 저는 사람들과 눈먼 사람들'을 향하여 방향을 정한다. 모든 시대와 사회에서 높은 지위의 사람들이 피하고 싶은 어떤 사람들 리스트가 있는 것 같다(시대마다 이름은 다를지라도). 예수께서는 이 시대와 장소의 경계를 넘어 우리들에게 피하고 싶은 사람들이 누구인지 분별하라고 하면서 이런 편견을 당연한 것으로 여기는 사람들을 따르지 말고 자신을 따르라고 도전을 주고 있다. '그리스도 예수와 합하여 세례를 받은' 우리들은(롬 6:3) 그를 본받고 그의 삶을 따르도록 부름받았다. 세례를 받은 삶은 전형적으로 소외된 사람들을 생각하며 사는 것이다("너희는 이 세대를 본받지 말고", 롬 12:2).

예수의 둘째 말씀은 첫째처럼 윤리적 차원뿐만 아니라 신학적인 면을 가지고 있다. '잔치'라는 말이 그 단서를 제공한다. 신약성서에서 잔치는 하나님의 통치, 천국을 상징한다. "어린 양의 혼인 잔치에 초대를 받은 사람은 복이 있다"(계 19:9). 주의 만찬은 "사람들이 동과 서에서, 또 남과 북에서 와서, 하나님 나라 잔치 자리에 앉을"(눅 13:29) 때의 그 결혼 잔치를 미리 맛보는 것이다. 주인은 늘 초대받지 못하던 사람들을 포함하여 초대를 당연하게 여기지 못했던 사람들을 이미 초대한 그분이 될 것이다.

# 성령강림절 후 열셋째 주일

## 누가복음 14:25-33

<sup>25</sup>많은 무리가 예수와 동행하였다. 예수께서 돌아서서 그들에게 말씀하셨다. <sup>26</sup>"누구든지 내게로 오는 사람은, 자기 아버지나 어머니나, 아내나 자식이나, 형제나 자매뿐만 아니라, 심지어 자기 목숨까지도 미워하지 않으면, 내 제자가 될 수 없다. <sup>27</sup>누구든지 자기 십자가를 지고 나를 따라오지 않으면, 내 제자가 될 수 없다. <sup>28</sup>너희 가운데서 누가 망대를 세우려고 하면, 그것을 완성할 만한 비용이 자기에게 있는지를, 먼저 앉아서 셈하여 보아야 하지 않겠느냐? <sup>29</sup>그렇게 하지 않아서, 기초만 놓은 채 완성하지 못하면, 보는 사람들이 그를 비웃을 것이며, <sup>30</sup>'이 사람이 짓기를 시작만 하고, 끝내지는 못하였구나' 하고 말할 것이다. <sup>31</sup>또 어떤 임금이 다른 임금과 싸우러 나가려면, 이만 명을 거느리고서 자기에게로 쳐들어오는 그를 자기가 만 명으로 당해 낼 수 있을지를, 먼저 앉아서 헤아려 보아야 하지 않겠느냐? <sup>32</sup>당해 낼 수 없겠으면, 그가 아직 멀리 있을 동안에 사신을 보내서, 화친을 청할 것이다. <sup>33</sup>그러므로 이와 같이, 너희 가운데서 누구라도, 자기 소유를 다 버리지 않으면, 내 제자가 될 수 없다."

## 신학

제자도는 심장이 약한 사람을 위한 것은 아니다. 그렇지만 우리는 누가복음 14장에서 혼인 잔치의 주인이나 손님이 어떻게 행해야 하는지에 대한 교훈을 통해 하나님 나라가 어떤 것인지 배웠기 때문에 이에 대해 조금 준비가 되었다. 지난주와 이번 주 본문 사이에는 또 다른 잔치의 비유가 나오는데, 잔치에 초대받은 사람이 초청을 거절하여 가난한 사람들과 지체에 장애가 있는 사람들과 눈먼 사람들과 다리 저는 사람들이 대신 잔치에 초대받은 이야기이다. 이런 주제들은 예수를 따르기를 원하는 사람들이 어떤 값을 치러야 하는가 하는 질문과 관련되어 있다. 오늘 본문에서 예수는 제자가 되기 위해서 얼마나 큰 값을 치러야 하는지를 강력한 언어로 표현

533

한다. 제자가 된다는 것은 철저한 고민과 결단을 통한 전적인 헌신을 뜻한다. 즉흥적으로 제자가 될 수 없다. 왜냐하면 제자가 된다는 것은 십자가를 지는 것이기 때문이다.

많은 목회자가 이 맥락에서 본회퍼의 책 『십자가의 도』(The Cost of Discipleship)에 관한 연속강의를 시작해야 하겠다고 생각할지 모르겠다. 그러나 설교는 연속강의와는 다른 접근 방법을 취한다. '제자가 되기 위해 치러야 할 값'의 신학적 의미를 파악하기 위해서는 '제자'라는 단어의 의미와 함께 '값'이라는 단어의 의미도 살펴봐야 한다. '값'(비용, cost)이라는 단어는 신약성서에서 한 번밖에 사용되지 않았다. '값'은 우리가 어떤 것을 취득하거나, 이루거나, 유지하거나, 생산하기 위해 포기해야 하는 어떤 것이다. 여기에는 어떤 이익을 위해 요구되는 희생, 손실, 혹은 벌을 계산하는 일이 요청된다. 이 계산에는 내가 어떤 노력을 해야 하고 내가 가지고 있는 것은 무엇인지를 파악하는 것이 포함된다.

예수 그리스도의 복음을 받아들이고 전파하는 일과 함께 제자가 된다는 것은 아주 큰 헌신을 요구한다. 제자도는 과정이다. 제자가 되는 과정은 시행착오가 포함된다. 이를 통해 우리는 믿음의 진보, 더 완전한 인간성 회복, 거룩한 삶의 구현 등을 점차 이루게 된다. 제자로서 우리는 삶에서 겪게 되는 좋은 일과 나쁜 일을 사랑과 소망과 믿음과 평화를 갖고 대응하기를 배운다. 이를 통해 우리는 더 깊은 영성과 예언자적 삶의 태도를 기르게 된다.

예를 들어 2005년 카트리나 허리케인 이후, 많은 사람이 느릿느릿 진행되는 연방정부의 재건 지원에 만족하지 못하여 뉴올리언스 지역을 방문하여 (많은 경우 반복해서 방문하여) 자신들이 가진 기술을 활용하여 직접 재건 노력에 참여하였다. 부실하게 축조된 제방과 부주의한 관리 등으로 큰 손해를 입은 피해자들에게 도움을 주는 활동을 교회가 할 때 제자도가 매우 중요한 역할을 한다.

명실상부한 제자가 되기 위해서 우리는 우리의 모든 소유를 포기하는 것을 배워야 한다. 포기해야 하는 것에는 소유욕, 성공에 대한 욕구, 시기심, 다른 사람들을 업신여기는 것, 편견, 증오 등이 포함된다. 토기장이의 뜻을 끊임없이 생각하며 자신의 언행을 살피는 사람은 이런 것들을 멀리할 수밖에 없다. 이런 것들은 우리를 제자가 되어 그리스도를 닮은 삶을 사는 것으로부터 멀리 떨어지게 한다.

교회나 사회생활에서 흔히 보게 되는 사례를 들어보면 본문의 의미가 더욱 생생하게 다가올 것이다. 한 가지 예로 '일중독'의 경우를 살펴보자. 일중독은 우리를 가족, 친구, 하나님과의 친밀한 관계로부터 멀어지게 하는 중독이다. "이번 일만 마치면 가족들과 더 많은 시간을 보낼 것을 약속한다"는 식으로 변명하지만, 일중독에서 빠져나오지 못하는 사람들은 자신이 정말 하나님의 말씀을 따르는 자인지, 하나님의 잣대가 아닌 인간의 잣대로 인생을 재고 있는 것이 아닌지 깊은 반성을 해야 한다.

제자도의 핵심은 변혁이다. 제자가 되기 위해서는 예수의 가르침에 따라 참된 삶을 사는 방법에 관한 많은 정보를 쌓아놓는 것으로는 부족하다. 제자가 된다는 것은 예수의 윤리를 삶의 구석구석까지 적용하겠다는 근본적인 패러다임의 변화를 의미한다. 예수는 우리가 '헌신하지 않는 신자'로 남아 있는 것을 원치 않으신다.

이 변혁의 과정에서 제자가 되기 위해 치러야 하는 값은 맹목적인 것이 아니다. 그것은 깊은 탐구와 노력을 통해 하나님에 관한, 삶의 문제에 관한 어려운 질문들을 다룰 수 있는 능력을 갖추는 것이다. 이를 통해 우리의 신앙은 성숙해지고 구원에 이르는 신앙이 된다. 제자도는 궁극적으로 구원과 연결된다. 이것이 지난 세 주 동안 누가복음 본문이 말하려고 했던 핵심이다. 오늘의 본문은 언뜻 보면 무시무시한 견책과 경고로 들린다. 그러나 우리는 여기서 본회퍼의 말을 기억할 필요가 있다: "제자도에로의 부름은 은총의 선물이다. 그 부름은 은총과 분리될 수 없다."*

---

* Dietrich Bonhoeffer, *The Cost of Discipleship* (New York: Macmillan, 1963), 55.

**주석**

이것은 청중이 제자가 되는 데 드는 대가를 계산하고, 예수를 따르기 위해 대가를 감당할 수 있는지 확인하고, 그 대가에 모든 가족(26)과 모든 소유(33)가 포함될 수 있음을 기억해야 하는 복잡한 본문이다. 우리는 여기에서 제자됨의 예비적 자격을 발견할 수 있다. 예수는 우리들이 이 여정을 끝까지 가지 않는 한은 시작하지 않아야 한다고 담대하게 선언한다.

예수는 "누구든지 내게로 오는 사람은, 자기 아버지나 어머니나, 아내나 자식이나, 형제나 자매뿐만 아니라, 심지어 자기 목숨까지도 미워하지 않으면, 내 제자가 될 수 없다"(26)고 말한다. '가족의 가치'는 무엇인가? 여기에는 우리에게 친족이기 때문에 미워하라고 명령받은 사람들의 인상적인 리스트가 있다. 왜 사랑의 화신과 구현자로서 예수 그리스도는 여기에서 그를 따르는 제자들에게 가장 가까운 가족 심지어 자기의 목숨까지도 미워하라고 요청할까? 이 본문은 읽기 어려운 본문이다. 왜냐하면 본문은 우리는 가장 끌어안을 것 같은 사람들을 내치라고 요구하고 있기 때문이다. '가족의 가치'를 중시하고 이 평범한 덕을 애국심보다도 우월한 위치에 올려놓는 미국에서는 불편한 단어다.

누가복음에서 이전의 예수의 교훈에 비추어 보면, 이 말들이 갑자기 나타난 것은 아니다. 결국 본문은 12:51-53의 교훈과 공명하는데, "너희는 내가 세상에 평화를 주러 온 줄로 생각하느냐? 내가 너희에게 말한다. 그렇지 않다. 도리어, 분열을 일으키러 왔다." 그가 묘사한 분열은 그의 청중들이 그들의 삶에서 가장 중요한 기관이라고 생각하는 집안의 분열이다. 그는 한 집안에서 아버지와 아들, 딸과 어머니, 시어머니와 며느리의 분열을 말한다. 그들의 공동생활과 사회질서의 기초를 이루는 제도적인 결합이 예수가 선포한 근본적인 신앙(radical faith)에 의해 산산이 부서진다. 이 신앙이 '가족 가치'에 익숙한 패턴을 가진 사람들에게는 편하지 않다. 왜냐하면 그 신앙은 우리에게 가장 가까운 사람들이나 자신에게서 멀어지는 헌신을 요구하기 때문이다.

비슷한 주제가 누가복음의 앞부분에서 발견된다. 14:12에서 그는 바리새인들의 지도자인 그의 주인(14:1)에게 그의 '형제들'과 '친족'을 잔치에 초대하지 말고 도리어 '가난한 자와 불구자와 저는 자와 소경'을 초대해야 한다고 조언한다. 누가복음에 따르면 가족은 이 새로운 믿음으로 재구성된다. 이 지시와 우리의 초점 부분에 있는 지시 모두 8:19-21에 있는 지시를 가정한다. 어머니와 형제자매들이 찾을 때, 예수는 가족을 우리가 혈통을 공유하는 사람들이 아니라 '하나님의 말씀을 듣고 행하는'(8:21) 사람들로 재정의했다. 제자도는 우리에게 편안한 친족 관계를 넘어 우리에게 새로운 가족이 되는 그리스도께 일반적으로 헌신한 사람들 사이에 새로운 관계를 형성하도록 우리를 움직인다.

마지막으로 가족에 대한 교훈은 18장에 있다. "선하신 선생님, 내가 무엇을 해야 영생을 얻겠습니까?"(18:18)라고 물은 어떤 지도자의 방문을 받은 뒤에 예수는 말씀하셨다. "내가 진정으로 너희에게 말한다. 하나님의 나라를 위하여 집이나 아내나 형제나 부모나 자식을 버린 사람은 이 세상에서 여러 갑절로 받을 것이고, 또한 오는 세상에서 영원한 생명을 받을 것이다"(18:29-30). 이러한 재규정에는 많은 것이 문제가 되지만, 그러나 충실한 제자는 그들의 희생이 그들이 잃은 것보다, 더 많은 보상을 받고(욥 1:13-22, 42:1-17과 비슷하다) 영생을 받는다는 것을 확신해야만 한다.

이 본문에서 더 어려운 것은 예수가 제자들에게 "십자가를 지고 따르라"(14:27)고 했기 때문이다. 이 교훈은 "나를 따라오려는 사람은, 자기를 부인하고, 날마다 자기 십자가를 지고, 나를 따라 오너라"(9:23)는 말씀을 생각나게 한다. 이 말은 예수의 길이 어디로 인도할지 아는 오늘날 기독교 공동체에는 참으로 가혹한 말이다. 이 말은 은혜에 사로잡혀 있는 교회들에 주신 의무의 말씀이다. 나쁘게는 결과로서의 의무인데, 십자가를 거부하는 사람들은 제사도를 감당하지 못할 것이라는 것이다.

메시지는 분명하다: 제자도에는 대가가 있다는 것이다. 사실 제자도는 모든 것을 요구한다(12:33-34을 보라). 몇 년 전에 노스캐럴라이나주 샤롯의 큰 뾰족탑 교회에서 들었던 설득력 있는 설교에서 이 교훈이 강조되었다.

537

돈이 많고 영향력 있는 교회에서 설교한 그 목사는 편안한 회중들에게 제자도의 도전을 제시하며 이렇게 말했다. "만약에 당신들이 이러한 요청에 귀 기울이지 않는다면, 당신들의 세례를 취소해야만 합니다." 상황적으로 이 메시지는 통렬했는데, 중산층 이상의 교회 멤버들은 신앙이 그들에게 가장 귀한 어떤 것을 요구하지는 않아야 한다고 생각해 왔기 때문이다. 그날 목사의 교훈은 모든 회중을 흔들었는데 왜냐하면 하나님의 통치의 부분이 될 수 있는 의식적인 행동들을 우리가 행해야 하고, 행동이 없는 것은 우리의 믿음을 포기하는 것과 같다고 여겨졌기 때문이다.

이 본문을 보면 독자들은 이 짧은 글 안에 예외적으로 부정적 언사가 많다는 것을 알게 된다. 여러 가지 방법으로 "안돼"를 말하는 것이다. 27-33절에는 최소한도 하나의 부정관사나 부정부사가 있고, 몇 곳(27, 28, 29, 33)에는 두 개가 있다. 이러한 부정관사나 부사를 반복하는 것은 '대가를 세지 않은' 사람들이 예수를 충실히 따른다는 것이 어렵다는 것을 강조한다. 또한 예수의 교훈의 실용성이 나타나는데, 그의 제자들이 희생 없이 그가 걸어가는 길을 갈 수 없다는 것과 예수를 따르는 것이 무거운 요구 없이 힘들다는 것 그리고 십자가를 지는 것은 보이는 결과 없이 힘들다는 것을 보여준다. 만약에 우리가 예수의 길을 따르는 약속된 보상을 경험하기를 소망한다면 이러한 결과들을 참고 견뎌야만 할 것이다.

## 목회

하나님의 백성은 어떻게 예수의 제자가 되기로 선택하는가? 또 그들이 제자가 되기로 했을 때 제자가 된다는 것이 무엇이라고 생각하고 그렇게 하는가? 이 질문에 대해, 예수를 따름으로 인하여 발생하는 모든 결과를 받아들이는 것에 대해 예수께서 가르치신 것만큼 생생하게 알려 주는 것은 없다. 오늘 말씀에서 예수는 세 번에 걸쳐, 확실한 결단 없이는 제자가 될 수 없다고 말한다. 먼저, 자기 부모와 배우자와 아이들, 형제들과 심지어 자기 자신의 생명까지 미워하도록 요구한다. 둘째는 십자가를 지고 예수를 따르라고 명령한다. 셋째는 모든 소유를 포기하라고 요구한다. '미워하라'는 단어를 부드럽게 한다고 해도, 예수는 여전히 우리에게 가족들 사이의 연대와 정상적인 자기 보존을 그를 따르는 일에 종속시키라고 한다. 기독교 공동체의 목회 사역은 예수께서 기대하시는 사람이 되고 예수께서 기대하시는 일을 하기 위해서는 엄청난 도전과 무시무시한 요구가 있다는 것을 명확하고 솔직하게 인정하는 것을 포함한다.

그리스도인의 생활에 대한 칼뱅(John Calvin)의 가르침은 오늘날 그리스도인에게 복종하라고 부르시는 그리스도의 부르심을 받아들이는 방법으로 사용할 수 있는 고전적 자료를 제공한다.* 이 개혁자는 자기가 가르치고 있던 목사들에게, 어떻게 하면 많은 사람을 자유롭게 하는 그리스도인의 삶을 살 수 있는지 이해하는 방법을 알려 준다. 그는 베드로가 신앙고백(막 8:34; 마 16:24; 눅 9:23)을 한 후 예수가 제자들을 가르치신 것을 오늘의 누가복음 본문에 적용했다. 칼뱅에게 그리스도인의 삶은 예수의 가르침의 네 가지 의미로부터 이해되어야만 한다고 말한다. (1) 자기 부인, (2) 십자가 지기, (3) 영생에 대한 명상, (4) 일상생활에서 하나님의 은사를 적절하게 사용하기. 목회적 상상력과 주의 깊은 해석으로 우리는 오늘날 교회의 설교, 가르침, 목회 돌봄에 이러한 의미를 사용할 수 있다.

1. 칼뱅의 해석에서 자기 부인은 자기 파괴적인 경향을 포함하거나 즐기는 것을 의미하지 않는다. 찰스 디킨스(Charles Dickens)의 『데이비드 카퍼필드』(*David Copperfield*, 1868)에 나오는 유라이아 힙(Uriah Heep)은 자기 파괴적인 행동과 타인 파괴적인 행동 그리고 자랑하려고 하는 겸손을 즐기는 역겨운 예일 것이다. 칼뱅에게 자기 부인은, 다른 면에서, 예수께서 우리를 이기심과 '다툼을 사랑하고 자기를 사랑하는 치명적인 전염병'으로부터 자유롭게 하시는 방법이다. 자기를 부인하는 것은 우리 자신을 하나님께 드리고 주님의 뜻을 찾도록 우리에게 주신 그리스도의 선물이다.**

---

* John Calvin, *Institutes of the Christian Religion*, ed. John T. McNeill (Philadelphia: Westminster Press, 1960), 1:684-719.

자신을 부인하는 데 실패한 사람은 하나님이나 이웃을 사랑할 수 없지만, 자기 부인은 하나님과 이웃과의 인간관계에서 사랑의 힘을 애무 긍정적으로 확증하게 한다.

2. 십자가를 지는 것은 우리를 고통과 직면할 수 있게 해 주는 자기 부인의 차원이다. 십자가를 지는 것은 우리의 고통과 상실 속에서, 인생의 비극과 시련과 비통에 직면할 때도 하나님께 복종하는 것을 의미한다. 그리스도의 십자가의 이미지는 기독교의 상상력에 호소하여 고통을 견디는 우리의 인내를 이끌어 낸다. 칼뱅은 그리스도의 십자가가 질병과 상처를 치료하는 치료약이고 우리의 실수에 대한 처벌과 교정이며, 무엇보다 우리가 하나님의 정의를 따르기 때문에 당하는 고난에 대한 위로라고 가르친다. 그래서 그리스도의 십자가는 우리를 응원하고 우리의 상처를 정직하게 인식하게 해 주고 비통에서 자유롭게 한다.

3. 영생에 대한 묵상은 예수의 부활 안에 있는 약속의 신비에 대해 깊이 생각하게 하고 그에 대한 경외심을 소중히 여기게 한다. 칼뱅은 중세 경건주의의 관상 언어를 물려받고 받아들였는데, 그것은 육신을 '영혼의 감옥'으로 경멸하는 표현을 포함했다. 이런 종류의 경건은 에라스무스(Desiderius Erasmus, 1469?~1536)와 이그나시우스 로욜라(Ignatius of Loyola, 1495?~1556) 같은 다른 개혁자의 사고에서도 그 내용을 찾아볼 수 있다. 경건에 대한 이런 수사가 때로는 못마땅할 때도 있지만, 하나님의 백성들이 영생에 대해 명상하는 것은 인생에서 육체의 죽음에 대한 그리고 탐욕스럽고 물질적인 욕망에 대한 비판적인 관점을 제공하여, 예수 그리스도의 부활의 권능을 통해 오는 삶의 좀 더 큰 성취와 비교하게 한다.

4. 칼뱅은 자기를 부인하고 십자가를 지라는 예수의 부르심을 해석하면서, 일상생활에서 하나님의 은사를 적절하게 사용하기 위한 믿음직스러운 기반을 발견한다. 성서는 필수적인(필요한) 것과 기쁨(즐거움)을 주는 것과 같은 '세상의 좋은 것을 올바로 사용'하라고 가르친다.* 칼뱅은 우리가 세

---

** Ibid., 694, 698.
* Ibid., 719.

상에서 본향을 향해 가는 순례길에 있다는 것을 이해하고 단순하게 살라고 권고한다. 우리는 과도한 진지함과 지나친 방종 모두에서 벗어나야 한다. 금욕주의도 자유주의도 그리스도인의 삶의 특징일 수 없다. 칼뱅은 삶의 균형을 위해 네 가지 지침을 제공한다: (a) 우리는 가능한 한 적은 것으로 자족해야 한다. (b) 만약 우리가 가진 것이 적다면, 우리는 인내하면서 가진 것 없이 견뎌야만 한다. (c) 하나님이 우리를 책임 있는 청지기로 삼아 모든 것을 위임하셨다는 것을 이해해야 한다. (d) 우리가 살면서 하는 모든 행동에서 하나님의 부르심을 찾아야 한다.

기독교 공동체는 오늘날 하나님의 백성들에게 제자로 사는 것이 일상생활에서 겉보기에 번듯하고 자유롭게 사는 것을 포기하라고 요구한다는 사실을 설명할 수 있을까? 이기심으로부터 벗어나고, 사랑에 헌신하며, 고통을 정직하게 마주하라, 창조 세계와 은사들에 대한 신실한 청지기가 되라는 칼뱅의 주장이 교회 안팎에 있는 사람들에게 어떻게 들릴까? 주택과 경제위기, 화석 연료의 연소에 의한 지구의 손상 그리고 기아, 가난, 세계 모든 지역의 사람들이 겪고 있는 전염병들은 값비싼(대가를 지불해야 하는) 제자도로 부르시는 예수의 부르심에 응답하라고 우리를 부르고 있다.

## 설교

예수께서 치유와 저녁 식사 초대에 관하여 이야기한 직후에 그는 직설적인 말로 청중들을 충격에 빠트린다. '미워하라'는 말은 경건한 것과는 어울리지 않는다. 제자가 되는 일은 부모, 배우자, 자녀, 형제자매 심지어 자신의 생명조차 미워해야 하는 일인가? 본문에서 이 '미워하라'는 말은 과장법으로 쓰였다고 볼 수도 있지만, 제자의 길을 선택하는 데는 무언가를 실제로 버려야 함을 간과할 수 없다. 일반적으로 생명은 누구에게나 매우 고귀한 것이다. 보통 상황에서는 그 말이 맞다. 하지만 예수께서 이 '미워하라'는 말을 같은 문장에서 부모, 배우자, 자녀 등과 함께 사용할 때, 그는 감당해야 할 몫을 말하고 있는 것이다. 예수께서는 추상적 관념을 말하고 있는 것이 아니다.

우리는 한 번에 한 사람 이상의 교인이나 친구를 사랑할 수 있다. 부모, 배우자, 자녀, 형제자매 심지어 우리들 자신을 모두 사랑할 수 있고 그 각각의 사랑은 균형을 잃지 않고 있다. 하지만 때로 그 균형을 잃을 때도 있다. 어떤 아버지가 아프게 되었고 그의 아들에게 의존하고 있다. (아들에게 있어 아버지를) 돌봐야 할 의무는 (아들의 가족 구성원에 대한) 관심이나 재물을 희생해야 할 때가 있다. 배우자나 자녀에게 일상적으로 가야 할 것들이 그 부모와 나누어지는 것이다. 세 자녀를 둔 어머니는 심각한 자폐증을 앓고 있는 아이에게 그녀의 시간과 에너지를 쏟고 있음을 알게 된다. 그녀는 나머지 두 아이에게는 거의 아무것도 주지 못하고 있다. 시골의 외과 의사는 시급한 환자들로 인해 결혼생활을 유지하는 데 필요한 시간을 모두 내어주어야 함을 발견한다. 사랑을 나누어줌으로써 생기는 갈등은 우리를 가슴 아프게 한다.

우리의 사랑과 관심을 어떻게 나누어야 하는가를 고민하게 만드는 일은 비단 가족 구성원들 문제만은 아니다. 우리는 가족 말고도 도시, 조국, 국기, 교회, 주님을 사랑한다. 대개 한 사람이 이 다양한 충성심과 의무를 균형 있게 유지하기도 하지만, 때로 그 이해관계가 충돌을 일으킬 때도 있다. 국기에 대한 경례를 하고 국가의 잘못에는 입을 다물고 있어야 하는가? 아니면 국기에 경의를 표하면서도, 교회와 주님을 통해 배운 양심을 따라 국가의 죄악을 말해야 하는가? 교회의 규범을 순응하는가 아니면 의문을 제기하는가?

모든 사람이 다 제자로 부름을 받는 것은 아니다. 제자가 된다는 것은 책임적인 사람 그 이상이 되는 것이다. 제자도가 다른 충성과 늘 충돌을 불러일으키지는 않더라도, 때로 그것은 우리가 보통 첫째로 여기는 의무나 관심을 다시 정렬시켜서 일반적인 순서에 반대되는 방향으로 가게 만든다. 예수께서는 그 일이 아프지 않을 것이라고 말하지는 않는다: "누구든지 자기 십자가를 지고 나를 따라오지 않으면…"(27). 우리의 충성을 필요로 하는 곳이 여러 군데 있을 때, 우선순위에 따라 정렬시키게 된다. 제자로 부름을 받은 사람들에게 있어서는 예수가 그 정렬의 기준이 된다. 자신을 내어주는 사랑, 자비와 긍휼을 구현하는 일이 우선순위에 있어 진정한 기준이다.

28절부터 32절은 재정이나 열정에서 많은 비용이 들게 될 프로젝트를 수행할 때, 그 비용을 신중하게 계산할 필요가 있는 사례들을 보여준다. 사전경고: 제자도는 평범한 삶에 추후 갈등을 일으킬 수 있는 또 다른 헌신을 요구한다. (제자도가 요구하는) 작은 글씨로 된 세세한 항목을 읽어보지 못했다고 해서는 안 된다. 우리가 받은 세례는 물로 기록한 세세한 항목이다. 우리는 그리스도의 죽으심과 더불어 세례를 받아 "그리스도께서 아버지의 영광으로 말미암아 죽은 사람들 가운데서 살아나신 것과 같이, 우리도 또한 새 생명 안에서 살아"가게 된다(롬 6:4).

모든 세례는 세례를 받은 모든 사람이 그리스도의 십자가와 부활을 공유하고 있음을 증거하고 있다. 세례를 통해 교회는 그 본연의 사명을 확인한다. 공동체는 그 사명 안에 살고 심지어 어린아이들에게도 그것을 가르치고 보여준다. 신앙의 여정은 바로 세례에서 시작되고 우리가 하는 어려운 선택은 그리스도가 우리를 요구하는 그 물(세례)로 인한 것이다.

누가의 본문은 감당하기 어려운 말로 시작해서 그 힘든 말로 끝난다: "너희 가운데서 누구라도, 자기 소유를 다 버리지 않으면, 내 제자가 될 수 없다"(33). 누가는 예수께서 '많은 무리'에게 말하고 있음을 보여준다. 예수는 어려움을 견딜 수 없는 사람들을 떠나게 하여, 자신에게 붙어있는 사람들을 솎아내려고 이 말씀을 하는 것인가? 그는 자신과 끝까지 함께 할 사람들을 더 강하게 하려고 이렇게 말하는 것인가? 예수의 이 말씀은 다가오는 시련 속에서 여전히 그와 함께 있을 소수의 사람을 향한 문자적 가르침인가? 이 말씀은 우리에게도 똑같이 문자적으로 의미가 있는가?

아마 그럴 수도 있을 것이다. 적어도 그 가능성은 신중하게 고려되어야 할 것이다. 우리는 이 도전을 문자적으로 이해할 수 있고 또 심지어는 소유에 사로잡힌 사람들을 위해 생명을 살리는 지혜로 이해할 수도 있다. 때로는 영혼의 건강을 위해 철저한 포기가 필요할는지 모른다.

그러나 이 말은 언제나 문자적 명령으로만 이해해서는 안 된다. 만일 내가 처와 공동으로 소유하고 있는 집이 있는데, 내 아내가 꺼림직해하는 데도 나는 영적 훈련의 일환으로 그 집을 포기해야 한다고 말해야 하는 것인가? 아니면 소유권을 그녀에게 이전하여 나의 빚 청산 후 남는 손실로 인해 그녀가 집을 빼앗기지 않게 해야 하는 것인가? 이 말을 모든 소유를 포기하여 국가의 피보호자나 거리의 거지가 되어야 한다는 말로 이해한다면 과연 그것이 온당하고 명예로운 일이겠는가? 자기 스스로 부양할 능력이 있는 데도 다른 사람의 자비(그리고 주머니)에 의도적으로 의존하는 일은 온갖 거부감을 불러일으킬 수 있다.

예수께서 우리를 위해 좀 더 깊이 생각할 문제를 제기하고 있음을 인식하면서, 그의 권면을 신중하게 여기는 것이 중요해 보인다. 이 말은 분명히 적어도 제자들은 여행 시에 필요한 것을 얻거나 쌓아 두거나 혹은 다른 사람들로부터 지키느라 과도하게 방해받지 않도록 가볍게 여행해야 함을 의미한다. 또 이해가 상충될 때 제자들은 안전함보다는 먼저 해야 할 것을 선택해야 함을 뜻한다.

제자도를 이해하는 데는 우리가 포기해야 할 것뿐만 아니라 지켜야 할 것을 고려하는 일도 중요하다. 우리가 소유한 것은 영적 생활에 심각한 위협으로 다가와 우리를 지배할 수가 있다. 우리는 이미 내린 결정에 대해서는 너무 많이 확신을 하기 때문에 대부분의 사람들은 자신의 상황을 편견 없이 제대로 보지 못할 때가 많다. 서로 가르치고 격려하는 공동체로서의 교회는 처해 있는 특정한 상황에서 제자도의 의미를 구현하기 위해 서로 도울 수 있는 자리가 될 수 있을까? 목회적 돌봄이라는 상황에서 이것이 가장 잘 이루어질까? 아니면 높은 수준의 신뢰를 형성한 소그룹에서 그런 역할을 할 수 있을까? 아니면 영적 지도자를 신뢰함으로 가능한가? 제자도에의 부름을 우리는 얼마나 진지하게 받아들여야 하는가?

# 성령강림절 후 열넷째 주일

## 누가복음 15:1-10

¹세리들과 죄인들이 모두 예수의 말씀을 들으려고 그에게 가까이 몰려들었다. ²바리새파 사람들과 율법학자들은 투덜거리며 말하였다. "이 사람이 죄인들을 맞아들이고, 그들과 함께 음식을 먹는구나." ³그래서 예수께서는 그들에게 이 비유를 말씀하셨다. ⁴"너희 가운데서 어떤 사람이 양 백 마리를 가지고 있는데, 그 가운데서 한 마리를 잃으면, 아흔아홉 마리를 들에 두고, 그 잃은 양을 찾을 때까지 찾아다니지 않겠느냐? ⁵찾으면, 기뻐하며 자기 어깨에 메고 ⁶집으로 돌아와서, 벗과 이웃 사람을 불러모으고, '나와 함께 기뻐해 주십시오. 잃었던 내 양을 찾았습니다' 하고 말할 것이다. ⁷내가 너희에게 말한다. 이와 같이 하늘에서는, 회개할 필요가 없는 의인 아흔아홉보다, 회개하는 죄인 한 사람을 두고 더 기뻐할 것이다." ⁸"어떤 여자에게 드라크마 열 닢이 있는데, 그가 그 가운데서 하나를 잃으면, 등불을 켜고, 온 집안을 쓸며, 그것을 찾을 때까지 샅샅이 뒤지지 않겠느냐? ⁹그래서 찾으면, 벗과 이웃 사람을 불러모으고 말하기를 '나와 함께 기뻐해 주십시오. 잃었던 드라크마를 찾았습니다' 할 것이다. ¹⁰내가 너희에게 말한다. 이와 같이 회개하는 죄인 한 사람을 두고, 하나님의 천사들이 기뻐할 것이다."

## 신학

「뉴욕 타임즈」가 옥스퍼드 지역 선술집(pubs) 탐방 기사에서 "좋은 선술집은 잘 준비된 파티와 같고, 이국땅에서 경험하는 자기 집과 같고, 누구나 가입할 수 있는 클럽과 같다"는 평을 한 적이 있다.* 누가복음 15장의 본문을 읽으면서 우리는 예수가 그런 선술집에서 별 볼 일 없는 사람들과 먹고 마시면서 소위 정상적이고 순수한 사람들에 대해 투정을 하고 있다고 상상할 수 있다. 더 정확하게는, 예수가 '세리들과 죄인들'과 먹고 마시

---

* Henry Shukman, "A Pub Crawl through the Centuries," *New York Times* (April 13, 2008);
  online: www.travel.nytimes.com.

고 있었고, 그때 '바리새파 사람들과 율법학자들'은 예수가 어울리는 사람들에 대해 투덜거리고 있었다. 이들에게 예수는 '잃었다 찾음'의 비유 시리즈를 들려준다. 본문과 관련된 신학적 주제는 속죄론과 교회론으로 다음과 같은 구체적인 질문들을 포함하고 있다: 누가 안에 있고, 누가 밖에 있는가? 누가 잃었고, 누가 찾아졌는가? 예수에 의해 구원받는다는 의미는 무엇인가? 오늘날 예수의 공동체가 된다는 것은 무슨 뜻인가?

누가복음 11:9에서 예수가 "찾아라, 그리하면 찾을 것이다"라고 말씀하신 것을 근거로, 오늘 비유가 구원은 우리가 간절히 원하는 것을 찾는 것과 같다고 말하는 것으로 해석하려는 유혹을 받을 수 있다. 우리가 잃은 양을 찾는 목자이고, 잃은 동전을 찾는 여자라고 상상하기 쉽다. 원하는 것을 얻기 위해서는 계속 열심히 찾으라고 이 비유가 가르친다고 생각하기 쉽다. 그러나 사실 이 비유는 다른 점을 강조하고 있다. 이 비유에서 우리는 죄인이다. 찾는 사람이 아니고 잃어버린 대상이다. 우리가 어디에 있는지 모른다는 주관적 의미에서가 아니라—물론 이 측면도 포함되겠지만— 우리가 다른 사람이 찾는 대상이 되었다는 객관적 의미에서 그렇다. 다시 말하면 우리는 우리를 간절히 찾는 누군가가 분실한 존재이다.

랜슬롯 앤드류스(Lancelot Andrewes)는 1620년 부활절 설교에서 "그리스도는 그를 열심히 찾는 사람이 만나지 못하고, 그를 전혀 찾지 않는 사람이 만난다"고 말한 적이 있다.* 우리는 '그리스도를 열심히 찾는 사람'이 당연히 그리스도를 만날 것이라는 기대를 하는데, 대부분의 비유가 그런 것처럼, 우리는 기대하지 않은 결론, 즉 그리스도를 열심히 찾아다니면 그를 만나게 될 것이라는 기대가 잘못되었다는 결론에 어찌할 바를 모르게 된다. 그리스도는 우리의 예상과는 반대로 그를 찾지 않는 사람들이 만난다. 앤드류스는 계속 말한다. "그를 절대로 찾지 않았던 사람들은 결코 찾아지지 않는 일이 없을 것이다." 잠시 멈춰서 앤드류스의 말을 곱씹어 보자. 우리

---

* Lancelot Andrewes, *XCVI Sermons*, 3rd ed. (London: Richard Badger, 1635), 538; cited in Stanley Fish, *Is There a Text in This Class? The Authority of Interpretive Communities* (Cambridge,MA, and London: Harvard University Press, 1980), 184.

는 양이나 동전과 같이 찾아지는 존재이다. 찾아지는 것은 우리의 발견되려는 노력이 아니고 우리가 찾아지고 있다는 사실과 관련 있다. 복음의 핵심은 우리가 찾아지고 있다는 것이다. 우리가 찾아지는 것은 우리가 열심히 찾은 것에 대한 상이 아니라, 우리를 찾는 자가 우리에게 주는 선물이다. 우리는 이미 찾아졌다.

이 드라마에서 인간에게 주어진 역할은 잃어버려지는 것이다. 이것을 수동적인 상태라고 해석하기 쉬운데, 사실 이것은 수동도 능동도 아니다. 여기에는 '중간태'라고 할 수 있는 것이 작용하는데, 이것은 '개방적이고 능동적인 수용성'(open and active receptivity)이라고 할 수 있다. 이것은 10절의 '회개'라는 행위와 관련된다. 이것은 내가 스스로 구원을 이루겠다는 생각을 접고 나를 찾는 목소리에 주의를 기울이는 것이다. 하나님은 우리 속에서 일하시기 때문에(빌 2:12) 우리가 그리스도를 찾기 위해서 우리가 취할 수 있는 가장 적극적인 행동은 우리가 찾아지기를 기꺼이 바라는 것이다.

우리가 잃어버린 것이 믿음 자체라면 어떻게 할 것인가? 우리는 종종 무엇인가 찾으려고 추구하는데, 그 대상이 하나님이 아니고 믿음인 경우가 있지 않은가? 믿음을 잃어버렸다는 것은 내가 찾아졌다는 확신을 잃은 것이고, 도대체 누군가가 나를 찾고 있는지 회의하는 것이고, 나를 찾기 위해 샅샅이 뒤지는 목자나 여자가 있는 것인지 의심하는 것이다. 믿음을 잃어버린 사람은―바리새파 사람이나 율법학자보다는 세리와 죄인과 가까운 사람인데― 찾아질 수 있는 가능성에 열려진 채 방황하고 있는 사람이다.

세리와 죄인들, 회의론자와 비판론자들에게 이 비유가 '찾아짐'에 관한 것이라면 바리새파 사람들과 율법학자들에게는 '기뻐하는 법을 배움'에 관한 것이다. 잃은 양과 동전의 비유는 모두 친구와 이웃을 불러 잔치하는 장면으로 끝난다. 진정, 기쁨의 전이가 한 사람에서 많은 사람에게로, 지상에서 하늘로 이루어진다. 잔치는 우주적 규모로 이루어진다. 기쁨은 이 모든 이야기의 최종 결론이자 목표이다. 이것은 찾은 순간의 기쁨을 초월한다. 따라서 구원은 단지 구출(rescue)이 아니고, 영원한 축하(celebration)의 상태로 옮겨가는 것이다. 바리새파 사람들에게―그리고 오늘날 교회 내에서 비판적이고 부정적인 목소리만 내는 교인들에게– 도전적인 질문은 이것이다: 어떤 사람들과 잔치를 벌이겠는가. 그 답이 "우리는 잔치를 안 좋아한다" 혹은 "우리는 그런 사람들과는 잔치를 안 한다"면 그런 사람들은 하나님 나라의 선술집을 포기하는 사람들이다.

## 주석

누가복음 9:51을 보면 예수는 예루살렘으로 가기로 마음을 굳히신다. 북쪽 가이사랴 빌립보에서 남쪽 예루살렘으로 가는 여정 속에서 예수는 제자들에게 제자 됨의 의미를 가르치셨다. 그중에 70명이 특별한 사명을 지니고 보내심을 받았는데, 그들은 아무것도 가진 것이 없이 갔다. 그들은 '이리 가운데 가는 양'(10:3)과 같이 갔지만, 기쁨으로 돌아왔는데, 왜냐하면 심지어 마귀까지도 그들에게 복종했기 때문이다. 이 부분에서 반복해서 예수는 돈과 그것의 위험성, 회개의 요구, 예수는 따르는 대가에 대해 말씀하신다. 자주 예수는 바리새인들과 율법학자들과 식사했는데, 한번은 그곳의 손님들과 주인에게 특별히 마을의 소외되고 약한 사람들에게 대해(14:7-14) 겸손과 환대의 필요성에 대해 문제를 제기했다. 한번은 예수는 세리와 죄인들과 함께 식사했다.

오늘 본문에서 예수가 세리들과 죄인들과 함께한 것이 바리새인들과 율법학자들을 불편하게 했는데, 왜냐하면 죄인들이 예수의 말을 들으려고 가까이 몰려들었기 때문이다. '듣는다'는 것은 누가에게나 회개와 개종의 표시이다(5:1, 15; 6:17-18, 27, 47, 49을 보라). 구약성서의 예언자 요나처럼(욘 4:1-5), 바리새인들과 율법학자들은 자신들이 회개할 수 있는 선을 정해놓고 외부에 있는 사람들의 회개 가능성에 대해서는 부정적이었다. 그래서 바리새인들과 율법학자들은 투덜거렸는데, 이는 이스라엘 백성들이 광야에서 유랑할 때 모세와 아론에 대해 투덜거리고 불평했던 것을 연상시킨다. 15장에서 끊임없이 불평하는 바리새인들과 율법학자들에 대해서 불친절한 유대인들을 비판하는 데 사용되는 세 가지 이야기를 말한다. 이 셋 중 두 가지 이야기가 오늘 성서정과이다(셋째 이야기인 15:11-32의 돌아온 탕자 이야기는 사순절 넷째 주 성서정과이다). 첫째 이야기는 마태복음의 비슷한 이야기(18:12-14)와 병행구를 이루는데, 그 본문은 교회 안에서의 정착 논쟁의 맥락이다.

두 이야기는 같은 윤곽으로 겹쳐놓을 수 있다.

어떤 남자/여자⋯ 100마리 양/10드라크마, 만약 그/그녀가 하나를 잃었다면 양을 찾아다님/온 집안을 쓸며 찾음⋯ 그/그녀가 찾을 때까지? 그/그녀가 찾았다면 그/그녀가 친구와 이웃을 불러, "나와 함께 기뻐해 주십시오. 내가 잃어버린 양/동전을 찾았습니다." 하늘에서 기뻐한다/천사들이 기뻐한다.[*]

처음 이야기는 질문으로 시작한다. "너희 가운데서 어떤 사람이 양 백 마리를 가지고 있는데, 그 가운데서 한 마리를 잃으면, 아흔아홉 마리를 들에 두고, 그 잃은 양을 찾을 때까지 찾아다니지 않겠느냐?" 이 질문은 방향을 잃는 것으로 방향 짓는다. 광야에 남아 있는 99마리는 어떻게 되는 것인가? 그들은 돌보지 않은 채 남겨둘 것인가? 그들을 돌보는 것에 대해서는 아무 말도 없다. 이야기의 화자는 오로지 잃어버린 한 마리 양과 그 양을 찾을 때까지 찾아서 어깨에 메고 기뻐하며 집으로 돌아와 이웃을 불러 잔치를 베푸는 목자에게만 초점을 맞추고 있다.

둘째 이야기는 드라크마 한 닢을 잃어버리고 등불을 켜서, 온 집안을 쓸며, 그것을 찾을 때까지 샅샅이 뒤지는 한 여인에 대해 묘사하고 있다. 그래서 찾으면, 기쁜 나머지 벗과 이웃 사람을 불러 모으고 말하기를 잃었던 드라크마 찾은 것을 함께 기뻐해달라고 말한다. 한 드라크마는 양 한 마리나 암소 1/5을 살 수 있는 돈이다. 그런데 그 여인은 친구들을 위해 더 많은 돈을 잔치에 쓰고 있다. 신약에서 어느 비유도 여인으로 하나님을 상징하거나 비유하지 않는다. 이 비유는 청중들에게 놀라움을 주었을 것인데 왜냐하면 하나님을 잃어버린 동전을 찾고 기뻐하는 여인으로 묘사하고

---

[*] David Tiede, *Luke* (Minneapolis: Augusburg, 1988), 274.

있기 때문이다.

예수는 바리새인과 율법학자들과 같이 세리와 죄인들을 대하는데, 말하자면 세리와 죄인들은 잃어버린 사람이라는 것이다. 그런데 이러한 비유들은 한편으로는 예수와 바리새인들과 율법학자들을, 다른 한편으로는 하나님의 찾아다님과 잃어버린 것을 찾음 사이에 날카로운 차이를 지적한다. 이 이야기의 포인트는 두 가지인데, 하나는 찾으시는 하나님의 사랑의 관심을 강조하는 것이고, 하늘에서 죄인들이나 세리 또는 바리새인이 믿음을 가지는 이 발견에 대해 기뻐하신다.

사실상, 기쁨과 축하의 주제는 두 이야기 모두에서 두드러진다. 두 이야기 모두 하늘에서 회개하는 죄인에 대해 기뻐하신다고 끝을 맺는다(7, 10). 양이나 동전이 회개할 수는 없다. 그러기에 두 비유의 이슈는 죄인들을 회개하라고 부르는 것이 아니라, 의인들을 축하의 자리로 모아내는 것이다. 사람에게 있어 축하에 참여하는 것이 전적으로 중요하다. 왜냐하면 그것은 한 사람의 관계가 공적에 기초하는가, 자비에 기초하는가를 밝혀주기 때문이다. 하나님의 자비를 공적으로 보는 사람은 죄인이 회개할 때 천사들과 같이 기뻐할 수 없다. 그래서 그들은 자신을 하나님의 은혜로부터 배제시킨다.* 바리새인들이나 율법학자들은 예수가 세리들과 죄인들과 함께하는 것에 대해 불평함으로써 자신들을 하나님의 은혜의 원 밖으로 내몬다. 바리새인들과 율법학자들에게는 기쁨이나 축하도, 잔치나 즐거움도 없다. 비록 그들은 기쁜 목자나 여인들을 위하여 주어진 잔치에 초대받았지만, 그들 자신이 스스로 가는 것을 막았다. 그래서 탕자의 형과 같이(15:25-32), 그들은 바깥으로 내몰린다.

---

* R. Alan Culpepper, "Luke," in Leander Keck., ed., *The New Interpreter's Bible* (Nashville: Abingdon Press, 1995), 9:298.

이 한 쌍의 비유는 하나님의 성품에 관한, 특히 사람들을 용서하시고 회복시키시는 하나님의 성품에 관한 예수의 가르침을 소개한다. 비유는 되풀이해서 용서는 잃어버린 것을 찾는 것이라고 한다. 예수는 청중들에게 공동체가 된다는 것이 무엇이고, 공동체가 가지는 범위가 어떤 것인지 생각해 보라고 도전한다. 그렇게 함으로써 우리 자신의 경험을 통해 하나님이 어떤 분인지 생각해 보라고 우리를 초대한다. 이것이 비유의 힘이다.

무리가 예수의 가르침을 들으려고 주위에 몰려들고 있다. 거기에는 온갖 종류의 사람들이 공동체를 이루고 있다. 그들은 다양한 이유로 예수 주위에 모였다. 제자들은 가르침을 받기 위하여, 바리새파 사람들과 사두개파 사람들은 예수의 급진적인 가르침을 감시하기 위하여 그리고 인생 대부분을 주변부에서 살아와서 어디에도 속하지 않은 사람들이 있었다. 그들은 세리와 죄인들이라고 기록하고 있는데, 그 말은 다른 사람들에게 좋은 평판을 얻길 원하는 사람들이, 사람들에게 비난받을까 봐 두려워서, 아무도 그들과 시간을 보내고 싶어 하지 않는다는 것을 의미한다. 어쨌든 이런 아웃사이더들 역시 공동체로 모여들었다. 그들은 서로 낯선 사람들이었고, 저녁 식사를 함께할 일이 없는 사람들이었다. 여기서 그들은 예수와 함께 식사를 한다. 친구를 보면 그 사람을 안다고 하면, 예수는 거기 모인 사람들 전체를 완전히 공황 상태에 빠뜨렸다.

여기저기서 웅성웅성하기 시작했고, 그래서 예수의 공동체는 균열이 생기기 시작한다. 수군대는 소리가 들리기 시작한다. "누가 이 사람들을 초대했어? 왜 예수는 이런 여자와 남자를 받아들이는 거야? 예수는 저 사람들이 누군지 모른단 말이야? 예수는 도대체 누구야? 한편으로는 하나님의 일을 말하면서, 다른 한편으로는 이런 사람들하고 같이 먹다니."

사람들이 하는 이야기를 알아차리고, 예수는 군중들 사이에 분열이 커지는 것을 보시고 그들이 이해할 수 있는 말로 하나님의 성품에 관해 이야기하기 시작하셨다. 예수는 경제적인 관점에서 접근하여, 그들이 소중하게 여기는 것들에 대해 이야기한다. 예수는 그들에게 무엇이 가장 중요한지를 생각해 보라고 한다. 예를 들어, 목자는 자기 소득의 원천인 양 떼가 건강하고 안전한 것을 중요하게 여긴다. 여자는 가족을 부양하기 위해 어렵게 모은 돈을 중요하게 여긴다. 부모는 자녀들의 행복과 복지를 중요하게 여긴다. 당신의 인생에서 가장 소중한 것이 무엇인지 생각해 보라. 그리고 부주의했거나 일부러 그랬거나 혹은 도둑맞아서 그것을 잃어버렸다고 해 보자. 당신이 가장 중요하게 여기는 것이 사라졌다. 당신은 망연자실할 것이다. 당신이 더 이상 아무것도 할 수 없다는 것이 아니다. 당신은 할 수 있다. 사람들은 적응한다. 그러나 삶은 불완전하다. 전체 가운데 부분이 사라졌다.

하나님은 양 떼 안의 양 한 마리 한 마리를 소중하게 여기는 목자와 같고, 지갑 안에 있는 모든 은화를 세고 있는 여인과 같다. 하나님은 집안의 모든 아이를 소중히 여기신다. 만약 하나가 사라지면, 하나님은 찾기 시작하신다. 하나님의 성품은 사랑이고, 사랑은 지칠 줄 모르고 찾아다니는 사람과 같다. 왜냐하면 실종된 사람은 길을 잃어버려서, 집으로 돌아갈 수 없기 때문이다.

길을 잃은 사람의 본성은 하나님의 본성과 엮여 있다. 길 잃은 양은 고통으로 울 수 있지만, 겁이 나서 울지도 못할 것이다. 대신 야생 덤불에 몸을 웅크리고 누워 포식자에게서 몸을 숨길 것이다. 양은 혼자 고립되어 있는 것이 너무나 두려워 자신을 구조하는 일을 도울 수 없다. 양은 움직일 수 없고, 그래서 목자가 양의 무게를 다 감당해서 집으로 데리고 와야 한다. 마찬가지로, 잃어버린 동전은 스스로 움직일 수 없는 물질이어서, 그 자신에게 관심을 가지도록 소리를 치거나 밝게 빛날 수 없다. 동전의 구출은 전적으로 여자의 부지런함에 달려 있다.

예수는 두 아들을 가진 아버지에 관한 다른 비유로 이 점을 명료하게 한다(15:11-32). 둘째 아들은 그의 인생을 낭비하고 그가 갈 수 있는 가장 낮은 곳으로 전락한 후, 그의 아버지에게 돌아가기로 결심한다. 그는 용서를 비는 연습까지 했지만, 실제로 해보지는 못한다. 그의 아버지가 그를 앞질렀기 때문이다. 그의 아버지는 그가 떠난 후 줄곧 그가 오는지 살펴보고 있었다. 하나님의 자녀들은 너무 쉽게 방황하고 길을 잃어버리고, 그래서 실수를 돌이킬 수 없어서 후회로 가득 차 있다. 화해할 희망은 없어 보인다. 그들은 왔던 길을 되돌아가거나 혹은 바로 잡을 수 없다. 예수는 하나님이 한발 앞서 계신다는 것을 보증한다. 가정은 이미 기다리고 있다. 사랑의 문은 열려 있다.

조안 오스본(Joan Osbourne)은 길을 잃은 사람이 발견되기를 갈망하는 마음을 표현한 가사의 노래를 불렀다.* "만약 하나님이… 집에 가고 싶어하는… 우리들 가운데 하나라면." 바리새파 사람들과 율법학자들의 투덜거리는 소리는, 죄인을 환대하는 사람 자신이 곧 죄인이라고 암시하면서, 예수가 교제하는 친구들을 가지고 예수를 판단한다. 죄인은 사물을 다르게 볼 것이다. 예수는 잃어버리는 것과의 투쟁, 분리되는 공허함, 돌아오려는 투쟁을 이해한다. 예수는 죄인들을 외면하지 않고, 오히려 잃어버린 사람들을 향하고, 그들을 위해 머물 곳을 만들고, 그들을 집으로 맞아주신다.

예수는 공동체가 온전해지기 위해서는 공동체의 주변부에 있는 사람들이 필수적이라는 것을 이해하신다. 그들이 돌아올 때까지 공동체는 불완전하다. 비유들은 용서하고 회복하려는 환대에 관한 것이다.

비유들은 문을 열고 기뻐하라고 공동체에 요청한다. 이 요청은 계속 반복된다. 죄인들과 세리들은 그리스도와 함께 식탁에 앉을까? 기뻐하라! 웃어라! 즐거워하라! 그들은 집으로 돌아와서 지금 하나님 앞에 앉아있다. 덤불에서 길을 잃어, 양 떼에서 떨어져 나와서 헤매던 양은 이제 안전하고 건강하다! 할렐루야! 더 이상 걱정하지 말라! 바닥의 틈 사이로 떨어진 동전은 쉽게 잊히지만 복되게도 되찾았다. 우리는 마음껏 즐길 수 있다! 소망은 회복되었다!

우리의 공동체 안에서 누군가가 사라지면, 우리는 모두 영향을 받는다. 한 사람이 회복되면, 우리는 모두 그로 인해 더 좋아진다. 이것이 바로 하나님의 가정에서 일어나는 일이다.

---

* Joan Osbourne, "One of Us," 1996, from the album *Relish*.

553

## 설교

익숙한 이야기는 때로는 가장 설교하기가 어렵다. 잘 알려진 비유를 가지고 설교하려면 이전과는 다른 새로운 관점, 신선한 접근 그리고 연관된 메시지를 찾아내야 하는 과제가 양심적인 설교자에게는 주어진다. 하지만 이러한 비유들에 대해 누가가 서술하는 것을 주의 깊게 관찰하면 설교자에게 도움이 될 수도 있다. 이 두 이야기는 예수를 둘러싼 종교 지도자들의 비판에 대한 직접적인 응답이었다. 그들의 불만은 예수께서 파격적인 환대를 베푸는 것을 목격한 데서 비롯되었다. 예수께서 함께 나눈 규례를 어긴 식사가 그들의 심기를 건드렸다. 그들은 그 규례를 아주 잘 알고 있었고, 경계선을 그어서 정결과 불결이라는 정결 코드를 강요했던 사람들이었다.

이 비유들은 이런 당시 종교 지도자들에게뿐만 아니라 우리 설교자에게도 들려주는 것이다. 우리도 하는 일의 속성상 그들과 같은 부류에 속한다. 설교자들로서 우리는 교인, 교회 리더들과 더불어 종교적 내부자들이다. 때로 이 비유는 '잃어버린 자'의 구원을 강조하는 방향으로 진행되지만, 정작 이 비유가 회개에 이르기를 바라는 것은 '이미 발견된 자'이다.

흔히 쌍둥이 비유라고 불리는 이 본문을 설교하는 데 다양한 방식이 있지만, 여기서는 교인들이 감춰진 보물을 캐내는 것을 도울 수 있는 네 주제를 생각해 볼 수 있다.

**가까이 다가오는 것에 대한 두려움.** 세리들과 죄인들이 가까이 다가오고 있었다(1). 이때 두려움이 시작된다. 이들은 내부로 들어오고 있었고 종교적 내부자들의 자리를 차지하려고 한다. 우리는 쉽게 이런 '가까움'으로부터 벗어나려고 하는 우리 자신을 느낄 수 있다. 우리의 힘이 약해지고 안전이 위협받고 있다고 느낀다. 하지만 훌륭한 스토리텔러인, 예수께서는 이 점을 놓치지 않고 내부자들에게 그가 찾는 이들이 이미 가까이 있다고 말한다. 그들은 양 떼 속에 있고 네가 소유하고 있는 양처럼 가까이 있다. 그들은 집 안에 있고 네가 손에 쥐고 있는 동전처럼 가까이 있다. 나사렛에서 온 우리 친구(예수)는 그들이 이미 가까이 있으며, 예수께서 우리와 음식을 함께 나누듯 그들과도 함께 먹을 것이니 두려워하지 말라고 한다. 그들과 빵을 떼어 나누는 친밀한 행동은 이 가까움을 가시적으로 보여준다.

종교적 내부자들은 여전히 음식을 나눔에 있어 쉽게 두려움을 느낄 수 있다. 많은 교회는 성찬에 제약을 두고 있다. 사실 어느 교회에서는 무지개 띠를 차고 있는 사람 곧 LGBT(레즈비언, 게이, 양성애자, 트랜스젠더)와의 연대를 드러내는 사람들에게는 성찬을 주지 않는다. 실제로 어느 교회에서 성찬을 받은 한 사람이 자기가 받은 빵을 성찬을 거부당하고 무가치하게 여겨진 사람들과 나누기 위해 여러 조각으로 나누었다. 그러자 종교적 내부자들인 교회 직원들이 경찰을 불렀다. 가까움이 위협을 받을 때 우리는 어떻게 대응하여야 할까?

**받아들이는 것과 구해내는 것의 차이.** 이 각각의 비유의 핵심은 찾고 발견하는 것에 있다는 것에 이의를 제기할 사람은 없다. 하지만 무엇을 찾는다는 것인가? 각각의 비유가 무언가 특별한 것을 찾고 있다. 방황하는 양, 잃어버린 동전. 방황하는 양을 찾은 즐거움은 멀리 방황했던 사람들, 길을 잃고 돌봄을 받지 못했다고(심지어 하나님으로부터도) 느끼는 사람들에게 위로를 주는 메시지가 될 수 있다. 이 비유는 지속적으로 우리를 사랑하시는 하나님의 손길을 설교할 때 완벽하게 사용할 수 있다. 가시덤불 속에서 당신을 끌어내기 위하여 먼 길을 떠나시는 하나님, 여러분이 스스로 팠던 그 구덩이에서 여러분을 건져내기 위하여 거기로 기어들어 가서 결국 당신을 들어 올리신 하나님. 이 일은 구해내기 위해(to save) 찾는 것인가 받아들이기 위해(to welcome) 찾는 것인가? '구해내는 것'과 '받아들이는 것'은 별개의 문제다. 종교적 내부자들은 잃어버린 자들을 받아들이는 것보다는 잃어버린 자를 구해내는 것에 종종 더 편안함을 느낀다. 구해내는 것은 도울 힘과 관련이 있지만, 받아들이는 것은 친밀함과 관련이 있다. 구해내는 일은 주로 개인에 초점을 맞추지만, 받아들이는 일은 공동체에 초점을 맞춘다.

**부지런히 찾고 그 찾은 것을 기뻐함.** 무언가를 찾는 일은 부지런함이 강조될 수 있다. 몇 킬로미터를 더 가는 부지런함, 어두운 곳으로 가서 깨끗이 청소하는 부지런함 그리고 인간 됨, 가치, 올바른 것에 대한 옛 생각을 벗어버리는 부지런함 등. 이런 종류의 찾음과 옛 생각을 제거하는 일은 진실로 위대한 회개라고 볼 수 있는데 그 이유는 진정한 회개는 자신의 마음을 바꾸는 것이기 때문이다. 외부자를 주의 깊고 신중하게 찾는 일은 누구는 받아들이고 또 누구는 거부하는가를 생각할 때 중대한 전환이 될 것이다. 부지런하고 열심히 하는 이 일은 기쁜 마음으로 해야지 마지못해서 하면 안 된다. 이 이야기도 여러 가지 기쁨으로 점철되어 있다. 예수께서 이 이야기를 말할 때 그는 분명히 기쁨에 차서 전달했을 것이고 그가 청중들을 불러 모았을 때도 기뻐했을 것이다. 예수는 단지 기쁨을 강조할 뿐만 아니라 듣는 모든 이가 함께 진정으로 기쁨을 표현하기를 기대하신다.

**누가 죄인인가?** 누가 죄인인가? 이 비유들의 끝 마지막 구절에서 최종적 문제를 제기한다. 이 이야기에서 죄인들은 회개가 필요한 사람들, 그들의 마음이 변화되어야 할 사람들이다. 하나님께서는 종교적 내부자들(우리들 모두)이 내부자와 외부자에 관한 그 마음을 바꿀 때 기뻐하신다. 그 기뻐하심은 공동체가 온전해져서 '하나'와 '아흔아홉'이라는 그러한 구분이 없어졌을 때 일어나게 된다. 진정한 회개는 우리 마음이 변화되어서 모두가 안에 있고 '잃어버린 자'가 없을 때에야 비로소 온전한 공동체가 된다는 것을 알게 될 때 일어난다.

현명한 교사인 예수께서는 하나님에 대한 사람들의 생각까지도 바꾸려고 하였다. 그는 목자를 통하여 남성으로서의 하나님 이미지를, 집을 청소하는 여성을 통하여 여성으로서 하나님 이미지를 보여주었다. 두 가지 다른 비유를 이용하여 그는 어느 하나도 버려지지 않도록 심지어는 여성 하나님 이미지도 그렇게 되지 않도록 하고 있다.

스토리텔러로서 우리도 이 비유를 잘 해석하여 사람들이 그 안으로 들어오도록 하기 위해 그 미묘한 차이점에 관심을 똑같이 기울여야 한다. 우리를 놀라게 만든 이 진리를 받아들여 우리도 생각을 바꾸고 마음을 바꿀 수 있다. 여전히 몇 가지 진리들은 감추어져 있을 것이고 사려 깊은 탐구를 통하여서만 발견될 것이다.

# 성령강림절 후 열다섯째 주일

## 누가복음 16:1-13

¹예수께서 제자들에게도 말씀하셨다. "어떤 부자가 있었는데, 그는 청지기 하나를 두었다. 그는 이 청지기가 자기 재산을 낭비한다고 하는 소문을 듣고서, ²그를 불러 놓고 말하였다. '자네를 두고 말하는 것이 들리는데, 어찌 된 일인가? 자네가 맡아보던 청지기 일을 정리하게. 이제부터 자네는 그 일을 볼 수 없네.' ³그러자 그 청지기는 속으로 말하였다. '주인이 내게서 청지기 직분을 빼앗으려 하니, 어떻게 하면 좋을까? 땅을 파자니 힘이 없고, 빌어먹자니 낯이 부끄럽구나. ⁴옳지, 내가 무엇을 해야 할지 알겠다. 내가 청지기의 자리에서 떨려날 때에, 사람들이 나를 자기네 집으로 맞아들이도록 조치해 놓아야지.' ⁵그래서 그는 자기 주인에게 빚진 사람들을 하나씩 불러다가, 첫째 사람에게 '당신이 내 주인에게 진 빚이 얼마요?' 하고 물었다. ⁶그 사람이 '기름 백 말이오' 하고 대답하니, 청지기는 그에게 '자, 이것이 당신의 빚문서요. 어서 앉아서, 쉰 말이라고 적으시오' 하고 말하였다. ⁷그리고 다른 사람에게 묻기를 '당신의 빚은 얼마요?' 하였다. 그 사람이 '밀 백 섬이오' 하고 대답하니, 청지기가 그에게 말하기를 '자, 이것이 당신의 빚문서요. 받아서, 여든 섬이라고 적으시오' 하였다. ⁸주인은 그 불의한 청지기를 칭찬하였다. 그가 슬기롭게 대처하였기 때문이다. 이 세상의 자녀들이 자기네끼리 거래하는 데는 빛의 자녀들보다 더 슬기롭다. ⁹그러므로 내가 너희에게 말한다. 불의한 재물로 친구를 사귀어라. 그래서 그 재물이 없어질 때에, 그들이 너희를 영원한 처소로 맞아들이게 하여라. ¹⁰지극히 작은 일에 충실한 사람은 큰 일에도 충실하고, 지극히 작은 일에 불의한 사람은 큰 일에도 불의하다. ¹¹너희가 불의한 재물에 충실하지 못하였으면, 누가 너희에게 참된 것을 맡기겠느냐? ¹²또 너희가 남의 것에 충실하지 못하였으면, 누가 너희에게 너희의 몫인들 내주겠느냐? ¹³한 종이 두 주인을 섬기지 못한다. 그가 한 쪽을 미워하고 다른 쪽을 사랑하거나, 한 쪽을 떠받들고 다른 쪽을 업신여길 것이다. 너희는 하나님과 재물을 함께 섬길 수 없다."

## 신학

불의한 청지기의 비유는 매우 심각한 신학적인 문제를 안고 있는데, 그

중 가장 핵심적인 것이 이 비유의 주인공인 불의한 청지기를 본받으라는 권고이다. 그 외에도 다양한 주석적 문제들이 있으므로 본문을 다루기가 쉽지 않다. 비유 자체는 주인이 청지기가 불의함에도 불구하고 그의 슬기 (shrewdness) 때문에 그를 칭찬하는 것으로 끝날 수도 있었다(8a). 그러나 8절 후반부에서 '슬기롭게'라는 주제를 받아 계속 발전시켜 이 불의한 청지기를 본받으라는 훈계에 도달한다. 10-12절에서는 이해하기 힘든 내용이 또 나온다. 청지기의 불의한 행동에 관한 책망(2)이 그를 본받으라는 명령에 의해 무효화된다. 13절은 이 비유의 결론적 교훈에 해당하지만, 그 내용은 이 비유에 관한 것이라기보다는 재물과 하나님을 동시에 섬길 수 없다는 일반적인 가르침이다.

본문에서 보게 되는 부조화를 이해하기 위해 우리는 누가가 책상 위에 예수의 말씀에 관한 자료를 기록한 많은 카드를 쌓아놓고, 관련되는 주제나 주제어에 근거해서 비유와 경구를 연결하면서 복음서를 쓰고 있는 장면을 상상해 볼 수 있다. 16:1-13에 나오는 다양한 텍스트의 층위들은 그런 식으로 설명할 수 있다. 그러나 이러한 편집-비평적 고려를 하고 나서도, 우리에게 주어진 최종적인 본문과 신학적인 씨름을 하지 않을 수 없다. 좋아할 수 없는 인물 그리고 지나치게 미화된 해석을 어떻게 다뤄야 할 것인가?

오늘의 비유는 바로 앞에 나오는 탕자의 비유와 관련이 있다. 두 비유는 상급자의 재산을 탕진한(15:13; 16:1) 종속적 인물(아들/청지기)이 마지막에 환영/칭찬받는 이야기이다. 두 비유가 외형적으로는 유사하지만, 내용면에서는 차이가 두드러진다. 청지기는 아들처럼 참회하지 않는다. 부자는 아버지처럼 낭비한 청지기를 용서하는 것이 아니라 그의 슬기에 대해서만 칭찬한다. 독자는 탕자의 마지막 행동은 도덕적이라고 수긍하게 되지만, 불의한 청지기의 행동이 본받거나 칭찬받을 만한 것이라고 받아들이기 힘들다.

아마도 이 비유를 해석하는 열쇠는 이 비유가 탕자의 비유보다는 어리석은 부자의 비유와 유사하지 않을까 생각해 보는 것이다. 이 비유도 (불의한) 재물의 힘을 써먹으라고 충고하지 않는가? 청지기는 주인의 재산을 낭비하여 쫓겨날 신세가 되고 나고 나서 주인의 재산을 더 낭비한다. 그는 자신의 미래를 보장하고 안정적인 가정을 보존하기 위해 주인의 재산을 주위에 뿌린다. 누가복음 12장의 어리석은 부자처럼, 청지기는 부가 자신을 불확실한 미래로부터 지켜줄 것이라고 신뢰한다. 빚진 자들에게 그가 선물을 준 것은 그들을 빚으로부터 자유롭게 하기 위해서가 아니고, 도리어 신세를 갚아야 하는 책무를 부가하기 위함이다. 우리가 주고받는 선물처럼, 청지기가 준 선물은 자기 이익을 추구하는 사회 연결망 속에서 선물을 받는 사람을 속박하는 기능을 함으로, 선물의 원래 의미를 상실했다.

오늘 이야기에 나오는 첫째 예상 밖의 사건은 주인이 청지기를 야단치기는커녕 그를 칭찬했다는 것이다. 그러나 9절에서 예수가 불의한 청지기를 칭찬하고 우리에게 그를 본받으라고 명하는 부분은 우리의 예상을 더 크게 벗어난다. 우리가 불의한 청지기로부터 정확히 무엇을 배우란 말인가?

그에 대한 답은 9절 마지막 부분 "너희를 영원한 처소로 맞아들이게 하여라"라는 구절에서 찾을 수 있다. NRSV는 skenas를 homes로 번역했는데(공동번역은 '집'으로, 그 외 모든 한글 번역은 '처소'로 번역) 그 본래의 뜻은 '장막'에 더 가깝다. 이 단어는 4절에 나오는 '집'(oikous)이라는 단어와 대조된다는 점에 주목해야 한다. 이 비유에서 예수는 집이 아니라 장막을 보상으로 언급했다. 예수는 불의한 청지기가 원했던 안전하고 안락한 집을 주겠다고 약속하지 않았다. 도리어 방랑자, 난민, 순례자들과 같이 최소한의 소유를 보유한 사람이 잠시 머무를 수 있는 처소를 약속했다.

아마도 이 비유를 우리에게 말씀하신 예수는 우리가 부정한 청지기처럼 재산을 버리기를 원하실 것이다. 그러나 이는 우리가 처분한 재산으로 다른 사람을 속박하여 유익을 얻으려는 생각을 버리고, 부가 우리에게 안전과 안정을 줄 것이라는 환상을 버리기 위함이다. 우리가 거룩한 낭비를 통해 자유롭게 될 때 비로소 우리는 소유에 의해 소유되지 않은 삶, 순례자의 삶, 유목민과 같은 삶을 살 수 있다. 월터 브루그만(Walter Brueggemann)이 말한 것처럼 복음서의 중요한 역설적 통찰력은 "놓아주면 지키고, 지키려고 하면 잃게 된다"는 것이다.[*] 이 비유는 우회적으로 이런 교훈에 도달하게 함으로써 "두려워하지 말아라. 적은 무리여, 너희 아버지께서 그의 나라를 너희에게 주시기를 기뻐하신다"라는 누가복음 12:32의 뜻을 강조한다. 이런 관점에서 이 비유를 읽을 때 16:10-12에 나오는 '충실'(faithful, 신실)이라는 단어는 우리를 모든 것을 제공하시는 분에 관한 신뢰로 인도한다. 이것은 부가 우리를 보호해 줄 것이라는 생각을 버리고 '참된 부'(16:11)와 '하늘의 보물'을 소중하게 여기는, 그런 믿음이다.

우리가 이런 식으로 본문을 읽을 때 불의한 청지기의 문제는 그가 주인의 채무자에게 선물 공세를 했던 점이 아니고, 그 선물이 나중에 돌려받으려는 불순한 목적에 의해 오염되었다는 점이다. 예수는 청자에게 청지기가 재산을 버린 것을 본받으라고 권한다. 그러나 그 목적은 이 땅의 '준 만큼 돌려받는 경제원리'에 의존하여 이 땅에서 안정적인 주거지를 얻기 위함이 아니고, 삼위일체적 삶의 원리를 따라 영원히 움직이는 '영원한 장막'을 얻으려는 것이다.

## 주석

예수의 비유 중에서 '불의한 청지기'(그를 '영리한 관리자' 또는 '신중한 회계담당자'라고 명명할 수 있을까?) 이 비유만큼 해석자를 어렵게 하는 비유도 없다. 이야기는 부가 최고로 중요하다는 맥락에서 전개된다. 16장은 부자의 청지기가 "그의 소유를 허비한다"는 말이 주인에게 들리는 것으로 시작한다(1). 제자들에게는 "하나님과 재물을 겸하여 섬길 수 없다"고 경고한다(13). 장 중간에 '바리새인들은 돈을 좋아하는 자'라고 나오고(14), 그들은 이 모든 것을 듣고 비웃는다. 16장은 부자와 나사로의 비유(19-31)로 끝난다. 그래서 주제는 분명히 돈과 관계가 있다.

---

[*] Walter Brueggemann, *The Land* (Philadelphia: Fortress Press, 1977), 183.

부자에게 청지기가 있었는데, 그가 주인의 소유를 허비했다(또는 '잘못 관리했다?). 그것이 분명해지면 그는 해고될 것인데, 그는 이렇게 말했다. "내가 무엇을 할꼬. 땅을 파자니 힘이 없고 빌어먹자니 부끄럽구나"(3). 분명히 약삭빠른 성격으로 그는 자기 주인에게 기름과 밀을 빚진 두 사람을 불러 빚진 총액을 깎아 주었다. 두 사람의 구입 비용을 깎아 준 것인지, 또는 단순히 주인에게 빚진 액수를 낮추어 주었던 것인지는 알기 어렵다. 어떤 경우든지 두 사람은 경비를 절감했고 결과적으로 청지기 자신에게 빚을 지게 했다. 정산하는 시간이 되자 부자가 자신의 청지기가 한 일을 알게 되었고, 놀랍게도 이 일로 그를 칭찬한다.

그런데 예수는 이를 제자들에게 적용하여 교훈을 주면서 이 세대의 아들들이 자기 시대에 있어서는 빛의 아들들보다 더 지혜롭다가 말한다. 그러면서 역설적으로 결론 내기를 "불의의 재물로 친구를 사귀라. 그리하면 없어질 때에 저희가 영원한 처소로 영접하리라"(9)고 한다.

문제는 청지기는 어떻게 해 왔으며, 그의 주인의 칭찬을 듣기 위해 무엇을 했는가이다(비유는 명백히 9절에서 끝난다). 그는 자기 주인이 빌려준 이자를 감해줌으로써 주인을 속인 영리한 사람인가? 그렇게 함으로써 그는 신명기 23:19-20에서 금지한 이자를 면제시켜 줌으로 빚의 규모를 줄여줄 수 있었다. 만약 그렇다면 그는 영리할 뿐만 아니라 정당하게 행동한 것이다. 그렇지 않다면, 청지기는 그가 할 수 있는 데까지 빚의 규모를 줄여주는 지혜로운 행동을 한 것인가? 그렇게 함으로 비록 그의 임무는 포기했지만, 그 과정에서 자신의 체면을 살리고 빚진 사람들의 호의를 얻게 된 것이다. 이런 두 가지 가능성은 주인의 칭찬을 쉽게 이해할 수 있게 하는데, 특별히 비유가 9절에서 끝나고, 빛의 자녀들에게 부에 대한 경고의 충고(8-13)로 이어졌다면 말이다.

10-13절에 있는 예수의 결론적인 말씀은 한 사람이 가진 물질적 소유와 그것으로 무엇을 할 것인가의 관계에 대한 것이다. 충실함과 책임감이 제시된 덕목이다. 역설적이게도 예수는 "불의의 재물로 친구를 사귀라. 그리하면 없어질 때에 저희가 영원한 처소로 너희를 영접하리라"고 말한다(13).

셋째 가능성, 즉 청지기가 단순히 주인을 속이고, 자신의 사리사욕을 채우기 위해 주인에게 진 빚을 깎아 주었다면, 이야기의 전개상 납득은 되지만, 주인이 왜 청지기를 칭찬했는지는 이해하기 어렵게 된다. 그러면 칭찬의 이유는 '불의한 청지기'가 영리하게 행동한 것이 되고, 이것이 '빛의 자녀들'의 모범이 된다는 말인가? 앞의 두 가지 가능성이 더 납득이 가는 설명이다.

물론 우리는 청지기가 그의 상황에 적절하게 반응했다는 것은 인정한다. 존슨이 주장하듯, "달리 말하면, 청지기는 청지기의 자질을 가진 것으로 칭찬받은 것이다. 칭찬받은 것은 그의 행동의 도덕성이 아니라 상황에 대한 대처의 민감성이라는 자질이다."* 빛의 자녀들이 발전시켜야 할 영리함이 바로 자신의 세대가 맞서고 싸워야 할 이슈 특별히 물질적 재화의 문제에 대해서이다. 이 세대의 자녀들은 빛의 자녀들보다 그들이 당면한 위기에 관해서 더 지혜롭게 행동한다. 누가의 예수가 이 장면에서 무엇을 염두에 두었는지는 분명하지 않다. 아마도 그것이 사도행전의 초대교회 공동체가 했던 행동들이 아닐까?(행 2:42-27) 16장의 예수는 구체적으로 말하진 않는다. 그 대신에 이스라엘 역사에서 확인되는 진실을 되풀이한다. "너희는 사람 앞에서 스스로 옳다 하는 자이나 너희 마음을 하나님께서 아시나니 사람 중에 높임을 받는 그것은 하나님 앞에 미움을 받는 것이니라"(15).

13절은 이 사안을 평범한 견해로 정리한다. "집 하인이 두 주인을 섬길 수 없나니 혹 이를 미워하고 저를 사랑하거나 혹 이를 중히 여기고 저를 경히 여길 것임이니라. 너희가 하나님과 재물을 겸하여 섬길 수 없느니라." 탐욕은 금방 우상숭배로 변하게 되고 이스라엘 백성들의 기본적 약속을 깨뜨리는 결과를 가져온다(출 20:1-3; 신 6:4-9). 야훼 아닌 다른 신이 이스라엘 백성들의 사랑의 대상이 된다. 그들을 이집트에서 나오도록 인도하신 하나님 대신에 맘몬을 섬기게 된다.

---

* Luke Timothy Johnson, *The Literary Function of Possessions in Luke-Acts*, SBL Dissertation Series (Missoula, MT: Scholars Press, 1977), 245.

눅 16:1-13은 성경에서 가장 주석하기 어려운 구절 중의 하나이다. 이 갈피를 못 잡게 만드는 비유와 구린내 나는 주창자들에 대한 예수의 긍정적 태도는 믿음으로 볼 때까지는 만족하게 해결되지 않는다. 그중에 아마도 우리가 가장 희망하는 것은 해결의 추구를 위한 우리의 참여와 성경에서 어려운 부분에 대한 하나님의 백성들의 싸움이 이 세대의 빛의 자녀들 간에 힘들지만 가장 친밀한 우정을 만들어 낼 것이라는 것이다.

## 목회

가르침의 방식으로 비유가 가지는 강점은 민중의 이야기라는 것이다. 비유는 삶의 평범함을 하나님의 특별한 성품과 연결하는 민초들의 교훈이다. 비유들은 대개 우리 삶을 위한 하나님의 선택에 대한 명확한 통찰력의 선물이다. 하지만, 이 비유는 이해하기 어렵고 설교하기 어렵다. 설교자가 해석하기 위해 고군분투하는 바로 그때, 독자는 의미를 파악하기 위해 고군분투하게 된다. 결국 둘 다 좌절하게 된다.

예수는 왜 이렇게 불미스러운 이야기를 믿음이 깊은 생활의 예로 들었을까? 이 비유는 그리스도가 가르친 모든 것과 정반대되는 삶을 사는 사람을 우리 신앙의 모델로 제시한다. 예수는 게으르고 비열하고 자기중심적인 사기꾼 청지기를 주인공으로 하여 이야기를 짠다. 그는 제 몸을 지키기 위해 사적인 이익을 취한다. 비유를 듣는 우리는 이 악당이 어떻게 되는지 보려고 이야기의 결말을 향해 기울인다. 그리고 마침내 주인이 하는 말을 듣고 충격을 받는다.

설득력 있는 이야기이기는 하지만, 결말은 결코 만족스럽지 않다. 왜냐하면 악당이 패배하는 게 아니라 승리하기 때문이다. 그의 계획은 성공한다. 그가 전에 재산을 잘못 관리해 주었던 그의 전 주인은 이제 그를 슬기롭다고 칭찬한다. 독자는 청지기가 마땅히 받아야 할 처벌을 받지 않는 것이 믿기지 않아 탄식한다. 교훈은 사라졌다. 모욕까지 더해지면, 마지막 놀랄 일이 아직 남아 있다. 비유는 이런 말로 끝난다. 악당은 이해했고, 신자들은 그렇지 않다.

이 비유에 속죄나 구원에 관한 내용이 있는가?

다른 상황에서 예수는 의심스러운 사람이 가진 긍정적인 본성을 강조하는 비유를 이야기한다. 누가복음 11:5-13에서 예수는 예상치 않게 찾아온 친구를 먹이려고 한밤중에 이웃을 찾아가서 빵을 요구했는데 환대받지 못한 어떤 사람의 비유를 말한다. 문을 계속 두드려서 퉁명스러운 이웃을 일어나게 했지만, 그가 엄청나게 불편해했다는 것을 눈치채지 못한 것은 아니었다. '얼마나 더'라고 예수가 말했다. "하늘의 아버지께서 구하는 자에게 주시지 않겠느냐?"(11:13). 누가복음 18:1-8에서 예수는 불의한 재판관에 대하여 말한다. "그는 하나님도 두려워하지 않고 사람들도 존중하지 않으며", 또 다른 "얼마나 더…?"로 이야기를 마친다. 예수는 요점을 분명하게 하기 위해 불미스러운 비유적 인물을 하나님을 대신해서 내세운 것으로 보인다.

이렇게 "얼마나 더…"라고 비교하는 것은 누가복음 16장에 다시 등장하는데, 여기서는 의심스러운 성격의 청지기가 '빛의 아들들'이 이해하기 어려워하는 것을 이해한다. 그가 부정한 사람이든 그렇지 않든, 이 사람은 그에게 맡겨진 것을 더 큰 목적을 위해 어떻게 사용해야 할지를 이해했다. 신자들이여, 주목하라. 하나님의 자녀들이 부를 관리하도록 위임되었다는 것을 얼마나 더 이해해야만 할까?

그런 결론을 염두에 두고 청지기는 자신의 현재 상황에서 그가 삭감해 줄 수 있는 것은 모두 삭감해 주었다. 그는 미래에 그가 있고 싶은 곳에 있기 위하여 오늘 어떻게 해야 하는지를 이해했다.

솔로몬은 잠언에 이렇게 썼다: "계시가 없으면 백성은 방자해진다"(잠 29:18). 청지기의 비유는 특별히 더 큰 그림의 비전을 잃어버린 그리스도인이나 공동체에 말하고 있다. 누가 하나님의 백성인가? 그들은 무엇을 하라고 부름받았나? 우리가 어디로 가고 있는지 알지 못할 때, 우리 앞에 있는 보물들은 거의 보물이 아니다. 그것들은 단순한 물건들이고, 물건들은 내가 그것들을 필요로 하는 것보다 더 큰 가치를 갖지 못한다. 이런 물건들은 너무 쉽게 사용되고, 남용되고 조작되는 대상이 된다.

오늘 본문을 조금 다르게 읽어보자. 예수께서 이 비유를 말씀해 주신 무리 가운데, 누가가 '돈을 사랑하는 사람'이라고 묘사하는(14) 바리새파 사람들이 있다. 선택된 백성의 지도자요 하나님의 보물의 관리자인 그들은 정직하지 않은 청지기와 같았다. 그들은 하나님이 그들을 부르신 비전을 잃어버렸다. 그들은 하나님의 백성이 되라는 하나님의 부르심을 현재의 보물을 섬기는 종이 되는 것으로 바꿔버렸다. 부와 돈과 심지어 자기만족에 의해 지배당하는 그들은 세상에 섞여서 그들의 비전을 잃어버렸다. 이런 일들에 대해 예수가 13절에서 말한 것을 다른 말로 바꾸면, "당신은 이 시대를 섬기고 그 보물을 사랑하거나 아니면 하나님을 사랑하고 이 시대에 하나님을 섬길 수 있다. 그러나 둘 다 할 수는 없다. 하나는 죽음으로 인도한다. 다른 하나는 생명으로 인도한다."

불의한 청지기의 역할을 어떻게 해석하든, 주님의 빛 안에서 걷는 자녀들은 이렇게 이해한다. 우리는 하늘나라의 비전을 위임받았을 뿐 아니라 왕의 보물을 받았다! 이 시대에도 우리는 이 세상의 불완전한 보물들을 관리하는 하나님의 청지기이다. 비록 우리 앞에 있는 것을 사용하지만, 우리는 이 선물들을 하나님과의 영원한 관계에 비추어 사용해야만 한다.

이 비유는 자녀들이 하나님이 누구시고 하나님과의 관계 안에서 우리는 누구인지에 대한 영원한 관점을 잃어버렸다고 경고한다. 너무 쉽게 우리는 현재의 삶을 장차 올 나라에서 분리시킨다. 얼마 전에 우리는 "그는 살아 계신다!"고 큰소리로 외쳤지만, 이제 더 이상 분명하게 믿지 않기 때문에 우리의 믿음을 작은 소리로 속삭이고 있다.

삶의 여정 가운데 어디에선가 우리는 그리스도를 위해 살기를 멈췄다. 우리는 예수가 죽었다가 부활했고, 삶이 새롭게 되었다는 것을 믿지 않게 되었다. 그러는 도중 어디에선가, 사람들, 일정, 돈과 같은 긴급한 요구에 응하는 것이 쉬워졌다. 그러는 도중 어디에선가 하나님의 부르심에 대한 비전은 흐릿해지고 혼란스러워졌다. 우리는 하나님의 음성을 듣기를 멈추고, 살아남은 자가 모든 것을 차지한다는 정신 나간 심리 상태를 가지게 되었다. 어디에선가 도전은 대답보다 훨씬 더 커 보인다. 그래서 우리는 남은 것을 구하기 위해 옹기종기 모였고, 좀 더 위대한 것을 위해 사는 것을 잊어버렸다. 우리는 우리의 보물을 묻어버렸다.

이것이 예수가 비유에서 말하는 위기이다. 빛의 자녀들은 하나님에 대한 비전을 잃어버렸다. 하나님이 우리에게 주신 책임에 안주하기는 쉬운 일이다. 비유는 우리가 누구인지를 되찾고, 우리 너머에, 우리 가운데 있는 하나님의 나라를 위해 오늘 우리의 비전을 새롭게 하라고 우리를 부른다.

## 설교

이 비유에 대한 관점과 해석의 수는 아마도 읽는 독자들 수만큼 많을 것이다. 이 비유의 의미는 성서에 대해 가장 훌륭하고 창의적인 주석가들조차 곤란하게 만들어 왔다고 해도 과언이 아니다. 만일 우리가 예수의 음성에서 그 말씨를 들을 수 있고, 그의 눈으로 바라볼 수 있다면 또는 그의 청중들의 일상생활의 현실을 경험할 수 있다면 아마도 예수의 의도를 알아챌 수 있을 것이다.

이 비유가 지닌 모든 가능한 의미와 가치를 찾으려고 분주하기보다는, 설교자는 창의적인 한 관점을 택하고 그 관점에서 이야기를 발전시키는 것이 설교의 포인트를 잡는데 가장 좋을 듯하다. 여기 이런 잠재적인 발전을 목표로 하면서 이 비유를 바라보는 세 가지 관점을 소개한다.

**진짜로 정직하지 못한 것**. 8절로 인해 이 비유에 붙여진 전통적인 제목은 '정직하지 못한 청지기'(the dishonest manager)이다. 하지만 예수께서 여기서 정직하지 못함에 대해 이야기할 때 다른 의미로 말하고 있는 것 같다. 예수 당시에 그리고 예수의 이야기를 지금 듣고 있는 군중 가운데는 부자와 가난한 자라는 두 그룹의 사람들이 있다. 가난한 자들은 그들이 수확한

567

것에 많은 지대를 요구했던 부유한 지주와 매번 과도한 세금을 강요했던 로마 정부의 자비를 언제나 필요로 했다.

　이 비유에서 주인은 그의 청지기를 단순히 소문에 근거하여 잘못하고 있다고 문제 삼는다. 그래서 곧 해고될 것을 알게 된 이 청지기는 '정직하지 못하게' 주인에게 진 빚을 감하여 주는 방식으로 대처한다. 이런 상황을 말하면서 아마 예수께서는 이미 심각하게 정의롭지 못하고 정직하지 못한 시스템에서 정직하게 살 수 없는 처절한 현실을 지적하고 있는 것 같다. 이 비유를 말하는 것 그 자체가 가난한 자들을 매일 속이고 착취하는 전반적으로 정직하지 못한 시스템을 교묘하게 드러내고 있는 것이다. 이 청지기는 그렇게 하지 않았다면 자신을 차가운 곳에 남겨두었을 이 시스템을 날카롭게 심판함으로써 현명하게 행동했다. 그의 주인은 정직하지 못한 점을 칭찬하는 것이 아니라 그의 현명함을 칭찬한다. 9절에서 정직하지 못한 재물에 대한 예수의 언급은 분명히 부유한 사람들을 향한 것이다. 왜냐하면 이 이야기에서 청지기는 자신의 정직하지 못한 행동으로부터 어떤 금전적인 이득도 얻지 못하기 때문이다. 이 이야기는 오늘날 우리 가운데 많은 사람이 이 사회에서 경험하는 정직하지 못한 재물과 그로 인한 가난한 자에 대한 억압과도 직접적인 상관관계가 있다. 어쩌면 우리가 사는 이 사회와 지구촌이라는 작은 사회에서 윤리적으로 불공정한 것들에 대해 또 우리의 경제 제도가 어떤 사람들에게는 윤리적인 삶을 불가능하지는 않지만, 종종 어렵게 만들 수도 있음을 우리는 되돌아볼 필요가 있다.

　**주인의 도구들.** 오드리 로드(Audre Lorde)는 그녀의 책 『시스터 아웃사이더』(Sister Outsider)에서 "주인의 도구로는 결코 주인의 집을 무너뜨릴 수 없다"는 제목의 유명한 에세이를 썼다.* 이 에세이에서 그녀는 주로 사회 속에서 여성의 역할 그리고 개인적인 것과 정치적인 것을 따로 떼어놓고 생각할 수 없다는 것을 말하는데 이러한 관점이 오늘 본문에 적합한 것 같

---

* Audre Lorde, *Sister Outsider: Essay and Speeches* (Trumansburg, NY: Crossing Press, 1984), 110. (주해연·박미선 옮김, 『시스터 아웃사이더』, 후마니타스, 2018.)

다. 이 청지기는 부채를 삭감해 주는데 이것은 주인에게 상상도 할 수 없는 일이다. 어떤 면에서 이 청지기는 자신과 가족들의 삶을 내다볼 뿐만 아니라 동시에 부를 축적하는 주인의 시스템을 해체하고 있는 것이다. 부채를 삭감함으로 그는 불공정한 납세구조를 사실상 드러내고 있는 것 같아 보인다. 그는 부채를 삭감해 주고 스스로 그들과 연대함으로써 부채를 발생시키는 현 시스템을 무너뜨리기 위해 윤리적으로 문제가 있는 방식을 사용하고 있다. 그는 로빈 후드와 같은 방식으로 현명하게 시스템을 해체하여 억압구조로부터 자신을 분리시킨다.

예수의 많은 비유는 하나님의 나라에서 특징적으로 나타나는 삶과 관계들을 묘사하는 데 도움이 되는 것들을 말한다. 그 나라에서는 억압적 시스템을 유지하는 '도구들'은 무기력하게 되고 뒤집어진다. 하나님의 나라에서 부채는 탕감받고, 종살이하던 노예는 자유하게 된다. 이 비유는 희년에 대한 예수의 가르침의 전조로 보이는데, 그때에는 경제적 삶은 평등하게 되고 불평등은 사라지게 된다. 어떻게 이런 일이 가능한가에 대한 대답은 주인의 도구로도 아니고 세상의 방식도 아니며 자본주의의 방법으로도 아니다. 오히려 예수께서 끊임없이 선포했던 하나님 나라의 새로운 삶의 방식으로 가능하다.

**재물과 인간관계.** 이 비유에 대한 마지막 접근은 재물과 인간관계의 연관성을 성찰해 보는 것이다. 이 비유에서 우리는 청지기를 움직였던 동기를 보게 된다. 그의 목표는 자신이 해고되었을 때 그를 받아주게 될 친구들을 만드는 것이다. 크리스틴 폴(Christine Pohl)은 "Profit and Loss"(이익과 손실)이라는 제목의 에세이에서 이 비유는 우리가 돈을 얼마나 좋아하는지를 잘 보여주고 있다고 말한다. 그녀는 "예수는 청지기의 행동을 칭찬한 게 아니고 재물과 인간관계를 본 그의 통찰력을 칭찬하였다. 우리가 지닌 부와 경제행위를 생각해 볼 때, 심지어 선한 목적으로 사용하는 수단까지도, 우리는 하나님과 재물을 함께 섬기는 일이 불가능하다는 예수의 경고를 무시하고 있다"고 주장한다."

만일 우리가 이 신선한 해석을 받아들인다면, 청지기의 통찰력은 재물과 인간관계 사이에 서 있는 우리들에게 도전을 준다. 선한 목적을 이루기 위해 우리는 어떤 수단을 사용하고 있는가? 우리가 구축하려는 관계 배후에 있는 우리의 동기는 무엇인가 그리고 이 관계들이 경제적으로 어떻게 규정되고 있는가? 아마도 더 노골적인 질문은 우리의 관계는 계급 문제와 관련하여 어떻게 형성되고 또 예수께서 그렇게 자주 언급한 '이들 중 지극히 작은 자'(마 25:40, 45)와 우리의 삶 속에서 연대를 가지려면 무엇이 일어나야만 하는가이다.

하나님을 섬기는 일은 사람을 사랑하는 일이 언제나 핵심이 되어야 하는 것을 의미한다. 그래서 예수의 마지막 말은 (그것이 원래의 비유에 속해 있던 그러지 않건 간에) 예수께서 단호하고 분명하게 전달하려고 했던 것을 종합하는 말이다: "너희는 하나님과 재물을 함께 섬길 수 없다"(13).

---

\* Christine Pohl, "Profit and Loss," *Christian Century*, August 29-September 5(2001), 13.

# 성령강림절 후 열여섯째 주일

## 누가복음 16:19-31

¹⁹"어떤 부자가 있었는데, 그는 자색 옷과 고운 베옷을 입고, 날마다 즐겁고 호화롭게 살았다. ²⁰그런데 그 집 대문 앞에는 나사로라 하는 거지 하나가 헌데 투성이 몸으로 누워서, ²¹그 부자의 상에서 떨어지는 부스러기로 배를 채우려고 하였다. 개들까지도 와서, 그의 헌데를 핥았다. ²²그러다가, 그 거지는 죽어서 천사들에게 이끌려 가서 아브라함의 품에 안기었고, 그 부자도 죽어서 묻히었다. ²³부자가 지옥에서 고통을 당하다가 눈을 들어서 보니, 멀리 아브라함이 보이고, 그의 품에 나사로가 있었다. ²⁴그래서 그가 소리를 질러 말하기를 '아브라함 조상님, 나를 불쌍히 여겨 주십시오. 나사로를 보내서, 그 손가락 끝에 물을 찍어서 내 혀를 시원하게 하도록 하여 주십시오. 나는 이 불 속에서 몹시 고통을 당하고 있습니다' 하였다. ²⁵그러나 아브라함이 말하였다. '애야, 되돌아보아라. 네가 살아 있을 동안에 너는 온갖 호사를 다 누렸지만, 나사로는 온갖 괴로움을 다 겪었다. 그래서 그는 지금 여기서 위로를 받고, 너는 고통을 받는다. ²⁶그뿐만 아니라, 우리와 너희 사이에는 큰 구렁텅이가 가로 놓여 있어서, 여기에서 너희에게로 건너가고자 해도 갈 수 없고, 거기에서 우리에게로 건너올 수도 없다.' ²⁷부자가 말하였다. '조상님, 소원입니다. 그를 내 아버지 집으로 보내 주십시오. ²⁸나는 형제가 다섯이나 있습니다. 제발 나사로가 가서 그들에게 경고하여, 그들만은 고통 받는 이 곳에 오지 않게 하여 주십시오.' ²⁹그러나 아브라함이 말하였다. '그들에게는 모세와 예언자들이 있으니, 그들의 말을 들어야 한다.' ³⁰부자는 대답하였다. '아닙니다. 아브라함 조상님, 죽은 사람들 가운데서 누가 살아나서 그들에게로 가야만, 그들이 회개할 것입니다.' ³¹아브라함이 그에게 대답하였다. '그들이 모세와 예언자들의 말을 듣지 않는다면, 죽은 사람들 가운데서 누가 살아난다고 해도, 그들은 믿지 않을 것이다.'"

## 신학

부자와 나사로의 비유는 누가복음 1:52-53의 마리아 찬가와 누가복음 6:20-26의 평지설교에서 언급된 된 '뒤바뀐 운명'에 관한 이야기이다. 그런

점에서 누가의 지속적인 관심, 즉 재물을 성실하게 관리하는 청지기의 사명이 강조된다. 종말론적으로 균형 잡힌 정의가 강조된다: 빈곤 가운데 고통당한 사람은 풍요로워지고, 넘치는 부를 누리던 사람은 빈손이 된다.

자비에 관한 일반적 가르침에 더해 이 비유는 부자와 가난한 자가 서로 가까이 있음을 강조한다. 부자, 혹은 가난한 자는 추상적 개념이 아니고 문 안과 밖에 사는 구체적인 인간이다. 둘 사이의 가까운 거리가 부자에게는 나사로가 보이지 않았다는 사실의 의미를 부각시킨다. 죽은 후에도 이 부자는 아브라함 품에 있는 나사로가 눈앞에 있음에도 불구하고 그가 없는 것처럼 그를 삼인칭으로 칭한다.

오늘 본문은 이 세상에 존재하지만 우리에게 보이지 않는 고통을 보는 것과 보이게 하는 것이 얼마나 중요한 도덕적 과제인지 제시한다. 진정, 이것이 오늘 우리가 당면하는 가장 중요한 도덕적 도전일지 모른다. 오늘의 전 지구적 연결망은 지구상의 고통당하는 자에 대해 이전보다 훨씬 잘 알수 있게 만들었다. 그러나 우리는 집 바로 앞에서 이루어지는 고통을 무시하는 데 익숙해 있다. 아마도 이 둘은 관련이 있을지 모르겠다. 우리가 멀리서 벌어지는 고통의 상황을 더 많이 볼수록, 고통과 불의에 대해 무엇인가 해야 한다는 생각이 점점 희미해진다. 절망과 냉소가 우리의 눈을 닫게 하여, 고통을 보지 못하게 하고 연민을 느끼지 못하게 만든다.

아우구스티누스는 『고백록』에서 비극적 연극에 탐닉해 있었던 자신을 분석한 적이 있다. 그는 "관찰자의 입장에서 우리는 슬픈 감정을 반긴다. 사실 슬픔, 그 자체가 즐거움이다"라고 말하고, 이어서 "허구적 연극에 의해 발생하는 연민은 과연 실제적인 것인가? 관객은 실제적인 도움을 주기 위해 행동하지 않는다. 그러나 단지 슬픔을 느끼도록 초대되었을 뿐이다"라고 말했다.* 오늘날의 발달한 통신 기술이 이와 비슷한 효과를 만드는 것이 아닌가? 대다수의 사람들이 다른 사람의 비극을 구경하면서 슬픔을 느끼지만 돕기 위해 아무 행동도 하지 않고, 한 번 더 클릭해서, 혹은 채널

---

* Augustine, *The Confessions*, trans. Maria Boulding (New York: Vintage Books, 1998), 38.

을 돌려서 다른 이야기를 찾아가고 있지 않은가?

요한 밥티스트 메츠(Johann Baptist Metz)는 우리가 보지 못하는 고통에 주목해야 한다고 강조한다. 그에게 그런 주목은 기독교 영성의 핵심에 속한다. 그는 우리가 보기 위해 더 많이 준비된 마음을 갖고 세상을 대해야 한다고 말한다. "이것은 하나님의 신비에 참여하는 것이다. 우리는 인간의 친구인 하나님을 위하여 우리의 마음을 불편하게 하는 고통에 대해 눈을 떠서 보고, 주목하여 살피고, 해결을 위해 책임 있는 행동을 해야 한다."[*] 오늘의 비유는 우리에게 부를 나누라는 요구를 넘어서 우리 앞에 있는 고통당하는 사람들에게 관심을 가지고 요구한다. 우리 집 앞에 사는 사람들과 우리 도시 반대쪽에 살아서 일부러 보려고 하지 않으면 보이지 않는 사람들을 열심히 살펴봐야 한다는 것이다. 우리가 보지 못하지만, 이 세상 속에 고통당하는 사람은 어디에 있는가? 우리가 입고 있는 의복들 뒤에는 노동을 착취당하는 여자와 어린이들이 있다. 우리가 즐기는 패스트푸드 뒤에는 공장식 농장에서 고통당하는 동물들이 있다. 우리가 누리는 안보 뒤에는 감옥에서 고문당하는 용의자가 있다. 우리 사회는 다른 사람들의 고통을 통해 운영되지만, 그 고통을 은폐하는 정치적, 경제적 시스템이 있다. 예수는 우리가 이런 시스템 안에서 사는 것을 거부하기를 요구하신다.

비유의 후반부는 둘째 신학적 주제를 제시한다: 무엇이 변화의 동기인가? 나사로는 자신의 형제들이 고통당하는 것을 원치 않아서 아브라함에게 나사로를 보내서 경고하게 해달라고 간청을 한다. 아브라함은 그 제안을 거절한다. 왜 거절했을까? 부자가 아직도 나사로를 한 인격체로 대하는 것이 아니고 자기의 목적을 이루기 위한 수단으로 여겼기 때문일까? 아마 소용이 없었기 때문이었을 것이다. 형제들이 모세와 예언자들의 말을 듣지 않았는데, 무명의 거지가 죽은 자 가운데서 살아났다고 그의 말을 듣겠는가? 부자가 원했던 것은 명백한 메시지, 오해할 여지가 없는 확실한 경고였다.

아브라함의 대답처럼 인간의 모든 언어와 상징체계는 불확실성과 모호

---

[*] Johann Baptist Metz, *A Passion for God: The Mystical-Political Dimension of Christianity*, trans. J. Matthew Ashley (Mahwah, NJ: Paulist Press, 1998), 163.

성을 갖고 있다. 부자는 다른 모든 증거를 초월하는 증거, 즉 어느 누구도 의심할 바 없이 이것은 하나님의 진리가 틀림없다는 확신을 갖게 할 기적을 원했다. 아브라함은 우리에게 진리와 언어에 관해서 그런 마술과 같은 확실성은 찾을 수 없다고 가르친다. 우리의 유한성과 이기적인 죄성을 초월하는 인간의 소통은 불가능하다. 우리는 항상 구체적인 상황에서 다른 사람의 말을 들으며, 그때마다 그 말을 신뢰하거나 불신하는 결정을 내린다. 우리는 모든 상황에서 믿음에 근거해서 판단한다. 나사로가 다시 살아서 나타나도, 부자의 형제들은 그가 나사로라는 것과 그가 부자의 메시지를 전달한다는 것을 믿어야 한다. 이것은 하나님이 모세와 예언자를 통해 말씀하셨다는 것을 믿는 것보다 더 믿기 어려운 일일 것이다.

확실성의 강조는 종종 아무 행동도 하지 않는 핑계가 된다. 오늘 비유는 우리의 해석과 믿음을 통하지 않는 하나님의 계시는 있을 수 없다는 것을 가르친다. 우리는 절대적인 신적 명령의 확실성에 근거해서가 아니고 고통당하는 이의 얼굴의 가시성에 근거해서 판단하고 행동해야 한다. 그 얼굴은 우리의 유한성과 죄성에 찌든 예수의 얼굴이기 때문이다.

## 주석

돈과 소유에 관한 것은 누가-사도행전의 중심적 주제를 형성한다.* 마리아의 찬가(눅 1:46-55), 예수의 부모들이 성전에서 예수를 위한 희생제물로 양 대신에 비둘기를 드렸던 것(눅 2:22-24), 평지설교에서 부와 가난에 관한 예수의 냉정한 가르침(눅 6:20-26), 어리석은 부자의 비유(눅 12:16-21), 예루살렘 초대교회의 공동체적 나눔(행 2:42-47), 공동체로부터 돈을 빼돌렸다 당한 아나니아와 삽비라의 비극(행 5:1-11) 등 이 모든 구절은 누가의 부당한 돈에 관한 여러 이야기 중의 일부이다. 이 모든 생생하고 주목할 만

---

\* See Luke Timothy Johnson, *The Literary Function of Possessions in Luke-Acts*, SBL Dissertation Series 39 (Missoula, MT: Scholars Press, 1977).

한 본문 중에서도 오늘 본문 부자와 나사로의 비유(16:19-31)는 부에 관한 문제를 가장 직접적이고 분명하게 다루고 있다.

나사로는 예수의 비유에서 유일하게 이름이 알려진 인물이다. 그에 비해서 부자는 무명인데, 기독교 전통에서는 *Dives*(라틴어로 '부유한'이라는 뜻의 형용사)라고 일컬어져 왔다. 비록 이 장에는 부에 관한 내용들이 많지만(9, 11, 14-15), 비유는 불쑥 시작된다. 예수의 이야기는 돈을 사랑하고(14), 사람들에게 하나님과 돈을 같이 섬길 수 없다고 말했다고 예수를 비웃은 (13) 바리새인들에게 비추어 말해졌다.

부자는 자색 옷과 고운 베옷을 입고 있는데, 이는 그가 왕족이었음을 나타낸다. 그가 대문 안에 살았다는 것은 사회적 장벽을 암시한다. 이러함에도 불구하고 부자는 나쁜 사람으로 그려지진 않는다. 단지 그는 날마다 호화롭게 살면서도 대문에 누워있는 거지를 보지 못했을 뿐이다. 한편 거지는 부자의 대문에 계속 와서 부자의 상에서 떨어지는 것으로 배 불리려 했다. 그는 절망적으로 가난했으며, 심지어 개들이 와서 헌데를 핥았는데, 이는 그가 모욕당하며 병에 걸려 불가능하지 않지만 잘 낫지 않는 상태로 내버려 두었음을 말한다.

그런데 두 사람이 죽었는데, 부자만 장사되었다(제대로 묻혔다). 그런데 거지는 죽자 아브라함의 품에 들어가고, 부자는 음부에서 고통을 당하게 되었다. 다른 세계가 있다는 것은 1세기 작품인 에스드라2서 7:36의 말씀과 상응한다: "고통의 구덩이가 보이자 반대편은 안식의 장소라. 지옥의 불이 닫히자 반대편은 광명의 천국이라." 거기에서 부자는 아브라함과 나사로가 함께 있는 것을 보게 된다. 부자는 아브라함에게 소리 질러 자신을 긍휼히 여기사 나사로를 보내어(여전히 종으로 여기고) 물을 주어 그의 갈증을 해소하게 해달라고 호소한다. 아브라함은 부자가 살았을 때 좋은 것을 받았고 나사로는 아무것도 받지 못했음을 상기시켰다. 그뿐만 아니라 아브라함과 나사로가 있는 곳과 부자가 있는 곳 사이에는 큰 구렁텅이가 끼어 있어 건너갈 수도 올 수도 없다(26)고 말한다.

그러자 부자는 아브라함에게 살아 있는 자신의 형제 다섯에게 사람을 보내어 자신과 같은 고통을 당하지 않도록 경고해 달라고 요청한다. 아브라함이 대답하기를 "저희에게 모세와 선지자들이 있으니 그들에게 들을지니라." 부자는 "아버지 아브라함이여 그렇지 아니하나이다. 만일 죽은 자에게서 저희에게 가는 자가 있으면 회개하리이다"라고 말한다(29-30). 이는 분명히 예수의 부활을 암시하는 것이지만 아버지 아브라함은 모세와 선지자에게 듣지 아니하면 죽은 자 가운데서 살아나는 자가 있을지라도 권함을 받지 않는다고 말한다.

부자는 본래 악한 사람으로 묘사되지는 않는다. 그는 나사로를 괴롭히지도 않았고, 나사로에게 음식 주는 것을 막지도 않았으며 그리고 나사로와 같은 거지들이 있을 대문을 없애지도 않았다. 존 도나휴가 지적한 대로 문제는 세상에 있을 때 부자는 가난한 자를 보지 못했다는 것이다. "부의 심각한 위험 중의 하나는 보지 못하게 한다는 것이다."* 오늘의 시대에 나사로는 구걸하는 사람으로 볼 수 있는데, 사람들은 거지의 눈을 마주치려 하지 않는데, 이는 그의 요청이 동정심을 일으키지 못하게 하려는 것이다. 사람들은 동정받을 만한 가난한 사람에게 도움을 주는 것은 받아들이지만, 또한 사회적으로 어떤 사람은 그럴 가치가 없다는 것을 규정하는 것도 허용한다. 아마도 우리는 모두 굉장한 부자나 절망적인 가난한 사람을 쉽게 보기가 어려울지는 모른다. 그들은 보통의 사람들과 같지는 않다. 하지만 우리는 모세와 선지자들에게 가르침을 받고 문 앞에 앉아있는 거지를 볼 수 있는 다섯 형제들과 우리를 동일시할 수는 있다. 그러면 이 비유는 "이 고통 받는 곳에 오지 않도록 경고받는"(28) 남아 있는 사람들을 위한 것이다.** 본래 누가에는 반전의 언어로 먼저 된 자가 나중 되고, 나중 된 자가 먼저 된다(눅 13:30; 14:9-11; 막 10:31; 마 19:30; 20:16)고 했다. 마리아의 찬가에서부터 누가복음 전체에 걸쳐 우리는 하나님께서 "주리는 자를 배 불리셨으며, 부자를 공수(空手)로 보내신"(1:53) 분임을 읽게 된다. 비유는 강력

---

\* John Donahue, *The Gospel in Parable: Metaphor, Narrative, and Theology in the Synoptic Gospels* (Philadelphia:Fortress Press, 1988), 171.

\*\* Arland J. Hultgren, *The Parables of Jesus: A Commentary* (Grand Rapids: Eerdmans, 2000), 116.

하게 오늘날 우리가 어떻게 돈을 다루어야 하는지 그리고 우리 문 앞에 있는 가난한 사람을 볼 수 있는지에 대해 문제를 제기하고 있다.

## 목회

예수의 비유가 그렇듯이, 이 비유는 전혀 친숙하지 않은 이야기를 하고 있다. 비유는 앞에 나온 예수와 바리새파 사람들 사이에서 있었던, 돈을 사랑하는 것과 부를 추구하는 것과 진정한 부에 대한 대화에 이어진다. 이 비유는 이해하기 어렵지 않지만, 아마도 듣고 있기는 어려울 것이다. 왜냐하면 그 의미가 분명하기 때문이다. 부가 당신을 구해 주지 못한다. 이 비유는 마치 귀가 먹먹할 정도로 조용한 침묵으로 끝난다.

이 비유는 그 시대 사람들에게 익숙한 형식으로 시작하는데, 학자들은 이집트 이야기에서 가져왔다고 생각한다. 두 세계 안에 두 개의 세계가 분명하게 설정되어 있다. 비유는 먼저 두 개의 물리적 세계를 묘사한다. 지상의 삶과 그 너머의 삶. 이들 세계는 죽음의 경험에 의해 연결되어 있다. 이들 각각의 세계 안에 두 개의 다른 세상이 흥미롭게 얽혀있다. 가진 사람들의 세상과 가지지 못한 사람들의 세상, 부자들의 세상과 가난한 사람들의 세상, 안락한 세상과 고통스러운 세상. 이 비유는 두 세계 사이에 분명하게 정해진 경계를 세운다. 그리고 이 두 세계가 만날 수 있을지 궁금해해야 한다.

두 인물 사이의 사회경제적 구분은 뚜렷하다. 옛날 옛적에 두 사람이 있었다. 한 사람은 부자이고 한 사람은 가난한 사람이었다. 두 배역은 서로 교류하지 않는다. 이건 흔히 있는 상황이다. 신분 차이가 분명하다. 독자는 즉시 자신을 부자와 연결하거나, 연결되는 쪽을 택할 것이다. 어쨌든, 누가 다른 사람의 문 앞에 누워있는 가난한 사람이 되고 싶어 하겠는가? 우리는 대부분 그런 곤경을 상상하고 싶어 하지 않을 것이고, 사실은 상상할 수 없다. 우리는 부자의 관점을 선택한다.

로버트 프로스트(Robert Frost)의 시 <담장 고치기>(*Mending Wall*)는 이웃들과 분명한 경계를 가지길 원하는 이웃 사람의 아이러니와 씨름한다. 프로스트는 왜 우리가 스스로를 분리시키는지 큰 소리로 궁금해한다. "어느 날 우리가 만나서 경계선을 걸으며 우리 사이에 다시 한번 담을 쌓는다." 우리에게는 내 자리와 당신의 자리의 경계를 확실하게 하는 것을 좋아하는 무언가가 있다.*

이 비유에서 두 사람 사이에는 교류가 거의 없다. 부자는 나사로를 경멸하지 않는다. 그는 단지 나사로를 인식하지 못할 뿐이다. 우리가 나사로에 대해 아는 것은 그의 이름과 그의 궁핍뿐이다. 나사로의 주린 배와 인생은 그를 괴롭히고, 그의 시선은 부자의 집에 고정되었다. 거기서 그가 기대하는 것은 남은 음식들, 아니 그보다 더 적은 부스러기뿐이었다. 그는 아무것도 얻지 못했다. 그를 알아보는 건 개들뿐이었고, 개들은 가난한 사람의 상처를 핥으면서, 사람의 인생이 얼마나 비천해질 수 있는지를 그로테스크하게 보여준다.

두 사람의 인생이 가장 멀리 떨어져 있을 바로 그때, 전환이 일어났다. 모래시계의 좁은 통로처럼, 시간의 모래가 죽음이라는 좁은 통로를 통해 다른 쪽에 다시 쌓인다. 다시 쌓인다는 것은 경계를 다시 그려서 역할을 완전히 역전시키는 결과를 낳는다. 괴로움을 당했던 사람은 이제 위로받고, 안락하게 살았던 사람은 이제 고통당한다. 이제 분리는 관계이기보다는 육체적이다. 그들 사이에는 크고 통과할 수 없는 간극이 있다. 한쪽 편에는 나사로가 아브라함의 팔에 안겨서, 어머니의 가슴에 안긴 아이처럼 아늑하게 자리 잡고 있다. 양식을 얻고, 안전하고, 포근하게. 나사로는 전에는 이런 경험을 해본 적이 없었다. 간극의 다른 편에는 부자가 있는데, 이번에는 낮은 자리에서 고통당하면서, 굶주린 눈으로 바라보고 있다. 슬프게도 죽음의 경험을 통해서 전혀 지혜로워지지 않은 채, 왕관도 없으면서 여전히 작은 왕인 것처럼, 나사로가 자기 시중을 들게 하라고 아브라함

---

* Robert Frost, "Mending Wall," in *Robert Frost: Collected Poems, Prose, and Plays* (New York: Library of America, 1995), 39.

에게 명령한다.

메시지는 치명적이다. 이제는 너무 늦었다. 부자는 전성기를 지나 보냈다. 아브라함이 자기 아들이라고 부르는 이 이기적인 사람에게 어떻게 기묘한 동정을 하는지 주목하라. 약간 슬퍼하면서 아브라함은 그들 사이에 있는 심연을 가리킨다. 그는 너무 늦었다. 아브라함은 이것을 전혀 기뻐하지 않는다.

이제 그 사람은 우리가 본 첫 연민을 보여주지만, 여전히 기만적인 조작으로 뒤섞여 있다. "당신이 나를 도울 수 없다면, 나의 가족들을 도와주세요. 나사로를 보내세요!" 아브라함이 대답한다. "그들은 그들에게 필요한 안내를 이미 받았다. 그들이 그것을 듣지 않으면 죽은 사람의 목소리에도 귀를 기울이지 않을 것이다."

이 비유의 결말은 우리를 다시 간극을 가로질러 지상 세계로 밀어 넣는다. "돌파하라"고 부자는 소리쳤지만, 사실 하나님은 이미 예언자들을 통해 그리고 그리스도 안에서 그의 말씀으로 돌파하셨다. 사람들은 신실한 삶을 살기 위해 필요한 것을 이미 받았다. 그들은 듣거나 혹은 듣지 않을 것이다. 그들은 응답하거나 혹은 응답하지 않을 것이다.

아마도 우리가 그린 경계선과 벽들은, 우리와 하나님 사이에 있는 것에 비하면, 우리와 다른 사람들 사이에 있는 것은 별 게 아닐지도 모른다. 천사는 라오디게아 교회를 향해 초대와 경고가 섞인 말을 한다. "보아라, 내가 문밖에 서서, 문을 두드리고 있다. 누구든지 내 음성을 듣고 문을 열면, 나는 그에게로 들어가서 그와 함께 먹고, 그는 나와 함께 먹을 것이다"(계 3:20).

프로스트는 이런 생각들을 풀어낸다. "담장을 짓기 전에 나는 물어보았다. 내가 담장 안에 두려고 한 것 혹은 담장 밖에 두려고 한 것이 무엇이었을까?"*

그 문 반대편에 누가 있을지 생각해 보라. 이 그리스도는 누구인가? 마태복음 25장에서, 예수는 자기가 나사로라고 말한다: 그는 배고프고 목말

---

* Ibid.

라 우리 문 앞에 엎드린 사람이다. 예수는 감옥에 갇혀서 '품위 있는' 사회에서 탈락한 사람이다. 예수는 당신이 쉽게 스쳐 지나가는 하찮은 사람이다. 그가 바로 우리의 문 앞에 서서 문을 두드리는 하나님의 그리스도이다. 우리가 대답할 때 우리는 우리를 닮은 사람을 발견하지 못할 수도 있지만, 그러나 우리가 주의를 기울이면, 우리의 하나님을 닮은 누군가를 발견할 수 있을 것이다.

## 설교

> 부자인 다이브스(Dives)*는 아주 잘 살았네.
> (후렴) 네 손에 물을 찍어 나의 혀를 시원케 하라 내가 불 속에서 고통을 받기 때문에
> 그는 죽어서 바로 지옥으로 갔네.
> (후렴) 네 손에 물을 찍어 나의 혀를 시원케 하라 내가 불 속에서 고통을 받기 때문에.

우리 앞에 놓인 이 비유는 위의 흑인영가 형태로 만들어졌다. 그 부자는 잘살았으나 이제 그는 불 속에서 시원하게 해 줄 한 방울의 물을 구걸하는 신세가 되었다. 이 멜로디를 듣고 있으면 이 비유에서 보여주는 하나님의 징벌을 느낄 수 있다.

나사로와 부자의 이야기는 대조와 반전으로 가득 차 있다. 가난한 자는 이름이 있지만 반면 부자는 그렇지 않다. 부자는 자색 옷을 입고 있지만 가난한 자는 상처를 '입고' 있다. 부자는 호화롭게 연회를 베풀지만, 나사로는 위를 바라보며 그 연회의 식탁에서 떨어지는 것으로 만족한다. 부자는 적절한 예식을 따라 무덤에 묻히지만, 나사로는 천사들이 데리고 간다. 이야기의 마지막에서 나사로 곧 가난한 자는 하늘에서 내려다보고 있고 부자는 하늘을 우러러 애걸한다.

---

* Dives는 부유하다는 라틴어로, 부자와 나사로 비유에서 익명으로 나오는 부자의 이름으로 사용된다. (역자 주)

여기서 생생하게 표현된 부자와 가난한 자 사이의 대조와 격차는 생생한 반응을 불러일으키기 위한 것이다. 누가는 이 비유가 '돈을 사랑하는 사람들'(14)을 향한 것으로, 그들에 대한 직접적인 메시지라고 분명하게 말하고 있다. 분명히 예수께서는 그들이 사람보다 돈을, 가난한 자보다 그들의 소유를, 자비보다 그들의 옷을, 굶주린 자들과 음식을 나누기보다 흥청망청한 연회를 더 사랑했다고 이 이야기를 통하여 드러내기를 원했다. 아마도 예수께서는 전에 이들 중 한 사람의 집에 손님이었고 그가 비유에서 말한 것과 비슷한 상황을 목격했던 것 같다. 이런 상황은 그의 말로 인한 불편함을 더 가중시켰을 것이다.

우리가 이런 힘든 본문을 대할 때 우리 앞에 많은 불편한 질문들이 놓여진다. 어느 한 편을 비난하지 않고 이 비유를 설교하는 것이 가능한가? 이 이야기에 대한 우리의 해석은 청중들에 따라 극적으로 달라질 것인가? 이 이야기는 단순히 가난한 자에게는 기쁜 소식이고 부자들에게는 나쁜 소식인가? "너무 늦었어, 너무 늦었어"라고 소리치는 이 비유 어디에서 우리는 구원의 메시지를 발견할 수 있을 것인가?

여기에 제시된 주제들은 오늘날 우리가 사는 세계를 강하게 고발하면서 동시에 이 비유를 말하는 사람의 가르침을 따르려고 할 때, 우리가 부름을 받은 목회에 지속적으로 근본적이고 구원을 이루는 사역을 제공한다.

**커다란 간격.** 부자와 가난한 자 사이에 점점 넓어지는 간격은 우리 시대의 가장 중요한 문제 중 하나이다. 이 비유에 나타난 도덕적 메시지는 만일 당신이 이 땅에서 가난한 자와 부자 사이의 간격을 넘어설 수 없다면 다음 세상에서도 그렇게 할 수 없을 것이라는 점이다. 적어도 이 땅에서 자신의 몫보다 더 가지고 있고 쌓아 두는 사람들은 다음 세상에서는 휴식을 누리지 못한다. 여러 가지 형태로 이에 대한 경고와 메시지가 주어지지만, 그들은 개의치 않고 살아간다. 마지막 날에는 이 간격을 넘어갈 수 없다.

이 고발을 피할 길은 없다. 탐욕과 이기심으로 경제적 분열을 조장하는 사람들은 이번 생이 아닌 다른 생에서 그것을 바로 잡을 수 없을 것이다.

이 비유는 '가진 자들'에게 지금 정의를 행하라는 요청인데, 왜냐하면 다음에는 기회가 없을 것이기 때문이다. "지금 행하지 않는 정의는 정의가 아니다"라는 격언을 오늘 예수의 가르침에 확대해서 적용한다면 "지금 구원을 받지 못하면 구원이 거부된 것"을 암시한다고 볼 수 있다.

**가난한 자들에게 좋은 소식.** 우리가 이 비유를 어떻게 주석을 하든 혹은 그 메시지를 순화시키든 이것은 부자에 대한 경고이고, 또 가난한 자에게는 위로와 희망의 말씀이다. 이 비유에서는 예수의 정체성, 즉 '가난한 자에게 기쁜 소식을 선포하기 위해'(눅 4:18) 기름부음을 받은 예언자라는 것이 살아 있는 색채로 잘 나타나 있다. 예수는 하늘만을 이야기하는 추상적인 신학을 지지하지 않았다. 그는 당시 존재했던 불평등한 구조에 맞서 부자들에게 이 땅에서의 소유를 나누고 억압을 중지하도록 단호하고 끊임없이 외쳤다.

**변화라는 어려운 일.** 이 비유의 마지막에 부자는 고통의 자리에 앉아있지만, 여전히 그는 이전의 특권적 태도를 고수하고 있다. 그는 여전히 나사로에게 자신을 위하여 무언가를 하도록 명령하고 싶어 한다. 사실 그는 나사로에게 직접 말하지 않고 아브라함에게 나사로를 보내어 그의 부탁을 수행하도록 간청한다. 이 부자는 개들의 혀만이 위안이 되었던 나사로에게 도움을 주지도 않았지만, 이제 나사로에게 고통을 덜어달라고 부탁한다. 그는 또한 아브라함에게 자신의 형제들에게 경고해 줄 것을 간청하나 아브라함은 죽은 자가 살아나더라도 믿지 않을 것이라고 대답한다. 아브라함의 말은 누군가 특권을 내려놓는 일이 아마 가장 어려운 변화라는 것을 보여준다. 2장 이후에 예수께서는 그 변화가 낙타가 바늘귀를 통과하는 것(눅 18:25)에 비유할 것이다.

**진정한 믿음.** 너와 '우리' 사이에 '커다란 구렁텅이'가 있다는(26) 아브라함의 말 속에서 심판자는 하나님이 아닌 아브라함임을 알 수 있다. 위대한 스승인, 예수께서는 믿음의 조상 아브라함을 심판자의 위치에 둔다. 아브라함은 믿음이 있는 자와 그렇지 않은 자에 관해 기준을 제시하면서 나사로와 함께 앉아있다. 이 비유로부터 우리가 배우는 것은 이 부자는 실천과 긍휼함이 없었기 때문에 믿음의 자리로 건너갈 수 없었고 그래서 아브라함의 자리에 앉을 수 없었다는 점이다. 가난한 사람들에게 이 비유는 하나님께서 그들의 고통을 알고 있고 또 그들의 편임을 가르쳐주는 큰 위로의 역할을 한다. 하지만 오늘날 소비사회에 살면서 이 간격 사이에서 잘못된 자리에 종종 서 있는 우리가 이 비유를 실제로 듣는다면 그것은 가장 듣기 어려운 일 가운데 하나일 것이다.

# 성령강림절 후 열일곱째 주일

## 누가복음 17:5-10

⁵사도들이 주님께 말하였다. "우리에게 믿음을 더하여 주십시오." ⁶주님께서 말씀하셨다. "너희에게 겨자씨 한 알만한 믿음이라도 있으면, 이 뽕나무더러 '뽑혀서, 바다에 심기어라' 하면, 그대로 될 것이다." ⁷"너희 가운데서 누구에게 밭을 갈거나, 양을 치는 종이 있다고 하자. 그 종이 들에서 돌아올 때에 '어서 와서, 식탁에 앉아라' 하고 그에게 말할 사람이 어디에 있겠느냐? ⁸오히려 그에게 말하기를 '너는 내가 먹을 것을 준비하여라. 내가 먹고 마시는 동안에, 너는 허리를 동이고 시중을 들어라. 그런 다음에야, 먹고 마셔라' 하지 않겠느냐? ⁹그 종이 명령한 대로 하였다고 해서, 주인이 그에게 고마워하겠느냐? ¹⁰이와 같이, 너희도 명령을 받은 대로 다 하고 나서 '우리는 쓸모 없는 종입니다. 우리는 마땅히 해야 할 일을 하였을 뿐입니다' 하여라."

## 신학

오늘의 그리스도인에게 누가복음의 이 구절은 기껏해야 이상하며 부적절하고, 심지어는 혼란스럽고 위험해 보인다. 예수께 제자들이 그들의 믿음을 더하여 달라고 간청할 때 예수는 겨자씨 한 알만한 작은 믿음이 기적을 일으키는 능력을 가질 수 있다고 말한다. 그리고 난 후 예수는 제자들에게 그들 스스로를 쓸모없는 종으로 여기도록 견책한다.

개신교 전통에서 기적은 자주 등장하지 않는다. 나무를 옮겨 심어지게 하는 능력을 요구하거나 어떤 다른 방식으로 초자연적인 힘을 구하는 사람들이 과연 얼마나 될까? 이 구절에서 예수의 둘째 말씀은 우리를 더 곤혹스럽게 만든다. 지난 십 수년간 교회와 사회는 여성과 남성이 자기 가치에 관해 건강한 의식을 갖도록 돕기 위해 다양한 노력을 기울였다. 그런데 스스로를 쓸모없는 종으로 여기라는 예수의 권면은 자기 가치를 끌어 올리기 위해 그들이 쏟아부었던 그간의 모든 노력을 수포로 만드는 것처럼 보인다. 특히 여성의 상황에 적용해 본다면, 이 구절은 여성이 예수의 말씀에 나오는 종처럼 어떤 형태의 보상에 대한 기대 없이 그들의 일과 성취에 대해 자랑하지 않을 뿐만 아니라 그들에게 부과된 수많은 의무를 겸허하게 수용하라는, 곧 그들이 오랜 기간 들어온 거의 위험하기까지 한 지시를 품고 있는 것처럼 보인다. 이러한 역사를 알고도, 당신은 여성에게 그들 자신을 무가치하게 여기라고 충고할 수 있겠는가? 이에 더해 여전히 너무나 많은 사람에 의해 경험되고 있는 노예제의 비인간화와 생명을 앗아가는 시스템의 폐해가 횡행한 상황에서, 당신은 어려움 없이 모든 그리스도인 동료에게 그들 스스로를 종으로 여기라고 권면할 수 있겠는가?

기적과 노예(종)는 내가 그리스도인 믿음의 본성에 관해 성찰할 때, 그 즉시 나의 마음에 다가오는 것들이 아니다. 하지만 정말로 그리스도의 이 두 말씀은 믿음에 관한 그리스도인 이해의 어떤 중심적인 면으로 우리를 이끌 수 있다. 내가 위에서 언급한 논쟁들은 타당하고 중요한 반응들이다. 그러나 그러한 논쟁들이 성서가 여기서 우리에게 말하려는 것을 더 깊게 그리고 자세히 살피는 것에 방해가 되어서는 안 된다. 이 구절에 담겨있는 신학적 핵심을 이해하기 위해 확인해야 할 중요한 사항은 여기서 말하는 믿음이 그리스도인이 갖고 있는 믿음이 아니라, 그리스도에 관한 믿음이고, 그것은 그리스도 자신의 믿음의 거울상과 같은 것이라는 점이다. 왜 이것이 중요한가?

위에서 살펴본 문제는 우리의 믿음이 우리 믿음의 대상과 분리될 때, 즉 우리가 우리의 신앙을 우리 것으로 생각할 때 생긴다. 제자들은 적어도 그 점은 이해했다. 제자들이 예수께 그들에게 큰 믿음을 달라고 간청한 이 구절에서 허용된 믿음은 선물이다. 믿음의 성장은 신앙 발전을 위한 10단계 프로그램과 같은 노력의 결과가 아니다. 믿음과 믿음의 성장을 인간의 노력에 의해 획득되는 것이 아닌 하나님에 의해 주어지는 것으로 이해해야 한다. 예수의 말씀에서 참된 기적은 자연법칙을 극복하는 것이 아니라 참된 믿음을 갖는 것이다. 그 믿음이라 함은 누가가 그의 복음서 서두에서 진술한 것처럼(1:37) 불가능한 것이 없는 하나님을 붙드는 것이다. 하이델베르크 교리 문답은 믿음이란 어떤 종류의 지식이라기보다는 "복음을 통하여 내 안에 성령께서 창조하시는 전적인 신뢰"라고 정의한다.* 제자들이 더 큰 믿음을 구할 때 그들 앞에 고난의 시간이 다가오는 것을 알고서 예수는 그의 신실한 추종자가 스스로를 바라보면서 자기 자신의 믿음을 판단하거나 그 믿음의 강함에 의지하거나 그 믿음의 약함에 위축되거나 하는 것이 아니라, 자신이 따르는 그분을 바라보게 하기 위한 대답으로 작은 어떤 것, 즉 겨자씨 크기의 믿음을 요구하신다. 예수를 따르는 이는 그런 의미 안에서 그의 믿음이 자기 것이 아니라 그와 그리스도를 구속하는 성령의 사역이라는 것을 안다. 그것이 진실한 기적이다.

확실히 이런 종류의 믿음은 흠모하거나, 쟁취하거나, 보유할 수 있는 성격이 아니라, 삶으로 구현되는 믿음으로, 제자의 삶이 하나님을 섬기는 삶이 되게 지탱시켜 주는 효과적이고 생동적인 믿음이다. 우리가 이런 충실한 섬김의 본질에 대해 숙고하기 전에, 그리스도인의 믿음은 예수 그리스도 안에서의 믿음이라는 것을 다시 기억하는 것은 중요하다. 칼 바르트가 언급했듯이 종으로서의 주님은 우리 가운데 섬기는 분으로 오셨다.** 우리가 이것을 인정할 때만 예수께서 하나님과 믿는 자들 사이의 관계에 대해 설명할 때 왜 1세기 노예제도를 예로 드셨는지 이해할 수 있다. 결정적으로 예수는 주인과 종의 사회적 질서를 인정하는 것이 아니라, 오히려 그의 요점을 진술하기 위해 이런 예를 이용하는 것이다. 하나님은 인간에게 빚진 것이 하나도 없고, 그리스도인의 태도는 성실한 봉사와 자발적인 순종이어야 한다. 이것이 복음으로 들리는가? 칼뱅은 그렇게 생각한다. 그는 모든 인간 존재들이 자신의 공로를 믿는 "사악한 거만함"에 대해 비판한다. 그러나 그는 즉시 기꺼이 우리의 채무자가 되어 주시는 하나님의 기쁨이라는 면에서 하나님의 은혜를 설명해 나간다. 이를 두고 칼뱅은 "우리

---

\* Heidelberg Catechism, question 21, in *The Book of Confessions* (Louisville, KY: Office of the General Assembly, 1999), 31.

\** Karl Barth, *Church Dogmatics*, IV/1, trans. G. W. Bromiley (Edinburgh: T. & T. Clark, 1962), 157.

를 향한 신성한 선함의 높이"라고 칭했다.* 누가복음의 이 구절은 정말로
하나님 외에 모든 인간의 공로와 모든 인간의 주장을 부정한다. 그러나 여
기서 우리가 만나는 무익한 종은 그리스도 안에서 하나님의 은총을 선물
로 그리고 그들의 가치에 관한 특별한 깨달음으로 받는 자이다.

오늘 본문 두 부분의 메시지를 요약해 보자면, 그리스도인의 믿음은 이
상하고 퇴보적인 게 아니라 희망차며 신뢰할 만하며 심지어 약함 가운데
강하고, 놀랍고, 활동적인 것이다. 믿는 자 때문이 아니라 우리가 믿고 있
는 그분 때문에 그렇다. 그것이 진정한 복음이다.

## 주석

오늘 본문은 두 단락으로 이루어져 있다: 믿음을 더하여 달라는 제자들
의 요청에 대한 예수의 대답(5-6)과 쓸모없는 종의 비유(7-10). 첫 부분은 마
태복음 17:20과 병행구이고, 둘째 부분은 누가복음에만 있는 것이다. 각 부
분의 구성 요소와 덧붙여 주석은 반드시 왜 그리고 어떻게 누가가 이 복음
서 부분에 이 둘을 같이 가져와 배치했는가에 대하여 생각해야 한다. 특별
히 첫 부분의 맥락은 마태의 맥락과 전혀 다르다.

마태복음 17:14-21에서 예수는 겨자씨 비유를 사용하여 제자들이 왜 귀
신을 쫓아낼 수 없었는가에 대한 질문에 대답한다. 제자들이 귀신을 쫓아
내지 못한 것은 "너희의 믿음이 적기 때문이다"(마 17:20)라고 말한다. 예수
는 계속해서 너희에게 겨자씨 한 알만한 믿음이라도 있다면 산을 옮길 수
있다고 말하신다(덧붙이자면 귀신도 쫓아낸다는 것이다). 누가에서는 대조적
으로 이미 누가복음 9:37-43a에서 사용했기에 제자들이 고칠 수 없다는 이
야기가 없다. 대신에 누가는 용서에 관한 두 가지 말씀을 겨자씨에 관한
말씀 앞에 둔다(눅 17:3-4; 마 18:15, 21-22). 비록 대부분의 학자들이 3-4절과

---

* John Calvin on Luke 17:7-10, from the *Commentary on Matthew, Mark, Luke*, trans. T.
    H. L. Parker (Grand Rapids: Eerdmans, 1972), 2:124.

5-6절의 관계가 없다고 주장하는데, 왜냐하면 이 둘 사이에 비약이 심하기 때문이다. 아마도 믿음의 요청과 용서의 필요를 병렬해 놓음으로써 누가가 다른 데서 그랬던 것처럼(8:40-56의 유명한 예) 이 둘을 연결시키려 했다.

본문에서 제자들은 용서하기 위해서 예수에게 믿음을 더해 달라고 요청한다. 이 연결을 연장해서 돌아보면 믿음 없이 용서하는 것은 제자들이 걸려 넘어지게 되거나 바다에 빠지는 것이 낫게 되는 어려움에 처한다 (1-2). 결과적인 의미는 강력하다. 마태가 치유를 위해 믿음이 필요했다면 누가는 용서에 믿음이 필요하다는 것이다.

믿음에 관해 말하다가 '무익한 종'의 비유로의 전환은 또한 갑작스럽다. 여기에도 연관이 있을 수 있으며, 용서하는 데 필요한 믿음을 제자도의 기본으로 삼는다. 용서를 받은 제자들은 "우리가 해야 할 일을 한 것뿐입니다"(10)라고 말해야 한다.

비유는 9절의 수사적 질문을 제기한다. "그 종이 명령한 대로 하였다고 해서, 주인이 그에게 고마워하겠느냐?" 그리스-로마 세계의 사람 누구나 예수의 질문에 아니라고 대답할 것이다. 종은 명령받은 것을 해야 되고, 주인은 고맙다고 할 필요가 없다. 무소니우스 루프스(Musonius Rufus) 같은 계몽적인 도덕주의자나 토라의 좀 더 인간적인 율법의 옹호자들은 종들도 잘 대우받아야 한다고 주장할 것이다. 주인들은 충실한 봉사에 감사하여 자유를 줄 수도 있지만 사회체제를 바꾸려는 사람은 적고 이 비유도 그러하다. 여기에서 노예제도나 주인과 노예 관계에 관해 아무런 언급이 없다. 비유는 단순히 의무를 이행하는 체제의 논리를 사용할 뿐이다.

이러한 생각은 비유의 둘째 부분에도 나타난다. 이미 5-6절의 믿음에 관한 말씀과 앞서 3-4절의 용서에 관한 말씀의 연결을 보았다. 이 말들과 무익한 종의 비유를 연결하는 것은 10절에 나타나는데, 여기에서 예수는 듣는 이들에게 직접적으로 말하고 비유를 그들에게 적용한다. 누구에게 말한 것일까? 이야기 구조로 보면 5절에는 사도, 1절에는 제자들로 나온다. 그런데 중요한 전환이 비유 자체에서 일어난다. 7-9절에서는 청중들이 주인으로, 10절에는 종으로 나타난다. 그런데 비유를 들은 자들은 '내가 쓸모

없는 종'이라 하지 않고 '우리는 쓸모없는 종'이라고 말한다. 관심은 공동체에 있다. 1-2절에서는 '작은 사람들'에게 관심을 두었고, 3-4절에서는 믿음의 형제가 죄를 짓거든 꾸짖고, 회개하거든 용서해 주어라고 제자들을 꾸짖고 있고, 5-6절에서는 제자가 될 수 있는 믿음에 관해 말한다.

비유 자체에 여러 가지 난점이 있는데, 10절의 헬라어 형용사 archreios의 번역부터 시작하자. NRSV는 가장 흔하게 특히 종을 묘사할 때 사용하는 '쓸모없는'이라고 번역한다. 그런데 하루 종일 여러 가지 일을 한 종을 정상적 의미에서 '쓸모없다'고 말하긴 어렵다. 그래서 다른 주석자들은 다른 번역들 '가치 없는', '불쌍한' 또는 '무익한'이라고 번역했다. 그러나 최종 분석에서 대안은 글의 의미를 실질적으로 변경하지 않는 것으로 보인다. 어떤 식으로든 그들은 모두 노예의 종속적인 역할을 반영한다. 그러므로 우리는 achreios의 사용에 대해 너무 많이 읽어서는 안 된다. 왜냐하면 비유의 핵심 논리는 비하 또는 비참한 겸손을 암시하는 해석에서 벗어나 노예의 의무에 대한 문제를 지적하기 때문이다. 사실, 일부 고대 사본은 비유 자체의 의미를 변경하지 않고 용어를 완전히 생략한다.

그렇다고 주인/종에 함축된 의미로 하나님과 인간 또는 하나님과 신자들을 말하는 것도 문제이다. 많은 예수의 비유나 말씀들은 종종 이러한 해석을 따른다. 그래서 이러한 것을 완전히 무시할 수는 없다(눅 12:35-43; 14:15-24; 16:13의 예를 보라). 더구나 쓸모없는 종의 비유는 유대인의 경건과 상응한다. 그들은 토라의 명령을 이루도록 창조되었기에 그렇게 한다고 보상은 없다. 이러한 것을 염두에 두고 어떤 사람들은 비유의 본래 목적은 하나님과 관계에 있어 잘못된 프라이드를 정죄하는 것이라고 주장한다. 하지만 비유가 초기형태에서 무엇을 의미하든지 간에, 누가가 여기에 배치한 것은 아주 특별한 것을 말하는데, 거의 반어적인 의미이다. 종의 의무가 명령받은 것을 행한 듯, 제자의 의무는 용서하는 것인데 용서하는 데 누가의 이해로는 믿음이 필요하다.

**목회**

누군들 더 큰 믿음을 가지기를 원하지 않을까? 제자들이 예수에게 믿음을 더하여 달라고 부탁하는 것은 놀라운 일이 아니다. 우리는 죄책감 때문에 예수의 놀리는 듯한 대답을 들어도 특별히 놀라지 않는다. 예수는 엄지와 집게손가락을 조이며, "너희에게 이만한 믿음이라도 있으면, 너희가 원하는 일은 무엇이라도 할 수 있을 것이다"라고 말한다. 우리는 사도들과 함께 풀이 죽어서 우리가 야단맞을 만하다고 인정하고 참는다. 우리가 예수에게 기대하는 것이 있다면, 그것은 우리가 얼마나 갑작스럽게 무너지는지를 끊임없이 일깨워 주는 것이다.

여기 설교자들을 위한 목회적인 문제가 있다. 이런 과정을 거치면서 우리는 성서로부터 끊임없이 비난을 기대하게 되었다. 종종 우리는 예수께서 제자들에게, 그러니까 우리에게 부끄러움과 분노에 차서 하시는 말씀을 듣는다. 실제로 교인들과 예배를 인도하는 사람들이 성서를 읽고 들을 때 얼마나 자주 야단치는 어조로 말하는지 놀랍다. 이런 꾸며낸 어조는 오늘 10월의 아침에 예배하러 온 수많은 사람을 쫓아낼 것이다. 어떤 사람들은 성서를 잘못 사용해서 생긴 상처들을 가져온다. 기독교는 온통 죄의식에 관한 것이라고 믿는 사람도 있다. 이러한 인식은 자신과 그들을 사랑하는 하나님 사이에 장벽으로 서 있다.

성서 말씀을 읽을 때 모든 어조를 탐구하는 것이 좋을 것이다. 예수가 사도들을 전혀 꾸짖지 않는다면? 만약 예수가 제자들의 믿음 없음 때문에 혀를 차거나 고개를 가로젓고 있는 것이 아니라, 친구들을 위해 목숨을 바치는 사람으로서, 격려와 사랑의 음성으로 이런 말을 하고 있다면? 우리를 위해서?

만약 우리가 이러한 새로운 귀를 가지고 다시 들으면, 예수가 친절하게 그리고 아마도 미소를 지으며 제자들에게 대답하시는 것을 들을 수 있을 것이다. "너희에게 더 많은 믿음이 필요하지 않다"고 예수가 말한다. "이정도의 믿음으로(다시 그의 엄지와 집게손가락을 조이면서) 충분하다!" 우리가 예수가 사랑의 음성으로 하는 말을 듣는다면, 그가 사도들에게, 사실은 그들이 이미 그들에게 충분한 믿음을 가졌다고 말하는 것을 들을 수 있을 것이다.

이 구절보다 앞에 나오는 구절들(1-4)을 보면, 제자들이 왜 더 많은 믿음을 요청했는지 이해할 수 있다. 예수는 방금 제자들에게, 제자가 된다는 것은 그들이 상상하는 것보다 더 부담스러운 것이라고 말씀하셨다. 그들은 서로에 대해 책임이 있다. 실제로, 형제나 자매를 옳은 길에서 벗어나게 하는 것보다 바다에 던져지는 편이 낫다. 만약 그들이 잘못하면, 그들을 용서라고 하는 바닥이 없는 우물에서 끌어내야 한다고 예수는 주장한다. 제자들이 "우리에게 믿음을 더하여 주십시오!"라고 외친 것은 놀라운 일이 아니다. 제자들은 자기들이 이 일을 해낼 것이라고 확신하지 못하지만, 예수는 "얼마나 많은 믿음이면 충분한가?"에서 "무엇을 위한 믿음인가"로 질문을 바꾼다. 예수는 제자들에게 이미지와 이야기를 통해 말한다. "너희는 너희에게 필요한 믿음을 이미 가지고 있다. 이제 믿음의 목적을 달성하라. 믿음으로 살라."

예수는 겨자씨 비유로 믿음은 계량할 수 없는 것이라는 이야기를 한 후, 주인과 종의 비유로 그가 무슨 말을 하려고 하는지를 보여준다. 오늘날 서구 세계에서는 노예제도에 대하여 예수가 이런 식으로 말하는 것을 듣기 어렵다. 그러나 만약 사람들이 해방되기 전 몇 년 동안 하인으로 일하는 사회라는 상황에서 이 이야기를 고려해 보면, 예수가 관계에 대하여 설명하고 있다는 것을 알게 된다. 하인이 단지 자기 할 일을 했다고 해서 축하받을 자격이 있느냐고 예수는 물으신다. 하인이 그가 해야 할 일을 했다고 보상을 받아야 할까? "물론 아니지!" 예수가 설명하는 것은 상호 책임과 기대라는 특징을 가진 주인과 종의 관계이다. 주인은 종이 자기 의무를 다할 거라고 기대하고, 종은 자기들이 할 일을 마치고 나면, 영양과 휴식과 보호를 받을 것이라고 기대한다.

이런 식으로 믿음을 이해하는 것은, 믿음을 삶의 한 방식으로 이해하는 것이다. 하나님을 섬기는 사람들은 의무감과 기쁨으로 하나님의 명령에 따라 살아간다. 우리는 시편 기자가 "주님의 증거가 너무 놀라워서, 내가 그것을 지킵니다"(시 119:129)라고 노래한 것과 같은 이유로 복종하는 삶을 산다. 우리가 하나님을 섬기고 서로를 섬기는 것은 보너스 포인트를 얻으려는 것도 아니고, 하나님이 그것을 기대하시기 때문도 아니라, 하나님께서 우리에게 풍성한 삶을 사는 길을 보여주셨다는 것을 알기 때문이다.

다시 말해, 충분한 믿음을 가지고 있는지 묻는 것은 방향을 잘못 잡은 것이다. 정말 중요한 문제는 우리가 어떻게 함께 사는가 하는 것이다. 우리가 어떻게 서로를 죽음의 골짜기로 인도하지 않을 수 있을까? 어떻게 우리가 서로를 계속 용서할 수 있을까? 우리가 초인적인 믿음의 저장소를 가지고 있기 때문이 아니라, 하나님께서 우리에게 신실한 공동체가 풍요롭게 번영하기 위해 필요한 것을 주시기 때문이다. 신앙의 섭리에서, 섬기는 우리는, 우리가 복종하기를 기대하실 뿐 아니라 그렇게 하는 데 필요한 모든 것을 우리에게 주시는 자비로운 주인에게 의존한다.

이러한 신앙관은 교회를 온갖 종류의 실수로부터 구해 준다. 이런 하나님의 섭리 안에서, 믿음은 개인적인 강인함에 관한 것이라기보다 서로에게 관용하는 것이다. 그래서 우리 모두가 믿음 안에서 함께 있다는 것을 계속 배워간다. 이런 신앙을 살아가는 공동체는 질문을 하거나 의심을 표현하거나 혹은 약함을 드러내는 것을 두려워하지 않으며, 공정성을 넘어서는 자비를 두려워하거나 인내심이 약해져도 서로의 실패를 용서하는 것을 두려워하지 않는다.

이 섭리에서, 믿음은 영적으로 불가사의한 일이 일어나도록 하기 위해 창고에 비축되는 것이 아니라, 정의롭고 사랑하시는 하나님께 복종하는 삶을 살게 한다. 우리가 사귀고 있는 분을 신뢰하면서, 믿음이란 계량될 수 없고 단지 규정될 뿐이라는 것을 인식하면서, 자기 신뢰에 대한 어떤 환상도 포기한다.

신앙의 섭리에서 우리는 하나님의 축복에 대하여 우리가 감히 상상했던 것보다 더 많은 것을 발견한다. 우리가 하나님의 길을 함께 걸을 때, 우리에게 많은 것을 기대하시면서 동시에 많은 것을 약속하시는 하나님을

592

발견하게 되고, 너무나 놀랍게도 우리 모두의 의로운 주인이 무엇보다 먼저 "섬김을 받으려는 것이 아니라 우리를 섬기려고" 오셨다는 것을 발견하게 된다(마 20:28, 막 10:45).

## 설교

누가복음 17:5-10에 나오는 이 두 개의 짧은 이야기는 신약성서 학자 마르쿠스 바르트(Markus Barth)가 늘 학생들에게 이야기하던 것을 생각나게 한다: "만일 여러분이 본문에서 말씀을 찾을 수 없다면 그것은 본문의 잘못이 아니다. 가서 다시 시도하라. 더욱 깊게 파라." 처음 본문을 읽을 때 설교자는 겨자씨 이야기와 주인과 종 이야기를 분리해서 보려고 한다. 그래서 둘 중 어느 한 이야기를 택해서 설교하려고 하지만 두 이야기 모두 제자들이 "우리에게 믿음을 더하여 주십시오"라고 요청한 것에 대한 응답임을 기억해야 한다. 말씀을 좀 더 깊이 탐구하려는 설교자에게 이 두 이야기는 현대 문화가 놓아둔 장애물을 가지고 있다. 현명한 사람은 보다 주의를 기울여야 할 것이다.

만일 당신이 겨자씨 크기 정도의 믿음을 가지고 있다면 당신은 자연환경을 바꾸는 것과 같은 놀라운 일을 할 수 있다. 마태는 이것을 더 극적으로 바꾸어 산을 옮길 수 있는 능력을 약속하고 있다. 이 이야기 곧 작은 씨앗, 놀라운 일을 성취하는 초자연적인 능력의 이야기는 누구나 좋아한다. 내가 어렸을 때 흔히 볼 수 있는 보석은 겨자씨 팔찌였는데 그것은 확대경 역할을 하는 투명한 유리 속에 작은 겨자씨가 들어있는 것이었다. 우리 어머니도 하나를 가지고 있었는데 나에게 그 팔찌는 매우 한정된 재료를 가지고 굉장한 물건을 만들어 내는 놀라운 어머니의 능력을 상징하였다. 사실 위대한 일들은 꿈을 꾸는 사람들 그리고 믿음으로 자신 안에 있는 그 꿈을 성취하려 애쓰는 사람들에 의해 이루어져 왔다. 교회를 기반으로 했던 마틴 루터 킹 주니어(Martin Luther King Jr.) 목사와 시민운동을 생각해 보자. 여기서 비폭력으로 저항했던 사람들이 마주친 것은 무장한 경찰, 경찰견, 물 대포 그리고 인종 분리를 지지하며 이 시위를 위협했던 군중들이었다. 또 아파르트헤이트(apartheid)라는 끔찍한 인종차별을 반대하며 국가 권력에 맞섰던 데스몬드 투투 주교(Desmond Tutu)를 생각해 보자. 또 라이프치히와 드레스덴에서 그리고 동베를린에서 무너져 내리고 있던 공산주의 정부에 저항하면서 찬송을 부르며 촛불을 들고 교회에서 물밀듯이 나온 사람들을 생각해 보자. 이 사람들이 믿음을 갖지 않았더라면 이러한 변화는 일어나지 않았을 것이다. (이들의 믿음으로 인해) 미국과 남아프리카 그리고 유럽의 환경은 근본적으로 변화되었다.

겨자씨 이야기는 미국 문화가 좋아하는 주제와 연관이 있다: "당신의 목표를 충분히 신뢰하고 그 목표를 향하여 열심히 일하라. 그리하면 당신은 그것을 성취할 것이다." 설교자는 여기서 신중할 필요가 있다. 많은 종교가 소위 번영의 복음이라는 인기 있는 상표를 가지고, 하나님께서는 당신이 성공하고 부자가 되고 건강해질 것을 원하시며 당신의 그 목표를 이루는 데 도와주실 것이라고 전하고 있다. 설교자는 교인들 가운데 텔레비전에서 설교자가 전하는 번영의 복음을 시청하고, 그 메시지에 마음을 빼앗겨 그것이 진리라고 믿으려고 하면서, 왜 우리 목사님은 이렇게 낙관적이지 않을까 의아해하는 교인들이 있다는 것을 기억할 필요가 있다.

하지만 설교자가 기억할 가장 중요한 일은 주일 아침에 설교를 듣는 사람 중에는 일이 그다지 성공적으로 풀리지 않는 신실한 남녀 교인들 그리고 어린이들이 있다는 것이다. 25년간 일했던 회사에서 구조조정으로 해고된 남자, 종양이 악성으로 판명된 여자, 대표 팀에 뽑혔지만 그 자리가 자기에게 부적당하고 불안정하며 인기도 없다는 생각에 사로잡혀 있는 소년 등에게는 진실하고 믿음을 지닌 기도가 효력이 없는 것처럼 보인다. 매 주일 강단 아래에는 도움이 필요한 사람, 절망한 사람, 낙심한 사람 그리고 슬퍼하는 사람들이 있다. 그들은 번영을 말하는 설교자로부터 들은 것은, 성공하지 못한 이유가 그들 자신에게 있고 그것은 기도를 열심히 하지 않았고 믿음이 부족했다는 것이다. 그들은 가치가 없다는 것이다. 설교자는 하나님께서 나의 계획을 위해 (그것이 무엇이든 간에) 동원될 수 있다고 말하지 않도록 주의할 필요가 있다.

겨자씨 이야기가 처음 읽을 때 즐겁고 긍정적이었다면, 주인과 인정받지 못하는 종에 관한 이야기는 불편하고 난처하게 들린다. 나는 그가 노예였는지 혹은 종이었는지는 학자들에게 맡겨 두려고 한다. 헬라어 둘로스(doulos)는 노예 혹은 종으로 둘 다 번역될 수 있기 때문이다. 만일 NRSV를 따라서 '노예'라고 한다면 미국 문화에서 이 용어가 얼마나 깊이 그리고 비극적인 면을 담고 있는지에 민감할 필요가 있다.

제자들은 예수께 믿음을 크게 해 달라고 요청했다. 예수께서는 그들에게 묻는다. "만일 네 노예/종이 하루 종일 힘든 일을 하고 돌아왔을 때 네 식탁에 앉으라고 초대하겠느냐? 물론 그러지 않을 것이다. 노예는 노예다. 너는 그에게 저녁을 준비하고 시중을 들라고 말할 것이다. 그는 후에나 먹을 수 있을 것이다." 이 말은 가혹하고 당혹스럽고 고마움을 모르는 말이다. 여기에 중요한 전환점이 있다. 7절에서는 제자들을 주인과 동일시하여 이야기를 시작했지만, 10절에서 예수는 제자들을 그 노예와, 즉 결국 자신의 임무를 단순히 수행한 사람과 동일시 할 것을 요청한다. 그리고 "우리는 쓸모없는 종입니다. 우리는 마땅히 해야 할 일을 하였을 뿐입니다"라고 말할 것을 요청한다.

차별받는 소수자들, 불법체류 노동자들, 조상이 노예였던 사람들, 여성들은 부차적이고 보조적인 역할(낮에도 밤에도 일을 하며, 8시간을 사무실이나 공장에서 일하고 서둘러 집에 와 아이들을 만나고 가족들을 위해 저녁 식사를 준비하는)을 하며 이 이야기를 자기가 처한 상황에서 읽는다. 다시 말하지만 설교자는 성서를, 억압구조를 지지하는 것으로 사용하지 않도록 주의할 필요가 있다.

몇몇 학자들은 '쓸모없는 종들'을 주석적으로 혹은 총체적으로 잘못된 번역이라고 말한다. 설교자가 기억해야 할 점은 복음은 어느 곳에서나 억압당하는 자들에게 힘을 주고 인정을 해 주는 근원으로서 역할을 해왔다는 것이다. 미국 흑인들이 1960년대 시카고 남부 어느 극장에 모여 정치적 행동을 위한 예배를 드릴 때 그 순서에는 언제나 "나는 사람이다. 나는 사람이다. – 하나님의 자녀이고 그리스도께서 사랑한 사람이다"라는 노래가 있었다.

여기서 중요한 것은 누가 이 이야기를 하고 있는가를 기억하는 일이고 또 자신의 태도를 이 이야기에 나오는 주인이 지닌 관습적이고 문화적으로 강요된 태도와 비교해 보는 일이다. "나는 섬기는 사람으로 너희 가운데 있다"(눅 22:27)라고 예수께서는 말씀하셨다. 그는 이들을 '쓸모없는 종들'이라고 부르지 않았고 친구들이라고 불렀다. 가장 놀라운 섬김의 정신을 보여주기 위해 그는 자신이 잡히던 날 밤 이들 한 명 한 명에게 무릎을 꿇고 발을 씻겨주었다.

믿음을 크게 가지십시오. 위대한 일을 열망하면서도 무릎을 꿇고 섬기는 일을 통하여 그 믿음이 나타나도록 하십시오.

# 성령강림절 후 열여덟째 주일

## 누가복음 17:11-19

<sup>11</sup>예수께서 예루살렘으로 가시는 길에, 사마리아와 갈릴리 사이로 지나가시게 되었다. <sup>12</sup>예수께서 어떤 마을에 들어가시다가 나병환자 열 사람을 만나셨다. 그들은 멀찍이 멈추어 서서, <sup>13</sup>소리를 높여 말하였다. "예수 선생님, 우리를 불쌍히 여겨 주십시오." <sup>14</sup>예수께서는 보시고 그들에게 말씀하셨다. "가서, 제사장들에게 너희 몸을 보여라." 그런데 그들이 가는 동안에 몸이 깨끗해졌다. <sup>15</sup>그런데 그들 가운데 한 사람은 자기의 병이 나은 것을 보고, 큰 소리로 하나님께 영광을 돌리면서 되돌아와서, <sup>16</sup>예수의 발 앞에 엎드려 감사를 드렸다. 그런데 그는 사마리아 사람이었다. <sup>17</sup>그래서 예수께서 말씀하셨다. "열 사람이 깨끗해지지 않았느냐? 그런데 아홉 사람은 어디에 있느냐? 18하나님께 영광을 돌리러 되돌아온 사람은, 이 이방 사람 한 명밖에 없느냐?" <sup>19</sup>그런 다음에 그에게 말씀하셨다. "일어나서 가거라. 네 믿음이 너를 구원하였다."

## 신학

"주되신 하나님께 우리가 감사할지어다. 감사와 찬양을 드리는 것이 마땅하다. 영원하신 하나님, 거룩하고 전능하신 하나님께 감사와 찬양을 드리는 것은 진실로 마땅하다. 하나님의 영광이 임재하는 모든 곳에서 하나님을 예배하는 것은 참으로 바른 일이다."*

누가복음에 나오는 열 명의 한센인에 관한 이야기를 다시 읽을 때, 우리는 장로교회(다른 교단도 대부분 동일하게 적용되겠지만) 예배의 핵심이라 할 수 있는 이 성만찬 기도로 이끌려진다. 이 기도는 우리가 그 내용에 대해 깊이 묵상하거나, 그 내용을 이해하기 위해 애쓰거나, 그 내용이 우리 삶의 한 부분이나 우리의 존재 자체가 되도록 기도할 때, 우리에게 큰 도전

---

* "The Great Thanksgiving: B," in *Book of Common Worship* (Louisville, KY: Westminster John Knox Press, 1993), 123.

이 된다. 이 대감사의 기도(Great Thanksgiving)는 축제적이거나 근엄하게 들릴지 모르겠으나, 거룩한 주일 아침 예배 분위기를 만들어 내기 위해서라기보다는 그리스도인의 삶의 모든 부분, 즉 세속적이고 일상적이고 사소한 모든 삶을 규정하기 위해 드려진 기도이다. 두말할 것도 없이 우리는 하나님께 감사와 찬양을 드리는 것이 진정 옳고 우리의 가장 큰 기쁨이 된다고 여기며 기도하고 고백한다. 또한 우리는 하나님께 감사하기 위하여 부르심을 받았다는 것도 확신한다.

결국, 하이델베르크 교리 문답(질문 86)에 나오는 것처럼, 우리의 삶 전체를 하나님의 영광을 위해 살면서 우리의 하나님께 향한 감사의 마음을 표현하는 것이 그리스도인의 의무가 아닌가? 그러나 오늘과 같이 사람들이 자립적이고 독립적인 삶을 살아가는 세상에서 누가 하나님께 감사하고, 하나님을 찬양하고 예배하는 것을 의무로 여길 뿐 아니라 최대의 기쁨으로 여기겠는가? 누가 자신의 삶에서 가치 있고 좋은 것들, 더 나아가 삶 자체가 다른 사람 덕분에 존재하는 것이라고 생각하고, 자신이 스스로 만든 인생이 아니고 그 반대로 누군가에 의해 만들어진 존재라고 고백하는 것을 기뻐하겠는가? 누가 감사하는 삶이 개인과 공동체가 기쁨이 충만한 삶을 사는 이유이고 근거라고 주장할 수 있겠는가?

본문에서는 외국인 취급을 받았고, 사회적으로나 종교적으로 소외된 자였고, 선민에 끼지 못했고, 이단 취급을 받았던 사마리아인이 거룩한 삶과 태도의 모범으로 소개된다. 그는 하나님을 붙잡는 믿음을, 하나님이 그에게 해 주신 일에 대해 침묵하지 않는 믿음을 그리고 자발적이고 기쁜 마음으로 하나님께 감사를 공적으로 돌려드린 믿음을 보여주었다. 감사가 예수의 치유 조건은 아니다. 모든 한센인은 제사장들 앞에 나아가 그들 자신을 보여줄 때 그들 자신이 치유된 것을 발견했다. 그러나 이 사마리아인은 방향을 바꾸고, 돌아왔다. 일반적으로 누가복음에서 예수의 사역을 보고 믿는 자의 반응을 '방향을 바꾸다'라고 표현하는데 여기에는 깊은 신학적 의미가 담겨있다. 그것은 하나님의 은혜로운 간섭으로 시작된 한 인간 전 존재의 움직임, 즉 하나님을 향해 방향을 바꾸는 것을 의미한다. 그러므로

"너의 믿음이 너를 낫게 했다"고 언급한 예수의 말씀은 사마리아인이 경험한 의학적인 치유만이 아니라 인간 전 존재의 치유를 의미한다.

치유와 구원은 불가분의 관계이다. 누가의 이야기를 몇몇 주석가가 제안하듯이 치유의 이야기와 구원의 이야기로 분리해서는 안 된다. 오히려 구원과 치유가 밀접하게 연관된 한 이야기로 이해해야 한다. 두 용어는 인간을 온전하고, 건강하고, 평안하게 만드는 일, 하나님 및 다른 사람들과 화해하게 만드는 하나님의 역사의 결과를 표현하는 말이다. 누가는 사마리아인의 치유가 심각한 질병으로부터의 의학적인 치유 그리고 그의 사회적 지위 회복뿐 아니라 그의 삶과 믿음의 방향 전환임을 우리에게 보여주려고 한다. 예수의 발아래 엎드려 감사를 드린 이 사마리아인은 완전한 형태의 믿음을 보여주고 있다. 왜냐하면 그것은 감사를 포함하고 있기 때문이다(흥미롭게도 16절의 사마리아인의 감사는 헬라어로 eucharistō이다).

감사로 가득 차 있었기에 하나의 완전한 믿음을 드러내고 있다. 그 사마리아인은 의무감에 젖어 감사한 것이 아니라 예수에 대한 그의 믿음과 경험 때문에, 그의 주인인 예수가 그에게 자비를 베풀었기 때문에 감사한 것이다(13).

그러므로 그의 감사는 치유와 구원을 이루는 그리스도와의 새로운 관계의 결과이다. 이 순간에 그 사마리아인은 특별한 의미에서 '하나님 앞에' (coram Deo) 서게 된다. 이 순간 그는 치유자요 구원자가 누구인지를 전 존재를 통해 이해한다. 또한 그는 그 자신이 누구인지를 이해한다. 이러한 이해의 실현이 그의 태도를 한탄에서 감사로 바꾼 것이다. 그의 반응은 웨스트민스터 교리문답의 첫째 질문, 즉 사람의 제일 된 목적에 관한 질문에 대한 답과도 같았다. 최근 조지 스트루프(George Stroup)는 그 질문에 대해 다음과 같이 설명한 바 있다. "인간 존재의 목적은 감사와 찬양인데, 그것은 인간이 어떤 존재인가에 달려 있지 않고, 하나님이 어떤 분인가에 달려 있다. 인간은 하나님 앞에서 사는데, 하나님은 인간의 이해를 초월하는 영광스런 존재이기에 하나님께 향한 인간의 반응은 경배와 찬양일 수밖에 없다."*

우리의 과제는 감사라는 인간의 반응은 적절할 뿐 아니라 가장 기쁜 일이라는 사실을 상기시키는 것이다. 우리가 서두에서 언급한 성만찬의 기도를 진지하게 받아들일 때 더욱 그러하다. 대감사의 기도는 우리로 성례전적인 삶을 살도록 인도한다. 열 명의 한센인 치유에 관한 누가의 이야기는 감사하는 삶이 어떤 것인지 우리에게 가르쳐 주고, 우리가 어떻게 우리의 믿음을 성례전적으로 실천하며 살아야 할지를 고심하게 만든다. 그렇게 할 때 우리는 다음과 같이 고백할 수 있을 것이다. "하나님께 대한 감사와 성령의 능력 안에서 우리는 거룩과 기쁨이 가득한 삶을 살려고 노력합니다."[*]

## 주석

오늘 본문은 예수께서 나병환자 10명을 고쳤는데 그중에 한 명만 돌아와 감사했다는 이야기이다. 이 본문은 누가복음에만 있다. 그런데 이 일은 예수께서 예루살렘으로 가시는 길에 일어났다. 누가복음에서 이 예루살렘으로 여행은 9:51에서 시작되어 19:27까지 이어지는데, 아주 정교한 이야기 구조로 되어 있다. 누가는 이 여행 중에 다른 복음서가 말하지 않은 수많은 비유와 이야기들을 전하고 있고(예를 들어 선한 사마리아인의 비유, 어리석은 부자 비유, 탕자의 비유 등), 마태와 마가는 다른 맥락에서 사용한 자료들을 한자리에 모아 놓았다(예를 들어 서기관의 질문, 주기도문, 요나의 표적, 하늘의 보화 등). 누가가 이 본문에서 말하려는 주제는 '제자도'이다.

본문 첫째 부분(11-14)은 대부분의 치유 이야기의 구조와 같다. 병자가 예수께 그들을 고쳐 달라고 요청한다. 예수는 고쳐주고 그들을 보내며 어떤 종류의 충고를 한다. 이 이야기와 비교할 수 있는 좋은 예는 마가복음 1:40-45(마 8:1-4; 눅 5:12-16)인데, 여기서는 단 한 명의 나병환자가 예수께

---

\* George Stroup, *Before God* (Grand Rapids: Eerdmans, 2004), 24.

\* A Brief Statement of Faith, in *The Book of Confessions* (Louisville, KY: Office of the General Assembly, 1999), 268.

600

찾아와 발 앞에 엎드려 고쳐 달라고 요청한다. 예수는 나병환자를 만지고 말하기를 "깨끗하게 되라"고 했고 금방 나병이 나았다. 그러자 예수는 두 가지 명령을 내린다. 아무에게도 일어난 일을 말하지 말고, 제사장에게 몸을 보이고 모세가 규정한 대로(레 13:9-17; 14:1-32) 정결례를 드리라고 했다. 오늘의 이야기도 이것과 대단히 비슷하고, 용어도 누가의 것이 분명하기에 어떤 학자들은 그것을 15-19절의 이야기들을 발전시키기 위한 누가의 창작으로 본다. 다른 학자들은 그것은 누가가 그의 특별한 자료(누가가 의존하는 비유나 말씀이 담겨있는 문서나 세심하게 보존된 구전 전통)에서 발견한 이야기로 보고 그것을 자신의 언어로 다시 언급한 것이라고 주장한다. 이 야기의 구성에 대해 어떻게 결론을 내리든 간에, 이야기는 분명히 누가의 관심 특별히 11절과 15-19절의 관심을 분명히 반영하고 있다.

11절의 '사마리아와 갈릴리 사이로'라는 말을 제외하면 동네 자체는 어딘지 잘 알 수 없다. 주변적 위치나 돌아와 감사드린 사람이 사마리아 사람(16)과 이방 사람(18)이라는 묘사가 장소 설정에 충분하다. 사마리아는 왕상 12장에서 다윗 왕국에서 분리되고, 왕상 16장에서 오므리왕의 북왕국 수도가 되면서부터 이방 땅이 되었다. 앗시리아 제국이 주전 721년에 도시를 점령하고 주민들을 몰아내고 다른 지역의 점령된 사람들을 이주시켰다. 느헤미야 4장에는 사마리아 사람들과 바빌론 포로에서 돌아온 예루살렘 성을 세우려는 유대인 사이에 대립과 긴장을 보여준다. 나중에, 헬라 제국의 지배 기간에 유대인과 사마리아인들은 전 지역에 일어난 끊임없는 여러 가지 갈등에 있어 다른 입장을 취한다. 사도행전에서, 누가는 사마리아를 선교의 첫째 대상 중의 하나로 취급하는데(행 1:8), 오늘 본문과 선한 사마리아인의 비유(10:29-37)에서 전조를 보여주고 있다.

돌아온 나병환자가 사마리아인이요 이방인임을 강조하는 것으로써 누가는 예수의 메시지가 문자적으로나 의미적으로 유대 국경을 넘어 미친다는 것을 보여주고 있다. 사실 이것은 누가의 주요한 주제인데 그것은 첨가자료에서나(2:32; 4:16-30; 7:1-9) 제외한 자료(열두 제자를 보낸 본문의 마태 기사 9:35-10:6에서 예수가 이방인과 사마리아로 가는 것에 대한 제한한

601

것 비교, 눅 9:1-5; 10:1-12) 그리고 시로페니키아 여인의 이야기(막 7:24-30; 마 15:21-28)에서 발전된 주제이다. 이방인 선교는 물론 사도행전의 가장 중요한 특징인데, 특히 10-15장의 핵심 이야기에서 분명히 나타난다.

예수께서 만난 열 명의 나병환자는 '멀찍이 멈추어 서서'(12) 말했다. 유대 성경(구약)과 신약에서, 나병이란 것은 피부병 군을 묘사하는 용어이다. 구약의 제사문서, 특히 레위기 13-14장에서 다양한 피부병에 대해 말하며 치료에 대해서도 규정하고 있는데, 의학적이라기보다는 예전적 차원이다. 어떤 사람이 나병에 걸렸다고 확인되면, 반드시 격리되어야 했다. 그들이 다른 사람들과 교류할 수 있는 것은 제사장(의사가 아니라)이 병이 치료되었다고 확인해 주고 규정된 제사가 행해지고 난 이후이다. 피부병의 예식적 중요성은 왜 여러 가지 용어들이 그것의 치유라는 것에 사용되는가를 설명해 준다. 예를 들어, 오늘 이야기에서도 "몸이 깨끗해졌다"(14, 17), "병이 나았다"(15), "낫게 했다"(19)는 용어들이 사용되었다.

마지막 문장이 이야기의 긴장을 가져온다. 19절에서 예수가 나병환자였던 사람에게 한 말은 여러 의미를 가진다. NRSV는 "너의 믿음이 낫게 했다"로 되어 있지만 "너의 믿음이 구원했다"로 해석할 수 있다. 두 가지 번역이 다 가능하지만, 둘째 것은 신학적 함축을 가진다. 누가는 돌아온 나병환자에게 낫기만 한 것이 아니라는 것을 의미하고 있는가? 다른 아홉은 '낫기'만 하고, 돌아온 그만 구원받았다는 것인가? 만약 그렇다면 무엇이 다른가?

이야기가 진행되면서, 나병환자들은 제사장에게 가는 길에 깨끗해진다(14). 그러기에 돌아온 나병환자는 그가 치유 받았기에 그랬던 것이지 받을 것이기에 한 것은 아니다(15). 그는 감사하고 하나님을 찬양하기 위해 돌아온 것이다. 이것은 특히 누가의 눈으로 보기에는 작은 일이 아니다. 하나님께 찬양하고/감사하고/축복하고/영광 돌리는 것은 누가복음에서 들의 목자(2:20)에서부터 성전에서 제사드리는 시므온과 안나(2:28, 38), 예수의 기적의 증언자들(5:25; 7:16; 18:43 등), 십자가 아래의 백부장(23:47), 사도행전에서 교회의 성장을 지켜본 유대인과 이방인들(4:21; 11:18; 13:48 등)에 이르기까지 반복되는 주제이다. 그러기에 누가가 이 이야기를 하는 것은 한 나병환자를 다른 나병환자와 구별하려 한 것이 아니라, 어떤 은혜의 행동에 대한 적절한 반응을 강조하기 위해서였다 그것은 하나님께 감사하고 찬양하는 것이다.

## 목회

"네 믿음이 너를 구원하였다"는 성서 구절은 유익한 만큼 불편한 말씀이다. 이번 주일에 강단에 올라가면, 다양한 회중들이 있을 것이다. 한편으로는 많은 사람이 질병이나 사고로부터 회복되어 하나님께 기쁘게 감사한다. 그만큼 많은 사람은 아주 열심히, 자주 기도했지만 회복되지 못했다. 그들의 기도에 문제가 있을까? 어떤 사람들은 그들의 기도가 "이루어지지" 않으면 기도가 부족해서라고 생각하지만, 아마도 문제는 신앙에 대한 그들의 이해에 있을 것이다. 그리스도인들은 자주 믿음을 원인과 결과에 관한 것으로 생각한다. 무엇인가를 위해 기도하면 그것이 이루어지거나 그렇지 않거나 한다는 것이다.

설교자와 교인들에게 기쁜 소식이 있다. 치유 받은 열 명의 한센병 환자에 관한 이야기에서 예수는 믿음에 대한 더 깊은 이해를 지적한다. 이 이야기에서 실제적인 치유는 거의 부차적인 사건이다. 예수는 과시하지 않고 이 일을 한다. 우리는 열 사람 가운데 아홉 명이 어디로 갔는지 모른다. 그러나 이방인이며 그 지역에서 멸시당하는 한 사람이 예수의 발 앞에 절하고, 경배하고 감사하기 위해 돌아왔다는 것은 안다. 예수가 나머지 아홉 사람은 어디 있느냐고 물을 때 어떤 어조로 말했는지 알기는 어렵다. 슬펐을까? 화가 났을까? 당황했을까? 예수께서 분명히 하신 것은 가장 올 것 같지 않았던 사람, 이중으로 소외된 사람이 은혜를 입었다는 것이다. "일어나서 가거라." 예수는 말한다. "네 믿음이 너를 구원하였다."

예수는 감사하는 한센병 환자에게 육체적인 회복을 뛰어넘는 복을 주신다. 육체적으로는 열 명 모두 한센병이 끝났다. 나머지 아홉 명이 그들의 길을 가는 것을 상상해 보라. 그들은 제사장을 향해 갔을 것이고, 충만하고 행복한 삶을 회복했을 것이다. 하지만 그들은 무슨 생각을 했을까? 그들이 예수께 감사하지 않은 것은 기껏해야 그들이 가진 일종의 공리주의("음, 효과가 있었군. 그렇지!") 때문이거나, 최악의 경우, 자격을 가졌다는 생각 때문이다("음, 나는 분명히 그럴 자격이 있어"). 예수가 제자들에게 한 겨자씨 비유, 주인과 종의 비유(17:5-10)에서 비난하는 것이 바로 그와 같은 공리주의다.

다시 한번 우리는 믿음의 분량에 대해 걱정하지 말라는 예수의 말씀을 듣는다. 마치 믿음이 원인과 결과의 문제라서 우리의 기도가 '이루어질' 만큼 충분한 믿음을 가지고 있든 혹은 그렇지 않든 상관없다는 것이다. 예수는 믿음의 본질에 대하여 가르쳤다. 간단히 말해서, '믿음을 가졌다'는 것은 믿음으로 사는 것이고, 믿음으로 사는 것은 감사하는 것이다. 믿음의 삶을 구성하는 것은 감사하는 삶을 사는 것이다. 이것이 사마리아에서 온 사람을 정말로 그리고 아주 건강하게 만든 감사하는 믿음이다.

사실 '믿음'과 '감사'는 같은 뜻을 가진 두 개의 단어라고 말할 수도 있다. 감사를 실천하는 것은 믿음을 실천하는 것이다. 만약 믿음이 우리가 가진 것이 아니라 우리가 하는 것, 즉 우리가 살아가는 것이라면 우리는 삶을 통해 하나님께 대한 우리의 온전한 신뢰를 표현한다. 하나님이 모든 좋은 은사를 주시는 분이시고, 섭리의 손으로 모든 삶을 붙잡아 주시는 분이심을 안다면, 어떻게 감사하지 않을 수 있을까? 우리가 감사를 실천하면 누르고 넘칠 만큼 풍성하게 믿음을 얻게 된다.

이 구절들은 누가복음 17:1부터 시작된 말씀들을 완성한다. 그리스도인으로 살기 위해 필요한 것은 많고, 때로는 우리가 충분히 준비되지 않았다고 생각하지만, 그러나 예수는 우리가 하나님의 방법을 존중하고, 서로를 존경하며, 모든 일에 감사하면서 믿음으로 살면 우리에게 필요한 모든 믿음을 얻게 된다고 일깨워 주신다.

목회적 관점에서 보면, 이 이야기는 예배당에 있는 모든 사람에게 전해지는 것이다. 거기에는 병을 고친 사람과 여전히 아픈 사람이 있고, 해방된 사람과 여전히 얽매인 사람이 있고, 성공한 사람과 실직한 사람이 있다. 만약 감사 기도가 영혼의 치유와 해방과 번영의 일부라면, 기도하는 사람의 물질적 환경은 덜 중요하게 될 것이다. 감사하는 한센병 환자를 구원한 것은 감사이고, 이런 감사는 모든 환경에서 가능하다. 어떤 사람은 그가 한 즐거운 경험 때문에 감사할 수 있지만, 다른 사람은 고난을 겪는 동안 하나님께서 그를 도우심에 감사한다. 우리는 정결해지지 않은 한센병 환자가 (길가에 한센병 환자가 열 명은 넘게, 있지 않았을까?), 그가 병에 걸렸는데도 하나님께서 그에게 찾아오심에 감사하는 것을 상상해 본다.

의도적으로 감사를 실천하는 것은 확실히 개인의 삶을 변화시킨다. 그것은 또한 회중의 성격도 변화시킨다. 그리스도인이 감사를 실천할 때, 그들은 '무엇인가를 얻기 위해서'가 아니라 하나님께 감사하고 찬양하기 위해서 예배에 나온다. 청지기직은 모금 활동이 아니라 즐겁게 기부하는 사람들의 즐거운 감사로 바뀐다. 교회의 사명은 윤리적인 의무가 아니라 감사하는 손과 가슴으로 하는 일로 바뀐다. 기도는 우리의 중보와 간구뿐만 아니라 식탁에서 드리는 감사도 포함한다.

이런 감사의 실천인 예배가 사람으로서 거의 원초적인 것이고 인간이 되는 데 필수적인 부분이라고 믿는 사람이 있다. 요한 부르크하르트는 한때 "사람이 예배하지 않고 사람으로 살아남을 수 있을지" 궁금해했다. "인정하려고 하지 않고, 축하를 피하고, 감사를 억제하는 것은 숨을 참는 것만큼 부자연스러운 일일 수 있다." 예배는 확실히 그리스도인의 삶의 핵심이며, 감사하기 위해 돌아온 사람의 이야기는 그 진리를 알려 준다. 하나님은 세상에서, 우리의 교회에서, 우리의 삶에서 일하신다고 약속하신다. 그래서 우리는 감사하지 않을 수 없다.

"일어나서 가거라. 네 믿음이 너를 구원하였다"는 말씀은 물리적인 치

---

* John E. Burkhart, *Worship* (Philadelphia: Westminster Press, 1982); quoted in *A Sourcebook about Liturgy*, ed. Gabe Huck (Chicago: Archdiocese of Chicago, Liturgy Training Publications, 1994), 148.

료가 이루어지지 않아도 더 이상 문제가 되지 않는다. 그것은 교회를 위한 축복의 삶에 대한 묘사이다. 일어나서 가면서 우리는 기뻐하고 감사하게 된다. 모든 것에 감사하면, 우리는 실제로 하나님이 모든 것 안에 계심을 알게 된다.

## 설교

칼 바르트(Karl Barth)는 하나님께 대한 인간의 기본적인 응답은 감사, 즉 두려움이나 떨림 혹은 죄의식이나 무서움이 아닌, 그냥 감사라고 말하는 것을 좋아했다. "하나님께서 우리에게 베풀어 주신 것에 대해 찬양하는 것 외에 우리가 무엇을 말할 수 있겠는가?"* C. S. 루이스(Lewis)도 그가 새롭게 발견한 신앙을 말하면서 성서는 특히 시편에서 우리가 찬양하고 감사하는 것을 끊임없이 이야기한다고 하였다. 그는 또 사람들 가운데 감사와 개인적 행복 간의 관계를 관찰하였다. "나는 가장 겸손하고 동시에 가장 균형 잡힌 마음을 지닌 사람들이 칭찬을 많이 하는 반면에 비뚤어진 마음을 지닌 자, 사회 부적응자, 불평하는 사람들이 칭찬하는 것을 거의 보지 못했다. 칭찬은 내적 건강을 진단하는 도구인 것 같다."**

설교자에게 오늘 본문은 얼마나 놀라운 이야기이자 멋진 선물인가! 오직 누가만이 이 이야기를 기록하고 있는데 그 이유는 이 이야기가 이방인이자 멸시당하는 소수자인 사마리아 사람을 묘사하고 있고 그런 사람을 만져 주시는 예수는 누가에게 중요한 주제이기 때문일 것이다.

예수와 일행은 '사마리아와 갈릴리 사이로 지나'(11) 예루살렘을 향하여 가고 있는 중이었다. '사마리아'라는 단어는 그 자체가 주홍글씨처럼 꼬리표가 붙어있다. 경건한 유대인들은 사마리아나 사마리아 사람 근처에도 가지 않았다. 사마리아 사람들은 멸시받는 집단이었고 문화적으로 열등하며

---

\* Karl Barth, *Church Dogmatics*, III/3 (Edinburgh: T. & T. Clark, 1960), 564.
\*\* C. S. Lewis, *Reflections on the Psalms* (London: G. Bles, 1958), 78-81.

신학적이나 예전적으로는 이단이었다. 주석적 과제 중 일부는 어떻게 이런 일이 시작되었고 유대인과 사마리아 사람들이 어떻게 서로 적대적이 되었는지를 다시 살펴보는 일이 된다. 우리는 이 관계를 오늘날 북아일랜드에서 개신교-가톨릭 간의 적대적 관계(비록 하나님 덕분에 줄어들고 있지만) 혹은 이슬람 세계 안의 수니-시아파 사이의 폭력적 갈등 또는 주류 교단 내에서 보수-진보세력 간의 심한 대립에 비추어 생각해 볼 수 있다. 거칠고 격렬한 싸움에 익숙한 사업가나 정치인들도 자신들의 교회 내에서 두 집단 간의 갈등을 접하게 되면 그리스도인들이 서로에 대해 얼마나 증오할 수 있는가를 보고 놀라게 된다. 유대와 사마리아 사이의 반목을 묘사할 때 우리도 잘난 체할 이유가 없다.

예루살렘으로 가는 길에 사마리아 근처에서 예수와 제자들은 나병환자 열 명을 만난다. 이 열 명이 사회적으로 소외되어 있고 격리되어 있음을 주목해야 한다. 이들은 나병환자라는 두려움 속에 살고 있었는데 나병은 의심스러워 보이는 피부 상처나 발진 등을 묘사하는 광범위한 용어였다. 소위 한센병이라고 불리는 이 병은 오늘날에는 치료가 가능하지만 예수 당시에 그것은 근본적으로 전염되는 것이라고 생각하였다. 피부발진은 예전적으로 정결치 못함을 의미하였다. 그 결과 나병환자들은 완전히 격리된 채 살았고 가정으로부터 사랑하는 배우자, 아이들, 부모님들 그리고 신앙공동체로부터 떠나야 했고 그들의 그림자 위로 지나게 되면 감염될까 두려워했다. 그들은 공동체로부터 떠나 홀로 살았다. 때로 이들은 함께 모여 불행한 무리를 이루기도 하였다.

"예수 선생님, 우리를 불쌍히 여겨 주십시오"(13)라고 그들은 요청하고 예수께서는 그렇게 하신다. 누가는 아마도 보다 깊은 무언가를 제시하고자, 몸의 치유 과정에 관한 어떠한 표현도 하지 않는다. 예수께서는 "가서, 제사장들에게 너희 몸을 보여라"(14)고 말씀하신다. 제사장은 나병이 치유되고 그 사람이 다시 일상적인 인간관계로 돌아갈 수 있음을 증명하는 사람이다. 증명받기 위해 제사장들에게 가는 도중에 이들은 깨끗하게 된다. 9명은 제사장들에게 보여주기 위해 계속 걷거나 뛰고 또 앞지르곤 한다.

607

한 사람, 사마리아 사람은 그 걸음을 멈추고 예수를 찾아 거꾸로 뛰어와서 그 발 앞에 엎드려 감사하고 있다.

예수께서는 다른 아홉 명에 대해 묻는다: "열 사람이 깨끗해지지 않았느냐? 그런데 아홉 사람은 어디에 있느냐?"(17). 그런 다음 예수는 발 앞에서 감사하는 이 사람에게 아주 재미있는 것을 말한다: "일어나서 가거라. 네 믿음이 너를 구원하였다." 이 말은 무엇을 뜻하는가? 이 사람에게는 다른 아홉 명보다 더 좋고 더 건강한 그 무엇이 있다는 말인가? 그렇다. 그의 감사는 그의 믿음과 어떤 관계가 있는가? 그렇다.

설교자는 예수께서 이 사람의 종교에 대해서는 별 관심이 없어 보이는 것을 관찰할 수 있다. 단지 우리가 아는 것은 그가 사마리아 사람이라는 것이다. 우리는 그의 신학, 도덕적 가치가 무엇인지, 그가 낙태를 찬성하는지 혹은 반대하는지, 안식일에 투표하러 가는지 그냥 쉬는지 알지 못한다. 그에 대해 진짜로 알고 있는 것은 그가 무언가를 보고 경험했을 때 선물을 받았음을 깨닫고 돌아와 "고맙습니다"라고 말했고 예수께서 "네 믿음이 너를 구원했다"고 말한 것이다. 예수께서 보여준 정의에 따르면 믿음과 감사는 매우 밀접한 관련이 있고 감사 없는 믿음은 믿음이 아니며 감사에는 생명을 살리는 그 무엇이 있다.

설교자는 이 사람의 구원이 그의 무서운 병을 제거한 것 그 이상이라는 점을 볼 수 있을 것이다. 성서학자들은 성서가 건강, 온전함, 구원을 거의 구분 없이 같은 개념으로 사용하고 있다고 지적한다. "너의 믿음이 너를 건강하게 했고 온전하게 만들었으며 구원하였다." 감사한 상황에 처해서 고맙다고 말하는 것은 분명히 하나님께서 인간 모두에게 바라는 것이고 우리 각자가 그렇게 하길 기대하는 것이다.

예수께서는 자신이 말하고 있는 것을 정확히 알고 있었다는 증거가 있다. 어느 병원 홈페이지에는 "감사로 당신의 건강을 증진시키세요"라는 제목의 글이 있다.* 이 글은 감사를 강조하는 수천 년간의 철학적, 종교적 가르침을 소개했고 그런 다음 감사하는 사람들 곧 감사가 일상인 사람들

---

* http://women.webmd.com/features/gratitute-health-boost.

이 건강하다는 새로운 증거를 제시했다. 감사하는 사람들이 스스로를 더 잘 보살피는 것일 수도 있지만, 감사하는 사람들이 더 희망적이라는 것과 감사와 면역체계 사이에 관련이 있다는 증거가 있다. 그래서 당신의 어머니가 당신에게 할머니에게 전화해서 할머니가 보내준 생일 카드에 감사의 표현을 하도록 한 것은 옳은 일이었다.

그리스도인이 하나님께 대해 가져야 할 기본적인 응답은 감사이다. 생명을 선물로 주심에 대한 감사, 세상을 향한 하나님의 일에 대한 감사, 하나님께서 우리의 삶을 풍성하게 하기 위해 주신 좋은 사람들에 대한 감사. 그리스도인이라면 누구나 해야 하는 경험은 예수 그리스도 안에 나타난 하나님의 사랑 그리고 우리가 처해 있는 상황에 관계 없이 희망을 선물로 주시고 그에 따르는 건강함과 온전함을 주신 것에 대한 감사이다.

작가 앤 라못(Anne Lamott)은 그녀가 즐겨하는 두 가지 기도에 대해 말한다. 아침에는 "나를 도와주세요. 도와주세요, 도와주세요"이고 잠자리에 들 때는 "감사합니다. 감사합니다. 감사합니다"이다. 나에게는 "모든 축복의 근원이신 하나님을 찬양하라"는 찬양을 매 주일, 예배 때 서서 노래하는 것이 감사의 기도이다.

# 성령강림절 후 열아홉째 주일

## 누가복음 18:1-8

> <sup>1</sup>예수께서 제자들에게, 늘 기도하고 낙심하지 말아야 한다는 뜻으로 비유를 하나 말씀하셨다. <sup>2</sup>"어느 고을에, 하나님도 두려워하지 않고, 사람도 존중하지 않는, 한 재판관이 있었다. <sup>3</sup>그 고을에 과부가 한 사람 있었는데, 그는 그 재판관에게 줄곧 찾아가서, '내 적대자에게서 내 권리를 찾아 주십시오' 하고 졸랐다. <sup>4</sup>그 재판관은 한동안 들어주려고 하지 않다가, 얼마 뒤에 이렇게 혼자 말하였다. '내가 정말 하나님도 두려워하지 않고, 사람도 존중하지 않지만, <sup>5</sup>이 과부가 나를 이렇게 귀찮게 하니, 그의 권리를 찾아 주어야 하겠다. 그렇게 하지 않으면, 그가 자꾸만 찾아와서 나를 못 견디게 할 것이다.'" <sup>6</sup>주님께서 말씀하셨다. "너희는 이 불의한 재판관이 하는 말을 귀담아 들어라. <sup>7</sup>하나님께서 자기에게 밤낮으로 부르짖는, 택하신 백성의 권리를 찾아주시지 않으시고, 모른 체하고 오래 그들을 내버려 두시겠느냐? <sup>8</sup>내가 너희에게 말한다. 하나님께서는 얼른 그들의 권리를 찾아 주실 것이다. 그러나 인자가 올 때에, 세상에서 믿음을 찾아 볼 수 있겠느냐?"

## 신학

끈질긴 과부와 불의한 재판관의 비유는 그 시작부터 결말에 이르기까지 신학적 성찰을 위한 풍성한 자원을 제공한다. 이 비유는 각기 다른 여러 층위로 구성되어 있다. 우리는 이 여덟 개의 절에서 기독교 교리에서 중요하게 여기는 신학적 키워드들을 발견할 수 있다. 기도와 신뢰, 정의와 구원, 심판과 믿음, 끈기와 저항, 예수의 초림과 재림, 신자의 삶 등의 주제가 나온다. 이 구절에 대해 어떤 주석적·신학적 관점을 적용하느냐에 따라 이 비유의 해석은 매우 다양해질 수 있다는 점도 중요하다. 이 구절들의 초점은 하나님이 누구시며 어떻게 행하시는지에 관한 것인가? 아니면 신자와 그들에게 요구되는 신실한 삶에 관한 것인가? 보수적인 관점을 취하여 한 개인의 사적인 기도 생활에 있어서 독실한 믿음의 중요성을 강조할 것인가, 혹은 자유주의적 관점을 취하여 이 비유를 가지고 불의에 대항하는 연대적 저항을 강조하는 해석을 할 것인가?

개혁신학자들, 특별히 칼뱅은 우리가 누구고 무엇을 하려고 부름을 받았는지 그리고 하나님이 누구시며 하나님이 하시려는 것이 무엇인지가 서로 불가분의 관계에 있다고 항상 강조해 왔다. 우리의 삶의 전 영역에 관한 하나님의 통치는 사적이며 공적인 신앙생활의 단절을 허용하지 않는다. 우리가 이러한 개혁신학적 지침을 따른다면 우리는 예수의 비유가 누가가 요약한 것처럼 두 개의 초점을 갖는 타원형과 같다는 것을 발견하게 될 것이다. 즉, 하나의 초점은 믿는 자에 관한 것이고, 다른 초점은 하나님에 관한 것이다. 그렇다면 위에 언급된 모든 신학적 키워드를 그 두 가지 관점과 연관하여 살펴보아야 한다. 이 많은 용어 중에서도 나는 '끈기와 저항'을 선택했다. 왜냐하면 다소 시각의 차이는 있지만, 이 두 용어가 보수적이고 자유주의적인 해석에서 모두 중요하게 다뤄지기 때문이다.

먼저 끈기에 초점을 맞추도록 하자 – 우리가 아닌 하나님의 끈기에 대해서. 구약과 신약 전체에 흐르는 성서적 메시지의 핵심은 모든 피조물에 대한 하나님의 끈질기고도 흔들리지 않으며 영원한 사랑이다. 그렇다. 우리는 하나님의 심판을 받을 만하나 하나님은 우리와 함께 사랑 안에 거하시며 매우 끈질기게 참으신다. 하나님의 사랑은 매우 주권적이고 쉽게 흔들리지 않는다. 그렇기에 우리는 이런 하나님 안에서 정의가 찾아올 것이라고 신뢰할 수 있다. 우리는 결과가 눈에 보이지 않을지라도 하나님이 우리의 기도와 밤낮 외치는 울부짖음을 들으실 거라고 확신한다. 하나님은 우리를 잊지 않으신다. 하나님은 도움을 오래 지연시키지 않으신다. 물론 우리는 조바심이 생겨 희망을 잃기도 한다. 예수의 초림 이후 우리가 살고 있는 세계는 그리스도인들이 기도해 오던 방향으로 발전해 오지 않았는가? 프레드 크레독(Fred Craddock)이 언급한 대로 "기도의 삶에서 우리가 해야 하는 것은 청하고, 구하고, 두드리고, 기다리는 것이다. 때로는 좌절되기도 하고 화가 나기도 하지만 계속 믿는 것이다."*

---

* Fred B. Craddock, *Luke* (Louisville, KY: John Knox Press, 1990), 210.

믿는 자들의 끈기는 이 맥락에서 의미를 갖게 된다. 우리는 그리스도 안에서 드러나는 하나님의 고집스러운 사랑을 알고 경험해 왔기 때문에, 매일 끈질기게 "나라가 임하옵소서"라고 기도할 수 있다. 기도는 중간기-이스라엘의 경우 하나님의 약속과 그 약속의 성취 사이, 그리스도인의 경우 예수의 초림과 재림 사이-에는 항상 어려운 일이다. 그것은 마치 절망의 세상에서 희망을 유지하는 것과 같다. 기도는 우리 자신이 아닌 하나님 안에서의 희망찬 신뢰를 의미한다.

개인적 차원뿐 아니라 공동체적 차원에서 믿는 사람들의 기도가 적어지거나 형식적으로 되는 이유는 여러 가지가 있으나, 가장 핵심적인 이유는 믿음의 상실이다. 과부는 재판관을 계속해서 찾아온다. 모든 불리한 여건에도 불구하고 이 과부는 희망적인 태도를 유지하면서, 고집스럽고도 결단적이며 수그러들지 않은 채 계속해서 요청한다. 신자들도 모든 불리한 여건에도 불구하고 희망적인 태도를 유지하며 고집스럽게 기도한다. 이것은 그들이 "좋은 그리스도인"이거나 위대한 믿음을 갖고 있기 때문이 아니다. 그것은 손상되고 위협적인 세계에서도 쉬지 않고 기도할 수 있도록 성령이 용기를 주었기 때문이다. 어떤 면에서 이 비유는 항상 기도할 필요에 관한 것일 뿐 아니라 기도하도록 우리를 격려하는 성령의 끊임없는 사역, 즉 성령의 끈기에 대한 것으로도 해석된다.

믿는 자들이 성령으로부터 선물로 받은 이러한 희망찬 용기는 기도가 명상적이며 내적인 차원에 머물지 않고 실천적이며 외적이 되게 하고, 모든 불의에 대해 저항하게 만든다. 루이제 쇼트로프(Luise Schottroff)는 이 비유를 해석하면서 불의에 대한 저항의 중요성을 강조한다. "불의에 대항하여 하나님께 기도하며 울부짖는 것, 그런 투쟁과 저항이 신자의 삶의 전부이다. 이것이 그들이 하나님을 신뢰하고 있다는 징표다. 왜냐하면 그들은 하나님이 불의한 재판관과 매우 다르게 행동하실 것을 알기 때문이다."*

우리가 예수의 비유에서 묘사된 하나님을 다시 한번 생각해 보면 '왜'와

---

* Luise Schottroff, *Lydia's Impatient Sisters: A Feminist Social History of Early Christianity* (Louisville, KY: Westminster John Knox Press, 1995), 102.

'어떻게'에 관한 답을 얻을 수 있다. 여기서 두 번씩이나 하나님은 정의를 제공해 주는 분으로서 묘사된다. 다른 말로 하면 하나님의 사랑은 끈질길 뿐만 아니라 정의로운 것이다. 그리스도의 십자가와 부활을 통한 하나님의 정의로운 사랑을 통해 하나님이 개인의 죄에 대해 끈질기게 저항할 뿐 아니라, 이 세계를 지배하고 있는 불의한 권세를 강력하게 대적하시고, 우리가 종종 그것을 못 느끼지만, 벌써 이 세상을 변혁하기 시작하셨다는 것을 깨닫게 된다. 믿는 자들은 하나님의 자녀로서 하나님의 저항에 참여하도록 부름을 받았으며, 성령의 특별한 선물을 통해 그 저항에 참여하도록 준비되었다. 고집스럽고 끈질기면서도 희망을 놓지 않은 과부는 우리를 위한 본보기다.

## 주석

'불의한 재판관'의 비유는 누가복음에만 나온다. 대부분의 비유와 같이, 언어는 고도로 압축되어 있고, 의미는 열려 있다. 이 비유의 두 인물은 재판관과 과부이다. 과부에 대해 알 수 있는 것은 적대자에게서 그녀의 권리를 찾으려는 것이고(3), 끝까지 포기하지 않는다는 것이다. 그런데 재판관은 불의한 재판관(6)으로 묘사된다. 이러한 성격 규정은 그 재판관이 한동안 들어주려고 하지 않았다(4a)는 것과 "하나님도 두려워하지 않고 사람도 존중하지 않는"(2b, 4b) 사람이기 때문이다. 과부와 고아들을 돌보는 것은 구약과 신약에 공통적인데, 이들은 (대)가족제도 바깥에서 도움을 제공받지 못하는 경제 제도에서 보호받을 필요가 있기 때문이었다. 과부의 끈질김이 또한 포인트인데 3, 5절에서 세 번이나 강조하고 있다. NRSV에 제시된 5b의 대안석인 번역("그렇게 하지 않으면 마침내 그 여자가 와서 내 뺨을 칠 것이다"*는 지극히 문자적인 번역이다)은 과부가 혼자서 버티고 있음을

---

* so that she may not finally come and slap me in the face.

보여준다.

비유 자체로는 과부의 끈질김이 초점이라면, 예수의 적용(6-8a)은 재판관에게 맞추어진다. 예수의 평가 논리는 유대인, 그리스도인 그리고 그리스-로마의 작가들이 사용한 문장 기술에서 왔는데 '작은 것에서 큰 것으로'라고 알려진 것이다. 비록 예수는 물음을 물었지만(문법적으로 긍정적 답변이 요구되는 7a) 우리는 그것을 이렇게 다른 말로 표현할 수 있다: 만약에 불의한 재판관이 계속적인 요청에 응답하여 요청자의 권리를 찾아주었다면, 하나님은 밤낮으로 권리를 요청하는 자들에게 얼마나 더하겠는가! 하나님이 권리를 들어주기 전에 지쳐버린다는 주장을 피하기 위해 누가는 예수가 "하나님께서는 얼른 그들의 권리를 찾아주실 것이다"(8a)라고 명확하게 말하게 했다(대부분의 7절 번역과 마찬가지로 NRSV는 하나의 헬라어 문장을 두 개로 나누어 동사 시제 문제를 명확하게 하고 해결하기를 바란다. "그가 돕는 데 오래 지체할 것인가"로 번역된 동사는 일반적으로 '인내함'을 의미한다(고전 13:4과 같이). 시락서 35:22은 NRSV 및 유사한 번역을 뒷받침하기 위해 일반적으로 인용된다).

누가 비유의 편집 서론은(1) 그가 우리가 생각하고 있는 만큼 비유를 이해하고 있음을 표시해 주는데, 하지만 비유를 예수의 기도에 대한 가르침의 일부로 만들어 적용하게 했다. 어떻게 누가는 과부의 끈질김과 불의한 재판관이 권리를 찾아줌을 "늘 기도하고 낙심하지 말아야 하는" 것으로 이해하고 있는가? 두 가지 설명이 이 질문의 대답에 도움을 준다: 첫째는 누가의 이야기 속의 비유의 즉각적인 맥락이요 둘째는 누가의 기도에 대한 가르침이다.

문맥을 살펴보기 위해 우리는 8절에서 시작해야 한다. "그런데 인자가 올 때에 세상에서 믿음을 보겠느냐?" 이 질문은 재판관/하나님으로부터 초점을 다시 과부와 그녀의 인내로 옮겨서 비유의 의미에 또 다른 차원을 추가한다. 즉, 누가는 믿음의 요소를 잃지 않고 기도에 힘쓰는 것이다. 이 시점에서 누가의 이야기에서 인내와 용기는 추상적 속성이 아니라 종말론적 필수품이다.

이 점을 보려면 이번 성서정과에서 포함되지 않은 17:20-37의 하나님의 나라가 언제 도래하는가에 대한 가르침을 살펴보아야 한다. 이 부분은 바리새파 사람들이 예수께 하나님의 나라가 언제 오느냐고 묻는 것으로 시작한다. 예수는 마태복음 24:23과 마가복음 13:21과는 다른 언어로 대답한다. "하나님의 나라는 눈으로 볼 수 있는 모습으로 오지 않는다. 또 '보아라, 여기에 있다' 또는 '저기에 있다' 하고 말할 수도 없다. 보아라, 하나님의 나라는 너희 가운데 있다"(17:20-21). 이어진 22-37절이 보여주는 것은 하나님의 나라가 너희 가운데 있다는 주장이 아마도 사람들이 해석하듯이 누가가 종말론적 이해를 배제하는 것이 아니라는 것이다. 누가는 여기에 오실 하나님의 나라에 대한 예수의 가르침이 있는 마가의 자료(13장)와 마태의 자료(24장)를 많이 배치시켜 그의 이야기를 계속해 나간다. 누가복음 18:1-8의 비유에 대한 가장 적절한 이해는 예수가 제자들에게 한 말이다. "너희가 인자의 날들 가운데서 단 하루라도 보고 싶어 할 때가 오겠으나, 보지 못할 것이다"(17:22). 그의 주의를 바리새파 사람들로부터 제자들에게 돌리고 인자가 오실 날을 고대하라고 말함으로써 누가의 예수는 인내해야 하고, 언제나 기도하며 낙심하지 않아야 할 제자들에게 관심을 보여준다. 그러므로 마지막 문장 18:8은 툭 던지는 말이 아니라, 실제로 예수의 종말론적 가르침의 맥락에서 18:1-8을 끌어낸다. 만약에 제자들이 인자가 오실 때 충성된 자로 살려면, 끊임없이 기도하고 낙심하지 않아야 한다. 누가는 11:5-8의 비유로 비슷한 관점을 보여주었다. 이 비유에서도 18:1-8과 같이 두 인물이 있다. 여기에서 빵을 밤중에 꾸어주기를 기도하는 사람은 권리를 찾으려는 과부와 같고, 또 다른 인물, 일어나기를 거부하고 권리를 주지 않는 사람은 재판관과 같다. 여기에서 비유의 교훈도 '끈질김'(11:8)이다. 18장에서 하듯 누가는 비유를 주기도문(11:2-4)과 "구하라, 주실 것이다"(11:9-10) 사이에 둠으로써 기도에 관한 교훈을 적용시킨다. '작은 것에서 큰 것으로' 기술과 요청하는 자에 대한 인간 또는 하나님의 반응과 함께 이 부분을 이렇게 결론짓는다. "너희가 악할지라도 너희 자녀에게 좋은 것들을 줄 줄 알거든, 하물며 하늘에 계신 아버지께서야 구하는 사람에게 성

령을 주시지 않겠느냐?"(13)

누가복음에서 제자들은 반복해서 기도를 끈질기게 하도록 배우고 또 배웠다. 과부는 기도하며 충성하는 자의 표식이 아니겠는가?

예수를 단지 선생, 치유자, 기도하는 사람이라고 생각한다면, 예수는 가서 이런 이야기를 해줄 것이다. 예수가 코미디언이기도 했다는 것을 누가 알았을까? 예수의 말을 듣는 사람들이 고개를 뒤로 젖히고 무릎을 치면서 이 기묘한 이야기를 들으며 웃는 모습을 상상하기란 어렵지 않다. 어떤 여인이 그녀의 곤경에 전혀 신경 쓰지 않는 부패한 재판관의 문을 계속 두드렸다. 마침내 그 재판관은 창문 밖으로 고개를 내밀고 소리쳤다. "알았어요. 그만 좀 두드려요! 지금 당장 그만두면 당신이 원하는 대로 다 해줄게요." 그들은 웃음을 터뜨렸다. 왜냐하면 그들이 이 여인을 알고 있었기 때문이다. 그녀는 항상 부당한 취급을 당했는데, 남편도, 유산도, 사회적인 지위도, 아무것도 없었기 때문이다. 그들은 이 판사도 알고 있었는데, 그는 자기밖에 모르는 사람이었다. 이 사람은 사람들에게 봉사할 줄 모르는 사람이었기 때문에, 사람들은 이 힘없는 여인이 모든 사람이 싫어하는 뺀질거리는 작자를 짜증 나게 해서, 그럴 사람이 아닌데도 마침내 좋은 일을 할 때까지 괴롭혔다는 생각에 박장대소했다.

좋은 이야기로군! 그들은 웃었고, 한숨을 쉬고, 예수가 그들에게 기도란 이와 같은 것이라고 말했던 것을 떠올렸다. 이제 예수는 우리 교회의 관심사이기도 하다. 우리들 가운데 얼마나 많은 사람이 하나님의 문 앞에서 열심히 두드리지만, 아무런 소용이 없었을까? 어린아이들의 어머니가 암에 걸려 쓰러져서 우리는 아주 열심히 기도했다. 하지만 결국 죽음은 찾아온다. 우리는 또 다른 자연재해에서 안전하고 구원받기를 기도하다가 지친다. 우리가 평화를 위해 계속해서 기도하지만, 라디오는 더 많은 전쟁의 희생자에 대해 보도한다. 정말 그렇게 되도록 되어 있는 것일까?

예수는 어떤 희망을 제공하고 있는가? 예수는 하나님이 이 불의한 재판관과 전혀 다르다고 주장한다. 만약 과부가 불의한 재판관에게 약속을 받는 것보다 더 빠르게 예수가 우리의 끈질긴 기도에 응답한다면, 우리는 안도감을 느끼지 못할 것이다. 만약 기도 응답이 예수가 이 땅에 신속하게 돌아옴으로 정의가 이루어지는 것이라면(8b), 21세기의 교회에서 신뢰의 간격은 더 벌어졌을 것이다. 이 설교의 목회적 문제는 우리의 교회가 지쳤거나, 이미 체념했거나, 기대하지 않은 채 기다리는 사람으로 가득 차 있다는 것이다. 사람들이 지속적으로 요구하는 것들을 하나님이 바로잡아 주지 않고, 대부분의 사람들이 그리스도의 재림을 지붕 위에서 기다리지 않는데, 눈과 귀로만 듣는 이 비유가 어떻게 의미 있게 다가올 수 있을까?

예수가 다시 오실 때 믿음을 가진 사람이 있을지 궁금해하실 때, 우리의 곤경을 예상하시는 것처럼 보인다. 예수는 효과적으로 전세를 역전시킨다. "언제 내가 다시 돌아올지 예상하기를 멈추고, 지금 신실하게 기도하기 시작하라." 주님이 언제 다시 오실지 궁금해하는 것은 좋은 질문이다. 그리고 바로 이 질문 때문에 예수가 "늘 기도하고 낙심하지 말아야 한다"(1)는 이 비유를 말씀하셨다. 우리는 다시 한번 신앙생활은 하나님에게 우리가 원하는 것들의 목록을 말하는 것뿐만 아니라 모든 기쁨과 염려, 모든 두려움과 의심, 모든 애통과 탄원을 듣고 응답하시는 분에게 계속해서 올려드리는 것이라는 사실을 기억해야 한다. 응답은 우리가 응답이 올 때라고 생각할 때 오지 않는다. "천년도 주님 앞에서는 밤의 한순간과 같다"고 우리는 시인을 따라 노래한다. 이사야의 하나님은 우리를 일깨운다. "나의 생각은 너희의 생각과 다르며, 너희의 길은 나의 길과 다르다"(55:8). 그렇지만 우리가 손이 멍들도록 하늘의 문을 계속 두드리면서 진정으로 기도할 때, 이렇게 긴 시야를 가지기는 어렵다.

예수께서 말씀하신다. "하나님은 늦지 않으신다. 하나님이 도와주신다. 하나님은 정의를 이루실 것이다." 만약 사람의 아들이 세상에서 믿음을 발견하려면, 우리는 우리의 기도가 응답을 받지 못한 수많은 기도 가운데 하나가 아니라 오히려 우리의 기도를 통해 다가오는 하나님의 통치에 참여하는 것임을 이해해야만 한다. 쉬지 않고 기도하고 희망을 포기하지 않음으로써 우리는 하나님이 이 세상을 포기하지 않으셨다는 확신 속에서 살아간다. 희망 속에서 살아가는 우리는 우리가 할 수 있는 모든 방법으로 다가오는 정의와 평화를 위해 일한다.

우리가 주님의 식탁에 모일 때마다 우리는 이런 기도를 한다. "하늘과 땅에 있는 주님의 교회와 합하여, 오, 하나님, 주께서 우리 가운데 그리고 이 세상 가운데 주님의 영원한 목적을 성취하실 것을 기도하나이다. 주께서 마지막 승리 가운데 다시 오실 때까지 주님의 사역에 신실하도록 우리를 보호하소서. 그리하시면 우리가 주님의 영원하신 통치의 기쁨을 누리면서 주의 모든 성도와 함께 천국 잔치에 참여할 수 있겠나이다."* 또 "그가 영광중에 오실 때에 경계하며 기도하는 모습으로, 진리와 사랑 안에서 강건한 모습으로 그리고 떡을 떼는 일에 신실한 모습으로 그에게 발견되게 하옵소서. 마침내 모든 백성이 자유를 얻게 될 것이며, 분열된 모든 것이 치유될 것이며, 모든 주님의 피조물과 함께 당신의 아들 예수 그리스도를 통하여 주님의 찬양을 노래할 것이니이다."**

우리는 기도할 때마다 예수의 가르침에 충실하다. "그 나라를 오게 하여 주시며, 그 뜻을 하늘에서 이루심 같이, 땅에서도 이루어 주십시오"(마 6:10). 다시 한번, 예수는 믿음이란 다가오는 하나님의 통치를 적극적으로 희망하고 애타게 갈망하는 것이며, 다른 사람을 위한, 세상을 위한 그리고 우리 자신을 위한 기도를 결코 멈추지 않는 것이라는 사실을 분명히 하신다.

교회의 목회는 고난당하는 사람들에게 희망을 전하는 것이어야만 한다. 그러기 위해서 종말론적인 희망을 가르치고 설교하는 것은 너무나 중요하다. 계속해서 적극적으로 이런 방식으로 기도하는 것이 필요하다. 그래서 비극이 우리에게 닥쳐올 때, 하나님의 영원한 섭리에 대한 강한 확신이 자

---

* *Book of Common Worship* (Louisville, KY: Westminster/John Knox Press, 1993), 72-73. (김소영·김세광·안창엽 편역, 『공동예배서』, 한국장로교출판사, 2001.)
** From the Great Thanksgiving prepared by the International Committee on English in the Liturgy, in the *Book of Common Worship*, 145. (『공동예배서』, 188-189.)

리 잡게 해야 한다. 도전이나 위기에 직면했을 때, 하나님의 신실하심에 대한 느낌을 전하기는 훨씬 더 어렵다. 그렇지만 다가오는 하나님의 통치를 향해 분투하면서 살아가게 하는 적극적인 믿음이 있을 때, 희망은 여전히 살아 있고, 우리는 중얼거리는 음성으로라도 찬양할 수 있다. "우리 하나님, 지나간 날 동안 우리의 도움이시고, 다가오는 날에 우리의 희망이며, 폭풍우로부터 우리의 피난처이시며 우리의 영원한 집이시다."[*]

## 설교

기도가 항상 응답되는 것은 아니라는 것을 아마 목회자들은 누구보다도 분명하게 잘 알고 있다. 여기서 응답이란 누군가 기도했을 때 그 특별한 요청이 성취되는 것을 말한다. 목회자들은 또 중환자 가족들이 목사님께서 기적적인 치유를 위해 기도해 주실 것이라고 믿으며 환자의 회복을 위해 기도하고 있을 때, 그런 치유는 잘 일어나지 않음을 알기에 병상 곁에서 무기력하게 서 있던 경험을 가지고 있다. 목회자들은 "기도가 정말 효력이 있는가?"라는 질문이 감정적으로 매우 힘든 질문이고 그 대답은 단순하지 않다는 것을 알고 있다.

사람들은 하나님께서 우리의 요청에 개입하셔서 우리가 간절히 바라는 일을 하실 것이라고 믿고 싶어 하는 것 같다. 애니 딜라드(Annie Dillard)는 그것을 "단지 가끔씩 개입하시는 하나님"이라고 부른다.[**] 새로운 직장을 얻었을 때, 이익을 내기 위해 샀던 콘도가 팔렸을 때, 심지어는 편리한 주차장을 발견했을 때도 하나님께서 다 해 주셨다고 여긴다. 슈퍼 보울(미식축구) 우승팀은 하나님께서 승리하게 하셨다고 감사한다(기도하고도 패배했다는 선수들은 거의 보지 못했다). 해고당하고 마지막 남은 8달러로 복권에 당첨된 사람은 "도와주세요 주님… 이번에는 꼭 당첨되게 해 주세요"라고

---

[*] Isaac Watts (1714). 새찬송가 71장.

[**] Annie Dillard, *For the Time Being* (New York: Knopf, 1999), 168.

하나님께 기도해서 2억 9,500만 달러 잭팟(약 3천억 원)에 당첨되게 해 주셨다고 그 영광을 돌렸다. 역대상에는 지금까지 언급이 안 되었던 야베스라는 이름을 가진 사람의 기도가 나온다: "나에게 복에 복을 더해 주시고, 내 영토를 넓혀 주시고, 주님의 손으로 나를 도우시어 불행을 막아 주시고, 고통을 받지 않게 하여 주십시오"(대상 4:10). 하나님께서는 이 기도를 들어주셨고 여기에 근거해서 21세기 그리스도인들은 하나님께서 우리를 위한 복을 준비해 두셨고, 이기적인 기도를 하기 원하시므로 내 주식이 오르게 해 달라고 기도하는 것은 당연한 일이고 또 우리가 끊임없이 기도하면 하늘 창고를 열어주실 것이라고 여기게 되었다.

목회자는 마음을 다하여 끊임없이 기도했으나 간구가 이루어지지 않은 착하고 신실한 사람들을 매일 보면서 오늘날 번영의 복음이 얼마나 신학적으로 잘못되었고 그릇되게 인도하는지를 알고 있다. 허스톤 스미스(Huston Smith)는 이렇게 보고 있다: "믿음의 결과물이 건강과 같은 세속적인 것이 될 때, 이러한 생각은 종교를 자기만족을 위한 것으로 바꾸고 교회는 헬스클럽이 된다. 이것은 자기중심적인 것에서 벗어나서 욕망을 따라 살지 않게 하는 종교의 역할과는 정반대되는 일이다."*

예수께서는 끈질긴 기도에 관해 한 비유를 말씀하셨다. 설교자는 이것이 비유이지 누구나 알고 있는 두 사람에 관한 일화가 아님을 기억해야 한다. 누가는 심지어 이 비유의 목적이 제자들이 '늘 기도하고 낙심하지 말아야 할 필요에 있다고(1) 우리에게 말해 준다. 처음부터 예수께서는 응답받는 기도와 그렇지 못한 기도에 대한 신비를 설명하려는 게 아니고 그의 제자들에게 인내를 가르치려는 데 있었다. 이것은 매우 인상적인 두 사람에 관한 흥미로운 이야기이다. 하나는 '하나님도 두려워하지 않고, 사람도 존중하지 않는' 양심 없는 냉혹한 재판관이고, 다른 하나는 가난하고 무력하며 자기를 지키지도 못하는 과부인데 억울한 일이 있다. 여기서 탄원하는 과부를 예수께서 좀 부정적으로 묘사해서 우리가 조용히 웃을 수도 있지만, 이 이야기는 우화가 아니라 비유이다. 그리고 이 과부의 탄원 내용에

---

* Huston Smith, *Why Religion Matters* (New York: HarperCollins, 2001), 45.

대해서는 자세하게 나오지 않는다. 이야기의 배경은 재판정 같은 곳으로 재판관이 높은 자리에 앉아있고 많은 청원자가 모여 있다. 그중에는 변호사가 대신하여 온 사람도 있고 저마다 소리를 지르며 자기주장을 하고 있다.* 이 여인도 법정이 열릴 때마다 매일 나와 그 무리 가운데 있다. 그녀는 이름이 밝혀지지 않은 적대자로부터 권리를 찾기를 원하고 있다. 매일 그녀는 정의를 요구하고 소리친다. 매일 이 재판관은 이 과부를 무시한다. 아마 그녀는 그를 집까지 따라가서 밤낮으로 요구를 반복했던 것 같다. 그녀는 끊임없이 이 재판관을 성가시게 조른다.

마침내 재판관은 어떤 원초적인 힘을 마주하고 있다는 것을 느끼고 난 후, 그녀가 결코 포기하지 않을 것을 알고서 마음을 누그러뜨리고 호의적인 판결을 한다. "하나님께서 자기에게 밤낮으로 부르짖는, 택하신 백성의 권리를 찾아주시지 않으시고, 모른 체하고 오래 그들을 내버려 두시겠느냐?"(7)라고 예수께서 물으신다.

그러므로 설교자는 여기의 주제는 정의이지, 사람이 원하는 것이나 필요로 하는 것을 얻기 위해 하나님을 이용하는 것이 아님을 기억해야만 한다. 물론 우리는 하나님이 우리에게 필요한 것을 안다는 것과 우리 입장에서 우리가 원하는 것은 결코 같지 않다는 것을 알고 있다.

내게는 훌륭하고 사랑스러운 부모님이 있었다. 그분들은 내가 원하는 모든 것을 주시지 않았다. 나는 말이나 개를 요구하기도 했고 또 어렸을 때는 탈 나이도 되기 전에 두발자전거를 사 달라고 하였다. 어느 크리스마스에는 백화점 카탈로그에서 본 장난감 드럼세트에 마음이 꽂히기도 했다. 내가 요청한 것들은 부모님이 아셨지만 주지 않은 것도 많았다. 돌이켜보면 부모님은 내가 원했던 것을 항상 주신 것이 아니라 가장 필요로 했던 것들을 주셨다고 생각한다.

바로 이 점이 적어도 예수께서 그의 제자들에게 그리고 우리에게 이 비

---

* 이러한 이미지는 이 책에서 가져왔다. Kenneth E. Bailey, *"Poet and Peasant" and "Through Peasant Eyes": A Literary and Cultural Approach to the Parables in Luke* (Grand Rapids: Eerdmans, 1983), 134.

유를 통해서 가르치려 한 내용이다. 이것을 처음 읽은 초대교회는 받지 못했던 많은 것 예를 들면 안전, 박해로부터의 보호 등을 위해 기도하였다. 초대교회는 교회가 가장 필요로 하는 것을 받았는데 그것은 하나님께서 사랑과 관심을 가지고 함께하심을 깨닫는 것과 살아남는 데 필요한 힘과 용기 그리고 인내심이었다. 돌이켜 보면 "그분이 너를 세울 때 네가 원하던 것들이 이루어진 것을 보지 못하였느냐?"(Joachim Neander, 1680)라는 의미가 분명해진다.

정의의 편에 서기 위해 내려오신 하나님을 의지하십시오. 힘이 없고 영향력도 없으며 목소리를 내지 못하는 사람들을 들어주시는 하나님을 의지하십시오. 아무 데도 돌아갈 곳이 없는 사람들을 들어주시는 하나님을 의지하십시오. 당신의 요구를 언제나 들어주지는 않지만, 사랑으로 인내로 당신이 마음을 다하여 끊임없이 드리는 기도를 들어주시는 하나님을 의지하십시오.

# 성령강림절 후 스무째 주일

## 누가복음 18:9-14

> [9] 스스로 의롭다고 확신하고 남을 멸시하는 몇몇 사람에게 예수께서는 이 비유를 말씀하셨다. [10] "두 사람이 기도하러 성전에 올라갔다. 한 사람은 바리새파 사람이고, 다른 한 사람은 세리였다. [11] 바리새파 사람은 서서, 혼자 말로 이렇게 기도하였다. '하나님, 감사합니다. 나는, 남의 것을 빼앗는 자나, 불의한 자나, 간음하는 자와 같은 다른 사람들과 같지 않으며, 더구나 이 세리와는 같지 않습니다. [12] 나는 이레에 두 번씩 금식하고, 내 모든 소득의 십일조를 바칩니다.' [13] 그런데 세리는 멀찍이 서서, 하늘을 우러러볼 엄두도 못 내고, 가슴을 치며 '아, 하나님, 이 죄인에게 자비를 베풀어 주십시오' 하고 말하였다. [14] 내가 너희에게 말한다. 의롭다는 인정을 받고서 자기 집으로 내려간 사람은, 저 바리새파 사람이 아니라 이 세리다. 누구든지 자기를 높이는 사람은 낮아지고, 자기를 낮추는 사람은 높아질 것이다."

## 신학

"선한 선생님이여, 영생을 상속받으려면 내가 무엇을 해야 합니까"라는 질문보다 더 중요한 질문은 없다(눅 18:18). 누가복음의 이 구절은 하나님에 의해 의롭다 여겨지고 하늘에서 높임을 받는 것과 연관하여 종교적 지배 계층과 죄인을 노골적으로 대조시킴으로 질문의 핵심을 건드리고 있다.

대조적으로 오늘의 구약성서 두 본문은 하나님의 지속적인 사랑과 인간의 약함에 관한 가르침을 준다. 요엘서 본문을 보면 하나님의 백성들이 다시는 부끄러움을 당하지 않을 것이기 때문에 주의 이름을 찬양한다(욜 2:26-27). 하나님은 주의 이름을 부르는 모든 사람이 구원을 얻도록 당신의 영을 인류 모두에게 퍼붓는다(욜 2:28, 32). 비슷하게 시편 65편은 우리의 죄와 악행으로 인해 슬픔, 죄책, 수치 등이 우리를 뒤엎는 그 순간에도, 하나님이 우리의 구원자로 우리를 용서하기 위해 가까이 계신다고 말한다(시

65:3, 5). 느헤미야 9:6-37에서 우리는 지속적인 하나님의 자비와 은총이 인간의 오만과 극적으로 대비된 기념비적인 고백의 기도를 발견할 수 있다.

**전적 타락.** 칼 바르트는 그의 대작 『교회 교의학』 중 "인간의 태만과 비참"이란 제목의 한 장에서 누가복음 본문의 비유를 간결하게 논하고 있다. 바르트에게는 창조주 하나님의 선함과 피조물의 악함 간에 뚜렷한 차이가 있다. 이것은 예수가 그의 청중이 이해하기를 바라는 확실한 요점이다. 바리새파 사람은 자신이 행한 행위가 하나님 앞에서 자기 신분의 근거가 된다고 여긴다. 그의 기도는 그가 행하고 있는 것에 관한 것이다. 세리는 자신의 행위를 부끄러워한다. 그의 기도는 그가 행했던 것에 관한 것이다.

바르트의 말에 의하면 두 사람은 하나님 앞에서 똑같이 '부끄럽다'고 하지만 둘 간의 명백한 차이가 있다. 바리새파 사람은 자신이 하나님 앞에 서 있다는 것을 깨닫지 못했다.* 두 사람의 부끄러움은 그들의 죄의 결과이자-칼뱅이 그것을 이해한 대로- 그들의 전적 타락의 결과이다. 바리새파 사람은 그 자신을 다른 사람들, 심지어 하나님보다 높였기에 거만과 교만의 죄에 빠졌다. 그는 자신이 도둑과 창기 심지어는 세리보다 더 낫다는 것에 주목하여 하나님께 감사를 표한다. 그는 단식과 기부를 통한 종교적 행위들을 자랑했으며 스스로를 의롭게 여겼다. 반면에 세리는 하나님과 다른 사람 앞에 자신을 낮추고 부끄러워했다. 그는 진정으로 그의 악행을 인정했다. 가슴을 치면서 한탄하며 온 존재가 무너지는 경험을 했다.

바르트는 두 사람의 수치를 하나님의 거룩과의 대조의 결과로 해석하지만, 칼뱅은 타락을 에덴동산에서 아담과 이브에 의해 범해진 원죄의 결과로 이해했다. 원죄 교리는 아담의 죄가 모든 인류에게 전가되었다는 신학적 관점이다. 칼뱅은 이에 관해 다음과 같이 서술했다. "(아담이) 본성의 질서를 몽땅 왜곡시켰을 때, 그는 그의 배신을 통해 전 인류를 파멸에 넘겨주었다."** 바울은 인간의 타락을 다음과 같이 묘사한다. "한 사람의 불순

---

* Karl Barth, *Church Dogmatics*, IV/2 (Edinburgh: T. & T. Clark, 1958), 385.
** John Calvin, *Institutes of the Christian Religion*, ed. John T. McNeill, trans. Ford Lewis

종에 의해 많은 사람이 죄인이 되었다"(롬 5:19). 칼뱅이나 바르트와 같은 개혁신학자들은 성서가 인간이 원죄로 인해 전적으로 죄의 지배 아래 있게 되었다고 가르치는 것으로 이해한다. 이러한 교리는 '전적인 타락'(total depravity)으로 종종 언급된다. 그 핵심은 인간은 죄를 짓지 않을 수 없다는 것이다. 다른 말로 하자면 우리는 죄를 짓도록 운명지어졌다는 것이다.

**칭의의 선물.** 개혁주의적 신학의 관점에서 볼 때, 이 비유는 다음의 두 가지 사실을 강조한다: (1) 우리가 죄에 깊이 빠져 있기 때문에 우리는 스스로를 구원할 수가 없다. (2) 우리는 구원에 관한 한, 전적으로 그리고 완전히 하나님께 의존한다

이 구절에서 솔직하지 못한 바리새파 사람은 하나님 앞에 그 자신을 높임으로 자신이 의롭게 여김을 받기를 원했다. 그는 하나님 편에 서기 위해 그가 어떤 사람이고, 무엇을 행했고, 무엇을 행하지 않았는지에 관해 기도했다. 반면 세리는 그 자신의 죄와 하나님의 절대적인 자비 앞에서 그 자신을 겸손히 낮추었다. 비유 끝에서 그 바리새파 사람은 그가 자신을 높였기 때문에 낮아졌고, 세리는 그의 낮아짐 때문에 높아졌다. 도날드 구트리 (Donald Guthrie)에 따르면, 그 바리새파 사람은 자기 자신과 일반적 인간의 상태에 관해 지나치게 낙관적이고, 세리는 원죄에 대한 우리의 이해와 동일하게 비관적인 입장을 보인다.*

이 구절에서 키워드 중 하나가 "의롭다고 인정을 받다"(justified)이다. 세리는 하나님의 자비를 위해 겸손하게 기도했다. 본문은 말한다: "의롭다는 인정을 받고서 자기 집으로 내려간 사람은, 저 바리새파 사람이 아니라 이 세리이다"(14). 칭의 교리는 하나님의 시각에서 어떻게 우리가 의로움의 상태에 이르는지를 묻게 한다. 바리새파 사람은 그 자신의 의로움을 위해 그 자신을 의지했다. 세리는 의로움을 위해 하나님을 의지했다. 그는 하나

Battles (Philadelphia: Westminster Press, 1960), 2.1.5.

* Donald Guthrie, *New Testament Theology* (Downers Grove, IL: InterVarsity Press, 1981), 190.

님의 자비를 받을 만하지 않았다. 하나님의 자비는 그에게 값없이 주어졌다. 바울은 이렇게 말한다: "우리가 죄인 되었을 때 그리스도가 우리를 위해 죽으셔서 하나님이 우리에 대한 그분의 사랑을 확증했다"(롬 5:8).

에베소서 2:8에서 바울은 우리에게 확언한다. "믿음을 통하여 은혜로 구원을 얻었습니다. 이것은 여러분에게서 난 것이 아니요, 하나님의 선물입니다." 그러므로 칭의는 우리의 죄책과 수치를 인정하고, 그 결과 우리가 용서받았고 하나님이 우리를 받아들이셨다는 것을 확인하는 것이다. 종교개혁의 모토 중 하나는 'sola gratia'(오직 은혜)의 개념이다. 이는 우리가 하나님의 은혜에 의해서만 의롭게 되었다고 주장한다. 오직 은혜만이 그리스도의 의를 상속받을 수 있는 유일한 길이다. 어떤 다른 수단에 의해 의롭게 될 수 있다고 제안하는 것은 하나님의 값없는 은혜를 거절하는 것이다. 바울은 다음 구절에서 이 사실을 다시 강조한다. "일하는 자에게 그 삯을 은혜로 여기지 아니하고 빚으로 여기거니와"(롬 4:4).

## 주석

누가복음에서 예수의 비유는 흔히 도덕적 목적으로 사용된다. 그 비유들은 하나님 나라의 신학적 공표(눅 10:37 참조)를 위한 것만큼 그리스도인으로서 적절한 행동을 권고하는 "가서 그대로 실천하기"를 담고 있다. 바리새파 사람과 세리의 비유는 하나님에 대해 의미심장한 것을 말하지만 그러한 이야기이다.

누가는 예수가 이 비유를 교만과 종교적 자부심에 반대하여 설파하고 있다고 말한다. 이 비유는 '스스로 의롭다고 확신하고 남을 멸시하는 몇몇 사람들'(9)에게 말한 것이다. 칼 바르트(Karl Barth)는 교만을 신앙인들의 가장 큰 죄라고 했는데, 왜냐하면 교만은 근본적으로 우상숭배이기 때문이다. 그것은 하나님과 피조물, 선물을 준 사람과 선물을 혼동하기 때문이다.* 누가도 이에 분명히 동의할 것이다. 다른 사람을 경멸하는 사람들은 정의가 하나님께 올바르게 속한 사람의 특성이 아니라(눅 18:19, "하나님 한 분밖에는 선한 분이 없다") 자신의 특성이라고 생각한다. 비록 비유에서 바리새인들이 그들의 선함을 자기 자신에게 돌리기보다 하나님께 감사하고 있지만, 그럼에도 불구하고 그들이 자신의 고귀한 행동들을 말하고 있는데 이는 그의 기도가 보여주는 겸손과 모순되는 것이다.

예수는 10절에서 배경지식을 제공한다. "두 사람이 기도하러 성전에 올라갔다. 한 사람은 바리새파 사람이고, 다른 한 사람은 세리였다." 두 사람은 공통점도 있고 차이점도 있다. 둘 다 유대인이다(성전에 올라갔다는 것). 그리고 둘 다 경건하다(기도하러 갔다). 바리새파 사람은 대단히 경건하다고 묘사된다. 그런데 흥미로운 것은 그가 성전으로 갔다는 것인데, 왜냐하면 바리새인들은 '만인제사장직'을 추구하는 데 앞장서는 사람(평신도)들이고, 그들의 종교 생활의 자리는 성전보다는 집이기 때문이다. 그런데 이 사람은 성전에서 기도한다. 다른 사람은 세리이다. 그는 바리새파 사람과 같을 수 없는데, 왜냐하면 바리새인들은 세리들이 로마에 협조하고 돈을 취급하고 민중들을 착취한다는 이유로 특히 경멸했다.

바리새파 사람은 이렇게 기도했다. "하나님, 감사합니다. 나는, 남의 것을 빼앗는 자나, 불의한 자나, 간음하는 자와 같은 다른 사람들과 같지 않으며, 더구나 이 세리와는 같지 않습니다. 나는 이레에 두 번 금식하고, 내 모든 소득의 십일조를 바칩니다"(11-12). 비록 그는 하나님을 자신의 선함의 원천으로 인정하는 듯 보이지만, 또한 하나님이 이런 훌륭한 예배자를 가진 것이 얼마나 행운인가를 하나님께 상기시키고 있다. 그 사람은 십계명에 복종하여, 훔치거나 탐내지 않고, 불의를 행하지 않고 간음하지도 않는다. 그는 지정된 날에 금식할 뿐만 아니라 하루 더 한다. 십일조도 낸다. 샤론 린지(Sharon Ringe)는 바리새파 사람의 기도를 시편 17:3-5과 비교한다. "주님께서는 나의 마음을 시험하여 보시고, 밤새도록 심문하시며 샅샅이 캐어 보셨지만 내 잘못을 찾지 못하셨습니다. 내 입에서 무슨 잘못을

---

* E.g., Karl Barth, *Church Dogmatics*, IV/1 ed. G. W. Bromiley and T. F. Torrance (Edinburgh: T.&T. Clark, 1956), 358-513.

발견하셨습니까? 남들이야 어떠했든지, 나만은 주님께서 하신 말씀을 따랐기에, 약탈하는 무리의 길로 가지 않았습니다. 내 발걸음이 주님의 발자취만을 따랐기에, 그 길에서 벗어난 일이 없었습니다."* 이 사람은 귀감이다. 세리는 전혀 그와 다른 존재이다.

고대 팔레스틴의 세리는 오늘날의 세금을 집행하는 세무 직원과는 물론 다르다. 그들은 가난한 자를 사취하여 부를 누리는 부패하고 권모술수를 부리는 위탁업자들이다. 부자로 불리는 세리들은 이웃들에게 쥐어짤 대로 짜 모은 금액 중 상당 부분을 로마에 바친다. 비록 그가 맡은 지역에서 개인적으로 부과된 책임이 있지만, 그가 원하는 대로 돈을 거둘 수 있는 재량권이 있고, 그가 받을 이익 이상으로 얼마든지 거둘 수 있었다. 회개하는 세관장 삭개오(19:1-10, 다음 주 복음서 본문)가 그들의 관습을 암시한다. "내가 누구에게서 강제로 빼앗은 것이 있으면, 네 배로 하여 갚아 주겠습니다"(19:8).

세리들은 종종 이방인들이기도 했는데 그들은 부정 축재의 완벽한 피라미드 구조를 만들기 위해 그들의 권한을 다른 사람들에게 하청을 주기도 했다. 그들이 심한 경멸을 받는 것은 이상한 일이 아니었다. 그런데 이 세리는 하나님의 심판을 인정하고 자신을 하나님의 자비에 내맡긴다. 그는 시편 기자의 도움을 받아 기도한다. "하나님, 주님의 한결같은 사랑으로 내게 자비를 베풀어 주십시오. 주님의 크신 긍휼을 베푸시어 내 반역죄를 없애 주십시오"(시 51:1). 그러한 이유로 누가는 하나님의 자비로 '의롭다고 인정받았다'(눅 18:14)고 했고, 자신을 의롭다고 여긴 바리새파 사람은 하나님께 의롭다고 인정받지 못했다고 했다.

한편으로 두 기도자는 하나님께서 교만보다는 겸손을 원하신다는 것을 강조해서 보여준다. "누구든지 자기를 높이는 사람은 낮아지고, 자기를 낮추는 사람은 높아질 것이다"(18:14b)라는 말은 예수가 "보아라, 꼴찌가 첫째가 될 사람이 있고, 첫째가 꼴찌가 될 사람이 있다"(눅 13:30)라고 말한

---

* Sharon Ringe, *Luke, Westerminster Bible Companion* (Louisville, KY: Westerminster John Knox Press, 1995), 225.

것의 개정이요 개작이다. 다른 한편으로는 바리새파 사람과 세리의 기도는 누가복음과 사도행전 전반에 걸쳐서 나타나는 주제인 경건과 윤리의 강한 연결을 보여주고 있다. 린지는 이 비유를 지난주 성서 본문과 연결 지어서 두 본문 모두 올바른 삶에 관심을 보여준다고 했다. 불의한 재판관과 바리새인 모두 하나님의 정의에 의해 그들의 평결이 뒤집어졌다. 그들은 "그들 사회에서 지배계급에 호의적인 사회적 경제적 경쟁 시스템과 명예와 지위의 계급구조에 갇혀있다. 두 비유 모두 기도는 그러한 체제를 전복하는 것에 관한 것이다."[*]

비록 세리가 하나님에 의해 의롭다고 인정받고 집으로 돌아갔지만, 우리는 그의 회개의 결과를 알 수 없다. 그가 실제로 효과를 낸 자비의 요청은 반드시 바른 행동을 낳아야 한다. 예수께서 다른 세리인 레위를 불렀을 때, 그는 모든 것을 버리고 예수를 따랐고, 자기 집에서 예수께 큰 잔치를 베풀었다(눅 5:27-32). 삭개오가 예수의 부름에 응했을 때 그는 그가 훔친 것을 반드시 갚겠다고 약속했다(눅 19:1-10). 아마도 우리도 이 무명의 세리에게서도 같은 일을 예상할 수 있다.

## 목회

당신은 누구인가? 바리새파 사람인가 아니면 세리인가? 자신을 이 역할이나 혹은 다른 역할에 놓거나 아니면 두 사람 모두에게서 자신의 이야기를 듣지 않고서는 이 비유를 읽을 수 없다. 우리 가운데 누가 일요일 아침에 약간이라도 자기만족을 느끼지 않겠는가? "하나님, 나는 예배에 참석하지 않고 골프를 치러 간 옆집 사람이나, 하나님이 우리나라 편이라는 것을 이해하지 못하는 다른 당에 속한 내 친구나, 예배당에서 내 두 자리 앞에 앉아있는 단정치 않아 보이는 택시 기사 같은, 다른 사람과 같지 않아서

---

[*] Ibid.

감사합니다. 나는 매주 일요일 아침과 수요일 저녁마다 여기 있습니다. 나는 신실하게 서약합니다. 나는 세 개의 중요한 교회 위원회에서 봉사합니다."

우리가 세리의 겸손을 가질 때는 일을 대대적으로 망쳐놓았을 때뿐이다. 회복 프로그램에 참여한 사람들은 이것을 '바닥을 친다'라고 한다. 하나님의 은혜와 용서가 필요하다는 것을 깨닫기 위해서라도 때때로 큰 실수가 있어야 한다. 그래야만 우리도 세리의 말을 따라 하게 된다. "아, 하나님, 이 죄인에게 자비를 베풀어 주십시오!"(13). 교회는 때때로 이런 식으로 진정한 참회를 하고 겸손하게 되기에 정반대인 장소가 될 수 있다. 우리는 모두 죄인이라는 생각은 편하게 하면서도 어떤 특정한 죄를 범했는지에 대하여는 자세하게 듣고 싶어 하지 않는다. 고마워라.

이 비유는 그리스도를 따르는 사람인 우리 자신에 관하여 말하는 것이다. 스스로 의롭다고 하는 바리새파 사람처럼 행동하려는 생각을 참회한다면, 또한 그것은 세리의 겸손함으로 우리에게 영감을 준다. 이 비유는 또 삼위일체 하나님의 자비에 관하여 이야기한다. 하나님은 자기희생을 통해 구원하시는 하나님이시다. 우리가 자선과 같이 좋은 일을 한다고 해도, 그 일을 해서 의롭게 되는 것이 아니다. 사실 의롭게 되는 것은 적어도 우리 힘으로 '성취'할 수 있는 것은 전혀 아니다. 의롭게 되는 것은 무력한 죄인들에게 미치는 하나님의 자비를 통해 온다.

예수는 성전에서 기도하는 두 사람에 관한 짧은 이야기에 들어 있는 심오한 진리를 전해 준다. 예수는 겉모습에 속을 수도 있다는 것을 전형적인 자신의 방식을 사용하여 상기시킨다. 한 사람은 사회에서 거룩한 사람이라고 불리는데, 거창한 독선에 싸인 채 성전에서 걸어 나간다. 좋은 교인들에게 욕을 먹은 사람은 "의롭다는 인정을 받고 자기 집으로 내려간다"(14a). 이 비유에서 현재 상황은 역전된다. "누구든지 자기를 높이는 사람은 낮아지고, 자기를 낮추는 사람은 높아질 것이다"(14b; 14:11).

스스로 의롭다고 믿으면서 다른 사람을 경멸하는 것은 얼마나 유혹적인가?(9) 우리는 주일마다 선한 의무를 다하고 우리의 죄를 고백한다. 우리는 헌금 봉투를 헌금 바구니에 넣거나 자동이체가 되게 한다. 우리는 아주 다양한 방식으로 교회와 세상을 섬긴다. 우리 만세! 우리 같이 규칙을 따르지 않는 사람들에게 야유를. 그들이 하는 일은 가증스러워서, 같은 교회 의자에 우리와 함께 앉게 해서는 안 된다. 우리가 이 정도로 극단적으로 다른 사람들을 정죄하지는 않더라도, 특별히 종교적인 실천에 있어서 우리가 기대하는 행동의 표준을 따르지 않는 사람들을 경멸의 눈으로 보지 않기는 힘들다.

예수는 믿는 사람들에게 율법을 충족시키기 위해 자신의 노력을 신뢰하지 말고 자비로우시고 사랑하시는 하나님 앞에서 자신을 낮추라고 도전하신다. 신뢰가 요구되지만, 우리 자신을 믿거나 하나님의 법을 지키는 우리의 능력을 신뢰하라는 건 아니다. 여기서 요구되는 것은 하나님의 자비를 신뢰하는 것이다. 이것은 개인의 성취를 아주 높게 평가하는 문화에서는 무리한 요구일 수 있지만, 율법을 충족시키는 우리의 능력을 의지하지 않도록 조심하더라도 율법을 무시하게 되지는 않는다. 제자도는 균형을 잡는 것이다.

스코틀랜드의 아이오나 공동체(Iona Community)는 복잡한 세상에서 제자로서 다양한 기쁨과 도전을 곡조와 가사로 명료하게 표현하는 은사를 가지고 있다. "목수를 위해 즐겁게 노래하라"라는 그들의 노래에서, 예수는 한때 우리의 의미와 위로의 근원이었던 잘못된 것을 버릴 때 찾아오는 해방을 축하하면서. "나와 함께 가자, 함께 돌아다니자"라고 예배자들을 초대한다. 합창 부분은 (예수라는 이름의) 목수가 연장을 버리는 것을 축하한다. 계속해서 "바리새파 사람들이 그들의 규칙을 버리는 것을 기쁘게 노래하라! 어부가 그물을 버리는 것을 기쁘게 노래하라! 사람들이 더 이상 후회하지 않게 되는 것을 기쁘게 노래하라!"*

예수를 따르는 사람들은 그들의 후회 역시 버린다는 것을 주목하라. 이것은 세리의 겸손이 자기혐오에 빠질 필요가 없다는 것을 분명히 한다. 하

---

* The Iona Community, "Sing Hey for the Carpenter," in *Heaven Shall Not Wait* (Chicago: GIA Publications, 1989).

나님께서 자비로우시고 사랑하신다는 것을 알게 되는 해방은 우리의 사역에서 혹은 우리 신앙공동체에서 우리가 성취한 것에 대한 의존을 버릴 수 있다는 뜻이다. 우리가 성취한 것들은 그 나름대로 의미가 있지만, 우리가 십자가에 달리신 하나님과 가난한 형제들과 가지는 관계의 중심에 있는 것은 아니다.

이번 주일을 위한 개정된 성서정과에서 복음서 독서가 디모데후서 4:6-8, 16-18과 연결되어 있다는 것은 얼마나 이상한가? 6-8절에서 바울은 "달려갈 길을 마치고" "믿음을 지켰"다는 확신(7)과 '의의 면류관'이 그를 위해 마련되어 있다는 확신에 대해 말한다. 이것은 예수의 비유에서 바리새파 사람들이 하는 말과 너무나 비슷하다. 하지만 약간의 차이가 있다. 바리새파 사람들은 하나님의 성전 편안한 곳에 서 있었다. 바울은 감옥에서 글을 쓰고 있다. 바리새파 무리는 자기보다 덜 의롭다고 여기는 사람들을 비웃는다, 바울은 면류관이 "나에게만이 아니라 주님께서 나타나시기를 사모하는 모든 사람에게도" 속한 것(8)이라고 단언한다.

균형이 핵심이다. 우리는 율법을 성취하는 우리의 능력이 우리를 구원한다고 믿지 않는다. 그러나 우리는 율법을 포기하지 않는다. 우리는 자비로우신 하나님 앞에서 우리를 낮춘다. 하지만 주님의 약속을 확신한다. 바리새파 사람이나 세리나 모두 하나님의 성전에서 환영받는다. 즐겁게 노래하라!

## 설교

비유란 마치 낚시할 때 쓰는 미끼와 같다. 그것은 주의를 끄는 것들 곧 깃털, 화려한 색깔 등으로 되어 있고 또 그 끝에는 날카로운 작은 가시가 있다! 바리새파 사람과 세리의 이 비유는 단지 그냥 비유일 뿐이다. 표면적으로 이 비유는 영적 교만의 위험성과 참회가 주는 유익에 관한 쉽고도 간결한 이야기이다. 그렇더라도 사려 깊은 설교자는 듣는 사람들에게 이 비유가 전하려고 하는 진리를 담은 메시지를 만들 수 있을 것이다. 그렇게 하려면 이 본문을 해석하는 일에서 오늘날 청중들이 빠지기 쉬운 어떤 함정이 있음을 염두에 두는 일이 중요하다.

바리새파 사람들과 세리들은 우리가 성서에서 자주 만나는 주요 인물들이다. 스스로 의롭다고 여기고 규율을 강조하지만 긍휼과 자기반성은 없는 종교적 지도자라는 이미지를 지닌 바리새파 사람은 회개하고 연약하며 순진하고 겸손한 세리와는 대조를 이룬다. 사실 '바리새'(Pharisee)라는 단어는 위선과 독선으로 행동하는 것을 의미하는 형용사 형태로 일반 영어에서 사용되었다. 그래서 설교자는 예수의 청중들이 이해하고 있던 바리새파 사람과 세리의 특징을 설명해 주는 것이 필요하다.

바리새파 사람들은 성서에 대해 자유로운 해석을 견지하였고, 그들이 제정한 율법의 목적은 모든 사람이 토라를 준수하도록 하기 위함이었다. 반면 세리는 사람들이 증오하던 로마의 협력자로 보였다. 겸손하거나 순진하기는커녕 이들은 때로는 부패하고 부도덕하며 정직하지 못한 사람으로 여겨졌다. 이러한 지나치게 익숙한 고정관념에 빠지지 않고 설교들 듣는 사람들이 이 인물들에 대한 선입견을 뛰어넘도록 도와주는 일은 이 비유를 새롭게 이해하는 데 중요하다.

이 이야기를 신선하게 들리도록 하기 위해서는 설교 내용 안에 1세기 고대 근동 세계에서 바리새파 사람들과 세리들의 사회적 지위에 대한 역사적 배경을 설명하는 일이 필요할 수 있다. 새롭게 듣도록 도와주는 일은 또 교인들의 경험에서 이들과의 공통점이나 유사한 점을 찾게 하는 일, 영적 교만이나 겸손과 관련한 설교자의 경험을 소개하는 일 그리고 교인들이 하나님 앞에서 자신을 자랑하고픈 유혹을 받았던 때와 그 유혹에 넘어가지 않았던 일등을 생각나게 이끌어 내는 것을 의미한다. 그것은 또 교인들이 다른 사람들의 경건에 대한 자신의 선입견이나 예단을 바로 볼 수 있도록 돕는 일이기도 하다.

피상적으로 이 비유는 겸손을 장려하고 영적 교만을 정죄하는 단순한 이야기처럼 보인다. 영적 교만에 빠져보지 않고 어떻게 겸손에 대해 설교할까? 확실히 이것은 가장 위대한 영적 역설이다. "겸손하라!" 우리는 어느 정도 겸손한 상태에 도달하자마자 성취한 것을 자랑하고픈 유혹을 받는다.

이와 연관한 위험스러운 일이 예전과 관련해서도 있을 수 있다. "하나님, 죄인인 저에게 자비를 베푸소서!"는 익숙한 소리이다. 그 의미는 너무나도 분명해 보인다: 너의 영적 순결함을 자랑하지 마라. 겸손해라. 너의 죄를 하나님 앞에서 고백하라. 그러면 너는 이 세리처럼 의롭게 되어 집으로 갈 것이다. 그러나 만일 이 세리가 그다음에 "하나님 나는 저 바리새파 사람처럼 되지 않아서 감사합니다!"라고 외치면 어떻겠는가? 세리가 그랬듯이 진정으로 겸손하고, 망설이지 않고 우리의 죄를 대면하며 변명하지 않고 하나님의 자비를 구하는 것이 얼마나 어려운 일인가.

참회의 기도를 사용하는 데도 몇 가지 주의가 필요하다. 만일 참회기도가 예배 순서 안에 보통 들어 있다면 이 본문이 말하려는 초점과 예배순서의 참회기도가 잘 일치하는지에 대한 면밀한 검토가 필요하다. 만일 참회기도 순서에 고정된 본문을 사용하고 있다면, 설교를 통해 이 본문을 그에 대한 참고 형태로 하는 게 도움이 될 것이다. 또는 참회기도문을 설교 본문이나 내용을 반영하여 좀 수정을 하는 것도 좋을 것이다. 이 본문과 이 본문이 경계하는 영적 교만이 예배 시 사용하는 모든 본문과 부합하고 있는지를 검토하는 것도 좋을 것이다.

일단 이 이야기가 지닌 함정을 이해하게 되면 이 본문이 말하려는 주제나 관심으로 나아갈 수 있다.

이 비유는 종교성이 지닌 위험에 대한 생생한 사례를 보여준다. 먼저 이 비유에 나온 바리새파 사람은 종교적인 사람이고 동료 유대인 가운데 지도자이며 하나님의 율법을 신실하게 따르려는 사람들에게는 영적 안내자이다. 그는 종교적으로 지켜야 할 것에 대해서는 신중하고 자신의 돈에 대해서는 관대하다. 의심할 바 없이 그는 세상의 눈이나 자신의 눈으로 보았을 때 좋은 사람이고 종교적인 사람이다. 여기서 문제는 그의 종교적 규율준수나 경건이 아니라, 그가 하나님을 의지하고 있다는 것을 볼 수도 없고 그렇다고 말하기도 어렵다는 점이다.

대부분 우리 교인들에게 이 바리새파 사람과 같은 심각한 문제가 있는데 그들 역시 규율을 잘 지키고 자신에 대해 관대하다. 물론 설교자나 목회자는 늘 이들에게 그 점을 말하고 있기는 하지만. 감사의 기도는 이러한 점에서 종종 잘못된 방향으로 나아갈 수 있다. 이 본문을 가지고 설교하는 일은 바리새파 사람이 그랬듯이 하나님께 대한 감사의 형태가 우리의 영적 교만이라는 유혹으로 진전될 수 있음을 깨우치는 것일 수 있다.

세리의 기도를 언급하는 것이 적절할 수 있다. 그 진솔함, 소박함 그리고 하나님의 자비에 대한 절대적 신뢰는 그 기도를 모범적 기도로 만들고 있다. 여기서 주의할 점은 자기 정당화가 이 기도에 뒤따라올지 모른다는 점이다. 다시 말하면 이 기도를 드리는 사람은 하나님 앞에 핑계나 특별한 간구함도 없이 또 어떤 기대나 요청도 없이 오직 하나님의 자비만을 구하며 서 있어야 한다는 것이다. 이 기도는 보기에는 단순하지만, 그 어려움은 간과되어서는 안 된다.

이 세리의 기도를 모범적 기도로 바라봄으로써 우리는 하나님의 위대한 자비를 생각하게 된다. 이 세리의 죄는 의심할 바 없이 사실이고 또 심각하다. 세리들은 일반적으로 세금을 징수한 자들로부터 자신들을 위해 돈을 챙겼다. 그들은 그들 백성을 억압하는 자들과 협력했고 일상적으로 뇌물을 받았다. 다른 이야기들 속에서 우리는 그것을 반환한 회개한 세리들을 보기도 하지만 여기서는 아니다. 이 비유는 오직 하나님의 자비에 대한 그의 신뢰에만 주목한다. 만일 어떤 세리가 하나님 앞에서 자비를 발견할 수만 있다면 누구나 그러지 않겠는가?

# 성령강림절 후 스물한째 주일
## 누가복음 19:1-10

> ¹예수께서 여리고에 들어가 지나가고 계셨다. ²삭개오라고 하는 사람이 거기에 있었다. 그는 세관장이고, 부자였다. ³삭개오는 예수가 어떤 사람인지를 보려고 애썼으나, 무리에게 가려서, 예수를 볼 수 없었다. 그가 키가 작기 때문이었다. ⁴그래서 그는 예수를 보려고 앞서 달려가서, 뽕나무에 올라갔다. 예수께서 거기를 지나가실 것이기 때문이었다. ⁵예수께서 그 곳에 이르러서 쳐다보시고, 그에게 말씀하셨다. "삭개오야, 어서 내려오너라. 오늘은 내가 네 집에서 묵어야 하겠다." ⁶그러자 삭개오는 얼른 내려와서, 기뻐하면서 예수를 모셔 들였다. ⁷그런데 사람들이 이것을 보고서, 모두 수군거리며 말하였다. "그가 죄인의 집에 묵으려고 들어갔다." ⁸삭개오가 일어서서 주님께 말하였다. "주님, 보십시오. 내 소유의 절반을 가난한 사람들에게 주겠습니다. 또 내가 누구에게서 강제로 빼앗은 것이 있으면, 네 배로 하여 갚아 주겠습니다." ⁹예수께서 그에게 말씀하셨다. "오늘 구원이 이 집에 이르렀다. 이 사람도 아브라함의 자손이다. ¹⁰인자는 잃은 것을 찾아 구원하러 왔다."

## 신학

강렬하면서도 감동적인 오늘의 누가복음 이야기 속에서 우리는 삭개오라는 한 부자 세리가 예수의 부름에 응답하는 장면을 보게 된다. 자신의 소유를 팔기를 거절한 부자 관리(18:18-30)와 조건 없이 그의 소유의 절반을 가난한 자에게 주려고 하는 삭개오(8)의 대조적인 반응의 의미를 파악하기 위해 우리는 누가복음 전체의 맥락을 고려해 봐야 한다. 오늘 본문은 치유를 받고 예수를 따라갔던 눈먼 거지 이야기(18:35-43)와 유사한 내용을 담고 있다.

'키가 작아서' 예수를 보려고 군중에 앞서 재빠르게 달려가 나무를 타고 올라가는 삭개오에게 대부분 연민을 느끼게 될 것이다. 그러나 우리는 그 구절에 기독론적인 핵심이 있음을 놓쳐서는 안 된다. 누가의 이야기에서는

636

예수 그리스도의 주권과 '잃은 자를 찾고 구하는'(10) 선교적 주제가 강조되어 있다. 신학적인 키포인트는 하나님의 아들이신 예수가 뚜렷한 사명감을 갖고 그의 선교를 수행하고 있다는 것이다. 복음은 구원의 능력이다(롬 1:16).

삭개오가 예수를 단지 관찰하기를 원했는지 아니면 예수를 직접 영접하기를 원했는지 여부는 본문에서 분명치 않다. 어느 쪽이든 그가 가는 길에서 그는 장애물과 부딪힌다. 몇몇 학자들은 삭개오의 키에 대한 언급이 아마도 그의 실제 키보다 그의 직업과 더 관련되어 있다고 제안했다. 군중은 삭개오가 행한 일 때문에 그의 길을 막고 바리케이드를 치려 했을 것이다. 어떤 경우에서든 삭개오의 예수를 보기 위한 시도는 방해를 받았다.

그러나 누구도 예수가 삭개오가 올라간 나무로 다가오는 것을 막을 수 없었다. 예수가 삭개오와 시선을 맞추고 그를 불러 내려오게 하며 그의 집에 초대되어 가는 것을 아무도 방해할 수 없었다. 이것은 하나님의 은총을 떠나서는 우리가 스스로의 힘으로 하나님께 나가는 것이 얼마나 힘든지를 상징적으로 보여준다. 우리는 여러 가지 이유로 하나님의 은혜를 보거나 경험하는 것과 관련하여 방해를 받는다. 우리의 타락한 상태는 하나님의 빛이 우리 삶에 비치는 것을 가리고 있다. 그러나 하나님이 스스로 우리의 마음에 빛으로 말씀하실 때, 하나님은 예수 그리스도 안에서 하나님의 영광의 지식을 우리에게 주신다(요 1:5; 고전 4:6; 엡 5:8).

예수가 오늘 본문에서 잃어버린 자 일반을 찾은 것뿐 아니라, 특별하게 삭개오라는 한 사람을 찾았다는 것에 주목해야 한다. 신학적으로 우리는 이것을 하늘이 주도한 신성한 부름이라고 일컬을 수 있다. 다른 경우와 마찬가지로 본문에서도 예수는 군중으로부터 개인들을 선택하여, 제자가 되도록 부르신다. 하나님 나라에로의 부름은 이런 방식으로 시작된다(마 4:18-22; 롬 1:35-51). 삭개오는 또 하나의 딱 들어맞는 사례다.

예수에 의한 이런 신적인 부름은 일시적이거나 우연한 것이 아니다. 오히려 죄로 가득한 인간을 당신의 영광의 빛으로 불러내는 것은 하나님의 영원한 뜻이다. 칼뱅은 하나님의 말씀이신 예수를 이러한 방식으로 마주하는 것은 하나님의 빛과 친밀하게 교통하는 것이며, 하나님의 영광을 드러내는 것이라고 말했다.* 비록 오늘 본문이 '부름'(call)이라는 단어를 사용하지 않았음에도 불구하고 예수는 삭개오를 불러내고, 그러한 행위 안에서 예수는 구원 사역을 착수하고 있다.

하나님이 우리를 부르실 때, 우리는 믿음과 순종으로 반응한다. 예수가 '삭개오'라는 이름을 부른 데서 우리는 중요한 신학적 의미를 찾을 수 있다. 즉, 하나님은 우리를 부르실 때 부모가 자녀를 부르는 것처럼 이름을 부르신다(갈 3:26). 이것이 구원의 주로 오신 인자의 선교적 사명이다(19:9). 예수가 신적인 섭리에 따라 주도권을 갖고 다가오신다는 것에서 우리는 구원은 항상 하나님에 의해 시작됨을 확인할 수 있다. 예수는 우리가 스스로를 구할 능력이 없어서 우리와 함께 있는 임마누엘의 하나님이다(롬 7:19).

칼 바르트는 예수를 우리의 부름과 소명을 시작하게 하고 유지하게 하는 분이라고 묘사한다.** 우리는 그리스도 안에서 그리고 그리스도를 통하여서만 부름을 받는다. 예수는 구원이 삭개오의 집에 임했다고 말함으로 삭개오의 부름과 구원을 선포한다. 삭개오는 진실로 '아브라함의 아들'이다(9). 우리는 하나님의 선물과 부르심은 취소 불가라는 바울의 말에 동의할 수밖에 없다(롬 11:29).

우리 주님은 인성에 갇혀있는 순간에도, 선교적 사명을 수행할 수 있도록 하는 신적인 예지를 드러낸다. 신적 예지는 만나거나 발생하기 전에 사람이나 사건을 아는 능력이다. 이 때문에 예수는 삭개오를 전에 만나본 적이 없었지만, 그가 어디에 있는지와 그의 이름을 알고 있다. 바울은 이에 대해 이렇게 썼다: "하나님이 미리 아신 자들로 또한 그 아들의 형상을 본받게 하기 위하여 미리 정하셨으니"(롬 8:29).

하나님은 우리를 불러 당신과 구원의 관계를 맺게 하시려고 우리를 부르시고, 우리는 응답한다. 오늘 본문은 메시아의 부르심에 대한 삭개오의 응답을 명확하게 묘사하고 있다. 아주 신속하게 그는 나무에 있는 그의 안

* T. F. Torrance, *Calvin's Doctrine of Man* (London: Lutterworth, 1949), 31.
** Karl Barth, *Church Dogmatics*, IV/3.2 (Edinburgh: T. & T. Clark, 1962), 520.

전한 피난처에서 내려와 기쁜 마음으로 그를 맞이하시는(6) 예수와 함께 선다. 신학자와 설교자는 하나님의 은총의 말씀 후에는 인간의 응답이 따라야 함을 간과해서는 안 된다. 이러한 응답은 하나님의 은혜에 의해 내적 존재가 개조되었기 때문에 가능한 것이고, 이는 더 깊은 통찰과 윤리적 방향 전환(즉, 회개)으로 이어지게 된다.

이러한 방향 전환은 삭개오가 사람을 대하는 태도가 바뀐 데서 분명히 드러난다. 누가 시키거나 강요한 것도 아닌데 그는 자발적으로 그의 재산의 반을 가난한 사람들에게 나눠주며, 그가 불법적으로 재산을 빼앗은 사람에게 네 배의 배상을 해 주겠다고 약속한다. 그러므로 칼뱅은 삭개오가 "늑대에서 양으로 변화했을 뿐만 아니라 심지어 목자로까지 변화했다"고 말한다. 삭개오는 새로운 피조물이 되어서 하나님의 말씀에 따라서 삶을 살게 된다. 예수를 멀리서 바라보는 자에서 예수의 충실한 제자로 바뀌는 삭개오의 구원적 경험을 친근한 이야기 속에 담았다는 것이 오늘 본문이 가진 매력이다.

## 주석

삭개오 이야기는 누가복음의 몇 가지 중요한 주제들을 보여주고 있다: 외부자(outsider)에 대한 예수의 환영, 믿음과 회개의 성격, 돈과 소유의 바른 사용 그리고 세상에서 하나님의 구원의 실재 등이다. 또한 이 본문은 바리새파 사람과 세리의 비유(지난주 복음서 본문)을 상기시키는데, 회개한 세리가 그의 자비를 구하는 기도에 비추어 마땅히 해야 할 행동을 제시하고 있다. 삭개오도 역시 그 세리가 간구했던 자비를 경험했고, 그도 의롭다 함을 받았다.

예수는 여리고를 지나 예루살렘으로 향했는데, 그곳에서 세관장인 삭개오를 만났다. 모든 세리는 부자였는데, 그들은 세금을 모으는 권리를 사서 제국에 바쳐야 할 액수보다 더 많이 거두어 사리사욕을 챙겼다. 어떤 세리가 세례요한에게 "선생님, 우리가 무엇을 해야 하겠습니까?"라고 물었을 때 "너희에게 정해 준 것보다 더 받지 말아라"라고 답했는데(3:12-13), 이는 실제적으로 그들의 사업을 망치는 것이었다. 삭개오는 대단히 성공한 부자였다. 여리고는 헤롯의 큰 궁전이 있는 큰 도시였고, 그래서 세금 수입의 중심지 중의 하나였다.* 삭개오는 자신을 대신하여 세금을 거두는 수많은 부하가 있었다. 그의 번창함은 충분히 예상할 수 있는 것이다.

삭개오가 돈이 많긴 했지만 키는 작았다. 작은 키 때문에 무리에게 가려서 방랑하는 설교자(예수)를 볼 수 없었기에 뽕나무에 올라갔다. 그는 단지 호기심으로 그랬을까? 아니면 예수에게서 그를 움직이는 무엇인가를 느꼈을까? 아무튼 삭개오가 예수를 보기 위해 '앞서 달려갔다'(4)고 말한 것은 그의 열성을 보여준다. 나무에 올라가서 예수의 주의를 끌었고, "삭개오야, 어서 내려 오너라. 오늘은 내가 네 집에서 묵어야 하겠다"(5)고 말했다. 삭개오는 얼른 내려와서 기뻐하며 예수를 모셔 들었다(6).

예수는 세리의 집에 초대받았는데, 이는 깜짝 놀랄 관례의 위반이요, 외부자와 함께 어울리는 그의 평판을 여지없는 보여준 것이다. 종교적 순결주의자들은 "어찌하여 당신들은 세리들과 죄인들과 어울려서 먹고 마시는 거요?"(5:30)라고 물었는데, 예수는 이를 인용하여 "보아라, 저 사람은 마구 먹어대는 자요, 포도주를 마시는 자요, 세리와 죄인들의 친구다 한다"(7:34)라고 했다. 그들이 세례요한에게 접근했듯이(3:12), 세리와 죄인들은 예수의 주의를 끌었고, 예수는 그들은 반겨 주었다(5:29; 7:29; 15:1).

예수는 그들의 무리에 의해 더럽혀지는 것이 아니라 오히려 온전함과 환영을 전달한다. 구경꾼들은 바리새인들의 충격을 되풀이한다. "그가 죄인의 집에 갔도다"(7). 바리새인들에게는 식탁을 함께하는 것이 단순히 친밀함을 나타내는 것뿐만 아니라 동등함과 수용을 의미했다. 어떤 사람과 함께 식사하는 것은 그 사람을 인정하는 것을 나타내기에, 예수가 삭개오의 죄 많은 삶을 인정하는 것처럼 보였다. 누가의 견해는 삭개오가 여기에

---

\* Joseph A. Fitzmyer, *The Gospel according to Luke X-XXIV*, Anchor Bible 28A (Garden City, NY: Doubleday, 1985), 1223.

서 예수를 받아들였고 그것이 그의 삶을 바꾸었다는 것이다.

누가복음에서 믿음과 회개의 성격은 단연코 윤리적이다. 예수가 하나님의 메시아임을 믿는 것만으로는 충분하지 않다. 한 인간의 삶은 자신의 신앙고백을 반영해야만 한다. 삭개오가 예수께 말하였다. "주님, 보십시오. 내 소유의 절반을 가난한 사람들에게 주겠습니다. 또 내가 누구에게서 강제로 빼앗은 것이 있으면, 네 배로 하여 갚아 주겠습니다"(8). 지난주 본문의 자부심 강한 바리새파 사람은 하나님에게 성실한 십일조를 바친다고 말했는데(18:12), 삭개오는 그의 재산의 반을 가난한 사람에게 나누어주겠다고 했다. 그는 구약이 요구한 배상을 했다. "어떤 사람이 소나 양을 도둑질하여 그것을 잡거나 팔면, 그는 소 한 마리에는 소 다섯 마리로, 양 한 마리에는 양 네 마리로 갚아야 한다"(출 22:1). 그래서 삭개오는 그의 이웃에 대한 갈취를 세금이 아니라 도적질로 정의하고 그에 대해 회개한 것이다. 그의 돈의 반을 가난한 자에게 주고 빼앗은 것은 네 배로 갚아주고 나면 삭개오는 더 이상 그전같이 부자는 아닐 것이다.

누가의 부의 적절한 사용에 대한 관심은 단지 부자들에 대한 기소장이거나 가난에 대한 금욕적 선호가 아니다. 그것은 분배의 정의 문제이다. 예수가 태어나기 전 그의 어머니는 배고픈 자에게 좋은 것으로 채워주고 부자들은 빈손으로 가게 하신 하나님을 찬양했다(1:53). 예수가 가난한 자에게 약속하신 축복은 부자들에게는 화가 되는데 왜냐하면 그들은 이미 위안을 받았기 때문이다(6:24). 어리석은 부자의 비유(12:13-21), 불의한 청지기 비유(16:1-13), 부자와 나사로의 비유(16:19-31)는 모두 개인적 부가 쉽게 우상이 된다는 것과 다른 사람들에게 필요한 것을 빼앗을 수 있다는 위험성을 강조했다.

안식일 혼인 잔치는 예수의 "네가 점심이나 만찬을 베풀 때에, 네 친구나 네 형제나 네 친척이나 부유한 이웃 사람들을 부르지 말아라. 그렇게 하면 그들도 너를 도로 초대하여 네가 되갚아, 네 은공이 없어질 것이다. 잔치를 베풀 때에는, 가난한 사람들과 지체에 장애가 있는 사람들과 다리 저는 사람들과 눈먼 사람들을 불러라. 그리하면 네가 복될 것이다. 그들이 네게 갚을 수 없기 때문이다"(14:12-14)라는 말로 끝난다. 하나님은 부를 나누도록 디자인했는데, 18:18-23의 돈 많은 관리가 큰 근심 가운데 알게 된 사실이다. 이는 예수가 "부자가 하나님의 나라에 들어가는 것보다 낙타가 바늘귀에 들어가는 것이 더 쉽다"(18:25)고 말한 이유이다.

마지막으로, 삭개오의 회개는 이 세계에서 하나님의 구원의 현존을 나타낸다. 예수는 세리와 함께하는 그를 비판하는 군중들에게 "오늘 구원이 이 집에 이르렀다. 이 사람도 아브라함의 자손이다. 인자는 잃은 것을 찾아 구원하러 왔다"라고 말씀하셨다. 삭개오(히브리어로 '깨끗한' 혹은 '순진한'이라는 뜻)는 마침내 구원받았다고 선포된다. 그가 회개하고 그의 길을 바꾸고 예수를 따랐기에 구원이 그의 집에 온 것이다. '잃은 것을 찾아 구원하는' 것이 바로 예수의 삶과 사역의 목적이다.

## 목회

키 작은 삭개오는 특이하게 작은 사람이다. 그를 스코틀랜드 방식으로, 혹은 남부에서 아이들을 부모 이름을 따라 '작은 월터'나 '작은 앤'이라고 부르는 것처럼 '작은'이라고 부르는 건 적당한 것 같다. 당시에 사회적으로 소외된 사람이었던 키 작은 삭개오가 초대교회의 위대한 성인들과 사도들과 함께 휴식하고 있다고 생각하면 재미있다. 단체 사진을 찍는다면 삭개오는 단체의 맨 앞줄에 앉거나 아니면 얼굴에 함박웃음을 지으며 아직도 나무에 매달려 있을 것이다. 불과 열 개의 구절에서 여리고에 사는 작은 남자에 관하여 많은 것을 알게 된다. 그는 부자일 뿐만 아니라, 세관장으로서 동료 유대인에게 특별히 경멸을 당한다. 세관장은 로마와 결탁한 것으로 여겨졌고, 다른 사람을 이용해 자신의 이익을 챙기는 것으로 알려져 있었다. 부패한 서브프라임 모기지 대리점들을 생각해 보라.

만약 누가복음을 한 자리에서 처음부터 읽고 있다면, 이 이야기가 삭개오에게 행복하게 끝날 거라고 기대하지 않을 것이다. 누가는 이 이야기에 앞서서 부자들에게 가혹하게 말해 왔다. 복음서 초반부에서 예수는 가난한 사람들을 축복하고 부자들에게 경고하며 말했다. "그러나 너희, 부요한 사람들은 화가 있다. 너희가 너희의 위안을 받고 있기 때문이다"(6:24). 12장에서 예수는 곡식을 저장하기 위해 더 큰 창고를 지으려는 부자 농부의 비유를 이야기했는데, 그날 밤에 그는 하나님의 부름을 받았다. 몇 장 뒤에서 예수는 천국에 간 나사로와 지옥에 간 부자에 관한 비유를 이야기한다. 오늘 말씀 바로 앞에 있는 18장에서는 부자 청년 지도자가 슬퍼하면서 예수에게서 떠났다.

우리 생각에 예수가 비난할 거라고 예상되는 이 사람을 만났을 때, 예수는 죽음을 맞이하기 위하여 예루살렘으로 가는 길이었다. 예수는 언제나 죄인을 환영했고, 선하고 의로운 사람들을 당황하게 했다. 만약 키 작은 삭개오가 지난주 읽었던 비유(18:9-14)에 나오는 바리새파 사람 같이 스스로 의롭다고 하고 잘난 척하는 사람이었다면, 예수는 아마 그를 지나쳐 갔을 것이다. 그렇지만, 중요하지만 사람들이 싫어하는 이 지역 사업가는 뭔가 특별한 일을 했다. 그는 도시를 가로질러 오고 있는 예수라는 사람에 관해서 분명히 뭔가 들은 것이 있었다. 그는 직접 보고 싶었지만, 많은 무리가 방해가 되었다. 그는 겉옷의 등이나 하단을 보는 데 지쳤을 것이다. 그래서 잘 보이는 곳을 차지하려고 자존심을 내려놓았을 것이다. 그는 예수보다 앞서 달려가서 플라타너스나무에 올라갔다. 그 나무의 낮은 가지는 키가 작은 사람이 오르기에 좋았다.

"아, 이제 그를 볼 수 있어." 예수가 멈춰서 그날 밤 집에 머무는 영광을 삭개오에게 주다니 얼마나 충격적인가? 사회에서 소외된 이 사람은 그 제안에 크게 기뻐하며 응답한다! 예수가 죄인의 집에 머무는 것을 선한 교인들이 불평할 때, 삭개오는 짧은 다리로 서서 그가 할 수 있는 만큼 길게 몸을 뻗고는, 그의 재산의 절반을 가난한 사람들에게 주겠다고 선언한다. 그뿐 아니라, 그가 사기 친 것은 어떤 것이라도 4배를 갚겠다고 한다. 이것은 유대의 율법이 요구하는 것을 훨씬 넘어서는 것이다. 더 나아가, 삭개오는 이 약속을 얼굴을 찡그리며 하지 않고, 가벼운 마음으로 웃으면서 한다.

예수는 그가 "오늘 구원이 이 집에 이르렀다"(9)고 선포함으로 독자들이 이미 짐작하고 있는 것을 확인시켜 준다. 왜냐하면 삭개오는 불평하는 사람들과 마찬가지로 참으로 아브라함의 자손이기 때문이다.

삭개오 이야기는, 복음서가 하나님께 대한 진지한 헌신에 관한 이야기이지만, 동시에 기쁨에 관한 이야기라는 것을 말해 준다. 우리같이 좋은 교인들은 항상 기뻐하는 걸 잘하지 못한다. 삭개오의 작은 키와 환한 미소는 더 잘하라고 우리를 강권한다. 성찬은 진지한 일이지만, 동시에 축하이기도 하다. '유카리스트'(성찬)라는 단어는 감사를 의미한다. 빵과 포도주를 서로 공유하고 '하늘의 빵'과 '구원의 잔' 같은 말을 말할 때, 훌륭한 응답은 "하나님께 감사합니다!"이다. 우리는 성찬의 식탁에 초청하시는 예수의 초대에 기쁨으로 응답한다. 왜냐하면 우리가 하나님의 가족에 포함되었기 때문이다.

삭개오의 이야기는, 예수가 우리 각 사람을 찾는 것처럼, 예수를 찾는 일에 관해서도 말해 준다. 이 이야기에서 예수의 마지막 말씀을 기억하는 것은 위로가 된다. "인자는 잃은 것을 찾아 구원하러 왔다"(10). 우리의 구원은 우리의 노력에 달려 있지 않다. 하나님께 감사하라! 이런 보증은 우리가 완전히 수동적으로 살아도 된다는 것을 의미하지 않는다. 예수가 우리를 찾기 위해 몇 킬로를 걸으실 때 우리가 예수께 어떻게 가까이 갈 수 있는지에 대해서는 생각도 하지 않고 살아도 된다는 말이 아니다.

우리 각자가 어떻게 하나님을 찾는지에 관한 이야기는 성서에서 아론에서 삭개오로 이어지는 이야기보다 더 다양하겠지만, 그러나 우리는 키 작은 삭개오에게 몇 가지 조언을 들을 수 있다. 삭개오는 나무로 달려가서 겸손하게 기어오르고 있다. 삭개오는 체면을 생각하지 않았다. 그는 예수를 생각했다. 그는 다른 누군가가 아니라 자기 자신이 되려고 했다. 그는 예수를 보기만을 원했다. 군중이 방해가 되었고, 그래서 그는 나무로 올라갔다.

우리가 예배에서, 직장에서, 혹은 시장에서 예수를 따르려고 하면, 교회의 행복한 성인, 키 작은 삭개오를 기억할 수 있다. 우리는 군중들의 위에서 예수를 보기 위해 나무에 오를 필요가 없을지도 모른다. 예수가 어떻게 든 우리를 찾을 것이다. 하지만 군중들의 등을 보는 것에 지쳤다면, 올라갈 나무를 찾아라. 만약 하나님과 잊지 못할 만남으로 은혜를 입었다면, 당신 의 반응은 삭개오의 반응만큼 기쁠 것이고, 그 기쁨은 당신을, 정의를 향한 당신만의 즐거운 헌신으로 이끌 것이다. "인자는 잃은 것을 찾아 구원하러 왔다."

## 설교

키가 작은 편인 나는 예수께서 부유하고 키가 작은 세관장 삭개오를 만 난 이 매력적이고 친근한 이야기를 읽을 때 늘 기뻤다. 설교자는 이 이야기 를 메시지로 바꾸어야 하는 부담을 갖는다. 적어도 세 가지 가능한 주제를 제안하고 싶다: (1) 우리를 새로운 삶으로 인도하는 하나님의 파격적인 사 랑, (2) 우리를 향한 하나님의 끊임없는 관심 그리고 (3) 관대함과 구원 사 이의 관계.

**하나님의 파격적인 사랑**. 이 이야기가 지닌 가장 큰 매력은 등장인물들이 연출하는 극단적인 모습인데 특히 삭개오로 대변되는 과도한 모습이 그러 하다. 삭개오는 지나치게 작고 매우 부유하다. 그는 지나가는 예언자를 보 기 위해 재빠르게 나무 위로 뛰어오른다. 예수께서는 갑자기 삭개오의 집 을 방문한다. 그 방문에 대한 응답으로 삭개오는 가난한 자에게 소유의 절 반을 기부하고 속여서 빼앗은 사람에게는 4배나 갚겠다는 약속을 한다. 예 수께서 삭개오의 구원을 선포하는 것은 바로 이러한 파격적인 삭개오의 응답이라는 상황 속에서 일어난다. 이 상황에서 하나님께서 죄인인 삭개오 에게 구원을 선언하는 것은 그중에서 가장 파격적인 것이다.

**하나님의 끊임없는 관심**. 예수께서는 삭개오가 집에 초대하기를 기다리지 않는다. 그는 스스로 방문한다. 삭개오는 적어도 초기에는 호기심으로 마음이 움직였지만, 예수의 마음은 사랑으로 움직였다. 예수께서는 그를 초대하고 궁극적으로는 그의 집에 구원을 선포하심으로써 삭개오의 호기심을 채워주신다. 중요한 것은 예수께서 삭개오의 구원을 바라는 것이 군중들의 일반적 기대와는 달랐다는 점이다. 그들은 삭개오 같은 악명 높은 죄인의 집에 예수께서 손님으로 들어가는 것에 대해 투덜거린다. 하지만 예수의 행동은 누가복음에서 항상 나타나듯이 일관됨을 보인다. 예수께서는 소외되거나 부정하다고 간주된 사람들과 함께함으로써 사회적인 기대와 종교적인 규율과 매번 어긋나게 행동한다. 삭개오를 찾아내면서 예수께서는 잃어버린 자 곧 우리의 구원을 향한 하나님의 넘치는 사랑을 보여준다.

**관대함과 구원.** 이 이야기는 삭개오가 관대하게 배상을 실천한 본보기임을 분명히 보여주는 것 같다. 그는 예수 앞에 서서 가난한 자들에게 소유의 절반을 주고 속여 빼앗은 것에 대해 4배를 배상하겠다고 말한다. 이것은 관대함을 넘어 파격적인 것이다. 이 배상행위가 예수께서 구원을 선포한 토대를 형성하는 것 같다. 누가복음 18:9-14에 나오는 성전에서 겸손한 기도를 드린 세리는 하나님의 은총을 단순히 믿음으로 '의롭게 되어 내려간' 반면에 오늘 삭개오의 구원은 그의 선행과 자신의 삶을 바르게 하려는 의지에 놓여 있다.

설교자는 삭개오의 관대한 실천 선언에 대한 NRSV번역이, 그가 앞으로 그렇게 할 것을 약속하고 있는 것으로 오해하게 만들 수 있다는 일부 성서학자들의 지적을 고려해야 할 것이다. 그들은 삭개오가 사용하는 동사가 그가 이미 이러한 일, 즉 가난한 자들에게 절반을 주고 배상을 하는 일을 하고 있음을 뜻한다고 주장한다. 본문을 이렇게 해석하면 다른 설교가 만들어질 수 있다. 만일 이렇게 받아들인다면 이야기의 주제는 삭개오의 회개가 아니라 삭개오를 죄인으로 규정하는 군중들의 불공정하고 가혹한 판단이 된다. 이러한 관점에서 삭개오 역시 '아브라함의 자손'이요 선한 유대인이라는 예수의 선포는 그를 죄인이요 믿음이 없는 자라고 판단하고 있는 군중들로부터 삭개오를 변호하는 것이다. 이러한 시각은 관대함과 구원이라는 주제에 또 다른 접근을 보여준다. 하지만 여기서 스스로 의롭다고 여기는 군중들이 관대함을 결여하고 있어서, 그들은 삭개오의 관대함을 보지 못하고 있다.

누가는 예수를 일관되게 서술하고 있는데, 여기서도 그가 종교를 바라보는 시각은 기존 종교를 뒤집어 놓은 것으로서 그것은 하나님은 종교 밖에 있는 사람들을 받아들여 주신다. 이 이야기에서의 전환은 비슷한 이야기 곧 안식일에 예수께서 치유한 등이 굽은 여인의 이야기(눅 13:10-17)와 비교될 수 있다. 그녀는 예수께서 '아브라함의 딸'(눅 13:16)이라 불렸고, 병으로 인해 소외되었던 자리에서 나와서 구원받은 사람들의 공동체 내로 옮겨지게 된다. 여성으로 또 심각한 육체적 질병을 지닌 사람으로 그녀는 이중으로 소외되어 있었다.

이와는 대조적으로 삭개오는 그의 직업으로 인해 소외되어 있다. 비록 그가 분명히 상당한 재산과 세관장으로서 어느 정도의 권력을 지니고 있었지만, 안식일에 여인을 치유해 주었다고 또 악명 높은 세리의 집으로 들어간다고 예수를 비난했던 바로 그 종교 지도자들에 의해 죄인으로, 외부자로 취급받고 있다. 설교자는 오늘날 다른 형태의 배타적 행위가 우리가 살고 있는 세계에서 자행되고 있음을 일깨워 주어야 할 것이다.

이 설교와 그 배경을 예전이라는 큰 틀에서 하나의 퍼포먼스로 보여주는 것을 생각한다면, 이 이야기에 있는 역동성을 염두에 두면 좋을 것이다. 삭개오는 앞으로 달려서 나무에 오르고 또 서둘러 내려와 예수 앞에 선다. 그때 설교는 이 퍼포먼스가 보여주는 것을 통하여 그 역동성을 구현할 수 있다면 가장 효과적이 될 것이다. 사실 이러한 퍼포먼스는 예배 전체를 통해 구현되어야 한다. 이 이야기는 몸을 매우 강조한다. 삭개오의 작은 키, 그가 달리고 올라가고 또 내려오는 일 그리고 결국 극적으로 예수 앞에 (그리고 그를 시기하는 자들 앞에) 서서 자신의 올바른 행동을 선포하는 일 등은 그에게 구현된 믿음의 특성을 분명하게 보여준다. 이런 설교와 예전은 교인들에게 몸으로, 신나는 음악과 몸동작으로 그리고 또 신앙을 구체

적으로 선포하는 것으로 이 이야기에 참여할 수 있게 하고, 이러한 것들은
우리 공동체와 전통이 이 이야기의 특성과 부합하는 적절한 것임을 보여
줄 것이다.

# 성령강림절 후 스물두째 주일

## 누가복음 20:27-38

²⁷부활이 없다고 주장하는 사두개파 사람 가운데 몇 사람이 다가와서, 예수께 물었다. ²⁸"선생님, 모세가 우리에게 써 주기를 '어떤 사람의 형이 자식이 없이 아내를 남겨 두고 죽으면, 그 동생이 그 형수를 맞아들여서 뒤를 이을 아들을 자기 형에게 세워주어야 한다' 하였습니다. ²⁹그런데 일곱 형제가 있었습니다. 맏이가 아내를 얻어서 살다가 자식이 없이 죽었습니다. ³⁰그래서 둘째가 그 여자를 맞아들였고, ³¹그 다음에 셋째가 그 여자를 맞아들였습니다. 일곱 형제가 다 그렇게 하였는데, 모두 자식을 남기지 못하고 죽었습니다. ³²나중에 그 여자도 죽었습니다. ³³그러니 부활 때에 그 여자는 그들 가운데서 누구의 아내가 되겠습니까? 일곱이 다 그 여자를 아내로 맞아들였으니 말입니다." ³⁴예수께서 그들에게 말씀하셨다. "이 세상 사람들은 장가도 가고, 시집도 가지만, ³⁵저 세상과 죽은 사람들 가운데서 살아나는 부활에 참여할 자격을 얻은 사람은 장가도 가지 않고 시집도 가지 않는다. ³⁶그들은 천사와 같아서, 더 이상 죽지도 않는다. 그들은 부활의 자녀들이므로, 하나님의 자녀들이다. ³⁷죽은 사람들이 살아난다는 사실은 모세도 가시나무 떨기 이야기가 나오는 대목에서 보여 주었는데, 거기서 그는 주님을 '아브라함의 하나님, 이삭의 하나님, 야곱의 하나님'이라고 부르고 있다. ³⁸하나님은 죽은 사람들의 하나님이 아니라, 살아 있는 사람들의 하나님이시다. 모든 사람은 하나님과의 관계 속에서 살고 있다."

## 신학

"하나님은 죽은 자의 하나님이 아니다." 이 말은 하나님이 죽은 사람들에 무관심하다는 의미가 아니다. 하나님은 그들을 잊지 않으신다. 그 반대로 하나님은 죽음을 적으로 여기시고, 죽음을 극복하는 것은 죄를 이기는 것만큼 중요하다.

"오 사망아, 네 이김이 어디에 있느냐? 오 사망아, 너의 쏘는 것이 어디에 있느냐?"(고전 15:55). 이러한 말들 속에서 바울은 죽음의 세력을 정복한 예수 그리스도를 통해 이루어진 하나님의 하나님의 승리에 감사하며 기뻐한다. 그러나 바울의 말을 죽음이라는 것은 존재하지 않는다거나 우리의 삶은 죽음을 넘어서도 그대로 계속된다는 의미로 받아들이면 안 된다. 오히려 우리는 "곧 살아 있는 자라 내가 전에 죽었었노라 볼지어다 이제 세세토록 살아 있어 사망과 음부의 열쇠를 가졌노니"(계 1:18)에서 주님이 말씀하신 그 삶이 무엇인지를 심각하게 고려해야 한다. 이러한 열쇠들은 주님의 손안에 있지 결코 우리의 손안에 있지 않다. 우리가 주님을 따르는 자라면 그 이유는 그의 손에 이러한 열쇠들이 있기 때문이다.

오늘 본문에서 당시의 대표적 지성인 그룹인 사두개파 사람들과 맞닥뜨리는 분은 살아 있는 주님이다. 사두개파 사람들은 죽음을 넘어선 삶의 연속성이라는 개념을 거부했다. 그들에 따르면, 모든 것은 죽음과 함께 끝이 난다. 그러므로 삶은 지상의 시간 범위 안에서 가능한 한 충만하게 살아야 한다. 왜냐하면 그들은 죽음 이후의 삶에 관해서 예수의 가르침과는 완전히 반대되는 방식으로 믿었기 때문이다. 사두개파 사람들은 예수를 위해 논리적 덫을 준비했고 예수가 그 덫에 걸려, 죽은 자들의 부활에 대한 그의 가르침이 어리석다는 것을 드러내기를 희망했다.

그들은 말한다. 율법을 따라 자기의 형의 과부와 차례로 결혼한 일곱 명의 형제가 있다고 생각해 보자. 만약 영생이 있다면 이들이 모두 죽은 후에 그 형제 중 누가 그 여자의 남편이 될 것인가? 이러한 상상적 시나리오는 예수를 웃음거리로 만들려고 고안되었다. 그런데도 예수는 그 시나리오를 진지하게 받아들인다. 그는 다음과 같은 한 기본적인 사실을 언급한다: "이 세상 사람들은 장가도 가고, 시집도 가지만, 저 세상과 죽은 사람들 가운데서 살아나는 부활에 참여할 자격을 얻은 사람은 장가도 가지 않고 시집도 가지 않는다. 그들은 천사와 같아서, 더 이상 죽지도 않는다. 그들은 부활의 자녀들이므로, 하나님의 자녀들이다"(34-36).

예수가 사두개파 사람들에게 지적하는 것은 영생이 단순하게 유한한 생명이 죽음을 넘어 영원히 연장되는 것을 의미하는 것이 아니라는 점이다. 죽음 저편의 삶의 실체가 어떤 것이든, 그것이 이 세상의 삶의 연속이 아니라는 것이다. 따라서 우리가 이 땅에서 이루지 못한 일을 영생을 통해 이루는 것으로 생각하지 말라는 것이다. 사실 우리는 바로 지금, 여기서 할 수 있는 선행을 행해야 한다. 약자를 도우며, 삶의 조건을 향상하기 위해 노력하고, 인간과 자연의 생명을 위협하는 이기심에 저항해야 한다. '오늘'이라고 하는 그날그날, 서로 권면하여, 아무도 죄의 유혹에 빠져 완고하게 되지 않도록 해야 한다(히 3:13a).

확실히 예수가 사두개파 사람들에게 던지는 결정적 요점은 이것이다: 죽음은 많은 것의 끝이다. 그러나 그것은 모든 것의 끝은 아니다. 우리의 죽음은 하나님의 끝이 아니다. 한 독일 찬송가에서 폴 게하르트(Paul Gerhardt)는 이처럼 노래한다. "모든 것은 지나간다/ 그러나 하나님은 계속 계신다/ 흔들림 없이;/ 그의 생각과/ 그의 말씀과 그의 뜻은 영원한 기반 위에 서있다." 우리는 특정한 시간을 살고 있지만 하나님은 "홀로 영원하시다"(딤전 6:16).

이것이 우리에게 명백하게 받아들여진다면 우리는 한 단계 더 깊이 들어갈 수 있다. 이 하나님은 많은 신 중의 한 신이 아니다. 하나님은 그의 피조물을 내버려 두지 않는다. 그분은 사랑으로 모든 피조물을 품으신다. 피조물은 어느 한순간이라도 하나님에게서 떨어진 적이 없다. 우리 인간은 영원하지 않으나 우리 인간을 향한 하나님의 사랑은 영원하다. 우리의 삶은 끝없이 영속하지 않으나 하나님의 인간을 향한 자비는 영원하다. 과거에나, 현재에나 모든 인간은 하나님 안에 있다. 그들이 하나님 안에 있으므로 그들은 지금 질병으로부터 치유되었고 악으로부터 깨끗게 되었다.

신학자 칼 바르트는 그의 생애 마지막 날 저녁에 한 강연 원고를 쓰고 있었다. 이 마지막 강연 원고의 주제는 하나님은 살아 있는 자들의 하나님이라는 것이었다: "사도들에서 시작하여 엊그저께까지의 조상을 포함한 모든 이는 하나님 앞에서 살고 있다. 그들은 오직 오늘 우리에게 말할 권리 (혹은 타당성)를 갖지 못할 뿐이다."* 이러한 표현은 오늘 본문 중 "아브

---

* Karl Barth, "Starting Out, Turning Round, Confessing," in *Final Testimonies* (Grand Rapids: Eerdmans, 1977), 60.

라함, 이삭, 야곱의 하나님"과 "하나님께는 모든 조상이 살아 있다"는 구절에 주목하게 한다.

"그에게 모든 사람은 살아 있다"라는 말의 의미는 도대체 무엇일까? 이것은 우리 전에 살았으나 지금 우리 가운데 없는 모든 사람이 '하나님에게' 살아 있다는 것을 의미한다. 하나님과 연결될 때 그들은 우리에게도 죽은 사람이 아니다. 그들은 이전의 시대에만 말한 것이 아니고, 오늘도 여전히 말하고 있다. 우리는 그들 없이 살 수 없다. 선택된 백성인 이스라엘의 첫 번째 가족이나 우리가 태어나기도 전에 하나님의 사랑을 통해 그리스도 교회의 교인이 된 사람 중 아무도 사라지지 않았다. 우리는 그들과 더불어 온전한 하나님의 백성을 이룬다.

우리는 하나님의 백성의 모든 구성원에 대해 충분히 알 수가 없지만, 그들 중 몇몇은 계속해서 우리에게 알려진다. 만약 그들이 우리가 오늘 말해야 하는 것 안에 들어와 어떤 말을 하고 있다면 그들은 산 자의 하나님에 의해 우리에게 가까이 다가온 것이다. 우리를 앞서간 사람들과의 교제는 '하나님은 죽은 자의 하나님이 아니라 산자의 하나님'(38)이라는 찬양을 통해 확인된다.

## 주석

**부활에 대한 질문.** 기원전 200~100년 사이에 바리새인과 사두개인들은 유대교 초기에 대립되는 분파로서 부활에 관한 믿음에 있어 서로 동의하지 않았다. 사두개인들에 따르면 토라문서(모세오경)에는 부활에 관한 교리도, 천사에 관한 믿음도 발견할 수 없다고 했다. 바리새인들은 토라문서가 구전 토라에까지 시대적으로 소급되어야 한다고 강조했는데, 말하자면 구전으로 계속되는 해석의 흐름이 전수되는 것이며 예언자문서나 시편에 나타나는 새로운 믿음과 토라문서가 조응한다는 것이다.

특별히 중요한 것은 바리새인들에 의해 다니엘서가 받아들여졌다는 것인데, 그 책은 지혜와 예언의 전통에 기원전 200년경에 나타난 종말론적 신앙의 전통이 결합된 것이다. 다니엘서에는 천사 가브리엘(8:15-17; 9:20-27; 10:4-9), 미가엘(10:13-21; 12:1)이 나올 뿐만 아니라 최후의 심판에서 죽은 자의 부활이 영원한 생명과 영원한 모욕(12:2-3)으로 나타난다는 성서적 근거를 분명히 제시하고 있다. 예수는 바리새인들의 특징인 당시의 종말론적 믿음을 채용하고 토라문서의 구전 해석에 관한 논쟁에 참여했다.

누가복음의 시대(주후 80~90년)에는 그리스도인과 바리새파 사람들이 대립했다. 바리새파 사람 바울은 기독교 운동에 참여하여 고린도전서 15장(대략 주후 55년)에서 죽은 자의 부활에 관한 기독교적 해석을 제시했다. 그는 사두개파 사람보다 바리새파 사람의 믿음에 가까웠다. 이에 더하여 주후 70년의 예루살렘 성전 파괴는 그들의 믿음을 영속시켰던(행 4:1-2; 23:6-10) 제사장, 돈 그리고 사두개파 권력의 네트워크를 몰락시켰다. 바울과 동행했던(몬 24; 골 4:14) 누가가 쓴 누가복음은 예수를 토라문서가 죽은 자의 부활이라는 믿음을 보여준다는 해석자로서 바리새파 사람으로 제시한다. 그러기에 오늘날 우리에게는 아마도 흥미로운 방식으로 1세기 말에는 비록 그리스도인들이 바리새파 사람들과 대립했지만, 둘이 사두개파 사람들의 믿음에 대해서는 연합해 대항했던 것이다.

특별히 흥미로운 것은 누가의 버전이 마태(22:23-33)이나 마가(12:18-27)의 버전과는 다르다는 것이다. 누가의 버전은 사두개파 사람의 질문(27-33), 예수의 대답(34-38), 화자의 진술과 함께 어느 율법학자의 대답에 초점을 두어 시작, 중간 그리고 결론을 담고 있다.

**그녀는 누구의 아내인가?**(27-33). 부활을 믿지 않는 사두개파 사람들의 질문으로 시작한다(27). 모세가 쓴 것을 그들이 참조한 것은 토라문서에 특별히 초점을 두고 있음을 보여준다. 그들은 죽은 자의 부활을 믿는 예수께 대해 신명기 25:5-10에 나오는 모세의 가르침, 역연혼(逆緣婚-죽은 자의 형이나 아우가 그 미망인과 결혼하는 관습, 창 38:8)을 인용함으로써 도전한다. 이 계명에 따르면 만약 그의 형이 아이 없이 죽는다면 형의 가문을 잇기 위해 시동생이 그의 형수와 결혼해야 한다. 일곱 형제가 아이 없이 계속 죽는다는 허구적 상황을 만든 것은 사두개파 사람들에게 예수를 공개적으로 모욕을 줄 수 있는 기회를 주었는데, 왜냐하면 토라에 그 여인이 진짜 어느 형제와 결혼한 것인지를 보여주는 본문을 찾기가 쉽지 않았기 때문이다.

**산자의 하나님**(34-38). 중간의 예수의 대답에도 역시 시작, 중간, 결론이 있다. 시작(34-35)에서 종말론적 사고의 '이 세상'과 '저 세상'을 구분하는 것을 도입한다. 예수의 대답의 핵심은 이 세상의 육체를 가진 사람이 저 세상의 영원한 천상의 몸으로 변화한다는 종말론적 믿음이다. 34-35절에서 예수는 출산이 이 세상의 육체를 낳는 것이지(창 2:24; 3:16) 저 세상의 죽지 않는 천국의 몸을 낳는 것은 아니라고 설명한다.

중간(36)에서는 명백한 유대인의 종말론적 믿음을 보여주고 있는데, 부활한 몸은 천사와 같은 특징을 갖는다는 것이다. 이 문장에 누가의 핵심적인 주장이 담겨있다. 구약에는 들어 있지 않지만, 다니엘서와 같은 오래된 책인 에녹1서에 따르면, 하나님은 천사에게 아내를 주지 않았는데 그들은 영원히 죽지 않기에 출산이 필요 없었기 때문이다(에녹1서 15:37). 천사로 언급되는 창 6:2-4의 "하나님의 아들들"을 이해하기 위해, 종말론적 저자들은 세상의 사람들을 돌보는 천사 중에 사람의 딸들을 아내로 삼았다고 믿었다. 그래서 천사 같은 존재가 사람들과 아이를 가졌는데, 하지만 그렇게 하지 않았어야 했다. 이러한 추론에 따르면, 만약에 여인의 남편이 영원한 천사 같은 존재와 같이 되었다면, 하나님께서 천상에서 그에게 전 아내를 아내로 허락하지 않는다. 누가의 설명은 이러한 믿음을 강조하는데 "그들은 천사와 같아서, 더 이상 죽지도 않는다. 그들은 부활의 자녀들이므로 하나님의 자녀들이다"(36)라고 말한다. 예수의 대답에서 결론(37-38)은 하늘에 있는 사람들은 영원한 천사 같은 존재의 성격을 갖는다는 것을 상정하고 있다. 그들은 하나님께서 죽은 몸에서 '산자'로 일으키실 때 이러한 성격을 가질 수 있다. 출 3:6에서 하나님이 "아브라함의 하나님, 이삭의 하나님, 야곱의 하나님"이라고 일컬어졌다면 이것은 예수가 이 사람들이 "지금 하나님과 같이 살아 있다"고 주장하는 것이다.

**선생님, 옳은 말씀입니다**(39-40). 누가복음에서만 율법교사들이 예수를 선생이라고 두 번이나 부르고(28), 옳은 말씀이라고 말한다. 마태복음 22:33에서 군중들이 예수의 가르침에 놀랐다고 말한다. 대조적으로 누가는 많은 율법교사가 이 주장의 진리를 받아들이고 더 이상 도전적인 질문을 함으로 예수를 공개적으로 망신시키려 하지 않는다고 한다. 누가에게는 이것이 예수가 예루살렘에서 명예롭지 못하고 죄 없는 죽음 전에 공식적으로 존경을 받는 유일한 장면이다.

## 목회

누가의 본문은 부활이 없다고 확실히 믿는 사두개파 사람들이 예수에게 부활에 대하여 하는 질문으로 시작한다. 대화에서 질문은 여러 가지 기능을 가진다. 지식을 얻고 이해하기 위하여, 상황을 분석하고 평가하기 위하여, 권위에 도전하기 위하여, 상대방을 부끄럽게 하기 위하여, 혹은 논쟁이나 토론에서 이기기 위하여 질문을 한다. 질문이 대화를 설정하거나 재구성해서 종종 상대방을 유리하게 하기도 한다. 질문을 하는 사람은 힘이 있다. 사두개파 사람들은 이미 검토해 보고 거부한 신비에 대해 예수에게 묻는다. 그들의 질문은 진지한 대화를 위한 것이 아니라, 예수는 신뢰할 수 없고 식견도 없다는 것을 구경꾼들에게 보여주려는 기대로 토론을 촉진하려는 것이다. 예수는 이 질문을 하늘나라가 어떤 곳인지에 관해 가르치는 기회로 삼았다. 예수는 이 질문의 순간을 하늘나라의 본질에 대해 가르칠 수 있는 기회로 여기신다. 예수는 질문을 개인적인 공격으로 받아들이기보다는 하나님의 사랑과 자비에 관해 가르치는 기회로 사용한다.

예수는 하늘나라와 이 세상이 어떻게 같지 않은지 설명하는 것으로 질문에 대답하신다. 하나님의 방법은 인간의 방법이 아니다. 하나님의 판단은 우리의 판단이 아니다. 땅에서 작동하는 방식은 하늘에서 작동하지 않는다. 하나님 감사합니다! 사회에서 가장 신분이 낮은 사람조차도 하늘에서는 "천사와 같은 하나님의 자녀들이고, 부활의 자녀가 된다"(36). 복음이 근본적으로 말하는 것은 천국에는 사회정치적인 계층이 없다는 것이고, 그것은 오늘에도 복음이다. 예수에 의해 계시된 부활의 신비는 하늘나라가 인간성이 말살된 사람들이 복권되는 곳이라는 것이다. 억압당하는 사람들이 해방되고, 천대받던 사람들이 높여지고 사랑받는 사람이라고 일컬어질 것이다. 여성은 더 이상 남성의 재산으로, 남자들의 뜻대로 기분에 따라 이리저리로 옮겨지는 물건으로 취급되지 않을 것이다. 여성은 그들에게 어울리는 사랑을 하고 사랑받을 수 있는 하나님의 자녀가 될 것이다. 하늘에서 부활의 자녀들은 세상에서는 그들에게 금지되었던 기쁨과 평화를 알게 될 것이다.

예수는 38절에서 하나님은 살아 있는 사람들의 하나님, 즉 새로움과 용서와 해방의 하나님이라고 말한다. 세상에서 억압받았다고 해서 하늘에서 보상을 받는 것은 아니다. 인간의 삶에서 속박과 예속은 하늘나라에서의 삶이 어떻게 될 것인지 말해 주지 않는다. 억압에 시달리는 사람들과 인종 차별, 성차별, 계급 차별, 동성애 차별처럼 인간성을 말살하는 체제의 희생자들은 종종 계속해서 그들의 등을 굽게 하고, 대안을 볼 수 없게 하며, 자유에 대한 약속조차 볼 수 없게 하는 매일매일의 현실 너머를 보려고 투쟁한다. 억압의 희생자들은 '지금 어떠한지'가 '항상 어떠할 것인지'를 결정한다고 믿는 경향이 있다. 고통은 사람들이 새로운 가능성을 상상하지 못하게 하지만, 그러나 신앙은 희망을 제공한다. 북미에서 노예로 살았던 아프리카 사람들의 고통과 희망은 믿음으로 고통이 변하는 것을 보여준다.

북미의 노예제는 사람이 다른 사람을 억압하는 가장 비인간적이고 인간성을 말살하는 체제로 여겨진다. 노예가 된 아프리카 사람들은 강제노동과 착취를 당하면서, 읽거나 쓰는 것이 금지되었고, 그것을 어기면 장애인이 되거나 사형을 당했다. 책, 특히 성서를 가지고 있는 것을 들키면 엄벌을 받았다. 주인은 손을 자르거나 눈을 파내거나 아니면 가죽 채찍으로 심하게 때렸다. 이런 야만과 폭력의 시대에 "하나님은 죽은 사람들의 하나님이 아니라 살아 있는 사람들의 하나님"(38)이라는 그들의 신앙이 아니었다면 수많은 사람이 떼죽음을 당했을 것이다. 다시 말하면, 아프리카인 노예들의 신앙은 하늘에서는 땅에서와는 다를 것이라고 말한다. 이 확고한 믿음은 흑인영가를 통해 뚜렷하게 포착되고 표현된다.

노예로 있는 동안 만들어진 노래인 영가는 아프리카계 미국인의 선조들의 신앙을 엿볼 수 있게 해 준다. 이 노래들에서 우리는 2/3짜리 인간이라는 말을 들으면서도, 예수의 부활이라는 복음을 개인적이고 열정적으로 알고 있고 자신을 하나님의 자녀로 이해하는 사람들의 심오한 희망을 듣는다. "나는 예복을 가졌네"(I've Got Robe)라는 노래는 노예들의 신학적 상상력의 탁월한 예이다. 이 노래에서 그들은 현재의 두려움에도 불구하고 다른 상황 속에 있는 자신들을 보고 있다. 이 노래는 법과 억압자의 의지에 의해 버려지고 외면당하고 착취당하는 사람, 선거권을 빼앗긴 사람 그리고 과부가 하나님의 사랑과 돌보심을 받는다는 선포로 사두개파 사람들에게 응답하신 예수의 응답을 되풀이한다. 땅을 소유하는 것이 금지되고, 종종 자녀들과 사랑하는 사람이 팔려 가는 사람들이 지은 이 노래는 가치와 존엄성이 회복되는 하늘나라를 대담하게 묘사한다. 이 노래는 인간성의 말살과 증오에 저항하며, 이렇게 노래한다:

나는 예복을 가졌네, 너는 예복을 가졌네.
하나님의 자녀들은 모두 예복을 가졌네.
내가 천국에 이르렀을 때 내 예복을 입겠네,
하나님의 하늘 전체에서 외치겠네.*

이 용감한 신앙 선언이 그 자체로는 특별한 것이 아니라는 듯이, 다음 절에서 작가/가수는 그/그녀의 포획자에게 한 방 먹이고, 불의한 자에 대

---

* *Songs of Zion* (Nashville: Abingdon Press, 1981), 82.

한 하나님의 심판을 선언한다.

> 천국에 대해 말하는 모든 사람이 그곳에 가는 건 아니네.
> 천국, 천국. 하나님의 하늘 전체에서 외치겠네…. 하나님의 하늘 전체에서 외치
> 겠네.

예수 그리스도의 복음은 하나님이 억압당하는 자의 하나님이시고, 하나님의 자녀는 심지어 죽어서도 버림받지 않는다는 것이다. 우리는 예수에게서 이 지혜를 얻었고, 우리의 전통에 이 신앙과 믿음의 예가 있으며, 우리는 여기 이 땅에서 그리스도인의 여정을 걷는 우리 자신의 삶을 위하여 강해진다. 우리가 부활에서 하나님의 사랑의 기쁨을 경험한 것처럼, 부활은 특별히 가장 작은 자, 잃어버린 자, 버려진 자를 위한 명예와 존중의 장소이다. "하나님의 자녀들은 모두 예복을 가졌네."

## 설교

교인을 위해 성서를 해석하는 설교자들은 누가복음 20:27-38에서 예수께서도 같은 일을 하고 있음을 보게 된다. 그가 성전에서 가르칠 때 다양한 도전을 받았는데, 그것은 예수의 권위에 대해 묻고 그의 대답을 가지고 함정에 빠뜨리려는 시도였다. 황제에게 세금을 내는 것에 관한 질문(25)에 대해 예기치 못했던 예수의 대답에 놀란 율법학자들과 대제사장들은 침묵을 지켰고, 반면에 사두개파 사람들은 한 걸음 더 나아간다. 성전 파괴와 더불어 사두개파 사람들은 역사 속으로 거의 사라졌지만, 요세푸스는 그들을 부자들 외에는 설득할 수 없는 엘리트 상류층이라고 서술하였고 백성들로부터는 미미한 신뢰를 받고 있었다.*

---

* Josephus, *The Life and Works of Flavius Josephus*, trans. William Whiston (Philadelphia: John C. Winston, 1957), 397.

그들이 예수께 질문하는 것을 통해 아마도 이들이 일반 백성들로부터 환영받지 못하고 있는 것을 보여주고 있는 것 같다. 사두개파 사람들이 역연혼(逆緣婚, levirate marriage, 과부가 고인의 형제와 결혼하는 풍습 _ 역자 주)에 관한 모세의 가르침을(신 25:5-6; 창 38:6-11) 인용하면서 한 여자가 일곱 형제와 연속적으로 결혼하는 터무니없는 각본을 만들고 난 후, "부활 때에 그 여자는 그들 가운데서 누구의 아내가 되겠습니까?"(33)라고 예수에게 물을 때, 주의 깊게 읽는 독자들은 군중들이 키득거리는 소리를 들을 수 있을 것이다. 일찍이 농촌에서 역연혼은 죽은 남자의 후손을 보전하고 과부와 자녀를 위한 가정을 마련해 주는 온정적인 사회적 장치였을 수 있지만, 도시인 예루살렘에 사는 부유한 사두개파 사람들의 결혼에도 적용되었을 것이라고 생각하기는 어렵다. 그래도 모세가 말했으니 시골 나사렛에서 온 랍비가 무엇이라 말할까?

예수께서는 사두개파 사람들에게 모세가 말한 의미를 가르치고 성서를 해석해 준다. 사두개파 사람들에게 성서는 토라, 즉 모세오경으로 한정되어 있다. 그들은 "모세가 우리에게 써 주기를"(28)이라고 논쟁을 시작한다. 예수께서는 "모세 스스로 보여주었듯이"(37)라고 응답하면서 그들의 전통을 존중해 주고, 이어서 불타는 가시나무 떨기에서 나온 소리 곧 "나는 너의 조상 아브라함의 하나님, 이삭의 하나님, 야곱의 하나님이다"(출 3:6)를 해석해 준다.

예수의 해석은 막힘이 없고 새롭다. 그는 야구로 치면 토라라는 사두개파 사람의 홈구장에서 그들의 공을 사용하고 그들의 규칙대로 경기하면서 점수를 얻는다. 그리고 비록 이 해석이 정확하게 죽은 자의 부활을 의미하지 않더라도 최소한 사두개파 사람들이 감히 생각하지도 못하는 신비한 일을 소개한 것이 된다. 이런 놀라운 해석을 통하여 아브라함, 이삭, 야곱이 기억 속에 남아 있는 사람들이 아니라 죽은 자의 부활을 특징으로 하는 새로운 시대의 시민들이 된다. 하나님께서는 "옛날에 옛날에 나는 아브라함의 하나님, 이삭의 하나님, 야곱의 하나님이었는데 그들은 나에게 좋은 추억으로 남아 있긴 하지만 지금은 죽고 없다"고 말하지 않는다.

아니, 하나님은 아브라함, 이삭, 야곱의 하나님이었고 현재도 그러하며 계속해서 그렇게 존재할 것이라고 현재형으로 말하고 있다. 이렇게 해서 예수께서는 "모든 사람은 하나님과의 관계 속에서 살고 있다"(38b)고 결론 짓는다. 예수께서는 모세를 부활의 해석학으로 바라보는데, 그 해석학에서는 우리의 이름과 정체성은 특정한 가족관계 구성원으로 제한되지 않고 '하나님의 자녀들'과 '부활의 자녀들'과 같은 이름으로 무한정 확대된다 (36). 아브라함, 이삭, 야곱은 이 새로운 시대와 삶에 참여하고 있는데 그것은 그들이 지닌 순종이나 충실함 때문이 아니라 하나님의 약속의 상속자들이기 때문이다. 하나님의 이 약속은 오랜 시간이 지난 후에 이 이야기를 듣고 있는 우리에게도 상속이 된다.

사두개파 사람들과의 이 이야기는 우리에게 삶과 죽음을 대면하는 데 있어서 희망을 준다. 이 이야기는 부활에 관한 많은 질문에 답을 주지도 않고 새로운 창조에 대한 로드맵을 제시하지도 않는다. "모든 사람은 하나님과의 관계 속에서 살고 있다"(38)는 말은, 우리가 직접 말할 수 있는 것보다 훨씬 큰 희망을 제시하고 있다. 하나님은 궁금한 것이 많은 우리를(하나님은 그런 우리를 알고 계시다) 부르셔서 하나님 안에서 우리의 질문이 해소될 수 있다는 희망을 주신다.

사두개파 사람들이 한 질문은 일종의 말장난이다. 누가 사두개파 사람들이 이렇게 정말로 웃기는 사람들이라고 상상이나 했을까? 그들은 웃을 여유가 있다. 하지만 그들은 자신들이 지닌 부, 권력, 특권으로 인해 안식처를 찾지 못해 한 형제로부터 다른 형제로 옮겨 다녔던 한 여성의 비도덕적인 이야기에 담긴 진정한 고통을 이해하지 못한다.

사두개파 사람들은 그 고통을 농담처럼 말하지만, 우리는 모두 말장난에서 넌지시 보여주는 진퇴양난의 세상에서 살아야 한다. 우리도 사두개파 사람에게 큰 소리로 말하지는 못하지만, 우리 역시 질문할 것들이 많다. 우리는 살고 그리고 죽으면서 그것에 대한 질문을 하고 때로는 심각한 질문을 한다. 우리 역시 그런 질문들에 대해 가벼운 농담을 하고 또 좋은 농담은 상실감으로 인한 삶의 무게나 슬픔의 눈물을 견디게 한다. 그리고 한

번의 웃음은 삶의 무게를 가볍게 해서 우리가 해야 할 일을 할 수 있게 만들기도 한다.

모든 목사가 이런 질문들을 상대해야 한다. 한 아이가 애지중지 키우던 늙은 고양이가 어느 날 아침 깨어나지 못해 아빠가 뒷마당에 묻었다면서 그 고양이는 어떻게 되었느냐는 질문을 수줍게 한다. 배우자와 사별한 후 재혼을 하고 심지어 또다시 재혼한 고령의 교인이 경험한 일은 7번은 아니더라도 목회자를 놀라게 하고 이 질문을 생각하게 만든다. 사두개파 사람들이 제기한 질문들은 소유권과 결혼에 대한 것이지만 오늘 우리는 우리의 용어로 이 질문을 생각한다.

신앙은 우리에게 서로 사랑하라고 권면한다. 우리는 서로 사랑할 것을 약속하고 또 결혼식에서 우리가 좋은 처지에 있든지 그렇지 않든지 서로 사랑할 것이라고 가장 굳건하게 약속한다. 사도 바울은 "사랑은 없어지지 않습니다"(고전 13:8)라고 선언한다. 우리는 사랑하는 사람이 죽은 후에 직면하는 사랑의 쓴맛에 대해서 알고 있다. 삶과 죽음이라는 커다란 구도 속에서 그런 사랑이 무엇을 뜻하는가? 다른 것들은 모두 죽어도, 사랑은 죽지 않는다. 이것은 부활의 해석학을 통해 우리 삶의 이야기를 읽어나갈 때 인식할 수 있다.

우리는 예수께서 반드시 그러실 것이라는 환상을 갖고 있을지 몰라도, 그는 우리의 모든 질문에 답하지 않는다. 다만 그는 우리를, 하나님을 바라보게 하는데, 그 하나님은 부르신 사람들에 대한 신실하심이 측량할 수 없고 무한하고, 그 신실함을 통해 우리는 삶과 죽음이 우리에게 묻게 될 모든 것을 능히 견딜 수 있음을 알게 하신다.

# 성령강림절 후 스물셋째 주일

## 누가복음 21:5-19

⁵몇몇 사람들이 성전을 가리켜서, 아름다운 돌과 봉헌물로 꾸며 놓았다고 말들을 하니, 예수께서 말씀하셨다. ⁶"너희가 보고 있는 이것들이, 돌 한 개도 돌 위에 남지 않고 다 무너질 날이 올 것이다." ⁷제자들이 예수께 물었다. "선생님, 그러면 이런 일들이 언제 있겠습니까? 또 이런 일이 일어나려고 할 때에는, 무슨 징조가 있겠습니까?" ⁸예수께서 대답하셨다. "너희는 속지 않도록 조심하여라. 많은 사람이 내 이름으로 와서 말하기를 '내가 그리스도다' 하거나, '때가 가까이 왔다' 할 것이다. 그러나 그들을 따라가지 말아라. ⁹전쟁과 난리의 소문을 듣더라도 두려워하지 말아라. 이런 일이 반드시 먼저 일어나야 한다. 그러나 종말이 곧 오는 것은 아니다." ¹⁰그 때에 예수께서 그들에게 말씀하셨다. "민족이 일어나 민족을 치고, 나라가 일어나 나라를 칠 것이다. ¹¹큰 지진이 나고, 곳곳에 기근과 역병이 생기고, 하늘로부터 무서운 일과 큰 징조가 나타날 것이다. ¹²그러나 이 모든 일이 일어나기에 앞서, 사람들이 너희에게 손을 대어 박해하고, 너희를 회당과 감옥에 넘겨줄 것이다. 너희는 내 이름 때문에 왕들과 총독들 앞에 끌려갈 것이다. ¹³그러나 이것이, 너희에게는 증언할 기회가 될 것이다. ¹⁴그러므로 너희는 변호할 말을 미리부터 생각하지 않도록 명심하여라. ¹⁵나는 너희의 모든 적대자들이 맞서거나 반박할 수 없는 구변과 지혜를 너희에게 주겠다. ¹⁶너희의 부모와 형제와 친척과 친구들까지도 너희를 넘겨줄 것이요, 너희 가운데서 더러는 죽일 것이다. ¹⁷너희는 내 이름 때문에, 모든 사람에게 미움을 받을 것이다. ¹⁸그러나 너희는 머리카락 하나도 잃지 않을 것이다. ¹⁹너희는 참고 견디는 가운데 너희의 목숨을 얻어라."

## 신학

여기서 우리는 두려워하지 말라는 격려를 받는다(9). 그리스도는 다음과 같은 하나님의 약속을 언급한다: "너희는 머리카락 하나도 잃지 않을 것이다"(18). "너희는 참고 견디는 가운데 너희의 생명을 얻어라"(19). 따라서 우리는 우리를 보호하시는 분의 손안에서 평안과 안전을 누리게 된다.

이런 말들이 오늘의 본문 안에서 발견되었다는 것이 정말 놀랍다. 오늘 본문은 나쁜 소식으로 가득 차 있고, 우리로 겁먹게 하고 희망을 잃게 하는 내용으로 채워져 있기 때문이다.

이 본문이 묘사하는 것은 마태복음 8:24-26이 묘사하는 폭풍과 비슷하다. 예수와 같은 배에 타고 있었던 제자들은 폭풍 때문에 공포에 떨게 된다. 이때 예수는 배 안에서 누워 편안하게 주무신다. 이는 아무도 깨뜨릴 수 없는 하늘의 평화로만 설명된다. 오늘의 본문은 폭풍 때문에 두려워하는 제자들에게 잠에서 깨어난 예수가 준 말씀과 비슷한 확신을 우리에게 준다: 두려워하지 말아라. 너의 머리의 털끝 하나도 상하지 않을 것이다.

오늘을 사는 우리에게도 이와 같은 예수의 격려 말씀이 절실하게 필요하다. 왜냐하면 우리가 이와 비슷하게 위험 상황에 부닥쳐 있기 때문이다. 우리가 사는 이 세상은 위태롭다. 우리가 확실하다고 생각했던 안전망은 우리 주변에서 모두 부서지고 있다. 예수의 말씀이 옛날 사람만을 위한 것일까? 우리가 오늘 본문을 진지하게 고려할 때, 예수의 말씀은 이천 년 전 만큼 지금과도 관련성이 있다는 것을 발견하게 된다.

수백만 명의 목숨을 앗아갔던 2차 세계대전 이래로 크고 작은 '전쟁'들이 계속 있어 왔다. 각국의 군비가 계속 증가하면서 위협은 더 심각하게 다가온다. 오늘날 테러리스트에 의한 '난리'가 일어나고 있으며, 증권거래소에서 '지진들'이 일어난다. 극지방의 빙하는 녹고 있다. 전염병은 우리를 괴롭히고 있다. 면역력이 없는 바이러스로 인류가 전멸할 것인가? 수많은 사람이 빵과 물이 없어 죽어가고 있다. 강대국의 필요를 채우기 위해 약소국 국민의 생존이 위협받지 않는가? 이천 년 동안의 진보에도 불구하고, 그 속에는 많은 부작용이 있다. 이 부작용이 날로 심해지지 않는가?

우리는 무엇을 할 수 있는가? 그와 같은 상황에서 오래되었지만, 끊임없이 반복되는 답은 이것이다: "우리가 내일 죽을 것이기에 우리로 먹고 마시게 하라"(사 22:13; 고전 15:32). 오늘날 많은 특권을 누리는 사람들은 지구적 붕괴의 위험 앞에서도 그런 식으로 말하지 않는가? 그것은 매우 이기적인 현실도피의 생각이다. 예수는 본문에서 상당히 다른 방식으로 이 문

제에 접근한다: "너희의 머리털 하나도 상하지 않을 것이다."

이 문장에서 그는 확신찬 목소리로 구원이 하나님의 손에, 선하신 손에 항상 놓여 있음을 말하고 있다. 그와 같은 확신은 우리의 영혼이 구원받을 것이라는 것을 인내심을 갖고 믿을 때 주어진다. 그와 같은 믿음은 오직 '먹고 마시는' 데 관심을 두며 사는 사람들과는 다른 태도를 갖게 한다. 전설에 의하면 마틴 루터는 종말이 가까이 왔음을 알게 될 때 무엇을 할 것이냐는 질문에 "만약 내일이 심판의 날이라면 나는 오늘 한 그루의 사과나무를 심고 싶다"고 말했다고 한다.

여전히 강조할 만한 가장 악한 위험이 있다. 전쟁과 지진보다 더 나쁜 것은 예수가 경고한 바 있는 "많은 사람이 내 이름으로 와서 '내가 그다'라고 말하며 '때가 이르렀다'고 말하나 그들을 좇지 말라"는 말씀이다. 몇 개의 이미지들은 예수의 경고를 분명하게 떠오르게 한다. 거짓 선지자를 따르는 사람은 어떻게 보면 생명줄을 붙들고 추락하는 사람과 같다. 또 굶주림에 죽어가는 노숙자가 빵 대신 돌을 받았다는 것을 알아차린 것과 같은 상황이다. 다시 말하면, 수많은 사람이 그리스도의 이름으로 그럴듯한 말을 많이 하는데, 우리는 진리이신 예수 그리스도의 다음과 같은 긴급한 경고에 주의를 기울여야 한다: "내 이름으로 선포하는 소위 전도자라는 사람들의 말을 듣지 말라. 그들을 따르지 말라. 그들은 멸망에서 구원하는 것처럼 보이나 실상 그들이 멸망으로 이끈다."

러시안 작가 도스토옙스키는 『대심문관』(*The Grand Inquisitor*)이라는 제목의 당황스러운 이야기를 써낸 바 있다. 그 이야기는 한 교회의 늙은 추기경에 관한 것이다. 이 추기경은 진짜 예수가 그의 마을에 갑자기 나타나 눈먼 자를 치유하고 어린 소녀를 죽음으로부터 일으켰다는 소식을 들었다. 그 추기경이 이것을 보고 나서 예수에게 다음과 같이 묻는다. "당신은 왜 오셔서 우리를 간섭합니까?" 그 추기경은 예수를 모든 이단 중에도 가장 악한 자로서 화형시키고 싶어 했다. 왜냐하면 예수가 오래전에 했던 것은 오늘날 교회에 의해 훨씬 더 잘 행해졌기 때문이다. 그 교회는 심지어 그의 이름을 부를 때에도 그를 필요로 하지 않는다. 그 추기경은 말한다.

"떠나세요. 그리고 절대 돌아오지 마세요. … 절대로, 절대로!"* 도스토옙스키는 "많은 사람이 내 이름으로 올 것이며 '내가 그다!'라고 주장하나 그들을 따르지 말라"는 예수의 말씀의 뜻을 분명하게 해 주고 있다.

그와 같은 징조의 위협에서 우리를 도울 수 있는 것은 무엇일까? 이 글 앞부분에서 언급된 데로 우리가 사는 것이 중요하다. 그와 같은 위협에 직면한 우리가 예수로부터 추가로 배워야 할 비법은 없다. 단지 우리가 이미 아는 것을 실천하는 것이 요구될 뿐이다. 예수는 우리에게 "머리털 하나도 상하지 않게 할 것"이라며 우리를 지킬 것을 약속했다. 예수 없이 우리의 손만 의지하는 경우 우리는 실족하게 될 것이다. 우리 주께서 우리를 붙드시는 동안 우리는 그와 그의 말을 꼭 붙들 수 있다. "그러므로 너희는 변명할 것을 미리 궁리하지 않도록 명심하라. 내가 너희의 모든 대적이 능히 대항하거나 반박할 수 없는 구변과 지혜를 너희에게 주리라"(눅 21:14-15).

## 주석

**예루살렘 성전, 세상의 재난과 박해.** 본문이 시작되면 예수는 사람들과 아름다운 성전에 대해 공적 대화를 나눈다(5-7). 이어서 예수는 가짜 지도자, 폭력 그리고 고통(8-11), 체포, 박해 그리고 인내(12-19) 그리고 예루살렘의 멸망과 인자가 오심(20-36)에 대해서 말씀하신다.

**미래의 성전 파괴(5-6).** 예수 당시에 있었던 성전은 주전 19년에 헤롯대왕이 다시 세운 거대한 건물이었다. 헤롯은 건물을 두 배나 더 크게 지었다. 사람들은 연설과 치유를 포함한(행 3:11; 5:12을 보라) 여러 가지 목적으로 성전의 주랑이나 현관에 모였다. 성전 자체는 18개월 만에 완성되었지만, 바깥뜰과 부속건물들은 주후 62~64년까지 계속 지어졌다.

---

\* Fyodor Dostoevsky, *The Brothers Karamazov*, trans. Richard Pevear and Larissa Volokhonsky (New York: Alfred A. Knopf Everyone's Library, 1992), 250, 262.

헤롯 성전이 다 완성되어 10년이 지나기도 전인 주후 70년에 로마 군대에 의해 파괴되었다. 누가복음 21:5의 기술은 성전의 아름다움과 장엄함에 대한 널리 알려진 이야기이다. 파괴 이후에 사람들은 로마를 통해서 그 화려함을 알 수 있었는데 약탈한 비품의 전시나 주후 71년 로마의 개선 행진 마차에 실려 보여준 로마의 포위와 예루살렘 방화 사건에 대한 큰 그림(요세푸스, 『유대전쟁사』, 7.3-5)을 통해서였다. 복음서에서 멸망은 "돌 하나도 돌 위에 남지 아니하리라. 다 무너지리라"(6)고 묘사되어 있다. 주후 70년에 예루살렘과 성전이 파괴되자 그리스도인들은 이것은 예수의 생전에 예언한 것이 이루어졌다고 생각했다.

**가짜 지도자**(7-8). 예루살렘 멸망으로 가는 때까지, 많은 사람은 권력에 저항하는 행동을 하거나 그러한 혐의를 받았고 헤롯과 로마 군대에 의해 진압되었다. 최근 한 웹사이트에는 주전 4년에서 주후 70년 사이에 로마 군대에 대항하다 진압되었다고 생각하는 15명의 지도자 이름이 게시되었다.* 8절에 예수의 말을 인용하여 여러 지도자를 말하고 있는데, 어떤 사람은 그리스도라고 하고, 어떤 사람은 "때가 가까이 왔다"고 종말을 말했는데, 이것이 예루살렘 성전이 곧 멸망할 것이라는 첫 징조였다(7). 누가복음은 체포, 투옥되거나 살해된 여러 지도자의 모습이 예수가 예루살렘과 그 성전의 멸망 전에 일어날 사건들에 대한 견해를 확정시켜 주는 것으로 본다.

**전쟁과 세계의 격변**(9-11). 예수는 사람들에게 그들을 인도한다고 하면서 혼란에 빠뜨릴 것에 대해 경고하신 뒤, 갈수록 강도가 커지는 불행한 사고에 대해 기술하신다. 누가의 설명으로 이것들은 '진통의 시작'(마 24:8; 막 13:8)이 아니다. 도리어 이러한 사건들은 예루살렘과 그 성전의 멸망까지 늘어나는 재난을 말하는 것이다. 먼저 전쟁과 난리가 있을 것이다(9).

---

* http://www.livius.org/men-mh/messiah/messinic_claimants00.html. 15명의 목록에는 예수가 포함된다.

이것은 아마도 예루살렘 포위와 멸망 전에 69년의 네로 로마 황제가 급작스레 바뀐 것을 말한 것이다. 둘째로 민족이 민족을 치고, 나라가 나라를 칠 것이다(10). 이 전쟁이 시대의 종말로 가는 전환이 아니라, 누가의 설명으로는 예루살렘 침략으로 이어지는 것이다. 셋째로 큰 지진과 기근과 역병이 있다는 것이다(11a). 누가는 예수와 예루살렘 멸망 사이에 클로디우스 황제 시기의 가뭄(행 11:28, 주후 47년)과 필립보 지역의 지진(행 16:26, 주후 50년)을 말하고 있다. 넷째로 하늘로부터 무서운 일과 큰 징조가 나타날 것이라(11b)고 말한다. 학자들은 요세푸스가 예루살렘 성전의 방화 시에 칼 모양의 별과 혜성이 나타났음을 서술한(『유대전쟁사』, 6.289) 것이 누가의 사건 전개의 결론과 비슷하다고 말한다. 그래서 누가복음에서 예수의 말씀은 첫째로 예루살렘과 성전의 멸망에 초점을 둔 것이지 종말에 대한 것이 아니다.

**체포, 박해, 미움 그리고 인내**(12-19). 누가의 설명에서는 예수가 고통과 박해를 종말로 가는 재난의 일부로 제시하지는 않는다(비교. 마 24:9-14; 막 13:9-13). 도리어 예수는 체포, 박해, 재판, 가족들의 배신과 그들에 대한 미움이 예루살렘과 성전의 멸망(12)–저자가 이 복음서를 쓰기 20년 전인 주후 70년에 일어났다고 알고 있는–이 일어나기 전 재난의 연속으로 일어난다고 말한다. 이것은 12-19절이 말하는 사건은 누가복음이 완성되고 난 뒤 얼마 뒤에 쓴 둘째 책 사도행전을 시대의 사건임을 의미하는 것이다.

누가의 역사신학에서는 교회의 시대는 사람들이 그들의 목숨을 얻기 위해(19) 참아야 할 시대이다. 대조적으로 마태복음 24:13과 마가복음 13:13에서는 끝까지 견디는 사람은 구원받을 것이라고 말한다. 누가의 설명은 예수가 예루살렘 멸망을 그것이 일어난 그대로 가깝게 묘사하고 있는데, 예를 들면, '군대에 포위를 당하는'(20) 것은 로마가 반항하는 백성들에게 진노의 날을 실행한 것을 그대로 보여준다. 비슷하게, 예수는 그의 제자들의 고통과 어려움을 누가는 사도행전에서 사용한 용어들로 묘사한다. 예수의 제자들은 체포될 것이다(12a. 비교. 행 4:3; 5:18; 12:1; 21:27). 그들은 또한 관가로 끌려갈 것이다(12b; 행 21:11; 28:17). 그들은 왕들과 총독들 앞에서 증언할 것이고(12-13; 행 24-26), 다른 사람들이 반박할 수 없는 지혜를 줄 것이다(15; 행 6:10의 스데반). 그래서 예수의 연설에 대한 누가의 설명은 처음 부분에서 시대의 종말이 아니라 예루살렘과 성전의 멸망 시기에 예수의 제자들의 삶에 일어날 일을 강조하는 것이다.

## 목회

역사적으로 어느 시대나 그때가 시간의 종말이라고 생각해 왔다. 21세기가 시작될 때도 예외가 아니었다. 오늘의 세대는 전쟁과 자연재해와 정치적 혼란을 보고 종말이 찾아올 가능성을 생각할 수 있을 것이다.

대부분의 사람들은 2001년 9월 11일, 알 카에다와 관련된 19명의 테러리스트가 네 대의 민간 항공기를 공중 납치했을 때 자기가 어디에서 무엇을 하고 있었는지 기억한다. '충격과 공포' 작전의 일환으로 수백 대의 탱크가 사막을 건너서 바그다드로 향하는 모습은 미국인의 뇌리에 새겨져 있다. 2004년 12월 26일, 세계는 역사상 가장 많은 사람이 죽은 자연재해인 인도네시아의 쓰나미에 깜짝 놀랐다. 많은 사람이 허리케인 카타리나가 진행되는 동안 그리고 지나간 후 뉴올리언스에서 전해졌던 뉴스 영상을 생생하게 기억한다. 이것들이나 다른 현상들이 어떤 식으로든 종말론적인 것인가는 분명하지 않지만(언제 종말이 올지는 하나님만 아신다), 예수가 제자들에게 혼돈과 파괴의 때에 무엇을 해야 하는지에 관하여 지시하신 것은 그 당시에는 대단히 도전적인 것이었고, 오늘 우리에게도 그렇다.

누가복음 21:5-6에서 예수는 성전이 무너질 거라고 말씀하시면서, 제자들이 두 가지 질문을 하게 하신다. 언제인가? 징조는 무엇인가? 예수는 미래에 일어날 세 가지 일들을 설명하신다(8-11). 사기꾼들이 와서 신자들을 속이려고 할 것이다. 전쟁과 분쟁이 진행될 것이다. 자연재해가 만연할 것이다. 예수는 제자들에게 미래에 종말이 있을 것이며, 이런 일들이 동시에 일어나지는 않을 것이라고 확신시켜 주신다. 그리고 예수는 13절에서 특이한 이야기를 하신다. "이것이 너희에게는 증언할 기회가 될 것이다."

예수는 계속해서 제자들에게 증언을 연습하거나 미리 준비해서는 안 된다고 말씀하신다. 그 대신에 증언하는 순간에 받게 될 반박할 수 없는 지혜에 의존해야만 한다. 예수는 그들의 증언에 대한 보상으로 그리고 이러한 파국의 때를 견딘 보상으로 영혼을 얻게 될 것이라고 말씀하신다. 이제 고난이 증언의 기회라고 하는 예수의 특별한 명제에 대해 생각해 보자.

죽음과 배신 그리고 사랑하는 사람들이 처형당하는 것을 보면서, 신실한 사람은 어떤 증언을 할까? 우리는 대부분 좋은 시절과 좋은 일, 구속의 축복, 치유, 구조, 구원에 대해 하나님을 찬양하는 간증에 익숙하다. 증언은 보통 하나님이 어떻게 신자들을 노예에서 해방시키셨는지, 하나님이 어떻게 길이 없을 때 길을 만드셨는지, 하나님이 어떻게 궁지에 몰린 사람들을 구원하셨는지를 선포하는 이야기를 담고 있다. 하지만 이 구절에서 예수의 특별한 말씀은 파괴와 배신과 상실을 경험할 때야말로 증언할 기회라고 생각해야 한다고 말해 준다. 큰 고통과 증오 앞에서 어떤 증언을 할 수 있을까?

숀 코플랜드(Shawn Copeland)는 "고난은 언제나 고통과 파괴, 분리, 불완전함을 의미한다"고 말한다. "고난은 우리를 무력하고 침묵하게 만들 수 있고, 절망과 좌절의 경계선으로 밀어 넣을 수 있다."* 파괴의 시간에 증언할 기회란 부분적으로 두려움 앞에서 용기를 끌어모으는 대담함과 고통 앞에서 말하는 담대함이다. 커다란 고통은 어떤 사람들은 변하게 하고 어떤 사람들은 굴복시킨다. 그러나 견디는 사람은 그들의 영혼을 얻는다.

고통은 변화된 사람들에게 자신의 희망에 대해 말할 기회를 제공한다. 어떤 사람들에게는 고통이 말 그대로 신체적인 변화를 가져온다. 아프리카계 미국인으로 뛰어난 신학자인 하워드 서먼(Howard Thurman)은 고통이

---

* M. Shawn Copeland, "Wading through Many Sorrows: Toward a Theology of Suffering inWomanist Perspective," in *A Troubling in My Soul: Womanist Perspectives on Evil and Suffering* (Maryknoll, NY: Orbis, 1993), 109.

사람들을 변화시키는 것을 보아 왔다. "그들의 얼굴에 미묘한 광채가 생기고 평온이 깃들었다. 그들의 관계에는 마주치는 모든 사람에게 봉인된 마음의 문을 열어주는 생기 넘치는 관용이 있다."[*]

상실과 슬픔, 혼란의 시간으로부터 태어난 증언의 기회가 토마스 도시(Thomas Dorsey)가 작사한 <귀하신 주님>이라는 노래로 만들어졌다. 토마스 도시는 1889년에 조지아주 시골에서 태어난 다작의 작사가였고 탁월한 복음송과 블루스 음악가였다. 청년 시절에 시카고로 가서 클럽과 교회에서 피아노 연주자로 일했고 극장에서 연주했다. 가정을 유지하기 위해 애쓰면서 도시는 클럽에서 연주하는 시간과 교회에서 연주하는 시간을 분리했다. 어려운 시기가 지나가고 난 후에 도시는 그의 예술적인 재능을 교회만을 위해 바쳤다.

1932년 8월에 도시는 세인트루이스에서 열린 대규모 부흥 집회에서 주요 독주자로 출연하려고 임신한 아내를 시카고에 남겨두고 떠났다. 부흥회 첫날밤이 지난 후 도시는 '부인 방금 사망'이라는 전보를 받았다. 집으로 달려간 도시는 아내가 죽기 전에 아들을 낳았다는 것을 알았다. 다음 날 그의 아들 역시 죽었다. 도시는 아내와 아들을 같은 관에 넣어 묻고서 슬픔과 고통에 잠겨 가족과 친구들을 멀리했다. 그는 한동안 어떤 음악도 작곡하거나 연주하기를 거부했다.

여전히 절망의 한가운데 있었지만, 피아노 앞에 앉아있을 때, 평화의 느낌이 그를 휩쓸고 지나갔다고 도시는 말했다. 그는 한 번도 들어보지 못한 멜로디가 머릿속에서 울리는 것을 들었고, 피아노로 그 곡조를 연주하기 시작했다. 그날 밤, 도시는 고난의 한복판에서 이런 증언을 기록했다.

> 귀하신 주님, 나의 손을 잡으소서, 나를 인도하셔서, 나를 일어서게 하소서.
> 나는 지치고, 나는 약하고, 나는 야위었습니다.
> 폭풍을 뚫고, 밤을 지새우며,

---

[*] Howard Thurman, *Disciplines of the Spirit* (1963; Richmond, IN: Friends United Press, 1977), 76.

나를 빛으로 인도하소서.

나의 손을 잡으소서, 귀하신 주님, 나를 집으로 인도하소서.*

## 설교

지난주 본문에서도 그랬듯이 오늘 예수께서는 계속해서 성전에서 가르치고 있다. 누가복음 21:5-19에 나타난 예수의 가르침에 대한 기록은 혼란스러움과 당혹스러운 생각 그리고 산만함이 어우러져 있다.

제자들이 마음이 흐트러져 집중하지 못하고 있다. 그들은 성전의 아름다움과 그 벽을 이루는 거대한 돌들 그리고 예물을 드리러 오는 부유한 경배자들로 인해 놀라고 있다. 그들이 산만해지는 것은 당연하다. 엄청난 부를 공개적으로 보여주는 일은 우리가 *Town and Country*지나 *People*지에서 볼 때도 그렇듯이 마음을 흐트러지게 만드는데, 헤롯의 성전과 그의 왕관에 달린 보석이 제자들을 그렇게 만들었다. 신약성서는 헤롯을 편집증적 폭군으로 기억하지만, 역사와 고고학자들은 그를 건축자로 기억한다. 교회 도서관에는 아마 헤롯의 성전에 대해 어느 예술가가 언급한 것을 포함하고 있는 책이 있을 것이다. 성전 위를 쳐다보면 당신도 역시 놀랄 것이다. 누구나 그랬다.

아마도 모두 다 마음을 빼앗긴 것은 아니었던 것 같다. 예수께서는 제자들의 마음을 빼앗은 이 모든 것을 '정죄 받은 건물'이라고 명명하여 여기에 개입한다: 거대한 돌들, 아름답고 잘 다듬어지고 영원히 무너지지 않을 것 같은 성전은 "돌 한 개도 돌 위에 남지 않을 것이다." 영광스런 하나님께 봉헌된 영광스런 성전이 "다 무너질 날이 올 것이다"(8).

---

* Thomas A. Dorsey, "Precious Lord, Take My Hand," in *The Presbyterian Hymnal* (Louisville, KY: Westminster/John Knox Press, 1990), 404. See also http://www.pbs. org/thisfarbyfaith/people/thomas_dorsey.html (pbs − This Far by Faith: Series on People of Faith − Thomas Dorsey).

성전 파괴 후 어느 시점에 기록된 누가복음은 예수를 역사적 사건을 통해 그의 말이 입증된 믿을만한 예언자로 묘사하고 있다. 그의 말을 듣는 사람들은 예수의 말이 모두 사실임을 알게 되고 따라서 이렇게 당황스럽게 할 혼란이 오리라는 이 말들 또한 신뢰할 수 있다.

신학적으로 누가는 특정한 역사적 사건들과 만물의 마지막 때를 구별하려고 한다. 성전은 종말을 맞이할 수 있지만, 그때가 마지막은 아니다. 평화가 그치고 전쟁이 엄습하겠지만, 전쟁이 이 세상이 끝나는 방식이 아니다. 지진으로 흔들려 세상의 안전함이 끝나겠지만, 그 두려움과 불확실함도 역시 마지막은 아니다. 예수를 모방하고 그의 이름을 도용하여 예수처럼 예언을 하려고 하겠지만, 그처럼 진리를 가장하는 사람들이 나타났다고 해서 세상의 종말이 오는 것은 아니다. "하늘로부터 무서운 일과 큰 징조가 나타나서"(11) 너희들에게 이 놀라운 현상의 의미를 해석하여 예언자 노릇을 하도록 유혹할 수도 있을 것이지만, 마지막 때를 아는 것은 너희에게 속한 것이 아니다(행 1:7, 살전 5:1-11을 참조하라). 분명히 신학적으로 누가는 중요한 논지를 갖고 있지만, 수사학적으로 그는 자신의 독자들을 두렵게 하고 있다.

전쟁, 난리, 지진, 기근, 전염병이 있을 것이고 이런 일이 더 이상 나빠질 수 없을 것 같아 보일 때, 이제 개인적으로 너희에게 다가올 것이다. 너희는 체포되고 박해를 당하고 감옥에 갇히며 당국자들 앞에 끌려 나올 것이다. 그때 너희가 원하는 곳에서 그들을 볼 것이라고 예수께서는 말씀하신다. 그들은 너희의 말을 들어야 할 것이다. 그때 곧 모든 일이 어둡게 보이고 거짓된 것이 나타나 진실인 양하며, 전쟁이 끊이지 않고 땅이 흔들리며 너희들 스스로 자신을 책임져야 할 바로 그때에 너희는 '증언할 기회'(13)를 얻게 된다.

전쟁, 지진, 기근과 같은 무질서하고 혼란스러운 일들은 제멋대로 일어나는 게 아니고 믿을만한 종말의 표징도 아니다. 이것들은 하나님의 위대한 구원계획 속에서 먼저 일어나야만 하는 일들이다(9절의 신성한 명령, "이런 일이 반드시 먼저 일어나야 한다"). 우리는 그 계획에 주목하지 않았다.

전쟁, 지진, 기근 그리고 전염병 등의 확산에 완전히 마음이 빼앗겨서 더놀라운 그 무엇인가를 좀처럼 보지 못한다. 하지만 예수의 눈에는 이 극적인 역사적 사건들은 단지 하나님의 진리를 드러내는 위대한 드라마를 위해 필요한 무대장치일 뿐이다.

전쟁, 지진, 기근이라는 커다란 무대배경 앞에서, 우리는 할 말이 별로 없다고 생각할 수 있다. 더욱이 체포, 박해 그리고 기소되는 일은 사람들에게 겁을 주고 침묵하게 만든다. 하지만 이 모든 일이 계획 곧 하나님의 계획에 따라 일어나는 일이다. "그러나 이것이, 너희에게는 증언할 기회가 될 것이다"(13). 만일 우리가 말을 해야 한다면, 준비하고 이런 책을 참고하며 우리의 생각을 정리할 시간을 가져야 할 것이다. 그러나 예수께서는 이런 염려가 필요하지 않다고 말한다. 무언가를 증언하는 데에 우리의 무력함이 가장 필수적인 자격이 될 수 있다.

중요한 순간에 무슨 말을 해야 할지를 모르는 사람들에게 통념적인 지혜는 "걱정하지 마, 생각이 날 거야." 그리고 "넌 괜찮을 거야. 마지막 순간에 무언가 떠오를 거야." 등의 처방을 제시한다. 사람들이 말하는 이 임시처방은 예수께서 이런 상황에 처한 사람들에게 말하는 것과 다르다. 대신 그는 이렇게 약속한다. "내가 너희에게 할 말을 줄 것이다"(13). 우리가 해야 할 말은 선물로 우리가 받게 될 것이다. 그리스도는 이 험한 세상에 대한 지혜를 가지고 있고 그 적대자들은 그것을 예측하거나 이해할 수 없다. 비록 그들이 이전에 그의 말을 거부했다 하더라도, 그리스도는 다시 한번 그의 교회를 통하여 그 나라의 말씀을 들려줄 것이다.

그리스도께서는 우리가 이런 말을 만들어 낼 필요가 없다고 약속한다. 우리에게 주어지는 말은 태초에 모든 것을 창조했던 그 말씀이고(창 1:3, 요 1:1-3) 그 말씀을 통하여 계속 창조되고 있다. 우리는 자신 있게 말하는 것이 아니라 오히려 우리가 말하고 또 들음을 통하여 우리가 받은 믿음의 선물을 고백한다. "그러므로 믿음은 들음에서 생기고, 들음은 그리스도를 전하는 말씀에서 비롯됩니다"(롬 1:17). 이것이 바로 예수의 말씀이 지닌 능력인데 그것은 그 나라를 설명할 뿐만 아니라 삶을 통하여 드러난다. 누가복음 21:5-19은 이것을 증거하기 위한 것이다.

누가복음이 기록되었을 때 성전 파괴가 예수의 말씀이 진실임을 입증했듯이, 오늘날 기독교 공동체의 예배를 통하여 선포된 이 말씀이 그리스도의 변함없는 약속임을 증언한다. 이 말씀은 수 천 년 전에 말해진 공중에 흩어진 호흡과 같은 단순한 말에 불과했지만, 능력 심지어는 '너희의 영혼을 살리는'(19) 능력과 함께 지속된다. 성전은 파괴되고 돌 하나 남지 않았다. 로마제국은 역사 속에서 붕괴되었다. 하지만 이 말씀들은 견고하고 그 말씀의 약속은 지진, 전쟁 혹은 기근 심지어는 세월이 흘러도 사라지지 않는다.

# 왕이신 그리스도 주일

## 누가복음 23:33-43

³³그들은 해골이라 하는 곳에 이르러서, 거기서 예수를 십자가에 달고, 그 죄수들도 그렇게 하였는데, 한 사람은 그의 오른쪽에, 한 사람은 그의 왼쪽에 달았다. ³⁴[그 때에 예수께서 말씀하셨다. "아버지, 저 사람들을 용서하여 주십시오. 저 사람들은 자기네가 무슨 일을 하는지를 알지 못합니다."] 그들은 제비를 뽑아서, 예수의 옷을 나누어 가졌다. ³⁵백성은 서서 바라보고 있었고, 지도자들은 비웃으며 말하였다. "이 자가 남을 구원하였으니, 정말 그가 택하심을 받은 분이라면, 자기나 구원하라지." ³⁶병정들도 예수를 조롱하였는데, 그들은 가까이 가서, 그에게 신 포도주를 들이대면서, ³⁷말하였다. "네가 유대인의 왕이라면, 너나 구원하여 보아라." ³⁸예수의 머리 위에는 "이는 유대인의 왕이다" 이렇게 쓴 죄패가 붙어 있었다. ³⁹예수와 함께 달려 있는 죄수 가운데 하나도 그를 모독하며 말하였다. "너는 그리스도가 아니냐? 너와 우리를 구원하여라." ⁴⁰그러나 다른 하나는 그를 꾸짖으며 말하였다. "똑같은 처형을 받고 있는 주제에, 너는 하나님이 두렵지도 않으냐? ⁴¹우리야 우리가 저지른 일 때문에 그에 마땅한 벌을 받고 있으니 당연하지만, 이분은 아무것도 잘못한 일이 없다." 그리고 나서 그는 예수께 말하였다. ⁴²"예수님, 주님이 주님의 나라에 들어가실 때에, 나를 기억해 주십시오." ⁴³예수께서 그에게 말씀하셨다. "내가 진정으로 네게 말한다. 너는 오늘 나와 함께 낙원에 있을 것이다."

## 신학

  '그리스도의 다스림'(The Reign of Christ)의 절기를 축하하면서 우리는 무엇을 생각해야 하나? 어쩌면 '그리스도의 다스림'이라는 말을 듣고 쉽게 생각나는 것은 높고 장엄한 권능과 영광스러운 왕의 모습일 것이다. 오늘 성서정과 본문은 이와는 상당히 다른 관점을 드러낸다. 이 왕의 위엄은 우리가 위로 올려 볼 때가 아니라 아래로 내려 볼 때 드러난다.

  여기서 우리는 심하게 수치를 당하고 있는 한 사람을 만나게 된다. 우리는 온갖 불의 때문에 고통당하는 한 사람을 만난다. 오늘 본문에서 드러나는 내용은 비참하고, 매우 감동적이며, 심지어 충격적이다. 우리는 진실로 존경받을 만한 사람이 끔찍한 고문을 당할 때 차마 눈 뜨고 볼 수 없어서 얼굴을 돌리고 싶다. 왜냐하면 우리의 연민까지도 아무런 도움이 되지 않기 때문이다. 이 무력한 남자에게 "스스로 자신을 도우시오"라고 말하는 것은 그를 조롱하는 것이다. 그를 '유대인의 왕'이라고 부르는 것은, 그를 웃음거리로 만드는 것이다.

예수의 삶의 마지막 순간은 이 세상 사람들이 위대한 것으로 여기는 것과는 반대되는 것으로 가득 차 있다. 신문 혹은 텔레비전을 통해 보이는 세계는 비참한 세상이 아니고 화려한 세상이다. 이 세상 사람들이 바라는 이상은 부유해지고 아름다워지며 더 큰 영향력을 갖는 것이다. 이런 목표를 얻기 위해 애쓰도록 이 세상이 행사하는 압력은 우리를 감염시키는 전염병과 같다. 이 세상 사람들은 성공을 간절히 원한다. 이 세상 사람들에게 인기 있는 구호는 "스스로 자신을 도우시오"이고, 이 구호를 실천함으로 살아남을 수 있다고 생각한다.

이런 사람들에게 그리스도는 찬란한 모델인가? 그리스도가 통치자라면 그는 다른 사람들보다 훨씬 우월한 인물이어야 하지 않는가?

오늘의 성서 구절은 우리에게 충격으로 다가온다: 그리스도는 가장 높은 자이다. 그리고 그는 처절하게 고난당해야 한다. 만주의 주가 비천하게 십자가에 달려야 한다. 다른 이가 주가 될 수 없다. 이분이 주님이다. 상식과는 반대로, 구타당하고 죽게 버려진 이분이 이 땅의 높은 권좌에 앉아 수많은 사람을 억압하는 사람보다 더 위대한 분이다. 주님이 십자가에 무력하게 매달려 있다는 것이 그분에 대한 우리의 신앙고백과 모순되지 않는다. 우리는 "모든 권세가 주님께 있습니다"라고 고백해야 한다.

학대당한 분이 '유대인의 왕'이라는 주장은 잔인한 조크처럼 들리는데, 이 주장은 하나님의 놀라운 간섭 때문에 진리가 된다. 골고다에서 비참하게 고통을 겪는 분은 동시에 요한복음 19:14에서 빌라도가 "당신들의 왕이 여기 있다"라고 지칭한 사람이다. 우리는 이 왕을 십자가에 못 박힌 분과 다른 인물로 생각할 수 없다. 바흐의 <성 요한 수난곡>에서 신자들이 그를 보면서 다음과 같이 한목소리로 찬송을 부른다: "오 능력의 왕, 영원히 위대한 분이시여"* 그 찬송은 "당신은 유대인의 왕인가?"라는 빌라도의 질문에 대한 예수의 답변과 관련되어 있다. 예수는 "내 나라는 이 세상에 속한 것이 아니니라. 만일 내 나라가 이 세상에 속한 것이었더라면 내 종들이 싸워 나로 유대인들에게 넘겨지지 않게 하였으리라"(요 18:36)라고 대답한다.

이는 그가 이 세상의 전형적인 모든 다른 지도자와는 상당히 다른 방식으로 진실하게 참된 통치자요 주관자임을 의미한다. 이 왕국은 우리 시대 여전히 요란하게 통치하는 제국이 만들어 내는 소음 뒤에 숨겨져 있다. 그러나 하나님의 나라는 단순히 우리의 세계 너머에 있는 것은 아니다. 하나님의 나라는 이 땅의 제국을 이겨낸다. 하나님의 나라가 이 세상에 속하지 않는다는 것은 그리스도의 십자가를 통해 드러난다.

그의 통치가 이 세상에서 나오는 것이 아니라는 것은 이 통치자가 세상의 권력자들이 원하는 것과는 다른 일들이 일어나기를 바란다는 점을 통해 확인된다. 하나님의 나라의 통치자는 스스로를 돕지 않고 그의 도움이 필요한 사람을 돕는다(눅 23:35). 더 나아가, 그는 악을 악으로 대응하지 않고, 악을 선으로 갚는다. 진실로 그는 자신들이 행하는 것이 악한 일인지 모르는 사람들을 용서해 달라고 하늘의 아버지께 간청한다(34). 더 나아가, 그분은 지옥으로 가기로 정해진 죄인이 "예수여, 당신의 나라가 올 때 나를 기억하소서"라고 애원하는 것을 허락하기까지 한다.

분명 우리도 이런 기도를 드려야 할지 모르겠다. 왜냐하면 다가올 하나님의 나라는 보통 사람에게는 큰 도움과 구원이 되기 때문이다. 이 나라에서 그들은 더 이상 잊힌 존재가 아니고 빛으로 나오게 된다. 더 중요한 것은 하나님의 나라가 먼 미래에 오는 것이 아니라는 점이다. 그 나라는 벌써, 지금, '오늘' 동텄다. 하나님의 나라의 통치자는 우리가 살아 있을 때나 죽을 때나 심지어 죄로 인해 정죄 받았을 때도 우리와 함께한다. 정말로 그분은 심지어 우리가 하나님에게서 떨어져 있을 때도 우리 가까이 있다.

---

* Johann Heermann, "Herzllebster Jesu, was hast du verbrochen," 1630 (Fischer-Tumpel, I, #334).

그분은 이 낮은 땅에서도 왕이다. 왜냐하면 그분은 우리가 어둠과 슬픔 속에서 죽고 고통당하는 것을 원치 않기 때문이다. 우리는 오늘 어떤 형태의 어둠 속에 갇혀있을 수도 있다. 그러나 거룩하신 분이 오늘 우리를 위하여 우리와 함께하시기 때문에, 우리는 오늘 낙원에 있게 될 것이다. 하나님께 감사드리자.

**주석**

**십자가상에서 예수의 도덕적 평정.** 누가복음에서, 예수가 십자가를 지고 가는 길을 따르는 여인들에게(28-31), 그를 십자가에 못 박은 사람들에게(34, 43) 그리고 죽을 때 하나님에게(46) 했던 말들은 예수가 도덕적으로 순결한 사람임을 보여주고 있다. 그렇다. 누가복음에서 십자가 밑에 있던 백부장이 예수가 죽는 것을 보고 하나님을 찬양하며 선언하기를 "진정으로 이 사람은 하나님의 아들이다"(마 27:54; 막 15:39)라고 하기보다는, "이 사람은 참으로 의로운 사람이었다"(47)고 했다. 누가복음의 이슈는 무죄인데(15, 41), 어떤 폭동 행위도(5, 19, 22, 25), 살인도(19, 25), 백성을 오도하는 행위(2, 13)도 하지 않았다는 것이다. 달리 말하면, 누가복음에서 십자가에 달리시면서 한 예수의 말은 계속해서 기도 생활을 통해 배양된(3:21; 5:16; 6:12; 9:18, 29; 10:21-22; 11:1; 22:32, 41) 하나님과의 깊은 개인적 관계를 보여준다.

**아버지, 저들을 용서하십시요(34).** 초기 사본에는 사도행전 7:60에 나오는 스데반의 기도에서 표현된 무지(無知)의 모티브를 표현하는 34절의 기사가 없었다. 시간이 지나면서, 사도행전의 무지 모티브가 그의 첫 책에 삽입되었고, 그를 십자가에 매달은 사람에 대한 예수의 기도는 널리 알려지고 예수의 다른 사람에 대한 사랑과 관심의 부가적 표현으로서 간직되었다. 이 구절들은 예수가 하나님을 그의 관례적 표현대로 '아버지'로 언급하는 것을 보여준다(10:21-22; 11:2; 22:42; 23:46). 그곳에서 '너를 모욕하는 사람들을 위해' 기도하라는(6:28) 그의 평지설교에서 가르친 원칙을 실행하고 있다. 비록 그 구절이 아마도 초기 사본에 첨가된 것이라 하더라도, 누가의 예수 묘사에서는 쉽게 이해되고 받아들여졌다.

34절은 예수가 특별한 호의를 하나님에게 요청하는 청원기도를 보여준다. 주기도문에서 예수는 제자들에게 하나님에게 호의를 요청하는 것을 가르치셨고(11:3-4, 11:9-13도 보라), 그의 체포 전에(22:43) 하늘에 계신 하나님에게 자신을 위해 청원한다. 예수의 요청은 죄에 초점을 두는(1:77; 3:3; 5:20-24; 7:47-49; 11:4; 24:47) 용서를 강조한다. 하지만 예수는 스데반이 행 7:60에서 하였듯이 그를 십자가에 매달은 사람들의 죄를 용서해 달라고 기도하지는 않는다. 도리어 예수는 죄라고 부를 행동이 아닌, 무지에서 나온 행동에 대해 용서해 달라고 요청했다. 무지를 죄라고 정의하지 않는 예수의 기도는 누가의 예수에 대한 묘사와 자연스럽게 연결된다. 누가복음에서 여러 사람의 악의 없는 무지를 보여주고 있다(5:30; 6:2; 7:39; 11:38 참조). 예수는 때론 무지를 숙련된 가르침으로(10:25-37), 때로는 날카로운 예언자적 언어로(11:37-52) 표현하고 있다. 십자가상에서 예수는 사제의 언어로 말하는데 말하자면 무지한 행동에 참여한 사람들에게 대해 하나님께 용서를 청원하고 있다.

**그로 하여금 자신과 우리를 구원하게 하라**(35-39). 누가의 설명은 지도자 그룹의 비웃음과(35) 이어진 병정들의 짧은 조롱(36-37)에 한정되어 있다. 이와 비교하여 마태와 마가에서는 로마 병정들이 십자가를 지고 가기 전에 조롱했고(마 27:27-31; 막 15:16-20) 여러 그룹이 십자가에 달린 예수를 조롱했다(마 27:39-43; 막 15:29-32). 누가복음의 재배열과 축약은 예수의 옆에 달린 죄수(39)가 세 번째이자 마지막 모욕하는 것으로 묘사한다. 마태와 마가에서는 함께 십자가에 달린 강도들도 "마찬가지로 예수를 욕하였다"고 묘사한다(마 27:44; 막 15:32b).

독자는 지도자들이 예수를 '비웃는'(*ekmyktērizō*, 35) 것에서부터 군인들이 예수를 '조롱하는'(*empaizō*, 36)으로 그리고 죄수들이 예수를 '신성모독하는'(blasphēmeo, 39) 것으로 이어지는 순서를 통해 예수를 대적하는 죄수의 타락을 경험한다. 그 죄수의 신성모독은 예수가 자신을 구원할 뿐만 아니라(23:35, 37 참조) 두 죄수까지 구원하기에 메시아로서 예수의 정체성을 부인한다(35 참조). 그 죄수의 말은, 예수가 하나님의 메시아, '선택된 자'(35; 사 42:1 참조)라는 생각을 조롱하는 지도자들의 비난을 이어서 자기들도 구원해 보라고 말한다. 죄수가 말할 때 그는 예수의 메시아적 지위와 생명을 구할 수 있는 예수의 능력을 모두 부인한다.

**너는 오늘 나와 함께 낙원에 있을 것이다**(39-43). 한 죄수의 모독적 언사는 다른 죄수의 도덕적 언사로 이어진다. 예수를 모독하는 대신, 둘째 죄수는 다른 죄수를 꾸짖는다. '꾸짖는다'는 말은 누가복음에서 예수가 귀신을 쫓아낼 때 사용했는데(눅 4:35, 41; 9:42), 다른 본문에서도 나타난다(4:39; 8:24; 9:21, 55; 18:15, 39; 19:39). 누가복음의 관점에서 둘째 죄수의 첫째 죄수에 대한 꾸짖음은 예수의 명령을 실행한 것이다: "믿음의 형제가 죄를 짓거든 꾸짖어라"(17:3). 둘째 죄수가 첫째 죄수를 꾸짖을 때 제자의 속성을 보여주는데, "우리야 우리가 저지른 일 때문에 그에 마땅한 벌을 받고 있으니 당연하지만, 이분은 아무것도 잘못한 일이 없다"(41)고 말한다.

하나님의 나라가 임할 것을 청원하는 대신(11:2), 둘째 죄수는 예수에게 주님의 나라에 들어갈 때 자신을 기억해 달라고 요청한다(42). 이것은 주님의 나라가 예수 자신을 위한 것임을 전제하고 있고, 예수가 제자들에게 22:29-30에서 말한 것과 직접적으로 연관되어 진다. 예수는 그에게 "바로 오늘 낙원에 있을 것이다"라고 말했는데, 낙원이라는 말은 페르시아의 왕의 사냥 장소로서 유대인들과 그리스도인들에 의해 영원한 천상의 에덴동산으로 차용된다. 예수가 강조하여 사용한 '오늘'이라는 말은 예수의 십자가 처형일을 말하는 것이 아니라 예수에 의해 메시아적 구원이 시작되는 날을 말한다. 누가에게는 예수의 오심으로 구원의 특별한 날이 시작되었는데(2:11; 4:21; 5:26; 13:32-33; 19:9; 22:34, 61), 영원히 계속된다.

**목회**

여기 윤색이나 과장 같은 장식에 얽매이지 않고, 공감과 연민으로 반짝이는 우아한 진술이 있다. 그 진술은 그 맥락과 상황 때문에 심히 통렬하고, 그것을 말한 사람의 명성과 신분 때문에 진실이라고 알려져 있다. "내가 진정으로 네게 말한다, 너는 오늘 나와 함께 낙원에 있을 것이다"(43). 강도로 유죄판결을 받고 스스로도 죄를 인정한 채 죽어가는 사람에게, 십자가에 달린 그리스도가 한 이 말은 순수하고 순전한 황홀감, 분명히 말로할 수 없는 기쁨을 불러일으켰을 것이다.

예수가 죽음과 부활을 앞두고 다른 사람에게 한 마지막 말은 그의 짧은 인생의 사역과 일치하는 용서의 말이었다. 예수는 하나님의 나라에 대하여 가르치고, 포로된 사람들의 해방을 선포하고, 아프고 장애가 있는 사람들을 치유하면서 살아왔다. 예수의 기적과 가르침이 장로들, 제사장들, 정치인들의 기득권을 흔들어 놓아서, 그들은 예수를 자기들의 종교와 삶의 방식에 대한 위협으로 여겼다. 예수는 여성들을 부당하게 대하는 것에 도전했고, 어린이들을 참아주어야 한다고 설교했으며, 바리새파 사람들과 사두개파 사람들에게는 좋은 믿음이 없다고 비난했다. 예수의 사역은 논쟁적이었고 강력했으며 세상을 바꾸는 것이어서, 그에게 위협을 느낀 사람들에 의해 십자가형으로 사형선고를 받았다.

우리 가운데 누가 은혜받을 자격이 있을까? 우리는 예수보다는 예수의 옆에서 십자가에 달린 강도들을 더 닮았다. 우리는 예수의 반대편 십자가에 달린 강도, 즉 자비를 구하기보다 비난한 강도에게 무슨 일이 있었는지 모른다. 그는 예수에게 예수 자신과 예수 옆에 있는 죄인들을 구원해서 그의 권능과 능력을 보이라고 도발했다. 그러나 성육신하신 예수에게 계시된 하나님의 은혜는 깊고 불변하는 용서하시는 사랑이다. 자비로우신 하나님, 용서하시는 하나님, 심지어 우리가 실망시키고 죄를 지을 때조차 우리를 사랑하시는 하나님을 믿기란 쉽지 않다.

예수의 용서 이야기는 전설적이다. 예수는 사역 가운데 많은 부분을 하나님의 나라를 설명하는 데 할애했다. 하나님의 나라는 인간의 규칙과 법과 처벌과는 다른 규칙과 다른 기대를 가진 곳이다. 예수는 하나님의 나라가 아버지의 유산을 요구하고, 그것을 받아 타향으로 가서 가진 것을 모두 탕진한 어리석은 아들에게 대가 없이 베푼 사랑과 같다고 한다. 나중에 아들이 정신 차리고 아버지가 용서해 주기를 바라며 돌아오면, 아버지의 큰 사랑과 용서하는 능력 때문에 축하와 기쁨과 환희를 만나게 된다(눅 15:11-23).

예수는 하나님의 나라가 자기 모든 양을 극진하게 돌보는 목자와 같다고 한다. 양 한 마리를 잃어버렸을 때 목자는 양을 찾아 나서서, 찾을 때까지 포기하지 않는다(눅 15:1-7). 예수는 하나님의 나라가 잔치를 벌인 부자와 같다고 한다. 다른 부자들이 너무 바빠서 잔치에 오지 않으니까 그 부자는 가난한 사람, 눈먼 사람, 장애인들을 초대해서 잔치에 참여하게 한다(눅 14:16-23). 예수는 다른 어떤 주제나 쟁점보다 하나님의 나라에 관하여 이야기하는 데 더 많은 시간을 보내셨다. 예수가 십자가에서 죽어가면서 하신 용서의 행동은 회개하고 믿는 모든 사람, 심지어 처형당하고 있는 사형수 강도들까지도 용서받는다는 그의 가르침을 울려 퍼지게 한다.

이런 용서는 우리에게 도전이 된다. 우리는 하나님의 은혜와 자비가 가진 용서하는 능력을 믿고 신뢰하지 못하기 때문에 다른 사람들이 자비를 받을 만하다고 믿지 못하는 것이다. 우리는 하나님이 천국에 들어오게 하신 사람을 정죄하고 싶어 한다. 우리는 그럴 가치가 없는 강도가 낙원에 들어가게 되었다는 것을 아는 것보다, 예수를 비웃은 강도에게 무슨 일이 일어났는지 모르는 것을 더 마음 편해한다. 우리는 예수께서 하나님은 우리가 좋아하는 사람과 우리를 좋아하는 사람을 사랑하시고, 우리가 싫어하는 사람과 우리를 싫어하는 사람을 사랑하지 않으신다고 말씀하셨으면 한다. 우리는 하나님이 마약 복용자와 중독자들, 간통하는 사람들, 도둑들, 매매춘 여성들, 반항적인 청소년들, 불평하는 직원들을 사랑하지 않으셨으면 좋겠다. 우리는 낙원에 좋은 사람들, 깨끗한 사람들, 공손한 사람들, 예의 바른 사람들, 올바른 사람들만 있었으면 좋겠다.

그리스도인으로서 고백적 신앙을 가지는 것은 우리가 약하기 때문이 아니라 하나님이 강하시고 사랑이시기 때문이다. 하나님의 은혜가 모든 사람에게 충분하기 때문에 고백적 신앙을 가진다. 우리를 위한 은혜가 있고, 우리가 좋아하지 않는 사람을 위한 은혜가 있다. 하나님이 우리의 피난처이시고 우리의 힘이시기 때문에 우리는 고백적 신앙을 가진다. 우리는 하나님이 우리의 죄와 그들의 죄를 들으시고 용서하시기 때문에 고백한다. 우리의 구원은 설교자나 주교나 우리 서로에게 달린 것이 아니라, 오직 사랑하시고 은혜를 베푸시는 하나님께 달렸다. 우리는 하나님의 구원하시는 은혜가 하나님이 창조하시고 필사적으로 사랑하시는 사람들을 고치시고, 회복시키시고, 구속하시고, 용서하시기 때문에 고백한다. 모든 사람은 죄를 지었고 구원에 이르지 못하게 되었다. 모든 사람은 하나님을 진노하시게 하고, 낙심하시게 하고, 실망하시게 한다. 하나님은 온 세상을 너무나 사랑하셔서, 누구든지, 누구든지, 누구든지 믿으면 하나님이 베푸시는 모든 은혜를 받을 것이다. 하나님이 우리에게 은혜를 주시지 우리가 그렇게 하는 것이 아님을 감사하라.

예수는 그의 전 사역을 하나님의 나라에 대하여 가르치고 선포하는 데 보냈다. 예수께서 이 땅에서 행하신 마지막 용서 행위는 회개하는 죄인이 그날 그와 함께 하늘에 있을 것이라고 선포하는 것이었다. 오, 하나님을 찬양하라!

## 설교

"샘물과 같은 보혈은 임마누엘 피로다"*라고 노래한, 오래된 찬송가가 있는데 세월이 흐르면서 대중성이 시들해졌다. 이 찬송가는 계속해서 "그날 죽어가던 그 도적이 저 샘물로 인해 기뻐했네"라고 노래하는데, 도대체

---

* William Cowper, "There Is a Fountain," *Evening Light Songs*, rev. ed. (Guthrie, OK: Faith Publishing House, 1987), 183.

이 죽어가는 도적이 보았던 것은 무엇인가? 누가의 이야기는 그가 예수의 십자가와 죽음을 목격했다는 것을 분명히 하고 있지만, 이 도적이 그것을 보고 기뻐할 이유는 무엇일까? 로마인들이 반란을 단념시키기 위해 생생한 시각적 가르침을 주려고 만든 이 십자가라는 암울한 장면을 바라보며, 왜 이 도적은 "예수님, 주님이 주님의 나라에 들어가실 때에, 나를 기억해 주십시오"라고 담대하게 요청하는 것일까? 누가의 이야기에서 이 도적이 요청한 이유를 찾기란 간단하지 않다.

누가의 이 이야기는 우리의 이해와 너무 간격이 커서 주석가들은 이 사람이 요청한 합리적인 동기를 설명하려면 이 이야기에 대한 정교한 보조 설명이 필요하다고 느꼈다: 그는 나사렛에서부터 예수를 알았다. 하지만 둘은 각자의 길을 걸었고 이 사람은 범죄자의 삶으로, 예수는 메시아의 일을 하는 삶으로 서로 다른 길을 갔다. 또는 이들은 빌라도의 감옥에서 전날 밤에 만났고 이야기를 나누었다. 한 가지 일이 다른 일로 이어졌다. 하지만 어떤 합리적인 설명도 이 사람이 왜 갑자기 요청했는가를 잘 보여주지 못할 것이다. 죽어가는 이 도적은 이 순간 무언가를 보았고 깨달았는데 그것은 앞으로 다른 사람들이 부활하신 그리스도의 가르침을 통해서만 알게 될 사실이었다.

삼 일 후 혼란스러운 가운데 엠마오로 가던 두 제자는 "메시아는 이런 고난을 겪고서, 자기 영광에 들어가야 하지 않겠습니까?"(24:26)라는 해석학적 열쇠로 성서를 해석해 주는 그리스도의 말씀을 듣게 될 것이다. 이후 계속해서 '모세의 율법, 예언서들과 시편'을 예수께서 해석해 주어서, 그들은 '메시아가 고난을 받고 삼 일째 되는 날 죽은 사람들 가운데서 살아난 일'(24:44, 46)이 하나님께서 필요로 해서 된 것임을 이해하게 될 것이다. 예수의 제자들은 우리가 오늘날 예배를 통하여 성서를 해석하는 그리스도의 음성을 듣는 것과 같은 특권을 부여받았다. 그러나 죽어가던 그 도적은 이런 특권 없이 십자가를 대면한다. 그가 알 수 있는 것이라고는 십자가 처형으로 인한 잔혹한 핏덩어리와 악취이다.

놀랍고도 갑작스러운 그의 요청은 우리들에게 하나님께서 우리 안으로 들어와 일하시는 시점을 어떻게 분별하는가? 그리고 하나님께서 인정한 예언자의 존재를 어떻게 인식하는가? 하는 문제를 제기한다. 누가가 말하는 예수의 십자가 이야기에는 많은 대화가 나온다. 예수의 말씀이 그 대화를 시작하고 끝내지만, 그 사이에 누가복음 시작 부분에서 예수를 유혹했던 사탄의 세 가지 도전(4:3, 6-7, 9)과 비슷한 세 가지 도전이 있다. 그것은 예수에게 하나님께서 선택하신 예언자임을 놀랍고도 완전하게 증명해 보임으로써 그의 정체성과 진실성을 입증하라는 것이다. 여하튼 메시아처럼 행동하지 않는 메시아를 우리는 어떻게 용납할 것인가? 만일 아무도 구원받지 못한다면, 어떻게 구원을 볼 수 있겠는가?

이 몇몇 구절에서 구원에 관한 이야기가 짙게 드리워져 있다. 예수께서는 "자기나 구원하라지"(35)라며 조롱을 당하고 그런 다음 그들은 두 번씩이나 감히 "너나 구원하여 보아라"(37, 39)고 말하고 있다. 이들은 그렇게 하여 예수가 메시아, 유대인의 왕이라는 칭호에 적합함을 증명하고 스스로를 밝힐 수 있다는 암시를 주면서 매번 예수를 괴롭혔다. 예수는 침묵한다. 조금 전에 그는 그들을 용서해달라고 기도했었다. 누가복음 앞부분에 나오는 스가랴의 노래는 '구원을 얻는 지식'을 '죄의 용서'와 연결시켰다(1:77). 죽어가는 도적은 예수께 요청할 때 이날 오후에 사람들 입에 오르내리던 왕과 관련된 칭호 중 하나를 부르지 않고, 그를 한 사람이 다른 사람에게 말하는 단순하고도 평범한 방식으로 그를 '예수'라고 부른다.

그러나 그 이름을 말하는 것은 세상에서 의미와 희망을 불러일으킨다. 누가는 마태가 "너는 그 이름을 예수라고 하여라. 그가 자기 백성을 그들의 죄에서 구원하실 것이다"(마 1:21)라고 한 것처럼 명확하고 상세하게 설명하고 있지는 않지만, 예수라는 이름이 "하나님께서 구원하실 것이다"를 의미하고 그래서 그 죽어가는 도적에게 희망이 된다고 말한다. 그것은 죽어가는 사람의 마지막 숨소리 아마도 임종 직전의 고백으로 너무나도 작고 불쌍해 보인다.

그것으로 충분하다. 그는 구원이나 구조를 요청하는 것이 아니라 다만 "예수님, 주님이 주님의 나라에 들어가실 때에, 나를 기억해 주십시오"라고 간청한다. 그의 탄원은 "내가 젊은 시절에 지은 죄와 반역을 기억하지 마시고, 주님의 자비로우심과 선하심으로 나를 기억하여 주십시오"(시 25:7)라는 말씀을 생각나게 하는데, 그것은 나의 악함이 아닌 당신의 선하심을 따라 나를 기억해 줄 것을 요청하는 것이다.

이 도적은 예수께 그의 나라에서 기억해달라고 요청한다. '해골이라 불리는 곳'(33)을 조사해 보면 그런 왕국이 존재하고 있는지 혹은 이전에 존재했었는지 앞으로 존재할 것인지에 대해 증거를 조금도 발견하지 못한다. 그 도적은 그럼에도 불구하고 요청한다. 아마도 그는 구원이란 어느 누구도 고통이나 죽음으로부터 구원받을 수 없는 곳, 즉 절대적으로 희망이 없는 곳에 예기치 않게 들어오는 것임을 보게 된 해석학적 렌즈를 발견한 것 같은데, 바로 그 시점이 구원이 뚫고 들어오는 때이다.

예수께서는 "너는 오늘 나와 함께 낙원에 있을 것이다"라고 그 도적에게 약속한다. 그러나 누가복음에서 '오늘'은 단순히 24시간 간격을 두고 있는 개념이 아니라 하나님의 구원이 시간을 뚫고 들어오는 순간을 뜻한다(2:11; 4:21; 5:26; 19:9).

여기 교회력이 끝나는 시점에서 누가복음의 마지막 본문을 읽으면서 우리는 종교 지도자들, 군인들, 첫째 도적 모두 평범한 시간 속에 그리고 폭력의 힘이 사건을 결정하고 죽어야만 끝이 되는 세상에 살고 있음을 불 수 있다. 하지만 그곳에서도 둘째 죄수는 이미 그리스도의 통치 속에 살고 있다고 말할 수 있다. 만일 우리가 이것을 볼 수 있다면 어둠이 온 땅을 덮고 있는 이 슬픈 곳에서(44) 그 나라 곧 낙원이라 불리는 고요하고 새로운 힘을 주는 곳으로부터 새벽 미명에 멀리서 희미하게 다가오는 빛을 볼 수 있을 것이다.

# 〈말씀의 잔치〉가 계속되기를 바라며

성서정과 설교 자료집 『말씀의 잔치(*Feasting on the Word*) 마태복음편』, 『말씀의 잔치 마가복음편』 출간과 함께 성서정과 year C 누가복음편 발간을 역자들로서 기쁘고 감사하게 생각한다. 무엇보다도 "말씀의 잔치"가 해마다 이어지고 있다는 생각 때문이다. 옮긴이들이 몇 년간 이 책으로 공동 설교 모임을 해 오면서도 여러 가지 면에서 책으로 나온다는 것이 쉽지 않을 것으로 여겼는데 어느덧 두 해 연속해서 출간이 이루어진 것이다. 더구나 코로나19의 팬데믹 시대에 이러한 결실이 이루어진 것도 더욱 감사할 일이다. 돌이켜 보면 이러한 결실은 몇 가지 요인에서 이루어진 것이다.

무엇보다 성서정과 설교 자료집으로서 탁월한 원서가 있었기 때문이다. 옮긴이들이 몇 년 전부터 공동 설교를 준비하면서 찾던 중 가장 본문에 충실하면서도 다양한 신학적 목회적 내용을 가진 이 책을 만나게 되었다. 이 책은 매주 성서정과 네 가지 본문(시편·구약·서신서·복음서)을 네 가지 관점(신학·주석·목회·설교의 관점)에서 기술한다. 그러기에 한 주에 16편의 수준 높은 설교 해석 자료가 나오는 것이다. 말하자면 미국 교회의 신학적 목회적 역량이 총동원되어 만든 교회력에 따른 설교 자료라고 할 수 있다. 더욱 감사한 것은 방대한 시리즈의 12분의 1에 불과한 부분 번역에 대해서 미국장로교회(PCUSA)의 Westminster John Knox출판사가 출판을 허락해 준 것이다. 얼마 전 아카데미시상식에서 한국 배우로는 최초로 여우조연상을 받은 윤여정 배우가 수상 소감에서 자신의 수상이 "American Hospitality"(미국인들의 호의적 배려)라고 재치 있게 표현해서 참 인상적이었는데, 이 책의 번역 허락도 미국 교회가 베푼 한국교회에 대한 호의적 배려라고 할 수 있겠다.

자화자찬 같지만, 이 책이 나오게 된 데에는 무엇보다도 우리 네 옮긴 이의 열의와 공동 노력도 빼놓을 수 없다. 팬데믹 중에 대면 모임이 어려워 매주 Zoom으로 모일 수밖에 없었다. 네 사람이 해당 주의 복음서 본문을 한 관점씩 맡아 번역, 발표하고(신학-이대성, 주석-김영철, 목회-고현영, 설교 -홍상태) 토론하는 방식이었다. 후반기에는 출간 일자를 맞추기 위해 한 주에 두 편씩 번역하고 토론하는 과정을 거쳤다. 물론 그전에 했던 공동 설교 모임에서 초역을 했지만, 이를 개인적으로 수정하고, 그래도 미흡하다고 생각하는 부분은 공동모임에서 함께 논의하며 최종 원고를 만들었다. 사실 공동 번역이란 것이 문체와 내용의 통일성이 쉽지 않은 일인데 그래도 이러한 과정을 통해 많은 점을 보완하게 되었다. 각자 맡은 목회와 기관의 일들이 만만치 않음에도 매주 모임을 진행하면서 이 책의 번역에 매진한 것은 말씀의 잔치가 계속 이어져야 한다는 역자들의 열정이 있었기 때문이다.

출판을 맡은 도서출판 동연의 김영호 대표와 여러 편집진의 수고와 노력에 대해서도 언급하지 않을 수 없다. 코로나 상황에서 출판사가 가장 힘든 시기임에도 꾸준히 신학적, 교회적으로 의미 있는 책들을 출간하고 있어서 이 책의 발간도 가능하게 되었다. 깊은 감사의 마음을 전한다.

책의 출간에 여러 가지 면으로 도움을 주었던 분이나 이 책과 함께했던 분들의 관심과 참여도 이 책 출간에 큰 힘이 되었다. 한국교회의 중요한 교회를 목회하는, 대 설교가이신 다섯 분의 목회자(소망교회 김경진 목사, 청파교회 김기석 목사, 신촌성결교회 박노훈 목사, 주안교회 주승중 목사, 경동교회 채수일 목사)의 추천에 감사드린다. (사)참된 평화를 만드는 사람들 이은태 이사장을 비롯한 이사들의 격려와 관심도 큰 힘이 되었다.

작년의 마가복음편 출간을 계기로 서울에서 설교 연구 모임이 하나 더 출범했다. 그 모임에서는 책을 함께 읽는 형태로 설교 준비를 하고 있다. 이러한 모임들과 함께 개인적으로 책을 통해 설교에 많은 도움이 되고 있다는 소식들은, 옮긴이들에게는 보람과 긍지가 된다.

이 책이 가진 장점은 편집자 서문이나 추천인들의 글을 통해 많이 언급되었다. 하지만 『말씀의 잔치』를 설교에 활용하고자 하는 독자들을 위해 몇 마디 보태고자 한다. 설교 준비는 다양한 방식으로 이루어지지만, 이 책의 구조를 중심으로 말하면, 이렇게 하는 것을 추천한다. 신학적 관점을 통해 신학적 배경을 이해하고, 주석적 관점을 통해 성서 본문을 깊이 있게 이해하고, 목회적 관점을 통해 자신의 목회적 상황과 연결시켜 보고, 설교적 관점을 통해 설교의 중심 메시지를 만들어 가는 것이다. 물론 필자에 따라 내용에 편차가 있지만 이러한 구조로 설교를 준비해 간다면 말씀에 충실하고 상황에 적합한 설교가 나올 수 있을 것이다.

최근 한국교회의 위기를 여러 가지 면으로 말하고 있지만 근본적으로 그 근원은 강단의 위기라고 할 수 있다. 한 주일에도 수만 편씩 나누어지는 설교가 말씀 위에 굳게 서서 시대의 고민을 담고 있다면 어찌 교회가 자신의 본령을 벗어날 수 있겠는가? 그런 면에서 한국교회의 위기를 극복하는 것에 이 책이 조금이라도 기여할 수 있다면 옮긴이들에게 영광일 것이다.

그래서 건강한 교회개혁 운동과 목회자 운동을 위해 설교 연구 모임이 필요하다는 것을 다시 한번 강조한다. 특정한 이슈를 중심한 교회개혁 운동이 가능하지만 지속적이고 일상적인 목회 활동의 중심인 말씀 선포를 통해 교회개혁이 진행되어야 한다. 지금까지 <말씀의 잔치> 설교 연구 모임을 함께한 경험을 통해 이 모임이 다음 주간의 설교 본문과 주제, 내용을 효과적으로 준비할 수 있다는 것과 함께, 참가자들 사이의 지속적인 신앙적, 인격적 교제가 가능하고, 나아가 이러한 교제와 토론을 통해 교회개혁 운동을 위한 연대도 가능했다. 바라기는 여러 지역에서 교회력에 따른 다양한 설교 연구 모임이 진행되고 이 책이 그런 모임을 활성화하는 데 조금이라도 도움이 되었으면 한다.

또 무엇보다도 우리의 바람은 "말씀의 잔치"가 계속 이어지는 것이다. 풍성한 말씀의 잔치를 통해 코로나19로 인해 여러 가지 어려움을 겪고 있는 한국 사회와 교회에 작은 희망을 찾는 이번 대림절이 되기를 기도한다.

2021년 10월 대림절을 앞두고

옮긴이 고현영 김영철 이대성 홍상태

## 지은이 프로필

### 대림절 첫째 주일
신학    JOHN P. BURGESS
James Henry Snowden Professor of Systematic Theology,
Pittsburgh Theological Seminary, Pittsburgh, Pennsylvania

주석    WILLIAM R. HERZOG II
Dean of Faculty, Professor of New Testament, Andover Newton
Theological School, Newton Centre, Massachusetts

목회    DAVID L. BARTLETT
Professor of New Testament, Columbia Theological Seminary,
Decatur, Georgia

설교    MARK E. YURS
Pastor, Salem United Church of Christ, Verona, Wisconsin

### 대림절 둘째 주일
신학    JOHN P. BURGESS
주석    WILLIAM R. HERZOG II
목회    DAVID L. BARTLETT
설교    MARK E. YURS

### 대림절 셋째 주일
신학    JOHN P. BURGESS
주석    WILLIAM R. HERZOG II
목회    DAVID L. BARTLETT
설교    MARK E. YURS

### 대림절 넷째 주일
신학    CHARLES M. WOOD
Lehman Professor of Christian Doctrine and Director, Graduate
Program in Religious Studies, Perkins School of Theology,
Southern Methodist University, Dallas, Texas

주석    DOUGLAS R. A. HARE
Wm. F. Orr Professor of New Testament Emeritus, Pittsburgh
Theological Seminary, Pittsburgh, Pennsylvania

목회    AARON KLINK
Westbrook Fellow, Program in Theology and Medicine, Duke
University, Durham, North Carolina

설교    DANIEL HARRIS
Associate Professor of Homiletics, Aquinas Institute of Theology,
St. Louis, Missouri

성탄절

신학 CHARLES M. WOOD

주석 DOUGLAS R. A. HARE

목회 AARON KLINK

설교 DANIEL HARRIS

지은이 프로필

성탄절 후 첫째 주일

신학 SUSAN HEDAHL

Herman G. Stuempfle Chair of Proclamation of the Word,
Professor of Homiletics, Lutheran Theological Seminary at
Gettysburg, Gettysburg, Pennsylvania

주석 R. ALAN CULPEPPER

Dean, McAfee School of Theology, Atlanta, Georgia

목회 FRANK A. THOMAS

Senior Servant, Mississippi Boulevard Christian Church, Memphis,
Tennessee

설교 THOMAS H. TROEGER

J. Edward and Ruth Cox Lantz Professor of Christian
Communication, Yale Divinity School, New Haven, Connecticut

주님의 수세 주일

신학 STEVEN D. DRIVER

Director of Formation, Immanuel Lutheran Church, Valparaiso,
Indiana

주석 TROY A. MILLER

Associate Professor of Bible and Theology, Crichton College,
Memphis, Tennessee

목회 RODGER Y. NISHIOKA

Benton Family Associate Professor of Christian Education,
Columbia Theological Seminary, Decatur, Georgia

설교 GREG GARRETT

Professor of English, Baylor University, Waco, Texas; Writer in
Residence, Seminary of the Southwest, Austin, Texas

주현절 후 둘째 주일

신학 DAVID TOOLE

Associate Dean, Duke Divinity School, Durham, North Carolina

주석 TROY A. MILLER

목회 RODGER Y. NISHIOKA

설교 GREG GARRETT

주현절 후 셋째 주일

신학 DAVID TOOLE

주석   TROY A. MILLER
목회   RODGER Y. NISHIOKA
설교   GREG GARRETT

## 주현절 후 넷째 주일

신학   MARCIA Y. RIGGS
      J. Erskine Love Professor of Christian Ethics, and Director of the
      Th. M. Program, Columbia Theological Seminary, Decatur,
      Georgia
주석   EDWIN CHR. VAN DRIEL
      Assistant Professor of Theology, Pittsburgh Theological Seminary,
      Pittsburgh, Pennsylvania
목회   CHARLES JAMES COOK
      Professor Emeritus of Pastoral Theology, Seminary of the
      Southwest, Austin, Texas
설교   RONALD J. ALLEN
      Nettie Sweeney and Hugh Th. Miller Professor of Preaching and
      New Testament, Christian Theological Seminary, Indianapolis,
      Indiana

## 주현절 후 다섯째 주일

신학   MARCIA Y. RIGGS
주석   EDWIN CHR. VAN DRIEL
목회   CHARLES JAMES COOK
설교   RONALD J. ALLEN

## 주현절 후 여섯째 주일

신학   MARCIA Y. RIGGS
주석   EDWIN CHR. VAN DRIEL
목회   CHARLES JAMES COOK
설교   RONALD J. ALLEN

## 산상변모주일

신학   DOUGLAS JOHN HALL
      Professor Emeritus, McGill University, Montreal, Quebec, Canada.
주석   ROBERT A. BRYANT
      Associate Professor of Religion, presbyterian College, Clinton,
      South Carolina Drew Bunting, Musician and Homemaker,
      Milwaukee, Wisconsin.
목회   MARYETTA MADELEINE ANSCHUTZ
      Founding Head, The Episcopal School of Los Angeles, and Priest
      Associate, All Saints Episcopal Church, Beverly Hills, California.
설교   PATRICK J. WILLSON

Pastor, Williamsburg Presbyterian Church, Williamsburg, Virginia.

## 사순절 첫째 주일
| | |
|---|---|
| 신학 | DOUGLAS JOHN HALL |
| 주석 | ROBERT A. BRYANT |
| 목회 | MARYETTA MADELEINE ANSCHUTZ |
| 설교 | PATRICK J. WILLSON |

## 사순절 둘째 주일
신학   GEORGE W. STROUP

J. B. Green Professor of Theology, Columbia Theological Seminary, Decatur, Georgia

주석   KAROLINE M. LEWIS

Assistant Professor of Biblical Preaching, Luther Seminary, St. Paul, Minnesota

목회   DEBORAH J. KAPP

Edward F. and Phyllis K. Campbell Associate Professor of Urban Ministry, McCormick Theological Seminary, Chicago, Illinois

설교   ANNA CARTER FLORENCE

Peter Marshall Associate Professor of Preaching, Columbia Theological Seminary, Decatur, Georgia

## 사순절 셋째 주일
| | |
|---|---|
| 신학 | GEORGE W. STROUP |
| 주석 | KAROLINE M. LEWIS |
| 목회 | DEBORAH J. KAPP |
| 설교 | ANNA CARTER FLORENCE |

## 사순절 넷째 주일
| | |
|---|---|
| 신학 | GEORGE W. STROUP |
| 주석 | KAROLINE M. LEWIS |
| 목회 | DEBORAH J. KAPP |
| 설교 | ANNA CARTER FLORENCE |

## 사순절 다섯째 주일
| | |
|---|---|
| 신학 | JAMES O. DUKE |
| 주석 | AUDREY WEST |
| 목회 | VERONICE MILES |
| 설교 | JOHN ROLLEFSON |

## 사순절 여섯째 주일(고난주일)
신학   JAMES O. DUKE

Professor of History of Christianity and History of Christian

Thought, Brite Divinity School, FortWorth, Texas

주석 AUDREY WEST

Adjunct Professor of New Testament, Lutheran School of Theology at Chicago, Illinois

목회 VERONICE MILES

Ruby Pardue and Shelmer D. Blackburn Assistant Professor of Homiletics and Christian Education, Wake Forest University School of Divinity, Winston-Salem, North Carolina

설교 JOHN ROLLEFSON

Pastor, Lutheran Church of the Master, Los Angeles, California

## 사순절 여섯째 주일(종려주일)

신학 JAMES O. DUKE
주석 AUDREY WEST
목회 VERONICE MILES
설교 JOHN ROLLEFSON

## 부활절

신학 D. CAMERON MURCHISON

Dean of Faculty, Columbia Theological Seminary, Decatur, Georgia

주석 RICHARD S. DIETRICH

Minister, First Presbyterian Church, Staunton, Virginia

목회 MARTIN B. COPENHAVER

Pastor, Wellesley Congregational Church, United Church of Christ, Wellesley, Massachusetts

설교 CLAYTON J. SCHMIT

Arthur DeKruyter/Christ Church Oak Brook Professor of Preaching and Academic Director of the Brehm Center for Worship, Theology, and the Arts, Fuller Theological Seminary, Pasadena, California

## 부활절 둘째 주일

신학 D. CAMERON MURCHISON
주석 RICHARD S. DIETRICH
목회 MARTIN B. COPENHAVER
설교 CLAYTON J. SCHMIT

## 부활절 셋째 주일

신학 MOLLY T. MARSHALL

Fairfax M. Cone Distinguished Service Professor Emeritus, The University of Chicago, Illinois.

주석 DONALD SENIOR

Associate Professor of Religious Studies, University of Denver
Department of Religious Studies, Denver, Colorado.
목회    SHANNON MICHAEL PATER
Pastor, Lutheran Church of the Newtons, Newton, Massachusetts.
설교    CYNTHIA A. JARVIS
Assistant Professor of the Practice of Ministry, Phillips
Theological Seminary, Tulsa.

## 부활절 넷째 주일
신학    MOLLY T. MARSHALL
President and Professor of Theology and Spiritual Formation,
Central Baptist Theological Seminary, Shawnee, Kansas
주석    DONALD SENIOR
President, Catholic Theological Union, Chicago, Illinois
목회    SHANNON MICHAEL PATER
Minister, Central Congregational United Church of Christ, Atlanta,
Georgia
설교    CYNTHIA A. JARVIS
Minister and Head of Staff, The Presbyterian Church of Chestnut
Hill, Philadelphia, Pennsylvania

## 부활절 다섯째 주일
신학    MOLLY T. MARSHALL
주석    DONALD SENIOR
목회    SHANNON MICHAEL PATER
설교    CYNTHIA A. JARVIS

## 부활절 여섯째 주일
신학    LARRY D. BOUCHARD
Associate Professor, Department of Religious Studies, University
of Virginia, Charlottesville, Virginia
주석    RICHARD MANLY ADAMS JR.
Ph. D. Student, Emory University, Atlanta, Georgia
목회    NANCY J. RAMSAY
Executive Vice President and Dean, Brite Divinity School, Texas
Christian University, FortWorth, Texas
설교    LINDA LEE CLADER
Dean of Academic Affairs and Professor of Homiletics, Church
Divinity School of the Pacific, Berkeley, California

## 부활절 일곱째 주일
신학    LARRY D. BOUCHARD
주석    RICHARD MANLY ADAMS JR.

목회　NANCY J. RAMSAY
설교　LINDA LEE CLADER

## 성령강림절

신학　STEPHEN B. BOYD
　　　Chair and Professor, Department of Religion, Wake Forest
　　　University, Winston-Salem, North Carolina

주석　MEDA A. A. STAMPER
　　　Minister, Anstey United Reformed Church, and Visiting Lecturer,
　　　St. John's College, Nottingham, England

목회　STEVEN P. EASON
　　　Senior Pastor, Myers Park Presbyterian Church, Charlotte, North
　　　Carolina

설교　THOMAS G. LONG
　　　Bandy Professor of Preaching, Candler School of Theology,
　　　Emory University, Atlanta, Georgia

## 삼위일체 주일

신학　STEPHEN B. BOYD
주석　MEDA A. A. STAMPER
목회　STEVEN P. EASON
설교　THOMAS G. LONG

## 성령강림절 후 둘째 주일

신학　STEPHEN BUTLER MURRAY
　　　Senior Pastor, The First Baptist Church of Boston, Massachusetts,
　　　and College Chaplain and Associate Professor of Religion,
　　　Endicott College, Beverly, Massachusetts

주석　GUY D. NAVE JR.
　　　Associate Professor of Religion, Luther College, Decorah, Iowa

목회　ALEXANDER WIMBERLY
　　　Minister, McCracken Memorial Presbyterian Church, Belfast,
　　　Northern Ireland

설교　LUKE A. POWERY
　　　Perry and Georgia Engle Assistant Professor of Homiletics,
　　　Princeton Theological Seminary, Princeton, New Jersey

## 성령강림절 후 셋째 주일

신학　STEPHEN BUTLER MURRAY
주석　GUY D. NAVE JR.
목회　ALEXANDER WIMBERLY
설교　LUKE A. POWERY

## 성령강림절 후 넷째 주일

신학    EMILIE M. TOWNES
Associate Dean of Academic Affairs, Andrew W. Mellon Professor of African American Religion and Theology, Yale Divinity School, New Haven, Connecticut

주석    EUGENE EUNG-CHUN PARK
Dornsife Professor of New Testament, San Francisco Theological Seminary, San Anselmo, California

목회    WILLIAM GOETTLER
Co-Pastor, First Presbyterian Church, and Assistant Dean of Ministry Studies, Yale Divinity School, New Haven, Connecticut

설교    LANCE PAPE
Assistant Professor of Homiletics, Brite Divinity School, FortWorth, Texas

## 성령강림절 후 다섯째 주일

신학    EMILIE M. TOWNES

주석    EUGENE EUNG-CHUN PARK

목회    WILLIAM GOETTLER

설교    LANCE PAPE

## 성령강림절 후 여섯째 주일

신학    EMILIE M. TOWNES

주석    EUGENE EUNG-CHUN PARK

목회    WILLIAM GOETTLER

설교    LANCE PAPE

## 성령강림절 후 일곱째 주일

신학    GARY PELUSO-VERDEND
President and Associate Professor of Practical Theology, Phillips Theological Seminary, Tulsa, Oklahoma

주석    J. DAVID WAUGH
Interim Pastor, Madison Baptist Fellowship, Madison, Mississippi

목회    TALITHA J. ARNOLD
Senior Minister, United Church of Santa Fe, New Mexico

설교    THEODORE J. WARDLAW
President, Austin Presbyterian Theological Seminary, Austin, Texas

## 성령강림절 후 여덟째 주일

신학    GARY PELUSO-VERDEND

주석    J. DAVID WAUGH

목회    TALITHA J. ARNOLD

설교　THEODORE J. WARDLAW

## 성령강림절 후 아홉째 주일
신학　GARY PELUSO-VERDEND
주석　J. DAVID WAUGH
목회　TALITHA J. ARNOLD
설교　THEODORE J. WARDLAW

## 성령강림절 후 열째 주일
신학　IWAN RUSSELL-JONES
　　　Television Producer, Cardiff, United Kingdom
주석　JAE WON LEE
　　　Assistant Professor of New Testament, McCormick Theological
　　　Seminary, Chicago, Illinois
목회　CLIFTON KIRKPATRICK
　　　Visiting Professor of Ecumenical Studies and Global Ministries,
　　　Louisville Presbyterian Theological Seminary, Louisville,
　　　Kentucky
설교　DOCK HOLLINGSWORTH
　　　Assistant Dean and Assistant Professor of Supervised Ministry,
　　　McAfee School of Theology, Mercer University, Atlanta, Georgia

## 성령강림절 후 열한째 주일
신학　IWAN RUSSELL-JONES
주석　JAE WON LEE
목회　CLIFTON KIRKPATRICK
설교　DOCK HOLLINGSWORTH

## 성령강림절 후 열두째 주일
신학　IWAN RUSSELL-JONES
주석　JAE WON LEE
목회　CLIFTON KIRKPATRICK
설교　DOCK HOLLINGSWORTH

## 성령강림절 후 열셋째 주일
신학　CHARLES E. HAMBRICK-STOWE
　　　First Congregational Church of Ridgefield, Connecticut
주석　MITCHELL G. REDDISH
　　　Professor and Chair of Religious Studies, Stetson University,
　　　DeLand, Florida
목회　JIN S. KIM
　　　Senior Pastor, Church of All Nations, Minneapolis, Minnesota
설교　DALE P. ANDREWS

Martin Luther King Jr. Professor of Homiletics and Pastoral
Theology, Boston University School of Theology, Boston,
Massachusetts

## 성령강림절 후 열넷째 주일
신학     CHARLES HAMBRICK-STOWE
         Pastor, First Congregational Church of Ridgefield, Connecticut
주석     MITCHELL G. REDDISH
         O. L.Walker Professor of Christian Studies and Chair of the
         Department of Religious Studies, Stetson University, DeLand,
         Florida
목회     JIN S. KIM
         Senior Pastor, Church of All Nations, Minneapolis, Minnesota
설교     DALE P. ANDREWS
         Martin Luther King Jr. Professor of Homiletics and Pastoral
         Theology, Boston University School of Theology, Boston,
         Massachusetts

## 성령강림절 후 열다섯째 주일
신학     CHARLES HAMBRICK-STOWE
주석     MITCHELL G. REDDISH
목회     JIN S. KIM
설교     DALE P. ANDREWS

## 성령강림절 후 열여섯째 주일
신학     KATHRYN D. BLANCHARD
         Assistant Professor of Religious Studies, Alma College, Alma,
         Michigan
주석     LEWIS R. DONELSON
         Ruth A. Campbell Professor of New Testament Studies, Austin
         Presbyterian Theological Seminary, Austin, Texas
목회     CHARLOTTE DUDLEY CLEGHORN
         Retired Executive Director, The Centers for Christian Studies,
         Cathedral of All Souls, Asheville, North Carolina
설교     CHARLES CAMPBELL
         Professor of Homiletics, Duke University Divinity School,
         Durham, North Carolina

## 성령강림절 후 열일곱째 주일
신학     KATHRYN D. BLANCHARD
주석     LEWIS R. DONELSON
목회     CHARLOTTE DUDLEY CLEGHORN
설교     CHARLES CAMPBELL

## 성령강림절 후 열여덟째 주일
신학 KATHRYN D. BLANCHARD
주석 LEWIS R. DONELSON
목회 CHARLOTTE DUDLEY CLEGHORN
설교 CHARLES CAMPBELL

## 성령강림절 후 열아홉째 주일
신학 ANDREW PURVES
Professor of Reformed Theology, Pittsburgh Theological Seminary, Pittsburgh, Pennsylvania
주석 SUSAN GROVE EASTMAN
Associate Professor of the Practice of Bible and Christian Formation, Duke University Divinity School, Durham, North Carolina
목회 RICHARD E. SPALDING
Chaplain to the College, Williams College, Williamstown, Massachusetts
설교 MARVIN A. MCMICKLE
Professor of Homiletics, Ashland Theological Seminary, Ashland, Ohio

## 성령강림절 후 스무째 주일
신학 ANDREW PURVES
주석 SUSAN GROVE EASTMAN
목회 RICHARD E. SPALDING
설교 MARVIN A. MCMICKLE

## 성령강림절 후 스물한째 주일
신학 ANDREW PURVES
주석 SUSAN GROVE EASTMAN
목회 RICHARD E. SPALDING
설교 MARVIN A. MCMICKLE

## 성령강림절 후 스물두째 주일
신학 TIM BEACH-VERHEY
Co-Pastor, Faison Presbyterian Church, Faison, North Carolina
주석 PATRICK GRAY
Associate Professor of Religious Studies, Rhodes College, Memphis, Tennessee
목회 EARL F. PALMER
Preaching Pastor-in-Residence, National Presbyterian Church, Washington, D.C.
설교 ALLEN HILTON

Minister of Faith and Learning, Wayzata Community Church, Wayzata, Minnesota

## 성령강림절 후 스물셋째 주일
신학　TIM BEACH-VERHEY
주석　PATRICK GRAY
목회　EARL F. PALMER
설교　ALLEN HILTON

## 성령강림절 후 스물넷째 주일
신학　MARK DOUGLAS
　　　Associate Professor of Christian Ethics and Director of the MATS Program, Columbia Theological Seminary, Decatur, Georgia
주석　THOMAS D. STEGMAN, SJ
　　　Associate Professor of New Testament, Boston College School of Theology and Ministry, Chestnut Hill, Massachusetts
목회　JOHN M. BUCHANAN
　　　Pastor, Fourth Presbyterian Church, Chicago, Illinois
설교　LINDSAY P. ARMSTRONG
　　　Associate Pastor of Christian Education, First Presbyterian Church, Atlanta, Georgia

## 성령강림절 후 스물다섯째 주일
신학　MARK DOUGLAS
주석　THOMAS D. STEGMAN, SJ
목회　JOHN M. BUCHANAN
설교　LINDSAY P. ARMSTRONG

## 왕이신 그리스도 주일
신학　MARK DOUGLAS
주석　THOMAS D. STEGMAN, SJ
목회　JOHN M. BUCHANAN
설교　LINDSAY P. ARMSTRONG

## 성서정과 교회력(2025년, 2028년)

| 절기명 | 2025년 | 2028년 |
|---|---|---|
| **대림절과 성탄절** | | |
| 대림절 첫째 주일 | 11월 24일(2024년) | 11월 21일(2027) |
| 대림절 둘째 주일 | 12월 1일(2024년) | 11월 28일(2027) |
| 대림절 셋째 주일 | 12월 8일(2024년) | 12월 5일(2027) |
| 대림절 넷째 주일 | 12월 15일(2024년) | 12월 12일(2027) |
| 성탄전야 | 12월 24일(2024년) | 12월 24일(2027) |
| 성탄절 | 12월 25일(2024년) | 12월 25일(2027) |
| 성탄절 후 첫째 주일 | 12월 22일(2024년) | 12월 19일(2027) |
| 성탄절 후 둘째 주일 | 12월 29일(2024년) 1 | 2월 26일(2027) |
| **주현절(현현절)** | | |
| 주현절 | 1월 5일 | 1월 2일 |
| 주현절 후 첫째 주일, 예수수세주일 | 1월 12일 | 1월 9일 |
| 주현절 후 둘째 주일 | 1월 19일 | 1월 16일 |
| 주현절 후 셋째 주일 | 1월 26일 | 1월 23일 |
| 주현절 후 넷째 주일 | 2월 2일 | 1월 30일 |
| 주현절 후 다섯째 주일 | 2월 9일 | 2월 6일 |
| 주현절 후 여섯째 주일 | 2월 16일 | 2월 13일 |
| 주현절 후 일곱째 주일 | 2월 23일 | 2월 20일 |
| 주현절 후 여덟째 주일 | | |
| 변모주일 | 3월 2일 | 2월 27일 |
| **사순절** | | |
| 사순절 첫째 주일 | 3월 9일 | 3월 5일 |
| 사순절 둘째 주일 | 3월 16일 | 3월 12일 |
| 사순절 셋째 주일 | 3월 23일 | 3월 19일 |
| 사순절 넷째 주일 | 3월 30일 | 3월 26일 |
| 사순절 다섯째 주일 | 4월 6일 | 4월 2일 |
| 사순절 여섯째 주일 | 4월 13일 | 4월 9일 |
| **부활절** | | |
| 부활절 | 4월 20일 | 4월 16일 |
| 부활절 둘째 주일 | 4월 27일 | 4월 23일 |
| 부활절 셋째 주일 | 5월 4일 | 4월 30일 |
| 부활절 넷째 주일 | 5월 11일 | 5월 7일 |
| 부활절 다섯째 주일 | 5월 18일 | 5월 14일 |
| 부활절 여섯째 주일 | 5월 25일 | 5월 21일 |
| 승천주일 | 6월 1일 | 5월 28일 |

| 절기명 | 2025년 | 2028년 |
|---|---|---|
| **성령강림절 이후** | | |
| 성령강림주일 | 6월 8일 | 6월 4일 |
| 성령강림 후 둘째 주일 | 6월 15일 | 6월 11일 |
| 성령강림 후 셋째 주일 | 6월 22일 | 6월 18일 |
| 성령강림 후 넷째 주일 | 6월 29일 | 6월 25일 |
| 성령강림 후 다섯째 주일 | 7월 6일 | 7월 2일 |
| 성령강림 후 여섯째 주일 | 7월 13일 | 7월 9일 |
| 성령강림 후 일곱째 주일 | 7월 20일 | 7월 16일 |
| 성령강림 후 여덟째 주일 | 7월 27일 | 7월 23일 |
| 성령강림 후 아홉째 주일 | 8월 3일 | 7월 30일 |
| 성령강림 후 열째 주일 | 8월 10일 | 8월 6일 |
| 성령강림 후 열한째 주일 | 8월 17일 | 8월 13일 |
| 성령강림 후 열둘째 주일 | 8월 24일 | 8월 20일 |
| 성령강림 후 열셋째 주일 | 8월 31일 | 8월 27일 |
| 성령강림 후 열넷째 주일 | 9월 7일 | 9월 3일 |
| 성령강림 후 열다섯째 주일 | 9월 14일 | 9월 10일 |
| 성령강림 후 열여섯째 주일 | 9월 21일 | 9월 17일 |
| 성령강림 후 열일곱째 주일 | 9월 28일 | 9월 24일 |
| 성령강림 후 열여덟째 주일 | 10월 5일 | 10월 1일 |
| 성령강림 후 열아홉째 주일 | 10월 12일 | 10월 8일 |
| 성령강림 후 스무째 주일 | 10월 19일 | 10월 15일 |
| 성령강림 후 스물한째 주일 | 10월 26일 | 10월 22일 |
| 성령강림 후 스물둘째 주일 | 11월 2일 | 10월 29일 |
| 성령강림 후 스물셋째 주일 | 11월 9일 | 11월 5일 |
| 만민 성인 | 11월 16일 | 11월 12일 |
| 성령강림 후 스물넷째 주일 | | 11월 19일 |
| 성령강림 후 스물다섯째 주일 | | |
| 성령강림 후 스물여섯째 주일 | | |
| 그리스도통치주일/왕국주일 | 11월 23일 | 11월 26일 |

## <말씀의 잔치> 시리즈 해제

**〈말씀의 잔치〉 시리즈는**

설교학으로 유명한 콜롬비아신학대학과 미국 장로교회 출판사인 Westminster John Knox Press가 공동으로 기획하여 만든 개정 성서정과(Revised Common Lectionary)를 기초로 한 설교 자료집이다.

**〈말씀의 잔치〉 시리즈는**

매주 개정 성서정과가 제시하는 네 개의 성서 본문(시편, 구약, 복음서, 서신서) 각각에 대해 네 가지 관점(신학, 주석, 목회, 설교)에서 분석한 16편의 통찰력 있는 설교 자료를 제공하고 있다.

**〈말씀의 잔치〉 시리즈는**

신학과 목회의 다양한 영역에 속한 전문가들이 집필한 것으로 미국 교회의 신학적·목회적 역량이 총동원되어 만들어진 설교 자료집이다.

**현재 〈말씀의 잔치〉 시리즈는**

현재 성서정과의 복음서 파트 세 권(Year A, Year B, Year C)을 완간하였다.